Die Chronik-Bibliothek des 20. Jahrhunderts

Johannes Ebert/Andreas Schmid

Chronik 1951

Tag für Tag in Wort und Bild

Chronik Verlag

Abbildungen auf dem Schutzumschlag
(oben links beginnend)
Besuch von Bundeskanzler Konrad Adenauer in Großbritannien beim neugewählten Premier Winston Churchill.
Das argentinische Präsidentenpaar Evita und Juan Perón bei einer Wahlkampfveranstaltung.
Der erste Fünfjahresplan der DDR stellt Normen für die landwirtschaftliche Entwicklung auf.
Die »Daimler Company« in Großbritannien präsentiert ihren 3-Liter-Regency.
In Korea kämpfen Truppen der Vereinten Nationen gegen die Armee der Kommunisten aus China und Nordkorea.
Märchenhochzeit im Iran: Der Schah heiratet die deutschstämmige Soraya.
Skandalfilm des Jahres wird »Die Sünderin« mit Hildegard Knef in der Hauptrolle.
Igor Strawinski dirigiert zum ersten Mal nach 15 Jahren wieder ein deutsches Orchester.

Redaktion: Manfred Brocks (Text), Ursula Vieth-Großheider (Bild)
Fachautoren: Dr. Frank Busch (Theater), Dr. Jutta Köhler (Kunst),
Dr. Ingrid Loschek (Mode), Felix R. Paturi (Technik), Jochen Rentsch (Musik)
Anhang: Ludwig Hertel, Bernhard Pollmann, Karl Adolf Scherer
Herstellung: Barbara Reppold-Hinz
Satz: Systemsatz, Dortmund
Druck: MOHN Media · Mohndruck GmbH, Gütersloh

Leihgeber für Zeitungen und Zeitschriften: Institut für Zeitungsforschung, Dortmund

ISBN 3-577-14051-8

Inhalt 1951

Der vorliegende Band aus der »Chronik-Bibliothek des 20. Jahrhunderts« führt Sie zuverlässig durch das Jahr 1951 und gibt Ihnen – aus der Sicht des Zeitzeugen, aber vor dem Hintergrund des Wissens von heute – einen vollständigen Überblick über die weltweit wichtigsten Ereignisse in Politik und Wirtschaft, Kultur und Sport, Alltag und Gesellschaft. Sie können das Jahr in chronologischer Folge an sich vorüberziehen lassen, die »Chronik 1951« aber auch als Nachschlagewerk oder als Lesebuch benutzen. Das »Chronik«-System verbindet eine schier unübersehbare Fülle von Artikeln, Kalendereinträgen, Fotos, Grafiken und Übersichten nach einheitlichen Kriterien und macht damit die Daten dieses Bandes mit jedem anderen Band vergleichbar. Wer die »Chronik-Bibliothek« sammelt, erhält ein Dokumentationssystem, wie es in dieser Dichte und Genauigkeit nirgends sonst zu haben ist.

Hauptteil (ab Seite 8)

Jeder Monat beginnt mit einem Kalendarium, in dem die wichtigsten Ereignisse chronologisch geordnet und in knappen Texten dargestellt sind. Sonn- und Feiertage sind durch farbigen Druck hervorgehoben. Pfeile verweisen auf ergänzende Bild- und Textbeiträge auf den folgenden Seiten. Faksimiles von Zeitungen und Zeitschriften, die im jeweiligen Monat des Jahres 1951 erschienen sind, spiegeln Zeitgeist und herausragende Ereignisse.
Wichtige Ereignisse des Jahres 1951 werden – zusätzlich zu den Eintragungen im Kalendarium – in Wort und Bild beschrieben. Jeder der 381 Einzelartikel bietet eine in sich abgeschlossene Information. Die Pfeile des Verweissystems machen auf Artikel aufmerksam, die an anderer Stelle dieses Bandes ergänzende Informationen zu dem jeweiligen Thema vermitteln.
563 häufig farbige Abbildungen und grafische Darstellungen illustrieren die Ereignisse und Entwicklungen des Jahres 1951 und werden damit zu einem historischen Kaleidoskop besonderer Art.
Hinter dem Hauptteil (auf S. 214) geben originalgetreue Abbildungen einen Überblick über alle Postwertzeichen, die im Jahr 1951 in der Bundesrepublik Deutschland neu ausgegeben wurden.
Die Berichte über das Jahr 1951 beginnen mit den Kalendarien auf folgenden Seiten:

Übersichtsartikel (ab Seite 18)

19 Übersichtsartikel, am blauen Untergrund zu erkennen, stellen Entwicklungen des Jahres 1951 zusammenfassend dar.
Alle Übersichtsartikel aus den verschiedenen Jahrgangsbänden ergeben – zusammengenommen – eine sehr spezielle Chronik zu den jeweiligen Themenbereichen (z. B. Film von 1900 bis 2000).

Anhang (ab Seite 215)

Der Anhang zeigt das Jahr 1951 in Statistiken und anderen Übersichten. Ausgehend von den offiziellen Daten für die Bundesrepublik Deutschland, die DDR, Österreich und die Schweiz, regen die Zahlen und Fakten zu einem Vergleich mit vorausgegangenen und nachfolgenden Jahren an.
Für alle wichtigen Länder der Erde sind die Staats- und Regierungschefs im Jahr 1951 aufgeführt und werden wichtige Veränderungen aufgezeigt. Die Zusammenstellungen herausragender Neuerscheinungen auf dem Buchmarkt sowie der Premieren auf Bühne und Leinwand werden zu einem Führer durch das kulturelle Leben des Jahres.
Das Kapitel »Sportereignisse und -rekorde« spiegelt die Höhepunkte des Sportjahres 1951. Internationale und Deutsche Meisterschaften, die Entwicklung der Leichtathletik- und Schwimmrekorde sowie alle Ergebnisse der großen internationalen Wettbewerbe im Automobilsport, Eiskunstlauf, Fußball, Gewichtheben, Pferde-, Rad- und Wintersport sowie im Tennis sind wie die Boxweltmeister im Schwergewicht nachgewiesen.
Der Nekrolog enthält Kurzbiographien von Persönlichkeiten, die 1951 verstorben sind.

Register (ab Seite 233)

Das *Personenregister* nennt – in Verbindung mit der jeweiligen Seitenzahl – alle Personen, deren Namen in diesem Band verzeichnet sind.
Werden Personen abgebildet, so sind die Seitenzahlen kursiv gesetzt. Herrscher und Angehörige regierender Häuser mit selben Namen sind alphabetisch nach den Ländern ihrer Herkunft geordnet.
Wer ein bestimmtes Ereignis des Jahres 1951 nachschlagen möchte, das genaue Datum oder die Namen der beteiligten Personen aber nicht präsent hat, findet über das spezielle *Sachregister* Zugang zu den gesuchten Informationen.
Oberbegriffe und Ländernamen erleichtern das Suchen und machen zugleich deutlich, welche weiteren Artikel und Informationen zu diesem Themenfeld im vorliegenden Band zu finden sind. Querverweise helfen bei der Erschließung der immensen Informationsvielfalt.

Das Jahr 1951

1951 scheint auf den ersten Blick ein normales Jahr zu sein. Gesellschaftliche Höhepunkte werden wie eh und je gefeiert: Im Iran und in Ägypten spiegeln Märchenhochzeiten eine heile Welt aus Tausendundeinernacht vor. Schah Resa Pahlawi, Herrscher auf dem Pfauenthron, heiratet die deutschstämmige Soraya, König Faruk von Ägypten die 17jährige Narriman Sadek.
Sportereignisse bleiben Publikumsmagneten: An Radiogeräten verfolgen Boxfans den letzten dramatischen Auftritt der »Legende« Joe Louis. Die Erfolge des »Pédaleur de charme«, Hugo Koblet, bei der »Tour der Leiden« in Frankreich und der Weltmeisterschaftstriumph des deutschen Eiskunstlaufpaares Ria Baran/Paul Falk finden große Beachtung.
Auch das Showbusiness produziert wie immer seine Schlagzeilen: Während der Kinderstar Conny Froboess seinen ersten Hit landet, scheint sich die kometengleiche Karriere von »Frankieboy« Sinatra nach Skandalen dem Ende zuzuneigen. Ein Jahr der »routinierten Sensationen«, so scheint es – aber ist es nicht noch mehr?
In Deutschland hebt sich zum ersten Mal nach dem Krieg der Vorhang für die »entrümpelten« Wagner-Festspiele in Bayreuth. Die Neuinszenierungen hinterlassen ein Publikum, das zwischen Euphorie und gnadenlosem Verriß schwankt. Als Kulturereignis von internationalem Rang und ständiger Stein des Anstoßes erobern sich die Festspiele im offiziellen Kulturbetrieb den Spitzenplatz zurück, den sie in den Köpfen eingefleischter Wagnerianer ohnehin immer hatten.
Sechs Jahre nach dem Krieg endet die sportliche Isolierung der Bundesrepublik: In der Schweiz tritt die deutsche Fußball-Nationalelf zu ihrem ersten Länderspiel im Ausland an. Die Teilnahme an den Olympischen Spielen 1952 in Oslo und Helsinki rückt in greifbare Nähe. Die gescheiterten Verhandlungen zum Aufbau einer gesamtdeutschen Olympiaauswahl sind einige der wenigen Gelegenheiten, bei denen sich Delegierte beider deutscher Staaten an einem Tisch gegenübersitzen. Die schwierigen Konferenzen zwischen Deutschen und Deutschen charakterisieren allerdings nicht nur die sportpolitischen Beziehungen, sondern dokumentieren u. a. die Verankerung der Bundesrepublik und der DDR in unterschiedlichen ideologischen Lagern.
Divergierende Weltanschauungen werden auch durch den Notenwechsel zwischen Adenauer und Grotewohl über die Bedingungen der deutschen Wiedervereinigung aufgedeckt – an ein ernsthaftes Angebot zur Überwindung der Spaltung scheint keiner von beiden zu denken. Die Westmächte – allen voran die USA – sind angesichts der Auseinandersetzung mit dem Kommunismus in erster Linie an den ökonomischen Ressourcen der Bundesrepublik interessiert. Darüber hinaus wird ein Wehrbeitrag der Bundesrepublik im Rahmen einer internationalen Organisation, wie z. B. der Europäischen Verteidigungsgemeinschaft, eingefordert. Die USA treffen in Konrad Adenauer auf einen Bundeskanzler, für den Westbindung und wirtschaftlicher Aufschwung Priorität haben. Als kluger Taktiker weiß Adenauer Westintegration und Wiederbewaffnung gegen staatliche Souveränität einzuhandeln. Bereits 1955 wird das »Gegengeschäft« mit dem Beitritt der Bundesrepublik zur NATO schließlich unter Dach und Fach gebracht.
Der Antagonismus zwischen Ost und West findet seinen dramatischen Ausdruck in dem seit Juni 1950 tobenden Koreakrieg. Er setzt sich 1951 in verlustreichen Offensiven der Kommunisten und Gegenoffensiven der UN-Verbände fort. Der militärische Konflikt am 38. Breitengrad ist sowohl Ausdruck als auch Produkt des kalten Kriegs.
Mit dem zunehmenden Engagement der Amerikaner in Indochina zeichnet sich darüber hinaus ein weiterer Krisenherd ab, wo sich »Kommunismus« und »freie Welt« gegenüberstehen.
Für die Wirtschaft der Bundesrepublik ist 1951 ein Schwellenjahr. Auf sanften Druck der Westalliierten modifiziert Bundeswirtschaftsminister Ludwig Erhard sein Konzept einer freien Marktwirtschaft: Er läßt staatliche Eingriffe in den ökonomischen Kreislauf zu. Der durch den Koreakrieg ausgelöste Boom auf den Weltmärkten kann in der Bundesrepublik Deutschland in der zweiten Hälfte des Jahres genutzt werden – der Schritt in das »Wirtschaftswunder« gelingt.
Ungeahnte Folgen hat dieser Aufschwung für die gesellschaftliche und innenpolitische Entwicklung der Bundesrepublik. Die moralische Verpflichtung, die nationalsozialistische Vergangenheit aufzuarbeiten, wird ökonomischen Prioritäten untergeordnet – im privaten wie im öffentlichen Leben. Sechs Jahre nach dem Holocaust ist die »Trauerzeit« allem Anschein nach beendet. In mehreren Bundesländern werden Gesetzentwürfe, die den Abschluß der Entnazifizierung fordern, abgesegnet. Materielle Wiedergutmachung gegenüber Israel soll nur in einem vertretbaren Rahmen geleistet werden. Hiermit wagt Adenauer, immerhin der Regierungschef eines noch nicht souveränen Staates, eine erstaunliche Einschränkung.
1951 – ein Jahr also wie jedes andere?
Für die Bundesrepublik ist es ein entscheidendes Jahr der Einbindung in das westliche Lager und damit in den Ost-West-Gegensatz. Dieser Konflikt wird die Welt noch jahrzehntelang in Atem halten und zuweilen bis an den Rand des Abgrunds führen. Darüber hinaus drohen regionale Krisenherde in Afrika, dem Nahen und Mittleren Osten sich zu Flächenbränden auszuweiten. Sie kündigen das Ende des kolonialen Zeitalters an.

Johannes Ebert / Andreas Schmid

◁ *Arm in Arm nicht nur durch die City von Paris, sondern auch ins westliche Lager: Bundeskanzler Konrad Adenauer (l.) und der französische Hochkommissar André François-Poncet schlendern über die Avenue de l'Opéra.*

Januar 1951

Mo	Di	Mi	Do	Fr	Sa	So
1	2	3	4	5	6	7
8	9	10	11	12	13	14
15	16	17	18	19	20	21
22	23	24	25	26	27	28
29	30	31				

1. Januar, Neujahr

In Korea beginnt im Morgengrauen eine Großoffensive kommunistischer Einheiten. 300 000 Soldaten greifen entlang der Frontlinie am 38. Breitengrad Stellungen der UN-Truppen an. → S. 12

Indien erklärt als erster Staat den Kriegszustand mit Deutschland formell für beendet (→ 9. 7./S. 120).

Eduard von Steiger (Bauern-, Gewerbe- und Bürgerpartei) wird zum zweiten Mal nach 1945 Bundespräsident der Schweiz. Er löst Max Petitpierre (freisinnig) ab.

Die sowjetische Regierung plädiert in einer Note an die Westmächte für Verhandlungen im Rahmen des Außenministerrates über die Entmilitarisierung Deutschlands. Dem 1945 von der Konferenz in Potsdam geschaffenen Gremium gehören China, Frankreich, Großbritannien, die Sowjetunion und die USA an. Der sowjetische Vorschlag wird nicht realisiert. Delegierte der vier Mächte kommen nur zu einer Vorkonferenz der Außenminister zusammen (→ 5. 3./S. 50).

Im Anschluß an seine Neujahrsansprache, die vom Rundfunk übertragen wird, stellt Bundespräsident Theodor Heuss den Bundesbürgern eine neue Nationalhymne vor. Das Lied von Rudolf Alexander Schröder (Text) und Hermann Reutter (Musik) kann sich jedoch nicht durchsetzen. → S. 17

In einer Silvesterumfrage rangiert erstmals seit Kriegsende in Deutschland die Sehnsucht nach Frieden vor materiellen Wünschen. → S. 14

Zu Beginn des ersten »Fünfjahresplanes der DDR zur Entwicklung der Volkswirtschaft« verpflichten sich Arbeiter fast aller volkseigenen Betriebe, in einem Sonderwettbewerb die Dezember-Produktion 1950 zu überbieten. → S. 23

2. Januar, Dienstag

Bürger des wirtschaftlich an Frankreich gebundenen Saarlandes sind in ihrem Verhältnis zur Bundesrepublik Deutschland deutsche Staatsangehörige, stellt Bundesinnenminister Robert Lehr in einem Erlaß fest. Das saarländische Gesetz über die eigene Staatsangehörigkeit sei bedeutungslos (→ 10. 12./S. 203).

In Ungarn wird die Rationierung von Mehl, Zucker, Benzin und Öl eingeführt. Diese Güter sollen vorrangig exportiert werden, um Kapital für Industrieanlagen zu beschaffen.

3. Januar, Mittwoch

Eine Demonstration auf Helgoland unter Führung des Prinzen Hubertus zu Löwenstein und des Leiters des Europäischen Jugendbundes, Bernd von Friedeburg, wird beendet. Der Protest richtet sich gegen die Bombardierung der Nordseeinsel zu Übungszwecken durch britische Luftstreitkräfte. → S. 21

Hochkommissar John J. McCloy gibt die Verlegung des amerikanischen Hochkommissariats von Frankfurt am Main in die Bundeshauptstadt Bonn bekannt. Dies sei ein erster Schritt zur Aufnahme normaler Beziehungen mit der Bundesrepublik, so McCloy (→ 6. 3./S. 50).

Der IG-Metall-Vorstand kündigt in Bochum Streikmaßnahmen an, die das Fortbestehen der paritätischen Mitbestimmung in den entflochtenen Montanbetrieben sichern sollen. → S. 22

4. Januar, Donnerstag

Kommunistische Truppen nehmen die brennende südkoreanische Hauptstadt Seoul ein. → S. 13

US-Präsident Harry S. Truman erklärt, daß er im Zusammenhang mit dem Koreakrieg keine Bombardierung der Nachschubwege in China, die für Nordkoreas Truppen strategisch wichtig sind, in Betracht ziehe (→ 19. 4./S. 70).

5. Januar, Freitag

Frankreich und Großbritannien unterstützen in einer Stellungnahme den sowjetischen Vorschlag einer Viererkonferenz über die Deutschlandfrage. Allerdings müßten auch weitere schwebende Fragen der Weltpolitik besprochen werden, fordern sie. → S. 16

Konrad Adenauer wird an seinem 75. Geburtstag Ehrenbürger Kölns. Als Oberbürgermeister lenkte er von 1917 bis 1933 und 1945 die Geschicke der Domstadt. Am gleichen Tag erhält Hans Böckler, seit 1947 erster Vorsitzender des Deutschen Gewerkschaftsbundes, die Kölner Ehrenbürgerwürde. → S. 17

Im Senckenberg-Museum in Frankfurt am Main findet die Gründungsversammlung der »Deutschen Olympischen Gesellschaft« (DOG) statt. Georg von Opel übernimmt die Präsidentschaft. Die DOG will die Finanzierung der deutschen Olympia-Teilnahme 1952 in Oslo und Helsinki, die rund 1,25 Mio. DM kosten wird, sichern (→ 8. 5./S. 93).

6. Januar, Samstag

Die »Vierte Textilmesse Hannover« wird eröffnet. Wollstoffe, Trikotagen sowie Berufs- und Sportkleidung sind bei den Einkäufern besonders gefragt.

Durch heftige Schneestürme sind mehrere italienische Bergdörfer, u. a. der Skiort Cortina d'Ampezzo, von der Außenwelt abgeschnitten (→ 22. 1./S. 24).

7. Januar, Sonntag

Dwight D. Eisenhower, Oberbefehlshaber der atlantischen Streitkräfte, trifft im Rahmen seiner Informationsreise durch die NATO-Staaten zu Gesprächen mit der französischen Regierung über die Europäische Verteidigungsgemeinschaft (EVG) in Paris ein. → S. 15

Die Vereinigten Staaten nehmen Kontakt mit nichtkommunistischen Mitgliedstaaten der Vereinten Nationen auf, um die Volksrepublik China als Aggressor im Koreakrieg zu verurteilen. Am 1. Februar stimmt die UN-Vollversammlung einem entsprechenden Antrag der USA zu (→ 16. 5./S. 84).

Gerüchte über weitere Hinrichtungen von Kriegsverbrechern, die im Landsberger Gefängnis einsitzen, führen zu einer Protestkundgebung auf dem Marktplatz der Stadt. 4000 Menschen demonstrieren gegen die Vollstreckung der Urteile (→ 7. 6./S. 100).

8. Januar, Montag

In der Rede zur »Lage der Nation« verkündet US-Präsident Harry S. Truman ein Drei-Punkte-Programm zur »Sicherung der freien Welt« (→ 5. 1./S. 16).

9. Januar, Dienstag

Auf dem Petersberg bei Bonn beginnen deutsch-alliierte Gespräche über einen Verteidigungsbeitrag der Bundesrepublik Deutschland. → S. 16

Wirtschaftsminister Ludwig Erhard kündigt zwei tägliche Sperrstunden für den privaten Verbrauch von Strom und Gas an. Diese Sparmaßnahmen seien nötig, um die industrielle Produktion aufrechterhalten zu können.

»Wegen der Verschlechterung der Lage im Fernen Osten«, vor allem auf Grund des Koreakrieges (→ 1. 1./S. 12), empfiehlt das amerikanische Konsulat in Hongkong den US-Bürgern in der britischen Kronkolonie, ihre Angehörigen zu evakuieren.

10. Januar, Mittwoch

Wegen »Spionage« für die Tschechoslowakei verurteilt in Bayreuth ein amerikanisches Militärgericht die Deutschen Ernst Jäger zu drei, Michael Fuchs zu vier und Karl Ahl zu fünf Jahren Gefängnis.

Das Kinderstück des bedeutenden britischen Komponisten Benjamin Britten »Wir machen eine Oper« wird im Gelsenkirchener Stadttheater erstmals in der Bundesrepublik aufgeführt.

11. Januar, Donnerstag

Unter dem erneut zum Regierungschef gewählten Reinhold Maier von der Deutschen Volkspartei (DVP) wird in Württemberg-Baden eine DVP/SPD-Regierung gebildet. Die Landtagswahl fand im November des vergangenen Jahres statt.

Wegen »Spionage« und »Sabotage für Großbritannien« verurteilt ein sowjetisches Militärgericht in Berlin die Deutschen Gerhard Geier, Josef Anders und Werner Brust zum Tode.

12. Januar, Freitag

Wegen »Boykotthetze gegen die DDR« und eines Mordversuchs an einem Volkspolizisten wird der 18jährige Oberschüler Hermann Flade in Dresden zum Tode verurteilt. → S. 23

Die Bundesregierung regelt in der ersten Anordnung über Sportwaffen und Munition die Ausrüstung der Jäger mit Jagdwaffen. Die Nutzung von 50 000 Flinten und 25 000 Büchsen wird zugelassen. Voraussetzung war die Lockerung des alliierten Waffenverbotes.

Eine interamerikanische, antikommunistische Gewerkschaftsorganisation mit Sitz in Havanna wird gegründet. Präsident wird der peruanische Arbeiterführer Arturo Sabroso.

Ezzard Charles, Weltmeister der Profiboxer, verteidigt seinen Schwergewichts-Titel in New York gegen Lee Oma durch K. o. in der zehnten Runde.

13. Januar, Samstag

Der italienische Senat billigt nach fünftägiger Debatte die Außenpolitik von Ministerpräsident Alcide De Gasperi (Democrazia Cristiana), der eine intensive Zusammenarbeit mit Ländern der westlichen Welt anstrebt. Der Linksblock votiert gegen die Entscheidung und wirft der Regierung vor, sie »verkaufe italienische Soldaten gegen Dollar«.

14. Januar, Sonntag

Bundeskanzler Konrad Adenauer bekräftigt auf dem Landesparteitag der westfälischen CDU in Bielefeld die Westbindung der Bundesrepublik Deutschland. Gleichzeitig fordert er aber auch eine Ablösung des alliierten Besatzungsrechts (→ 6. 3./S. 50).

Adolf Hennecke, ehemaliger Grubenarbeiter in der DDR, der 1948 als Hauer seine Tagesnorm um 287% übertraf und zum Vorbild der »Aktivistenbewegung« in der DDR wurde, wird zum Mitarbeiter im Ministerium für Schwerindustrie ernannt. Er übernimmt die Abteilung »Arbeitskraft«.

Einen Weltrekord im Eisschnellauf auf der 5000-m-Strecke stellt der Norweger Hjalmar Andersen in Drondheim auf. Mit 8:07,3 min verbessert er den Rekord des Ungarn Kornel Pajor um mehr als fünf Sekunden.

15. Januar, Montag

Bundeskanzler Konrad Adenauer lehnt kategorisch die Vorschläge von DDR-Ministerpräsident Otto Grotewohl zur Bildung eines »Gesamtdeutschen Konstituierenden Rates« ab. Er präzisiert seinerseits Bedingungen für gesamtdeutsche Gespräche, wie die Garantie der persönlichen Freiheit und Sicherheit in der DDR (→ 9. 3./S. 52).

Zu lebenslänglicher Zuchthausstrafe und Aberkennung der bürgerlichen Ehrenrechte verurteilt das Schwurgericht Augsburg Ilse Koch, die ehemalige »Kommandeuse« des Konzentrationslagers Buchenwald. → S. 20

Ein »sensationelles Wundermittel«, das die Auswirkungen übermäßigen Alkoholgenusses bekämpfen soll, wird in der Presse vorgestellt: »Bavarin 404« sei in allen Stadien des Rausches erprobt und mache innerhalb von zehn Minuten wieder nüchtern, so der Hersteller.

In großer Aufmachung berichten Tageszeitungen wie die »Frankfurter Allgemeine« vom 6. Januar 1951 über den Krieg in Korea, der seit Juni des vergangenen Jahres die Welt in Atem hält. Zur Jahreswende greifen nordkoreanische und chinesische Verbände erneut die Armee der Vereinten Nationen an.

Frankfurter Allgemeine

ZEITUNG FÜR DEUTSCHLAND

D-Ausgabe / Samstag, 6. Januar 1951 | Herausgegeben von Hans Baumgarten, Erich Dombrowski, Karl Korn, Paul Sethe, Erich Welter | Täglich / 20 Pfennig / Nr. 5

Tragödie der Flüchtlinge in Korea

Bahnt sich ein fernöstliches Stalingrad an? – Die Chinesen wollen die 8. Armee vernichten

Pusan, 5. Januar (AP/dpa/Reuter). Die amerikanischen Korrespondenten der großen Nachrichtenagenturen machen in ihren Berichten Andeutungen, wonach sich in Korea ein gewaltiges fernöstliches Stalingrad anbahne. Trotz der Erklärungen des Oberbefehlshabers der 8. Armee, General Rigdway, daß die Lage keineswegs entmutigend sei, und den Aeußerungen des Generals Marshall, wonach sich in Korea alles wie vorgesehen entwickle, ist die tatsächliche Lage sehr ernst.

In einer atemberaubenden Geschwindigkeit stoßen die rot-chinesischen Verbände nach Süden. Nach dem Ueberrennen des Kampfraumes Inschon, das von den alliierten Truppen geräumt worden ist, hat sich der Schwerpunkt der Kämpfe in den Mittelabschnitt verlagert. Eine Stoßarmee der Kommunisten, die über zweihunderttausend Mann stark sein soll, hat sich auf vier alliierte Divisionen und eine Brigade geworfen, die sich im Dreieck Hongschon—Höngson—Yongduri vier Tage lang verzweifelt wehrte. Inzwischen haben die roten Kolonnen die Masse dieser Eliteverbände bereits auf Wonju zurückgeworfen und bedrohen das gesamte Nachschub- und Verkehrssystem des südkoreanischen Hinterlandes.

AUS DEM INHALT

Holländer und Franzosen im Kampf

Gegen eine unwahrscheinliche Uebermacht müssen die Truppen der Vereinten Nationen, von den Roten bei eisigem Wetter Tag und Nacht angegriffen, sich ihrer Haut wehren. Frische holländische und französische Truppen sind in den Kampf geworfen worden. Die Neulinge kamen sofort in heftige Gefechte und mußten sich mehrere Male mit der blanken Waffe den Weg in die rückwärtigen Stellungen erkämpfen.

Die Chinesen greifen ohne Rücksicht auf Verluste und ohne auf ihre offenen Flanken zu achten, an. Ihr Ziel ist es, die Masse der Truppen der Vereinten Nationen noch im oberen Teil des südkoreanischen Gebietes abzufangen und gegen das Meer zu werfen.

Die Tragödie der Flüchtlinge

Nach den Aeußerungen des amerikanischen Oberbefehlshabers General Rigdway sei das Schlimmste in Korea nicht der Kampf der Truppen, sondern das fürchterliche Elend der Flüchtlinge. Während im Kampfraum südlich von Söul Zehntausende von Flüchtlingen, vor allem Frauen und Kinder, zwischen den kämpfenden Truppen wie von Mühlsteinen zerrieben werden, sieht sich eine halbe Million Flüchtlinge, die noch Pusan erreichen wollte, durch den kraftvollen Stoß der roten Truppen nach Süden, in einer Falle, aus der nur schwer herauszukommen sein wird. Die Flüchtlingsströme verstopfen außerdem die Wege nach Süden und erschweren somit die Versorgung der schwerkämpfenden Front, weil alle Fahrzeuge Schwierigkeiten haben, durch die anstauenden Menschenmassen vorwärtszukommen.

Ganz besonderes Lob wird von den Amerikanern den britischen und türkischen Truppen gezollt. Die britischen Soldaten werden zur Zeit aufgefüllt, stehen aber nach wie vor als Säulen des Widerstandes ununterbrochen im kämpferischen Einsatz. Als bei der 29. britischen Brigade die Infanterie überrollt worden war, stießen die schweren Centurion-Panzer, auf denen die Eingreifreserven aufgesessen waren, im Gegenangriff vor und entrissen die verlorenen Stellungen dem Feind. Zwölf britische Panzer, die an einem anderen Kampfabschnitt in einen Hinterhalt geraten waren, gingen verloren.

Der rote Sender Peking hat bekanntgegeben, daß der Anfang Dezember von den rotchinesischen in Korea gefangengenommene Bildberichterstatter Frank Noel von der Associated Press gut untergebracht und verpflegt sei.

Nach den offiziellen Zahlen des Hauptquartiers sollen bei den Kampfhandlungen auf roter Seite sechs chinesische Armeen und vier nordkoreanische Divisionen beteiligt sein.

Die Verbände der Luftstreitkräfte der Vereinten Nationen sind Tag und Nacht im Einsatz. Die Aufklärungsflieger melden, daß sie während des ganzen Krieges noch nicht derartige Massen an feindlicher Infanterie festgestellt hätten wie gerade in diesen Tagen.

Gespräch mit Niemöller

Gereke, Noack und Heinemann

Hannover, 5. Januar (AP). Der ehemalige Landwirtschaftsminister von Niedersachsen, Dr. Gereke, hat mitgeteilt, daß er mit dem Vorsitzenden des „Nauheimer Kreises", Professor Noack, dem ehemaligen Bundesinnenminister Dr. Heinemann und Kirchenpräsident Martin Niemöller kurz vor Weihnachten in Wiesbaden eine Besprechung gehabt habe. Auf der Sitzung seien die Entwicklung der Bundesrepublik und die gesamtdeutsche Frage erörtert worden. Die Besprechungen würden fortgesetzt.

Gereke erklärte zum Brief Grotewohls, eine ausgestreckte Hand aus dem Osten dürfe nicht grundsätzlich ausgeschlagen werden. Das würde die Propaganda der anderen Seite stärken. Man musse jede Möglichkeit wahrnehmen, um mit der sowjetischen Zone in ein innerdeutsches Gespräch zu kommen.

In schwerer Gefahr

an Die Nachrichten aus Korea werden immer bedrückender. Der General MacArthur hat südlich der koreanischen Hauptstadt keine neue Widerstandslinie aufzubauen vermocht. Seine Truppen sind weiter zum Rückzug gezwungen. Das ist schlimm genug. Zu einer militärischen Tragödie aber droht es zu werden, daß die Chinesen eine weite Umfassungsbewegung begonnen haben und dabei beträchtliche Erfolge erringen. Große Teile der achten Armee sind in der Gefahr, abgeschnitten zu werden. Schon gebraucht eine amerikanische Nachrichtenagentur in diesem Zusammenhang das furchtbare Wort „Stalingrad". Die Lage der Truppen der Vereinten Nationen ist im Augenblick ernster als jemals seit dem Beginn des Krieges.

Vermutlich hat der General MacArthur nach dem Fall von Söul die Absicht gehabt, seine Truppen in hinhaltendem Widerstand südöstlich nach Pusan zu führen. Dort hätten sie sich im Halbkreis noch einmal so verschanzen können, wie sie es im Sommer bereits getan hatten. Auf einer verhältnismäßig kurzen Front mit einem leidlichen Hafen im Rücken hätte er hoffen können, einen letzten Teil koreanischen Bodens zu behaupten. Sein Ziel muß es auch jetzt noch sein, nach Pusan zu kommen. Aber diese Absicht erscheint auf das äußerste gefährdet durch den chinesischen Umzingelungsversuch. Die Führung des Gegners versteht die Ueberzahl ihrer Truppen mit Ueberlegung, Entschlossenheit und in kühner Planung auszunutzen.

Demgegenüber hat der General MacArthur immer noch die Luftüberlegenheit einzusetzen. So besteht noch eine Hoffnung, daß es seinen Anordnungen und dem Kampfgeist seiner Truppen gelingen werde, den Ausbruch aus dem Umfassungsring und den Rückzug nach Pusan zu ermöglichen. Jener Vergleich der amerikanischen Nachrichtenagentur darf nicht Wirklichkeit werden. Die gesamte westliche Welt teilt diesen Wunsch aus innerstem Herzen.

Unser Hauptberuf: Steuerzahlen

Von Erich Dombrowski

Dies soll keine gelehrte Auseinandersetzung mit den englisch-amerikanischen Finanzsachverständigen über die Frage sein, welches Land heute nun eigentlich die höchsten Steuern bezahlt. Natürlich sind das, nach ihrer Meinung, erstens die Vereinigten Staaten von Nordamerika und zweitens Großbritannien. Erst lange danach kommt die deutsche Bundesrepublik. Daher müsse sie das Versäumte so rasch wie möglich nachholen und neue Steuerquellen sprudeln lassen. Wir wollen den Ernst und die Gewissenhaftigkeit dieser Sachkenner in keiner Weise anzweifeln. Aber Statistik ist nicht ohne weiteres Statistik. Es kommt darauf an, welchen Schlüssel man verwendet, das heißt, von welchen Voraussetzungen man ausgeht. In der statistischen Werkstatt gibt es ganze Berge von Schlüsseln wie in einer Schlosserei. Es ist also ein Unterschied, ob man mit den vergleichenden Berechnungen vom überquellenden Haushalt des reichen Villenbesitzers oder vom knappsten Etat des Armenhauses ausgeht. Es ist ein Unterschied, ob eine wohlhabende Persönlichkeit fünfzig Prozent von ihrem Einkommen an Steuern abgeben muß oder ob ein armer Schlucker auch noch von dem bißchen, das er hat, die Hälfte aufs Finanzamt tragen muß. Das ist die Situation, vor die wir heute gestellt sind. Die Bundesregierung hat uns, Tropfen für Tropfen, die bittere Steuermedizin durch Presse und Rundfunk schmackhaft zu machen versucht. Zählt man alles zusammen, so soll dabei eine neue Steuerlast von drei bis vier Milliarden herauskommen. Wofür? Für die Bestreitung unseres Wehrbeitrages im Rahmen der atlantischen Mächte. Das letzte Wort hat natürlich das Parlament zu sprechen. Der kleine Mann, erschreckt zusammenfahrend, fragt: Was nun? Und wir alle sind, samt und sonders, solche kleinen Männer, die von vorne wieder anfangen müssen, nachdem sie durch zwei fürchterliche Kriege, durch zwei entsetzliche Inflationen und durch zwei Siegeransprüche ohne Ende gegangen sind.

*

Nun stehen wir vor zwei Tatsachen, da wir gerade dabei sind, uns aus lauter Ruinen wieder herauf- und herauszuarbeiten. Kapital muß sich wieder bilden, damit wir unseren schwer angeschlagenen Produktionsapparat renovieren oder gar neu aufbauen können. Die Preise müssen wirklich stabil gehalten werden, damit wir nicht unversehens, eine Schraube ohne Ende, in eine dritte Inflation hineinrutschen. Um zunächst beim zweiten Punkt zu bleiben, die von der Bundesregierung vorgesehene Erhöhung der Umsatzsteuer von drei auf vier Prozent muß und wird preistreibend wirken. Denn es handelt sich dabei ja nicht nur um das eine, auf dem Papier stehende Prozent, sondern in Wirklichkeit um so und so viel Prozente, die sich auf dem Wege häufen, den die Ware, von Station zu Station, von der Erzeugung bis zum letzten Verbraucher durchläuft. Nehmen wir, ins Alltagsleben greifend, ein beliebiges Beispiel heraus. Da ist das Papier. Die Försterei legt die Bäume um und verkauft sie an das Sägewerk. Vier Prozent Umsatzsteuer. Das Sägewerk veräußert das Holz in entsprechender Zubereitung an die Papierfabrik. Abermals vier Prozent. Sie stellt daraus Papier her. Nochmals vier Prozent. Dann geht es an den Großhandel. Wiederum vier Prozent. Zuletzt an den Kleinhandel. Erneut vier Prozent. Das sind, nach Adam Riese, fünf mal vier gleich insgesamt zwanzig Prozent Umsatzsteuer, in die jede kaufmännische Durchgangsstelle noch einen gewissen Unkosten-, das heißt Preiszuschlag einkalkuliert. Dieser Prozeß ringelt sich wie eine immer feister anschwellende Riesenschlange durch das gesamte wirtschaftliche Räderwerk, vom größten bis zum kleinsten Verbraucher herunter. Kein Wunder, daß die Umsatzsteuer heute den größten Einnahmeposten im Haushalt des Bundes ausmacht. Sie berührt am empfindlichsten die breite Masse, als den letzten, den die Hunde beißen. Dieselbe breite Masse wird auch in erster Linie davon betroffen, daß jetzt wieder eine Reihe von Vergünstigungen bei der Einkommensteuer-Veranlagung fortfallen. Die Ausgebombten, die Heimatvertriebenen, alle die Millionen, die, unter welchen Kriegsumständen auch immer, ihr letztes Hab und Gut verloren haben, werden sich umgucken, wenn man an den Lastenausgleich herangeht, nachdem jetzt, Hals über Kopf, alle Steuermöglichkeiten bereits bis auf den letzten Grund aus dem allgemeinen Kochtopf, den man das Sozialprodukt nennt, herausgekratzt sind.

Wie steht es nun mit der Kapitalbildung, die wir so bitter nötig haben, um wieder aus den Trümmern herauszukommen? Die Bundesregierung zieht das Haltesignal hoch und erklärt, wiederum mit dem Hinweis auf den jährlichen Wehrbeitrag von Milliarden: wir haben das Vorfahrtsrecht. So sieht sie kurzerhand zweierlei vor. Die Körperschaftsteuer soll von fünfzig auf sechzig Prozent erhöht werden, und die steuerfreien fünfzehn Prozent vom nichtausgeschütteten Gewinn sollen fortan entfallen. Damit ist die Hauptquelle für die Selbstfinanzierung der Unternehmen zum Versiegen gebracht. Ja, wie sieht es denn nun überhaupt, unter den künftigen steuerlichen Verhältnissen, mit dem Gewinn eines Betriebes aus, der heute in den meisten Fällen, nach all den Zerstörungen der Vergangenheit, zum inneren technischen Ausbau verwendet wird? Nehmen wir eine Gesellschaft an, die mit einem Kapital von einer Million arbeitet und die einen Jahresgewinn von zehn Prozent, das sind hunderttausend Mark, abwirft. Auf den ersten Blick erscheint das als ein schönes Ergebnis. Was bleibt aber davon dem einzelnen Gesellschafter als Gewinnträger übrig? Wir werden es sehen. Zunächst einmal gehen sechzigtausend Mark Körperschaftsteuer ab. Dann sind es also nur noch vierzigtausend Mark, die auszuschütten wären. Wenn der Gewinn entnommen wird, meldet sich noch die Kapital-Ertragsteuer mit rund zehntausend Mark an. Sind also nur noch dreißigtausend Mark zur Verteilung vorhanden, sagen wir, auf zwanzig Gesellschaftsanteile. Jeder einzelne hat davon nun noch die regelrechte Einkommensteuer zu entrichten, die, wie man weiß, je nach den gesamten Einkommensverhältnissen, bis zu achtzig Prozent hinaufklettert. Mit anderen Worten: wenn alles, nach der Gewinnfeststellung, addiert, subtrahiert, multipliziert und dividiert wird, bleibt dem „kapitalistischen" Gesellschafter die Genugtuung, daß sein Unternehmen ausgezeichnet — für den Staat gearbeitet hat. Sein eigenes Portemonnaie aber füllt er bloß mit diesem moralischen Gefühl bis zum Rande. Im Sommer dieses Jahres erklärte man vom Regierungstisch, daß die Steuerlast unerträglich sei und daß man sie so rasch wie möglich abbauen müsse. Da man aber nichts überhasten wollte, nahm man zunächst nur die kleine Steuerreform vor mit der Verheißung, daß in diesem Jahre wahr und wahrhaftig die große folgen solle. Sie ist gefolgt. Nur nach der verkehrten Seite hin. Man hat dem steuerlichen Gebäude noch so und so viele Stockwerke aufgesetzt, daß es jetzt ein wahrer Wolkenkratzer geworden ist. Praktisch ist der Staat allmählich der Besitzer allen Eigentums geworden. Der nominelle Eigentümer ist bestenfalls zum ausgebeuteten Hypothekenschuldner herabgesunken. Das Finanzamt ist der Schatten, der uns auf Schritt und Tritt begleitet, bis in die schlaflosen Nächte.

Nun wird man fragen, wie man denn sonst den jährlichen Wehrbeitrag in einer Höhe von drei bis vier Milliarden Mark aufbringen soll, als durch Steuern? Durch eine Auslandsanleihe? Durch die Kombination mit einem erweiterten Marshall-Plan? Möglich. Indessen, warum Umwege machen? Was erforderlich sein wird, um Deutschlands Gleichberechtigung auch durch die Tat zum Ausdruck zu bringen, ist die Aufhebung des Besatzungsstatutes. An seine Stelle soll ein gegenseitiger Sicherungsvertrag treten. Fällt aber das Besatzungsstatut, dann entfällt auch der Begriff der Besatzung. Das will sagen: die Alliierten hätten für die Kosten ihrer in Deutschland stationierten Sicherungstruppen selbst aufzukommen. Davon war, grundsätzlich, bisher überhaupt noch nicht die Rede. Man sprach immer nur, von deutscher Seite, von der Notwendigkeit, die Ausgaben dafür herabzumindern. Wird dieser Posten aber vollends gestrichen, und das sind über vier Milliarden, dann brauchten wir auch die ziemlich gleiche Summe nicht für den Wehrbeitrag aufzubringen. Dann kämen wir mit unseren gegenwärtigen noch sowieso viel zu hohen Steuern aus und brauchten nicht unsere erst langsam wieder genesende wirtschaftliche und soziale Struktur, dieses Bollwerk gegen den Osten, aufs äußerste zu gefährden. Die Alliierten werden, bei all ihren Berechnungen, auch an dieser psychologischen Tatsache, die ja nicht zuletzt der Ausgangspunkt für ihren Marshall-Plan war, nicht vorübergehen dürfen. Es geht nicht an, daß der Hauptberuf der Deutschen das Steuerzahlen ist.

Der Bundestag schaltet sich ein

Die Entscheidung über Vereinbarungen mit den Alliierten beim Parlament

Drahtbericht unseres Korrespondenten

R. Bonn, 5. Januar. Die langen Beratungen des Auswärtigen Ausschusses des Bundestages, der auch am Freitag tagte und in der kommenden Woche seine Erörterungen fortsetzen wird, haben jetzt das Parlament offiziell in die außenpolitische Entwicklung eingeschaltet.

Dieser Umstand wird um so bedeutungsvoller werden, als die allein entscheidungsfähigen Verhandlungspartner über einen deutschen Verteidigungsbeitrag nicht die unmittelbaren Gesprächspartner, der Bundeskanzler und die Oberkommission, sondern die westlichen Regierungen und das Bundesparlament sind. So wird auch Dr. Adenauer alle Verhandlungen mit den Alliierten immer im Hinblick darauf führen, daß alle Vereinbarungen vom Parlament gebilligt werden müssen oder mißbilligt werden können. Neben das Problem, eine Uebereinstimmung mit den Alliierten zu erzielen, tritt für die Bundesregierung jetzt die weitere Frage, mit dem Parlament oder zumindest mit einer tragfähigen Mehrheit im Bundestag einig zu gehen. Der Widerstand im Auswärtigen Ausschuß gegen die Anerkennung der Schulden hat gezeigt, daß diese Einigkeit von Regierung und Regierungsmehrheit im Parlament nicht von vornherein gegeben ist.

Die kleine Revision

Die positive Bedeutung der sogenannten kleinen Revision des Besatzungsstatuts zum Beispiel ist von Anfang an vom Parlament viel geringer als vom Regierungschef eingeschätzt worden. Während von der Regierung zunächst die Gleichberechtigung bei einer Teilnahme der Bundesrepublik an der gemeinsamen Verteidigung vor allem auf militärischem Gebiet gefordert worden war, hat das Parlament auch die Notwendigkeit politischer Gleichberechtigung bei einer solchen Entwicklung hervorgehoben. In diesem Sinne hat der Kanzler jetzt seine Bemühungen um die große Lösung des deutsch-alliierten Verhältnisses, den Sicherheitspakt, verstärkt, wobei in Regierungskreisen auf die positiven Erklärungen des amerikanischen Außenministers Acheson zu dieser Frage hingewiesen wird.

Nach wie vor allerdings sieht Dr. Adenauer bis jetzt nur die Möglichkeit einer schrittweisen Entwicklung in der Form von einanderfolgenden zweiseitigen Vereinbarungen auf bestimmten Gebieten. Aber diese Perspektive einer Aushöhlung des Besatzungsstatuts, bei welcher am Ende der Verhandlungen nur noch ein Rest übrigbleiben würde, wird von der Opposition grundsätzlich abgelehnt.

Keine Große Koalition

Eine Verständigung mit der Sozialdemokratischen Partei ist somit nach wie vor nicht in Sicht, und in Regierungskreisen wird die von Dr. Schumacher vor kurzem ausgesprochene Auffassung, daß die Sozialdemokratische Partei ihre Verantwortung im Staat als Opposition tragen werde, ehe keine Neuwahlen abgehalten würden, völlig geteilt. Man verweist darauf, daß auch die Koalitionsparteien eine echte Opposition in einer Demokratie für notwendig hielten und in dieser Hinsicht die Auffassung des Oppositionsführers teilten. Allerdings wird auch erklärt, daß sich der Oppositionsführer mit dieser Ablehnung einer Großen Koalition weniger an die Koalitionsparteien als an seine eigene Partei gewandt habe, denn von den Mehrheitsparteien sei keine Anregung an die Sozialdemokratische Partei in dieser Hinsicht ergangen, aber in der Sozialdemokratie selbst finde die von Dr. Schumacher betriebene Politik der parlamentarischen Vereinsamung keine allgemeine Zustimmung. Dabei werden die Namen des Berliner Oberbürgermeisters Reuter, des Hamburger Oberbürgermeisters Brauer und des Bremer Senatspräsidenten Kaisen genannt, ohne daß jedoch zu ersehen ist, auf welchen exakten Unterlagen sich diese Kombinationen gründen.

Der angedrohte Streik

Dagegen hat man in Regierungskreisen den Eindruck, daß die Streikaktion der Gewerkschaften das politische Ziel haben könnte, die Christlich-Demokratische Union zu einem Uebereinkommen mit der Sozialdemokratischen Partei über ein Mitbestimmungsgesetz zu bringen, das von den beiden Partnern der Christlich-Demokratischen Union in der Kleinen Koalition, der Freien Demokratischen Partei und der Deutschen Partei, nicht gebilligt werden könnte, so daß die Kleine Koalition einer gefährlichen Bewährungsprobe ausgesetzt werden würde. In Kreisen der Christlich-Demokratischen Union ist man aber der Ansicht, das der Streikbeschluß der Industriegewerkschaft Metall von falschen Voraussetzungen ausgehe, da die Bundesregierung nicht befugt sei, von sich aus die Mitbestimmung in der von den Gewerkschaften geforderten Weise in den neuen Betrieben der eisenschaffenden Industrie zu regeln. Die Bundesregierung könne nur auf die neuen Gesellschaften nach deren Bildung einwirken; die derzeitige Regelung beizubehalten, und es sei anzunehmen, daß Bundeswirtschaftsminister Dr. Erhard im weiteren Verlauf seines Briefwechsels mit der Industriegewerkschaft Metall Erklärungen in dieser Hinsicht abgeben könne.

Das Bundeskabinett wird sich in seiner nächsten Sitzung auch mit diesem Problem befassen, und man erwartet für die kommende Woche schon die neuen Gespräche der Sozialpartner unter Teilnahme des Bundeskanzlers.

Blank parlamentarischer Staatssekretär?

Eine Forderung der Regierungsparteien / Kamin-Gespräche in Bonn

Drahtbericht unseres Korrespondenten

R. **Bonn,** 5. Januar. Die Regierungsparteien wollen bei der Beratung des Etats des Bundeskanzleramtes im Haushaltsausschuß den Antrag stellen, daß der Abgeordnete Blank, der Leiter des Amtes zur Unterbringung der alliierten Truppen und deutscher Verhandlungsführer bei den Besprechungen der Sachverständigen über einen deutschen Verteidigungsbeitrag, zum Staatssekretär ernannt wird. Es würde sich dabei um einen parlamentarischen Staatssekretär handeln, da Blank sein Mandat beibehalten wird. Diese Einrichtung der parlamentarischen Staatssekretäre besteht bis jetzt noch nicht. Sie ist aber grundsätzlich seit langem schon von den Freien Demokraten und und der Deutschen Partei angeregt worden, und eine Annahme dieses Antrages würde einen bemerkenswerten Präzedenzfall schaffen.

Die weiteren deutschen Sachverständigen, die Generale Speidel und Heusinger, werden militärtechnische Berater der Bundesregierung sein, ohne daß sie dadurch Angestellte im Bundesdienst würden. Sie sollen auch Teilnehmer an den „Gesprächen am Kamin" sein, auf die sich wohl die deutsch-alliierte Fühlungnahme einleitend beschränken wird, wobei es vorläufig nur zu einer Begegnung mit der amerikanischen Seite kommen wird. In deutschen Kreisen unterstreicht man betont den Unterschied zwischen diesen Gesprächen am Kamin und offiziellen Gesprächen am Runden Tisch.

Die Tätigkeit dieser Sachverständigen wird sich auch auf die Frage der europäischen Armee erstrecken, wenn die Bundesregierung, wie ihr angekündigt worden ist, zur Teilnahme an der Pariser Konferenz über diese Armee eingeladen wird. Man hat in Bonn den Eindruck, daß die Perspektive einer europäischen Armee wachsende Bedeutung gerade angesichts der Gespräche über eine Viererkonferenz gewinnt, vor allem auch, weil auf französischer Seite eine europäische Armee anscheinend als weniger mit Risiken gegenüber dem Osten belastet betrachtet wird als nationale Kontingente zu der Armee Eisenhowers.

Mit Genugtuung hat man in Bonn die Erklärung zur Kenntnis genommen, daß die französische Regierung die Unterzeichnung des Schuman-Planes nicht zur Bedingung einer Einladung der Bundesregierung zu den Pariser Verhandlungen mache. Nachdem gewisse inoffizielle Aeußerungen an die Absicht einer solchen Verknüpfung zwischen Schuman-Plan und europäischer Armee hatten denken lassen, stellt man jetzt mit um so größerer Befriedigung fest, daß diese Absicht nicht besteht.

Zur Sicherung der Wirtschaft

Vor einem Gesetzentwurf der Bundesregierung

zr. **Bonn,** 5. Januar (Eigener Drahtbericht). In Bonn ist am Freitagabend bekanntgeworden, daß die Bundesregierung in den nächsten Tagen ein Wirtschaftssicherungsgesetz vorlegen werde, das ihr für die Rohstoffsicherung und die Produktionslenkung gewisse Vollmachten geben solle.

Beginn am 9. Januar

F. A. Z. **Frankfurt,** 5. Januar. Die Oberkommission hat die Bundesregierung gebeten, am 9. Januar informelle Besprechungen über die Frage einer deutschen Teilnahme an der westlichen Verteidigung zu beginnen, die im Einklang mit den Empfehlungen der Brüsseler Konferenz stehen. Diese informellen Besprechungen, die sich mit technischen Angelegenheiten befassen werden, werden von britischen, amerikanischen, französischen und deutschen Vertretern geführt werden.

16. Januar, Dienstag

Sechs zehnmotorige B-36 »Atombomber« der US-Streitkräfte treffen nach einem Übungsflug in Großbritannien ein. Die Flugzeuge, deren Konstruktionsdaten eine der wichtigsten militärischen Geheimnisse der Vereinigten Staaten sind, haben damit erstmals ihre Übungsgebiete an den US-Küsten und im östlichen Pazifik verlassen.

Seine erste Deutschlandtournee nach dem Ende des Zweiten Weltkrieges beginnt das London Philharmonic Orchestra unter der Leitung des Dirigenten Adrian Boult mit einem Auftritt in Essen. → S. 25

17. Januar, Mittwoch

Urho Kaleva Kekkonen (Agrarpartei), Ministerpräsident Finnlands, bildet eine Koalitionsregierung mit Politikern der Sozialdemokratischen Partei, der Schwedenpartei, der Liberalen und der Agrarpartei. Sieben Sozialdemokraten lösen vier Mitglieder der Agrarpartei, zwei Liberale und einen Vertreter der Schwedenpartei ab.

Weil die Kohlevorräte der Stadtwerke Bremerhavens aufgebraucht sind und die Straßenbeleuchtung abgeschaltet werden muß, hilft die amerikanische Besatzungsbehörde leihweise mit 400 t Kohlen aus. → S. 104

Serbien nimmt als letzte der jugoslawischen Provinzen das Gesetz über die Abschaffung des Frauenschleiers an.

18. Januar, Donnerstag

Der SPD-Politiker Ernst Reuter wird zum ersten Regierenden Bürgermeister von Berlin gewählt. → S. 17

Die für das deutsch-alliierte Verhältnis bedeutende Frage der Besatzungskosten kommt während einer Debatte im Bundestag zur Sprache. Einmütig kritisieren die Abgeordneten Höhe und Verwendungszweck (→ 16. 3./S. 51).

In Großbritannien bildet Premierminister Clement Richard Attlee (Labour Party) das Kabinett um. Eine Konsequenz: Aneurin Bevan, Ex-Gesundheitsminister, löst Arbeitsminister George Isaac ab. Mit der Ernennung Bevans, Vertreter des linken, regierungskritischen Labourflügels, festigt Attlee, der auf allgemeine Zustimmung seiner Rüstungspläne hofft, vorläufig seine Stellung (→ 23. 4./S. 73).

Der umstrittene deutsche Spielfilm »Die Sünderin« mit Hildegard Knef und Gustav Fröhlich wird im Frankfurter Turmpalast uraufgeführt. → S. 25

Bei einem Vulkanausbruch des Mount Lamington auf Neuguinea sterben 3000 Menschen.

19. Januar, Freitag

Die norwegische Regierung beschließt in Oslo eine Beteiligung des Landes am Nordatlantikpakt (NATO), die u. a. eine gemeinsame Truppenführung im Kriegsfall vorsieht.

General Emmett O'Donnell, Ex-Chef des amerikanischen Bomberkommandos im Fernen Osten, fordert den Einsatz der Atombombe gegen die am Koreakrieg beteiligte Volksrepublik China. Die US-Regierung distanziert sich von dieser »privaten Äußerung« (→ 11. 4./S. 70).

20. Januar, Samstag

General Dwight D. Eisenhower, seit 1950 NATO-Oberbefehlshaber, beendet seine Rundreise durch westeuropäische Staaten mit einem Besuch in der Bundesrepublik Deutschland (→ 7. 1./S. 15).

Die erste deutsche Landwirtschaftswoche nach dem Ende des Zweiten Weltkrieges wird in Hannover eröffnet.

21. Januar, Sonntag

Die italienische Regierung entläßt 5740 kommunistische Arbeiter, die gegen den Besuch des NATO-Oberbefehlshabers General Dwight D. Eisenhower in Rom protestiert haben.

22. Januar, Montag

Die westdeutschen Rundfunkintendanten lehnen einen Vorschlag von Hans Mahle, Generalintendant des Rundfunks der DDR, ab, Gemeinschaftssendungen aller ost- und westdeutschen Rundfunkanstalten zu produzieren. Gemeinschaftliche Sendungen seien so lange unmöglich, »wie in der Sowjetzone die Verkehrung der Grundbegriffe Freiheit, Menschlichkeit und Frieden fortbesteht«.

Schnee-, Lawinen- und Hochwasserkatastrophen in den Alpen fordern mehr als 300 Tote. → S. 24

Der fünfjährige Zirkuslöwe Sultan entweicht nach der letzten Vorstellung in die Freiheit und trottet stundenlang durch die Straßen Roms. Ein großes Polizeiaufgebot bringt ihn schließlich in der Nähe der Via Appia zur Strecke.

23. Januar, Dienstag

Der NATO-Oberbefehlshaber General Dwight D. Eisenhower gibt vor seiner Abreise in Frankfurt am Main eine Ehrenerklärung für den deutschen Soldaten ab. → S. 15

Durch eine Verlängerung der Dienstzeit für amerikanische Soldaten in der Bundesrepublik Deutschland von dreieinhalb auf vier Jahre nimmt die US-Armee eine indirekte Verstärkung ihres Stationierungs-Kontingents vor.

Der Zentralverband des deutschen Kohleeinzelhandels protestiert vehement gegen die vorgesehene Höchstmenge von 16 Zentnern Kohle je Haushalt. Statt dessen fordert er 35 Zentner, was ungefähr dem Vorkriegsdurchschnitt entspräche. → S. 104

24. Januar, Mittwoch

Unter Hinweis auf die Eigenständigkeit und Eigenstaatlichkeit der Hansestädte weist der Hamburger Bürgermeister Max Brauer Überlegungen zur Bildung eines Nordwest-Staates zurück.

Die niederländische Koalitionsregierung unter Ministerpräsident Wilhelm Drees tritt zurück. Sie folgt Außenminister Dirk Stikker, dessen Indonesien-Politik scharf kritisiert wurde: Pieter Oud, Vorsitzender der Liberalen, bemängelte, daß die Regierung mit dem Angebot, »die Souveränität über Neuguinea unmittelbar der Niederländisch-Indonesischen Union zu übertragen . . . ihre Vollmachten überschritten habe«.

Mit einer Resolution unterstützt der asiatisch-arabische Block in den Vereinten Nationen Rotchinas Waffenstillstandsvorschlag für Korea. Gleichzeitig soll eine Konferenz mit den Vereinigten Staaten, der Sowjetunion, Großbritannien, Indien, Ägypten und China anberaumt werden, die u. a. über einen Abzug der Amerikaner aus Formosa berät (→ 25. 4./S. 71).

Das Kabarett »Die kleine Freiheit« tritt zum ersten Mal auf. Ort der Vorführung ist das Atelier-Theater in der Münchner Elisabethstraße. → S. 24

25. Januar, Donnerstag

In Bonn einigen sich Gewerkschafter und Unternehmer in einer Konferenz unter Vorsitz von Bundeskanzler Konrad Adenauer über die Mitbestimmung in der Eisen- und Stahlindustrie. Der geplante Streik wird abgesagt (→ 3. 1./S. 22).

In der Bundesrepublik Deutschland wird die Verordnung über die »Zollbehandlung von Geschenksendungen und Liebesgaben« erlassen. Damit werden den karitativen Auslands-Organisationen wie CARE und UNICEF, die in der freien Wohlfahrtspflege eine erhebliche Bedeutung haben, Vergünstigungen eingeräumt.

26. Januar, Freitag

Die französische Regierung lädt Delegierte der Bundesrepublik Deutschland zur Teilnahme an einer Konferenz über die Europäische Verteidigungsgemeinschaft nach Paris ein (→ 15. 2./S. 32).

27. Januar, Samstag

Ein Abkommen über die endgültige Festlegung der deutsch-polnischen Grenze wird von DDR-Außenminister Georg Dertinger und Stanislaw Skrzeszewski, Leiter des polnischen Außenministeriums, in Frankfurt an der Oder unterzeichnet.

Der Block der Heimatvertriebenen und Entrechteten (BHE), eine Partei, die sich als Interessenvertretung Vertriebener und Kriegsgeschädigter versteht, wird in Bonn als Bundesorganisation gegründet. Vorsitzender wird Waldemar Kraft, stellvertretender Ministerpräsident von Schleswig-Holstein (→ 18. 2./S. 36).

28. Januar, Sonntag

»Rettet den Frieden« ist die Losung einer Tagung gegen Remilitarisierung, zu der 1700 Teilnehmer nach Essen kommen. Sie fordern eine Volksbefragung zur Wiederaufrüstung der Bundesrepublik Deutschland. → S. 16

Die Leitung des bundesdeutschen Rotary-Clubs bemängelt in Stuttgart ein päpstliches Dekret über Geheimorganisationen, das katholischen Geistlichen die Mitgliedschaft in der Rotary-Vereinigung verbietet.

Weltmeister im Zweierbob werden die Ohlstädter Anderl Ostler und Lorenz Nieberl in Alpe-d'Huez bei Grenoble in Frankreich. → S. 25

29. Januar, Montag

Der Abbau der 10 000-t-Schmiedepresse der Dortmund-Hörder-Hüttenverein AG ist eine der letzten Demontagen. Die größte deutsche Presse wird nach Großbritannien verfrachtet. → S. 21

Das am → 12. Januar (S. 23) gefällte Todesurteil gegen den Oberschüler Hermann Flade, der sich in Dresden wegen angeblicher Boykotthetze gegen die DDR verantworten mußte, wird in eine 15jährige Gefängnisstrafe umgewandelt.

Das französische Team M. J. Trevoux/M. R. Crovetto gewinnt auf Delahaye die Rallye Monte Carlo. Der deutsche Spitzenfahrer Petermax Müller bleibt als einziger Deutscher strafpunktfrei und erreicht Platz 50. → S. 25

30. Januar, Dienstag

DDR-Ministerpräsident Otto Grotewohl gibt eine Regierungserklärung zur Bildung eines »Gesamtdeutschen Konstituierenden Rates« ab. Die Volkskammer unterstützt ihn und fordert den Bundestag auf, an einer gesamtdeutschen Verständigung mitzuwirken (→ 9. 3./S. 52).

Der Vorbehalt gegen die Ausübung der Polizeigewalt durch die Bundesregierung wird von der Alliierten Hohen Kommission aufgehoben. Im Notfall darf der Bund die Bereitschaftspolizei der Länder zentral einsetzen.

Die Schauspielerin Elizabeth Taylor läßt sich vom Hotelierssohn Nick Hilton scheiden.

31. Januar, Mittwoch

John J. McCloy, amerikanischer Hochkommissar, gibt endgültige Entscheidungen über Gnadengesuche der in Nürnberg verurteilten und in Landsberg inhaftierten NS-Kriegsverbrecher bekannt. Sieben Todesurteile werden bestätigt (→ 7. 6./S. 100).

Captain Charles Blair stellt bei einem Nonstopflug von New York nach London einen Geschwindigkeitsrekord auf: In 7 Stunden und 48 Minuten bewältigt er in seinem umgebauten Mustang-Jäger die Distanz (→ 21. 2./S. 38).

Das Wetter im Monat Januar

Station	Mittlere Lufttemperatur (°C)	Niederschlag (mm)	Sonnenscheindauer (Std.)
Aachen	4,1 (1,8)	94 (72)	33 (51)
Berlin	0,9 (−0,4)	62 (43)	46 (56)
Bremen	2,5 (0,6)	86 (57)	– (47)
München	0,4 (−2,1)	98 (55)	44 (56)
Wien	1,5 (−0,9)	24 (40)	35 (56)
Zürich	1,3 (−1,0)	71 (68)	39 (46)

( ) Langjähriger Mittelwert für diesen Monat
– Wert nicht ermittelt

Zwischen Chur und Arosa versuchen Schweizer Bergungstrupps, einen Zug freizuschaufeln, der in einem Tunnel verschüttet wurde. Auf den Titelseiten informieren britische Zeitschriften ihre Leser über die katastrophalsten Lawineneinbrüche in den Alpen seit Menschengedenken. (Die Wochenzeitschrift »The Illustrated London News« vom 27. Januar 1951)

THE ILLUSTRATED LONDON NEWS

The World Copyright of all the Editorial Matter, both Illustrations and Letterpress, is Strictly Reserved in Great Britain, the British Dominions and Colonies, Europe, and the United States of America.

SATURDAY, JANUARY 27, 1951.

A SWISS AVALANCHE WHICH IMPRISONED A TRAIN: ONE OF THE BLOCKED ENDS OF A TUNNEL ON THE CHUR-AROSA LINE, WITH MEN AT WORK CLEARING IT.

During the week-end of January 20-22, the Swiss and Italian Alps and the Austrian ranges suffered disastrous avalanches caused by a sudden rise in temperature after heavy snowfalls. The avalanches were followed by blizzards. The death-roll on January 22 in the three countries was over 100. Our photograph illustrates a remarkable episode which, happily did not entail any casualties. A train on the Chur-Arosa line on the night of January 20 was halted in a tunnel, both ends of which had been blocked by avalanches as it was speeding through, and it stopped with only yards to spare. Some passengers dug a way out and reached a nearby village, but a number of travellers, including twenty-five women and children, passed the night in the train. Our photograph shows one end of the tunnel, completely blocked, and men digging out snow and rubble and carting it away.

Vorbei an Toten am Wegrand führt der Rückzug südkoreanischer Truppen. Sie müssen sich den heftigen kommunistischen Angriffen beugen.

Großoffensive in Korea

1. Januar. Chinesische und nordkoreanische Truppen setzen am Neujahrstag zu einer Großoffensive an: Der zum Stellungskrieg erstarrte Konflikt in dem geteilten Land verschärft sich und wird zum gefährlichsten Krisenherd der Welt. Die angreifenden Soldaten überqueren den zugefrorenen Imjin-Fluß, stoßen in Richtung der Städte Uijongbo und Chunchon vor und stehen bereits nach kurzem 32 km vor Seoul.

Die UN-Truppen wenden bei ihrem Rückzug die Taktik der »verbrannten Erde« an: Dörfer werden angezündet, um dem Feind keine Möglichkeiten zur Errichtung von Stellungen zu bieten. Die Bevölkerung ist auf der Flucht. Zwei Mio. Menschen sind bei eisiger Kälte unterwegs in den Süden. Nahrung, Unterkünfte, selbst Trinkwasser fehlen. Die Flüchtlinge werden in den umkämpften Gebieten von Piloten der amerikanischen Luftwaffe immer wieder mit feindlichen Truppen verwechselt und bombardiert.

Angesichts des raschen Vormarsches der kommunistischen Einheiten wird Kritik an der militärischen Taktik der UN-Truppen laut: »Warum mußten sich die Bodentruppen mit Ausnahme einer türkischen Brigade zurückziehen, wenn die Soldaten der Vereinten Nationen über die Luftüberlegenheit verfügen und hervorragendes technisches Material besitzen?« fragt die türkische Zeitung »Zafer«.

In New York versuchen Politiker in Gremien der Vereinten Nationen, einen Waffenstillstand in Korea zu erreichen. Sie müssen jedoch am 3. Januar das Scheitern einer Kommission zur Kenntnis nehmen, die eine Friedensregelung ausarbeiten sollte: Die Vorschläge der Kommission – Feuereinstellung in Korea, Schaffung einer demilitarisierten Zone, Kontrolle durch eine UNO-Kommission und Austausch von Gefangenen – werden von der Volksrepublik China abgelehnt.

China kritisiert u. a., daß erst nach einer Feuereinstellung verhandelt werden soll. Dies würde den Vereinigten Staaten nur eine Atempause verschaffen. Peking erklärt die Arbeit der Dreierkommission für illegal, weil sie ohne die Zustimmung Chinas den Konflikt in Korea lösen wolle. Voraussetzung für einen Frieden sei der Abzug aller ausländischen Truppen, so daß das koreanische Volk seine Zukunft selbst bestimmen könne. Weitere Bedingungen seien der Rückzug US-amerikanischer Streitkräfte von Formosa und die alleinige Anerkennung der Volksrepublik China als rechtmäßiger Vertreter in den Vereinten Nationen (→ 25. 4./S. 71).

Nicht nur militärisch, auch politisch bleiben die Fronten zwischen der Volksrepublik China und den USA verhärtet: Das US-Statedepartment schickt am 7. Januar ein Memorandum an 29 Mitgliedstaaten der Vereinten Nationen, um China zum Aggressor in Korea zu erklären.

Wie bedrohlich der Konflikt nicht nur für Asien, sondern für die Welt ist, zeigt die Äußerung von Benegal Rau, indischer UN-Delegierter und Mitglied der Dreierkommission: Der Ausbruch eines Dritten Weltkrieges könne nicht der Kommission angelastet werden, die eine friedliche Verständigung suche.

Schauplatz Korea: Die Städte Wonju und Suwon werden von den UN-Truppen geräumt. Eine verschärfte Pressezensur wird verhängt. Nicht mehr das Hauptquartier des Oberkommandierenden, General Douglas MacArthur, in Japan, sondern die Führung der 8. Armee wacht über sämtliche Korrespondentenberichte, die die Kriegführung beschreiben. Wer gegen die straffen Vorschriften verstößt, kann sogar vor ein Kriegsgericht gestellt werden (→ 23. 3./S. 54).

General Matthew Bunker Ridgway (stehend links), Kommandant der 8. Armee, an einem Sammelpunkt südkoreanischer Soldaten. Ridgway ist erst fünf Tage vor dem Großangriff der chinesischen und nordkoreanischen Einheiten am Jahresbeginn mit dem Oberbefehl über die in und um Seoul stationierte Armee betraut worden. Er tauschte nach dem Unfalltod von General Walton Walker seinen Posten im Verteidigungsministerium der Vereinigten Staaten mit dem Kommando der 8. Armee in Südkorea.

In Kähnen retten Flüchtlinge aus Seoul ihre letzte Habe. Andere überqueren an der zerstörten Brücke den Fluß mit Hilfe eines provisorischen Übergangs.

Hauptstadt erobert – Bevölkerung flieht

4. Januar. Kommunistische Einheiten durchbrechen Stellungen der UN-Armee im Norden Seouls und erobern die brennende Hauptstadt der Republik Korea. An mehreren Stellen überschreiten sie den Fluß Han und verfolgen die fliehenden Truppen. Tausende von Flüchtlingen geraten dabei zwischen die Fronten.

Die Evakuierung der Millionenbevölkerung läuft bereits seit Tagen. Eine halbe Million Flüchtlinge strömt in den Süden des Landes. Derweil werden an der Küste Schiffe zusammengezogen, um eine Evakuierung der 8. Armee, die in und um Seoul unter dem Befehl von General Matthew B. Ridgway stationiert war, zu gewährleisten.

Nach ihren militärischen Erfolgen bedrohen die nordkoreanischen und chinesischen Truppen die Wegverbindung nach Pusan. In die Stadt mit dem wichtigsten Nachschubhafen der UN-Streitkräfte hat sich auch Südkoreas Ministerpräsident Syngman Rhee zurückgezogen.

Seoul ist zum wiederholten Mal Ziel »kommunistischer« Angriffe. Bereits am 28. Juni 1950 marschierten nordkoreanische Einheiten in Seoul ein. Im September eroberten UN-Truppen die Hauptstadt zurück.

Kriegsschauplatz Fernost – »Kommunismus« gegen »freie Welt«

Seit dem Ende des Weltkriegs steht Korea im Zeichen wachsender Gegensätze zwischen Ost und West: Sowjetische Truppen besetzen die Halbinsel am 8. August 1945 nördlich des 38. Breitengrades, US-Truppen südlich dieser militärischen Grenze. In ganz Korea, das seit 1910 als Generalgouvernement Chosen (ab 1929 Provinz) zu Japan gehörte, sollen nach dem Willen der Vereinten Nationen (UNO) freie Wahlen stattfinden. Allerdings gelingt das Vorhaben nur im Süden: Am 15. August 1948 wird in Seoul die Republik Korea ausgerufen. Im Gegenzug wird am 9. September die Demokratische Volksrepublik Korea unter der kommunistischen Regierung Kim Il Sungs proklamiert.

In der Folge häufen sich Grenzzwischenfälle am 38. Breitengrad bis zur Eskalation des Konflikts am 25. Juni 1950: Nordkoreanische Truppen greifen die Republik Korea an. Am gleichen Tag tritt um 14 Uhr in Lake Success der Sicherheitsrat der UNO zusammen. In Abwesenheit des sowjetischen Delegierten beschließt er eine Resolution, die Nordkorea zum Rückzug auffordert. US-Präsident Harry S. Truman betraut am 27. Juni General Douglas MacArthur, Alliierter Oberbefehlshaber in Japan, mit dem Einsatz von Luft- und Seestreitkräften südlich des 38. Breitengrades. Der Sicherheitsrat empfiehlt den UNO-Mitgliedern, »der Republik Korea alle erforderliche Hilfe zu leisten . . .«. Am 7. Juli beschließt er, die UN-Truppen dem Kommando von MacArthur zu unterstellen.

Der Koreakrieg wird seit Beginn als Auseinandersetzung zwischen »Kommunismus« und »freier Welt« gewertet. Er ist sowohl Ausdruck des »kalten Krieges« als auch sein Produkt.

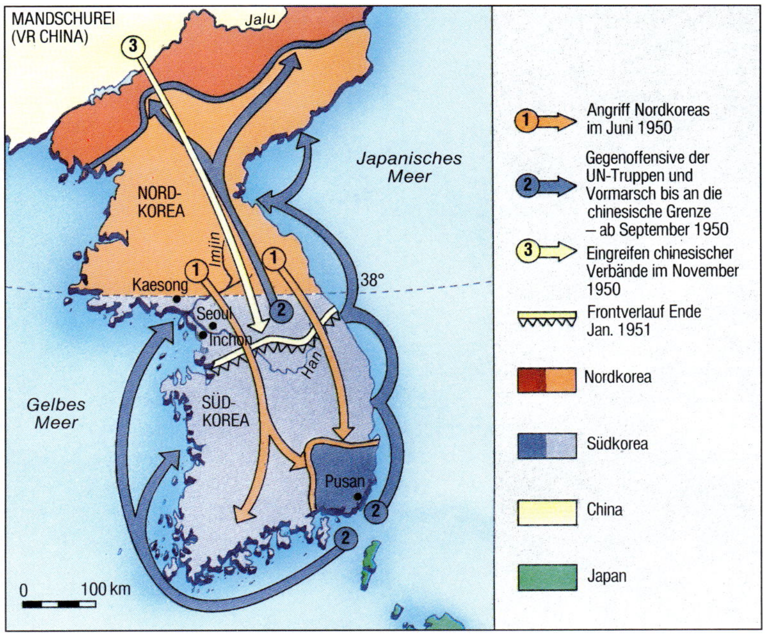

McCloy will Stärke – Heuss mahnt zu Geduld

1. Januar. »Wir im Westen wissen, daß es keinen Frieden geben wird, wenn wir nicht stark und einig sind.« John J. McCloy, US-amerikanischer Hochkommissar für Deutschland, beschwört in seiner Neujahrsansprache in eindringlichen Worten Einigkeit und Stärke der »freien Welt«, die sich gegen eine »kommunistische« Aggression verbünden müsse. McCloy glaubt, daß das neue Jahr große Fortschritte im Prozeß der gleichberechtigten Einbindung der Bundesrepublik Deutschland in diese »Gemeinschaft der freien Nationen« bringen wird. Allerdings werde das nicht einfach werden: »Wir können ziemlich sicher erwarten, daß 1951 ein Jahr voller harter Arbeit und Opfer, vieler Prüfungen und Enttäuschungen sein wird.«

Der 1895 in Philadelphia geborene John Jay McCloy, Jurist und Bankier, war 1941–45 stellvertretender Kriegsminister und 1947–49 Präsident der Bank für Wiederaufbau. Seit 1949 ist er Hochkommissar für Deutschland.

In Anspielung auf das gespannte Verhältnis zur UdSSR glaubt McCloy, daß es nicht ausreiche zu wissen, daß »wir die letzte Schlacht gewinnen werden. Wir müssen jetzt unsere Kräfte zusammenfassen, damit kein Angreifer von der Aussicht auf eine leichte erste Schlacht in Versuchung gebracht wird.« Mit aller Kraft würden die Vereinigten Staaten dazu beitragen, daß Friede und Freiheit erhalten werden, so der Hochkommissar. »Deshalb ist das Schicksal der Menschen in der Ostzone Deutschlands ebenso bedeutsam wie das Geschick der Menschen in der Bundesrepublik. Deshalb wird ein einheitliches demokratisches Deutschland auch im Jahr 1951 unser Ziel bleiben, wie es auch im abgelaufenen Jahr unser Ziel gewesen ist«, verspricht McCloy.

Bundespräsident Theodor Heuss beleuchtet in seiner Neujahrsansprache, die über alle Rundfunksender der Bundesrepublik Deutschland verbreitet wird, die innen- und außenpolitischen Probleme des jungen Staates. Er geht besonders auf die soziale Situation, das Verhältnis der Parteien und die Spannungen zwischen Arbeitnehmern und Arbeitgebern ein.

Theodor Heuss, 1884 in Brackenheim geboren, war 1924–28 und 1930–33 Reichstagsmitglied (Deutsche Demokratische Partei, ab 1930 Deutsche Staatspartei). 1949 wurde der FDP-Vorsitzende (seit 1948) erster Bundespräsident der Bundesrepublik.

Mit Optimismus blickt Heuss auf die Verhandlungen zwischen Gewerkschaften und Industriellen über die paritätische Mitbestimmung: »Diejenigen, die einmal Kampfideologien geformt haben, sind auf beiden Seiten gestorben. Der Lebende hat Recht, indem er Recht schafft.« Dieses Recht dürfe dem schwachen Staat aber nicht Verantwortungen aufbürden, denen er einfach nicht gewachsen sei, mahnt Heuss.

Der Bundespräsident betont, daß die politische Auseinandersetzung zwischen Regierung und Opposition nicht zum »politisch-technischen Selbstzweck« erstarren dürfe, »bei dem ein gescheites Wort als dumm gilt, eine verständige Haltung als falsch, nur weil sie im anderen Lager gesprochen oder vollzogen wurde«. Eine historisch bedeutsame Rolle komme auf Bundestag und Bundesrat sowie auf Mehrheitsgruppen und Opposition im neuen Jahr zu, meint das Staatsoberhaupt. Heuss appelliert an die Geduld, auch wenn er zugibt, daß immer noch nicht alles zufriedenstellend sei. Aber: »Es ist ein Unrecht, daß man wegen dieser oder jener peinlichen Geschichte die zähe danklose Arbeit der großen Zahl kaum sieht und, weil Erwartungen da und dort nicht, noch nicht erfüllt sind, die wichtigen gesetzgeberischen Arbeiten kaum bewertet.« Eines der wichtigsten Ziele der Bundesrepublik Deutschland sei es, »in der politischen Leitung und in der Gesetzgebung eine rechte Gestaltungskraft zu gewinnen und zu sichern – auch eine von allen anerkannte Verfahrensweise ihrer einzelnen Organe«.

Zu Verhandlungen über die Wiederbewaffnung der Bundesrepublik Deutschland sagt Heuss: »Wenn die kommenden Besprechungen einen inneren Sinn haben sollen, dann müssen sie vom Anbeginn nicht den Charakter des bloßen Handelns haben ... sondern des Verhandelns. Dem Verhandeln aber ist ein gemeinsames Ziel gesetzt: die Grundlagen des Friedens zu sichern. Der Friede ist für die Deutschen das höchste Gut. Das wissen auch die Deutschen, denen eine Heimat geraubt wurde: Sie hoffen auf Rückkehr, aber sie wollen nicht an frischen Soldatengräbern vorbeiwandern müssen ...«

Auch auf die Probleme der Heimatvertriebenen geht der Bundespräsident ein. Keine Nachricht des vergangenen Jahres habe ihn derart getroffen, wie die Meldung über die Gründung eines Vereins der »Einheimischen gegen die Flüchtlinge«. Er habe das als »Schande« empfunden.

Carlo Graf Sforza, 1872 in Montignoso geboren, war bereits 1920/21 Außenminister. Der liberale Diplomat war bedeutender Anhänger des antifaschistischen Widerstands.

Neben Appellen an das eigene Volk nutzen Europapolitiker die Neujahrsansprache, um für ihre Ideen eines geeinten Europas zu werben und die europäische Integration zu fördern. So appellieren der italienische Außenminister Carlo Graf Sforza, Vorsitzender des Straßburger Ministerausschusses, und der Belgier Paul Henri Spaak, Präsident der Beratenden Versammlung des Europarates, an den Einigungswillen der europäischen Staaten. Der Fortgang der europäischen Integration sei unumgänglich, betonen sie. Spaak setzt sich für eine europäische Einigung unter Beteiligung Großbritanniens ein.

Jeder Dritte hofft auf Friedensjahr

1. Januar. Der Krieg in Korea hinterläßt auch bei der bundesdeutschen Bevölkerung seine Spuren: Zum ersten Mal seit Kriegsende rangiert die Sehnsucht nach Frieden vor materiellen Wünschen, stellt das Bielefelder EMNID-Institut in seiner Silvestererhebung fest.

Zur Jahreswende wünscht sich jeder dritte befragte Bundesbürger (30,5%) vor allem eine Zukunft ohne kriegerische Konflikte. Bei der Umfrage im vergangenen Jahr hielten nur 13,9% der Befragten den Frieden für das wichtigste, 1949 waren es lediglich 19,1%.

Zenit des Jahrhunderts erreicht

Übereifrige wollten ihn schon vor Jahresfrist feiern. Das denkwürdige Ereignis wird aber – nach Aussage von Kalenderspezialisten – erst jetzt, mit dem Jahreswechsel 1950/51, akut: Der Beginn der zweiten Jahrhunderthälfte.

Besondere Festtagsstimmung wäre also gerechtfertigt, wenn nicht die Nachricht einer neuen kommunistischen Offensive in Korea weltweit einen Hauch von Endzeitstimmung verbreiten würde.

Die Australier hingegen geben sich uneingeschränkt der Feiertagsstimmung hin: Im ganzen Land wird mit Salutschüssen der 50. Jahrestag der Unabhängigkeit gefeiert.

Ein Blick noch auf die Launen der Natur zum Jahreswechsel: Aus Jordanien, Beirut und Zypern werden ungewöhnlich starke Regenfälle gemeldet, während in der Sowjetunion Temperaturen von minus 54 Grad Celcius herrschen. In Sizilien dagegen spuckt der Ätna, pünktlich zum Jahresbeginn, Glut und Asche.

Gegenläufig entwickelte sich der Wunsch nach besseren Lebensbedingungen: 1949 rangierte er für 34,6% der befragten Bundesbürger an erster Stelle, zu Beginn des Jahres 1951 stehen nur noch für 16,9% bessere Lebensumstände im Vordergrund ihrer Wünsche.

10,7% hoffen 1951 vorrangig auf eine eigene Wohnung, 10,2% in erster Linie auf Geld. 9% der Befragten stellen die Gesundheit auf Platz eins ihrer Wunschliste, ermittelt das 1945 gegründete Institut für Markt- und Meinungsforschung.

Europatour des NATO-Chefs – heikler Besuch in Bonn

7. Januar. Der neuernannte Oberkommandierende der NATO-Streitkräfte, der US-General Dwight D. Eisenhower, trifft zum Auftakt seines 18tägigen Antrittsbesuches durch Westeuropa in Paris ein.
Im Auftrag von US-Präsident Harry S. Truman soll der General herausfinden, wie es um Verteidigungsmoral und Verteidigungskraft der europäischen Atlantikpaktstaaten bestellt ist. Im Hintergrund steht der Gedanke einer Europaarmee (→ 15. 2./S. 32) als Bollwerk gegen eine kommunistische Aggression. Eisenhower erklärt dazu, daß man keinen Erfolg erzielen werde, wenn die Opfer Amerikas nicht von gleichwertigen Opfern der europäischen Demokratien begleitet seien.
Auf seiner »Informationsreise«, die Eisenhower in diesem Sinne mit handfesten Forderungen an die Gastländer verknüpft, bereist er fast alle NATO-Staaten und die Bundesrepublik Deutschland.
Der Besuch Eisenhowers in der Bundesrepublik vom 20. bis 23. Januar ist von besonderer Brisanz: Der ehemalige Oberbefehlshaber der alliierten Invasionstruppen gilt nicht gerade als Freund Deutschlands und der Deutschen.
Ein gesellschaftliches Treffen des Generals mit deutschen Politikern in Bad Homburg dient dem einzigen Zweck, einen Schlußstrich unter die gegenseitigen Ressentiments zu ziehen. Mit Erleichterung registrieren deshalb deutsche Regierungskreise die Abschiedserklärung General Eisenhowers, in der er den Deutschen »großen politischen und wirtschaftlichen Fortschritt« seit dem Ende des Zweiten Weltkriegs bescheinigt.

△ General Eisenhower (linkes Bild, l., mit dem französischen Außenminister Robert Schuman) gibt sich nach Gesprächen in Paris gutgelaunt. In Portugal bespricht der General mit Diktator António de Oliveira Salazar (rechtes Bild, r.) ebenfalls militärische Fragen.

◁ Sondierungsgespräche auf dem Bad Homburger Empfang des US-Hochkommissars John McCloy. V. l.: McCloy, Bundeskanzler Konrad Adenauer, Dwight D. Eisenhower. Gelegenheit auch für Begegnungen mit den militärischen Beratern der Bundesregierung: Die Deutschen sollen bei der Verteidigung Europas in die Pflicht genommen werden.

General Eisenhower in der Bundesrepublik: »Der deutsche Soldat hat seine Ehre nicht verloren«

23. Januar. Am letzten Tag seines Besuches in der Bundesrepublik gibt der NATO-Oberkommandierende Dwight D. Eisenhower eine Ehrenerklärung für den deutschen Soldaten ab:

»Bevor ich Deutschland nach diesem ersten kurzen Besuch verlasse, möchte ich zum Ausdruck bringen, daß ich die Gelegenheit begrüßt habe, mit den Hochkommissaren und den führenden Offizieren der alliierten Truppen in Deutschland zu sprechen.
Da Deutschland nicht Mitglied der Atlantikpakt-Staaten ist, stand mein Besuch hier unter einem anderen Gesichtspunkt, als meine Besuche in anderen Ländern. Ich habe mich aber sehr gefreut, viele leitende deutsche Persönlichkeiten kennenzulernen, die jetzt so wesentlich zum Wiederaufbau dieses Landes beitragen. Auf Grund dessen, was ich gesehen und gehört habe, bin ich tief beeindruckt von dem politischen und wirtschaftlichen Fortschritt, den Deutschland seit 1945 auf dem Weg zu einer demokratischen Gemeinschaft gemacht hat.
Wie ich schon gestern abend dem Bundeskanzler und anderen deutschen Herren gesagt habe, weiß ich jetzt, daß ein wirklicher Unterschied zwischen dem deutschen Soldaten und Offizier einerseits und Hitler und seinen verbrecherischen Helfern andererseits besteht.
Was mich betrifft, so bin ich nicht der Ansicht, daß der deutsche Soldat als solcher seine Ehre verloren hätte. Die Tatsache, daß gewisse Einzelpersonen im Kriege unehrenhafte und verächtliche Taten begangen haben, fällt auf die dabei beteiligten Personen zurück und nicht auf die große Mehrheit deutscher Soldaten und Offiziere. Ich hoffe, daß wir alle in den kommenden Monaten Fortschritte zu Einheit und Stärke machen werden. Denn durch Einheit und Stärke haben wir die beste Möglichkeit, ... den Frieden zu bewahren.«

Streng vertraulich: Deutsche Kontingente

9. Januar. Auf dem Petersberg, dem Sitz der Hohen Kommissare in der Nähe Bonns, beginnen die auf mehrere Monate angesetzten ersten inoffiziellen Besprechungen zwischen deutschen und alliierten Sachverständigen über Art und Umfang eines deutschen Verteidigungsbeitrages (→ 7. 1./S. 15).

An diesen streng vertraulichen Besprechungen nehmen die drei stellvertretenden Oberkommissare der Westmächte und von deutscher Seite der Abgeordnete Theodor Blank (CDU) sowie die ehemaligen Wehrmachtsgeneräle Hans Speidel und Adolf Heusinger teil. Als vordringliche Aufgabe bezeichnet es die Bundesregierung im Vorfeld, einen ersten Überblick über die Themen und den Aufgabenkreis der Sachverständigen zu gewinnen. So soll die deutsche Beteiligung an der Finanzierung von Soldatenunterkünften für die geplanten alliierten Verstärkungen eine Hauptfrage der Beratungen sein. In einer zweiten Phase soll über die technischen Möglichkeiten eines deutschen Verteidigungsbeitrages gesprochen werden, bevor dann auf Regierungsebene über die abgegebenen Empfehlungen entschieden wird. Darüber hinaus diene diese erste Begegnung der Militärexperten vor allem dem gegenseitigen Kennenlernen.

Indiskretionen und inoffizielle Quellen vermitteln jedoch den Anschein,

Die Politiker streiten noch über das »ob«, die Militärexperten verhandeln schon über das »wie« (v. l.: Blank, der französische General Ganeval, Speidel).

daß die Verhandlungen über die Aufstellung deutscher Kontingente konkreter sind als man von offizieller Seite bestätigen mag. Eine amerikanische Nachrichtenagentur berichtet, daß die Alliierten Fragen zu einer allgemeinen Wehrpflicht, zum militärischen Verwaltungskomplex und zu den möglichen Folgen, die die Aufstellung einer deutschen Armee für die deutsche Wirtschaft hat, angesprochen haben.

Die deutsche Seite hatte vorher schon ihre Unzufriedenheit mit der geplanten Beschränkung der deutschen Kontingente auf 5000 bis 6000 Mann bekundet. Um dieser »Diskriminierung« abzuhelfen, forderte sie Verbände, die in ihrer Stärke und Ausrüstung alliiertem Standard entsprechen. Tatsächlich gelingt es den deutschen Unterhändlern durchzusetzen, daß deutsche Kampfverbände nur auf der Basis prinzipieller Gleichberechtigung in ein europäisches Verteidigungssystem eingegliedert werden.

Die Pläne zur deutschen Remilitarisierung werden vor allem in der Sowjetunion mit Unverständnis und Protesten quittiert. Ein Militärbündnis der Atlantikstaaten mit Deutschland sei nicht nur einseitig gegen die Sowjetunion gerichtet, es verstoße auch gegen die im Krieg geschlossenen Freundschaftsverträge.

Geheimes Treffen für den Frieden

28. Januar. Unter der Losung »Rettet den Frieden« findet in Essen eine Tagung gegen Remilitarisierung und Wiederaufrüstung statt.

Angesichts weltweit zunehmender Spannungen versuchen die 1700 Delegierten, der diffusen Kriegsangst vieler Deutscher einen organisatorischen Rahmen zu geben. Die Teilnehmer – KPD-Mitglieder, Sozialdemokraten, Gewerkschafter, Pfarrer, aber auch Soldaten und Offiziere des Zweiten Weltkriegs – sehen Deutschland als Geisel fremder Mächte in einen Dritten Weltkrieg schlittern. Sie mahnen deshalb das Recht des deutschen Volkes an, über sein Schicksal selbst zu entscheiden. Die Teilnehmer der Konferenz verabschieden eine Resolution gegen die Wiederbewaffnung und fordern eine Volksabstimmung zur Frage der deutschen Remilitarisierung.

Aus Furcht vor polizeilichem Verbot findet die Veranstaltung unter konspirativen Umständen statt. Es werden mehrere Säle in verschiedenen Städten angemietet. Die Anreise nach Essen erfolgt im »Zick-Zack-Kurs«, um Polizei und Staatsschutzkräfte irrezuführen.

Diplomatischer Notenkrieg um Konferenz der vier Mächte

5. Januar. In diplomatischen Noten antworten die britische und französische Regierung auf den sowjetischen Vorschlag, »den Außenministerrat der vier Mächte einzuberufen, um die Frage der Erfüllung des Potsdamer Abkommens über die Entmilitarisierung Deutschlands zu erörtern«. Der Notenkrieg der Diplomaten wirft ein Schlaglicht auf den »kalten Krieg«, der das Verhältnis zwischen Ost und West nachhaltig bestimmt: Die Regierungen der Westmächte und der UdSSR bezichtigen sich gegenseitig, den Weltfrieden zu bedrohen.

Die Sowjets werfen den Westmächten vor, über die Einbeziehung der Bundesrepublik Deutschland in Militärbündnisse zu verhandeln, sich über die Remilitarisierung und damit über das Wiedererstehen des deutschen Militarismus bereits weitgehend verständigt zu haben.

Für Großbritannien und Frankreich wird die Frage der deutschen Beteiligung an Militärbündnissen nur auf Grund der sowjetischen Politik notwendig. Grund für einen Zusammenschluß des Westens sei die »kommunistische Aggression«. Dean Acheson, US-amerikanischer Außenminister, kritisierte schon am 4. Januar die sowjetische Politik: Einziges Zugeständnis der Sowjetunion sei der Vorschlag einer Delegiertenkonferenz, deren alleiniges Ziel die Festlegung der Tagesordnung für eine Konferenz der vier Außenminister ist (→ 5. 3./S. 50).

US-Präsident Harry S. Truman verkündet am 8. Januar vor dem Kongreß, daß die sowjetrussische Drohung einer Welteroberung die amerikanische Freiheit gefährde und sich gegen alle Völker richte, die bestrebt sind, Freiheit und Unabhängigkeit zu gewinnen und zu verteidigen. In einem Drei-Punkte-Programm verspricht er weitere wirtschaftliche und militärische Hilfe zur Sicherung der »freien Welt«.

»Eindämmung« gegen UdSSR

Harry Spencer Truman, am 8. Mai 1884 in Lamar/Montana geboren, ist seit 12. April 1945 als Nachfolger von Franklin Delano Roosevelt 33. Präsident der USA. 1948 wurde er in seinem Amt bestätigt. In seine Regierungszeit fällt der Abwurf der ersten Atombombe, der Marshallplan und der Koreakrieg. Mit der »Eindämmungspolitik« (Containment), vor allem durch ein System von Verträgen und Bündnissen, versucht Truman nach 1945 eine sowjetische Expansion zu verhindern.

Berlin: Ernst Reuter erster »Regierender«

18. Januar. Der bisherige Oberbürgermeister von Berlin (West), Ernst Reuter, wird nach der Verfassungsänderung von 1950 vom Abgeordnetenhaus mit 77 von 125 Stimmen zum ersten »Regierenden« Bürgermeister gewählt.

Die neue Verfassung, die nur in den drei Westsektoren gilt, beansprucht für Berlin den Status eines Bundeslandes. Infolgedessen nimmt auch der bisherige Oberbürgermeister den Rang eines Regierungschefs ein. Die Regierungsbildung in Berlin ist aus zwei Gründen besonders bedeutsam: Zum einen kommt es zur Zusammenarbeit von Parteien, die im Bund in Opposition zueinander stehen; andererseits wird mit Ernst Reuter eine Persönlichkeit wiedergewählt, mit der sich der Begriff des Widerstandes und des Berliner Überlebenswillens während der Blockade verbindet.

Die Wahlen zum Abgeordnetenhaus vom 3. Dezember 1950 führten zwar zum Verlust der absoluten SPD-Mehrheit, doch einigte sich die bereits bestehende SPD/CDU/FDP-Koalition angesichts der besonderen Lage der Stadt darauf, ihre Arbeit fortzusetzen.

Komplikationen ergaben sich dann bei der Regierungsbildung. Der CDU-Kandidat und frühere preußische Handelsminister Walther Schreiber erreichte bei der Wahl zum Regierenden Bürgermeister im ersten Wahlgang mit 62 Stimmen die gleiche Stimmenzahl wie Reuter. Die Einigung in Form eines Rückzuges Schreibers gelang erst, als Reuter der CDU und der FDP jeweils vier Senatorenposten zusagte.

In Reuters Regierungsprogramm dominiert der Wille, Berlin rasch und definitiv der Bundesrepublik als zwölftes Bundesland anzugleichen: Verhandlungen mit Bonn sollen die Einbeziehung in den Lastenausgleich und den Rentenausgleich sowie die Verlegung von Behörden nach Berlin sichern.

Außerdem bezeichnet Reuter den wirtschaftlichen Wiederaufbau und die Bekämpfung der Arbeitslosigkeit als zentrales Problem seiner Regierungsarbeit. Der weit über dem Durchschnitt aller Länder der Bundesrepublik liegenden Arbeitslosigkeit in Berlin soll mit einer systematisch geförderten Kapitallenkung begegnet werden.

V. l.: Ernst Reuter 1911 als Gymnasiast; nach Teilnahme an der russischen Oktoberrevolution zieht er als sozialdemokratisch geläuterter Pragmatiker in den Berliner Magistrat ein (Foto 1930); während der Blockade 1948 ein unbeugsamer Politiker in schweren Zeiten; sorgt für Kontinuität: Der alte und neue Regierungschef (Foto 1951)

Verständigung der neuen Ehrenbürger

5. Januar. Im Rahmen eines Festaktes überreicht der Kölner Oberbürgermeister Robert Görlinger Bundeskanzler Konrad Adenauer und dem Gewerkschaftsführer Hans Böckler die Ehrenbürgerwürde der Domstadt. Konrad Adenauer, von 1917 bis 1933 und 1945 Oberbürgermeister Kölns, feiert am selben Tag seinen 75. Geburtstag.

Daß die Kölner Stadtverwaltung während ihrer ersten außerordentlichen Sitzung im neuen Jahr nicht nur dem Bundeskanzler, sondern auch dem ebenfalls 75jährigen Vorsitzenden des Deutschen Gewerkschaftsbundes die Ehrenbürgerwürde zuerkennt, wird als politisches Ereignis gewertet. Denn die Beziehungen zwischen Adenauer und Böckler haben sich seit der Streikdrohung der Gewerkschaften merklich abgekühlt. Der DGB will die betriebliche Mitbestimmung verwirklichen und hat zur Durchsetzung seiner Ziele bereits am 3. Januar einen Beschluß zur Arbeitsniederlegung gefaßt (→ 3. 1./S. 22). Das Treffen der Ehrenbürger Adenauer und Böckler trägt zur Verständigung bei: Böckler stellt keine überzogenen Forderungen, Adenauer bietet sich als Vermittler an.

Mit dem Beginn der Gespräche über die paritätische Mitbestimmung gelingt dem Gewerkschafter Böckler noch kurz vor seinem Tod ein richtungweisender Erfolg. Er stirbt am 16. Februar in der Kölner Uniklinik an einem Herzinfarkt.

Konrad Adenauer, 1876 in Köln geboren, war bereits 1908 Erster Beigeordneter der Domstadt. Als Oberbürgermeister (ab 1917) kümmerte er sich besonders um die wirtschaftliche Entwicklung der Stadt sowie um die Gründung der Universität 1919.

Hans Böckler, 1875 in Trautskirchen geboren, wurde 1920 Bevollmächtigter der Verwaltungsstelle Köln des Metallarbeiterverbandes. 1945 wurde er Organisator des DGB in Köln und in die Stadtvertretung berufen. Seit 1949 ist Böckler Vorsitzender des DGB.

»Hymne an Deutschland« kommt nicht an

1. Januar. Bundespräsident Theodor Heuss stellt eine neue Nationalhymne, »Hymne an Deutschland«, vor, die im Anschluß an seine Neujahrsansprache im Rundfunk übertragen wird.

Der Text der Hymne ist von Rudolf Alexander Schröder, komponiert hat sie Hermann Reutter. Die erste Strophe lautet:

Land des Glaubens, deutsches Land/ Land der Väter und der Erben/ Uns im Leben und im Sterben/ Haus und Herberg, Trost und Pfand/ Sei den Toten zum Gedächtnis/ Den Lebend'gen zum Vermächtnis/ Freudig vor der Welt bekannt/ Land des Glaubens, deutsches Land.

Heuss betont, daß er keine neue Nationalhymne als Amtsvorgang »dekretiert«, sondern damit lediglich einen Vorschlag machen will.

Damit gibt es eine Alternative zum »Deutschlandlied«, dessen Melodie von Joseph Haydn zwar allseits beliebt, ein Teil des Textes von August Heinrich Hoffmann von Fallersleben aber wegen des Mißbrauchs in der NS-Zeit im In- und Ausland höchst umstritten ist. So entsteht bei internationalen Sportveranstaltungen eine oft als peinlich empfundene Ratlosigkeit, wenn anstelle einer deutschen Nationalhymne lediglich eine »Minute des Schweigens« eingelegt wird.

Kein Erfolg mit Deutschland-Hymne: Komponist Hermann Reutter

Die neue Hymne, deren Ausarbeitung auf eine persönliche Initiative des Bundespräsidenten zurückgeht, ist jedoch wenig erfolgreich und kann sich in der Praxis nicht durchsetzen: In einer Umfrage nach der Uraufführung sprechen sich nur 28% für und 72% gegen die neue Hymne aus. Kritiker halten die Melodie für zu unmodern, zu schwer, einfach für »unsanglich«.

Bildungswesen 1951:

Soziale Not: »Bettelstudent« beneidet »Bergbaukrösus«

Das Hauptaugenmerk der Bildungspolitik und -praxis gilt sechs Jahre nach Kriegsende noch immer der Reorganisation. Die Rückkehr zur Normalität, d. h. zu einem geordneten, einheitlichen Schulbetrieb ist noch nicht erreicht.

Erschwerend wirkt dabei der sprunghafte Anstieg der Schülerzahlen bei gleichzeitiger Raumnot. Nach Angaben der Hamburger Schulbehörde erreichen die Schülerzahlen an Volksschulen in diesem Jahr mehr als 140% des Vorkriegsstandes. Statt benötigten 5000 stehen lediglich 2477 Klassenzimmer zur Verfügung. An 85% der 265 Hamburger Volksschulen findet deshalb ein zwei- oder mehrschichtiger Betrieb statt.

Auch »geistige Enge« gehört noch immer zum deutschen Schulalltag. Ganz entgegen der heilen Idylle von der Schule »als der schönsten Zeit des Lebens« leiden Schüler vielerorts unter den Auswüchsen einer überholten pädagogischen Moral. Rechthaberische »Standpauken«, Psychoterror und Prügelstrafe sollen – nicht nur in wenigen Ausnahmefällen – bedingungslosen Gehorsam durchsetzen.

Die Situation der Lehrer ist allerdings nicht privilegiert: Wohnungsnot, Verschuldung, Arbeitslosigkeit, geringe Bezahlung bereiten dem ganzen Berufsstand erhebliche Existenzsorgen. Eine Umfrage im Kreis Nienburg (Niedersachsen) ergibt, daß 82% aller in diesem Landkreis beschäftigten Lehrer mit Beträgen bis zu 20 Monatsgehältern verschuldet sind. Lehramtsanwärter verdienen 85 DM im Monat, Junglehrer zwischen 170 und 190 DM – weniger als ein ungelernter Arbeiter. Ein Blick nach Frankreich zeigt, daß deutsche Pädagogen im internationalen Vergleich schlechter gestellt sind: Jenseits des Rheins erhält ein Junglehrer im Alter von 21 Jahren umgerechnet 250 DM, ein 25jähriger, unverheirateter Lehrer 350 DM, ein 30jähriger Familienvater mit zwei Kindern 500 DM monatlich.

Zu Beginn der 50er Jahre gerät die Frage der Nivellierung der Hochschulreife in das Zentrum des bildungspolitischen Interesses. Es gilt, über die Ländergrenzen hinweg den »gemeinsamen Kern der Hochschulreife« zu formulieren, also für alle Abiturienten bei Studienbeginn gleiche Voraussetzungen zu schaffen. Die ersten richtungweisenden Gespräche der Nachkriegszeit zwischen Vertretern von Schulen und Universitäten haben die »Tübinger Beschlüsse« zum Ergebnis, in denen ein Ende der sturen Wissensanhäufung zugunsten einer Durchdringung des Wesentlichen gefordert wird. »Verständnis« statt »Gedächtnisleistung« soll die neue, allgemein verbindliche Marschroute heißen.

Auf die Hörsäle der Hochschulen findet ein regelrechter Sturm statt, eine »Studierteninflation« kündigt sich an. Die Hoffnung vieler auf eine materiell gesicherte Existenz nach einem Hochschulstudium erweist sich jedoch als trügerisch. Wirtschaft und Verwaltung erklären sich außerstande, die Vielzahl der Akademiker aufzunehmen. Dazu kommen soziale Nöte schon während des Studiums: Das Ergebnis einer Pflichtuntersuchung unter Münchner Studenten dokumentiert ein über dem Durchschnitt der Gesamtbevölkerung liegendes Maß an Unterernährung. 19,9% der männlichen Untersuchten weisen ein Untergewicht von bis zu 20% auf, 4,7% liegen sogar noch über diesem Wert. Der allgemeine Gesundheitszustand der Studentenschaft ist nicht immer zufriedenstellend: Neben Unterernährung werden in zahlreichen Fällen Kreislaufstörungen festgestellt.

Ganz im Gegensatz zum Hungerleider-Dasein manches Studenten führt der Arbeitskräftemangel im Steinkohlebergbau des Ruhrgebietes zu durchweg attraktiven Angeboten an bergbaufremde »Umschüler«. Der Bergbau hat ein eigenständiges Ausbildungswesen entwikkelt, das viele Arbeitssuchende aus ganz Deutschland anlockt. Die Leistungen der Zechen in bezug auf gute Verpflegung und billige Unterkunft sind dabei, den Zeitumständen entsprechend, von besonderer Bedeutung.

Einrichtungen wie das Knappenheim in Lohberg bei Dinslaken bieten angehenden Bergleuten und Umschülern Berufsausbildung und guten Verdienst. Ein 18jähriger Lehrling kann bereits 250 DM im Monatsdurchschnitt verdienen. Ein erwachsener ungelernter Arbeiter außerhalb des Montanbereiches verdient lediglich ca. 200 DM. Nach Abzug für Unterkunft, Verpflegung und Wäsche verbleiben dem Lehrling noch über 200 DM zur freien Verfügung.

In Bochum-Weitmar ist der Bergmannsnachwuchs in einem Pestalozzi-Dorf untergebracht. Diese Unterbringungsart ermöglicht den jungen, ortsfremden Leuten sogar Familienanschluß. Die jeweiligen Gast-Eltern sind selbst Bergleute und kennen die Notwendigkeiten und Probleme des Berufsalltags. Neben der beruflichen Weiterbildung sorgt ein Sozialpädagoge für sinnvolle Freizeitgestaltung und geistige Anregungen.

Absoluter Gehorsam ist eine der Kardinaltugenden, die den Schülern …

Föderalistisches Chaos bei Lehrplänen

Die im Grundgesetz verankerte Kulturhoheit der einzelnen Bundesländer verursacht eine »Buntschekkigkeit« der Bildungsziele und Lehrpläne, die letztlich auf dem Rücken der Schulkinder ausgetragen wird und bei Eltern und Lehrern zu Irritationen führt.

So kann der Umzug in ein Bundesland mit anderen politischen Mehrheitsverhältnissen oder eine andere Besatzungszone weitreichende Konsequenzen haben: Das Schuljahr beginnt zu einem anderen Termin, die Schulfächer werden anders gewichtet, die Zensuren, Aufnahme- und Reifeprüfungen werden anders gehandhabt.

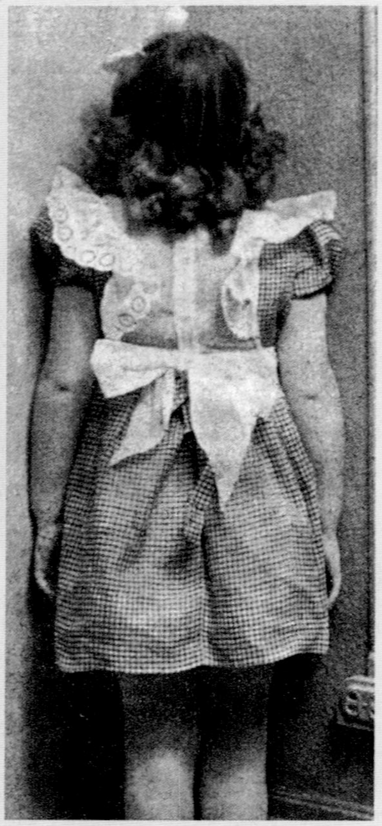

… oft unter Einsatz demütigender Strafen »eingepaukt« werden.

Freizeit für Bergknappen

Raumnot an der Hamburger Universität erzwingt die Umfunktionierung eines Kellerraumes in ein Medizinlabor.

Nach schwerer Arbeit im Pütt ein elegantes »Matt« im Knappenheim

Pädagogische »Schnellbleiche«

Obwohl durch Lehrerzuzug aus den Ostgebieten ein gewisses pädagogisches »Überschußpotential« vorhanden ist, fehlt es in vielen Fällen an ausreichender, den neuen Erfordernissen angepaßter Qualifikation. Um den steigenden Schülerzahlen zu begegnen, werden deshalb in sog. Lehrerbildungsanstalten Abiturienten zu Lehrern ausgebildet. Bereits nach einem Jahr erhalten die Absolventen ihr Diplom.

Der Lerneifer der angehenden Akademiker wird durch die beengten Verhältnisse offenbar eher beflügelt als beeinträchtigt.

Vorwärts in die Vergangenheit

Das deutsche Bildungswesen, speziell die Hochschulpolitik, wird weit weniger umgestaltet als andere Bereiche der westdeutschen Nachkriegsgesellschaft.

Den alliierten Versuchen, eine Revision der Lehrpläne und eine Verankerung der Hochschule in der Gesellschaft zu erreichen, ist kein großer Erfolg vergönnt.

Selbst ehemalige »Patengründungen« – wie die Freie Universität Berlin oder die Universitäten Saarbrükken und Mainz mit besonderer binationaler Bindung an die USA bzw. an Frankreich – gleichen sich den anderen Universitäten an.

Der Rückzug der Besatzungsmächte aus der Hochschulpolitik geht einher mit der absoluten Priorität eines wirtschaftlichen Neuanfangs. Deutschland soll unter allen Umständen zu einem potenten Partner in den kommenden Auseinandersetzungen mit der Sowjetunion aufgebaut werden.

Die Universitäten kehren zu den Strukturen von vor 1933 zurück. Auch das Lehrangebot knüpft, wenn man von Themen jüngster deutscher Geschichte absieht, offen daran an. Die von den Alliierten unterstützte Idee eines fächerübergreifenden Studiums, eines »Studium generale«, setzt sich nicht durch.

In der Anklage beschuldigt Staatsanwalt Ilkow (r.) Ilse Koch der 45fachen Anstiftung zum Mord.

Der Vorsitzende des Schwurgerichts, Georg Maginot, leitet besonnen die Verhandlung in Augsburg.

Pflichtverteidiger Seidl betont, daß seine Mandantin Ilse Koch (r.) alle Anklagepunkte bestreitet.

Lebenslänglich für »Kommandeuse von Buchenwald«

15. Januar. Das Augsburger Schwurgericht verurteilt Ilse Koch, »Kommandeuse« des Konzentrationslagers Buchenwald, zu lebenslangem Zuchthaus und Aberkennung der bürgerlichen Ehrenrechte auf Lebenszeit. Die Frau des ehemaligen Leiters im Vernichtungslager auf dem Ettersberg bei Weimar wird wegen Anstiftung zu Mord in einem Fall, Anstiftung zu versuchtem Mord und Anstiftung zu Körperverletzungen schuldig gesprochen.

Der Vorwurf, sie habe die Tötung von tätowierten Häftlingen veranlaßt, um sich aus deren Haut Gebrauchsgegenstände fertigen zu lassen, wird mangels Beweisen fallengelassen, ebenso wie die Anklage in weiteren 104 Punkten. Ilse Koch ist während der Urteilsverkündung nicht anwesend. Landgerichtsarzt Dr. Spengler: »Sie verharrt darauf, geistige Störungen zu simulieren und hat sich in diesen Zustand bewußt und freiwillig versetzt. Sie bezweckt damit, die Prozeßführung zu stören und zu sabotieren. Unzurechnungsfähig ist sie jedoch nicht.« Der Versuch der Verteidigung, gegen das Urteil Revision einzulegen, bleibt ergebnislos.

Von 1937 bis 1942 waren Karl Koch und seine Ehefrau Ilse Herrscher über Leben und Tod im Konzentrationslager Buchenwald. Nach einer Korruptionsaffäre wurde Koch als Kommandant ins Massenvernichtungslager Lublin-Majdanec versetzt. Im April 1945 wurde er nach Mordanklage eines SS-Richters im Lager Buchenwald erschossen.

Die Amerikaner nahmen Ilse Koch 1945 fest und verurteilten sie am 14. August 1947 zu lebenslangem Zuchthaus. Bereits am 8. Juni 1948 wurde ihr Strafmaß auf vier Jahre Gefängnis reduziert, was vor allem in den USA einen Sturm der Entrüstung zur Folge hatte. Am 17. Oktober 1949 wurde Ilse Koch aus dem Landsberger Kriegsverbrechergefängnis entlassen, kam allerdings sofort wieder als Gefangene in Untersuchungshaft. Deutsche Gerichte waren einer Aufforderung des ehemaligen amerikanischen Militärgouverneurs Lucius D. Clay gefolgt und ermittelten erneut gegen die »Kommandeuse von Buchenwald«.

Mordlust und Sadismus der NS-Schergen bestimmten den Alltag im Konzentrationslager

Am 11. April 1945 rollten amerikanische Panzer in das Konzentrationslager Buchenwald, das bereits von den SS-Truppen verlassen war. 21 000 Häftlinge befanden sich noch dort. Die Eingeschlossenen hatten schon den Zaun durchschnitten und eine weiße Fahne gehißt – Buchenwald war befreit. »Das KL Buchenwald, die stinkende Stätte elend- und leidenstarrender Baracken, hatte nach beinahe acht Jahren eines blutigen Sklavendaseins Hunderttausender aufgehört zu bestehen«, schreibt Eugen Kogon, selbst Gefangener in Buchenwald, über das Ende des Lagers.

Die NS-Schergen hatten sich auf die Notverordnung vom 28. Februar 1933 stützen können, die die Grundrechte außer Kraft setzte und erlaubte, politische Gegner in »Schutzhaft« zu nehmen. Auf Befehl Himmlers war am 20. März 1933 das erste Konzentrationslager in Dachau eingerichtet worden. Im Sommer 1937 war das KZ Buchenwald entstanden. Dort und in den übrigen 19 Konzentrationslagern mit 165 angeschlossenen Arbeitslagern haben die Nationalsozialisten nicht nur Regimegegner inhaftiert, sondern auch Menschen, die aus sog. ideologischen, rassischen und nationalen Gründen zu »Volksschädlingen« erklärt worden waren. SS und Rüstungsindustrie haben die Häftlinge zum Arbeitseinsatz gezwungen. Ab 1941 wurden sog. Vernichtungslager errichtet oder Konzentrationslager zur Massentötung ausgebaut. Mindestens 5 bis 6 Mio. jüdische und 500 000 nichtjüdische Häftlinge starben bis 1945.

Befreite Häftlinge in Buchenwald

Neben Schikanen, Folterungen und Mord haben die NS-Aufseher im Konzentrationslager Buchenwald die Häftlinge zu medizinischen Versuchen mißbraucht: Etwa 1000 Häftlinge haben an Fleckfieber-Tests teilnehmen müssen. Arrest, Prügel, Essensentzug waren in Buchenwald wie in den anderen Lagern nur einige der brutalen Methoden, mit denen die Inhaftierten gequält und unterdrückt worden sind. Verbrämt wurden Grausamkeit und Sadismus mit einem Mantel aus NS-Ideologie und Kadavergehorsam. Im KZ Buchenwald starben schätzungsweise 56 500 Menschen.

Im Prozeß gegen Ilse Koch, Frau des Lagerleiters, recherchieren die Richter mit Gefühl und Akribie diesen Alltag des Lagerlebens. Ohne jede Reue sei die »Kommandeuse« vor dem Gericht erschienen, stellen sie fest. In einem Gutachten wird der Angeklagten bescheinigt, sie sei eine gefühlskalte, sadistische Psychopathin.

Studenten räumen besetztes Helgoland

3. Januar. Gegen Mittag macht das britische Kontrollboot »Eileen« vor Helgoland fest: Britische Offiziere und deutsche Polizisten gehen an Land und beenden eine Besetzung des Sandsteinfelsens in der Deutschen Bucht. Mit ihrer Protestaktion demonstrierte eine 24köpfige Gruppe dagegen, daß die britische und amerikanische Luftwaffe Helgoland zu Übungszwecken als Bombenziel benutzen.

Prinz Hubertus zu Löwenstein, Sprecher der Demonstranten, verliest eine Stellungnahme, die betont, daß mit der Räumung der Insel der Kampf noch nicht beendet sei: »Seit vierzehn Tagen demonstrieren junge Europäer und Helgoländer auf Initiative zweier deutscher Studenten gegen die völkerrechtswidrige und sinnlose Zerstörung deutschen und europäischen Bodens . . . Wir wissen jedoch, daß erneute Bombardements auf die Insel Helgoland die Empörung der ganzen demokratischen Welt auslösen und eine erneute Invasion freier Europäer nach sich ziehen werden«, kündigt Löwenstein an. Auf dem Festland soll der Widerstand der deutschen Bevölkerung organisiert werden.

Bis zum Ende des Zweiten Weltkrieges war Helgoland, das seit 1890 zum Deutschen Reich gehörte, ein wichtiger militärischer Stützpunkt. Die britische Besatzungsbehörde befahl 1945 die Evakuierung der Bevölkerung. 1947 wurden die Verteidigungsanlagen gesprengt.

Die Helgoländer unter den vertriebenen Demonstranten protestierten vor allem aufgrund ihrer Heimatliebe. Politisch-ideologische Ideen drängten die Studenten aus anderen Gegenden Deutschlands zu der spektakulären Aktion: Die Heidelberger Studenten Georg von Hatzfeld und René Leudesdorff, die bereits Ende des vergangenen Jahres die Insel besetzten, verurteilten die Bombardierung Helgolands: »Dort wird deutscher Boden noch bombardiert, und andererseits sollen wir schon wieder mitschießen«, kritisierten sie in Anspielung auf die Diskussion um eine Wiederbewaffnung der Bundesrepublik.

Sie machten sich auf den Weg in den Norden, setzten nach Helgoland über, richteten sich auf der verwüsteten Insel ein und hißten die Europafahne, die Flagge der Bundesrepublik Deutschland und Helgolands. Die Bevölkerung der Küstenregion versorgte die Demonstranten trotz des britischen Verbots, die Insel zu betreten. Journalisten aus dem In- und Ausland berichteten über die Besetzung der Nordsee-Insel.

Langfristig sind die Aktionen der Studenten und der Bevölkerung der Küstenregion von Erfolg gekrönt: Nach Abschluß der britischen und amerikanischen Bombardierungen soll Helgoland an die Deutschen zurückgegeben werden, so ein amtlicher Sprecher aus London nach der Räumung der Insel.

◁ Unerschrokken hissen der 22jährige Theologiestudent René Leudesdorff und der 21jährige Georg von Hatzfeld auf der verwüsteten Insel Helgoland die Europafahne. Auch ihr Leben wollen die beiden einsetzen, um ein Stopp der Bombardierung zu erzwingen, versichern sie.

▽ In Cuxhaven bereiten die Demonstranten ihre Aktionen gemeinsam mit Prinz Hubertus zu Löwenstein (4. v. l.) vor.

Letzte Demontage im Ruhrgebiet

29. Januar. Der Abbau einer 10 000-t-Schmiedepresse auf dem Werksgelände des Dortmund-Hörder-Hüttenvereins ist eine der letzten Demontagen der britischen Besatzungsmacht im Ruhrgebiet. Die größte deutsche Presse wird unter Anteilnahme vieler Schaulustiger durch Dortmund transportiert und am 1. Februar nach Liverpool verfrachtet. Im Ruhrgebiet wurden u. a. sechs Hochöfen, 47 Siemens-Martin-Öfen sowie 69 Elektrostahlöfen demontiert und ins Ausland gebracht.

In Salzgitter, einem weiteren Standort der Montanindustrie, gelang es der Bundesregierung zwar, die Demontage des Hochofens V der Reichswerke Watenstedt-Salzgitter zu verhindern, nicht aber den Abbau der Krupp-Renn-Anlage. Die Präsidenten der niedersächsischen Industrie- und Handelskammern fordern den baldigen Wiederaufbau eines Stahl- und Walzwerkes in Salzgitter. Mit den Restwerten der Demontage sei ein Neuanfang in der Rohstahl- und Walzstahlherstellung ohne große Investitionsmittel möglich.

Die Festsetzung von Demontagen geht auf das Potsdamer Abkommen vom 2. August 1945 zurück. Die Alliierten einigten sich auf den Abbau von Industrieanlagen, um die Wiederaufrüstung und einen Aufstieg Deutschlands zur Großmacht zu verhindern. Darüber hinaus waren die demontierten Industrieanlagen für die Siegermächte eine Wiedergutmachung von Kriegsschäden.

1947 wurde der Abbau der Industriegüter in den drei westlichen Besatzungszonen drastisch reduziert: In der US-amerikanischen Zone wurden die Demontagen von 388 auf 185 gesenkt, in der britischen Zone von 842 auf 496 und in der französischen Zone von 510 auf 266.

Im Petersberger Abkommen vom 22. November 1949 beschlossen Bundesregierung und westliche Besatzungsmächte einen teilweisen Demontagestopp. Die Beschränkungen im Schiffbau wurden u. a. gelockert und der Abbau von Betrieben in West-Berlin gestoppt.

Der Abbau von veralteten Industrieanlagen wirkt sich letztlich positiv auf die bundesdeutsche Wirtschaft aus. Für demontierte Industriegüter werden neue, leistungsfähigere Anlagen errichtet, die den Aufbau einer modernen Industrie unterstützen.

Streikdrohung zeigt schnelle Wirkung

3. Januar. Der Vorstand der IG Metall kündigt auf einer Konferenz von Betriebsräten und Vertrauensleuten in Bochum Streikmaßnahmen an, mit denen das Fortbestehen der paritätischen Mitbestimmung in den entflochtenen Betrieben der Eisen- und Stahlindustrie durchgesetzt werden soll.
Bei der paritätischen Mitbestimmung handelt es sich um die Beteiligung der Arbeitnehmer an wirtschaftlichen Entscheidungen durch gleichgewichtige und gleichberechtigte Repräsentanz in den Aufsichtsräten der Industrieunternehmen.
Das Mitbestimmungsrecht in den entflochtenen Betrieben der Ruhr-Industrie ist nach Auffassung der Gewerkschaften aufgrund der alliierten Tendenz, die alten Eigentümer wieder in ihren Besitz einzusetzen, in seinem Bestand gefährdet. Es wurde 1947 von der britischen Militärregierung gegen den Widerstand der Unternehmer durchgesetzt und soll nun durch deutsches Recht abgelöst werden, das keine paritätische Mitbestimmung mehr vorsieht.
Nach einem grundsätzlichen Sieg in den 25 entflochtenen Betrieben wollen die Gewerkschaften die paritätische Mitbestimmung auch für die restlichen 15% der eisenschaffenden Industrie, den Bergbau und die übrigen Grundindustrien erkämpfen.
Für den Fall der Nichterfüllung ihrer Forderungen bis zum 1. Februar empfiehlt die IG Metall ihren Mitgliedern eine Kündigung der Einzelarbeitsverträge. Zwei Tage darauf beschließen auch die Mitglieder der IG Bergbau in einer Urabstimmung, sich dem geplanten Arbeitskampf anzuschließen.
Die Folgen eines Streiks in der Eisen- und Stahlindustrie sowie im Bergbau, das wissen auch Arbeitgeber und Regierung, wären gravierend: Massenentlassungen, Devisenmangel und Nahrungsengpässe würden das Wirtschaftsleben zum Erliegen bringen.
Die Verhandlungen zwischen Gewerkschaften und Arbeitgebern, die im Beisein von Bundeskanzler Konrad Adenauer stattfinden, enden mit einem Erfolg der Arbeitnehmervertreter. Nach der Zusicherung einer gesetzlichen Verankerung der paritätischen Mitbestimmung sagen die Gewerkschaften den geplanten Streik am 25. Januar ab.

METALL

ZEITUNG DER IG METALL FÜR DIE BUNDESREPUBLIK DEUTSCHLAND

Jahrgang III / Nr. 2 — Frankfurt a. M., den 24. Januar 1951 — Auflage: 1,3 Millionen

Das Ziel: Mitbestimmung · Gleichberechtigung

Titelseite der Gewerkschaftszeitung »Metall«; 95,87% der 230 000 Eisen- und Stahlarbeiter und 92,8% der 570 000 Kollegen auf den Zechen sprechen sich für einen Streik aus. Die Entschlossenheit der Arbeiterschaft in der Frage der Mitbestimmung beeindruckt die Gegenseite: Nach 22 Tagen ist das drohende Streikgespenst vom Tisch.

DDR: Erster Fünfjahresplan

1. Januar. Der auf dem 3. Kongreß der SED beschlossene Fünfjahresplan der DDR läuft an. Mit dem Wirtschaftsprogramm sollen die Folgen der Reparationen an die UdSSR ausgeglichen und Produktionsstätten ersetzt werden, die durch die Teilung Deutschlands verlorengegangen sind. Vorrangig ist der Ausbau der industriellen Struktur. Darüber hinaus will die SED mit der Vorgabe ökonomischer Normen ihren Führungsanspruch für alle Bereiche der Wirtschaft dokumentieren.

Die Produktion soll im Jahr 1955 um durchschnittlich 90% über dem Stand von 1950 liegen. Ziel ist es, den Lebensstandard der Bevölkerung auf das Vorkriegsniveau zu heben. Besonders die Produktion von Lebensmitteln und Industriegütern ist im Fünfjahresplan festgelegt. Die Anforderungen werden aber nur in begrenztem Rahmen erfüllt: Lebensmittel wie Fleisch, Fett und Zucker sind auch weiterhin nur gegen Lebensmittelkarten erhältlich.

Der Produktionswert der Industrie soll von 23 Mrd. Mark 1950 auf 43,8 Mrd. Mark 1955 gesteigert werden. Im gleichen Zeitraum hoffen die DDR-Wirtschaftspolitiker, die Zahl der Beschäftigten um 890 000 (13,3%) erhöhen zu können.

Mit der Verwirklichung einer gelenkten Wirtschaftspolitik wird die DDR auch ökonomisch in den Verbund der Volksdemokratien des Ostblocks eingegliedert. Das System einer zentralen sozialistischen Planwirtschaft wird wie in den anderen Staaten Osteuropas unter dem Einfluß der Sowjetunion eingeführt. Die Parole »Von der Sowjetunion lernen, heißt siegen lernen« wird 1951 auch für den wirtschaftlichen Sektor der DDR zum Leitmotiv: Das Studium sowjetischer Wirtschaftsführung soll für die zentrale Leitung der volkseigenen Wirtschaft genutzt werden. Die von Stalin entwickelten Methoden ökonomischer Expansion aufgrund der Anleitung wirtschaftlicher Organe durch die Partei sollen beachtet werden.

Die Voraussetzungen für die Übernahme des sowjetischen Modells sind bereits geschaffen: Nach Bodenreform und Beschlagnahme des Eigentums von »Naziaktivisten, Kriegsverbrechern und Monopolisten« gründeten sich in der DDR immer mehr Volkseigene Betriebe (VEB). Gemeinsam mit den Sowjetischen Aktiengesellschaften lieferten sie 1950 bereits 76% der Industrieproduktion.

Paradebeispiel für die ökonomischen Pläne der DDR, die mit ihrem wirtschaftlichen Programm auch Verluste durch Demontagen ausgleichen will, ist die Errichtung eines Eisen- und Stahlwerkes. Der Grundstein der Fabrik in Fürstenberg an der Oder wird zu Beginn des Fünfjahresplanes der DDR gelegt.

Der Traktor als Kampfgerät gegen die »US-Imperialisten« – mit dieser Art politischer Propaganda für den Fünfjahresplan hofft die DDR-Führung, die Bevölkerung zu erhöhtem Einsatz in der Produktion zu bewegen.

Todesurteil gegen Oberschüler erregt die westliche Welt

12. Januar. Das Dresdener Oberlandesgericht verurteilt den 18jährigen Oberschüler Hermann Josef Flade wegen »Mordversuchs und Boykotthetze« nach einer umstrittenen Verhandlung zum Tode.

In seiner Heimatstadt Olbernhau (Sachsen) hat Flade antikommunistische Plakate gegen die ostzonalen Wahlen geklebt und sich bei seiner Entdeckung durch Volkspolizisten mit einem Taschenmesser heftig zur Wehr gesetzt.

In der Gerichtsverhandlung, die alle Merkmale eines Schauprozesses trägt, bereut der Gymnasiast lediglich den Gebrauch einer Waffe. In der Sache bleibt er standhaft und beruft sich auf sein Gewissen und den Freiheitsgedanken. Er tut dies so überzeugend, daß Lautsprecher, die die Verhandlung zu Demonstrationszwecken in benachbarte Gerichtssäle übertragen, plötzlich abgeschaltet werden.

Klugheit und Menschlichkeit fordert der Berliner Publizistikwissenschaftler Emil Dovifat im »Fall Flade«.

Die Weltöffentlichkeit reagiert empört auf das als unmenschlich empfundene Urteil. Die Liga für Menschenrechte bezeichnet das Todesurteil als unerhörte Grausamkeit und als Verbrechen gegen die Menschlichkeit. Persönlichkeiten des öffentlichen Lebens, politische Parteien, gesellschaftliche Organisationen sowie Studenten- und Jugendverbände aus dem ganzen Bundesgebiet protestieren eindringlich. Auf einer West-Berliner Massenkundgebung bringt Bürgermeister Ernst Reuter seinen Unglauben darüber zum Ausdruck, daß mitten in Deutschland jemand auf das Schafott geschleppt werden könne, weil er für Freiheit eingetreten sei.

Vierzehn gewerkschaftliche, politische und soziale Organisationen aus den Vereinigten Staaten bezeichnen die geplante Hinrichtung des Schülers als »Justizmord«.

Am 29. Januar wird das Todesurteil gegen Flade in einer Revisionsverhandlung vor dem Oberlandesgericht Dresden aufgehoben und in eine 15jährige Zuchthausstrafe umgewandelt. Das Gericht begründet die Umwandlung der Strafe mit der Verhetzung des Jugendlichen durch »staatsfeindliche Elemente« in Gestalt des Pflegevaters und des Seelsorgers.

Beobachter vermuten allerdings, daß die Aufhebung des Todesurteils ein besseres Klima für die von DDR-Ministerpräsident Otto Grotewohl gewünschten gesamtdeutschen Gespräche (→ 9. 3./S. 52) schaffen soll.

Schweizerische Soldaten suchen nach Überlebenden in den Trümmern eines total zerstörten Hauses. Viele Opfer werden im Schlaf von der Lawine überrascht. Hier können nur noch drei von zehn Bewohnern lebend geborgen werden.

Jahrhundertkatastrophe in den Alpen

22. Januar. Ungewöhnlich starke und langanhaltende Schneefälle und darauf folgende gewaltige Lawineneinbrüche verursachen in den Alpen die schwerste Schneekatastrophe seit mehr als hundert Jahren. In den österreichischen Bergen kommen durch Lawinen mindestens 329 Menschen ums Leben. Bis zu 45 000 Menschen in über 30 Städten und Dörfern der Alpenregion sind von der Außenwelt tagelang vollkommen abgeschnitten.

Die amerikanischen, britischen und französischen Luftstreitkräfte bieten der österreichischen Regierung Versorgungsflüge in die abgeschnittenen Regionen an.

Die Lawinengefahr in den östlichen und südlichen Alpenregionen verschärft sich stündlich durch einen plötzlichen Temperaturanstieg auf 8° C, für den der von Nordafrika warm herüberwehende Schirokko verantwortlich ist.

Das 100 000 Einwohner zählende Innsbruck, die Hauptstadt Tirols, ist mit Ausnahme eines durch die Eismassen gegrabenen »Schneepasses« völlig von der Außenwelt abgeschnitten. Die Trinkwasserversorgung ist zusammengebrochen, die Seuchengefahr steigt. Die Straße über den Brennerpaß ist nach schwerem Lawineneinbruch mit tausenden Tonnen Schnee und Geröll versperrt.

Bei Sedrun in der Schweiz wird das Hotel Oberalpsee völlig dem Erdboden gleichgemacht. Mit am schlimmsten betroffen ist der Ort Vals, wo eine einzige, riesige Lawine 19 Menschen auf der Stelle tötet und die Dorfstraßen bis zu fünf Meter tief unter sich begräbt.

Rettungsmannschaften arbeiten fieberhaft, um Tote und Verletzte zu bergen. Ungewöhnliche Details werden bekannt: Im Tal von Gastein wird ein Anwesen von einer völlig lautlosen Lawine verschüttet. Die 14 Bewohner werden durch den gewaltigen Luftdruck getötet. Als überraschend bezeichnen Experten auch, daß Gebiete betroffen sind, die bisher als absolut lawinensicher galten.

Trauer im österreichischen Heiligenblut, am Süd-Ende der Großglockner-Hochalpenstraße: Gemeindemitglieder geleiten Lawinenopfer zur letzten Ruhe.

»Kleine Freiheit« auf hohem Niveau

24. Januar. Im Dachgeschoß eines Schwabinger Mietshauses stellt das Atelier-Theater unter der Leitung von Trude Kohlmann sein erstes Versuchsprogramm »Die kleine Freiheit« vor.

Damit präsentiert sich in München erstmals seit dem Niedergang der »Schaubude« Anfang 1949 wieder eine hochklassige Kabarett-Truppe, in der scharfsinnige und treffsichere Autoren für erfahrene Schauspieler Texte schreiben.

Mit von der Partie sind »Schaubuden-Veteranen« wie Karl Schönböck, Bum Krüger, Ursula Herking und Oliver Hassenkamp, aber auch Nachwuchstalente wie Hannelore Schützler und Christiane Maybach. Die Texte verfaßt Erich Kästner, ein Großmeister des politisch-literarischen Kabaretts, zusammen mit Robert Gilbert, Martin Morlock und Per Schwenzen.

Das Programm »Die kleine Freiheit« ist die etwas wehmütige Abrechnung der »Davongekommenen« mit den verlorenen Illusionen der Nachkriegszeit. Kästner stimmt seine Zuhörer zu Beginn des Abends mit folgenden Versen ein:

»... Die große Freiheit ist es nicht geworden/ Es hat beim besten Willen nicht gereicht/ Aus Traum und Sehnsucht ist Verzicht geworden/ Aus Sternenglanz ist Neonlicht geworden/ Die Angst ist erste Bürgerpflicht geworden/ Die große Freiheit ist es nicht geworden/ Die kleine Freiheit – vielleicht!«

Politisches Kabarett mit erhobenem Zeigefinger, aber ohne ernste Besserwisserei (v. l.): Lore Schützler auf Oliver Hassenkamp und Christiane Maybach auf Rainer Penkert

Nackte Knef schockiert Moralapostel

18. Januar. Die Uraufführung des Spielfilms »Die Sünderin« von Willi Forst mit Hildegard Knef und Gustav Fröhlich in den Hauptrollen führt wegen einer kurzen Nacktszene der Knef in der Bundesrepublik Deutschland zu einer gesamtgesellschaftlichen Moraldiskussion, die weit über das eigentliche kulturelle Ereignis hinausreicht.
Der Film handelt von einer ehemaligen Prostituierten, die zu ihrem alten Gewerbe zurückkehrt, um dem geliebten, unheilbar kranken Maler (Gustav Fröhlich) eine letzte Operation zu bezahlen. Als alles nichts hilft, vergiftet sie ihn und folgt ihm in den Tod.
Kirchenvertreter sehen in diesem unfreiwillig die Grenzen der Parodie streifenden Zusammenspiel von käuflicher Liebe, Tötung auf Verlangen und Selbstmord nichts als »Unmoral und Nihilismus«. Beide Kirchen ziehen ihre Vertreter aus der Freiwilligen Selbstkontrolle (FSK) zurück, die den Film nach langem Zögern ungekürzt freigegeben hat. Pfarrer ermuntern von der Kanzel herab ihre Gemeinde, vor den Kinos gegen den Film zu demonstrieren.
Einige wollen sich jedoch das Recht, sich ein eigenes Urteil über den größten Kinoskandal der Nachkriegszeit zu bilden, nicht nehmen lassen. Vor manchen Kinos kommt es zu Tätlichkeiten zwischen Demonstranten und Kinokartenbesitzern, die gelegentlich, wie in Regensburg, mit einem generellen Aufführungsverbot geahndet werden.

An der »Sünderin« Hildegard Knef, hier mit Robert Meyn, lobt die Kritik den »herb-sinnlichen Schwung der Lippen unter einer klaren Madonnenstirn«.

Garderobenwechsel wie diese locken die Massen ins Kino. Dort sehen die Erlebnishungrigen einen eher schlecht inszenierten und verkitschten Film.

»Schwere Jungs« siegen im Eiskanal

28. Januar. Die erste Weltmeisterschaft für Deutschland nach dem Krieg erringen Anderl Ostler und sein Bremser Lorenz Nieberl im französischen Alpe-d'Huez.
In vier Läufen distanzieren sie die zweitplazierten Amerikaner Stanley Benham/Pat Martin um mehr als drei Sekunden. Drei Tage später gelingt ihnen zusammen mit Michael Pössinger und Xaver Leitl der Titelgewinn auch im Viererbob.
Gemäß der Einsicht, daß Gewicht Geschwindigkeit erzeugt, bringt das deutsche Team zusammen 450 Pfund auf die Waage. Um ein Haar wäre die Mastkur allerdings vergebens gewesen: Französische Widerstandsgruppen aus der Zeit des Zweiten Weltkrieges, aber auch französische Behörden wollten die WM-Teilnahme der Deutschen verhindern. Ein Einreiseverbot konnte erst durch das Eingreifen der Organisatoren abgewendet werden.

Wie hier bei den Deutschen Meisterschaften in Garmisch-Partenkirchen sind Ostler/Nieberl auch bei der WM nicht zu schlagen. Nicht nur Leibesfülle, auch ein schneller Start und das richtige Anfahren der Kurven sind wichtig.

Londoner Musiker auf Goodwilltour

16. Januar. In Essen beginnt unter der Leitung von Sir Adrian Boult die erste Deutschlandtournee des »London Philharmonic Orchestra« nach dem Zweiten Weltkrieg.
Dem Eröffnungskonzert im neuen Städtischen Saalbau wohnen Vertreter des Kultusministeriums von Nordrhein-Westfalen und zahlreiche Angehörige der britischen Besatzungsmacht bei. Das 85 Musiker umfassende Orchester spielt Werke von Joseph Haydn und Richard Strauss sowie die Sinfonie Nr. 7 von Ludwig van Beethoven.
Weitere umjubelte Konzerte geben die Londoner Musiker u. a. in Berlin, Hamburg, Dortmund, Düsseldorf, Nürnberg und Heidelberg.
Die Gastspielreise ist jedoch nicht nur künstlerisch interessant: Mit ihr ist auch – nach der Zeit der Isolation während des NS-Regimes – eine Aufwertung des westdeutschen Kulturbetriebs verbunden.

Sportsgeist bei Rallye Monte Carlo

29. Januar. Die 21. Internationale Automobilsternfahrt nach Monte Carlo endet mit dem Sieg des französischen Teams Trevoux/Crovette auf Delahaye.
Der deutsche Spitzenfahrer Petermax Müller auf Volkswagen erreicht in dem international besetzten Fahrerfeld einen respektablen 50. Platz. Für Aufsehen sorgt das deutsche Team Fritz Huschke von Hanstein/Fuhrmann: Es stoppt seinen Volkswagen kurz vor dem Ziel, um einem liegengebliebenen Konkurrenzfahrzeug »erste Hilfe« zu leisten. Sie werden dafür zwar mit einer einminütigen Zeitstrafe bedacht und beenden das Rennen auf Platz 120, ernten aber seitens der anderen Teams große Anerkennung.
Nur 283 der 337 gestarteten Teams überstehen den schweren Wettbewerb. Allein am letzten Wertungstag scheiden zwölf Teilnehmer nach Unfällen auf den verschneiten Alpenstraßen aus.
Die Rallye Monte Carlo ist die älteste Automobilsternfahrt überhaupt, sie wird seit 1911 ausgetragen. Das Wort »Rallye« kommt von franz.: rallier, »wieder (ver)sammeln«, und weist auf verschiedene Startorte und einen Zielort hin.

Ein Stahlbetonskelett ist Merkmal dieses Gebäudes. Der Rohbau stand nach sechs Monaten.

Neu gebaute Industriehallen bestechen durch eine funktionale und schlichte Architektur.

Wohnblock der »vertikalen Gartenstadt« in Marseille, die von Le Corbusier gebaut wird

Architektur 1951:

Pragmatisches Bauen behindert programmatischen Wandel

Die Architektur in der Bundesrepublik entwickelt sich in diesem Jahr unter dem Einfluß von Protagonisten der Moderne und Traditionalisten. Während die einen sechs Jahre nach Kriegsende an Baustile der 30er Jahre anknüpfen wollen (International Style) und sich am Schaffen der wegweisenden, im Ausland lebenden Architekten wie Ludwig Mies van der Rohe, Le Corbusier und Walter Gropius orientieren, übernehmen die anderen eine konservative, formalistische Bauweise. Allerdings überdeckt das nach wie vor ungelöste Problem der Wohnungsnot die Gegensätze in der Architektur der Bundesrepublik.

Zwar verlangt der Wohnraummangel rasches und pragmatisches Bauen, jedoch behindern ständig steigende Baukosten und Rohstoffmangel ein schnelleres Wiederaufbauprogramm. Die ECA-Sonderkommission (ECA = Economic Corporation Administration; Verwaltung für wirtschaftliche Zusammenarbeit) und das Bundeswohnungsbauministerium unter Eberhard Wildermuth schreiben in 15 Städten einen Wettbewerb für Architekten, Bauunternehmer und Wohnungsinhaber aus. Siedlungen mit ca 50 m² großen Wohnungen, die die Mieter später kaufen können, sollen errichtet werden. Die Kosten der 3000 Wohneinheiten belaufen sich auf rund 35 Mio. DM und werden aus den Mitteln der Marshallplanhilfe aufgebracht.

30% Heizkosten können in diesem kreisrunden Haus eingespart werden.

Wohnung der Zukunft ist eine »runde Sache«

Neben den »Klassikern« beleben die »Außenseiter« mit ihren avantgardistischen und kuriosen Einfällen die Architekturszene. Das Rundhaus, das Martin Ostermann in Bad Homburg baut, wird von den Bewohnern gelobt. Billig und praktisch sei der runde Bau, der außerdem die größtmögliche Nutzfläche biete, verteidigt Erbauer Ostermann sein Werk gegen Kritiker. Futuristisch wirken die »Pilzhäuser« des Architekten Mario Cavallé in Mailand. Küche und Keller liegen unter der Erde, im Parterre der Wohnraum, in der ersten Etage drei Schlafzimmer mit eingebauten Schränken sowie ein Badezimmer.

Erdbebensicher sollen die »Fliegenpilze« sein, verspricht Mario Cavallé.

Daß die soziale Not praktisches Bauen verlangt, verdeckt das Dilemma deutscher Architektur, die nach dem Ende des Zweiten Weltkriegs ohne »geistiges Fundament« dasteht. Anregung und »weltanschauliche Hilfestellung« kommen vor allem aus Großbritannien, den USA und Frankreich.
Einer der Wegweiser ist Ludwig Mies van der Rohe, der 1951 die Lake Shore Drive Apartments in Chicago vollendet. Der letzte Bauhaus-Direktor, der 1937 in die USA emigrierte, arbeitet in Chicago als Professor für Architektur. Skelettkonstruktionen aus Stahl und Glas, Hochhausbauten, die durch Einfachheit bestechen, sind typisch für sein Schaffen in den USA. Neben dem Bau von Hochhäusern glänzt der in Aachen geborene Mies van der Rohe mit seinen Konstruktionsplänen für moderne Flachbauten.
Berühmt durch eingeschossige Häuser ist auch Richard Neutra, der seine Pavillons den landschaftlichen Formen anpaßt und eine Architektur propagiert, die dem Menschen nutzen soll und kein Selbstzweck bleibt. Der US-Amerikaner österreichischer Herkunft wird in den USA zu einem der Hauptvertreter des modernen International Style, den auch der Deutsche Egon Eiermann in seiner Architektur weiterentwickelt.
Egon Eiermann, seit 1947 Dozent an der Technischen Hochschule in Karlsruhe, plant Gebäude, die durch Klarheit der Formen auffallen. »Seine« in diesem Jahr vollendete Taschentuchweberei in Blumberg besticht durch eine deutlich gegliederte Skelettstruktur, die leicht und überschaubar wirkt und eine Vorwegnahme des späteren »Container-Industriebaus« ist. Demgegenüber steht der klotzige und monumentale, der Tradition verhaftete Baustil eines Paul Bonatz, Wilhelm Kreis und Richard Riemerschmid.
Zwischen den deutschen Modernisten wie Eiermann, Hans Schwippert und Hans Scharoun und den Traditionalisten herrscht bei der Suche nach einer eigenständigen Architektur für die Nachkriegszeit keine »Funkstille«: Beim Darmstädter Gespräch diskutieren die Baumeister mit den Philosophen Martin Heidegger, José Ortega y Gasset und dem Soziologen Alfred Weber über »Mensch und Raum«.

Das »Haus in der Wüste« ist Neutras berühmtester Bau, der durch seine praktische Gestaltung besticht.

Die Lake Shore Drive Apartments in Chicago sind klassische Wolkenkratzer aus Glas und Stahl, wie sie Mies van der Rohe in den USA konstruiert.

Baumeister planen die »bessere Welt«

Der International Style ist eine in den USA entwickelte, avantgardistische Architektur, die sich Anfang der 30er Jahre ausbreitete. Seine Bauten zeichnen sich durch klare Formen aus, die auf willkürliche Verzierungen verzichten.
Basis dieses Baustils war der Rationalismus, deren Anhänger grundsätzlich der vernunftmäßigen Lösung von Problemen vertrauten und damit einen Gegenpol zu expressionistischen Tendenzen setzten. Antrieb der avantgardistischen Baumeister war ihr Glaube an eine bessere Welt, in der die Architektur mit einem neuen, kollektiven Bauen die individualistischen Tendenzen überflügelt und aus ihrer nationalen Begrenztheit zu internationaler Geltung aufsteigt.
Grundprinzipien des International Style sind die »Konzeption von Städtebau, Architektur und industrieller Produktion von Gebrauchsgegenständen (...) als Mittel des sozialen Fortschritts und der demokratischen Erziehung«, die »Maxime der Ökonomie«, der »systematische Rückgriff auf industrielle Technologien«, die »Priorität des Städtebaus gegenüber der Architektur« und die »Rationalität der architektonischen Form«.

Februar 1951

Mo	Di	Mi	Do	Fr	Sa	So
			1	2	3	4
5	6	7	8	9	10	11
12	13	14	15	16	17	18
19	20	21	22	23	24	25
26	27	28				

1. Februar, Donnerstag

Gegen die Stimmen der KPD verabschiedet der Bundestag in Bonn das Gesetz über die Errichtung des Bundesverfassungsgerichts (→ 28. 9./S. 161).

Die Alliierte Hohe Kommission beschließt die Übergabe der Paßhoheit an die Bundesrepublik Deutschland.

DDR-Volkspolizisten besetzen den zum West-Berliner Verwaltungsbezirk Spandau gehörenden Ortsteil West-Staaken. → S. 34

Die Vollversammlung der Vereinten Nationen verurteilt in New York mit großer Mehrheit das kommunistische China als Angreifer im Koreakrieg. Sie bestätigt damit einen Beschluß des Politischen Ausschusses (→ 17. 5./S. 84).

2. Februar, Freitag

Die Amerikaner setzen ihre Atombombenversuche im US-Bundesstaat Nevada fort: Innerhalb einer Woche explodiert die vierte Bombe auf dem Testgelände. → S. 38

Die »Unsterbliche Geliebte«, erster Nachkriegsfilm von Veit Harlan, löst in Herford heftige Tumulte aus. Harlan drehte zur Zeit des nationalsozialistischen Regimes in Deutschland mehrere Hetzfilme, u. a. 1940 »Jud Süß«. → S. 42

Die argentinische regimekritische Tageszeitung »La Prensa« kann wegen eines Streiks der Zeitungsverkäufer nicht mehr erscheinen. Die Vereinigung der Zeitungsverkäufer ist dem von der Regierung Perón geschaffenen Allgemeinen Gewerkschaftsverband angeschlossen. → S. 39

Paul Falk und Ria Baran aus Dortmund werden in Zürich Paarlauf-Europameister auf dem Eis (→ 23. 2./S. 43).

3. Februar, Samstag

Nach knapp sechsjähriger Haft verläßt Alfried Krupp von Bohlen und Halbach das Landsberger Kriegsverbrechergefängnis. Der US-amerikanische Hochkommissar John J. McCloy hat den Industriellen begnadigt. Die Einziehung des Vermögens von Alfried Krupp wird rückgängig gemacht. → S. 35

Vladimir Clementis, ehemaliger tschechischer Außenminister, flieht aus Prag und trifft in Nürnberg ein. Er ist prominentestes Opfer der Säuberungsaktionen, die Hunderten von Politikern, Beamten und Verwaltungsfachleuten in der Tschechoslowakei zum Verhängnis wird.

Die arabischen Staaten Ägypten, Syrien, Libanon, Irak, Saudi-Arabien und Jemen unterzeichnen in Kairo einen Sicherheitspakt. Gleichzeitig fordern sie Rüstungs- und Wirtschaftshilfe von den Vereinten Nationen.

Bundeslandwirtschaftsminister Wilhelm Niklas eröffnet in den Berliner Messehallen am Funkturm die »Internationale Grüne Woche«. 280 000 Besucher begutachten die Agrarprodukte der 111 Aussteller.

4. Februar, Sonntag

Nach einer Atombombenexplosion in der Wüste Nevada fällt im 2500 km entfernten Gebiet von Rochester im US-Bundesstaat New York radioaktiver Schnee (→ 2. 2./S. 38).

Die Passagiermaschine »Constellation« der Air France benötigt für die Strecke New York – Paris 10:13 h und stellt damit einen Geschwindigkeitsrekord auf.

5. Februar, Montag

Der Prozeß zur Klärung des Todes von Hitlers Geheimdienstchef Admiral Wilhelm Canaris gegen den ehemaligen Gruppenchef im Reichssicherheitshauptamt Walter Huppenkothen beginnt vor dem Schwurgericht beim Landgericht München I. → S. 35

6. Februar, Dienstag

Moskau stimmt einer Vorkonferenz zu, die die Tagesordnung eines Treffens der Siegermächte klären soll (→ 5. 3./S. 50).

Der US-Außenminister Dean Acheson gibt die Zustimmung seiner Regierung zum Pleven-Plan, der die Errichtung einer gemeinsamen Europaarmee vorsieht, bekannt (→ 15. 2./S. 32).

Eine Grippeepidemie, von der auch Politiker der britischen Regierung betroffen sind, bringt anläßlich einer Unterhausabstimmung über Eisen und Stahl die sozialistische Regierungsmehrheit ins Wanken.

7. Februar, Mittwoch

Das dänische Parlament, das Folketing in Kopenhagen, beschließt mit 99 gegen 21 Stimmen der Radikalen und Kommunisten den Beitritt des Landes zur NATO.

In einer Rede im Bayerischen Rundfunk spricht Bundeskanzler Konrad Adenauer die Erwartung aus, daß die Westmächte die Bundesregierung über jede Phase der bevorstehenden Viermächtekonferenz informieren. »Wir wollen gehört werden«, fordert der Regierungschef (→ 5. 3./S. 50).

Das dritte Zugunglück innerhalb eines Jahres im Gebiet von New York fordert 75 Tote und 500 Verletzte.

8. Februar, Donnerstag

Das Land Nordrhein-Westfalen tritt dem Abkommen mit dem Bund über die Errichtung der Bereitschaftspolizei bei.

Das Flaggenrechtsgesetz tritt in der Bundesrepublik Deutschland in Kraft. Künftig müssen alle deutschen See- und Binnenschiffe die schwarzrotgoldene Bundesflagge mit sich führen.

9. Februar, Freitag

In Korea erreichen die UN-Truppen den vereisten Fluß Han und stehen am Stadtrand von Seoul (→ 17. 5./S. 84).

Die westlichen Alliierten heben ihre Vorbehalte gegen die Polizeihoheit der bundesdeutschen Regierung in Notfällen auf.

Das Amtsgericht Lörrach verurteilt Prinz H. von Liechtenstein wegen Schmuggels zu einer Geldstrafe. → S. 41

10. Februar, Samstag

Getúlio Dornelles Vargas tritt sein Amt als Präsident Brasiliens an. Der mit 49,3% der Stimmen gewählte ehemalige Diktator löst General Enrico Gaspar Dutra ab. → S. 39

Die am 5. Februar gestarteten Wahlen an der britischen Kolonie Goldküste (Ghana), die den bisherigen »Legislative Council« von 32 Mitgliedern zu einer gesetzgebenden Versammlung mit 84 Abgeordneten entwickeln sollen, gehen zu Ende. Siegerin ist die »Convention People's Party«. Am 12. Februar wird Kwame Nkrumah erster Ministerpräsident der Goldküste.

11. Februar, Sonntag

Für die Landtagswahlen am 6. Mai einigen sich CDU und DP (Deutsche Partei) in Niedersachsen auf eine gemeinsame Liste mit dem Namen »Niederdeutsche Union«. Die beiden Parteien behalten jedoch vorläufig ihre volle Selbständigkeit.

Die Oper »Lady Hamilton« des Dirigenten und Komponisten Robert Heger wird in Nürnberg uraufgeführt. → S. 42

2:2 endet der erste internationale Fußball-Städtekampf nach dem Krieg im Berliner Olympiastadion zwischen den Teams aus Zürich und Berlin.

12. Februar, Montag

Im italienischen Kurort Santa Margherita beginnt eine Konferenz zwischen dem französischen Ministerpräsidenten René Pleven und Außenminister Robert Schuman sowie dem italienischen Ministerpräsidenten Alcide De Gasperi und Außenminister Carlo Graf Sforza. Thema ist u. a. die europäische Integration und eine engere Zusammenarbeit der »zwei lateinischen Schwestern«. → S. 33

Bundeswirtschaftsminister Ludwig Erhard erläutert vor der Industrie- und Handelskammer Bonn seinen Plan zur Einführung eines Rabattmarkensystems. Die Gewinne aus diesem »Aufbaurabatt« sollen vor allem in der Grundstoffindustrie investiert werden. → S. 37

Der persische Schah Mohammad Resa Pahlawi heiratet im Elfenbeinsaal des königlichen Marmorpalastes in Teheran die deutschstämmige 18jährige Prinzessin Soraya. → S. 40

Zwölf gewaltige Buschbrände wüten im australischen Queensland. Eins der Feuer hat bereits über 2 Mio. Morgen bestes Weideland vernichtet.

13. Februar, Dienstag

Der französische Oberkommissar André François-Poncet stellt vor dem alliierten Presseclub in Frankfurt die militärische Gleichberechtigung der Bundesrepublik »nach einer gewissen Anlaufzeit« in Aussicht. Gleichzeitig würden größere Freiheiten zugebilligt.

Bundesverkehrsminister Hans-Christoph Seebohm spricht sich auf einer Studentenkundgebung in Hamburg nachdrücklich für eine deutsche Beteiligung an der Verteidigung Europas aus. Er selbst wolle lieber »in Trümmern leben als bolschewisiert sein«.

14. Februar, Mittwoch

Die israelische Regierung des sozialistischen Ministerpräsidenten David Ben Gurion muß nach einer Abstimmung über einen Mißtrauensantrag, den die Opposition wegen des Schulprogramms gestellt hat, zurücktreten. Bis zu Neuwahlen bleibt die Regierung im Amt. Nach den Wahlen im Juli bildet Ben Gurion (Ministerpräsident und Verteidigungsminister) eine Koalitionsregierung aus der Arbeiterpartei Mapai und religiösen Gruppen.

Auf der Konferenz der mohammedanischen Länder in Karatschi beschließen die Delegierten eine gemeinsame blockfreie Politik und die Verteidigung der islamischen Front.

Im britischen Hafen Barry liegt der unter Panamas Flagge fahrende Dampfer »Katy« fest. Das ist eine erste Auswirkung der Maßnahmen, die die Internationale Arbeitsorganisation wegen der schlechten Arbeitsbedingungen auf panamaischen Schiffen beschlossen hat.

Der Vatikan verbietet allen römisch-katholischen Christen, »Das Kapital« von Karl Marx zu lesen. Das Buch verteidige den »atheistischen Kommunismus« und halte den Klassenkampf für das einzige Mittel zur Erringung der Gleichberechtigung des Proletariats. Katholiken, die »Das Kapital« aus beruflichen Gründen lesen müssen, erhalten eine kirchliche Sondergenehmigung.

Sugar Ray Robinson wird durch einen Sieg über Jake La Motta in Chicago Box-Weltmeister im Mittelgewicht. → S. 43

15. Februar, Donnerstag

In Paris wird die Konferenz über die Bildung einer europäischen Armee eröffnet. Delegierter der Bundesrepublik Deutschland ist Staatssekretär Walter Hallstein. → S. 32

König Tribhuwan Bir Bikram Schah von Nepal kehrt nach Intervention Indiens in sein Heimatland zurück. Aufgrund eines Bürgerkrieges ging er vor drei Monaten ins indische Exil. → S. 39

Nach und nach heben sich die Schlagbäume: Zur Befriedigung des deutschen Fernwehs genügt immer öfter ein Reisepaß. Einreisebeschränkungen fallen weg. Die Illustrierte »Zeit und Bild« stellt in ihrer Ausgabe vom 10. Februar Reiseziele vor.

ZEIT UND BILD

Die Wochenend-Illustrierte

SAMSTAG, 10. FEBRUAR 1951

NUMMER 6

Die weite Welt

steht unseren reiselustigen Lesern wieder an vielen Stellen offen. Diese freundlichen Schweizer Zöllner kontrollieren einen deutschen Reisepaß, der neuerdings für einen dreitägigen Aufenthalt in der Schweiz einschließlich Liechtenstein genügt. Bilder aus der weiten Welt bringen wir heute auf den Seiten 4 und 5.

Photo: Renner

Der Bundestag verabschiedet das Bundesgrenzschutzgesetz. Die Politiker beschließen, die Stärke der Bundesgrenzschutz-Truppen vorläufig auf 10 000 Mann festzulegen. → S. 34

16. Februar, Freitag

In einem Schreiben an die Alliierten, das vom Auswärtigen Ausschuß und vom Bundeskabinett gebilligt wird, erkennt Bundeskanzler Adenauer die deutschen Auslandsschulden an. Damit ist der Weg für eine allgemeine Schuldenkonferenz und eine Revision des Besatzungsstatuts frei (→ 6. 3./S. 50).

Der stellvertretende Ministerpräsident der DDR und Generalsekretär der SED Walter Ulbricht bezeichnet einen Sturz Konrad Adenauers als Voraussetzung für Einheit und Frieden. Der Bundeskanzler habe »kurzsichtig und dumm« auf die Verständigungsvorschläge von DDR-Ministerpräsident Otto Grotewohl zur Konstituierung eines gesamtdeutschen Rates reagiert (→ 9. 3./S. 52).

US-Präsident Harry S. Truman erlaubt dem Oberbefehlshaber der UN-Truppen in Korea, General Douglas MacArthur, den 38. Breitengrad in Richtung Norden zu überschreiten (→ 16. 5./S. 84).

17. Februar, Samstag

In einem vielbeachteten Interview der Moskauer »Prawda« nimmt der sowjetische Staatschef Josef W. Stalin erstmals nach zwei Jahren wieder zu internationalen Problemen Stellung. Er nennt den britischen Außenminister Clement R. Attlee einen Verleumder, die USA einen Aggressor und die UNO ein Instrument des Aggressionskrieges. → S. 33

In den Hamburger Kunsthallen wird eine Ausstellung eröffnet, die erstmals in Deutschland seit 1933 einen Überblick über das Schaffen des französischen Malers Henri Matisse gibt.

18. Februar, Sonntag

In Bonn demonstrieren 50 000 Vertriebene gegen den Regierungsentwurf eines Lastenausgleichsgesetzes. → S. 36

Vizekanzler Franz Blücher appelliert auf dem Landesparteitag der hamburgischen FDP an die Bevölkerung, intensiver zu sparen, um eine Inflation zu vermeiden. Wer Kapital ansammle, sei ein Patriot, meint Blücher.

Der ehemalige Innenminister Gustav Heinemann wendet sich in einer Versammlung der Evangelischen Studentengemeinde in Erlangen erneut gegen die Remilitarisierung Deutschlands. Die Kriegsdienstverweigerung ist nach Ansicht der Evangelischen Kirche ein Grundrecht der Verfassung, so Heinemann.

Beim »Großen Preis des Präsidenten Perón« in Argentinien gehen erstmals nach dem Zweiten Weltkrieg wieder drei Mercedes-Silberpfeile an den Start. Hermann Lang und Juan Manuel Fangio erreichen auf den deutschen 3-l-Wagen Platz zwei und drei hinter dem Ferrari-Fahrer José Froilan Gonzales. → S. 43

19. Februar, Montag

Peking fordert Thailand auf, mit der »gesetzwidrigen Verfolgung von Chinesen« in Thailand ein Ende zu machen. Die thailändische Regierung habe diese Verfolgung seit dem Abschluß von Wirtschafts- und Militärpakten mit der USA intensiviert.

300 Funktionäre aus DDR-Schwerpunktbetrieben beraten auf der zweiten Agitationskonferenz der SED über die Entfaltung einer Volksbewegung gegen die Remilitarisierung der Bundesrepublik Deutschland, den Abschluß eines Friedensvertrags und die Bildung eines Gesamtdeutschen Konstituierenden Rates (→ 9. 3./S. 52).

In verschiedenen Teilen Bayerns sind die Bauern aus Unzufriedenheit über den momentanen Milchpreis dazu übergegangen, Milch direkt an den Verbraucher zu verkaufen oder sie zu Landbutter zu verarbeiten. Das Bundeswirtschaftsministerium hat eine Erhöhung des Milchpreises bis jetzt abgelehnt.

20. Februar, Dienstag

Zum ersten Mal seit Monaten treffen Bundeskanzler Konrad Adenauer und Oppositionsführer Kurt Schumacher in Bonn zusammen. Hauptthema der Unterredung ist die geplante Viermächte-Konferenz. Zu Differenzen kommt es angesichts der Frage einer möglichen Neutralisierung der Bundesrepublik Deutschland, die Schumacher nicht ausschließen will.

Das Konsultativkomitee des Commonwealth für die wirtschaftliche Entwicklung Südostasiens schließt seine Tagung in Colombo ab. Der Delegierte Großbritanniens stellt fest, daß sein Land für die sechsjährige Laufzeit des sog. Colomboplanes voraussichtlich 300 Mio. Pfund (3,75 Mrd. DM) beisteuern werde.

»La Valse«, ein Ballett von George Balanchine mit Musik von Maurice Ravel, wird in New York uraufgeführt.

Eugéne Ionescos Einakter »La León« (Die Unterrichtsstunde) wird im Théâtre de Poche in Paris uraufgeführt. Regie führt Marcel Cuvelier.

21. Februar, Mittwoch

Der Bundesinnenminister stiftet den »Deutschen Filmpreis«. → S. 42

Der Streik, den Bremens Metallarbeiter seit acht Tagen führen, wird beigelegt. In einer Urabstimmung sprechen sich 59,7% der streikenden Gewerkschaftsmitglieder dafür aus, das ausgehandelte Lohnabkommen – Erhöhung des Stundenlohns um 16 Pf auf 1,40 DM – anzunehmen.

Die saudiarabische Regierung gestattet den USA die Benutzung des Luftstützpunktes von Dharan (→ 27. 4./S. 72).

Pilot A. E. Callard gelingt mit einem B-2-Bomber der erste Nonstop-Atlantikflug eines Düsenflugzeugs ohne Auftanken. Die Strecke Irland – Neufundland bewältigt er in 4:42 h. → S. 38

22. Februar, Donnerstag

Die norwegische Regierung legt dem Storting (Parlament) in Oslo ihr Rüstungsprogramm vor. Geplant sind: Anlage von Basen für amerikanische Flugzeuge, eine Landarmee von vier Divisionen, eine Luftwaffe von elf Geschwadern, die allgemeine Erhöhung der Wehrkraft um 30% zu Lande, 50% in der Luft und 100% bei der Luftabwehr sowie die Aufstellung von 270 000 Mann.

Die französische und die US-amerikanische Regierung schließen ein Abkommen, das der US-Luftwaffe die Einrichtung von Militär-Stützpunkten in Südfrankreich, Marokko und Algerien gestattet (→ 27. 4./S. 72).

23. Februar, Freitag

Zehn Männer, unter ihnen Mitglieder der kommunistischen Freien Deutschen Jugend, besetzen Helgoland und protestieren gegen die Bombardierung der Nordseeinsel zu Übungszwecken. Mitglieder der »Aktion Helgoland«, die ebenfalls eine neue Besetzung des Felsens vorbereiten, distanzieren sich scharf von der »kommunistischen Demonstration« und bezeichnen sie als »propagandistischen Schachzug sowjetischer Prägung« (→ 3. 1./S. 21).

Der Konflikt zwischen Frankreich und Marokko spitzt sich zu: Verhandlungen zwischen dem französischen Generalresidenten General Alphonse Juin und dem Sultan von Marokko, Sidi Muhammad Ibn Jusuf, über die Einführung demokratischer Reformen und die Verurteilung der nationalistischen Partei Istiklal sind gescheitert (→ 27. 3./S. 54).

Ria Baran und Paul Falk aus Dortmund werden in Mailand erstmals Weltmeister im Eiskunstlauf der Paare. → S. 43

24. Februar, Samstag

Bei einer geheimen Zusammenkunft in Frankfurt am Main wird der »Stahlhelm« neu gegründet. Ziel der »ausgewählten Sammlung ehemaliger Frontsoldaten und Offiziere« ist es, »auf kameradschaftlicher Basis den Übelständen in Deutschland auf den Leib zu rücken.«

Der türkische Außenminister Mehmet Fuat Köprülü gibt bekannt, daß ein Verteidigungssystem mit den USA für das östliche Mittelmeer beschlossen ist. Das Abkommen wurde anläßlich des Besuchs von Admiral Robert C. Carney, Kommandant der US-Ostatlantik- und Mittelmeerflotte, vereinbart.

25. Februar, Sonntag

General Collins, Generalstabschef der amerikanischen Armee, kündigt Luftangriffe auf chinesische Städte an, falls chinesische Truppen See- und Luftangriffe gegen die Armee der Vereinten Nationen in Korea unternehmen.

Der spanische Diktator Francisco Franco Bahamonde bietet dem 94jährigen französischen Marschall Philippe Pétain, der im Festungsgefängnis der Insel Yeu eine lebenslange Haftstrafe verbüßt, Asyl an (→ 23. 7./S. 119).

Der tschechoslowakische Staatspräsident Klement Gottwald teilt dem Zentralkomitee der Kommunistischen Partei mit, daß eine Verschwörung gegen die Herrschaft der Partei zur Änderung der Parteipolitik und Rückkehr zum Kapitalismus aufgedeckt ist. Im Mittelpunkt der Verschwörung soll der ehemalige Außenminister Vladimir Clementis stehen (→ 10. 3./S. 54).

26. Februar, Montag

Der britische Oberkommissar Ivone Augustine Kirkpatrick gibt bekannt, daß die Insel Helgoland nicht mehr als Bombenziel genutzt wird, sobald ein neues Übungsgebiet gefunden sei. Auf jeden Fall werden die Bombenabwürfe im März 1952 ein Ende haben, verspricht Kirkpatrick (→ 3. 1./S. 21).

Der Bundesrat der Schweiz gibt ein Rüstungsprogramm von 1,46 Mrd. sFr. (1,752 Mrd. DM) für fünf Jahre bekannt.

Wegen der Lebensmittelknappheit in der Tschechoslowakei werden wieder Brotmarken eingeführt.

Die Ehe der Filmstars Barbara Stanwick und Robert Taylor, die in Hollywood als »vollkommen« galt, endet mit Scheidung. → S. 41

27. Februar, Dienstag

Die Bundesrepublik Deutschland beantragt die Mitgliedschaft beim Internationalen Währungsfond und der Weltbank.

Die Bundesregierung beschließt aufgrund der Devisenkrise einen Einfuhrstopp für Waren aus dem Raum der Europäischen Zahlungsunion EZU. → S. 37

50 meist ältere Bürger von Wesel gründen eine »Kaiserpartei«. 33 Jahre ohne Kaiser hätten genügt, um Deutschland in den Abgrund zu stürzen.

28. Februar, Mittwoch

Der französische Ministerpräsident René Pleven überreicht Staatspräsident Vincent Auriol sein Rücktrittsgesuch. Der Grund sind Differenzen über die Wahlrechtsreform (→ 10. 3./S. 54).

Der deutsche Bundestag verabschiedet das Gesetz über die Rechtstellung heimatloser Ausländer. → S. 36

Das Bundeskabinett beschließt, in Berlin maßgebende Bundesbehörden einzurichten (→ 18. 1./S. 17).

In Hannover wird die Mustermesse eröffnet. Sie steht ganz im Zeichen der bundesdeutschen Schwierigkeiten im Außenhandel (→ 11. 3./S. 56).

Das Wetter im Monat Februar

Station	Mittlere Lufttemperatur (°C)	Niederschlag (mm)	Sonnenscheindauer (Std.)
Aachen	4,0 (2,1)	22,5 (59)	64 (74)
Berlin	2,0 (0,4)	33 (40)	64 (78)
Bremen	2,4 (0,9)	73 (48)	– (68)
München	1,2 (–0,9)	49 (50)	70 (72)
Wien	3,5 (0,6)	20 (41)	94 (81)
Zürich	2,0 (0,2)	91 (61)	66 (79)

( ) Langjähriger Mittelwert für diesen Monat
– Wert nicht ermittelt

In großer Aufmachung berichtet die »Regenbogenpresse« über die »Traumhochzeit« der deutschstämmigen Soraya mit dem Schah von Persien in Teheran. Die Illustrierten beschwören den märchenhaften Glanz aus der Welt von 1001 Nacht. Der Prunk im Schahpalast und die Feiern im ganzen Land überdekken für kurze Zeit den Konflikt zwischen Persien und Großbritannien um die Ölförderung. (»Revue« vom 24. Februar 1951)

Armee für Europa – auch Deutsche am Verhandlungstisch

15. Februar. In Paris beginnt die Konferenz zur Gründung einer Europäischen Verteidigungsgemeinschaft (EVG). Robert Schuman, französischer Außenminister, empfängt seine Amtskollegen Paul van Zeeland aus Belgien und Joseph Bech aus Luxemburg im Uhrensaal seines Ministeriums am Quai d'Orsay. Für Italien nimmt Schumanplan-Delegierter Emilio Paolo Tiaviane an den Beratungen teil. Die Bundesrepublik Deutschland entsendet Staatssekretär Walter Hallstein nach Paris. Hallstein wird u. a. vom jungen Militärberater Ulrich de Maizière begleitet, der als erster deutscher Soldat nach 1945 in offizieller Mission ins Ausland reist. Seine Ankunft in Paris erregt weltweites Aufsehen.

Eröffnungssitzung im französischen Außenministerium. Staatssekretär Hallstein leitet die deutsche Delegation. Ulrich de Maizière berät ihn als Militärsachverständiger. Obwohl der Ex-Generalstabsoffizier wenig diplomatische Erfahrung hat, ist er schon aufgrund seines französischen Namens für die heikle Aufgabe in Paris prädestiniert.

EVG in NATO integrieren

Delegierte aus den NATO-Staaten USA, Großbritannien, Kanada, Dänemark, Norwegen, Niederlande und Portugal verfolgen interessiert die Konferenz über den Pleven-Plan. Eine supranationale europäische Armee werde im Rahmen des NATO-Verteidigungssystems ihren Platz haben, stellt Robert Schuman in seiner Eröffnungsrede fest. Die EVG könne »ständiges Sicherheitsinstrument des Kontinents« und »wesentliches Glied der europäischen Integration« werden, so hofft der französische Europa-Politiker.

Die EVG soll quasi als militärische Version des Schumanplans (18. 4./S. 66) die Armeen der westeuropäischen Staaten unter Verzicht staatlicher Souveränität zusammenfassen. An der Spitze soll ein europäischer Verteidigungsminister stehen, so der Plan des französischen Ministerpräsidenten René Pleven vom Oktober 1950. Schon am 11. August des vergangenen Jahres regte Winston Churchill in einer Rede im Europarat die Gründung einer europäischen Armee unter Einschluß eines westdeutschen Verteidigungsbeitrags an.

Vor allem die USA wollen im sich verschärfenden Ost-West-Konflikt die Ressourcen Westdeutschlands nutzen und fordern einen Wehrbeitrag der Bundesrepublik. Die europäischen Staaten versuchen allerdings, einen autonomen Weg der westdeutschen Remilitarisierung zu verhindern. Besonders in Frankreich herrschen so kurz nach Ende des Zweiten Weltkriegs große Ressentiments gegen eine deutsche Wiederbewaffnung: Politiker des Nachbarstaates befürchten ein Aufleben des deutschen Militarismus.

Um die europäische Politik aktiv mitzugestalten, initiierte der französische Ministerpräsident René Pleven die Pariser Tagung über eine europäische Einigung auf dem militärischen Sektor. Er will an den erfolgversprechenden und richtungweisenden Schritt der Montanunion anknüpfen, der die westeuropäische Einigung unter Verzicht staatlicher Souveränität im Kohle- und Stahlbereich bringt.

Bundeskanzler Konrad Adenauer unterstützt selbstverständlich die Idee einer bundesdeutschen Teilnahme an der EVG-Tagung. Schließlich ist es Hauptziel seiner Politik, die Bundesrepublik zu einem gleichberechtigten Partner in einem integrierten Westeuropa zu machen bzw. die volle Handlungsfähigkeit auf dem internationalen Parkett zu erreichen. Die SPD-Opposition wendet sich mit Vehemenz gegen die Remilitarisierungspläne und die Eingliederung in ein westeuropäisches Militärbündnis.

Für die UdSSR wäre die Gründung einer europäischen Armee eine qualitativ neue Bedrohung: Neben der nuklearen Überlegenheit der USA würde sich die Sowjetunion einem militärisch geeinten Westeuropa gegenüber sehen, ein »imperialistischer Block« entstünde.

Die westeuropäischen Staaten unterzeichnen 1952 den Vertrag über die Gründung einer EVG und verhandeln darüber hinaus über eine Europäische Politische Gemeinschaft (EPG). Das EVG/EPG-Projekt scheitert am 30. August 1954 in der französischen Nationalversammlung. 1955 tritt die Bundesrepublik Deutschland der Westeuropäischen Union (WEU) bei, nach Erlangung der Souveränität wird sie im gleichen Jahr Mitglied der NATO.

Paris: Ex-Deportierte protestieren gegen EVG-Konferenz.

»Keine Waffen für Nazis« – Londoner Polizei greift ein

Deutscher Militär berät Hallstein: Protestkundgebung gegen de Maizière

15. Februar. Stürmische Proteste ruft die Teilnahme einer deutschen Delegation an der Konferenz über die Europäische Verteidigungsgemeinschaft (EVG) in Europa hervor. So protestieren in Paris 5000 Kommunisten bei der Ankunft von Ulrich de Maizière. Vor der Oper der französischen Hauptstadt versammeln sich 300 Menschen, die, teils in KZ-Jacken gekleidet, mit Transparenten an die nationalsozialistische Vergangenheit erinnern wollen und sich gegen ein Wiedererstarken des deutschen Militarismus wenden.

De Gasperi: Dreieck Rom–Paris–Bonn

12. Februar. Die Einigung Europas und der Ausbau bilateraler Wirtschaftsbeziehungen steht auf der Tagesordnung einer französisch-italienischen Konferenz in Santa Margherita. In dem italienischen Kurort an der Riviera treffen sich der französische Ministerpräsident René Pleven und Außenminister Robert Schuman mit dem italienischen Ministerpräsidenten Alcide De Gasperi und Außenminister Carlo Graf Sforza.

Die Regierung in Rom, die zu dem Treffen eingeladen hat, hofft nicht nur, durch periodische Besprechungen und den Austausch von Informationen die Beziehungen zum Nachbarland Frankreich zu verbessern. Sie will mit dem Vorschlag zur Bildung eines »Dreiecks« Rom – Paris – Bonn als »Rumpfeuropa«, das Initiator der westeuropäischen Integration werden soll, politische Gestaltungskraft zeigen.

Pleven (l.) und De Gasperi beim offiziellen »Shakehands«

Mit dem Versuch, den Europagedanken zu beleben, versucht Alcide De Gasperi, das weltpolitische Gewicht seines Landes zu heben. Die Minister sind sich darüber hinaus einig, daß Italien in die Vereinten Nationen aufgenommen werden soll.

Franzosen und Italiener diskutieren auch über eine Zollunion der beiden »lateinischen Schwestern«. Erhebliche Verbesserungen der Handelsbeziehungen wurden bereits erreicht. Schon am 26. März 1949 wurde der Vertrag über eine Zollunion geschlossen. Seitdem wird er in politischen Ausschüssen beraten.

Stalin: »UNO wird Instrument des Krieges«

17. Februar. In einem Interview mit der »Prawda« nimmt der sowjetische Staatschef Josef W. Stalin zum ersten Mal seit zwei Jahren Stellung zu internationalen Problemen:

»Frage: ›Was halten Sie von der letzten Erklärung, die der britische Premierminister Clement Attlee im Unterhaus abgegeben hat, wonach bei Kriegsende die Sowjetunion nicht abgerüstet, das heißt ihre Truppen nicht demobilisiert habe, und daß die Sowjetunion seither ihre bewaffneten Streitkräfte noch ständig vergrößert habe . . .?‹

Antwort: ›Ich betrachte diese Erklärung Premierminister Attlees als eine Verleumdung der Sowjetunion. Es ist der ganzen Welt bekannt, daß die Sowjetunion nach dem Kriege ihre Truppen demobilisiert hat . . . Wenn der britische Premierminister von Finanz- oder Wirtschaftswissenschaft etwas verstehen würde, so würde er ohne Schwierigkeit zur Erkenntnis kommen, daß nicht ein einziger Staat, und auch nicht die Sowjetunion, die zivile Industrie in vollen Gang bringen, große Bauvorhaben, wie die Erstellung der Elektrizitätswerke an der Wolga, die Projekte am Dnjepr und Amu-Darya, durchführen kann . . ., die Dutzende von Milliarden kosten, daß ferner kein Staat eine Politik der systematischen Preisherabsetzung für Verbrauchsgüter, die ebenfalls Dutzende von Milliarden von Rubeln erfordert, und die Wiederherstellung der von den deutschen Invasoren zerstörten Nationalwirtschaft besorgen und gleichzeitig mit all dem die bewaffneten Streitkräfte vervielfachen und dazu noch eine Kriegsindustrie entwickeln kann. Es ist eine Sache der Vernunft, daß die Sowjetunion ihre zivile Industrie nicht beschränken, sondern erweitern will . . . Attlee bedient sich einer Lüge . . ., und es kommt ihm dabei nur darauf an, die friedliche Politik der Sowjetunion als aggressiv zu bezeichnen und die aggressive Politik der britischen Regierung als friedlich hinzustellen, um das britische Volk irrezuführen, um es durch das Mittel des Betruges in einen neuen Weltkrieg einzuschalten, der jetzt von den herrschenden Kreisen in den Vereinigten Staaten organisiert wird . . .‹

Frage: ›Wie denken Sie über die Intervention in Korea? Wie könnte ihr ein Ende gesetzt werden?‹

Antwort: ›Wenn Großbritannien und die Vereinigten Staaten die von der Volksregierung Chinas gemachten Vorschläge endgültig ablehnen, dann kann der Krieg in Korea nur mit einer Niederlage der Interventionisten enden.‹

Frage: ›Warum? Etwa deshalb, weil die amerikanischen und britischen Generäle und Offiziere ihren chinesischen oder koreanischen Gegenspielern unterlegen wären?‹

Antwort: ›Nein, sie sind nicht unterlegen . . . Die Generäle und Offiziere der Amerikaner und der Engländer sind nicht schlechter und nicht besser als die Generäle und Offiziere irgendeines andern Landes. Von den Soldaten der Vereinigten Staaten und Großbritanniens ist bekannt, daß sie sich im Kriege gegen das Deutschland Hitlers und das militarisierte Japan von der besten kämpferischen Seite zeigten. Worin liegt aber der springende Punkt? Er liegt in der Tatsache, daß die britischen und amerikanischen Soldaten den Krieg gegen Korea und China als ungerecht betrachten, während sie den Krieg gegen das Deutschland Hitlers und das militaristische Japan als völlig gerechtfertigt erachteten . . .‹

Frage: ›Was halten Sie vom Entscheid der Vereinten Nationen, die Chinesische Volksrepublik als Aggressor zu brandmarken . . .?‹

Antwort: ›Ich halte diesen Entscheid für beschämend. Wahrlich, man muß schon die letzten Spuren eines Gewissens ausgelöscht haben, um zugeben zu können, daß die Vereinigten Staaten, die sich chinesisches Territorium, nämlich die Insel Formosa, aneigneten, und die die Invasion Koreas bis nahe an die Grenze Chinas vortrugen, sich selbst verteidigten, während die Volksrepublik China, die ihre Grenze verteidigt und die Wiedervereinigung Formosas mit China anstrebt, der Aggressor sein soll. Die Organisation der Vereinten Nationen, die als ein Bollwerk zur Erhaltung des Friedens geschaffen wurde, wird in ein Kriegsinstrument, in ein Mittel zur Auslösung eines neuen Weltkrieges verwandelt . . . (Sie) ist . . . eine Organisation der Amerikaner.‹

Frage: ›Halten Sie einen neuen Weltkrieg für unvermeidlich?‹

Antwort: ›Nein. Mindestens im gegenwärtigen Zeitpunkt scheint er nicht unvermeidlich zu sein. Natürlich bestehen in den Vereinigten Staaten, in Großbritannien und in Frankreich aggressive Elemente, die nach einem neuen Krieg dürsten. Sie brauchen den Krieg, um Übergewinne zu machen und um andere Länder ausplündern zu können . . . Soweit es die Sowjetunion betrifft, so wird sie auch in Zukunft standhaft eine Politik zur Vermeidung eines Krieges und zur Erhaltung des Friedens verfolgen.‹«

»Väterchen« Diktator

Der aus ärmlichen Verhältnissen stammende Josef (Jossif) W. Stalin, eigentlich I. W. Dschugaschwili, gründete 1912 die »Prawda«. Seit 1917 war er Mitglied des Politbüros und an Organisation und Ausführung der Oktoberrevolution beteiligt. Nach dem Tod Lenins 1924 baute er seine Machtposition kontinuierlich aus. 1927 wurde er Diktator mit unumschränktem Einfluß. Seinem Terror fallen Millionen Menschen zum Opfer. Stalin erweiterte nach dem Zweiten Weltkrieg die Einflußsphäre der Sowjetunion beträchtlich.

10 000 Mann gegen »rote Gefahr« und »inneren Feind«

15. Februar. Das Gesetz über die Errichtung des Bundesgrenzschutzes hat nach nur vier Wochen alle parlamentarischen Hürden genommen. Als Gegenstück zur ostdeutschen Volkspolizei sollen kasernierte und motorisierte Grenzschützer unter einheitlichem Bundesbefehl die Republik vor zersetzender Infiltration aus dem Osten schützen.

Gründe für die rasche Installation dieser Eingreiftruppe sind die verstärkten Propagandabemühungen der DDR anläßlich etwa der kürzlich initiierten Volksbefragung (→ 9. 5./S. 87) und, gewichtiger noch, das abschreckende Beispiel der von den Kommunisten überrannten Koreaner (→ 1. 1./S. 12).

Diese Argumente überzeugten vor allem die Außenminister der westlichen Besatzungsmächte, die im September 1950, vier Wochen nach Beginn des Koreakrieges, auf ihrer New Yorker Konferenz dem deutschen Drängen nachgaben. Sie ermächtigten die Bundesrepublik, die Polizei der Länder um 30 000 Mann zu verstärken und eine 10 000 Mann starke Eingreiftruppe aufzustellen.

Nachdem zunächst die Pläne der Opposition, eine Bundes-Bereitschaftspolizei ins Leben zu rufen, an der grundgesetzlich abgesicherten Polizeihoheit der Länder gescheitert sind, legt die Bundesregierung ihr Bundesgrenzschutzkonzept vor:

Die drei Grenzschutzkommandos Nord, Mitte und Süd haben eine Stärke von jeweils 2400 Mann und sind vorwiegend an der Zonengrenze, einige aber auch im Westen, stationiert. Dazu kommt eine technische Grenzschutzabteilung sowie ein Seegrenzschutz-Verband. Das Einsatzgebiet des Bundesgrenzschutzes erstreckt sich nicht nur auf den Grenzbereich, sondern, wenn »die freiheitlich demokratische Grundordnung« bedroht ist, auch auf das gesamte Bundesgebiet.

Die Bedenken der Sozialdemokraten gegen diese »Remilitarisierung auf kaltem Wege« können erst durch eine Begrenzung der Einheiten auf 10 000 Mann ausgeräumt werden. Für das laufende Haushaltsjahr liegen die Ausgaben für den Bundesgrenzschutz bei rund 130 Mio. DM.

»Premiere« am 23. Juni in Lübeck: Bundesinnenminister Robert Lehr (l.) nimmt eine Parade von Grenzjägern ab.

»Handstreich im Kolonialstil« trifft Berliner Vorort

1. Februar. Die Behörden des sowjetischen Sektors in Berlin, Militärkräfte und DDR-Volkspolizei übernehmen im Handstreich den bisher zum britischen Sektor zählenden Vorort West-Staaken.

Rein formal gesehen ist dies rechtens, denn das Territorium war 1945 im Tausch gegen das Flugplatzgelände Gatow den Sowjets zugesprochen worden und galt seither zumindest als sowjetisches Interessengebiet. Die Angelegenheit wird von der Bevölkerung jedoch mehr oder weniger verdrängt und bereichert das Kapitel der unklaren Grenzziehungen in und um Berlin.

Die rund 5000 Bewohner des zu Spandau gehörenden Ortes reagieren nach dem ersten Schock mit hartnäckigem Widerstand gegen die Anweisungen der Ost-Behörden.

Der Aufforderung zur Registrierung bei der neueingerichteten östlichen Lebensmittelkartenstelle folgen zunächst weniger als 300 Personen. Von den 760 Schulkindern erscheinen nur knapp 40 in ihrer jetzt kommunistisch geleiteten Schule. Kaufleute verkaufen ihre Waren nach wie vor nur gegen das inzwischen verbotene Westgeld. Alle Versprechungen der östlichen Seite – etwa eine Poliklinik oder ein Kino zu bauen, Kohle zu liefern oder Arbeit zu beschaffen – fruchten nicht: Zwei Drittel der West-Staakener Bewohner, insgesamt 600 Familien, setzen sich in den nächsten Wochen in die Westsektoren ab.

Ein britischer Vorstoß, die sowjetische Kontrollkommission in Berlin zu einer Wiederherstellung des alten Zustandes zu veranlassen, führt zu keinem Erfolg. Der Regierende Bürgermeister von Berlin, Ernst Reuter, erklärt nach einem Eingeständnis seiner Ohnmacht, daß die Übernahme West-Staakens ein Vorgehen sei, »wie es in den Kolonialländern üblich war«. Der Berliner Senat beschließt zur Linderung der ärgsten finanziellen Not die Bereitstellung von Geldmitteln für die Umsiedler.

Nachdem sowjetische Soldaten und DDR-Volkspolizisten West-Staaken besetzt haben, fahren täglich mehrere hundert West-Staakener Schulkinder in Sonderomnibussen ins westliche Spandau.

»Ex-Kanonenkönig« Krupp auf freiem Fuß

3. Februar. Der Industrielle Alfried Krupp von Bohlen und Halbach verläßt um 9 Uhr das Kriegsverbrechergefängnis in Landsberg. Bereits zwei Stunden später gibt der begnadigte »Ex-Kanonenkönig« aus Essen seine erste Pressekonferenz.

Auf die Frage, ob er jemals wieder bereit sein würde, Waffen zu produzieren, antwortet er: »Ich trage den Namen der Familie Krupp. Unsere Hauptaufgabe ist es immer gewesen, auf sozialem Gebiet tätig zu sein. Ich hoffe, daß es nie mehr nötig sein wird, in die Rüstung zu gehen. Aber mein Leben hat nie von mir abgehangen, sondern vom Ablauf der Geschichte.« Der Industrielle, der 1948 zu zwölf Jahren Gefängnis und Einziehung des gesamten Vermögens verurteilt wurde, leitete seit 1943 als alleiniger Inhaber eine der größten deutschen Waffenschmieden.

Die Freilassung Krupps ruft in der internationalen Presse ein lebhaftes, überwiegend ablehnendes Echo hervor. Die »Paris Presse« fragt, »wie man jetzt den Schuman-Plan gegen die Anschuldigung verteidigen könne, daß er für die deutschen ›Stahlbarone‹ vorbereitet werde«. Der Londoner »Observer« kritisiert die Begnadigung als die Freilassung »gefährlicher Wahnsinniger«.

Fünf Tage nach der Begnadigung Krupps rückt die Rolle deutscher Wirtschaftsführer bis 1945 erneut in den Mittelpunkt der Diskussionen: In Argentinien stirbt Fritz Thyssen, der als einer der bedeutendsten Gönner Hitlers dessen Aufstieg förderte. Nach Judenpogromen und Kriegserklärung brach der Industrielle allerdings mit dem Regime und floh in die Schweiz. In Frankreich festgenommen, wurde er in Konzentrationslagern inhaftiert. Nach Kriegsende nahmen die Alliierten Thyssen wegen seiner »braunen Vergangenheit« fest. 1949 kam er frei und emigrierte nach Argentinien.

Alfried Krupp von Bohlen und Halbach (M.) wird vor dem Tor des Kriegsverbrechergefängnisses u. a. von Bruder Berthold (r.) begrüßt.

KZ-Häftlinge in Rüstungsschmiede

Gustav Krupp von Bohlen und Halbach, Vater des Alleinerben Alfried, kündigte am 30. Mai 1933 als Präsident des Reichsverbandes der deutschen Industrie eine »Hitlerspende« an. Mit Zahlungen in diesen Fond unterstützten Unternehmer die Nationalsozialisten.

Am 27. März 1936 besuchte Hitler die Essener Kruppwerke, die unter Leitung von Gustav Krupp zu einem der größten Rüstungsunternehmen ausgebaut wurden. In einer Rede sagte der Firmenchef: »Nach der Machtübernahme durch Adolf Hitler hatte ich die Genugtuung, dem Führer melden zu können, daß Krupp nach geringer Anlauffrist für die Wiederwehrhaftmachung des deutschen Volkes ohne Lücken in seinen Erfahrungen bereitstehe . . .«.

In der sog. Rüstungsschmiede Krupp mußten bis 1945 70 000 ausländische Zwangsarbeiter, 5000 KZ-Häftlinge und 23 000 Kriegsgefangene arbeiten.

Canaris-Prozeß: SS-Ankläger angeklagt

5. Februar. In München beginnt das Schwurgerichtsverfahren gegen den 43jährigen ehemaligen SS-Standartenführer und Gruppenchef im Reichssicherheitshauptamt, Walter Huppenkothen. Ihm wird zur Last gelegt, an der Ermordung des ehemaligen Chefs der deutschen militärischen Abwehr, Admiral Wilhelm Canaris, beteiligt gewesen zu sein. Canaris hatte aktiv die Widerstandsbewegung gegen Hitler unterstützt und wurde nach dem Attentat vom 20. Juli verhaftet.

Unter anderem erhofft man sich von dem Prozeß Aufschluß über die ungeklärten Umstände des Todes von Canaris, der am 9. April 1945 im KZ Flossenbürg erhängt wurde. Huppenkothen, der in Flossenbürg als Ankläger gegen die Canaris-Gruppe auftrat, war, so ergibt der Prozeß, schon vor dem fragwürdigen SS-Standrechtsverfahren dazu entschlossen, die Angeklagten das Kriegsende nicht erleben zu lassen. Der Staatsanwalt wirft Huppenkothen sechsfache Beihilfe zum Mord sowie Aussageerpressung und Körperverletzung im Amt vor. Das Urteil vom 16. Februar, das Huppenkothen die volle Kenntnis seiner Verantwortung an der Ausführung von Hitlers Liquidationsbefehlen attestiert, lautet auf dreieinhalb Jahre Zuchthaus.

◁◁ Den Angeklagten (l., mit Verteidiger Karl Hoffmann) bezeichnet der Richter als »entpersönlichte Dienstmaschine ohne jede andere Regung«.

◁ Walter Huppenkothen mit seiner Ehefrau (l.) hat seit Kriegsende inkognito in Oberbayern gelebt.

Karrieresoldat im Widerstand

Wilhelm Franz Canaris, 1887 in Aplerbeck bei Dortmund geboren, ist eine der vielschichtigsten Figuren des Widerstandes gegen das NS-Regime.

Der U-Boot-Kommandant des Ersten Weltkriegs und Teilnehmer an diversen Frontkommandos ist alles andere als ein typischer »Kommißkopf«. Seine intellektuelle Veranlagung, ein Hang zu einzelgängerischer Nachdenklichkeit und sozialkonservative Orientierung machen ihn zum Gegner der braunen Machthaber.

Als Chef der militärischen Abwehr seit 1935 baut der Karrieresoldat seine Behörde nach und nach zum Oppositionsnest gegen Hitler aus. Konspiratives Ausharren liegt ihm jedoch mehr als direkte Aktion. Obwohl im wesentlichen unbeteiligt, wird er mit den Männern des 20. Juli verhaftet und im KZ Flossenbürg hingerichtet.

Lastenausgleich: Gerechte Entschädigung für Vertriebene

18. Februar. Gegen den Regierungsentwurf zum Lastenausgleichsgesetz protestieren in Bonn 50 000 Vertriebene. Sie sind einem Aufruf des Zentralverbandes der vertriebenen Deutschen und des Zentralverbandes der Fliegergeschädigten gefolgt. CDU-Bundestagsabgeordneter Linus Kather, Vorsitzender der Vertriebenenorganisation, kritisiert, die Forderungen seines Verbandes seien nur unzureichend berücksichtigt worden. Er prangert an, daß der Lastenausgleich, der Schäden durch Vertreibung in der Kriegs- und Nachkriegszeit mildern soll, noch keine befriedigende Abgabe von Besitzenden an die Vertriebenen zum Ziel habe.

Kathers zentrale Forderungen sind: Der individuelle Rechtsanspruch der Geschädigten solle berücksichtigt werden und der sozial gestaffelte »quotale« Ausgleich, der grundsätzlich von der Höhe des erlittenen Schadens ausgeht, zur Grundlage der Berechnungen gemacht werden. Der von der SPD favorisierte »soziale« Lastenausgleich hat keine Wiederherstellung ehemaliger Vermögensverhältnisse zum Ziel, sondern fordert einen Rechtsanspruch auf Versorgung und Beihilfe zur Neueingliederung in die Wirtschaft. Am 16. Mai 1952 wird das Lastenausgleichsgesetz schließlich verabschiedet, das weitgehend einen Kompromiß zwischen sozialem und quotalem Prinzip darstellt.

Auf Transparenten formulieren die Vertriebenen ihre Forderungen. Mit Sprechchören machen sie ihrem Unmut Luft.

Vertriebenenchef Linus Kather

CDU-Politiker erbost über Linus Kather

18. Februar. Bundeskanzler Konrad Adenauer übt vor dem CDU-Fraktionsvorstand heftige Kritik am Verlauf der Vertriebenen-Demonstration und am Verhalten des CDU-Politikers Linus Kather.

In Kreisen der Fraktion gilt es als untragbar, daß ein Fraktionsmitglied in derart heftiger Weise einen Regierungsentwurf kritisiert und den Bundesfinanzminister Fritz Schäffer angeht. Sprechchöre, wie »Feind der Vertriebenen, nieder mit Schäffer« und »Kather befiehl, wir folgen« erregen die Gemüter der CDU-Politiker und sind Grund für die Verstimmung in der Fraktion. Die christlich-demokratischen Politiker denken jetzt auch über ein Parteiausschlußverfahren gegen den Vertriebenen-Funktionär nach. Darüber hinaus befassen sich Partei- und Fraktionsvorstand mit dem »Fall Kather«.

Gesetz: Sonderstatus für verschleppte Zwangsarbeiter

28. Februar. Der Deutsche Bundestag in Bonn verabschiedet das Gesetz über die Rechtsstellung »heimatloser Ausländer« in der Bundesrepublik.

»Heimatlose Ausländer« sind sog. Displaced Persons/Verschleppte Personen (DPs): Dazu gehören vor allem Ausländer, die von den Nationalsozialisten während des Zweiten Weltkriegs in ihrer Heimat gefangen und zum Arbeitseinsatz in der deutschen Industrie gezwungen wurden. Aufgrund der besonderen Verantwortung gegenüber den ehemaligen Zwangsarbeitern und des Drucks der Westalliierten hat das Bundeskabinett einen Sonderstatus für diese Personengruppe geschaffen. Als »heimatlose Ausländer« werden sie zwar nicht als Deutsche eingestuft, genießen aber doch einen Schutz, der über die internationalen Grundsätze zur Behandlung von Flüchtlingen hinausgeht.

Viele der Ausländer, die zumeist unter entwürdigenden Zuständen in Lagern und geschlossenen Siedlungen lebten, verließen bereits die Bundesrepublik Deutschland. Hunderttausende kehrten in ihre osteuropäische Heimat zurück oder reisten über Bremen nach Übersee. Von 1948 bis 1951 fuhren allein 238 000 in die USA, 170 000 nach Australien und 120 000 nach Israel. Von den 411 654 DPs, die 1949 im Bundesgebiet gezählt wurden, stellten die Polen die größte Gruppe, vor den Balten, Ukrainern, Jugoslawen und Tschechen.

Das Bundesministerium für Vertriebene schätzt, daß »etwa 80 000 bis 100 000 ehemalige DPs in der Bundesrepublik als heimatlose Ausländer verbleiben«. Das vom Bundestag mit nur zwei Gegenstimmen verabschiedete Gesetz über die Rechtsstellung heimatloser Ausländer tritt am 25. April in Kraft.

Unter Bewachung der Alliierten Militärpolizei verlassen die DPs die Bundesrepublik und fahren über Bremen u. a. nach Übersee. Nicht nur in Deutschland, sondern auch in Österreich und Italien gibt es ausreisewillige Ex-Zwangsarbeiter.

Bilanzkrise zwingt zum Einfuhrstopp

27. Februar. Der Handelspolitische Ausschuß der Bundesregierung beschließt auf seiner Sitzung in Frankfurt am Main einen Einfuhrstopp für Waren aus Ländern der Europäischen Zahlungsunion (EZU). Grund dafür ist die Zahlungsbilanzkrise, die einen Höhepunkt erreicht hat.

Importstopp heißt, daß keine Devisen für Einfuhren aus den EZU-Ländern mehr genehmigt werden. In der EZU sind die 18 westeuropäischen Länder der Organisation für Europäische Wirtschaftliche Zusammenarbeit (Organization for European Economic Cooperation; OEEC) organisiert. Sie wollen Handelserleichterungen und die gleichzeitige Wiedereinführung des allgemeinen Austauschs der Währungen (Konvertibilität) erreichen.

Ein wesentlicher Grund für den überraschenden Importstopp ist der Koreakrieg: Die Rohstoffpreise auf dem Weltmarkt sind drastisch gestiegen. Um die gleiche Menge Rohstoffe wie bisher kaufen zu können, müssen mehr Waren exportiert werden. Ein relativ rohstoffarmes Land wie die Bundesrepublik Deutschland, das sich im Wiederaufbau befindet, gerät so in arge Finanzierungsschwierigkeiten.

Zusätzlich wurden aus Furcht vor weiteren Preissteigerungen viele »törichte Einkäufe« auf dem Rohstoffmarkt erledigt, kritisiert Vizekanzler Franz Blücher (→ S. 104).

»Aufbaurabatt« für neue Investitionen

12. Februar. Bundeswirtschaftsminister Ludwig Erhard erläutert vor der Industrie- und Handelskammer Bonn seinen Plan zur Einführung eines Rabattmarken-Systems. Der »Aufbaurabatt« soll ausschließlich für Investitionen in den Grundstoffindustrien verwandt werden.

Nach Erhards Plan müssen die Verbraucher bei bestimmten Waren Rabattmarken erwerben. Bei Postämtern können sie die Marken gegen Anteilscheine an den Anlagen, die aus dem Rabatt finanziert werden, umtauschen.

Am 9. April rückt Erhard von seinem Vorhaben ab, da sich die Wirtschaft verpflichtet, die benötigten Investitionsmittel für die Grundstoffindustrie selbst aufzubringen.

Erst drollig – und dann unerwünscht

Die Zahl der unehelichen Kinder deutscher Mütter und westalliierter Soldaten beträgt 1951 nach einer Statistik des Deutschen Bundestages in der amerikanischen Zone 50 000, in der britischen 40 000 und in der französischen 4000. Im Mai 1951 bereisen Vertreterinnen amerikanischer Frauenverbände die Bundesrepublik, um das Problem der »Besatzungskinder« vor Ort zu studieren. Das Schicksal dieser Kinder, darunter vor allem das der 3093 farbigen Mischlingskinder, findet zusehends auch in Deutschland verstärkte Aufmerksamkeit.

Das hat vor allem zwei Gründe: »Toxi«, eine Filmproduktion aus dem Jahr 1951/52, zeigt in unterhaltender Form, wie das »niedliche Mischlingskind« gleichen Namens mit Witz und Geschick das Leben meistert. Zum ersten Mal wird damit das bisher unter Verschluß gehaltene Thema »Besatzungskinder« einem größeren Publikum angedeutet. Zudem wird die erste, 1946 geborene Generation im Frühjahr nächsten Jahres schulpflichtig, so daß sich Politiker, Schulbehörden und Öffentlichkeit diesem Problem stellen müssen.

»Bezaubernd, drollig, graziös, aufgeweckt und musikalisch«, noch dazu »mit großen schimmernden Augen« – es sind immer die gleichen Attribute, mit denen die deutsche Nachkriegsgesellschaft die Mischlingsbabys bisher bezeichnet hat. Mit dem Beginn der Schulpflicht werden auch andere, feindseligere Instinkte wach: Nicht nur Mitschüler nutzen die Andersfarbigkeit der Mischlinge zu grausamem Kinderspott. Vor allem Erwachsene quittieren den Eintritt der Mischlinge »ins öffentliche Leben« mit teilweise massiven Vorurteilen. Viele nehmen Anstoß an der wegen des Fraternisierungsverbotes offensichtlichen Unehelichkeit der Kinder und daran, daß die Mütter sich mit »feindlichen Soldaten eingelassen haben«. Auch hat der NS-Begriff »Rassenschande« noch nicht ausgedient. Zu alldem kommt ein finanzieller Aspekt: Der Staat übernimmt Alimente in Höhe von jährlich 120 Mio. DM. Mancher Steuerzahler fühlt sich dadurch über Gebühr belastet.

Aufgewecktes, musikalisches
Negermädchen
drei bis fünf Jahre alt, für Filmrolle gesucht. Angeb. nur mit Photo unt. Z W B 10902 an die Südd. Ztg. C

Filmgesellschaft sucht
Besatzungskind

Im Mittelpunkt eines neuen Films steht „Toxi", das Negerfindelkind. Auf der Suche nach einem kleinen Mulatten-Star enthüllten sich den Drehbuchautoren die mannigfachen Schicksale der kleinen Mädchen, die eine deutsche Mutter und einen amerikanischen Vater haben, und die ein Leben lang darunter leiden werden, daß Deutschland einmal besetzt war. Ihr Dasein aber ist gewiß weit mehr als ein Filmstoff.

WER DIE WAHL HAT ... Viele kleine Mädchen wollen „Toxi", das Negerkind spielen. P. Francke (im Bild) und M. Osten-Sacken schrieben das Drehbuch.

LIEBLOS VERLASSEN. Heidis Vater ahnt nicht, daß er eine Tochter hat. Sie wird von Mutter und Großmutter umsorgt.

GANZ GROSSE DAME. Die kleine Monika schminkt sich schon die Lippen. Vaters Adresse wurde leider „vergessen".

SEHR TALENTIERT. Mit 27 Monaten singt Tabitha schon Negersongs und versucht sich im Tanz. Der Vater will ihre Mutter, eine Bildhauerin, heiraten.

VATER VERMISST. Erlindes Eltern heirateten in Deutschland. Der Vater wurde kurz nach der Hochzeit nach Korea abkommandiert. Er ist vermißt.

TÄNZERISCH BEGABT. „Wenn doch der Krieg zu Ende wäre", plappert die kleine Loretta (rechts) altklug, denn dann wird ihr Daddy, der in Korea kämpft, die Mutti heiraten. Während Lorettas Vater regelmäßig Geld schickt, kommt die Mutter von Carola (links) für ihr Kind selbst auf. Beide Mädchen tanzen gern.

KÜNFTIGER STAR? Elfis Schicksal gleicht in vielem dem des Findelkindes „Toxi". Auch sie wurde von ihren Eltern verlassen und wächst jetzt bei freundlichen Pflegeeltern auf. Der hübsche Nackedei hat am meisten Chancen, vor der Kamera zu stehen. Elfi zeigte sich bei einer Talentprobe sehr gelehrig und sprach mühelos Sätze aus dem Drehbuch nach.

Die »Münchner Illustrierte« vom 26. 5. 1951 stößt auf das Thema »Besatzungskinder«: Links oben das in der Reportage abgedruckte Inserat aus der »Süddeutschen Zeitung«, mit dem eine Hauptdarstellerin für den Film »Toxi« gesucht worden ist. Die »Münchner Illustrierte« ahnt bereits, daß die Existenz der Besatzungskinder »gewiß weit mehr als ein Filmstoff« ist.

Es kommt zu offenen rassistischen Zwischenfällen: In München verbieten Eltern ihren Kindern, mit Mischlingskindern zu spielen. Wohnungsbesitzer lehnen die Vermietung an Pflegeeltern von farbigen Kindern ab. Diese werden auf offener Straße angespuckt.

Auch die Mütter der Kinder müssen verschiedene Formen sozialer Ächtung hinnehmen. Der drohende Verlust des Arbeitsplatzes, eine oftmals genierte Verwandtschaft und der Makel, ein »Mischlingskind« in eine Ehe mitzubringen, veranlassen viele Mütter, ihr Kind in ein Fürsorgeheim zu geben. Von den über 3000 farbigen Mischlingskindern in Deutschland leben nur 1900 bei ihren Müttern. Die anderen sind in Pflegestellen und in Heimen untergebracht.

Die prekäre Situation der Kinder und ihrer Mütter wird bestärkt durch eine Verordnung der Besatzungsmächte, nach der ihre Soldaten nicht zu Vaterschaftsfeststellungsklagen herangezogen werden dürfen. Die Väter, die in diesem Wissen oftmals eine gewisse Unbekümmertheit an den Tag legen, können also juristisch nicht zu Alimentezahlungen herangezogen werden.

Am 12. März beschließt der Bundestag, die Alliierten auf dem Verhandlungsweg zum Wegfall dieser Regelung zu bewegen.

Amerikaner lassen Atom-Muskeln spielen

2. Februar. Auf dem Versuchsgelände der amerikanischen Atomenergiekommission im US-Bundesstaat Nevada ereignet sich bei Sonnenaufgang die vierte Atomexplosion innerhalb einer Woche. In dem 160 km südwestlich des Testgeländes gelegenen Las Vegas schrecken die Einwohner durch ein leichtes Erdbeben aus dem Schlaf. Der helle, orangegelbe Blitz ist noch in dem 780 km entfernten San Francisco zu beobachten.

Über Einzelheiten der Atomversuche wird zunächst nichts bekannt. Der amerikanische Heeresstabschef General Lawton Collins bestätigt allerdings, daß die Vereinigten Staaten in naher Zukunft über Artilleriemunition und ferngelenkte Geschosse mit atomarer Sprengladung verfügen werden. Damit wäre zum ersten Mal nicht nur die Vernichtung ganzer Landstriche, größerer Städte und Industriezentren möglich, sondern auch der taktische Einsatz gegen feindliche Truppenkonzentrationen »ohne Gefährdung der eigenen Bodentruppen«.

Zu dieser verhängnisvollen Einschätzung kommen amerikanische Atomwaffensachverständige nach neuerlichen Versuchen auf dem Pazifik-Atoll Eniwetok im Juni des Jahres. Das Explosionsgebiet könne bereits 90 Sekunden nach der Detonation von Menschen betreten werden, ohne daß dies gesundheitliche Schäden nach sich ziehe.

Ohne das Wissen um die möglichen Folgen einer radioaktiven Verseuchung, lediglich als Kuriosität, vermeldet die amerikanische Presse einen anderen Vorfall: Im US-Bundesstaat New York, unmittelbar in der Nähe der Stadt Rochester kommt es am 4. Februar, offensichtlich als Folge der Atomtests im 2500 km entfernten Nevada, zu Fallout in Form von radioaktiv verseuchtem Schneefall.

Mit dieser Versuchsreihe steuert die US-Regierung nicht nur technische und strategische Ziele an. Vielmehr handelt es sich dabei auch um eine politische Demonstration der atomaren Potenz, die an die Adresse der Sowjetunion und der übrigen Ostblockstaaten gerichtet ist. Ihnen soll dadurch die Lust an militärischen Abenteuern genommen werden.

Das Jahr 1951 erscheint den Amerikanern aufgrund der Ereignisse in Korea und der konventionellen Überlegenheit des Ostblocks als besonders kriegsgefährdet. Wenn dieses Jahr mit Hilfe der atomaren Abschreckung glücklich überstanden ist, so die offizielle Sprachregelung, verfüge der Atlantikpakt über genügend Streitkräfte, um eine sowjetische Invasion auf Jahre hinaus abzuwehren.

Zunehmend mehren sich die Gerüchte, daß sich auch die neue Geheimwaffe, die Wasserstoffbombe, bereits im Teststadium befindet.

In blindem Vertrauen auf die Ungefährlichkeit radioaktiver Strahlung betrachten Militärs aus nächster Nähe die amerikanische »Wunderwaffe«.

Thermonukleares Höllenfeuer

Den ersten Atombombentest der Geschichte veranstalten die Vereinigten Staaten am 16. Juli 1945 in der Wüste von New Mexico. Er beruht auf der Spaltung von Plutoniumkernen.

Der Abwurf einer Uran-235-Atombombe, der am 6. August 1945 über der japanischen Stadt Hiroschima stattfindet, tötet weit über 100 000 Menschen. Drei Tage später sterben nach einem weiteren Abwurf über Nagasaki mindestens 36 000 Menschen. Noch nie zuvor war eine Uranbombe gezündet worden. Deshalb deklariert das amerikanische Energieministerium die Abwürfe über Japan unumwunden als »Atomtests«.

Seither wird die atomare Zerstörungskapazität immer weiter ausgebaut. Auch die Sowjetunion verfügt über Atomwaffen: Am 23. September 1949 gibt US-Präsident Truman einen sowjetischen Atombombenversuch bekannt.

Daraufhin entsteht in den USA der Geheimplan einer »Superbombe«, die ihre Energie nach dem Prinzip der Sonne aus der Verschmelzung leichter Atomkerne zu Helium bezieht. Diese Wasserstoff- oder H-Bombe, deren Entwicklung durch den Ausbruch des Koreakrieges noch beschleunigt wird, ist ab 1952 einsatzbereit.

Briten verlieren Wettlauf mit Sonne

21. Februar. *Gleich zwei Rekordmarken bricht ein britischer B2-Bomber vom Typ »Canberra«: Zum ersten Mal wird ein Transatlantik-Flug in weniger als fünf Stunden absolviert (4:42 h), und noch nie hat ein Düsenflugzeug diese Strecke ohne Nachtanken bewältigt.*

Der ursprünglich gefaßte Plan der dreiköpfigen Crew, auf dem Flug von Irland nach Neufundland mit der Sonne Schritt zu halten und zur gleichen Ortszeit anzukommen wie abgeflogen zu sein, scheitert jedoch an zu starken Gegenwinden.

▷ Der zweimotorige Düsenbomber erreicht eine Durchschnittsgeschwindigkeit von 712 km/h.

Nepal: König kehrt aus dem Exil zurück

Die Bewohner Nepals feiern die Rückkehr ihres Königs mit gebührendem Pomp. Eine eigens für dieses Ereignis errichtete »Herrscherarche« zeigt die Porträts Tribhuwans (r.) und seiner königlichen Vorfahren.

15. Februar. Nach Beendigung eines dreimonatigen Bürgerkriegs kehrt der 1911 inthronisierte nepalesische König Tribhuwan Bir Bikram Schah aus dem indischen Exil in seine Hauptstadt Katmandu zurück.

Mit der Rückkehr des Monarchen finden innenpolitische Auseinandersetzungen ein Ende, deren Ursprünge bis ins 18. Jahrhundert zurückreichen. Zu diesem Zeitpunkt schwand die Macht des Königs zugunsten adliger Familien, von denen die der Rana die einflußreichste war. 1846 wurden die Rana faktisch Alleinherrscher, indem sie erblich das Amt des Ministerpräsidenten zugesprochen bekamen. Zu diesem Amt gehört auch der Oberbefehl über die nepalesische Armee.

Als die Briten 1947 Indien verließen, entfiel eine wichtige außenpolitische Stütze des Rana-Regimes, und die innenpolitische Szenerie des Himalaja-Staates geriet in Bewegung. Nepalesische Exilanten im indischen Exil knüpften Kontakte zur Königsfamilie und König Tribhuwan. Dieses Bündnis, im Zusammenspiel mit der linkssozialistischen, indienfreundlichen Kongreßpartei Nepals, zettelte im November 1950 eine Revolution an, in deren Verlauf der König das Land fluchtartig in Richtung Indien verlassen mußte. Es kam zu einem mehrmonatigen Bürgerkrieg.

Indessen verstärkte die indische Regierung unter Jawaharlal Nehru den diplomatischen Druck auf Nepal. Sie gab »den dringenden Rat«, demokratische Reformen einzuleiten und König Tribhuwan wieder in seine Rechte einzusetzen. Der nepalesische Ministerpräsident Mohun Shumshere deutete den Fingerzeig richtig und gab dem Drängen nach. Tribhuwan bildet nach seiner Rückkehr ein ihm verantwortliches Kabinett, erneut mit einem Rana an der Spitze. Den Oberbefehl über die Armee, so die Übereinkunft mit den Rana, erhält von nun an der nepalesische König.

Brasilianer holen alten Diktator zurück

10. Februar. Getúlio Dornelles Vargas, der wichtigste Politiker der neueren brasilianischen Geschichte, übernimmt nach einer am 3. Oktober 1950 überzeugend gewonnenen Wahl zum zweiten Mal das Amt des Präsidenten am Zuckerhut.

Seine 15jährige erste Amtszeit, die Vargas 1930 durch einen Putsch eingeleitet hatte, war geprägt von diktatorischen Vollmachten für das Präsidentenamt, aber auch von einer fortschrittlichen Sozial- und Wirtschaftspolitik.

Aus der Erkenntnis der Abhängigkeit der brasilianischen Exportprodukte Holz, Zucker, Kaffee und Gummi von den Launen des Weltmarktes leitete der Mussolini-Bewunderer sein Konzept des »Estado Novo«, des »neuen Staates« ab. Er initiierte eine staatlich geförderte Politik der »nationalistischen Importsubstitution«, d. h. eine Wirtschaftspolitik, deren Ziel es ist, die bislang importierten Waren selbst zu produzieren, um die Abhängigkeit vom Ausland allmählich abzubauen. Tatsächlich gelang es ihm, die Industrieproduktion in dem vorher krisengeschüttelten Land bis 1937 um 50% zu steigern.

Getúlio Dornelles Vargas

Der am 19. April 1883 in Sao Borja (Rio Grande do Sul) geborene Jurist durchlief eine steile politische Karriere. Er war seit 1922 Kongreßabgeordneter, ab 1926 Finanzminister, zwei Jahre später Gouverneur von Rio Grande do Sul. Seine erste Amtszeit als Präsident (1930–1945) bestritt er teilweise mit diktatorischen Vollmachten. Trotz seines von demokratischen Kräften erzwungenen Rücktritts wurde er 1950 erneut zum Präsidenten gewählt. Als das Militär seinem Plan einer »nationalen Erneuerung« ein Ende zu machen droht, nimmt sich Vargas 1954 das Leben.

Das nationalistische Modell fand erst am 29. Oktober 1945 ein Ende: Teile der vernachlässigten Exportwirtschaft erzwangen im Zusammenspiel mit der demokratischen Opposition Vargas' Rücktritt.

Dem Populisten gelang jedoch bei den Wahlen als Kandidat der Arbeiterpartei ein – sogar demokratisch legitimiertes – politisches Comeback. Bei wachsenden ökonomischen Problemen setzt der Ex-Diktator nun sein wirtschaftliches Reformprogramm, aber auch seine autoritäre Innenpolitik fort.

Juan Perón stellt »La Prensa« kalt

2. Februar. Die in Opposition zur Regierung Perón (→ 28. 9./S. 156) stehende angesehene argentinische Tageszeitung »La Prensa« wird durch einen Streik der peronistisch organisierten Zeitungsverkäufer zur Einstellung ihres Erscheinens genötigt. Zunächst ein Sprachrohr des Großgrundbesitzes wurde das Blatt ab 1944 zum anerkannten Forum der nationalen Opposition mit einer Auflage von ungefähr einer halben Mio. Exemplaren täglich.

Herausfordernd leitartikelte »La Prensa« in Anspielung auf das typische Gebaren des Diktatorenehepaares Evita und Juan Perón: »Wir brauchen keine Ratgeber oder Erzieher oder Propheten oder Erlöser oder Beschützer oder Retter.« Perón kontert, indem er in einer öffentlichen Rede zu seinen vier Feinden neben der Oligarchie, den Großgrundbesitzern und den Oppositionspolitikern ausdrücklich die Zeitung »La Prensa« zählt. Damit ist das Ende des kritischen Blattes nur noch eine Frage der Zeit.

Traumhochzeit in Teheran

12. Februar. Im prunkvoll geschmückten Elfenbeinsaal des königlichen Marmorpalastes zu Teheran schließen der persische Schah Mohammad Resa Pahlawi und die deutschstämmige Soraya Esfandiary Bakhtiary die Ehe.

Soraya, zu deutsch »Siebengestirn«, trägt während der Trauung ein Dior-Kleid aus glänzendem Silberlamée. Drei Wochen arbeiteten Mitarbeiter des Modeschöpfers an der Hochzeitsrobe. Eine 10 m lange Schleppe aus weißem Tüll, besetzt mit 900 000 Goldkörnern, 20 000 mattrosa Marabufedern und 6000 Diamanten zieren zudem das prachtvolle Gewand. Schah Resa hat sich für die Trauung eine Galauniform mit goldenen Schulterklappen fertigen lassen. Die »Traumhochzeit« findet nach muslimischem Ritus statt. Allerdings verspätet sich die Zeremonie um 30 Minuten: Soraya hat Mühe, mit ihrem 50 Pfund schweren Kleid das Schloß zu erreichen.

Daß die Ehe einen glücklichen Verlauf nimmt, steht für die Muslime fest: In der Nacht vor der Trauung fällt in der iranischen Hauptstadt Schnee, nach alter Regel ein gutes Omen für Frischvermählte. 21 Salutschüsse künden dem Volk von der vollzogenen Trauungszeremonie, wenige Stunden später hängen in Fenstern und provisorischen Schaukästen Teherans bereits die ersten offiziellen Hochzeitsfotos.

Aus aller Welt treffen kostbare Geschenke für das Brautpaar in Teheran ein: Der US-amerikanische Präsident Harry S. Truman schickt eine wertvolle Kristallvase, deren Gegenstück Prinzessin Elisabeth von Großbritannien zu ihrer Vermählung mit dem Herzog von Edinburgh erhielt. Georg VI. von Großbritannien schenkt dem Kaiserpaar einen kostbaren Silberleuchter. Der sowjetische Staatschef Josef W. Stalin wartet mit einem Zobelmantel für die 18jährige Braut auf. Bundespräsident Theodor Heuss sendet seine herzlichsten Grüße nach Teheran.

Schah Resa Pahlawi wünscht im Anschluß an die Trauung keine Bankette, Festlichkeiten und prunkvolle Bälle. Grund für die Zurückhaltung: Angesichts der kritischen Weltlage soll Geld gespart werden, das Wohlfahrtsorganisationen zugute kommen soll.

Soraya, die am 22. Juni 1932 in Isfahan geboren wurde, stammt aus einer der angesehensten persischen Familien. Ihr Vater Fürst Khalil Esfandiary Bakhtiary lernte als Student in Berlin seine Frau Eva Karl, eine in Moskau geborene Deutsche, kennen. Neben Soraya, die in Isfahan und Berlin aufwuchs, stammt Sohn Bijm aus dieser Ehe. Die jetzige persische Kaiserin, die fließend Deutsch, Englisch, Französisch und Persisch beherrscht, besuchte in Montreux und Lausanne Pensionate sowie das Internat Saint James in London. Im Oktober 1950 verlobte sie sich mit Resa Pahlawi.

Der Schah, 1919 geboren, kam 1941 auf den persischen Pfauenthron. Er löste seinen Vater Resa Pahlawi ab, den die Alliierten zur Abdankung zwangen. In erster Ehe heiratete er Prinzessin Fawzia, eine Schwester des späteren Königs Faruk I. von Ägypten. Aus dieser Ehe stammt eine Tochter namens Schahnaz. 1946 kehrte Fawzia nach Ägypten zurück, 1949 wurde die Ehe geschieden. Als Politiker ist Schah Resa Pahlawi bemüht, trotz innenpolitischer Schwierigkeiten einen prowestlichen Kurs zu halten.

Schon die Vorbereitungen seiner Ehe mit Soraya begleiteten die Reporter der »Boulevardblätter« auf Schritt und Tritt. Vor allem die Kaiserin ziert in der Folgezeit die Titelseiten der »Regenbogenpresse«.

Eine neue Briefmarke mit dem Bildnis des Kaiserpaares wird zu Ehren der Brautleute ausgegeben. Porträts der Frischvermählten zieren darüber hinaus unzählige Postkarten und Plakate in Teheran. Souvenirhändler machen in diesen Tagen gute Geschäfte.

Ankunft der Braut im Herrscherpalast: Soraya im prunkvollen Hochzeitskleid. Mehrere Hofdamen tragen ihre 10 m lange Schleppe.

Das Hochzeitspaar nimmt die Glückwünsche der ausländischen Diplomaten, hier des sowjetischen Botschafters Iwan Sadchikoff (r.), entgegen.

Mit dem Eheversprechen verbinden der Schah und das gesamte persische Volk den dringenden Wunsch nach dem bisher ausgebliebenen Thronfolger.

Zum »krönenden« Abschluß der Trauungszeremonie im Palast steckt Resa Pahlawi seiner Braut einen kostbaren Goldring an den Finger.

Ziehen die bewundernden Blicke der Hochzeitsgäste auf sich: Die diamantengeschmückte Soraya und der Schah in prächtiger Galauniform.

Letzte Klappe fällt für »Hollywood-Ehe«

26. Februar. Eine »sensationelle« Nachricht beschäftigt die US-amerikanische Filmstadt Hollywood: Das Schauspielerehepaar Barbara Stanwyck und Robert Taylor läßt sich scheiden. Die Verbindung der Filmlieblinge galt bislang als »Musterehe«. Vor elf Jahren schlossen Barbara Stanwyck und Robert Taylor den sog. Bund fürs Leben.

Nur für die Öffentlichkeit seien sie in der Vergangenheit das »glücklichste Paar Hollywoods« gewesen, klagt Robert Taylor. Während der Dreharbeiten zu dem in Italien gedrehten Film »Quo vadis« (→ 8. 11./S. 195), in dem Taylor einer der Hauptdarsteller ist, verliebte er sich in die Italienerin Lia de Leo, die in dem Monumentalfilm eine Sklavin spielt. Weil er »dazu verurteilt war, öffentlich den glücklichen Ehemann zu spielen«, habe er sich lange Zeit nicht mit ihr sehen lassen, erzählt die italienische Schauspielerin.

Barbara Stanwyck, 1907 in New York geboren, profilierte sich als vielseitige Darstellerin in Melodramen wie in »Stella Dallas« (1937), Filmkomödien wie »Die Falschspielerin« (1941) und in Kriminalfilmen wie »Die Frau ohne Gewissen« (1943). Außerdem spielte sie in zahlreichen Fernsehfilmen.

Auf der Spur der Rothschild-Juwelen

Februar. Die Jagd nach den Rothschild-Juwelen, die während der Besetzung Frankreichs aus Paris verschwanden, erreicht einen Höhepunkt: Der Millionenschatz, nach dem seit 1945 gefahndet wird, wird zum Teil in Kassetten vermutet, die nach Kriegsende von Berlin nach Frankfurt am Main transportiert wurden und sich jetzt in der Rhein-Main-Bank befinden sollen.

Grund für die Annahme, daß es sich bei den Schmuckstücken um die Edelsteine der Bankiersfamilie handelt: In den Listen des Geldinstituts taucht der Name des Voberg-Verlags auf. Verlagsinhaber war der ehemalige preußische Staatsrat Kurt Herrmann, heutiger Staatsbürger Liechtensteins. Als Freund von Hermann Göring kaufte er u. a. für den Reichsmarschall Juwelen auf. Herrmann ersteigerte nach der Besetzung Frankreichs und der Öffnung französischer Safes große Werte, die nach Berlin gebracht worden waren.

Die französische Regierung vermutet nun, daß Rothschild-Juwelen unter den aufbewahrten Wertgegenständen in Frankfurt sind. Jedoch stellt sich bald heraus, daß die Perlen und Edelsteine nicht zu dem Schatz der Bankiersfamilie gehören.

Schmuggler-Prinz verurteilt

9. Februar. Das Amtsgericht Lörrach verurteilt Prinz H. von Liechtenstein wegen Uhrenschmuggels zu einer Geldstrafe von 60 000 DM und einer »Wertersatzstrafe« von 530 830 DM. Da der Prinz schon seit dem 23. Dezember des vergangenen Jahres in Untersuchungshaft sitzt, ist ein Teil seiner Strafe bereits getilgt. Ein Tag hinter Gittern wird mit 500 DM »vergütet«.

Prinz H. von Liechtenstein war am deutsch-schweizerischen Grenzübergang bei Lindau festgenommen worden. Wie der Sensationsprozeß ans Licht brachte, hatte er mit Hilfe seines Diplomatenpasses in einem Jahr 14 000 Schweizer Uhren mit Bestimmungsort Stockholm, Brüssel und Rotterdam unverzollt nach Deutschland geschmuggelt.

Während der Gerichtsverhandlung gibt sich der Liechtensteiner stets souverän: »Er ist in jeder Minute des Prozesses ein Herr – überlegen, liebenswürdig und amüsiert. Und wenn auch das Gericht nicht sehr humorig ist, so bricht doch das Publikum oft in despektierliches Gelächter aus, wenn der Prinz eine seiner lapidaren und einfältigen Bemerkungen macht«, berichtet die »Süddeutsche Zeitung«.

Staatsanwalt und Richter erörtern bei der Beweisführung im Schmuggelskandal vier Reisen des Prinzen, auf denen er die Uhren nicht als Transitgut deklariert und ordnungsgemäß verzollt hatte. Ein einträglicher »Nebenjob« als Uhrenschmuggler scheint nicht unüblich zu sein: »Es ist in Bern ein offenes Geheimnis, daß sich viele ausländische diplomatische Vertreter ihr Gehalt dadurch aufbessern, daß sie Uhren nach Deutschland oder im Transitverkehr nach anderen europäischen Ländern schmuggeln«, erklärt einer der geladenen Zeugen vor Gericht.

Scharfe Kritik an »Jud-Süß«-Regisseur

2. Februar. Tumultartige Proteste begleiten die Uraufführung des Veit-Harlan-Films »Unsterbliche Geliebte« in Herford. Mit Pfiffen und Zwischenrufen stören Demonstranten die Vorführung. Sie fordern die Absetzung des Films, der auch in weiteren Städten der Bundesrepublik anlaufen soll.

Grund der wütenden Proteste ist Harlans Vergangenheit: Mit dem antijüdischen Hetzfilm »Jud Süß« (1940) und Propagandastreifen wie »Der große König« (1942) und »Kolberg« (1945) verbreitete der Regisseur während des Dritten Reichs faschistisches Gedankengut.

Für das Machwerk »Jud Süß« wurde Harlan nach Kriegsende angeklagt, mangels Beweisen vom Vorwurf der Verbrechen gegen die Menschlichkeit 1950 freigesprochen. Der Film »Jud Süß« selbst erfülle zwar den Tatbestand eines Verbrechens gegen die Menschlichkeit, aber Harlan könne nicht die Verantwortung für den Streifen angelastet werden, urteilten die Hamburger Richter.

Mit der »Unsterblichen Geliebten«, einer tragischen Liebesgeschichte frei nach Theodor Storms Novelle »Aquis submersus«, versucht Veit Harlan ein Comeback. Bereits während des Vorverkaufs kam es in Herford zu Störungen aufgebrachter Harlan-Gegner. Aus dem Innenministerium Nordrhein-Westfalens verlautete, daß aus Verfassungsgründen kein generelles Verbot der »Unsterblichen Geliebten« möglich sei.

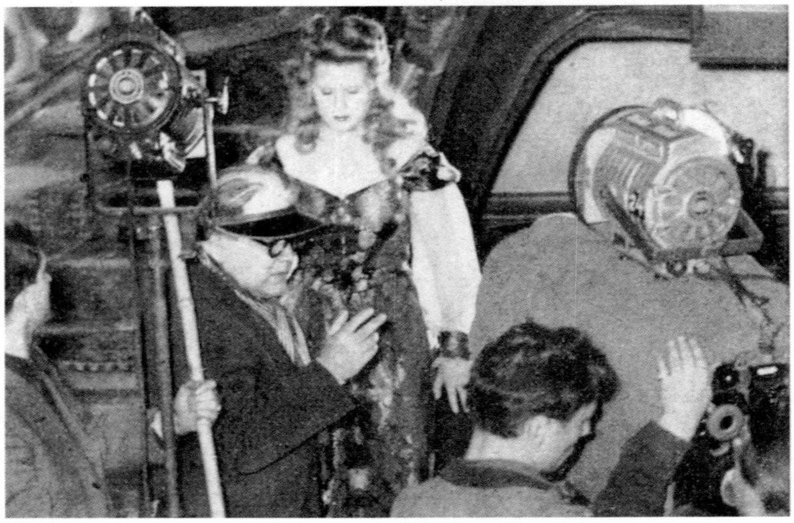

△ Harlan (2. v. l.) bei der Filmarbeit. Rechts neben ihm seine Ehefrau Kristina Söderbaum. Die Schauspielerin war einer der Stars nationalsozialistischer Filme. Obwohl sie nur in zwei Filmen durch Selbstmord im Wasser »starb«, wurde sie spöttisch als »Reichswasserleiche« tituliert.

◁ In »Jud Süß« spielte Werner Krauss den Rabbi Loew Lévy. Harlans Film, der nur noch wenig Ähnlichkeit mit der 1925 erschienenen Novelle von Lion Feuchtwanger hat, thematisiert den Aufstieg von Joseph Süß Oppenheimer 1733 bis 1737 zum mächtigen Finanzberater des Herzogs von Württemberg. Nach dem Tod des Adligen findet eine Revolte statt. Oppenheimer wird gehängt.

Aufruf

gegen Veit Harlan

Der Regisseur des „Jud Süß" Filmes, Veit Harlan, tritt mit einem Produkt der Domnik-Filmgesellschaft, dem Film „Unsterbliche Geliebte", vor die deutsche Öffentlichkeit. In Herford und Göttingen wurde dieser Film bereits gezeigt und war zum Gegenstand spontaner Protest-Aktionen durch einen großen Teil der deutschen Bevölkerung geworden. Wir, die unterzeichneten Organisationen, lehnen Veit Harlan mit folgender Begründung ab:

Der von Veit Harlan gedrehte Film „Jud Süß" ist vom Obersten Gericht in Köln als antisemitisches Hetzwerk gekennzeichnet worden.

Veit Harlan bleibt daher moralisch für alle anständig denkenden Menschen verurteilt und gerichtet.

Veit Harlan ist der Mann, der ein willfähriges Werkzeug der verbrecherischen Regierung des 3. Reiches war.

Veit Harlan ist mitschuldig geworden am Tod unzähliger unschuldiger Menschen.

Veit Harlan ist nicht zuletzt schuldig an der Schändung des deutschen Namens und der deutschen Ehre.

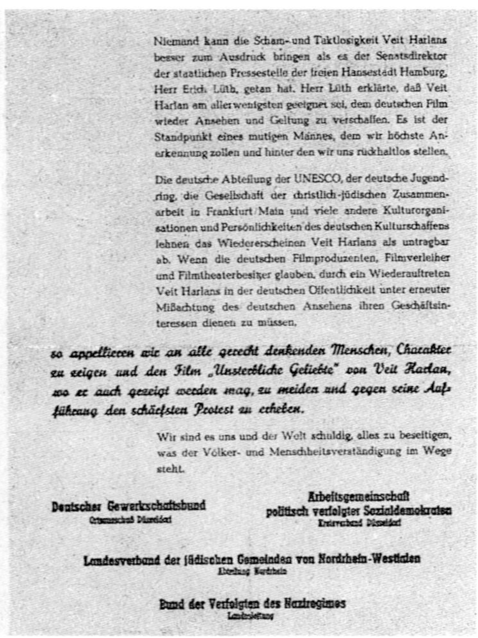

Niemand kann die Scham- und Taktlosigkeit Veit Harlans besser zum Ausdruck bringen als es der Senatsdirektor der staatlichen Pressestelle der freien Hansestadt Hamburg, Herr Erich Lüth, getan hat. Herr Lüth erklärte, daß Veit Harlan am allerwenigsten geeignet sei, dem deutschen Film wieder Ansehen und Geltung zu verschaffen. Es ist der Standpunkt eines mutigen Mannes, dem wir höchste Anerkennung zollen und hinter den wir uns rückhaltlos stellen.

Die deutsche Abteilung der UNESCO, der deutsche Jugendring, die Gesellschaft der christlich-jüdischen Zusammenarbeit in Frankfurt/Main und viele andere Kulturorganisationen und Persönlichkeiten des deutschen Kulturschaffens lehnen das Wiedererscheinen Veit Harlans als untragbar ab. Wenn die deutschen Filmproduzenten, Filmverleiher und Filmtheaterbesitzer glauben, durch ein Wiederauftreten Veit Harlans in der deutschen Öffentlichkeit unter erneuter Mißachtung des deutschen Ansehens ihren Geschäftsinteressen dienen zu müssen,

so appellieren wir an alle gerecht denkenden Menschen, Charakter zu zeigen und den Film „Unsterbliche Geliebte" von Veit Harlan, wo er auch gezeigt werden mag, zu meiden und gegen seine Aufführung den schärfsten Protest zu erheben.

Wir sind es uns und der Welt schuldig, alles zu beseitigen, was der Völker- und Menschheitsverständigung im Wege steht.

Deutscher Gewerkschaftsbund
Ortsausschuß Düsseldorf

Arbeitsgemeinschaft politisch verfolgter Sozialdemokraten
Kreisverband Düsseldorf

Landesverband der jüdischen Gemeinden von Nordrhein-Westfalen

Bund der Verfolgten des Naziregimes
Landesleitung

Organisationen des Deutschen Gewerkschaftsbundes, politisch verfolgte Sozialdemokraten, der Landesverband der jüdischen Gemeinden von Nordrhein-Westfalen und des Bundes der Verfolgten des Naziregimes rufen in Düsseldorf zum Protest gegen Harlan auf. Allerdings hat die Aktion einen gegenteiligen Effekt. Die Menschen strömen in die Kinos, um das umstrittene Werk Harlans zu begutachten.

Bundesregierung stiftet Filmpreise

21. Februar. Das Bundesinnenministerium stiftet Preise für die besten Filme und darstellerischen Leistungen eines Jahres und schafft damit den »Deutschen Filmpreis«. Im Mai wird die Initiative auf weitere Sparten des Films ausgedehnt.

Preise erhält der beste Spielfilm eines Jahres (→ 6. 6./S. 106) unter Berücksichtigung der Gesamtleistung von Drehbuch, Regie und Darstellung. Ein Wanderpreis geht an den besten Produzenten bzw. an die beste Produktionsfirma. Weitere Auszeichnungen werden dem herausragendsten Regisseur und Drehbuchautor verliehen.

Mit einem Wanderpreis wird der wertvollste Kultur- oder Dokumentarfilm belohnt. Zusätzlich vergibt die Kommission einen Geldpreis von 2500 DM für den Regisseur. Darüber hinaus werden zwei weitere anspruchsvolle Kultur- oder Dokumentarfilme ausgezeichnet sowie ein Film, der ein soziales Problem eindrucksvoll in Szene setzt.

Der Film, der zur Förderung des demokratischen Bewußtseins beiträgt, kann sich ebenfalls Lorbeeren verdienen. Weitere Preise gibt es für Filme, die den europäischen Gedanken fördern. Darüber hinaus will die Bundesregierung einen Problemfilm sowie einen Film der Avantgarde auszeichnen. Auch die Leistung der besten Nachwuchsschauspieler soll mit Preisen und jeweils 2500 DM bedacht werden.

»Lady Hamilton« in Nürnberg gefeiert

11. Februar. Begeistert nehmen die Nürnberger Robert Hegers Oper »Lady Hamilton« auf. Die Uraufführung unter der Regie von Rudolf Hartmann und der musikalischen Leitung von Alfons Dressel steht auf hohem Niveau.

Robert Heger erzählt die Geschichte der 1761 in Cheshir geborenen Magd, Zofe und Mätresse Emma Lyon. William Hamilton, britischer Gesandter auf Sizilien, heiratete sie 1791. Nach einer Liaison mit Admiral Horatio Nelson sank ihr Stern. 1815 starb sie leberkrank in Calais.

In drei Akten, sieben Bildern und einem Epilog setzt Heger diesen für eine Bühne wie geschaffenen Stoff stilvoll als Sängeroper in Szene.

Harmonie zeichnet die Kür der 28jährigen Ria Baran und ihres 29jährigen Partners und späteren Ehegatten aus.

Trotz Trainingssturz zum Titelgewinn

23. Februar. Im Mailänder »Palazzo del Ghiaccio« schafft das deutsche Europameisterpaar einen sensationellen Erfolg im Eiskunstlauf: Mit hauchdünnem Vorsprung sichern sich die in Dortmund geborenen Ria Baran und Paul Falk den Weltmeistertitel. Zwölf Paare haben bei der Eislauf-Konkurrenz um Medaillen gekämpft.
3000 Zuschauer bejubeln die Kür der Deutschen, die sich mit einem klassisch-präzisen Lauf gegen die brillanten Einfälle von Karol und Michael Kennedys Show-Kür durchsetzen. Mit 10,89 Punkten gewinnen Baran/Falk den Wettkampf vor dem US-amerikanischen Geschwisterpaar, das 10,86 Punkte verbucht. Platz drei in dem hochklassigen Wettbewerb belegt das britische Paar Jennifer und John Nick.
Daß die bundesdeutschen Sportler zu dieser Leistung fähig sein würden, hatte niemand erwartet. Grund für diese Skepsis war die Verletzung Ria Barans: Nach den Europameisterschaften in Zürich, die das deutsche Paar am 2. Februar gewonnen hatte, verletzte sich die Sportlerin bei einem Trainingssturz am Rükken. Die Teilnahme bei den Weltmeisterschaften in Mailand schien in Frage gestellt. Nur zweimal konnte das Paar seit Zürich trainieren. Vor allem der unerschütterliche Wille Ria Barans machte die WM-Teilnahme möglich.
Auch die anderen bundesdeutschen Paarläufer schneiden bei den Titelkämpfen in Italien hervorragend ab: Inge Minor und Hermann Braun belegen den fünften Rang vor Marlis Schroer und Hans Schwarz.
Theodor Heuss verleiht den Eiskunstlauf-Weltmeistern nach ihrer Rückkehr für besondere Leistungen das silberne Lorbeerblatt.

Robinson greift zur Krone

14. Februar. Der Gong zur 13. Runde im Boxkampf um die Weltmeisterschaft im Mittelgewicht zwischen Titelverteidiger Jake La Motta und »Sugar« Ray Robinson ertönt: Robinson treibt La Motta vor sich her und knüpft an die offensive Taktik der letzten Runden an. La Motta blutet unter dem linken Auge, aus Nase und Mund. Er muß weitere harte Treffer des 29jährigen Sugar Ray »einstecken«, ehe Ringrichter Sykora den ungleich gewordenen Kampf abbricht: Robinson ist Weltmeister im Mittelgewicht durch technischen K. o.
Den Kampf in Chikago verfolgten 15 000 Zuschauer am Ring, 30 Mio. harrten an den Bildschirmen aus und erlebten nach den ersten zwei ausgeglichenen Runden einen stürmisch angreifenden La Motta. Bis zur neunten Runde kämpfte er verbissen, brachte Robinson immer wieder in Bedrängnis.
Ab der neunten Runde schwanden seine Kräfte, und Robinson gewann die Oberhand. La Motta schien noch unter der 21stündigen Hungerkur zu leiden, die er durchstehen mußte, um das vorgeschriebene Gewicht auf die Waage zu bringen.
»Sugar« Ray Robinson, der eigentlich Walker Smith heißt, war bisher Box-Weltmeister im Weltergewicht. Als 1946 Marty Servo seinen Titel zurückgab, eroberte Robinson den WM-Thron im Fight gegen Thommy Bell, den er in New York nach 15 Runden bezwang.

In Runde neun verlassen den Champion La Motta (l.) die Kräfte.

»Silberpfeile« wieder am Start

18. Februar. Zum ersten Mal nach dem Zweiten Weltkrieg stehen die Mercedes-»Silberpfeile« wieder am Start eines Automobilrennens. Die Rennwagen mit dem traditionsreichen Beinamen nehmen am »Premio Presidente de la Nacion Juan Perón« in Argentinien teil.
Auf dem kurvenreichen und schwierigen, 3,5 km langen Rundkurs im Palermo-Park von Buenos Aires fährt José Froilan Gonzales auf Ferrari als überraschender Sieger nach 1:35:18,9 h über die Ziellinie. Hermann Lang auf einem »Silberpfeil« belegt Rang 2 mit 6,4 sec Rückstand vor seinem Teamgefährten, dem Argentinier Juan Manuel Fangio mit 51 sec Rückstand. Der Pilot des dritten »Silberpfeils«, Karl Kling, belegt hinter Oscar Galvez auf Ferrari den fünften Platz.

Woher kommt der »Silberpfeil«?
1934 tritt die von der »Vereinigung Internationaler Autoclubs« festgelegte »750-kg-Formel« in Kraft. Bei beliebiger PS-Stärke darf ein Rennwagen nicht schwerer als 750 kg sein. Ziel ist es, die Höchstgeschwindigkeit zu drosseln. Allerdings rechnen die Funktionäre nicht mit der Findigkeit der Konstrukteure. Mitarbeiter von Daimler-Benz entwikkeln einen Rennwagen namens W 25 mit Acht-Zylinder-Motor, 3,4 l Hubraum und 354 PS, der mit offener Karosserie bis zu 300 km/h schnell ist. Obwohl überall Gewicht eingespart wird, erreicht der W 25 bei der ersten Bewährungsprobe des Internationalen ADAC-Eifelrennens nicht die geforderte Gewichtsformel: 751 Kilogramm zeigt die Waage an. Alfred Neubauer hat schließlich die rettende Idee: Der weiße Lack der W 25 wird bis aufs Aluminium abgeschliffen, die »Silberpfeile« mit exakt 750 kg, sind entstanden.

Der Argentinier Gonzales bewältigte als Tagessieger die 157,5 km in einer Durchschnittsgeschwindigkeit von 99,143 km/h. Die Mercedeswagen mit ihrem 3-l-Kompressormotor dürfen bei Rennen mit Hubraumbegrenzung nicht starten. Die Veranstaltung in Argentinien war dagegen formelfrei ausgeschrieben, d. h., Autos mit Kompressormotor unterlagen nicht der Höchstgrenze von 1,5 l.

Unterhaltung 1951:

Jazz: »Cool spielen, ohne kalt zu sein«

Die deutsche Unterhaltungsszene ist wenig innovativ und im wesentlichen mit dem Aufbau wirtschaftlicher Strukturen, etwa einer wettbewerbsfähigen inländischen Plattenindustrie beschäftigt. »Kulturimport« ist – mit einer gewissen zeitlichen Phasenverschiebung – der Maßstab aller Dinge.

Aufregende Neuigkeiten kommen vor allem aus dem Mutterland des Jazz, genauer aus den US-amerikanischen Nachtclubs und Jazzbars, in denen sich junge und experimentierfreudige Musiker tummeln: Der Bebop, der »nervöse« Hauptstil des Jazz in den vierziger Jahren, wird durch Hardbop und Cool Jazz weiterentwickelt.

Während der Hardbop die afroamerikanischen Wurzeln des Jazz betont, indem er auf ältere Formen des Blues und der Gospelmusik zurückgreift, wird der Cool Jazz vorwiegend von akademisch geschulten weißen Musikern gespielt. Der Guru des Cool Jazz ist der Pianist Lennie Tristano, der 1951 in New York seine berühmte »New School of Arts« gründet.

Die Tristano-Schule, zu der auch der Altsaxophonist Lee Konitz, der Gitarrist Billy Bauer und der Bassist Eddie Safranski zählen, pflegt einen intuitiven und geschmeidigen, aber nur scheinbar zurückgenommenen Stil, der des öfteren als leblos, intellektuell und unterkühlt mißverstanden wird.

Wesentlich populärer und eine klassische Ausgeburt der amerikanischen Unterhaltungskunst ist das mehrstimmige Schlagergeträller von Gesangstrios oder -quartetten wie etwa der Andrew-Sisters. Eng verknüpft mit der explosionsartigen Verbreitung der »Juke-Box«, dem amerikanischen Musikautomaten, gelingt es dem Trio seit Jahren, in jeder noch so kurzlebigen Schlagermode einen Hit zu plazieren. Ihr aktuelles Erfolgsprodukt heißt »Love is a cheat«.

Auf dem Gebiet der Kleinkunst fasziniert der französische Pantomime Marcel Marceau das deutsche Publikum. Mit seiner 1948 in Paris gegründeten Truppe »Compagnie de Mimes« startet er eine erfolgreiche Deutschland-Tournee.

Die nach dem blinden Pianisten aus Chicago benannte »Tristano-Schule« prägt entscheidend den Cool Jazz der fünfziger Jahre. Tristano (helles Hemd) ist der Theoretiker der abstrakten und intuitiven Form.

Mit eingängigen Liedern reihen die Andrew-Sisters – hier während einer Show-Veranstaltung in späteren Jahren – Erfolg an Erfolg. Das Terzett besticht durch einfache Texte und simple Schlager-Arrangements.

Marceau (2. v. l.), auch bekannt als Schöpfer der Clownsfigur »Bip«, in Nikolai Gogols Stück »Der Mantel« während seiner Deutschland-Tournee

Will »Baden gehen« und hat trotzdem Erfolg: Kinderstar Cornelia.

»Kleine Cornelia« packt Badehose ein

Es sind nicht nur die amerikanischen Verkaufshitparaden, die der Maßstab deutscher Plattenproduktion sind. Auch in anderer Weise ist das Showbusiness des »großen Bruders« jenseits des Atlantiks prägend: Es entsteht ein erster deutscher Ableger des amerikanischen Rummels um Kinderstars, wie sie etwa Judy Garland und Mickey Rooney verkörpern.

Ein siebenjähriges Berliner Gör namens Cornelia Froboess, das auf der Bühne des Berliner Titania Palastes in einer öffentlichen RIAS-Sendung ein freches Liedchen trällert, erobert die Herzen der Deutschen. In kessem Berliner Zungenschlag fordert sie zu einem Badeausflug an den Wannsee auf. Das Lied ist von ihrem Vater, dem Komponisten und Verleger Gerhard Froboess komponiert und heißt »Pack die Badehose ein«. Weitere Erfolge der »kleinen Cornelia« sind »Hei, hei, hei, so eine Schneeballschlacht«, »Ich heirate Papi«, »Lieber Gott, laß die Sonne wieder scheinen« und »Ich wünsch mir ein neues Kleidchen«.

Im Blitzlichtgewitter der Fotografen: Frank Sinatra (l.) mit seiner neuen Ehefrau Ava Gardner

Sonnyboy nur noch im Film: Sinatra (l.) mit Gene Kelly

Karriereknick: Schlechte Zeiten für Frankie »The Voice«

Einer der Säulenheiligen des amerikanischen Showbusiness gerät ins Wanken. Die bisher steil nach oben weisende Karriere von Frank Sinatra, genannt »The Voice« (»Die Stimme«), scheint sich durch schädliche Gerüchte, private Querelen und berufliche Mißgriffe bereits wieder dem Ende zuzuneigen.
Der »gute Junge« mit dem unschuldigen, tiefblauen Augenaufschlag wurde während des Krieges als Sänger und Schauspieler zum Idol einer ganzen Generation.
Nach Kriegsende fällt ein erster Schatten auf die Karriere von »Frankieboy«, als eine Liebesaffäre des verheirateten italo-amerikanischen Sängers mit der Schauspielerin Ava Gardner, die er 1951 heiratet, bekannt wird. Eine Anti-Sinatra-Kampagne der katholischen und republikanischen Presse beginnt, die letztlich politisch gesteuert ist. Sinatra hat den für einen Hollywoodstar der 40er Jahre entscheidenden Fehler begangen, sich in die Politik einzumischen. Er zieht seit 1945 gegen rassische und religiöse Vorurteile zu Felde und spricht sich öffentlich für den Demokraten Roosevelt aus. Damit schafft er sich in der Klatschpresse und in der Filmindustrie mächtige Feinde. In diesem Zusammenhang sind auch Berichte über Kontakte Sinatras zur Mafia zu sehen, die seit 1947 kursieren, aber nie bewiesen werden konnten.
Nachdem alle Studio- und Plattenverträge entweder ausgelaufen oder gekündigt sind, ist Sinatra im Jahr 1951 am Tiefpunkt seiner Karriere angelangt.

Frankies Eskapaden ruinierten die Ehe mit Nancy (l.)

»Zappelkäfertanz« macht Furore

Jugend, die auf sich hält in deutschen Tanzsälen, tanzt den »Jitterbug« (Abb. l.). Das Wort leitet sich von engl. »to jitter« (zappeln) und »bug« (Käfer) ab.
Der »Jitterbug« ist ein wilder Gesellschaftstanz aus den USA der späten 30er mit akrobatischen Tanzfiguren zu Boogie-Woogie-Begleitung. In einem bisher nicht gesehenen Ausmaß an tänzerischer Extrovertiertheit wirbelt man den Partner durch die Luft oder man wälzt sich in ekstatischen Zuckungen am Boden. Die Akteure, aber auch erlebnishungrige Zuschauer kommen voll auf ihre Kosten.

März 1951

Mo	Di	Mi	Do	Fr	Sa	So
			1	2	3	4
5	6	7	8	9	10	11
12	13	14	15	16	17	18
19	20	21	22	23	24	25
26	27	28	29	30	31	

1. März, Donnerstag

Nach Verhandlungen mit den Alliierten erkennt die Bundesregierung deutsche Vorkriegsschulden an. Dies ist eine der Voraussetzungen für die Revision des Besatzungsstatuts (→ 6. 3./S. 50).

Jacobo Arbenz Guzmán wird der Nachfolger von Juan José Arvalo als Präsident Guatemalas. Arbenz Guzmán ist Vertreter einer linksorientierten Politik und enteignet beträchtliche Ländereien der US-amerikanischen United Fruit Company in Guatemala.

In Uruguay wird mit der Präsidentschaft von Andrés Martínez Trueba das Kollegialsystem als Verfassungsgrundlage eingeführt. Der Präsident übergibt seine Vollmachten einem Staatsrat aus neun Personen, die jährlich wechselnd den Vorsitzenden stellen.

Die letzte der sieben während des Krieges zerstörten Mainbrücken in Frankfurt ist wieder begehbar. Sie wird als »Friedensbrücke« von Oberbürgermeister Walter Kolb eingeweiht.

2. März, Freitag

Per Gesetz übernimmt der Bund das Vermögen der ehemaligen Reichsautobahnen und Reichsstraßen sowie die Straßenbaulasten. Die seit 1945 in den drei Westzonen getrennten Teilbereiche des staatlichen Eisenbahnwesens werden zusammengeführt.

Als erstes live übertragenes Fernsehspiel sendet der NWDR das »Vorspiel auf dem Theater« aus Goethes »Faust«.

Der Finne Tauno Luiro stellt mit 139 m auf der Sprungschanze in Oberstdorf einen herausragenden Weltrekord im Skifliegen auf. → S. 59

3. März, Samstag

Die größte Partei Österreichs, die Österreichische Volkspartei (ÖVP), eröffnet ihren dritten Bundesparteitag in Salzburg. Zahlreiche Delegationen von Schwesterparteien, u. a. der CDU/CSU, hören ein Plädoyer des Bundeskanzlers Leopold Figl für den Abschluß eines Staatsvertrages mit den Alliierten.

Das Schwurgericht in Frankfurt am Main verurteilt den ehemaligen SS-Unterscharführer Josef Hirtreiter zu lebenslänglichem Zuchthaus. Er wurde überführt, im Vernichtungslager Treblinka mehrere Menschen eigenhändig umgebracht zu haben.

4. März, Sonntag

Westdeutsche Funktionäre der Kommunistischen Partei halten in Weimar einen geheimen Parteitag ab. Berichte sprechen von einer einstimmigen Wahl Max Reimanns zum Vorsitzenden und von einem allgemeinen Generationswechsel zugunsten der jungen, stalinistisch geschulten Kommunisten.

In Leipzig beginnt die bis zum 11. März dauernde Frühjahrsmesse. Die Zahl der Aussteller aus dem Bundesgebiet und West-Berlin ist von 752 im Frühjahr 1950 auf nun 401 Aussteller zurückgegangen (→ 11. 3./S. 56).

Im überfüllten Krefelder Eisstadion sichert sich Preußen Krefeld vor 8500 Zuschauern mit einem 3:2-Erfolg über den EV Füssen seine erste deutsche Meisterschaft. → S. 59

5. März, Montag

In Paris beginnt eine Vorkonferenz unter Teilnahme der Stellvertretenden Außenminister der Alliierten. Ihr Ziel ist die Vorbereitung einer Gipfelkonferenz der Siegermächte über die Deutschlandfrage. → S. 50

In Buenos Aires verbessert Gewichtheber John Davis aus den USA, der Weltmeister in der Superschwergewichtsklasse, seinen eigenen Rekord im olympischen Dreikampf um 4 kg auf 482,5 kg.

6. März, Dienstag

Die Oberkommission der Alliierten gibt die »kleine Revision« des Besatzungsstatuts bekannt. Danach erhält die Bundesrepublik begrenzte Souveränität in außenpolitischen und wirtschaftlichen Bereichen. → S. 50

Verschärfte Kontrollen an den West-Berliner Schleusen Spandau, Charlottenburg und Plötzensee durch die britische Besatzung zur Unterbindung des illegalen Warenverkehrs führen zu einer Konfrontation zwischen Sowjets und Briten.

7. März, Mittwoch

Der iranische Premierminister General Ali Razmara fällt beim Verlassen der kaiserlichen Moschee in Teheran einem Attentat zum Opfer. → S. 55

Der ehemalige Fallschirmjägergeneral Bernhard Hermann Ramcke, der sich einem Kriegsverbrecherprozeß in Frankreich zunächst durch Flucht entzogen hatte, stellt sich der französischen Militärjustiz (→ 9. 3./S. 53).

Die niedersächsische Polizei leitet in ihren eigenen Reihen Verhaftungen ein, nachdem bekanntgeworden ist, daß dort kommunistische Agenten ein Spionagenetz aufgebaut haben.

Der US-Amerikaner Ezzard Charles bleibt Schwergewichtsweltmeister bei den Profiboxern. Er besiegt in Detroit (USA) seinen Landsmann »Jersey« Joe Walcott vor 14 000 Zuschauern nach Punkten (→ 18. 7./S. 133).

8. März, Donnerstag

Im Bundestag wird das Gesetz zur Umsiedlung von Heimatvertriebenen aus den Ländern Bayern, Niedersachsen und Schleswig-Holstein in die übrigen Länder des Bundesgebiets einstimmig verabschiedet. → S. 52

In Wiesbaden entsteht das Bundeskriminalamt (BKA). Es dient der zentralen Sammlung von polizeilichen Nachrichten und Unterlagen, der Verbrechensforschung sowie der Verfolgung und Verbrechensbekämpfung in nationalem und internationalem Rahmen. → S. 53

Auf der Sitzung des Internationalen Olympischen Komitees in Wien wird das Nationale Olympische Komitee (NOK) der UdSSR anerkannt. Das NOK der DDR erhält die Auflage, für die Olympischen Spiele 1952 in Helsinki und Oslo einer gesamtdeutschen Mannschaft beizutreten (→ 26. 11./S. 195).

9. März, Freitag

In einer Regierungserklärung vor dem Bundestag und einer Note an die Westmächte lehnt Bundeskanzler Konrad Adenauer die sog. Grotewohl-Vorschläge zur Wiedervereinigung Deutschlands ab. Er fordert statt dessen die Westmächte auf, die Voraussetzungen für freie Wahlen in ganz Deutschland zu schaffen. → S. 52

Der ehemalige deutsche Militärbefehlshaber von Belgien und Nordfrankreich, General Alexander von Falkenhausen, wird in Brüssel zu zwölf Jahren Zwangsarbeit verurteilt. → S. 53

Der britische Außenminister Ernest Bevin tritt aus Krankheitsgründen zurück. Sein Nachfolger wird der bisherige stellvertretende Ministerpräsident Herbert Morrison.

10. März, Samstag

Der neue französische Ministerpräsident Henri Queuille stellt sein neues Kabinett Staatspräsident Vincent Auriol vor. Queuille, der bereits in 26 Regierungen Minister war, gehört der radikalsozialistischen Partei an. → S. 54

Ein Opfer der Kirchenverfolgung in der Tschechoslowakei wird der Prager Erzbischof Josef Beran: Weil er sich gegen die staatlichen Kirchengesetze ausspricht, wird er aus seiner Erzdiözese verbannt. → S. 55

Gegen den heftigen Widerstand der Vertreter Dänemarks und Belgiens wird die Bundesrepublik wieder in den Internationalen Eishockeyverband aufgenommen. Für die Zulassung plädieren vor allem die Niederlande, Großbritannien und Frankreich.

11. März, Sonntag

Mit einem Festakt in der Johann-Wolfgang-Goethe-Universität wird die Internationale Frankfurter Frühjahrsmesse 1951 eröffnet. Der Schirmherr und hessische Ministerpräsident Georg August Zinn betont, daß der Frankfurter Messe der Vorrang vor allen anderen westdeutschen Messen gebühre. → S. 56

In Rom kommt es zu Demonstrationen für die Rückgabe Triests an Italien. Seit der Besetzung der Stadt durch Tito-Partisanen sind die Besitzverhältnisse ein ständiger Streitfall zwischen Italien und Jugoslawien (→ 17. 11./S. 191).

12. März, Montag

Das Gesetz über das Bundesverfassungsgericht regelt Zusammensetzung, Zuständigkeiten und Prozeßordnung dieses obersten Gerichtes (→ 28. 9./S. 161).

Aus Protest gegen die steigenden Lebenshaltungskosten kommt es in Barcelona und anderen Städten Kataloniens zu einem Generalstreik unter Beteiligung von bis zu 300 000 Arbeitern. Die spanische Regierung setzt Polizeiverstärkungen in Marsch und schickt Kriegsschiffe in die nordostspanische Hafenstadt.

Nach Schätzungen aus Hongkong sind in den vergangenen zwei Monaten bei Massenexekutionen in der Volksrepublik China etwa 20 000 Menschen erschossen worden. Die »Säuberungswelle« richtet sich vornehmlich gegen vermeintliche Agenten Nationalchinas und der Vereinigten Staaten.

13. März, Dienstag

Israel beziffert in einer Note an die Siegermächte seine Reparationsforderung an Deutschland: Als Ersatz für die Beschlagnahmung jüdischen Besitzes und zur Versorgung der Hinterbliebenen fordert Israel insgesamt 1,5 Mrd. Dollar (7,8 Mrd. DM; → 27. 9./S. 160).

14. März, Mittwoch

Bei der zweiten Beratung des Haushaltsplans gibt Bundeswirtschaftsminister Ludwig Erhard die Grundzüge seiner künftigen Wirtschaftspolitik bekannt. Als Antwort auf die Zahlungsbilanzkrise der Bundesrepublik fordert Erhard eine partielle Rücknahme der freien Marktwirtschaft (→ 11. 4./S. 69).

Die Bundesrepublik wird in die Organisation der Vereinten Nationen für Erziehung, Wissenschaft und Kultur (UNESCO) aufgenommen.

15. März, Donnerstag

Bundespräsident Theodor Heuss ernennt Bundeskanzler Konrad Adenauer zum Außenminister. → S. 51

Nach einem einstimmigen Beschluß des Bundestages werden die Sätze der Arbeitslosenunterstützung und der Arbeitslosenfürsorge um 10% erhöht.

Die »Majlis«, das iranische Parlament, votiert für eine Verstaatlichung der in den Händen der Anglo Iranian Oil Company befindlichen persischen Ölindustrie. Die Aktienmehrheit der Ölgesellschaft hält die britische Regierung (→ 31. 7./S. 114).

Die Papierknappheit zwingt Teile der Markenartikelindustrie zu ungewöhnlichen Aktionen: So liegt z. B. »Sunlicht-Seife« unverpackt in den Regalen.

In Berlin endet zum 34. Mal das Publikumsspektakel »Sechstagerennen«. Es siegen die Altstars Gustav Kilian/Heinz Vopel. → S. 59

Matthew Bunker Ridgway, Kommandant der 8. US-amerikanischen Armee in Korea, ist Held vieler Titelgeschichten. Am 12. März erklärt der spätere Oberbefehlshaber der UN-Streitkräfte, daß es einen »außerordentlichen Sieg für die Alliierten bedeuten würde, wenn der Krieg in Korea am 38. Breitengrad enden würde«. (Titelseite des US-amerikanischen Magazins »Time« vom 3. März 1951)

16. März, Freitag

Die Alliierte Oberkommission beziffert die Höhe der durch die Bundesrepublik aufzuwendenden Besatzungskosten auf 6,6 Mrd. DM. Die Summe hat sich damit gegenüber dem Vorjahr um 1,1 Mrd. DM erhöht und belastet den Bundeshaushalt erheblich. → S. 51

In Düsseldorf wird eine »Deutsche Frauenpartei« gegründet. Ihr Ziel ist es, die Frau in der Politik mehr zur Geltung zu bringen.

17. März, Samstag

Nach Informationen der englischen Nachrichtenagentur Reuters ist Großbritannien entschlossen, eine eigene Atombombe zu bauen. Die Entwicklung der Bombe soll ohne die Hilfe der Vereinigten Staaten erfolgen und innerhalb kurzer Zeit abgeschlossen sein.

Das Zentralkomitee der SED erläßt Kulturrichtlinien für die DDR, deren erstes prominentes Opfer Bertolt Brechts Oper »Das Verhör des Lukullus« ist. Nach der Uraufführung muß das Werk wegen des Vorwurfs des »Formalismus« umgeschrieben werden. → S. 58

18. März, Sonntag

In Frankfurt am Main findet ein westdeutscher Anti-Kriegs-Kongreß »für aktive Neutralität« statt. 200 Delegierte treten für die Neutralisierung und gegen die Wiederbewaffnung Deutschlands ein. → S. 53

Die französische Regierung übermittelt der amerikanischen und der britischen Regierung Protestnoten, da sie zu Marinebesprechungen über die Verteidigung des östlichen Mittelmeers nicht hinzugezogen worden ist. Die Franzosen verweisen auf die prinzipielle Gleichberechtigung Frankreichs in der Verteidigungsorganisation für den Nahen Osten.

19. März, Montag

In Paris kommt es zur Paraphierung, d. h. zur vorläufigen, völkerrechtlich noch nicht verbindlichen Festlegung des Vertrages über die europäische Montanunion. Damit ist die endgültige Unterzeichnung des Schumanplans in Sichtweite (→ 18. 4./S. 66).

In Frankfurt am Main wird die Bundesstelle für den Warenverkehr der gewerblichen Wirtschaft errichtet. Ihr obliegt die Ausführung von Rechtsvorschriften des inner- und außerdeutschen Wirtschaftsverkehrs.

In New Haven (US-Bundesstaat Connecticut) schwimmt die 4x100-m-Staffel der USA mit 3:47,9 min Weltrekord.

20. März, Dienstag

Eine Welle sozialer Unruhe läßt die Streikbewegung in Frankreich immer mehr anwachsen. Nach den Bediensteten der Pariser Untergrundbahn und der Eisenbahner streiken nun auch Berg- und Metallarbeiter, Angestellte der Elektrizitätswerke sowie der Müllabfuhr für höhere Löhne (→ 10. 3./S. 54).

Die nordostbrasilianischen Provinzen Ceara und Parahyba werden von einer verheerenden Dürre heimgesucht. Hunger und Durst fordern täglich etwa 20 Menschenleben, dazu kommen Fälle von Pesterkrankungen.

21. März, Mittwoch

Der US-amerikanische Verteidigungsminister George Marshall teilt mit, daß die Streitkräfte des Landes mit 2,9 Mio. Mann nunmehr doppelt so stark sind wie zu Beginn des Koreakriegs vor neun Monaten.

In Pakistan kann die Regierung Liaquat Ali Khan (→ 16. 10./S. 177) eine Verschwörung vereiteln, die auf die Errichtung einer kommunistischen Militärdiktatur zielte. Als Urheber wird der Generalstabschef General Akbar Khan festgenommen, mit dem eine Reihe hoher Offiziere im Bunde war.

22. März, Donnerstag

SPD-Chef Kurt Schumacher kritisiert die Bonner Regierung auf einer Kundgebung in Hamburg in bisher nicht gekannter Schärfe: »Man hat gepumpt und das Gepumpte verschleudert.« Alle außenpolitischen Erfolge seien Ergebnisse der Zeit und nicht der deutschen Politik.

In Paris wird der ehemalige Fallschirmjägergeneral Bernhard Hermann Ramcke wegen Kriegsverbrechen gegen die Zivilbevölkerung zu fünf Jahren Zwangsarbeit verurteilt. Ramcke war während des Kriegs Oberbefehlshaber der von den Deutschen besetzten Hafenstadt Brest (→ 9. 3./S. 53).

23. März, Karfreitag

Tausende US-amerikanischer Fallschirmjäger springen in Westkorea hinter den kommunistischen Linien ab und bringen die Zufahrtstraßen nördlich des von Koreanern und Chinesen besetzten Seoul unter ihre Kontrolle. → S. 55

Bundesverkehrsminister Hans Christoph Seebohm beruft mit Werner Kreipe einen Träger des NSDAP-Blutordens in die Luftfahrtabteilung des Bundesverkehrsministeriums. → S. 53

Zum ersten Mal seit 1926 bleibt am Karfreitag »Das Wunder von Konnersreuth« aus. Tausende von Gläubigen warten in der Oberpfälzer Ortschaft vergeblich auf das Erscheinen von Stigmawunden am Körper von Therese Neumann.

24. März, Samstag

Der Oberbefehlshaber der Truppen der Vereinten Nationen, General Douglas MacArthur, richtet ein Waffenstillstandsangebot an die Kommunisten, in dem er deren Befehlshaber zu Verhandlungen über eine Waffenruhe einlädt (→ 23. 3./S. 55).

Der argentinische Präsident Juan Perón gibt bekannt, daß sein Land mit Hilfe eines neuen Verfahrens Kernenergie gewinnen will (→ 28. 9./S. 156).

In Worms wird die Unabhängige Arbeiterpartei (UAP) gegründet. Sie steuert einen kommunistischen, aber antistalinistischen Kurs und wird deshalb auch als »Titoistenpartei« bezeichnet. → S. 52

In New Haven (US-Bundesstaat Connecticut) schwimmt der Australier John Marshall über 400 m Freistil mit 4:26,9 min Weltrekord.

25. März, Ostersonntag

US-amerikanische und spanische Regierungsvertreter sondieren in Madrid Möglichkeiten eines Militärbündnisses der beiden Länder auf der Grundlage des NATO-Paktes. Die mögliche Beteiligung des diktatorisch regierten Landes an der Verteidigung Europas stößt auf Vorbehalte vor allem Großbritanniens und Frankreichs (→ 14. 8./S. 142).

Der Bundesvorstand des Deutschen Gewerkschaftsbundes (DGB) lehnt eine Verlegung des »Tages der Arbeit« vom ersten auf den zweiten Mai aus Traditionsgründen ab. Der entsprechende Vorschlag des Deutschen Industrie- und Handelstages, der die Verlegung des Maifeiertages auf den Tag vor Himmelfahrt bedeutet hätte, sollte in den Betrieben Brennstoff sparen und zwei zusammenhängende Feiertage bringen.

In Alversdorf bei Helmstedt unterbietet Herbert Klein über 400 m Brustschwimmen den alten Weltrekord mit 5:30,2 min um genau 10 sec (→ 9. 6./S. 109).

26. März, Ostermontag

Zum ersten Mal nach Kriegsende besucht eine schleswig-holsteinische Regierungsdelegation die durch britische Bombenabwürfe (→ 3. 1./S. 21) zerstörte Insel Helgoland, um die Möglichkeiten des Wiederaufbaus zu prüfen. Mit einer Wiederbesiedelung, so wird erklärt, könne erst in etwa zehn Jahren gerechnet werden.

Die Universität Cambridge gewinnt den klassischen Ruderwettkampf gegen Oxford vor 200 000 Zuschauern überlegen mit zwölf Längen Vorsprung. Für den Cambridge-Achter ist dies in dem jährlich ausgetragenen Rennen bereits der fünfte Sieg in Folge.

27. März, Dienstag

Die Spannungen zwischen dem französischen Generalresidenten General Alphonse Juin und dem marokkanischen Sultan Sidi Muhammad V. Ibn Jusuf weiten sich zur Kraftprobe aus. Der Sultan erklärt öffentlich, in innenpolitischen Fragen von Frankreich unter Druck gesetzt worden zu sein. → S. 54

In Kopenhagen beginnen US-amerikanisch-dänische Gespräche über die Einbeziehung Grönlands in das atlantische Verteidigungssystem (→ 27. 4./S. 72).

In Berlin wird am Platz der Republik die Ruine der Krolloper gesprengt. → S. 58

28. März, Mittwoch

Der französische Staatspräsident Vincent Auriol unternimmt einen umjubelten Staatsbesuch in die Vereinigten Staaten und nach Kanada. → S. 54

Die Bundesregierung in Bonn veröffentlicht einen Beschluß, nach dem Wirtschaftsunternehmen, die verfassungsfeindliche Organisationen unterstützen, alle Aufträge der öffentlichen Hand entzogen werden. Als in Frage kommende Organisationen werden z. B. die KPD, die Freie Deutsche Jugend, aber auch nationalsozialistische Nachfolgeorganisationen genannt.

Auf dem Potsdamer Platz beschießen Volkspolizisten vier Busse mit US-amerikanischen Touristen. Das Präsidium der Volkspolizei begründet den glimpflich ausgehenden Vorfall später damit, daß Insassen des Busses Jugendliche fotografiert hätten, die Hetzparolen gegen die DDR verteilt haben.

29. März, Donnerstag

Das »Allgemeine Eisenbahngesetz« schafft die gesetzliche Grundlage für alle Eisenbahnen des öffentlichen Verkehrs. Es gewährleistet die technische Einheitlichkeit des gesamten Eisenbahnnetzes in der Bundesrepublik.

Im Pantages-Theater in Hollywood findet die Verleihung des begehrtesten Filmpreises der Welt statt. Als bester Film des Jahres 1950 erhält »All about Eve« allein sechs »Oscars«. → S. 58

30. März, Freitag

Auf den iranischen Ölfeldern befinden sich 12 000 Arbeiter im Streik. Sie fordern die sofortige Übernahme des gesamten Transportwesens, das bisher der Anglo-Iranian Oil Company untersteht (→ 31. 7./S. 114).

Der Deutsche Beamtenbund fordert eine generelle Erhöhung der Gehälter um ein Drittel und droht bei Nichterfüllung mit einem Streik seiner Mitglieder. Als Begründung wird angeführt, daß die immer weiter fortschreitende Radikalisierung der Beamten sonst nicht mehr aufzuhalten sei.

Der Bundestagsabgeordnete Heinz Renner (KPD) erklärt im Ältestenrat, daß Schlägereien nicht mehr auszuschließen wären, wenn man Abgeordnete seiner Fraktion weiterhin mit Zwischenrufen beleidigt.

31. März, Samstag

Der republikanische Sonderberater im US-amerikanischen Außenministerium, John Foster Dulles, gibt Einzelheiten des Entwurfs eines Friedensvertrags mit Japan bekannt. Danach soll das Staatsgebiet Japans im wesentlichen auf die vier Hauptinseln und die kleineren dazugehörigen Inseln beschränkt bleiben (→ 8. 9./S. 157).

Das Wetter im Monat März

Station	Mittlere Lufttemperatur (°C)	Niederschlag (mm)	Sonnenscheindauer (Std.)
Aachen	4,0 (5,5)	73 (49)	104 (125)
Berlin	2,2 (3,9)	61 (31)	132 (151)
Bremen	2,9 (4,0)	107 (42)	– (117)
München	2,6 (3,3)	59 (46)	84 (142)
Wien	4,2 (4,9)	66 (42)	81 (135)
Zürich	3,4 (4,2)	109 (69)	87 (149)

( ) Langjähriger Mittelwert für diesen Monat
– Wert nicht ermittelt

Der Aufstieg des Automobils vom reinen Nutzgegenstand zum heißgeliebten Fetisch beginnt. Penibel wird der Wagen, hier ein Fabrikat mit Radiogerät, gepflegt – selbst die Antenne muß glänzen (Wochenillustrierte »Hör Zu«, Nummer 11, 1951).

Besatzungsstatut geändert: Westmächte lockern Leine

Die Außenminister der Westmächte vereinbarten im April 1949 das Besatzungsstatut; v. l.: D. Acheson (USA), E. Bevin (GB), R. Schuman (F).

6. März. Mit der Veröffentlichung von neun Dokumenten durch die Westalliierten tritt die erste Revision des Besatzungsstatuts in Kraft. Sie bringt der Bundesrepublik größere Vollmachten auf dem Gebiet des Außenhandels, der Devisenwirtschaft und der Außenpolitik.

Das Besatzungsstatut vom 8. April 1949 definierte – nach der Übertragung verschiedener Zuständigkeitsbereiche an die künftige Bundesrepublik – die noch verbleibenden Kontrollrechte der Alliierten. Die Besatzungsmächte behielten sich die Zuständigkeit in folgenden Bereichen vor:

▷ Entmilitarisierung
▷ Kontrolle des Ruhrgebietes
▷ Entflechtung von Kartellen
▷ Reparationszahlungen
▷ Auswärtige Angelegenheiten
▷ Außerdem sicherten sie sich die Möglichkeit, falls es für die Aufrechterhaltung der demokratischen Ordnung unerläßlich sein sollte, die Ausübung der vollen Gewalt ganz oder teilweise wieder zu übernehmen.

Dieses »Autoritätssystem« enthielt jedoch eine Revisionsklausel, die erkennen ließ, daß es nicht die Absicht der Alliierten war, die Bundesrepublik in einem dauernden Zustand der Unmündigkeit zu halten. Auf der Außenministerkonferenz der West-Alliierten in New York wurde 1950 die Revision des Besatzungsstatuts ins Werk gesetzt. Langfristig soll die Bundesrepublik gleichberechtigt in ein »Vertragssystem« eingebunden werden.

Zwei Vorleistungen mußte die Bundesrepublik erfüllen, damit eine erste Revision zustande kommen konnte: Zum einen erklärte sich die Bundesregierung bereit, in internationaler Abstimmung bei der gerechten Verteilung knapper Rohstoffe mitzuwirken. Alle Fabrikate und Rohstoffe, die für die gemeinsame westliche Verteidigung notwendig sind, müssen im Bedarfsfall vordringlich bereitgestellt werden. Zum andern akzeptierte die Bundesrepublik grundsätzlich die Auslandsschulden des Deutschen Reiches sowie jene Verbindlichkeiten, die nach 1945 durch Zahlung von Wirtschaftshilfe entstanden sind.

Das revidierte Besatzungsstatut verzichtet im Gegenzug auf die Kontrollbefugnisse der Alliierten bei der Verwendung von Geldmitteln, Lebensmitteln und anderen Lieferungen. Die Vollmachten der Hochkommissare auf dem Gebiet der Wirtschaftsentflechtung werden aufgegeben, sobald es eine befriedigende gesetzliche Grundlage gibt, die eine erneute Konzentration wirtschaftlicher Macht verhindert.

Der wichtigste Souveränitätszugewinn liegt im Zugeständnis einer »in Maßen« eigenbestimmten Außenpolitik. Ein noch zu errichtendes Auswärtiges Amt schafft der Bundesregierung erweiterte Möglichkeiten auf außenpolitischem Gebiet. Sie ist ermächtigt, diplomatische Vertretungen in das befreundete Ausland diesseits des »Eisernen Vorhangs« zu entsenden. Nur in Washington, London und Paris werden nicht Botschaften, sondern »offizielle Vertretungen« eingerichtet.

Der direkte Kontakt zwischen Bundesregierung und Alliierten ist nur über die Hochkommissare möglich. Die »kleine Revision« des Besatzungsstatuts, wie sie bald genannt wird, bringt zwar einen bescheidenen Fortschritt auf dem Weg zur Souveränität, die Zügel allerdings geben die Allierten auch jetzt noch nicht aus der Hand. Immer noch haben die Besatzungsmächte Vorbehaltsrechte bei den »Auswärtigen Angelegenheiten«, etwa beim Abschluß von internationalen Abkommen. Das letzte Wort über die deutsche Außenpolitik kommt nach wie vor vom Petersberg, dem Sitz der Hohen Kommissare.

Diplomaten pokern um Viererkonferenz

5. März. Delegierte der vier Siegermächte sitzen trotz internationaler Spannungen (»kalter Krieg«; → 5. 1./S. 16) erstmals seit 1949 wieder an einem Tisch: Im Pariser »Palais Marbre Rose« treffen sich der US-amerikanische Sonderbotschafter Philip C. Jessup, der französische Generalsekretär im Außenministerium Alexandre Parodi und der britische Unterstaatssekretär für Äußeres Ernest Davies mit dem sowjetischen Vizeaußenminister Andrei A. Gromyko. Alleiniges Ziel ist es, die Tagesordnung einer Konferenz der vier Außenminister zu beschließen.

Schnell werden unüberbrückbare Barrieren deutlich: Während der sowjetische Vertreter die NATO und US-amerikanische Militärstützpunkte (→ 27. 4./S. 72) auf die Tagesordnung setzen will, lehnen die westlichen Delegierten diesen Vorschlag rundweg ab. Am 22. Juni dieses Jahres wird die Vorkonferenz nach 73 Sitzungen ergebnislos abgebrochen.

Noch sind Davies, Jessup, Gromyko und Parodi (v. l.) zuversichtlich.

SPD kritisiert die »kleine Revision«

6. März. Mit unverhohlener Skepsis kommentieren SPD-Politiker die Lockerung des Besatzungsstatuts, während Vertreter der regierenden CDU die Revision mit reserviertem Optimismus begrüßen.

Die Abschaffung der Besatzung müsse in einem Schlag erreicht werden, eine Politik der kleinen Schritte sei der falsche Weg, bemängeln die Sozialdemokraten. Sie fordern, daß die Bundesrepublik noch vor einer Viererkonferenz ihre volle Handlungsfähigkeit wiedererlangen muß. Die SPD meldet Zweifel an, ob die West-Alliierten überhaupt eine echte Partnerschaft anstreben.

Nach Ansicht der CDU darf die »kleine Revision« keinesfalls unterschätzt werden, da sie eine Phase des Besatzungsrechts abschließe und Vorstufe einer weiteren Lockerung sein könne.

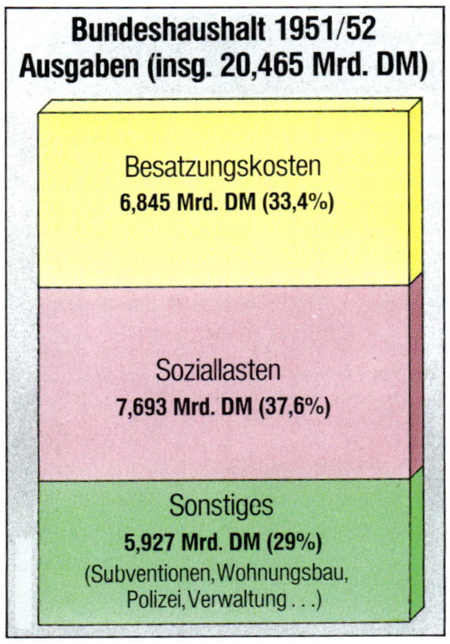

Zuviel Geld für alliierte Armeen

16. März. Die westalliierte Oberkommission gibt der Bundesregierung die vorläufige Höhe der Besatzungskosten für das Haushaltsjahr 1951/52 bekannt: Rund 6,6 Mrd. DM müssen die Bundesbürger demnach für die fremden Truppen in der Bundesrepublik zahlen. Im Haushalt einschließlich Nachtrag tauchen anerkannte Besatzungskosten in Höhe von 6,8 Mrd. DM auf.

Die Erhöhung der Ausgaben um 1,1 Mrd. DM sei notwendig, so die Alliierten, um die »Sicherheitsgarantie«, die auch von der Bundesrepublik gewünscht worden sei, aufrechterhalten zu können. Sie sei Folge der New Yorker Außenministerkonferenz vom 12. bis 14. September 1950, die eine Verstärkung der Streitkräfte in Westeuropa beschlossen hatte.

Mit der Frage nach den Besatzungskosten ist ein besonders neuralgischer Punkt im deutsch-alliierten Verhältnis berührt. Bereits während einer Bundestagsdebatte im Januar machten Politiker aller Fraktionen ihrem Unmut über die Zahlungen an ihre Besatzer Luft: »Man kann uns nicht als Besiegte behandeln und verlangen, daß wir als Verbündete reagieren«, schimpfte Carlo Schmid (SPD). Franz Josef Strauß (CSU) gab zu bedenken, daß im Verhältnis zur Rheinland-Besatzung (1919–1925) ein heutiger Besatzungssoldat siebenmal so teuer sei.

Die Besatzungskosten für das am 1. April beginnende Haushaltsjahr entsprechen 33,4% des Bundeshaushalts 1951/52.

Kanzler ist sein eigener Außenminister

15. März. Bundespräsident Theodor Heuss ernennt Bundeskanzler Konrad Adenauer in Personalunion zum Bundesaußenminister. Zum Staatssekretär des Auswärtigen Amtes wird am 2. April der bisherige Staatssekretär des Bundeskanzleramtes, Walter Hallstein, ernannt. Die Errichtung eines Auswärtigen Amtes wurde der Bundesregierung im Rahmen der Revision des Besatzungsstatuts zugestanden. Bisher existierte zur Wahrnehmung außenpolitischer Interessen lediglich eine dem Bundeskanzleramt angegliederte »Dienststelle für Auswärtige Angelegenheiten«.

Bei der Besetzung des Chefsessels läßt Adenauer keinen Zweifel aufkommen, wen er für den geeignetsten Mann hält. Er erklärt, daß es sich angesichts der Befugnisse der Oberkommission eigentlich um ein »Petersberg-Ministerium« handelt. Die Notwendigkeit ständiger Verhandlungen mit den auf dem Petersberg bei Königswinter residierenden Hohen Kommissaren mache die Personalunion von Bundeskanzler und Außenminister zur besten Lösung. Adenauer will die Amtsgeschäfte des Außenministers mitübernehmen, bis die Bundesrepublik ihre volle Souveränität erlangt hat.

Bei der Opposition regt sich scharfe Kritik: Die Sozialdemokraten wenden sich gegen die Konzentration so wichtiger Ämter in einer Hand und warnen: »Die Leitung der Außenpolitik kann man nicht als Nebenbeschäftigung handhaben.« Selbst der Koalitionspartner FDP spricht von einer »Ein-Mann-Politik des Bundeskanzlers«.

Bedenken hegen einige hinsichtlich der durch den 75jährigen zu tragenden Doppelbelastung. Entweder der Mann oder das Amt müsse Schaden erleiden, orakeln sie.

Adenauer selbst beabsichtigt offensichtlich, das zusätzliche Amt des Außenministers ganz auszufüllen und so schnell nicht wieder aus der Hand zu geben. Schließlich stehen mit der noch offenen Frage des EVG-Beitritts (→ 15. 2./S. 32) und dem Vertrag über die Montanunion (→ 18. 4./S. 66) wichtige außenpolitische Weichenstellungen bevor. Adenauer will als Außenminister nach eigenem Bekunden das persönliche Vertrauen, das er im Ausland genießt, als »realen Faktor zugunsten Deutschlands« nutzen.

Möglichen Nachfolgern jedenfalls gibt er zu bedenken: »Ich bedaure, daß die zahlreichen Anwärter auf den Posten noch warten müssen, der Außenministerstuhl ist eben noch nicht frei, und es ist ganz gut, daß sich der Mensch manchmal in Geduld übt.«

Mit der Übernahme des Außenministeriums erweitert Bundeskanzler Konrad Adenauer seinen politischen Spielraum. Der am 5. Januar 1876 in Köln geborene Adenauer wurde nach dem Beitritt zur CDU 1946 ihr Vorsitzender in der britischen Zone. Die Wahl zum ersten Bundeskanzler der Bundesrepublik erfolgte am 15. September 1949.

Chefredakteure der führenden deutschen Illustrierten sind die ersten Gäste des neuen Außenministers (X).

Bundestag für gesamtdeutsche Wahlen

9. März. In einer diplomatischen Note an die Westalliierten begrüßt die Bundesregierung, daß sich eine Außenministerkonferenz der vier Mächte, die zur Zeit vorbereitet werden soll (→ 5. 3./S. 50), auch mit Deutschland beschäftigen will. Denn: »Die Regelung der deutschen Frage ist . . . eine der wesentlichen Voraussetzungen für die Erhaltung des Friedens.« Die Vorschläge von DDR-Ministerpräsident Otto Grotewohl zur Bildung eines gesamtdeutschen konstituierenden Rates lehnt Bundeskanzler Konrad Adenauer hingegen ab.

»Die Vier-Mächte-Konferenz möge die Voraussetzung dafür schaffen, daß so bald wie möglich freie, allgemeine, gleiche, geheime und direkte Wahlen zu einem Parlament für ganz Deutschland durchgeführt werden können«, fordert der Bundestag. Bedingung für gesamtdeutsche Wahlen sei allerdings, daß die Freiheit vor, während und nach einer Abstimmung in ganz Deutschland garantiert wird, betont die Bundesregierung.

Mit diesen Stellungnahmen von Regierung und Bundestag werden die deutsch-deutschen »Beziehungen« fortgesetzt: Bereits am 15. Januar lehnte Adenauer die Grotewohl-Vorschläge ab.

Grotewohl hatte bereits Ende letzten Jahres die Gründung eines gesamtdeutschen konstituierenden Rates vorgeschlagen: Das Gremium soll eine provisorische Regierung und gesamtdeutsche Wahlen vorbereiten sowie die vier Mächte bei der Ausarbeitung eines Friedensvertrages beraten.

In seiner ablehnenden Antwort machte Adenauer persönliche Freiheit und Versammlungsfreiheit sowie die Auflösung der Volkspolizei in der DDR zu grundsätzlichen Bedingungen für gesamtdeutsche Verhandlungen (→ 16. 10./S. 178).

Ministerpräsident Grotewohl

Der am 11. März 1894 in Braunschweig geborene Otto Grotewohl gehörte seit 1912 der SPD an, wechselte von 1918 bis 1922 zur USPD, ehe er sich wieder der SPD anschloß. 1921 bis 1924 bekleidete er in der Braunschweiger Landesregierung mehrere Ministerämter. Von 1925 bis 1933 gehörte er dem Reichstag an. Als Vorsitzender des Zentralausschusses der SPD in Berlin führte er 1946 seine Partei in der sowjetischen Besatzungszone zum Zusammenschluß mit der KPD. Neben Wilhelm Pieck war Grotewohl Vorsitzender der SED, seit 1949 ist er Ministerpräsident der DDR.

»Vertriebene zumeist an falschen Orten«

8. März. Einstimmig verabschiedet der Bundestag das Gesetz zur Umsiedlung von Heimatvertriebenen: 300 000 Menschen sollen bis zum 31. Dezember aus Schleswig-Holstein (150 000), Niedersachsen (85 000) und Bayern (65 000) in die übrigen Bundesländer umgesiedelt werden.

In dem Gesetz legen die Bundespolitiker u. a. fest, wie viele Renten-, Pensions- und Fürsorgeempfänger mit Familien in anderen Bundesländern unterkommen werden. Dabei sollen die soziologischen Bedingungen der Aufnahmegebiete berücksichtigt werden. Zusätzlich wird dem Wunsch von Industrie und Handel nach Arbeitskräften Rechnung getragen: »Unser größtes Unglück ist es, daß die Vertriebenen zumeist an falschen Orten untergebracht sind . . ., so daß ihre Arbeitskraft und ihre Kenntnisse nicht produktiv werden können«, bedauert Bundesvertriebenenminister Hans Lukaschek (CDU) im April in einer Rede vor dem Bundestag.

Die Kosten der Umsiedlungen trägt der Bund: Für 300 000 Umsiedler, die bisher in Notwohnungen und Baracken untergekommen sind, müßten 75 000 Wohnungen für rund 800 Mio. DM errichtet werden. Allerdings können aus Haushalts- und Sofortmitteln nur rund 220 Mio. DM bereitgestellt werden. So ergeben sich viele Schwierigkeiten, »weil die wohnraummäßige Unterbringung nicht fristgerecht durchgeführt werden konnte«, muß Hans Lukaschek eingestehen. Bis November sind erst 26 000 Vertriebene umgesiedelt.

Neben der »gelenkten Umsiedlung« durch Bundesgesetz setzt in der Bundesrepublik eine »Wanderungsbewegung« der Vertriebenen ein, die eigenständig Wohnraum und Arbeit suchen.

Das Gesetz zur Umsiedlung von Heimatvertriebenen wird am 22. Mai von der Regierung verkündet.

Vertriebene demonstrieren für ihre Rechte. Auf der Suche nach Wohnung und Arbeitsstelle mußten sich bislang viele auf den Weg in andere Bundesländer machen. Das Umsiedlungsgesetz soll eine einheitliche Verteilung der Flüchtlinge garantieren.

Neu: »Titoisten« und »Legionäre«

24. März. Auf einem Gründungsparteitag in Worms gibt Josef Schappe, früherer Herausgeber des Organs der kommunistischen Partei »Freies Volk«, die Gründung der »Antistalinistischen Unabhängigen Arbeiterpartei« bekannt. Eine Gruppierung am rechten Rand des politischen Spektrums, die »Erste Legion«, tritt im Juni mit ihrem Programm an die Öffentlichkeit.

Die politische Ausrichtung der UAP ist antisowjetisch, obwohl sie am Marxismus streng festhält. Ihre Mitglieder werden deshalb schnell als »deutsche Titoisten« bezeichnet. Die Auflehnung gegen die Moskauer Zentrale nach jugoslawischem Vorbild (→ 31. 10./S. 176) findet hiermit auch in der westdeutschen Linken ihren Ausdruck.

Die Initiative zur Bildung der neuen Partei ging in der Hauptsache von ehemaligen KPD-Funktionären aus, die entweder ausgeschlossen worden waren oder mit ihrer Partei gebrochen hatten. Die UAP versteht sich allerdings auch als Sammlungsbewegung verschiedener linker Splittergruppen und als neue politische Heimat für Sozialdemokraten, die mit der »Verbürgerlichung« ihrer Partei unzufrieden sind.

Eine weltanschaulich völlig anders geprägte Gruppierung tritt ebenfalls erstmals an die Öffentlichkeit: Die »Erste Legion«, ein ehemaliger Geheimorden, der sich als militante Elite gegen den Bolschewismus versteht, legt auf einer Pressekonferenz am 11. Juni sein politisches und weltanschauliches Programm vor.

Getragen hauptsächlich von jüngeren Politikern der Regierungskoalition, geht es der nach eigener Aussage 10 000 Mann starken »Legion« um eine »Aktivierung der Demokratie durch die Bereitschaft, Verantwortung zu tragen«. Das reichlich nebulöse Programm umfaßt Forderungen etwa nach der Aufstellung eines Volksheeres und dem Aufbau eines autoritären Rechtsstaates.

Erster Vorsitzender der »Legion« ist Erich Schmalz, der frühere Generalsekretär der CDU in der britischen Zone. Um immer wieder auftauchende Zweifel an ihrer Verfassungstreue zu zerstreuen, nennt die »Legion«, ungeachtet aller Dementis, auch »Renommierabgeordnete« wie Erich Mende (FDP) und Kurt Georg Kiesinger (CDU) als Mitglieder.

Friedenskongreß für aktive Neutralität

18. März. 200 Delegierte von Gruppen, die für eine Neutralisierung Deutschlands eintreten, treffen sich in Frankfurt am Main zu einem Friedenskongreß. Sie fordern von den vier Mächten freie, gleiche und geheime Wahlen zu einer verfassunggebenden Nationalversammlung in ganz Deutschland, einen Verzicht

Ulrich Noack, 1899 in Darmstadt geboren, gehörte 1945 in Greifswald zu den Mitgründern der CDU. Der Professor für Geschichte an der Universität Würzburg trat 1946 der CSU bei. 1948 gründete er den »Nauheimer Kreis«, der sich u. a. für eine Neutralisierung Deutschlands einsetzte. Im Juli 1951 wird Noack aus der CSU ausgeschlossen.

Deutschlands auf militärische Verbände und den baldigen Abzug der Besatzungstruppen.
An dem Kongreß nehmen u. a. Ulrich Noack und der ehemalige schleswig-holsteinische Landwirtschaftsminister Erich Arp teil. Kirchenpräsident Martin Niemöller übermittelt eine Grußbotschaft.

»Revolver-Harry« gibt Schützenhilfe

8. März. Nach der Verabschiedung eines entsprechenden Gesetzes durch den Bundestag und der Zustimmung durch die Hohen Kommissare wird in Wiesbaden das Bundeskriminalamt (BKA) errichtet.
Beim Aufbau des Behördenapparates und der verschiedenen kriminaltechnischen und erkennungsdienstlichen Einrichtungen hilft ein schwedischer Fachmann. Harry Södermann, wegen seiner Schießkunst »Revolver-Harry« genannt, ist Oberdirektor der Stockholmer kriminaltechnischen Abteilung.
Das BKA dient der zentralen Sammlung und Auswertung von polizeilichen Nachrichten und Unterlagen für die Verbrechensbekämpfung. Darüber hinaus soll es alle strafbaren Handlungen verfolgen, die über den Einzugsbereich eines Bundeslandes hinausgehen. Der mit den organisatorischen Vorarbeiten betraute Max Hagemann meint zur Begründung: »Verbrecher sind keine Föderalisten.«
Im internationalen Bereich sollen Maßnahmen gegen den organisierten Waffen-, Munitions-, Sprengstoff- und Drogenhandel koordiniert werden. Zu diesem Zweck wird Verbindung zur internationalen kriminalpolizeilichen Kommission in Paris aufgenommen. Eine in Bonn stationierte, 30köpfige Sicherungsgruppe ist dem BKA angegliedert. Sie übernimmt den Schutz in- und ausländischer Prominenz sowie die Sicherung bestimmter Dienstgebäude der Bundesbehörden.

Kriminalist Harry Södermann, Fachautor und Mann der Praxis

Minister beruft NSDAP-Ordensträger

23. März. Bundesverkehrsminister Hans Christoph Seebohm beruft Werner Kreipe, den vorletzten Generalstabschef der deutschen Luftwaffe und Träger des Blutordens der NSDAP, in die Luftfahrtabteilung des Bundesverkehrsministeriums.
Kreipe ist mit der Bearbeitung des Flugsicherungswesens, der Ausarbeitung von Vorschriften für die künftige Ausbildung von Segelfliegern, Bodenpersonal und fliegendem Personal einer kommenden deutschen Zivilluftfahrt beauftragt (→ 25. 5./S. 88).
Bundeskanzler Konrad Adenauer soll in der letzten Kabinettssitzung mit Nachdruck darauf hingewiesen haben, daß ein Träger des Blutordens nicht geeignet sei, in Ministerien mitzuarbeiten. Seebohm erläutert in einem Schreiben, daß Kreipe nicht als Leiter einer Abteilung, sondern als Angestellter der Luftfahrtabteilung beschäftigt sei.
Der Blutorden der NSDAP wurde für die »Teilnahme am Kampf im November 1923 in München und für besondere Opfer an Blut und Freiheit« verliehen (→ 3. 10./S. 179).

Deutsche Generäle wegen Kriegsverbrechen verurteilt

9. März. Die Schrecken des Zweiten Weltkriegs werfen ihre Schatten immer noch auf Europa: In einem vielbeachteten Prozeß im belgischen Brüssel spricht ein Militärgericht den deutschen General Alexander Ernst von Falkenhausen wegen Kriegsverbrechen schuldig. Am 22. März wird in Paris General Bernhard Hermann Ramcke ebenfalls wegen Verbrechen im Krieg schuldig gesprochen.
Brüssel: Im großen Saal des Justizpalastes verurteilt das Gericht den ehemaligen deutschen Militärbefehlshaber in Belgien und Nordfrankreich, General Falkenhausen, zu zwölf Jahren Zwangsarbeit. Die Richter halten ihn für schuldig, »Repressalien gegen Belgier ergriffen zu haben«. Allerdings wird er nicht wegen Maßnahmen verurteilt, die er zum Schutz der deutschen Wehrmacht und zur Ahndung von Morden und Attentaten in Belgien angeordnet hatte.
Das Gericht spricht den 72jährigen Falkenhausen weiterhin in den Anklagepunkten »Verschickung von Zwangsarbeitern« und »Judendeportation« für schuldig. Es erkennt jedoch an, daß er häufig gegen Deportation von Arbeitern protestiert habe. Außerdem berücksichtigen die Richter, daß der Angeklagte auf höheren Befehl gehandelt habe und dem nationalsozialistischen Regime mit Skepsis gegenüberstand. Von Juli 1944 bis April 1945 war Falkenhausen, der seit 1939 Kontakte zum Widerstand hatte, in einem Konzentrationslager inhaftiert.
Paris: Ein französisches Militärgericht verurteilt den ehemaligen Fallschirmspringergeneral Bernhard Hermann Ramcke zu fünf Jahren Zwangsarbeit. Er sei mitschuldig an den Tötungen, Plünderungen und Brandstiftungen, die seine Truppen 1944 bei Brest begangen haben. Das Gericht hält Ramcke zugute, nie selbst Repressalien befohlen zu haben. Der General war am 18. Januar 1951 aus Frankreich geflohen, hatte sich aber am 7. März gestellt.
Die Strafe wird in Hausarrest umgewandelt, weil in Frankreich Zwangsarbeit nur gegen Angeklagte, die jünger als 60 Jahre sind, verhängt werden kann. Unter Anrechnung der Untersuchungshaft wird Ramcke nach drei Monaten entlassen.

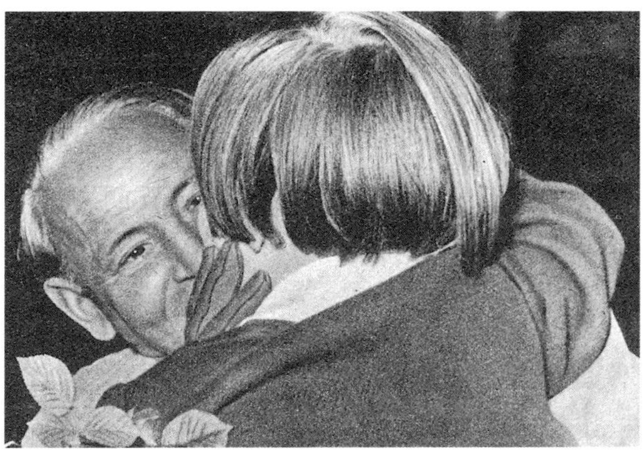

Tochter Gesine begrüßt Ramcke in Schleswig. Anhänger bereiten ihm einen überschwenglichen Empfang.

Falkenhausen (M.) auf dem Weg zum Sitzungssaal. Bereits am 28. März 1951 wird er aus der Haft entlassen.

Frankreich: Chronische Krise der Vierten Republik

Die alten Probleme, die gleichen Minister: Das neue Kabinett Queuille ist praktisch identisch mit dem seines Vorgängers (vorn, v. l.: René Pleven, Henri Queuille, Staatspräsident Vincent Auriol, Georges Bidault, Guy Mollet).

10. März. Der neue französische Ministerpräsident Henri Queuille stellt – nach überaus zähen Koalitionsverhandlungen – sein Kabinett Staatspräsident Vincent Auriol vor. Queuille, Mitglied der sozialistischen UDSR (Union Démocratique et Socialiste de la Résistance) ist der Nachfolger des am 28. Februar zurückgetretenen René Pleven.

Die eminenten Schwierigkeiten, überhaupt eine neue Regierung zu bilden, werfen ein bezeichnendes Licht auf die chronische Regierungskrise der IV. Republik.

Die durchschnittliche Amtsdauer der einzelnen Regierungen beträgt sechs Monate. Hervorstechendster Zug der französischen Innenpolitik ist die Zersplitterung der Parteienlandschaft, die Regierungsbildungen grundsätzlich erschwert. Alle Regierungen sind Koalitionsregierungen mit nahezu gleichstarken Partnern, die aber äußerst unterschiedliche Ziele vertreten. Selbst geringste Belastungen können den Bruch herbeiführen.

An allen Regierungen zwischen 1947 und 1951 waren neben Kommunisten und Gaullisten die Parteien der »Dritten Kraft« beteiligt, die aus Sozialisten, Volksrepublikanern und Radikalsozialisten besteht. Der politische Spielraum für diese Mehrheit wurde jedoch immer kleiner. Der französische Wähler stärkte die Flügelparteien RPF (Gaullisten) und PCF (Kommunisten), die erklärtermaßen jede Mitarbeit an einer Regierungskoalition ablehnen.

Die innenpolitische Krise Frankreichs erregt Sorge in der gesamten atlantischen Staatengemeinschaft: War Frankreich schon 1950, zu Beginn des Koreakriegs, handlungsunfähig, so ist es auch jetzt, während der alliierten Vorkonferenz (→ 5. 3./S. 50), regierungslos.

Neben den ererbten außenpolitischen Krisenherden, die wie in Indochina (→ 23. 11./S. 188), Marokko und Tunesien mit der fortschreitenden Entkolonialisierung zusammenhängen, bekommt es die Regierung Queuille zusätzlich mit einer Welle der sozialen Unruhe im eigenen Land zu tun: Am 16. März beginnt ein Lohnstreik bei den Pariser Transportbetrieben, dem sich die Eisenbahnarbeiter und die Bediensteten der Gas- und Elektrizitätswerke anschließen.

Nachdem fast die gesamten öffentlichen Dienstleistungen zum Erliegen kommen, muß die Regierung von Henri Queuille Zugeständnisse in Form von Lohnerhöhungen um 11,5% machen.

Druck auf Sultan stärkt Nationalisten in Marokko

27. März. Der marokkanische Sultan Sidi Muhammad V. Ibn Jusuf erklärt öffentlich, daß er bei Verhandlungen mit seinem Gegenspieler, dem französischen Generalresidenten General Alphonse Juin, unter Druck gesetzt worden sei.

Um einer Absetzung durch die Franzosen und mit diesen verbündeten Wüstenstämmen zuvorzukommen, mußte der Sultan zusätzlich sämtliche Minister entlassen, die mit der marokkanischen Nationalbewegung »Istiklal« in Verbindung gebracht werden. Die »Istiklal« tritt für die Unabhängigkeit von der französischen Protektoratsmacht ein.

Diese Erklärung verschärft die Verbitterung der ohnehin aufgebrachten arabischen Nationalisten und bringt die Protektoratsmacht zunehmend in Schwierigkeiten. Das ganze Jahr hindurch kommt es zu Demonstrationen, schweren Unruhen und antifranzösischen Ausschreitungen in Marokko, die Tote und Verletzte fordern. Fast die gesamte arabische Welt, am deutlichsten aber der Irak und Ägypten, fordert mit Nachdruck eine internationale Verurteilung Frankreichs.

Der Sultan (l.) mit Frankreichs Staatspräsident Vincent Auriol

Präsident Auriol verteidigt die »Grande nation«

28. März. Der französische Staatspräsident Vincent Auriol trifft »in außenpolitischer Mission« zum ersten Staatsbesuch eines französischen Staatsoberhaupts in den USA ein. Der zweite Teil der elftägigen Visite gilt Kanada.

Der politische Gehalt des Besuchs ist für die Franzosen von herausragender Wichtigkeit: Auriol läßt keine Gelegenheit aus, die Amerikaner davon zu überzeugen, daß an dem Krisengerede über Frankreich nichts Wahres sei. In einer Rede vor dem nationalen Presseclub der Vereinigten Staaten weist der französische Staatschef auf die dynamische Rolle Frankreichs bei der Einigung Europas (→ 15. 2./S. 32; 18. 4./S. 66) und auf die Leistungen seines Landes im Indochina-Krieg (→ 23. 11./S. 188) hin. Man solle nicht etwa glauben – so Auriol –, daß die Instabilität, die durch das französische Regierungssystem verursacht werde, eine kontinuierliche Politik verhindere. Auch sei es eine grausame und ungerechte Beleidigung, wenn behauptet würde, daß Frankreich nicht genug Nerven-, Muskel- und Willenskraft besitze, sich gegen eine Aggression zu verteidigen.

Gastgeschenk: Auriol (l.) erhält den Schlüssel der Stadt Washington.

Erzbischof Beran aus Prag verbannt

10. März. Das tschechoslowakische Staatsamt für Kirchenangelegenheiten gibt bekannt, daß Erzbischof Josef Beran aus seiner Diözese Prag verbannt wird. »Infolge seiner negativen Haltung gegenüber den Kirchengesetzen« werde dem Geistlichen eine »Buße« auferlegt.
Damit wird ein weiterer Höhepunkt in den Auseinandersetzungen zwischen Kirche und Staat in den osteuropäischen Ländern erreicht. Neben zahlreichen Verurteilungen zu Haftstrafen gab es in der Vergangenheit auch immer wieder Hinrichtungen von Geistlichen (→ 28. 6./S. 103).
Aufgrund der Verbannung des Erzbischofs macht der Vatikan von der schwersten Strafe Gebrauch, die ihm nach dem Kirchenrecht zusteht: Er exkommuniziert die Mitglieder der kommunistischen tschechoslowakischen Regierung.

Fanatiker tötet Persiens Premier

7. März. Von zwei Kugeln im Kopf getroffen bricht der iranische Ministerpräsident Ali Razmara beim Verlassen der kaiserlichen Moschee in Teheran zusammen. Wenige Minuten später stirbt der 48jährige.
Die Polizei nimmt den Attentäter Abdulla Rastegar und seine Komplizen fest. Sie sind Angehörige der fanatisch-islamischen Fedajin-Sekte, die sich gegen westliche Einflüsse in Persien wendet.
Ali Razmara, seit zehn Monaten Ministerpräsident, stand in der Vergangenheit oft in der Kritik, weil er sich für gute Beziehungen sowohl zu den Westmächten als auch zur Sowjetunion einsetzte. Außerdem lehnte er in einem Brief an die Erdölkommission des Parlaments eine Verstaatlichung der Erdölindustrie und eine Modifizierung der britisch-persischen Vereinbarungen über die Ölförderung ab: Der Iran sei weder finanziell noch technisch in der Lage, die Industrie zu führen.
Am 8. März beschließt die Erdölkommission einstimmig, dem Parlament die Nationalisierung der Erdölindustrie vorzuschlagen (→ 31. 7./S. 114). Schah Mohammad Resa Pahlawi betraut Minister Khalil Fahimi bis zur Wahl eines Regierungschefs mit den Geschäften des Ministerpräsidenten (→ 28. 4./S. 73).

Eine Stunde lang schweben in fünf Wellen die UN-Fallschirmjäger vom Himmel (o.) und landen mit Munition und Jeeps hinter dem Frontverlauf (u.).

Offensive aus der Luft – UN-Fallschirmjäger landen bei Seoul

23. März. *3300 Fallschirmjäger, unter ihnen der spätere Oberbefehlshaber General Matthew B. Ridgway, landen in Südkorea in einer spektakulären Aktion im »Rücken« der gegnerischen Armee. 34 km nordwestlich von Seoul und wenige Kilometer südlich des 38. Breitengrades (→ 4. 1./S. 13) schneiden sie den nordkoreanischen und chinesischen Truppen die Verbindungswege nach Kaesong ab. Unterstützung erhalten sie von den nach Norden vorstoßenden Bodentruppen. Nach der Großoffensive der nordkoreanischen und chinesischen Armee zu Beginn des Jahres drängen die UN-Truppen die Gegner wieder zurück.*

Mit Fahnen geschmückt präsentiert sich das Ausstellungsgelände der Internationalen Frühjahrsmesse in der Mainmetropole Frankfurt.

Ringen um Leipziger Erbe

11. März. Während die Messe in Hannover gerade erst ihre Tore geschlossen hat, stehen schon die Redner zur Eröffnung der größten geschlossenen Messeveranstaltung in Frankfurt am Main bereit. Als Ehrengäste sind Wirtschaftsminister Ludwig Erhard und Eröffnungsredner Walter Hallstein gekommen.

Der Wettbewerb zwischen den beiden Städten um die Vorherrschaft im Messewesen hat einen besonderen Grund: Die niedersächsische Landeshauptstadt und die hessische Main-Metropole konkurrieren um die Nachfolge der Leipziger Reichsmesse für Fertigwaren und Produktionsmitteln und buhlen seit Kriegsende um die Gunst von Industrie und Handel.

Eine sinnvolle »Arbeitsteilung« schlägt Frankfurts Oberbürgermeister Walter Kolb vor: Hannover könne ja eine technische Messe ausrichten, während Frankfurt zur Mustermesse einlädt.

Wie wichtig für Industrie und Handel Verkaufsgespräche auf dem internationalen Messeparkett sind, macht Chauncey G. Parker von der amerikanischen Hochkommission deutlich: »Deutschland muß exportieren, um leben zu können.«

Auf der Frankfurter Mustermesse stellen 3633 Firmen aus 33 Wirtschaftszweigen in 16 Hallen und einem Freigelände mit sieben Pavillons aus. Schwerpunkte sind die Textilbranche mit 600 Ausstellern sowie die Präsentation von Maschinen zur Erzeugung von Konsumgütern. 1212 ausländische Firmen aus 27 Staaten sind vertreten.

Die Industriemesse in Hannover ging am 4. März zu Ende. 1582 Firmen, unter ihnen 361 aus 21 Ländern, stellten in der niedersächsischen Hauptstadt aus. Neben Bekleidung standen Produkte der Glas-, Porzellan- und Keramikindustrie sowie Schmuck und Silberwaren im Vordergrund. In seiner Eröffnungsrede plädierte W. A. Menne, Vizepräsident des Bundesverbandes der Deutschen Industrie, für eine Fortsetzung der Liberalisierung, die die Bundesregierung eingeschränkt hatte (→ 27. 2./S. 37).

Hannover: Blick in die Halle der Textilbranche. Bereits am Eröffnungstag kamen 37 000 Besucher.

Verkehr 1951:

Auftrieb für die Bundesbahn

Die Anstrengungen in der bundesdeutschen Verkehrspolitik richten sich auf die Reorganisation traditioneller Transportmittel (Eisenbahn, Schiff) und auf den Aufbau noch »junger« Verkehrszweige (Auto, Flugzeug). Die Lockerung alliierter Vorbehaltsbestimmungen nutzt die Bundesregierung sofort zu eigenen Gesetzesinitiativen.

Mit dem Gesetz über die vermögensrechtlichen Verhältnisse der Deutschen Bundesbahn vom 2. März, dem Allgemeinen Eisenbahngesetz vom 29. März und dem Bundesbahngesetz vom 6. Juli, das Rechtsstatus, Organisation und Geschäftsordnung regelt, beginnt eine umfassende Neuordnung des Schienenverkehrs. Ganz besonders wichtig ist die Erweiterung des Fahrzeugparks. 65 hochmoderne Dampflokomotiven werden in Dienst gestellt, 500 vierachsige Wagen mit Mitteleinstieg sowie 100 »europäische Einheitsgüterwagen« in Auftrag gegeben. Mit Rationalisierungen reagierte die Bundesbahn auf Finanzschwierigkeiten: Arbeiteten 1948 noch 530 000 Menschen für die Bahn, sind es jetzt nur rund 450 000 – bei »steigenden Leistungen«, betont die Regierung immer wieder.

Schwierig ist die Situation der bundesdeutschen Binnenschiffahrt. 31% der Flotte stammen aus der Zeit vor 1900. Zudem leidet die Elbschiffahrt unter den politischen Schwierigkeiten im Interzonenverkehr. Durch die günstige Entwicklung der Rheinschiffahrt ist der Trend insgesamt dennoch positiv.

Im Straßenbau werden 1951 224 Mio. DM investiert: 250 Brücken werden gebaut, so die Ruhrbrücke bei Herdecke und die Rheinbrücke Kehl – Straßburg. 55% der Bundesstraßen befinden sich in einem »gut befahrbaren« Zustand. Die Anstrengungen der Straßenbauer hinken jedoch wegen Geld- und Materialmangel hinter den Anforderungen eines sprunghaft ansteigenden Verkehrsaufkommens her.

Explosion auf den Straßen

Innerhalb von zwei Jahren (Juli 1949 – Juli 1951) änderte sich der Kraftfahrzeugbestand wie folgt:

	1951	*1949*	*Steigerung*
Pkw	684 508	354 980	93%
Lkw	415 208	320 100	30%
Krafträder	1 180 675	615 678	92%

Eine ähnlich rasante Entwicklung kündigt sich in der Luftfahrt an. Zwar behindern alliierte Vorbehalte den Ausbau der Luftfahrt in der Bundesrepublik, in den Nachbarstaaten wächst jedoch die Bedeutung des Flugverkehrs. So wird der südlich von Paris gelegene Flugplatz Orly zu einer zentralen »Luftdrehscheibe« in Europa ausgebaut, seine Fläche von 800 auf 1800 ha erweitert.

Eine der vielen neuen Brücken ist die Frankfurter Friedensbrücke, die Oberbürgermeister Walter Kolb am 1. März dem Verkehr übergibt.

Im Auftrag der Bundesbahn fährt dieser Lkw. Im Rahmen der Gesellschaft »Deutscher Kraftverkehr« (DKV) arbeiten 500 selbständige Unternehmer mit der Bundesbahn zusammen und teilen sich die Frachtgeschäfte.

Koordination und Vernetzung geplant

Neben der grundsätzlichen Neuordnung der nationalen Verkehrspolitik diskutieren Experten die Vernetzung der Transportmittel: Sowohl die Koordination der einzelnen nationalen Sparten wie Eisenbahn, Lkw-Verkehr und Schiffahrt als auch die Europäisierung des Verkehrs sind angestrebte Ziele.

Besonders weit geht bereits die Kooperation der nationalen Eisenbahngesellschaften. Ab dem 1. Mai 1951 gilt ein Abkommen zwischen der Deutschen Bundesbahn und der französischen Gesellschaft »Société Nationale des Chemins de fer Français«, das eine bessere Ausnutzung der Güterwaggons regelt: Nach einem Auslandstransport müssen die Wagen nicht mehr leer zurückfahren, sondern können von den Nachbargesellschaften genutzt werden.

Kritisch reagiert Bundesverkehrsminister Hans Christoph Seebohm allerdings auf den Plan des französischen Abgeordneten Edouard Bonnefous zur Schaffung einer supranationalen Transportbehörde. Eine solche Einrichtung sei »unter den derzeitigen politischen Verhältnissen nicht durchführbar« und widerspreche »den inneren Lebensgesetzen des so überaus dynamischen Verkehrs«. Der Verkehrsminister schlägt seinerseits eine internationale oder auch supranationale Institution vor, die Empfehlungen gibt und die Arbeit internationaler Organisationen koordiniert.

Passagierdienst mit Hubschrauber

Eine moderne Alternative zum konventionellen Reisen bietet die britische Luftfahrtgesellschaft BEA zwischen der Hauptstadt London und Birmingham in Mittelengland: Der erste regelmäßige Hubschrauber-Passagierdienst nimmt im Juni den Flugverkehr auf.

Umgerechnet 30 DM kostet der Hin- und Rückflug. Noch geht die Zeitersparnis von etwa einer Stunde durch die An- und Abfahrt zum Londoner Flughafen verloren. Allerdings arbeiten Architekten an einem Plan, der einen Hubschrauber-Landeplatz auf dem Viktoria-Bahnhof mitten in London vorsieht.

Drei Passagiere finden hinter dem Piloten in dem Hubschrauber Platz, der in rund eineinhalb Stunden von London nach Birmingham fliegt.

Zahlreiche Unfälle heizen die Diskussion um die Sicherheit an Bahnübergängen an. Im »Stern« vom 26. August 1951 werden Leservorschläge zur Beseitigung der Gefahren dargestellt: Die automatische Kopplung von Schranke und Stoppsignal (l.) ist eine vieldiskutierte Anregung; ein anderer Vorschlag ist die Schranke vor der Schranke (r.), die den rasenden Fahrer, der die erste Barriere durchbricht, noch vor dem Gleis bremsen soll.

Eine Zwei-Farben-Ampel soll hier (l.) den Übergang sichern. Während dem Autofahrer bei freier Strecke ein weißes Licht entgegenblinkt, signalisiert Rot dem Bahnführer eine blockierte Strecke. Eine schrankenfreie Alternative bietet auch dieser Vorschlag (r.): Nach US-Vorbild sollen die Autofahrer nur mit einem Hinweisschild gewarnt werden. Freie Sicht nach rechts und links ist bei dieser Lösung allerdings eine grundlegende Voraussetzung.

DDR: »Wo bleibt denn das Positive, Genosse Brecht?«

17. März. Die Uraufführung der Oper »Das Verhör des Lukullus« in der Ost-Berliner Staatsoper, nach dem Text von Bertolt Brecht und der Musik von Paul Dessau, stößt auf herbe Kritik. Nach einer Entschließung des ZK der SED über den »Kampf gegen den Formalismus in Kunst und Literatur« verurteilt die offizielle DDR-Kultur das am 14. März uraufgeführte Werk als »formalistisch« und »nicht linientreu«. Schon vorher war Brecht ermahnt worden, »positiver«, d. h. im Sinne des »sozialistischen Realismus« zu schreiben.

In diesen offiziellen Kulturrichtlinien, nichts anderes als eine staatliche Gängelung von Kunst und Kultur, heißt es: »Viele der besten Vertreter der modernen deutschen Kunst stehen in ihrem Schaffen vor dem großen Widerspruch zwischen einem neuen Inhalt und den unbrauchbaren Mitteln der formalistischen Kunst.«

Brechts Lehrstück beschreibt das Schicksal des römischen Feldherrn Lukullus, der nach einem Angriffskrieg gegen Asien von dem Gericht des Schattenreichs »ins Nichts« verurteilt wird. Die eindeutig pazifistische Tendenz des Werkes widerspricht – kurz nach Ausbruch des Koreakrieges – den Ansprüchen einer »fortschrittlichen deutschen Kultur«. Mangelnde Militanz bedeutet ideologische Abweichung und rechtfertigt nach Meinung der Partei den Vorwurf des Formalismus als sinnentleerte Spielerei mit veralteten Gestaltungsmitteln.

Uraufführung der Oper »Das Verhör des Lukullus«: Totenrichter sitzen zu Gericht. Das Urteil der Kulturfunktionäre über Brecht: Zuviel Formalismus.

Fehlenden ideologischen Scharfsinn werfen die Parteifunktionäre auch Paul Dessau vor, der die Vertonung des Stückes übernommen hatte. Er verzichtete auf sämtliche Melodieinstrumente zugunsten neun verschiedener Schlaginstrumente. Ein verstimmtes Klavier und entsprechende Gesangspartien bewirken Verzerrungen und Klangreibungen, Sprechchöre verharren ausdruckslos im Hintergrund.

Während die Tendenz des Stückes als »zu negativ und wenig geeignet, die aufbauwilligen Kräfte der Werktätigen zu mobilisieren«, kritisiert wird, bezeichnen parteiamtliche Musikkritiker das Übermaß an Dissonanzen als »dekadent«.

Nach dem umstrittenen Premierenabend, der ein Aufführungsverbot nach sich zieht, haben Brecht und Dessau eine Unterredung mit Ministerpräsident Otto Grotewohl und dem SED-Vorsitzenden Wilhelm Pieck. Brecht erklärt sich daraufhin bereit, »mögliche Mißverständnisse auszuräumen« und beginnt, das Stück umzuarbeiten. Er habe auch »drei neue Arien positiven Inhalts« geschrieben, sagt er hinterher.

Die geänderte Fassung, nun unter dem Titel »Die Verurteilung des Lukullus«, wird am 12. Oktober neu aufgeführt. Der Dichter selbst ist nicht anwesend.

Szenen aus dem Erfolgsfilm »All about Eve« (v. l.): Anne Baxter, Bette Davis, Marilyn Monroe und George Sanders; Baxter und Davis

»Oscar« für »Eve« – Hollywood preist neuen Mankiewicz-Film

29. März. *Mit einem stilisierten nackten Mann aus Gold, dem »Oscar« der Academy of Motion Picture Arts and Sciences, wird der beste Film des vergangenen Jahres im Pantages-Theater in Hollywood ausgezeichnet: »All about Eve« mit Bette Davis in der Hauptrolle erhält den begehrten Preis der amerikanischen Filmmetropole. Der Streifen von Regisseur Joseph L. Mankiewicz erzählt den Aufstieg der unbekannten Schauspielerin Eve Harrington zum umjubelten Star. Weitere »Oscars« gehen an José Ferrer (bester Schauspieler in »Cyrano de Bergerac«) und Judy Holliday (beste Schauspielerin in »Born Yesterday«). »Der dritte Mann« wird zum besten Schwarz-Weiß-Film gekürt, »Destination Moon« zum Film mit den besten Effekten. Als herausragende Nebendarsteller erhalten George Sanders (»Harvey«) und Josephine Hull (»All about Eve«) eine Goldstatue. Der Name »Oscar« geht auf Margaret Herrick von der Motion Picture Academy zurück, die in der Statue ihren Onkel Oscar Pierce zu erkennen glaubte.*

Ruine der Berliner Krolloper gesprengt

27. März. Die Ruine der Krolloper am Platz der Republik in Berlin wird gesprengt. Damit verschwindet ein Gebäude, das noch an die unheilvolle Zeit des nationalsozialistischen Regimes erinnert: Nach dem Brand des Reichstagsgebäudes in der Nacht zum 28. Februar 1933 hielten die Mitglieder des Reichstages ihre Sitzungen in der Krolloper ab.

Ursprünglich war der nach dem Breslauer Besitzer Josef Kroll benannte Monumentalbau 1843/44 als Vergnügungsstätte mit Theater und Ausstellungen für die Bevölkerung errichtet worden.

Am 1. Februar 1851 vernichtete ein Brand, der im Großen Saal ausbrach, das Gebäude fast vollständig. Nur Mauern und das Sommertheater wurden von den Flammen verschont. Die Baumeister errichteten die Fassade nach altem Vorbild. Nach dem prunkvollen Wiederaufbau vor allem im Innenraum wurde die Vergnügungsstätte schon am 8. Juni neu eröffnet. Die Krolloper gehörte seit 1896 zur Königlichen Oper.

Preußen Krefeld Eishockeymeister

4. März. Zum ersten Mal gewinnt Preußen Krefeld die Deutsche Eishockey-Meisterschaft. Mit 3:2 siegt das westdeutsche Team in Krefeld im Endspiel gegen die Mannschaft des EV Füssen.

0:0 und 2:2 heißt es nach den ersten Dritteln, ehe der Krefelder Konecki die Abwehr des EV Füssen überwindet und aus spitzem Winkel das entscheidende 3:2 markiert. Zwar nehmen die Füssener kurz vor dem Ende des Spiels noch ihren Torhüter Bechler aus dem »Kasten« und stürmen mit sechs Mann, schaffen aber nicht mehr den Ausgleich.

Während die Eishockeyspieler dem Puck nachjagen, bemühen sich die bundesdeutschen Sportfunktionäre um internationale Anerkennung. Am 10. März ist dem deutschen Eishockey-Verband Erfolg beschieden: Die Bundesrepublik Deutschland wird gemeinsam mit Japan nach erregten Debatten wieder in den internationalen Eishockey-Verband aufgenommen. Vor allem Belgier und Dänen hatten starke Bedenken gegen eine Mitgliedschaft der Deutschen vorgebracht.

Der Finne Tauno Luiro setzt nach seinem Weltrekordflug zur Landung an: Ähnlich weite Flüge, so fürchten Experten, müssen zu Verletzungen führen.

Wunderflug in Oberstdorf

2. März. Dem finnischen Skiflieger Tauno Luiro gelingt auf der Oberstdorfer Sprungschanze vor 12 000 Zuschauern mit 139 m ein traumhafter Weltrekord, den die Fachwelt für schwer überbietbar hält.

Der 19jährige Athlet aus Rovaniemi verbessert am dritten Tag der II. Internationalen Skiflugwoche den alten Weltrekord des Schweden Dan Netzell gleich um vier Meter. Im entscheidenden Moment des »Wunderfluges« gelingt es Luiro nach etwa 30 m, eine heftige Windboe auszubalancieren und sie für seinen weiteren Flug zu nutzen.

Sofort gibt es Diskussionen über die Grenzen der Belastbarkeit von Mensch und Material, zumal dem neuen Weltrekordhalter kurz darauf bei einem Sprung über 137 m die Skier zerbersten.

Meilensteine des Schanzenspringens

Die Pioniere des Schanzenspringens kommen aus Norwegen. Das skandinavische Land stellt bis 1930 alle Rekordflieger.

Im Jahr 1808 landet Olaf Rey exakt 9,5 m hinter dem Schanzentisch und wird daraufhin als erster Rekordhalter in der offiziellen Rangliste geführt. Die 20-m-Marke erreicht Olaf H. Haugann erst im Jahr 1879. Um die Jahrhundertwende steht der Weltrekord bei 35,50 m.

Der erste nichtnorwegische Rekordhalter ist der Schweizer Adolph Badrut im Jahr 1930. Sechs Jahre später gelingt dem Österreicher Josef Bradl mit 101 m der erste Sprung über die imaginäre 100-m-Grenze. Als erster Deutscher trägt sich im Jahr 1941 Rudolph Gehring mit einer Weite von 108 m in die Rekordhalterliste ein.

Der jetzt erzielte Weltrekord von Tauno Luiro besteht zehn Jahre – solange wie zuvor kein anderer Sprungweltrekord dieses Jahrhunderts.

»Sechs-Tage-Kaiser« Kilian/Vopel: Zum Abschluß ein Sieg

15. März. Ihren letzten Sechs-Tage-Sieg feiern die deutschen Radrennfahrer Gustav Kilian und Heinz Vopel in Berlin.

Die Asse im ovalen Rund der Sportarenen haben eine beispiellose Karriere hinter sich. Vor allem in den USA, dem Ursprungsland der Sechstagerennen, errang das Duo triumphale Erfolge.

Die Karriere der Radprofis Kilian und Vopel beginnt 1934. Nach ihrem zweiten Platz in einem Sechstagerennen in London erhalten sie Verträge für Starts in Amerika. Ihren ersten Sieg schaffen sie mit Werner Miehlke in Cleveland. Bis 1941 fährt Gustav Kilian, 1907 in Luxemburg geboren, 30mal als Sieger über die Ziellinie: 26mal ist der 1908 geborene Heinz Vopel sein Partner. Wegen ihrer mutigen und begeisternden Fahrt und den hartnäckigen Verfolgungsjagden werden die deutschen Radrennfahrer schnell die Lieblinge der Zuschauer.

Gustav Kilian gewinnt neben seinen USA-Erfolgen viermal in Europa: 1936 in London, 1950 mit Jean Roth in Münster, 1950 in Hannover und 1951 in Berlin mit Heinz Vopel.

Nach dem Ende seiner Laufbahn als Aktiver stellt Gustav Kilian ab 1964 als Bahntrainer des Bundes Deutscher Radfahrer dem Nachwuchs seine Erfahrung zur Verfügung und verbucht mit seinen Schützlingen weitere internationale Erfolge.

Gustav Kilian (l.) und Heinz Vopel können sich am Ende doch noch mit dem Lorbeerkranz der Sieger schmücken: Lange Zeit hat es beim 34. Berliner Sechstagerennen nicht nach einem Erfolg der beiden »Veteranen« ausgesehen. Gustav Kilian und Heinz Vopel lagen nach dem ersten Tag mit vier Runden Rückstand nur auf Rang sechs. Erst in der letzten Nacht starteten die Erfolgsfahrer ihre Aufholjagd und überrundeten eineinhalb Stunden vor dem Ende des Rennens das Feld.

Literatur 1951:

Nachkriegsleben im Visier

Ins Visier der deutschen Literatur des Jahres 1951 geraten, neben der immer noch dominanten Auseinandersetzung mit dem Kriegserlebnis, zusehends die Geburtswehen und Mißbildungen der deutschen Nachkriegsgesellschaft.

Einen Eindruck davon gibt Wolfgang Koeppen nach fünfzehnjährigem Schweigen in seinem Roman »Tauben im Gras«, der im amerikanisch besetzten München des Jahres 1948 spielt. Am Ablauf eines einzigen Tages schildert Koeppen die Ratlosigkeit und Frustration der Menschen nach dem Zusammenbruch und dem verlorenen Krieg. Die montageartig zusammengefügten Kurzszenen ergeben eine hellsichtige Diagnose deutscher Nachkriegsschicksale.

Der 34jährige Heinrich Böll erhält für seine 1951 erschienene Erzählung »Die schwarzen Schafe« den Preis der »Gruppe 47«, einer Schriftstellervereinigung zur Sammlung der jungen Literatur und Förderung eines demokratischen Deutschlands.

Ebenfalls im Jahr 1951 veröffentlicht Böll, nach mehreren Kurzgeschichten, seinen ersten Roman »Wo warst du, Adam?«, der seiner Anlage nach eine Ringkomposition von neun relativ selbständigen Kurzgeschichten ist. Bölls Ziel ist die Entmythologisierung des Krieges, die Aufdeckung seiner Sinnlosigkeit und seiner Alibifunktion für falsche Helden.

Mit dem allmählichen Übergang von den kleinen Formen der Kurzgeschichte und der Novelle zum Roman endet die Phase der »Trümmerliteratur«, wie die ersten Anfänge der schriftstellernden Kriegsheimkehrer bezeichnet wurden. In den Vordergrund rückt nunmehr das Gefühl, für das weitere Schicksal Deutschlands verantwortlich zu sein, was sich, etwa bei Böll, im Engagement gegen den erneuten Aufbau eines militärischen Apparates und gegen gesellschaftliche Fehlentwicklungen zeigt.

Es gibt jedoch auch große deutsche Literatur, die den direkten Bezug zur bundesdeutschen Nachkriegswirklichkeit verweigert. Ein verspielt-melancholisches Alterswerk gelingt dem Exilanten Thomas Mann mit seinem Roman »Der Erwählte«, dem die Dichtung »Gregorius« von Hartmann von Aue zugrunde liegt. Der »kleine archaische Roman«, wie der Verfasser ihn bezeichnet, variiert in stilisiert mittelhochdeutschen und altfranzösischen Wendungen das uralte Inzestmotiv im Sinne einer christlichen Umformung der Ödipus-Legende.

Ernst Jünger *(* 29. 3. 1895) veröffentlicht den Roman »Der Waldgang«, in dem er der technokratischen Despotie die totale Verinnerlichung entgegensetzt.*

Graham Greene *(* 2. 10. 1904) festigt mit seinem Roman »Das Ende einer Affäre« seinen Ruf als einer der wichtigsten katholischen Romanciers seiner Zeit.*

Auf der Frankfurter Buchmesse gelten der neue Roman von Erich Maria Remarque, »Drei Kameraden«, Kasimir Edschmids »Afrika« und der »Fragebogen« von Ernst von Salomon als bestsellerverdächtig. Insgesamt sind in den Frankfurter Messehallen 598 Verlage mit insgesamt 30 000 Titeln vertreten.

Vor allem in den Vereinigten Staaten haben immer noch Kriegsromane verschiedenster Couleur Konjunktur: Als literarische Sensation aus dem Ausland wird in Frankfurt der Roman »Verdammt in alle Ewigkeit« des desertierten ehemaligen Soldaten James Jones gefeiert. In den USA bereits ein Riesen-Verkaufserfolg, interessiert die eindringliche Beschreibung des schikanösen Kasernenhoflebens auf Hawaii kurz vor dem japanischen Angriff auf Pearl Harbor auch die deutsche Öffentlichkeit.

Ein weiterer Welterfolg ist der Kriegsroman »Die Caine war ihr Schicksal« des Amerikaners Herman Wouk. Er schildert die Geschichte einer amerikanischen Zerstörerbesatzung im Zweiten Weltkrieg. Nachdem der Erste Offizier den despotischen und paranoiden Kapitän seines Kommandos enthebt, kommt es zur Verhandlung vor dem Kriegsgericht. Der Offizier wird freigesprochen, als der Geisteszustand des Kapitäns offenbar wird. Anders als James Jones bejaht Wouk im Prinzip das Militär als Garant zur Sicherung der Demokratie.

Als glänzende Studie der amerikanischen Adoleszens gilt Jerome D. Salingers Roman »The Catcher in the Rye« (Der Fänger im Roggen), der 1951 in London erscheint. Das

Ein Strukturwandel ergibt sich nicht nur auf dem Buchmarkt, auch die Buchhandlungen verändern ihr äußeres Erscheinungsbild: Großflächige Regale und leicht zugängliche »Stöbertische« laden zu literarischen Erkundungsreisen ein. Fachpersonal berät die Kunden.

Aus der Not eine Tugend machte der Buchhändler, der im Seiteneingang des Schumann-Theaters in Frankfurt am Main eine unorthodoxe Bücherecke einrichtete. Schmökerfreunde nutzen – mit oder ohne Sitzkissen – die zum Verkaufsraum gehörende »Lesetreppe«.

Heinrich Böll *(* 21. 12. 1917) veröffentlicht »Wo warst du, Adam?«. Er beschreibt die Sinnlosigkeit des Kriegs, aber auch einzelne Manifestationen der Menschlichkeit.*

Jerome D. Salinger *(* 1. 1. 1919) läßt seinen jugendlichen Helden in »Der Fänger im Roggen« das Spießertum der amerikanischen Erwachsenengeneration entlarven.*

Wolfgang Koeppen *(* 23. 6. 1906) gelingt mit seinem Roman »Tauben im Gras« eine detaillierte Bestandsaufnahme des Lebensgefühls im Nachkriegsdeutschland.*

Thomas Mann *(* 6. 6. 1875) veröffentlicht den Roman »Der Erwählte«. »Ein Werkchen wie dieses ist Spätkultur«, so kommentiert der Verfasser sein Alterswerk.*

überaus erfolgreiche und einflußreiche Buch begeistert in der Folge Generationen nicht nur amerikanischer Jugendlicher, da Salinger in genau getroffener Teenagersprache die Schwierigkeiten des Erwachsenwerdens und die Entlarvung der Elterngeneration beschreibt.

Der zum katholischen Glauben konvertierte britische Schriftsteller Graham Greene veröffentlicht den Ehebruchs-Roman »The End of the Affair« (Ende einer Affäre). Im Mittelpunkt des Romans steht die Frage des Gottesglaubens unter dem Vorzeichen eines unerträgliche Lasten aufbürdenden Gottes.

Als ausgesprochene Verkaufsschlager in deutschen Buchläden erweisen sich Lebenserfolgsbücher aus den Vereinigten Staaten. In Büchern mit Titeln wie »Bleibe jung, lebe länger« von Gayelord Hauser oder »Wie man Freunde gewinnt« von Dale Carnegie versuchen Diät-Apostel und selbsternannte Lebenskünstler ihr Publikum mit guten Ratschlägen auf Erfolgskurs zu trimmen. Jedes der neuen Erfolgsbücher ist in ausgesprochen suggestivem Ton gehalten und vermittelt seine Inhalte unter Einsatz aller pädagogischen und psychologischen Tricks. Im Schlepptau der amerikanischen Millionenverkaufszahlen sollen auch Leser in der Bundesrepublik am erlernbaren Lebensglück teilhaben.

(Siehe auch Übersicht »Neuerscheinungen« im Anhang.)

»Demokratischer Buchtypus« stillt den »Hunger nach geistiger Nahrung«

Ein bereits seit Kriegsende von Gottfried Bermann Fischer geplantes Unternehmen, die Gründung einer eigenen Taschenbuchreihe, nimmt am 20. Dezember 1951 mit der »Fischer Bücherei« (später Fischer Taschenbuch-Verlag) seinen Anfang. Am 10. März 1952 erscheinen – mit einer hohen Auflage von 50 000 Exemplaren pro Titel – folgende sechs Bände:

▷ Thornton Wilder: »Die Brücke von San Luis Rey«
▷ Thomas Mann: »Königliche Hoheit«
▷ Joseph Conrad: »Der Verdammte der Inseln«
▷ Stefan Zweig: »Fouché«
▷ Pearl S. Buck: »Die Frauen des Hauses Wu«
▷ Carl Zuckmayer: »Herr über Leben und Tod«.

Damit ist nach dem Hamburger Rowohlt Verlag, der bereits seit 1950 Taschenbücher herausbringt, ein zweites großes traditionsreiches Verlagsunternehmen in einen neuen vielversprechenden Markt eingestiegen. G. B. Fischer schreibt dazu später: »Der Vorsprung, den Rowohlt mit seinen rororo-Büchern durch seinen zwei Jahre früheren Beginn vor uns hatte, war rasch aufgeholt; wie zwei Rennpferde jagten wir, Nase an Nase, nebeneinander her. Die anderen Taschenbuchverlage, die inzwischen wie Pilze aus der Erde schossen, hatten wir weit hinter uns gelassen.«

Die Besonderheiten und die marktstrategische Bedeutung des Taschenbuchs liegen in der preiswerten Herstellung durch Rotationsdruck und Klebebindung (Lumbeckverfahren). Der dadurch mögliche, niedrige Preis (1,90 DM) bei hohen Auflagen löst eine alte Forderung des Verlagsgründers Samuel Fischer ein, der bereits 1905 die Einführung eines »demokratischen Buchtypus« forderte.

Zwei Titel aus der ersten Publikationsreihe der »Fischer Bücherei«. Schon unmittelbar nach Kriegsende konstatierte Verleger Gottfried Bermann Fischer, der Schwiegersohn Samuel Fischers, bei den Deutschen einen ausgeprägten »Hunger nach geistiger Nahrung«. Da er im amerikanischen Exil mit der Kalkulation und Herstellung der dortigen »pocket-books« Erfahrungen gesammelt hatte, entwickelte er den ehrgeizigen Plan, ein für die Massen konzipiertes Produkt mit hohem literarischem Niveau zu verknüpfen.

April 1951

Mo	Di	Mi	Do	Fr	Sa	So
						1
2	3	4	5	6	7	8
9	10	11	12	13	14	15
16	17	18	19	20	21	22
23	24	25	26	27	28	29
30						

1. April, Sonntag

Berlin erhält in finanzieller Hinsicht den Status eines Bundeslandes. Einnahmen aus Zöllen und Steuern sowie Ausgaben für Sozialleistungen und Besatzungslasten werden im gleichen Maß wie auch für andere Länder vom Bund übernommen.

Nach heftigen Debatten tritt in Schleswig-Holstein als erstem Bundesland ein endgültiges »Entnazifizierungsabschlußgesetz« in Kraft (→ 3. 10./S. 179).

Die Deutsche Journalisten-Union in der IG Druck und Papier wird in Düsseldorf gegründet.

9 492 657 Rundfunkteilnehmer, d. h. Gebührenzahler, werden im Bundesgebiet registriert. Die Zahl ist damit in einem Jahr um 1 766 052 gestiegen.

Gustav Heinemann, 1949 bis 1950 Bundesinnenminister, eröffnet in Hamburg die dritte Synode der evangelischen Kirche in Deutschland. Heinemann ist Präses der Synode (→ 5. 11./S. 192).

2. April, Montag

Der US-amerikanische General Dwight D. Eisenhower übernimmt offiziell den Oberbefehl über die NATO-Truppen in Europa (→ 7. 1./S. 15).

Der US-amerikanische General Douglas MacArthur gibt bekannt, daß sich auf der japanischen Insel Okinawa eine provisorische Zentralregierung für die von den USA besetzte Ryu-Kyu-Inselgruppe gebildet hat. Für die Inseln, die zu Japan gehörten, streben die USA eine Treuhänderschaft der UNO an.

15 jugendliche Demonstranten verschanzen sich auf Helgoland in einem Flakturm, um erneut gegen die Bombardierung der Insel zu Übungszwecken zu protestieren. Britische und deutsche Polizisten nehmen die Jugendlichen fest (→ 3. 1./S. 21).

Der Deutsche Frauenring wird auf der Dreijahreskonferenz des International Council of Women (ICW) in Athen als vollberechtigtes Mitglied in den ICW aufgenommen. → S. 77

3. April, Dienstag

Die drei westlichen Hochkommissare unterzeichnen ein Abkommen über die »Aufhebung gewisser Beschränkungen für die deutsche Industrie«. Die darin vorgesehenen Produktionserleichterungen betreffen vor allem den Schiffbau, synthetische Treibstoffe, synthetisches Ammoniak, Chlor und Styrol. Darüber hinaus wird eine zusätzliche Stahlerzeugung gestattet (→ 26. 7./S. 120).

US-Präsident Harry S. Truman fordert vom Kongreß 51,3 Mio. US-Dollar (267 Mio. DM) für Atomforschungs- und Produktionsstätten.

6000 Fischer und Besatzungsmitglieder von 1600 Kuttern an der Nord- und Ostseeküste Schleswig-Holsteins treten in einen Streik. Sie protestieren dagegen, daß nach dem Wegfall der Vorzugspreise für Fischerei und Landwirtschaft der Treibstoff um rund 100% teurer geworden ist.

4. April, Mittwoch

Die diplomatischen Vertreter des Vatikans, der Schweiz, Luxemburgs, Schwedens, Indiens, der Niederlande und Portugals überreichen Bundespräsident Theodor Heuss in der Bonner Villa Hammerschmidt ihre Beglaubigungsschreiben. → S. 68

»Gegen die Remilitarisierung« demonstrieren 500 bis 700 Frauen vor dem Bundeshaus in Bonn. Im Verlauf der Protestkundgebung kommt es zu Auseinandersetzungen mit der Polizei, die die Personalien einiger Frauen feststellt.

Syrische Truppen provozieren südlich des Sees Genezareth einen Grenzzwischenfall mit Israel, bei dem mehrere Angehörige einer Polizeitruppe verletzt oder getötet werden. Grund der Streitigkeiten ist eine Entwässerungsmaßnahme Israels am Huleh-See, die für Syrien Wassermangel zur Folge haben kann (→ 15. 5./S. 86).

5. April, Donnerstag

Das New Yorker Bundesgericht verurteilt das Ehepaar Julius und Ethel Rosenberg wegen Atomspionage für die Sowjetunion zum Tode. → S. 72

In der Chirurgischen Klinik der Universität des US-Bundesstaates Minnesota in Minneapolis wird die erste Operation am offenen Herzen mit Hilfe einer Herz-Lungen-Maschine durchgeführt. Erfinder der Maschine und Operateur ist der amerikanische Arzt Clarence Dennis. → S. 74

In Miami kommt »Sugar« Ray Robinson, Box-Weltmeister im Mittelgewicht, nur zu einem mühsamen Punktsieg über seinen 23jährigen Herausforderer Holly Mims (→ 14. 2./S. 43).

Der Vertrag über eine vierwöchige Amerikareise der Fußballmannschaft von Eintracht Frankfurt ist perfekt. Neben Vergleichswettkämpfen sollen die bundesdeutschen Kicker Land und Leute kennenlernen. Allerdings nicht zu intensiv: Eine Vertragsklausel verbietet den Fußballern ausdrücklich während ihrer USA-Reise die Heirat mit Amerikanerinnen. → S. 78

6. April, Freitag

Der jugoslawische Ministerpräsident Josip Tito bildet Regierung und Verwaltung des Landes um. Prominentestes Opfer im Kampf Titos gegen den bürokratischen Zentralismus sowjetischer Prägung ist Boris Kidritsch, Präsident des Wirtschaftsrates und Mitglied des Politbüros der KP. Insgesamt werden 16 Ministerien aufgelöst bzw. umgebildet (→ 31. 10./S. 176).

Der US-Bundesrichter Alan Goldsborough verurteilt den Puertoricaner Oscar Gollazo, der im November 1950 an einem Attentat auf Präsident Harry S. Truman beteiligt war, wegen Mord an einem Sicherheitsbeamten zum Tod auf dem elektrischen Stuhl.

7. April, Samstag

Die Forderung von Douglas MacArthur, UN-Oberbefehlshaber in Korea, nationalchinesische Truppen einzusetzen und die Mandschurei zu bombardieren, löst vor allem in Großbritannien Empörung aus (→ 11. 4./S. 70).

Die vierte Konferenz der Außenminister der 21 amerikanischen Republiken, die auf Initiative der USA von der Organisation amerikanischer Staaten (OAS) einberufen wurde, endet in Washington. Die Regierungsvertreter unterzeichnen militärische und wirtschaftliche Programme »zur Verteidigung der westlichen Hemisphäre«.

Überraschend gewinnt in Aintree bei Liverpool die Stute »Nickel Coin« als 40:1-Außenseiter das 105. »Grand National«, das schwerste Hindernisrennen der Welt, mit sechs Längen vor »Royal Tan« und »Derringstown«. Die übrigen 34 Pferde erreichen das Ziel nach Stürzen nicht.

8. April, Sonntag

Kruppdirektor Dr. Hardach kündigt an, daß die Kruppwerke als »ausgesprochener Friedensbetrieb« aufgebaut werden. An Rüstungsaufträgen bestünde kein Interesse (→ 3. 2./S. 35).

Die Landeszentralbank von Bayern setzt neue 2-DM-Münzen in Umlauf. Die Geldstücke haben einen Durchmesser von 25,5 mm und wiegen 7 g. Die Wertseite zeigt die Ziffer Zwei, eingerahmt von je einer Weintraube mit Blatt und zwei Ähren, die Rückseite den Bundesadler. Die Münze, die von der Bevölkerung wegen ihrer Ähnlichkeit mit der 1-DM-Münze kritisiert wird, setzt sich nicht durch.

Im Ludwigshafener Rheinstadion siegt die deutsche Handball-Mannschaft in ihrem ersten Länderspiel nach Kriegsende mit 12:5 gegen Frankreich.

9. April, Montag

Nordkoreanische und chinesische Armee-Einheiten öffnen die Schleusen des 11 km nördlich des 38. Breitengrades in Korea gelegenen Staudamms von Hwachon und setzen weite Teile des Landes unter Wasser. Sie wollen damit einen Vormarsch der UN-Streitkräfte zum Stehen bringen (→ 17. 5./S. 84).

Die Thüringer »Abendpost«, die letzte unabhängige und parteilose Zeitung in der DDR, muß ihr Erscheinen einstellen. Statt dessen wird den Abonnenten »Das Volk«, die Zeitung der Sozialistischen Einheitspartei, geliefert.

Bundeswirtschaftsminister Ludwig Erhard (CDU) verzichtet auf sein Rabattsparsystem, nachdem sich die deutsche Wirtschaft verpflichtet hat, die dringend benötigten Investitionsmittel für die Grundstoffindustrie selbst aufzubringen (→ 12. 2./S. 37).

Die »schnellste Kamera der Welt«, die sog. Kerr-Cell-Kamera, wird in London vorgestellt. Sie soll 24 Mio. Bilder in der Minute aufnehmen und vor allem einzelne Phasen von Explosionen dokumentieren. Das britische Waffenforschungsamt hat das Gerät entwickelt.

10. April, Dienstag

Der Bundestag verabschiedet mit den Stimmen von CDU, SPD und Zentrum das Gesetz über die Montanmitbestimmung. → S. 67

In dritter Lesung verabschiedet der Bundestag das Gesetz zur Regelung der Rechtsverhältnisse von Personen, die unter den Artikel 131 des Grundgesetzes fallen. → S. 68

Die DDR und die Volksrepublik Bulgarien schließen ein Kulturabkommen.

11. April, Mittwoch

Zu seiner ersten offiziellen Auslandsreise als Außenminister trifft Bundeskanzler Konrad Adenauer auf dem Pariser Flughafen Orly ein. Er nimmt an den Verhandlungen über die Montanunion teil (→ 18. 4./S. 66).

Die Bundesregierung verabschiedet ein neues Wirtschaftsprogramm. → S. 69

US-Präsident Harry S. Truman setzt den UN-Oberbefehlshaber in Korea, General Douglas MacArthur, ab. → S. 70

12. April, Donnerstag

Die Deputiertenkammer und der Senat Argentiniens beschließen, die oppositionelle Tageszeitung »La Prensa« zu enteignen (→ 2. 2./S. 39).

Wilhelm Herz stellt auf einem 500-ccm NSU-Motorrad mit 289,796 km/h einen Geschwindigkeits-Weltrekord für Zweiräder auf. → S. 78

13. April, Freitag

Acht Briten werden bei Unruhen im Ölgebiet von Abadan (Iran) getötet (→ 31. 7./S. 114).

Die amerikanische Regierung rationiert wichtige Rohstoffe wie Stahl, Kupfer und Aluminium, um die Versorgung der Rüstungsindustrie sicherzustellen. Das Land müsse »auf einen möglichen umfassenden Krieg vorbereitet sein«, begründet Manley Fleischmann, Administrator der nationalen Produktionsbehörde, die Maßnahme.

14. April, Samstag

Der saarländische Ministerpräsident Johannes Hoffmann stellt dem Landtag sein neues Kabinett vor. Erstmals seit 1945 gehören keine Sozialdemokraten der Regierung an, sondern ausschließlich Mitglieder der Christlichen Volkspartei.

Die Mai-Grüße der Internationale (S. 2)

Neuer Vorwärts

ZENTRALORGAN DER SOZIALDEMOKRATISCHEN PARTEI DEUTSCHLANDS

Nummer 17 — Jahrgang 4 | 27. April 1951 | Preis 0,30 DM

In dieser Nummer.
Die SPD zum Schumanplan
Zurückgehaltene Kriegsgefangene
Das Dilemma der amerikanischen Weltpolitik
Der enträtselte Rundfunk-Etat
Kommt die Brotkarte?
Der Saar-Parteitag

Dr. Kurt Schumacher zum 1. Mai

Keine Verewigung des Unrechts

Der 1. Mai ist ein internationaler Feiertag der arbeitenden Menschen. Das hat in der Periode, in der die Kräfte der Liquidierung des zweiten Weltkrieges und des Neubaues Europas miteinander streiten, seine besondere Wichtigkeit.

Es ist unmöglich, die internationale Solidarität der Politik, der Wirtschaft und der Kultur durch Spezialpläne zu schaffen, solange die große Bereinigung im Grundsätzlichen nicht erfolgt ist. Europa heißt Gleichberechtigung gleichgewerteter und gleichgeachteter Völker mit denselben politischen und sittlichen Zielen.

Darum sind alle Pläne, wie der Schumanplan im Wirtschaftlichen und der Plevenplan im Militärischen sowie die kommenden Pläne über die Europäisierung der Landwirtschaft, des Verkehrs und der Energieversorgung nicht tragkräftig. Sie verewigen Unrecht, denn sie geben den Siegern eine Verfügungsgewalt über die Besiegten, ihre Arbeitskraft, ihren politischen Einsatz und die Nationalschätze ihrer Volkswirtschaft.

Nur Gleichberechtigung bringt die Einheit. Nur die Einheit schafft die Freiheit. Die Sozialdemokratische Partei Deutschlands bekennt sich zu den Vereinigten Staaten von Europa. Sie bekennt sich auch zur Vereinigung der wirtschaftlichen Kräfte des westlichen Europa. Sie kämpft aber dagegen an, das deutsche Volk in ein Verhältnis der Unterordnung gegenüber anderen Völkern auf irgendeinem Gebiet kommen zu lassen. Die Politik der Bundesregierung und ihrer Parteien führt in den Abgrund. Sie ist in ihrem Ergebnis nicht europäisch, nicht international. Die Sozialdemokratie begnügt sich nicht damit, die Vorschläge der Regierung zu verneinen. Sie hat auf allen Gebieten ein eigenes, positives Programm. Auch heute in den Wochen, in denen um den sogenannten Schumanplan gekämpft wird, hat die Sozialdemokratie ihr 7-Punkte-Programm aufgestellt, dessen Grundsätze allein imstande sind, die ökonomischen, politischen und moralischen Kräfte der europäischen Völker zu entwickeln und damit Europa stark zu machen gegenüber den Verlockungen und Bedrohungen aus dem totalitären Osten.

Europa, das sind die freien und gleichen Völker. Heute droht uns aber die Bloßstellung und Zerstörung der europäischen Idee und Wirklichkeit durch eine Europa-AG der Stahlindustrien in Frankreich und Deutschland und des internationalen Kohlenhandels.

Die arbeitenden Menschen in Deutschland haben jetzt ihre Kräfte zu konzentrieren auf die Hebung des Lebensstandards, die Stärkung der Massenkaufkraft und die deutsche Freiheit und Gleichheit. Das ist Internationalität, das entspricht dem Geiste der 60 Jahre Kampf um den 1. Mai.

Kurt Schumacher

Die Sozialistische Internationale, die SPD und der Friede

Von Julius Braunthal, Administrativer Sekretär der Internationalen Sozialistischen Konferenz

Die Maibotschaft der Sozialistischen Internationale an die deutsche Sozialdemokratie hat dieses Jahr eine besondere Bedeutung. In wenigen Wochen wird die deutsche Sozialdemokratie die Internationale zu einer Konferenz in Frankfurt empfangen. Diese Konferenz wird geschichtlich denkwürdig bleiben, denn sie wird die Sozialistische Internationale als eine weltumspannende Gemeinschaft sozialistischer Parteien aufs neue ins Leben rufen und sich, zum erstenmal seit Karl Marx' Inauguraladresse zur Gründung der Ersten Internationale im Jahre 1864, ein Programm geben.

Zwei Gründe bestimmten die Wahl einer deutschen Stadt als Konferenzort der Internationale.

Erstens sollte vor aller Welt bekundet werden, daß die Sozialdemokraten aller Länder in den deutschen Sozialdemokraten ihre Genossen und Brüder sehen. Die Menschheit wird nicht sobald vergessen, was ihr von den Nazis angetan worden ist. Aber sie soll auch daran erinnert werden, daß viele Tausende deutscher Sozialdemokraten dem Naziterror getrotzt und für ihre Ueberzeugung gelitten haben. In diesem dunklen Jahrzehnt standen sie in solidarischer Treue zu den Grundsätzen des internationalen Sozialismus. Nun wirken sie unter unsagbaren Schwierigkeiten für ein Deutschland der sozialen Demokratie. Die Sozialistische Internationale versammelt sich auf deutschem Boden, um ihre aufrichtige Teilnahme am Ringen der deutschen Genossen zu bekunden.

Die deutsche Sozialdemokratie ist von der Reaktion des Kapitalismus und Neofaschismus wie von der Reaktion des stalinistischen Kommunismus bedroht.

Die Kräfte der kapitalistischen und der neofaschistischen Reaktion stehen im Lande. Sie können mit den politischen Waffen der Demokratie in Deutschland bekämpft und niedergerungen werden. Vor dieser Aufgabe steht die deutsche Sozialdemokratie.

Aber die Abwehr der stalinistischen Reaktion ist eine weltweite Aufgabe. Sie ist eine Aufgabe des internationalen Sozialismus.

Die stalinistische Reaktion hat große Teile Deutschlands unterworfen. Die Sozialistische Internationale hat eine deutsche Stadt zu ihrem Konferenzort gewählt, um die stalinistische Reaktion auf ihrem vorgeschobenen Posten herauszufordern.

Was hat die Sozialistische Internationale den Herrschern Rußlands zu sagen?

Erstens wünschen die Millionen Sozialisten, organisiert in der Sozialistischen Internationale, aufs neue feierlich ihren Willen zu bekunden, daß sie einen Präventivkrieg gegen Sowjetrußland niemals dulden werden. Wir Sozialdemokraten verabscheuen totalitäre Regierungssysteme. Aber wir werden uns jedem Versuch entschlossen widersetzen, Regierungssysteme durch Angriffskriege zu stürzen. Wir hassen jeden Krieg. Am tiefsten jedoch hassen wir den Präventivkrieg. Wir wollen den Frieden und erstreben daher aufrichtig eine Verständigung zwischen Rußland und den Westmächten über eine permanente Friedensordnung, die das Gespenst der Kriege endgültig von der Erde bannt.

Wir haben jedoch noch ein zweites den russischen Machthabern zu sagen: Wir wollen Frieden, aber nicht Frieden um den Preis der Freiheit. Wir werden uns jeder Intervention gegen Rußland widersetzen. Aber wir werden uns ebenso entschieden einer russischen Intervention gegen die Freiheit und Unabhängigkeit anderer Völker widersetzen. Wir lehnen jeden Angriffskrieg gegen Rußland ab. Aber wir sind ebenso entschlossen, uns gegen einen russischen Angriffskrieg zu wehren. Und da Panzerdivisionen und Bombengeschwader nicht mit guten Worten allein abgewehrt werden können, unterstützen wir das System kollektiver Verteidigung.

Aber eine Welt, starrend in Waffen, ist nicht die Welt, die wir wünschen. Das Wettrüsten jedoch, das die Kriegsgefahr verschärft, den Reichtum der Völker verschlingt und den Fortschritt des Sozialismus hemmt, kann nicht durch eine einseitige Abrüstung sein Ende finden.

Die Arbeiterklasse demokratischer Länder, vereint in der Sozialistischen Internationale, erstrebt eine totale Weltabrüstung. Sie erstrebt eine Verständigung zwischen Rußland und den Westmächten als die Vorbedingung der Abrüstung. Sie ist jedoch aufrichtig davon überzeugt, daß das Haupthindernis dieser Verständigung die gegenwärtige Haltung der russischen Regierung ist. Sie glaubt, daß die Menschheit von der Furcht eines neuen Krieges und von der Riesenlast militärischer Rüstungen augenblicklich befreit werden könnte, wenn die Herrscher Rußlands es ernstlich wollten.

Was die Sozialdemokraten von den russischen Machthabern verlangen, ist bescheiden genug. Wir verlangen nur, daß sie uns, wie wir sie, in Ruhe lassen, daß sie uns im Aufbau einer sozialistischen Gesellschaftsordnung, wie sie uns vorschwebt, nicht stören, daß sie die Unabhängigkeit unserer Arbeiterbewegung respektieren, daß sie unsere Freiheit und unser Leben nicht bedrohen.

Die russischen Machthaber hassen den demokratischen Sozialismus, der auf der Freiheit des Individuums beruht. Die demokratischen Sozialisten hassen den terroristischen Polizeistaat, der wirtschaftlich auf Sklavenarbeit beruht und die Freiheit des Individuums nicht anerkennt. Aber wir Sozialdemokraten sind der Ueberzeugung, daß die Befreiung der russischen Arbeiterklasse vom Joch eines despotischen Staatskapitalismus nur das Werk der russischen Arbeiterklasse selbst sein kann. Daher verlangen wir auch von den

Schluß auf S. 3, Spalte 1

Weg und Ziel

Was selbstverständlich geworden ist, wird auch als selbstverständlich hingenommen. Es gibt kaum jemanden heute, der noch danach fragt, wieso wir nur acht Stunden und nicht mehr zehn, zwölf oder auch vierzehn arbeiten. Das Recht auf eine Unterstützung bei Arbeitslosigkeit oder Krankheit ist Gewohnheit geworden, der Anspruch auf Urlaub und weiter auch auf die gesellschaftliche Stellung der Arbeiterschaft im wirtschaftlichen und sozialen Leben wurden zur Selbstverständlichkeit. Wer erinnert sich noch daran, daß alle diese Dinge einst sehr weitgesteckte Ziele waren, so weitgesteckt, daß sie wie eine Utopie erschienen?

Am 1. Mai 1890 machte sich die sozialistische Arbeiterschaft zum ersten Male mit der Proklamation ihres besonderen eigenen Feiertages auf, demonstrativ für ihre Ziele zu kämpfen. Und von diesem 1. Mai 1890 an ist der Tag ein Kampftag gewesen, gegen den sich alle Widerstände erhoben, die Bürgertum und Obrigkeit nur irgend herbeiholen konnten. In ihrem Kampf um soziale Gerechtigkeit, für den der 1. Mai ausdrucksvolles Symbol war, stand die Arbeiterschaft — und als ihre Vertreterin die Sozialdemokratische Partei — allein. Gegen alle anderen Parteien kämpfte sie und gegen alle anderen Parteien setzte sie sich durch. Es ist ihr gelungen, einen großen Teil ihrer Ziele zu verwirklichen, und an ihren Erfolgen nimmt heute so mancher ihrer Gegner gern und mit der bereits erwähnten Selbstverständlichkeit teil.

Inzwischen ist der 1. Mai ein anerkannter Feiertag geworden. Die Kampfparolen traten in den Hintergrund, die Freude über das Erreichte, die Tatsache, daß wir nicht mehr ausgeschlossen sind vom Licht — denn was anderes als das Drängen nach dem Licht war der Kampf des in den Fabrikmauern eingeschlossenen Proletariats des Jahres 1890? — überragte den Kampfgedanken. Es besteht kein Grund nun etwa auf das Erreichte nicht stolz zu sein und sich des Lichtes zu freuen; als selbstverständlich nehmen aber sollten wir unsere Erfolge nicht, und noch weniger sollten wir vergessen, wieviel Mut, wieviel Zähigkeit und Ausdauer dazu gehört haben, den Weg bis heute zu gehen durch eine Umwelt hindurch, die sich geschlossen unseren Ansprüchen widersetzte.

Vergessen aber sollten wir vor allem nicht, daß diese Umwelt noch immer die gleiche ist und nach wie vor sich unserm Streben entgegenstellt. Der Kampf hat nicht aufgehört, und wie von jeher stehn wir in diesem Kampf allein.

Gerade die jüngst vergangenen Tage bieten ein Beispiel dafür, wie sehr sich die Umwelt darin einig ist, der Sozialdemokratie in ihrem Streben nach sozialer Gerechtigkeit Steine in den Weg zu legen, wo immer sie überhaupt Steine finden kann. Die Zeitungen des sogenannten Bürgertums, mögen sie parteipolitisch sein wie etwa die „Kölnische Rundschau" und der „Rheinische Merkur" oder mögen sie „unabhängig" sein wie etwa die „Nordseezeitung" oder die bieder tüngelnde „Zeit", — sie alle wettern gemeinsam gegen die Opposition der Sozialdemokratie, als hätten sie — und haben es wohl auch — eine Großkampagne verabredet. In jedem Wahlkampf schließen sich die übrigen Parteien unter der Devise „Brecht die Macht der SPD!" zu einem Block zusammen, kein Wunder vielleicht, nachdem die Politik der „Bereichert-Euch-Marktwirtschaft" das deutsche Volk in einen Abgrund getrieben hat und nachdem die europäisch genannte Außenpolitik der Groß-Kartellwirtschaft sich anschickt, diesen Abgrund zu vertiefen. Es geht so offensichtlich um die Unternehmerinteressen in der gegenwärtigen deutschen Politik, daß der Kampf der

»Nur Gleichberechtigung bringt die Einheit«, formuliert SPD-Chef Kurt Schumacher die Position der Sozialdemokraten. Zum Maifeiertag erläutert er die Bedenken seiner Partei gegen die Politik der Bundesregierung. (Titelblatt »Neuer Vorwärts«, Zentralorgan der Sozialdemokratischen Partei Deutschlands, 27. April 1951)

15. April, Sonntag

Das Bundeskabinett entscheidet sich für Wiesbaden als Sitz des Bundeskriminalamtes. Der Mitbewerber Hamburg scheidet wegen dezentraler geographischer Lage aus (→ 8. 3./S. 53).

Die deutsche Fußballmannschaft gewinnt ihr erstes Auslandsspiel nach Kriegsende – gleichzeitig das 200. Länderspiel einer DFB-Auswahl – in Zürich mit 3:2 gegen die Schweiz. → S. 78

16. April, Montag

In Washington fordert der demokratische Abgeordnete Albert Gore eine »unpassierbare radioaktive Sperrzone« zwischen Nord- und Südkorea, um militärische Aktionen der Armeen unmöglich zu machen (→ 16. 5./S. 84).

Die US-amerikanische Luftverteidigung gibt bekannt, daß sie 400 000 freiwillige Luftbeobachter, die im gesamten nördlichen Teil Amerikas und entlang der pazifischen und atlantischen Küste eingesetzt werden sollen, rekrutieren will.

In Bad Wörishofen wird die Kindler Verlag GmbH gegründet. Bereits seit 1946 bringt Helmut Kindler u. a. Autobiographien und Biographien auf den Markt.

17. April, Dienstag

Die USA erteilen Belgien eine offizielle Rüge wegen eines angeblich ungenügenden Verteidigungsbeitrages, der dem wirtschaftlichen Leistungsvermögen des Landes unangemessen sei. Während Frankreich, Großbritannien und die USA 10 bis 20% ihrer Volkseinkommen für Verteidigung ausgeben, bringe Belgien nur 5% auf.

Der norwegische Frachter »Victoria Peak« wird in der Nähe von Hongkong von kommunistischen Küstenbatterien beschossen und schwer beschädigt.

Das britische U-Boot »Affray« sinkt mit 75 Mann Besatzung im Ärmelkanal. Es gibt keine Überlebenden. → S. 73

18. April, Mittwoch

In Paris unterzeichnen die Außenminister der Benelux-Staaten, Frankreichs, Italiens und der Bundesrepublik den Vertrag zur Gründung der Montanunion. → S. 66

Die Mehrheit des Bundestages stimmt dem Gesetzentwurf der Regierungsparteien zu, den Sitz des Bundesverfassungsgerichts nach Karlsruhe zu verlegen. Der Vorschlag der SPD, das Verfassungsgericht in Berlin anzusiedeln, scheitert (→ 28. 9./S. 161).

19. April, Donnerstag

Der entlassene Oberbefehlshaber der UN-Truppen in Korea, Douglas MacArthur, hält nach seiner Rückkehr in die USA vor beiden Häusern des Kongresses eine Rechtfertigungsrede. → S. 71

In Südafrika nimmt das Unterhaus einen Gesetzentwurf an, der ein gesondertes Wahlrecht für »Mischlinge« vorsieht. Die Delegierten, die die »Mischlinge« wählen, müssen allerdings Weiße sein.

In Frankfurt am Main eröffnet Bundespräsident Theodor Heuss die erste Internationale Automobilausstellung. → S. 77

Im Nordwestdeutschen Rundfunk schockiert Günter Eichs Hörspiel »Träume« die Hörer: Die provozierenden, irrealen Szenen entsprechen nicht den Hörgewohnheiten des Publikums (→ S. 107).

20. April, Freitag

In Cannes gehen die Filmfestspiele zu Ende. Mit dem großen Preis des Festivals werden der italienische Film »Das Wunder von Mailand« von Vittorio de Sica und der schwedische Film »Julie« ausgezeichnet.

In Köln findet zum ersten Mal die Photokina statt. → S. 76

Der Bremer Schiffahrtssachverständige Franz Eggers erklärt vor dem Rhein-Ruhr-Klub in Essen, daß der Wiederaufbau der deutschen Handelsflotte rund 5 Mrd. DM kosten werde.

21. April, Samstag

Nach siebenmonatiger Dauer endet die internationale Zollkonferenz im britischen Torquay. 38 Staaten treffen 147 zweiseitige Abkommen. Allein die Bundesrepublik, die erstmals an einer internationalen Zolltagung teilnimmt, schließt 21 bilaterale Zollverträge ab.

In Kairo wird ein deutsch-ägyptischer Handelsvertrag unterzeichnet, der für das Vertragsjahr 1951/52 Ein- und Ausfuhren von je 54 Mio. DM vorsieht. Ägypten liefert vor allem Baumwolle an die Bundesrepublik.

Bundesfinanzminister Fritz Schäffer (CSU) ernennt den früheren Staatssekretär im bayerischen Finanzministerium Hans Müller zum Präsidenten des Bundesfinanzhofes.

22. April, Sonntag

Der wegen Meinungsverschiedenheiten mit US-Präsident Truman entlassene Oberbefehlshaber der UN-Truppen in Korea, Douglas MacArthur, wird von der Bevölkerung New Yorks mit einer Konfettiparade empfangen (→ 11. 4./S. 70).

Der britische Arbeitsminister Aneurin Bevan und Handelsminister James Harold Wilson treten aus Protest gegen den Rüstungsetat zurück. → S. 73

Frankreich und Jugoslawien schließen einen einjährigen Handelsvertrag ab, der einen Warenaustausch im Wert von 4 Mrd. Franc (rund 54 Mio. DM) in jeder Richtung vorsieht (→ 31. 10./S. 176).

In Ost-Berlin wird das Nationale Olympische Komitee der DDR gegründet (→ 26. 11./S. 195).

Bei den deutschen Waldlaufmeisterschaften in Uelzen siegt überraschend Walter Müller vom TSV 1860 München. Für die rund 7,5 km lange Strecke braucht er 23:55,2 min. Sein Verein gewinnt auch die Mannschaftswertung.

23. April, Montag

In Korea beginnt eine Frühjahrsoffensive nordkoreanischer und chinesischer Truppen. Nach drei Tagen bringt die Armee der Vereinten Nationen den Vorstoß der Kommunisten wenige Kilometer südlich des 38. Breitengrades zum Stehen (→ 17. 5./S. 84).

An der zweiten großen Streikwelle in Spanien beteiligen sich in den nordspanischen Städten Bilbao, Mondragon, Eibar, Beasain, Vergara und Tolosa 500 000 Arbeiter. Sie fordern Lohnerhöhungen um 50%, Preiskontrollen und Maßnahmen gegen die »katastrophale Wirtschaftslage« des Landes.

Großbritannien und Argentinien unterzeichnen in Buenos Aires ein Fleischabkommen. Argentinien verpflichtet sich, 200 000 t Gefrierfleisch »so schnell wie möglich« an Großbritannien zu liefern (→ 23. 4./S. 73).

24. April, Dienstag

Das Bundeskabinett verabschiedet einen Gesetzentwurf zur Hebung der Verkehrssicherheit. Danach sind Doppelanhänger verboten und Fahrtenschreiber für schwere Fahrzeuge obligatorisch. Eine gebührenpflichtige Verwarnung kostet 2 DM.

Der DGB-Bundesvorstand veröffentlicht eine Statistik über die Lohnsituation der Arbeitnehmer in der Bundesrepublik. Der durchschnittliche Wochenlohn männlicher Arbeitskräfte sei zwar von 48,25 DM (1948) auf 71,81 DM (Dez. 1950) gestiegen, die Situation der Arbeiter habe sich aufgrund der Preissteigerungen jedoch verschlechtert. Andererseits gebe es 200 neue Millionäre, so der DGB.

Bei einem Eisenbahnunglück in der japanischen Stadt Jokohama kommen 97 Menschen ums Leben.

25. April, Mittwoch

Das US-Verteidigungsministerium gibt bekannt, daß 500 bis 600 Militärberater nach Formosa geschickt werden. → S. 71

Der Bundestag beschließt die Neuordnung der Länder (Süd-)Baden, Württemberg-Baden und Württemberg-Hohenzollern (→ 9. 12./S. 202).

26. April, Donnerstag

Die Bundesregierung beschließt ein Verbot aller Organisationen, die eine Volksbefragung gegen die Remilitarisierung der Bundesrepublik vorbereiten. Die Umfrage wolle die verfassungsmäßige Ordnung zerstören (→ 26. 7./S. 125).

Das US-amerikanische Repräsentantenhaus bewilligt Militärkredite von 6,4 Mrd. US-Dollar (rund 33 Mrd. DM) für die Anschaffung von Panzern, Flugzeugen und Geschützen. Bisher beliefen sich die Militärkredite für das laufende Finanzjahr auf 42,5 Mrd. US-Dollar (221 Mrd. DM).

In Manchester treten 2300 Dockarbeiter in einen wilden Streik. Sie protestieren gegen Überstundenarbeit.

27. April, Freitag

Dänemark räumt den USA das Recht ein, auf Grönland militärische Stützpunkte zu unterhalten. Das Abkommen, das eine Laufzeit von 20 Jahren hat, soll in die NATO-Verträge eingegliedert werden. → S. 72

In Italien treten 1,1 Mio. Arbeiter der Stahlindustrie und des Verkehrsgewerbes in den Streik. Die Streikenden, die weite Teile des Nahverkehrs lahmlegen, fordern höhere Löhne.

Sechs Tote fordert ein Explosionsunglück im Hafen von Gibraltar. Beim Abladen von Granaten fliegt der britische Munitionsdampfer »Bedham« in die Luft. Hunderte werden verletzt, die Explosion erschüttert das gesamte Gebiet von Gibraltar.

28. April, Samstag

Mohammad Mossadegh wird neuer Ministerpräsident des Iran. → S. 73

29. April, Sonntag

In Hannover eröffnet Bundespräsident Theodor Heuss die »Technische Messe«. → S. 76

Die FDP verbucht bei der Landtagswahl in Rheinland-Pfalz einen Erfolg und erringt 19 Sitze (vorher 11). → S. 68

Elly Heuss-Knapp, die Frau des Bundespräsidenten, eröffnet in Hannover die erste Bundesgartenschau.

30. April, Montag

Die argentinischen Gewerkschaften erklären sich bereit, die Kandidatur des jetzigen Präsidenten Juan Perón und die seiner Frau Evita als Vizepräsidentin zu unterstützen (→ 28. 9./S. 176).

Das schleswig-holsteinische Innenministerium schickt ein Polizeikommando nach Helgoland, um die erwartete Landung von 1500 Mitgliedern der Kommunistischen Partei und der Freien Deutschen Jugend auf der Insel, die von den Engländern als Bombenziel verwandt wird, zu verhindern (→ 3. 1./S. 21).

Die Spitzenorganisation der Filmwirtschaft spricht sich für einen vergnügungssteuerfreien »Filmgroschen« aus. Die Abgaben sollen zu je 40% der Filmproduktion und den Filmtheatern und zu 15% den Filmverleihern zufließen. Der Rest der Gelder soll für Werbung genutzt werden. → S. 94

Das Wetter im Monat April

Station	Mittlere Lufttemperatur (°C)	Niederschlag (mm)	Sonnenscheindauer (Std.)
Aachen	7,8 (8,8)	69 (63)	190 (178)
Berlin	8,8 (8,3)	29 (41)	226 (193)
Bremen	7,2 (8,2)	56 (50)	– (185)
München	7,9 (8,0)	19 (59)	201 (173)
Wien	10,4 (9,6)	28 (54)	234 (173)
Zürich	8,1 (8,0)	76 (88)	183 (173)

( ) Langjähriger Mittelwert für diesen Monat
– Wert nicht ermittelt

Bebilderte Unterhaltung, garniert mit Prominentenschicksalen und Zeitproblemen: Mit diesem Erfolgsrezept der illustrierten Zeitschriften »ködert« auch die »Neue Illustrierte« vom 4. April 1951 ihre Leser.

Deutsch-französische Annäherung im Flugzeug nach Paris: Frankreichs Hoher Kommissar François-Ponçet versorgt Kanzler Adenauer mit Süßigkeiten.

Montanunion perfekt – europäische Einigung beginnt

18. April. Kurz nach 16 Uhr im Uhrensaal des französischen Außenministeriums am Quai d'Orsay: Konrad Adenauer, deutscher Bundeskanzler und Außenminister, setzt als erster seinen Namenszug unter den Vertrag über die Europäische Gemeinschaft für Kohle und Stahl (EGKS), kurz Montanunion genannt (montan = den Bergbau, das Hüttenwesen betreffend).

Die EGKS, die zwischen Frankreich, Belgien, den Niederlanden, Luxemburg und der Bundesrepublik vereinbart wird, ist die erste supranationale Vereinigung, die die kriegswichtigen Industrien unter gemeinsame Kontrolle und Verteilung stellt und sie damit dem nationalen Zugriff weitgehend entzieht.

Eine Hohe Behörde ist Exekutivorgan der EGKS. Ein Beratender Ausschuß, eine gemeinsame Versammlung als parlamentarisches Organ, ein Ministerrat als Richtlinien- und Legislativorgan und ein Gerichtshof werden eingerichtet. Die EGKS übernimmt die Aufgaben, die Produktion von Eisen und Stahl sowie die Kohleförderung in Europa zu koordinieren, die Produktion zu modernisieren, die Qualität der Erzeugnisse zu verbessern und die Angleichung der Lebensbedingungen der Arbeitnehmer im Montanbereich zu erreichen.

Aus Sicht der Wirtschaft ist die Beteiligung der Bundesrepublik ganz besonders wichtig: Rund 80% der gesamten Kohlevorräte der Montanunionstaaten lagern in der Bundesrepublik. Auch in der Erzeugung von Rohstahl rangiert sie mit 13,56 Mio. t an erster Stelle, gefolgt von Frankreich (9,83 Mio. t), Belgien (5 Mio. t), Luxemburg (3,07 Mio. t), Italien (2,92 Mio. t) und den Niederlanden (0,55 Mio. t).

Neben den rein ökonomischen Aspekten ist die politische Dimension des europäischen Zusammenschlusses auf supranationaler Basis bahnbrechend: »Der Schuman-Plan war der Anfang der europäischen Einigung«, erinnert sich Bundeskanzler Adenauer später. Für die Bundesrepublik bedeutet eine Beteiligung an der Montanunion Rückgewinnung staatlicher Handlungsfreiheit. Obwohl alliierte Vorbehalte den Handlungsspielraum einer noch nicht wieder souveränen Bundesrepublik beeinträchtigen, darf Kanzler Adenauer als quasi gleichberechtigter Partner die Verfügungsgewalt über die nationale Kohle- und Stahlproduktion einer europäischen Organisation unterstellen.

Bereits im Grundgesetz haben bundesdeutsche Politiker Vorsorge für den – nun eingetretenen – Fall staatlichen Souveränitätsverzichts getroffen: »(1) Der Bund kann durch Gesetz Hoheitsrechte auf zwischenstaatliche Einrichtungen übertragen«, heißt es im Artikel 24.

Der Plan zur Gründung einer Europäischen Gemeinschaft für Kohle und Stahl geht auf die Initiative des französischen Planungskommissars Jean Monnet zurück, der den französischen Außenminister Robert

Deutsch-französische Liaison

Die deutsch-französische Beziehung ist Kern der Montanunion. Probleme wie die rechtliche Position des Saargebiets sind vor Vertragsunterzeichnung kein Hindernis: In einem Briefwechsel stellt die französische Regierung fest, daß die Montanunion keine Anerkennung des Status' der Saar beinhaltet (→ 10. 12./S. 203).

Mit der Montanunion begründen die beiden Nachbarn ein neuartiges Verhältnis: Schuman und Adenauer (siehe Karikatur) bieten ein gemeinsames »Gewand« an, das die »Kriegsmodelle« von 1870, 1914 und 1939 ablöst. Der Prozeß der westeuropäischen Integration trägt zur deutsch-französischen Verständigung bei.

△ *Die Außenminister der Montanunion-Staaten bei der Vertragsunterzeichnung im Quai d'Orsay; Robert Schuman (5. v. l.) schlug den Vertrag vor.*

◁ *Wie ein ganz »normaler« Bürger promeniert Adenauer (2. v. l.) mit seinen Gastgeber über die Champs-Élysées.*

Schuman von den Prinzipien einer EGKS überzeugte. Am 9. Mai 1950 verkündete der Minister die jetzt »Schuman-Plan« genannte Initiative einer Montanunion. Gründe für das französische Engagement sind – angesichts US-amerikanischer Forderungen, das wirtschaftliche Potential der Bundesrepublik zu nutzen – eine Kontrolle der kriegswichtigen Industrien im Rahmen eines internationalen Systems. So wird die Nutzung der wirtschaftlichen Ressourcen gewährleistet, einem bundesdeutschen Alleingang aber ein Riegel vorgeschoben.

Die Bedeutung einer deutsch-französischen Annäherung dokumentierte Kanzler Adenauer mit einem Besuch in Paris eine Woche vor Vertragsunterzeichnung: »Ich wünsche zu beweisen, daß ich in den deutsch-französischen Beziehungen den entscheidenden Angelpunkt für eine Lösung in Europa sehe«, erklärte Adenauer in Paris.

Bereits 1926 schlossen sich die Stahlindustrien von Deutschland, Frankreich, Belgien und Luxemburg zur internationalen Rohstahlgemeinschaft zusammen, die 1938 zu einem Weltstahlkartell erweitert wurde. Im Bereich der Kohleförderung existierte seit 1937 eine Kokskonvention. Nach Kriegsende waren sowohl der Stahlausschuß der ECE (Economic Commission for Europe; Organisation des Wirtschafts- und Sozialrats der UN) als auch das Ruhrstatut und die Internationale Ruhrbehörde Ausgangspunkte für die Montanunion.

Die Unterzeichnung des Montanunion-Vertrags stößt allerdings auch auf Kritik: »Der Schuman-Plan mit seinem heutigen Inhalt der wirtschaftspolitischen Ziele ist die Politik der französischen Republik von 1918. Nur geht es diesmal urbaner und legaler zu. Wo das Wort französisch stehen müßte, steht jetzt das Wort europäisch«, befürchtet der SPD-Vorsitzende Kurt Schumacher Nachteile für die Bundesrepublik.

Arbeiter entscheiden mit

10. April. Nach achtstündiger Debatte verabschiedet der deutsche Bundestag in dritter Lesung mit den Stimmen von CDU, SPD und Zentrum das Gesetz über die »Mitbestimmung der Arbeitnehmer in der eisenschaffenden Industrie und im Kohlebergbau«.

Gegen die Vorlage stimmen einige CDU-Abgeordnete, die FDP, die Deutsche Partei (DP), die Bayernpartei (BP), die Wirtschaftliche Aufbauvereinigung (WAV) und die Deutsche Reichspartei (DRP). KPD und einige Abgeordnete anderer Parteien enthalten sich der Stimme.

Mit der Annahme des Gesetzes wird zum ersten Mal nach deutschem Gesetz in 71 Bergbau- sowie 37 Eisen- und Stahlgesellschaften die paritätische Mitbestimmung eingeführt.

Der Weg bis zur erfolgreichen Abstimmung über die Beteiligung der Arbeiter und Angestellten an Unternehmensentscheidungen war steinig: Forderungen der Gewerkschaften, am → 3. Januar 1951 (S. 22) bereits mit einer Streikdrohung unterstrichen, wurden von den Arbeitgebern abgeblockt. Gewerkschaftsboß Hans Böckler stieß schließlich das Tor zu einer Einigung auf und erreichte in Gesprächen mit Bundeskanzler Konrad Adenauer die Bereitschaft zu Verhandlungen. Ein klärendes Gespräch zwischen Gewerkschaften und Arbeitgebern brachte am 25. Januar die endgültige Verständigung über die Grundsätze der paritätischen Mitbestimmung.

Nach dem Gesetz über die Mitbestimmung in der Kohle- und Stahlindustrie sitzen im elfköpfigen Aufsichtsrat der Unternehmen je fünf Delegierte der Arbeitgeber- und der Arbeitnehmerseite. Der fünfte Mann beider Seiten darf jedoch kein Mitglied einer Gewerkschaft bzw. einer Arbeitgeberorganisation sein. Die fünf Arbeitnehmervertreter schikken einen Delegierten ihrer Wahl als Arbeitsdirektor in den Betriebsvorstand.

Das elfte Mitglied des Aufsichtsrates ist dessen Vorsitzender – gleichzeitig auch das »Zünglein an der Waage«: Er wird von den übrigen zehn Aufsichtsratsmitgliedern gewählt. Kommt keine Mehrheit für einen Kandidaten zustande, muß ein Vermittlungsausschuß aus je zwei Vertretern der Arbeitnehmer- und Arbeitgeberseite gebildet werden.

Der Vermittlungsausschuß schlägt drei Personen zur Wahl vor. Falls die Vorschläge abgelehnt werden, entscheidet das zuständige Oberlandesgericht über die Zulässigkeit der Einwände, die die Mitglieder des Wahlorgans vorbringen. Falls das Gericht die ablehnenden Gründe bestätigt, muß der Vermittlungsausschuß drei neue Vorschläge für die Vorstandswahl machen.

Der Angst vieler konservativer Politiker, daß die Einigung über die Montanmitbestimmung als Präzedenzfall für andere Industriezweige dienen wird, begegnet Heinrich von Brentano, Fraktionsvorsitzender der CDU. Vor der Presse erklärt er, daß kein weiterer Wirtschaftszweig eine besondere Regelung der Mitbestimmung erhalten werde.

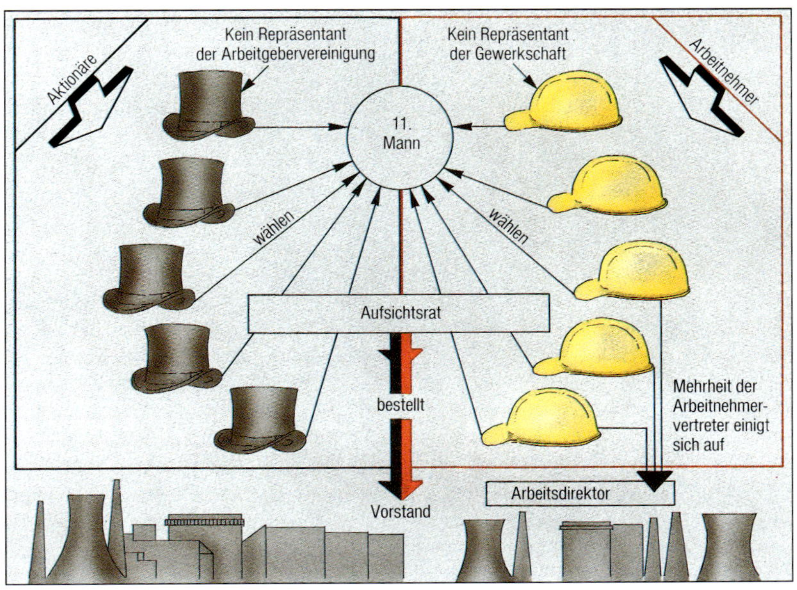

V. l.: Ragnar Kumlin (S), Albert Huber (CH), Albert Wehrer (LUX), Francesco Rizzo (I), Monsignore Muench, Theodor Heuss und J. M. de Booy (NL)

Vatikan und sieben Staaten bemühen sich um Akkreditierung in Bonn

4. April. *Ein bedeutendes Ereignis auf dem Weg zur Wiedereingliederung der Bundesrepublik in die internationale Diplomatie ist der erste offizielle Empfang ausländischer Gesandter bei Bundespräsident Theodor Heuss: In der Villa Hammerschmidt überreichen die diplomatischen Vertreter ihre Beglaubigungsschreiben, die sie als Delegierte ihrer Länder in der Bundesrepublik akkreditieren. In einer Einzelaudienz gibt der apostolische Nuntius, Monsignore Aloysius Muench, Bischof von Fargo und Vertreter des Vatikan, als erster sein Beglaubigungsschreiben ab. Er ist Doyen des Diplomatischen Korps, das heißt, in bestimmten Fällen sein Sprecher. Insgesamt akkreditieren sich acht Diplomaten in der Bundesrepublik: aus dem Vatikan, den Niederlanden, Italien, Luxemburg, der Schweiz, Schweden, Indien und Portugal.*

CDU verliert Sitze in Rheinland-Pfalz

29. April. Sieger der Landtagswahlen in Rheinland-Pfalz ist die FDP, die 19 Abgeordnete ins Parlament schickt. 1947 errangen die Freien Demokraten lediglich elf Mandate. Die CDU verliert fünf Sitze, ist aber

Der am 12. August 1899 in Saarbrücken geborene Peter Altmeier war 1945 Mitgründer der CDU. Seit 1947 ist er Ministerpräsident von Rheinland-Pfalz.

mit 43 Abgeordneten immer noch stärkste Fraktion. Die SPD erhält 38 Mandate, vier mehr als bei der Landtagswahl 1947.
Die Wahlbeteiligung lag mit 75,1% um 4,5% niedriger als bei der Bundestagswahl 1949 und um 2,8% niedriger als bei der Landtagswahl 1947.
Die KPD, die bisher im rheinlandpfälzischen Landtag mit acht Sitzen vertreten war, scheitert diesmal an der 5%-Hürde.
Nach Bekanntgabe des Endergebnisses erklärt Ministerpräsident Altmeier, daß dieses Resultat ein Bekenntnis zur Bonner Koalition von CDU/CSU, FDP und DP sei.

Geflohen, vertrieben, entnazifiziert – jetzt versorgt

10. April. Bei zwei Stimmenthaltungen und ohne Gegenstimme verabschiedet der deutsche Bundestag in dritter Lesung das Versorgungsgesetz für Beamte, die nach dem 8. Mai 1945 durch Flucht, Vertreibung oder Entnazifizierung Amt und Status verloren, und für ehemalige Berufssoldaten. Angehörige der Gestapo und andere als »schwer belastet« Eingestufte fallen nicht unter die Bestimmungen des Gesetzes zum Artikel 131 des Grundgesetzes, der die »Rechtsverhältnisse ehemaliger Angehöriger des öffentlichen Dienstes« regelt.
Mit dem jetzt verabschiedeten »131er-Gesetz« werden Pensionsansprüche von Beamten und Angestellten, die bis 1945 im öffentlichen Dienst arbeiteten, geregelt. Zwar wird dieser Personengruppe kein grundsätzlicher Anspruch auf Wiederanstellung versprochen, sie werden aber, sofern sie noch nicht das Pensionsalter erreicht haben, als »Beamte zur Wiederverwendung« eingestuft. Allerdings werden viele im Laufe der Zeit wieder in Amt und Würden »untergebracht«. Bund, Ländern und Gemeinden wird eine »Unterbringungspflicht« auferlegt. 20% der Planstellen müssen mit Beamten und Angestellten, die unter Artikel 131 des Grundgesetzes fallen, besetzt werden. Erreichen Bund, Länder und Gemeinden diese Quote nicht, muß eine Ausgleichsabgabe gezahlt werden.
Entscheidender Vorteil des verabschiedeten »131er-Gesetzes« im Vergleich zu vorherigen Entwürfen ist die grundsätzliche Anerkennung der Rechtsansprüche von Vertriebenen. In die Versorgung der »Verdrängten« werden darüber hinaus auch die ehemaligen Berufssoldaten einbezogen. Berufsoffiziere, die auf eine Dienstzeit von mehr als zehn Jahren verweisen können und Berufsunteroffiziere mit einer Dienstzeit ab 18 Jahren sind in ihrem Versorgungsanspruch den Beamten auf Lebenszeit gleichgestellt.

Innenminister Robert Lehr will das »131er-Gesetz« zügig umsetzen.

Eine grundsätzliche Erklärung über die Rolle der ehemaligen deutschen Soldaten gab Bundeskanzler Adenauer in der zweiten Lesung des »131er-Gesetzes«: Das Kapitel der Kollektivschuld der deutschen Soldaten müsse endgültig abgeschlossen werden. Das »131er-Gesetz« dokumentiere, daß ehemalige Wehrmachtsangehörige bei der Unterbringung im öffentlichen Dienst nicht zurückgesetzt würden.
Der sozialdemokratische Abgeordnete Carlo Schmid kritisierte »den Wettlauf einiger Abgeordneter um die Ehre, der erste gewesen zu sein, der die Berufssoldaten verteidigt hat«. Er warnte davor, der Ablehnung einer Kollektivschuld den »Mythos einer Kollektivunschuld« folgen zu lassen.

Bundesregierung korrigiert die Wirtschaftspolitik

11. April. Die Bundesregierung veröffentlicht über ihren Pressedienst ein neues Wirtschaftsprogramm, das Preiserhöhungen und eine Sonderumsatzsteuer ankündigt.
Die Maßnahmen zur Stabilisierung der bundesdeutschen Wirtschaft streben folgendes Ziel an: »Weitgehender Ausgleich der durch die Weltmarktpreise bedingten Preissteigerung für die sozial schwächeren Bevölkerungskreise, Aufbringung der hierfür erforderlichen Mittel durch Besteuerung des gehobenen Lebensaufwandes, Überwindung der Mangelerscheinungen und Produktionserhöhungen in den Grundstoffindustrien.«
Nach dem Willen der Bonner Regierung darf die Sonderumsatzsteuer, die ausschließlich Güter des gehobenen Lebensaufwandes einbeziehen soll, nicht den »normalen Haushalt des Arbeiters, Angestellten und Beamten« belasten. Kritiker bezweifeln, daß eine Steuer auf Luxusgüter die für Subventionen erforderlichen 800 Mio. DM in die Kassen des Finanzministeriums fließen läßt, da bei einer Verteuerung Luxuswaren weniger gekauft würden.
Die Initiative der Regierung ist eine Reaktion auf die wirtschaftliche Krise, die Thema der heftigen wirtschaftspolitischen Debatte im Bundestag am 14. März war: Wirtschaftsminister Ludwig Erhard verkündete vor dem Parlament, daß der Staat die Wirtschaftspolitik der Bundesrepublik beeinflussen und lenkend eingreifen müsse. »In der von Tumulten begleiteten Rede war so oft von ›Planung‹ die Rede, daß sie als ›Leichenrede der freien Marktwirtschaft‹ apostrophiert wurde (. . .),« schreibt Werner Abelshauser in seinem Buch »Die langen fünfziger Jahre«.
Das neue Wirtschaftsprogramm ist aber auch Ergebnis alliierter Interventionen. Die Zahlungsbilanzkrise (→ 27. 2./S. 37) der Bundesrepublik veranlaßte vor allem die Amerikaner, auf einen Stopp der Liberalisierung und die Ausarbeitung wirtschaftspolitischer Stabilisierungsmaßnahmen zu drängen.

Die drei Hohen Kommissare nehmen Bundeswirtschaftsminister Ludwig Erhard (2. v. l.) und Bundeskanzler Konrad Adenauer (4. v. l.) nicht nur in ihre Mitte, sondern auch in die Pflicht. Der amerikanische Kommissar McCloy (l.) will ebenso wie die Kommissare Großbritanniens und Frankreichs, Kirkpatrick (3. v. l.) und François-Ponçet (r.), die Ressourcen einer »gesunden« bundesdeutschen Wirtschaft für die Verteidigungsanstrengungen des Westens nutzen.

Margarine und Konsumbrot werden teurer – harte Kritik an der geplanten Sonderumsatzsteuer

11. April. Proteste gegen die angekündigten Preiserhöhungen sind eine Reaktion auf das Wirtschaftsprogramm aus Bonn. Die SPD-Fraktion spricht sich eindeutig gegen höhere Preise aus.
Besonders das sog. Konsumbrot und Margarine sollen nach dem Willen der Bundesregierung teurer werden: Der Margarinepreis soll auf 2,80 DM pro Kilo »stabilisiert« werden. Er steigt damit um 36 Pfennig. Die Qualität des Konsumbrots soll erheblich verbessert werden. Der Preis von 49 Pfennig pro Kilo bleibt, zumindest vorerst, bestehen. Später wird er auf 64 Pfennig steigen. Für die »sozial schwächeren Bevölkerungskreise« soll ein Preisausgleich billiges Brot gewährleisten. Der Landesbezirk Bayern des Deutschen Gewerkschaftsbundes wendet sich gegen die geplanten Verbilligungsscheine, die nichts anderes seien als »amtliche Armenscheine«. Die SPD nennt das System des Preisausgleichs eine Verschleierung unsozialer Tatbestände.

70 000 Menschen protestieren in Nürnberg gegen Preiserhöhungen.

Verstimmung herrscht auch über die geplante Sonderumsatzsteuer. Die Industrie zweifelt an ihrer Effektivität. Zwar verabschiedet das Kabinett Anfang Mai mehrere Gesetzesvorlagen zum neuen Wirtschaftsprogramm, die Sonderumsatzsteuer stößt aber nach wie vor auf Kritik: Der Bundesvorstand der Deutschen Industrie befürchtet, daß »für deren Erfassung ein zusätzlicher und kostspieliger Beamtenapparat erforderlich wäre«. Er schlägt statt dessen eine Erhöhung der Umsatzsteuer vor. Anfang Juni verabschiedet der Bundestag in dritter Lesung eine Anhebung der Umsatzsteuer von 3 auf 4%. Nach einer Absprache zwischen Regierung und Regierungsparteien soll der Plan einer Sonderumsatzsteuer als reine Luxussteuer aufrechterhalten werden.

Kompetenzstreit um Korea: Truman feuert MacArthur

11. April. »Mit tiefem Bedauern bin ich zum Schluß gekommen, daß Armeegeneral Douglas MacArthur unfähig ist, die Politik der amerikanischen Regierung und der Vereinten Nationen in Angelegenheiten, die zu seinen amtlichen Pflichten gehören, voll zu unterstützen.« Mit dieser Erklärung setzt US-Präsident Harry S. Truman zum Erstaunen der Weltöffentlichkeit General MacArthur als obersten Befehlshaber der UN-Streitkräfte in Korea ab. Dessen Nachfolger wird General Matthew B. Ridgway, bislang Kommandant der 8. Armee in Korea.

Die Entlassung des 71jährigen Generals spaltet die US-amerikanische Öffentlichkeit, stößt allerdings bei Amerikas westlichen Verbündeten auf eine breite Unterstützung: Die Gefahr eines Weltkriegs sei so gebannt und der Weg frei für Verhandlungen.

Zur Fernost-Politik der USA haben MacArthur und Truman schon seit langem gegensätzliche Ansichten: Der General, der sich als Kämpfer gegen den Kommunismus versteht, propagiert eine Ausweitung des Krieges in Korea durch den Einsatz von nationalchinesischen Truppen Chiang Kai-sheks auf dem chinesischen Festland und die Bombardierung chinesischer Luftbasen in der Mandschurei.

Der harten Haltung des Generals, der von den Republikanern unterstützt wird, steht die Verhandlungsbereitschaft des Demokraten Truman gegenüber.

Zu der parteipolitisch gefärbten Auseinandersetzung zwischen Truman und MacArthur kommt der Kompetenzstreit zwischen militärischer und politischer Führung. Mit der Entlassung MacArthurs weist Truman, Oberbefehlshaber der US-Streitkräfte, den Militär in seine Grenzen und stärkt letztendlich seine politische Position.

Bereits am 7. März forderte MacArthur in einer seiner »Grenzüberschreitungen« politische Entscheidungen für Korea. Am 24. März ergriff er selbst die Initiative und unterbreitete dem Gegner – unter Androhung der Kriegsausweitung – ein Verhandlungsangebot. Die diplomatischen Vorstöße des Generals stießen in Regierungskreisen auf heftige Kritik. So ersuchen am 26. März das US-Außen- und das Verteidigungsministerium den Präsidenten, General MacArthurs »Wirksamkeit auf diplomatischem Gebiet zu unterbinden«. Republikanische Politiker, wie Senator Robert A. Taft, unterstützten hingegen den kompromißlosen Kurs des UN-Oberbefehlshabers.

MacArthur fliegt am 16. April über Hawaii nach San Francisco. Anhänger bereiten ihm einen triumphalen Empfang, und die Schreibmaschinenwerke »Remington Rand« bieten dem »gefeuerten« General einen Posten als Direktor an.

In einer flammenden Rede rechtfertigt sich General Douglas MacArthur am 19. April vor dem Kongreß.

Mit einer gigantischen Konfettiparade begrüßt die New Yorker Bevölkerung den entlassenen General.

Soldat im Ersten Weltkrieg: MacArthur als Kommandant der 84. Brigade in Frankreich.

Ab 1930 ist der General, hier 1935 mit Eisenhower (l.), Stabschef der amerikanischen Armee.

Am 2. September 1945 unterzeichnet General MacArthur die japanische Kapitulationsurkunde.

Im Oktober 1950 konferieren General MacArthur und Präsident Truman (l.) noch auf Wake Island.

»Es wurde gesagt, ich sei ein Kriegshetzer . . .«

19. April. Vor beiden Häusern des Kongresses hält der entlassene General Douglas MacArthur eine Rede, in der er sein Handeln in Korea erläutert:

»Ich stehe hier vor Ihnen in einem Gefühl der tiefen Bescheidenheit und großen Stolzes: Bescheidenheit in Anbetracht jener großen amerikanischen Architekten unserer Geschichte, die vor mir hier gestanden haben, stolz in der Freude über diese Form der legislativen Debatte, in der die menschliche Freiheit in ihrer reinsten bisher erdachten Art zum Ausdruck kommt. Hier versammeln sich die Hoffnungen, das sehnsüchtige Trachten und der Zukunftsglaube der ganzen Menschheit . . .«

Zum Krieg in Korea sagt MacArthur: »Ich bin seinerzeit vor dem Entscheid des Präsidenten zu intervenieren nicht konsultiert worden. Die Intervention zugunsten der Republik Korea hat sich aber vom militärischen Standpunkt aus als richtig erwiesen. Dies deshalb, weil wir den Angreifer zurückwarfen und seine Kräfte dezimierten, unser Sieg war vollständig, und unsere Ziele rückten in greifbare Nähe, als das kommunistische China mit zahlenmäßig überlegenen Landstreitkräften intervenierte. Dadurch entstand ein neuer Krieg und eine vollständig neue Lage, eine Situation, die neue Entscheide auf diplomatischer Ebene erheischte, um die militärische Strategie der Wirklichkeit anzupassen. Solche Entscheide wurden nicht getroffen . . . Abgesehen von der militärischen Notwendigkeit, den unverletzlichen Aufmarschraum des Feindes nördlich des Yalu-Flusses zu neutralisieren, war ich der Meinung, es sei militärisch notwendig, folgende Maßnahmen zu treffen: Erstens eine Verschärfung unserer wirtschaftlichen Blokkade gegen China, zweitens die Verhängung einer Seeblockade gegen die chinesische Küste, drittens die Beseitigung der einschränkenden Bestimmungen hinsichtlich der Luftaufklärung über den chinesischen Küstengebieten und über der Mandschurei, viertens die Aufhebung der einschränkenden Verfügungen gegen die Streitkräfte der Republik China auf Formosa – in Verbindung mit der Unterstützung dieser Truppen mit Nachschub als Voraussetzung eines wirksamen Einsatzes. Weil ich diese Ansichten vertreten habe, die ausnahmslos auf Grund militärischer Erwägungen den Zweck verfolgten, unsere in Korea stehenden Streitkräfte zu unterstützen und die Feindseligkeiten mit geringster Verzögerung und unter Bewahrung des Lebens von zahllosen amerikanischen und verbündeten Soldaten abzuschließen, bin ich in Laienkreisen, zur Hauptsache in solchen des Auslandes, heftig kritisiert worden . . .; es wurde gesagt, ich sei ein Kriegshetzer . . . Wenn uns der Krieg aber aufgezwungen wird, so bleibt nichts übrig, als ihn unter Anwendung aller zu Gebote stehenden Mittel zu einem raschen Ende zu führen. Das Ziel des Krieges ist der Sieg, nicht ein verlängertes Unentschieden. Im Krieg gibt es für den Sieg keinen Ersatz. Es gibt Leute, die das kommunistische China »befrieden« möchten. Sie haben die Lehre der Geschichte nicht gelernt . . .

Autorität mißachtet

In einer Biographie nennt Präsident Harry S. Truman später den Grund für die Entlassung des Generals MacArthur:

»Ich habe ihn entlassen, weil er die Autorität des Präsidenten mißachtet hat. Das ist die Antwort darauf. Ich habe ihn nicht entlassen, weil er ein dummer Hund war, obwohl er das war, aber bei Generälen ist das nicht gesetzwidrig, andernfalls wären drei Viertel von ihnen im Gefängnis.«

Ich beschließe eine militärische Laufbahn von 52 Jahren. In einer volkstümlichen alten Ballade, wie sie mir aus West Point in Erinnerung ist, heißt es, alte Soldaten würden nie sterben, nur verblassen. Wie der alte Soldat dieser Ballade schließe ich jetzt meine militärische Laufbahn und verschwinde von der Bildfläche – ein alter Soldat, der versuchte, seine Pflicht so zu tun, wie ihm Gott das Recht gab, diese Pflicht zu sehen. Good bye.«

Ein amerikanisches Handelsschiff wird entladen. Ohne Hilfsgüter und wirtschaftliche Unterstützung ist die Insel zunächst kaum lebensfähig.

»Flugzeugträger Formosa«

25. April. Das US-Verteidigungsministerium gibt die Entsendung von 500 bis 600 Militärberatern nach Formosa bekannt. Sie besetzen alle Schlüsselstellen in Armee und Verwaltung. Die Flugplätze werden ausgebaut, und ohne Gegenzeichnung durch einen amerikanischen Offizier darf keine Maschine mehr starten.

Moderne US-Geschütze sollen helfen, China zurückzuerobern.

Auf Befehl von US-Präsident Harry S. Truman übernehmen amerikanische Luftwaffe und Marine den Schutz Formosas vor einer vermuteten Invasion durch rotchinesische Truppen. Die Insel wird zum »Flugzeugträger Formosa«.

Die 135 km vor dem chinesischen Festland gelegene Insel ist der letzte Zufluchtsort der nationalchinesischen Kuomintang-Regierung unter Chiang Kai-shek nach dem verlorenen Bürgerkrieg gegen die Kommunisten. Chiang rief am 1. März 1950 die Republik China aus, die einen streng antikommunistischen Kurs steuert.

Die jetzt eingeleitete Militärhilfe setzt den Schlußpunkt unter einen dramatischen Schwenk in der amerikanischen Fernostpolitik. War man 1949 noch der Meinung gewesen, daß Formosa mit seiner demoralisierten Resttruppe von 500 000 Mann für die US-Pazifik-Strategie bedeutungslos sei, so führte das Engagement der chinesischen Kommunisten im Koreakrieg Ende 1950 (→ S. 13) zu grundsätzlich neuen Überlegungen. Von Formosa aus, so erkannten die Militärs, erreicht die US-Luftwaffe das gesamte südchinesische Festland. Der Verlust der Insel an die Kommunisten dagegen würde den weltweit angelegten »antikommunistischen Verteidigungsring« sprengen (→ 27. 4./S. 72).

Auf der weltpolitischen Bühne gelingt es Chiang Kai-shek, den Alleinvertretungsanspruch seines Landes bei den Vereinten Nationen aufrechtzuerhalten. Neben Militärhilfe und politischer Rückendeckung erhält Formosa auch massive wirtschaftliche Unterstützung der Amerikaner. Im Zusammenspiel mit einer erfolgreichen Landreform bildet sie die Basis für ein sich langsam ankündigendes »taiwanesisches Wirtschaftswunder«.

USA knüpfen globales Netz militärischer Stützpunkte

27. April. In Kopenhagen unterzeichnen die USA und Dänemark einen Vertrag über die gemeinsame Verteidigung Grönlands. Damit erhalten die Amerikaner die Möglichkeit, die Insel – unter Berücksichtigung der dänischen Souveränität – militärisch zu nutzen. Der Vertrag hat eine Laufzeit von 20 Jahren und ist strategisch in das militärische Konzept der NATO eingegliedert. Darüber hinaus ist eine enge politische Zusammenarbeit zwischen den USA und Dänemark angestrebt.

Die bilaterale Vereinbarung ist ein weiterer Mosaikstein im weltweiten System US-amerikanischer Stützpunkte: Wie ein Ring legen sich die Militärbasen um die Sowjetunion und China, potentielle Gegner in einer kriegerischen Auseinandersetzung und Kontrahenten der USA im »kalten Krieg« (→ 5. 1./S. 16).

Ein weiteres »Standbein« nach Grönland sichern sich die Vereinigten Staaten am 5. Mai: Sie übernehmen den militärischen Schutz Islands und entsenden ein Kontingent von Sicherungstruppen auf die Insel, die über keine eigene Armee verfügt. Besonders für die Luft- und Seeverbindungen im Nordatlantik ist Island ein wichtiger strategischer Stützpunkt.

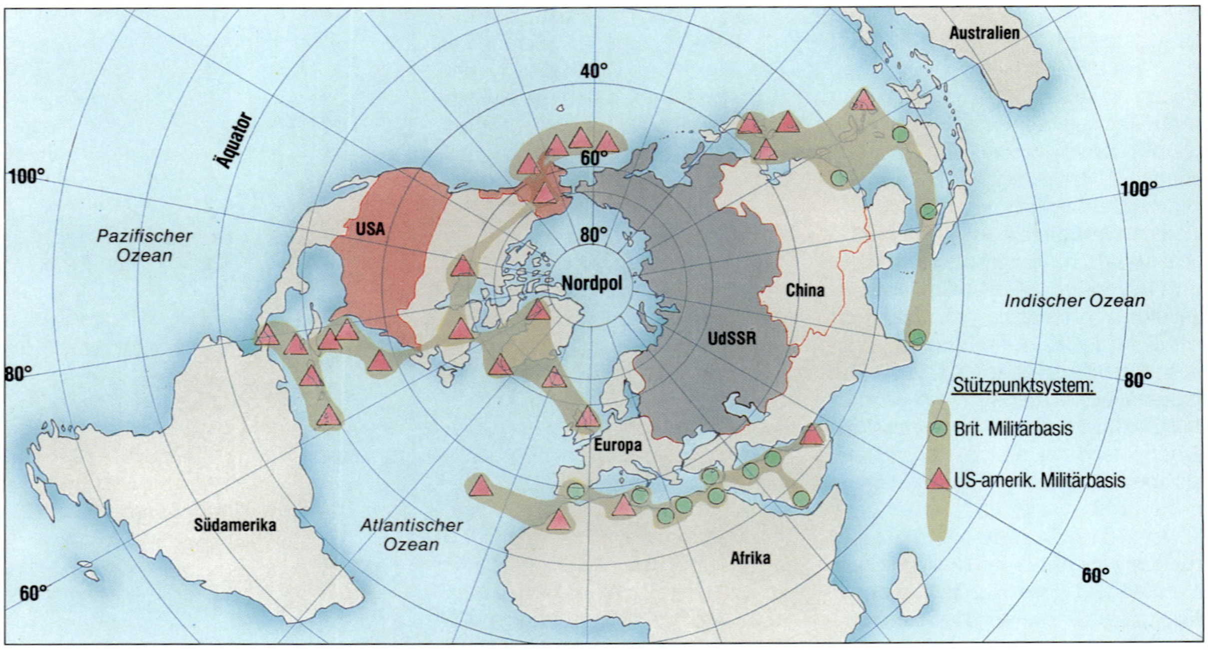

Mit Portugal kommen die USA am 6. September überein, die strategisch wichtigen Azoren für militärische Zwecke nutzen zu dürfen. Durch einen französisch-amerikanischen Vertrag über weitere Militärbasen in Marokko sowie einen Kontrakt mit Spanien (→ 14. 8./S. 142) ziehen die USA ihr weltweites Netz militärischer Anlagen noch enger.

»Das amerikanische Stützpunktsystem ist ein ›Kriegsbaby‹«, schreibt der Spiegel in der Ausgabe vom 3. Januar 1951. Noch vor dem Zweiten Weltkrieg unterhielten die USA lediglich einige Militärbasen im Pazifik (u. a. auf Hawaii und den Philippinen) sowie in der Karibik, in Panama und Alaska. 1945 verfügten sie bereits über 434 Stützpunkte in der gesamten Welt. Nach 1945 mußten die USA aufgrund von Protesten einige militärische Basen in Frankreich, Großbritannien, Australien und Indien wieder auflösen. In anderen Ländern weigerten sie sich, ihre Militäranlagen aufzugeben. Die NATO verschaffte den USA zudem die Möglichkeit, Stützpunkte der Vertragsländer zu nutzen.

Ehepaar Rosenberg wegen Spionage zum Tod verurteilt

5. April. Wegen Atomspionage für die Sowjetunion verurteilt das New Yorker Bundesgericht das Ehepaar Julius und Ethel Rosenberg zum Tod. David Greenglass, Ethels Bruder und Kronzeuge der Anklage, wird zu 15 Jahren Gefängnis verurteilt. Verteidiger Emanuel Bloch legt Berufung gegen das Urteil ein.

Der 33jährige Julius und die 35jährige Ethel Rosenberg werden schuldig gesprochen, weil sie Informationen, die David Greenglass u. a. aus dem Atomforschungszentrum Los Alamos beschaffte, an die Sowjetunion weitergeleitet haben.

Der Verrat von Geheimnissen über den Bau der US-amerikanischen Atombombe habe das sowjetische Atombombenprojekt um mindestens 18 Monate beschleunigt, stellt das Komitee für Atomenergie des US-Kongresses am 9. April fest. Besonders schwer wiege der Fall des Atomspions Klaus Fuchs, der in Großbritannien zur Höchststrafe, 14 Jahre Zuchthaus, verurteilt wurde. Bruno Pontecorvo, in Italien geborener britischer Atomwissenschaftler, habe vermutlich Informationen über die Wasserstoffbombe an die UdSSR verraten, so das Komitee. Die Rosenbergs und Greenglass hätten im Gegensatz zu Fuchs einen geringeren Schaden angerichtet. Am 20. Juni 1953 wird das Ehepaar Rosenberg trotz weltweiter Proteste hingerichtet (→ 2. 2./S. 38).

Ethel Rosenberg (links) und ihr Ehemann Julius (4. v. l.) beim Betreten des Gerichtssaals. Julius Rosenberg trat nach seinem Studium der Kommunistischen Partei bei. Seit 1943 arbeitete er als Ingenieur bei den »US Army Signal Corps«, wurde jedoch 1945 wegen Mitgliedschaft in der kommunistischen Partei entlassen. Bei der »Emerson Radio Company« fand er einen neuen Job. Nachdem Klaus Fuchs im Februar 1950 verhaftet worden war, kamen die Ermittlungsbehörden auch den Rosenbergs auf die Spur.

Rüstungsetat verdoppelt: Minister gehen

22. April. Aus Protest gegen das Rüstungsprogramm Großbritanniens tritt Arbeitsminister Aneurin Bevan zurück. Einen Tag später folgt ihm Handelsminister James Harold Wilson. Die Demission der Minister offenbart die Krise der Labour-Regierung und der Labour-Partei.

Die Labour-Politiker weigern sich, die Aufrüstung in Höhe von 4,7 Mrd. Pfund (58,8 Mrd. DM) mitzutragen, die Schatzkanzler Hugh Gaitskell in den drei Finanzjahren von 1951 bis 1954 ausgeben will. Allein für 1951/52 soll der Haushalt mit 1,3 Mrd. Pfund (16,3 Mrd. DM) belastet werden. Die Militärausgaben würden damit gegenüber 1950/51 verdoppelt.

In einer Rede vor dem Unterhaus erläutert Bevan am 23. April seine Rücktrittsgründe und kritisiert vor allem den wachsenden Einfluß der USA auf die Rüstungspläne Großbritanniens: Es sei klar, daß das Versagen der USA, die Aufrüstungspläne bedächtig in die ökonomische Entwicklung einzubauen, eine Preisinflation in der ganzen Welt hervorgerufen und die Wirtschaft der Westmächte gestört habe. Bevan wendet sich nicht generell gegen ein Rüstungsprogramm. Allerdings müßten die Ausgaben für die Verteidigung Großbritanniens in Einklang stehen mit der Aufrechterhaltung des Lebensstandards und der Beibehaltung sozialer Dienste. Dies – so Bevan – sei bei dem vorgelegten Rüstungsprogramm nicht der Fall.

Handelsminister Wilson begründet seinen Rücktritt am 23. April vor dem Unterhaus. Eine Ausweitung des Rüstungsprogramms sei mit den verfügbaren Rohstoffen nicht zu verwirklichen, kritisiert er die Erhöhung der Militärausgaben. Zudem bringe das Budget erstmalig eine Verringerung der Sozialleistungen. Auch wenn es nur ein relativ geringer Abstrich von 13 Mio. Pfund (163 Mio. DM) sei, müsse diese Einschränkung verurteilt werden.

Neben Wilson und Bevan tritt auch John Freeman, parlamentarischer Sekretär im Versorgungsministerium zurück. Nachfolger von Wilson wird der bisherige Kronanwalt Sir Hartley Shawcross. Für Bevan kommt Alfred Robens, der bisher als parlamentarischer Sekretär im Brennstoffministerium gearbeitet hat. Das Exekutivkomitee der Labour Party nimmt am 25. April eine Resolution an, die das Verteidigungsprogramm unterstützt (→ 25. 10./S. 174).

Bevan (l.) und Wilson wählen einen dramatischen Abgang. Der 1897 geborene Bevan hat von 1911 bis 1915 als Bergarbeiter in Südwales gearbeitet. Er war Führer der Bergarbeitervereinigung und seit 1929 – auf dem radikalen Flügel – Labour-Abgeordneter. 1945 war er Gesundheitsminister, seit Januar 1951 Arbeitsminister. Wilson, 1916 geboren, ist seit 1945 Mitglied des Unterhauses. Seit 1947 bekleidete er das Amt des Handelsministers.

Britisches U-Boot sinkt im Kanal

17. April. Das britische U-Boot »Affray« sinkt mit 75 Mann Besatzung an Bord bei einer Tauchübung vor der britischen Insel Wright. Flugzeuge, Hubschrauber, U-Boote und Zerstörer suchen das Gebiet sofort nach Wrackteilen, Ölflecken oder Markierungsbojen ab, entdecken jedoch zuerst nichts.

Am kommenden Tag wird das U-Boot in einer Tiefe von 66 Metern geortet, die genaue Position kann aber nicht festgestellt werden. Schallsignale und Klopfzeichen werden von dem gesunkenen Schiff empfangen, allerdings werden sie rasch schwächer und bleiben schließlich aus. An der vermuteten Unfallstelle werden leichte Wasserbomben gezündet, um die Eingeschlossenen auf die Rettungsbemühungen aufmerksam zu machen. Die Hoffnung, daß sich die Matrosen durch Schleusen an die Wasseroberfläche retten können, erfüllt sich nicht. Auch der Versuch von 34 Such- und Rettungsschiffen, mit Hilfe von Schleppnetzen und Ketten das U-Boot zu bergen, schlägt fehl. Eine Rettung der eingeschlossenen Mannschaft gelingt trotz aller Bemühungen nicht.

Die »Affray« ist ein Boot der A-Klasse mit einer Wasserverdrängung von 1120 bis 1620 t und zehn Torpedorohren.

Bereits vor 15 Monaten kamen 64 Seeleute eines anderen britischen U-Bootes ums Leben. In der Themsemündung rammte das schwedische Schiff »Divina« die »Truculent«, die sofort sank.

Mossadegh wird Premier: Kampf ums Öl verschärft sich

28. April. Das iranische Parlament (»Majlis«) in Teheran wählt mit 49 gegen elf Stimmen Mohammad Mossadegh zum neuen Ministerpräsidenten. Er wird Nachfolger von Hussein Ala, der tags zuvor zurückgetreten war. Mossadegh ist Führer der nationalen Oppositionspartei und strikter Gegner jeder ausländischen Aktivitäten in Persien.

Am 29. April nimmt das »Majlis« ein Gesetz zur Nationalisierung der Erdölvorkommen und der anglo-iranischen Ölgesellschaft an. Eine elfköpfige Kommission soll sofort die Kontrolle über Ölförderung und Verarbeitungsanlagen übernehmen. 25% der Einnahmen sollen als Entschädigung für die Ölgesellschaft zurückgelegt werden.

Mohammad Mossadegh (M.) ist als britenfeindlich bekannt.

Die anglo-iranische Ölgesellschaft, an der die britische Regierung Aktien hält, übermittelt der iranischen Regierung unverzüglich eine Protestnote: Sie pocht auf die Einhaltung des Vertrags. Im Vertrauen auf Versprechen Teherans habe die Ölgesellschaft die Erdölindustrie ausgebaut und zum wirtschaftlichen Wohl des iranischen Volkes beigetragen. »Wir können nicht glauben, daß ein solches feierliches Versprechen einfach mißachtet werden kann«, hofft die Gesellschaft auf einen Kompromiß. Dem Verstaatlichungsgesetz muß noch der Senat und der Schah zustimmen (→ 31. 7./S. 114).

Schon am 15. März hatte das Parlament in Teheran beschlossen, dem Vorschlag der Erdölkommission des Landes zuzustimmen und die anglo-iranische Ölgesellschaft zu nationalisieren. Am 12. April brachen im Erdölgebiet Unruhen aus, bei denen zwei britische Matrosen, ein Italiener und neun Perser getötet wurden. Streiks legten die weltgrößte Ölraffinerie in Abadan lahm, 10 000 Demonstranten forderten in Teheran u. a. die Nationalisierung der Industrie. Am 14. April verhängten Senat und Abgeordnetenkammer das Kriegsrecht über Abadan.

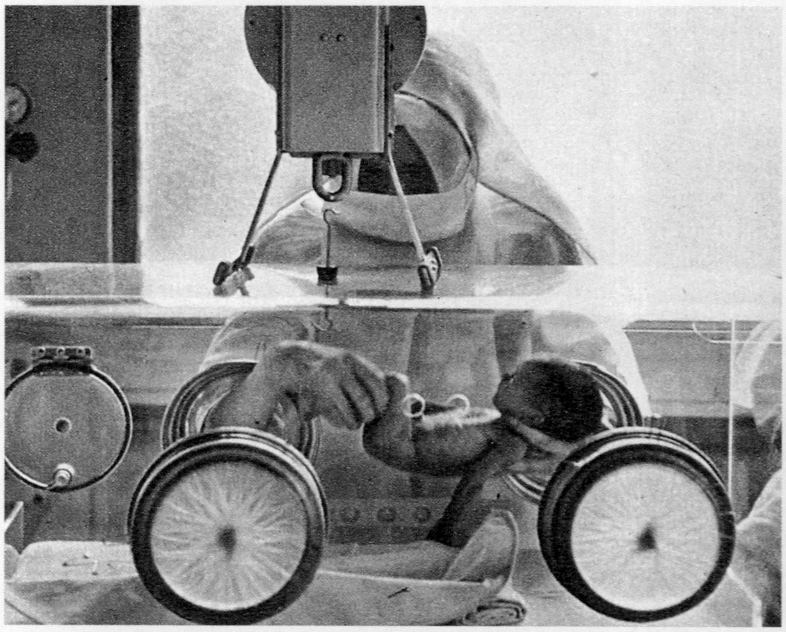

Mit einer Spezial-Babywaage kann das Frühgeborene im Brutkasten gewogen werden, so daß es ständig in seiner warmen Umgebung bleiben kann.

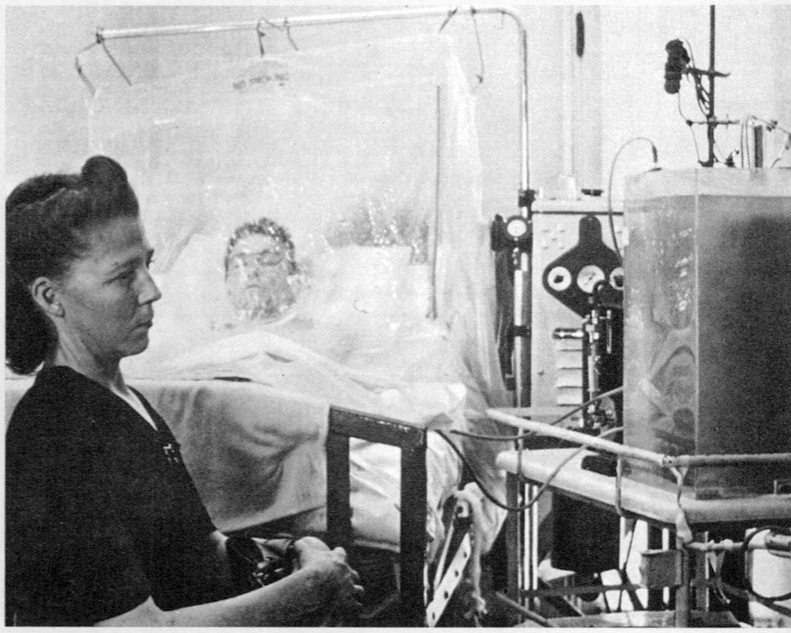

Bei der künstlichen Niere wird das Blut durch ein 40 m langes Membransystem, das in einer Reinigungslösung liegt, gepumpt.

Gesundheit 1951:

Spitzentechnik für den Körper – Gruppentherapie für die Seele

Medizin und Gesundheitsfürsorge entwickeln sich in diesem Jahr im Spannungsfeld zwischen fortschreitender Technisierung in den Krankenhäusern und Nutzung traditioneller sowie psychotherapeutischer Heilmethoden: Neben der künstlichen Niere und der Herz-Lungen-Maschine verwenden Mediziner die chinesische Technik der Akupunktur, aber auch Erkenntnisse aus psychosomatischen Instituten.

Insgesamt gibt es in der Bundesrepublik 3273 Krankenanstalten mit 515 946 Betten. Im Vergleich zum Vorjahr steigt die Bettenkapazität damit um 5709. Häufigste Todesursache sind Herzkrankheiten, an denen 84 811 Männer und Frauen sterben, 4500 mehr als 1950 (Gesamtbevölkerung: 48 365 000).

In den USA wird fieberhaft an der Entwicklung eines Gerätes gearbeitet, das Operationen am offenen Herzen zuläßt: Am 5. April wird zum ersten Mal ein Herz-Lungen-Apparat eingesetzt. Der Operateur und Erfinder Clarence Dennis nutzt das Gerät aus Metall und Plexiglas während einer Operation am offenen Herzen in der Chirurgischen Klinik der Universität von Minnesota in Minneapolis. Obwohl der Eingriff problemlos funktioniert habe, stirbt die sechsjährige Patientin kurz darauf. Die Ursache ihres Todes bleibt umstritten. In der Entwicklung der Herz-Lungen-Maschine gelingt erst dem amerikanischen Herzspezialisten John Heynsham Gibbon am 6. Mai 1953 der entscheidende Schritt: Er operiert erfolgreich ein 18jähriges Mädchen, das an einer angeborenen Anomalie leidet. Neben der Herz-Lungen-Maschine wird verstärkt die künstliche Niere eingesetzt, die für eine Reinigung des Blutes sorgt.

Aus Mitteln des UN-Kinderhilfsfonds werden in Kinderkliniken ebenfalls mehr technische Geräte eingeführt, die das Überleben von

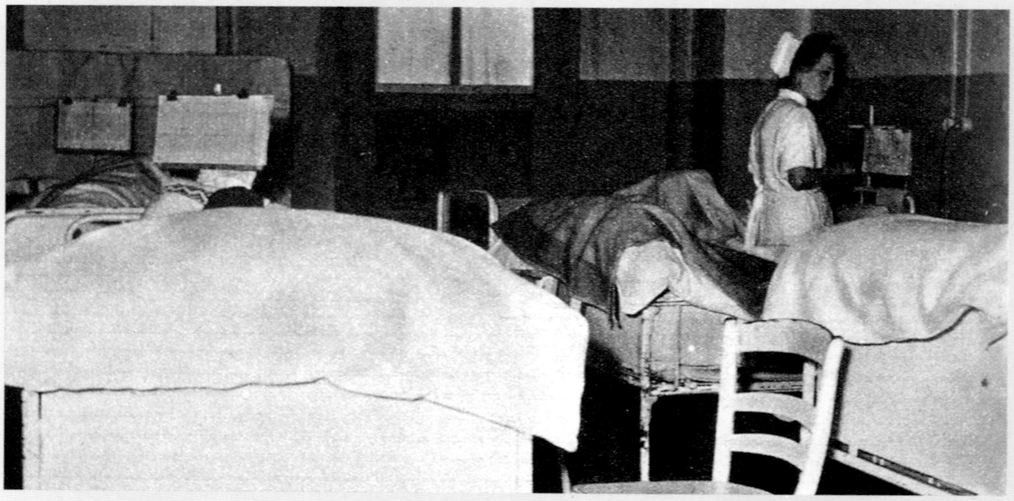

Neben chromblitzender Technik gibt es in bundesdeutschen Kliniken auch das noch: Zehn Schwerkranke liegen hier auf engem Raum, nur ein Fenster erhellt den überfüllten Saal. Darüber hinaus gibt es gravierende hygienische Mißstände in den Krankenhäusern.

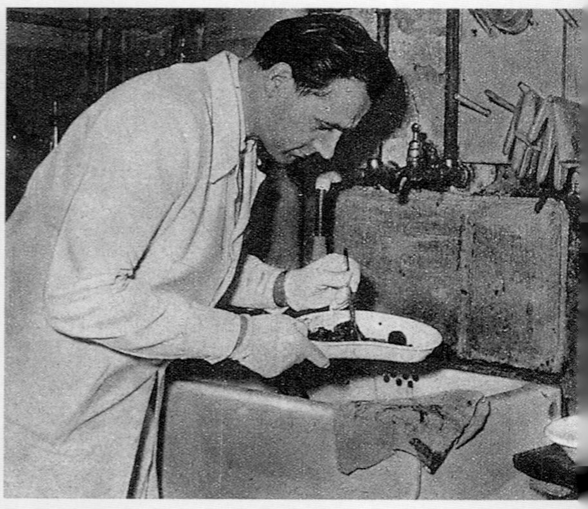

Eine unzureichende Ausstattung ist die Regel: Die schlechten Bedingungen in den Hospitälern zwingen die Mediziner zu ständiger Improvisation.

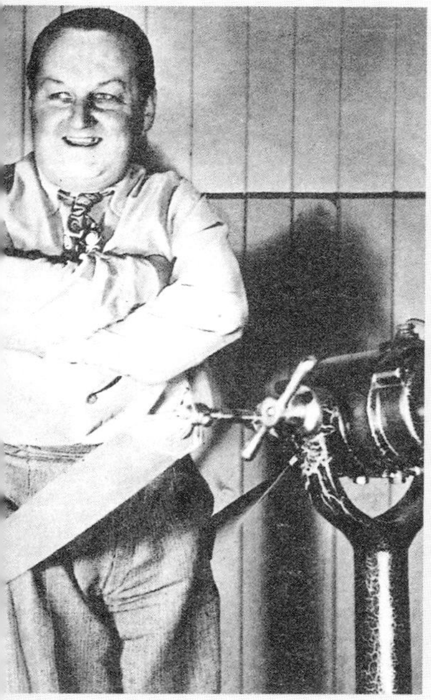

Ein mechanischer Schlankmacher gegen Fettpölsterchen

Mit silbernen Nadeln wird der Stirnhöhlenkatarrh bekämpft.

Heilerfolg durch feine Nadelstiche

Akupunktur, die 5000 Jahre alte chinesische Heilmethode, erfreut sich in Europa wieder großer Beliebtheit. Hunderte von Ärzten, vornehmlich aus Frankreich und Italien, behandeln Kopfschmerzen, Asthma, Kreislaufschwäche oder Rheuma mit den silbernen und goldenen Nadeln, die zwei bis sechs Millimeter in die Haut gestoßen werden. Bis zu zehn Minuten bleiben die Spitzen in einem der 800 Punkte des Reizsystems.
Die einzelnen Einstichpunkte muß der Arzt millimetergenau treffen, um einen Heilungsprozeß einleiten oder Schmerzempfinden ausschalten zu können: Die Punkte »Chenn-Menn« und »Ro-Ku« markieren beispielsweise Einstichstellen an der Handwurzel. Werden Nadeln in die Reizpunkte gestoßen, kann sich dieser »Eingriff« auf die Nervenstränge auswirken und zur Beruhigung von Herz und Dickdarm beitragen.
Mit einer goldenen Nadel punktiert der Arzt den »Pao-Roe«, einen der wichtigsten Punkte zur Hebung des allgemeinen Wohlbefindens.

Gruppentherapie bringt geistige und körperliche Entspannung und soll den Gesundheitszustand verbessern.

Frühgeborenen sichern sollen: In Brutkästen unterstützen Wärme und Sauerstoff die Entwicklung der Kinder.
In den Arztpraxen der Bundesrepublik wird die Ultraschall-Behandlung intensiv angewandt: Gute Erfolge werden bei der Behandlung von Ischias, Hexenschuß, Rheuma, Wirbelsäulenversteifung und Durchblutungsstörungen erzielt. Umstritten bleibt der Erfolg bei Magengeschwüren und Tuberkulose. Während sich die nordrhein-westfälischen Krankenkassen bereit erklären, die Kosten für eine Ultraschallbehandlung zu übernehmen, sind die Fachleute in Niedersachsen noch skeptisch: »Ultraschallbehandlung darf in der Kassenpraxis ... nicht angewandt werden«, schreibt das Niedersächsische Ärzteblatt, denn diese Art der Behandlung sei noch nicht hinreichend erforscht.
Sicher sind sich viele Ärzte, daß mit den »Segnungen« der sog. Atommedizin bislang unheilbare oder nur schwer heilbare Krankheiten bekämpft werden können: Der Basedowschen Krankheit rücken die Mediziner mit Hilfe der Atomphysik zu Leibe. Eine radioaktive Flüssigkeit, nach dem Pazifik-Atoll, auf dem die Amerikaner ihre Atomversuche unternehmen, »Bikini-Cocktail« genannt, soll die Schilddrüsenüberfunktion stoppen.
Neben fortschreitender Technisierung, die der Gesundheit der Menschen zugute kommen soll, bedienen sich Wissenschaftler der psychologischen Therapie: Die Anhänger der Psychosomatik glauben, daß zwischen Krankheit und Seelenzustand ein Zusammenhang besteht. In psychosomatischen Kliniken arbeiten Mediziner dieser Fachrichtung mit Gruppentherapie, Hypnose, Spieltherapie und Gesprächen, um körperliche Krankheiten zu bekämpfen.
Einer der bedeutendsten Vertreter dieser Schule ist der deutsche Psychoanalytiker Alexander Mitscherlich. 1949 übernahm er in Heidelberg die erste psychosomatische Abteilung in einer deutschen Klinik. Mitscherlich fordert: »Wir müssen mehr über Zusammenhänge von Seele und Körper bei den wichtigsten Zivilisationskrankheiten herausbekommen. Die Zusammenhänge der Seele mit dem Kreislauf, dem Stoffwechsel, dem Asthma, der Migräne, dem Blutdruck.«

Comeback der Großgeräte

Aufsehen erregt die riesige Kurbelwelle (vorn) für Schiffsdieselmotoren, die dem Publikum in Halle 6 des Ausstellungsgeländes präsentiert wird.

29. April. Ganz im Zeichen des wiedergewonnenen Patentschutzes steht die »Technische Messe« in Hannover, die Bundespräsident Theodor Heuss in Anwesenheit des britischen Oberkommissars Ivone Kirkpatrick eröffnet. Auf 244 000 m² Ausstellungsfläche präsentieren 2497 in- und ausländische Aussteller ihre Produkte. Im Gegensatz zu den Mustermessen (→ 11. 3./S. 56) zeigt die »Technische Messe« nicht Endprodukte, sondern in erster Linie Fertigungsmaschinen.

Ein besonderes Interesse gilt den Großgeräten, vor allem den Werkzeugmaschinen, die die größten Exportaufträge einbringen. Bundesdeutsche Aussteller warten nach dem wiedergewonnenen Patentschutz mit konkurrenzlosen Neuheiten auf, die sie den in- und ausländischen Interessenten nun ohne Bedenken vorführen können.

Eine der Neuheiten auf der Messe ist eine elektrische Bohrmaschine, die Löcher, z. B. für Verteilerdosen, in massive Mauern bohrt.

Zwar nahm das Deutsche Patentamt in München, in den Kellern des Deutschen Museums untergebracht, bereits 1949 wieder seinen Betrieb auf, der Schutz der Patente war aber noch nicht gesichert. Erst als die Bundesregierung in einem Memorandum und mit einer Stellungnahme der Alliierten dem Internationalen Amt für gewerblichen Rechtsschutz in Bern die uneingeschränkte Wiederanwendung des Pariser Patentschutzabkommens von 1883 mitteilte, war der erste Schritt zum Schutz von Erfindungen getan. Am 28. Januar 1950 schickte die Schweizer Regierung den 33 Verbandsländern der internationalen Abkommen das bundesdeutsche Memorandum: Damit werden Deutsche in den Verbandsländern als Patentinländer behandelt.

1951 gehen 50 444 inländische und 9757 ausländische Patentanmeldungen beim Deutschen Patentamt in München ein. Darüber hinaus bitten Erfinder in 37 205 Fällen um Schutz ihrer Gebrauchsmuster.

Im Gegensatz zum Patent, das für ein weltweit neues Produkt und eine hohe geistige Leistung vergeben wird, muß ein Gebrauchsmuster »nur« die wesentliche Verbesserung eines Produktes zum Ziel haben. Das Deutsche Patentamt erteilt in diesem Jahr 22 115 inländische und 5652 ausländische Patente sowie 14 680 Gebrauchsmuster.

Auf der »Technischen Messe« in Hannover beeindruckt die bundesdeutsche Wirtschaft die ausländischen Händler vor allem durch ihre wiedergewonnene Leistungskraft: Die Maschinen zeichnen sich durch begrenzte Automatisierung und hohe Qualität aus, können allerdings im Preisvergleich nicht immer mithalten, besonders bei Textilmaschinen und in der Elektromaschinen-Branche. Außerordentlich groß sind die Exportmöglichkeiten für Kühlschränke und Radios. Reißenden Absatz finden auch Nähmaschinen, die auf dem Weltmarkt absolute Mangelware sind.

Wirtschaftsminister Ludwig Erhard (l.) bei seinem Eröffnungsrundgang auf der Photokina

Auf dieser ersten Fachmesse nach dem Krieg sind alle namhaften Hersteller der Fotobranche vertreten.

Neben technischen Neuerungen wird in Köln das Thema »Kunst und Fotografie« diskutiert.

Photokina in Köln – mit der Kamera durch die Kanalisation

20. April. Auf der ersten Photokina, die in Köln eröffnet wird, zeigen 340 Firmen Gebrauchskameras und Spezialanfertigungen. Das Interesse inländischer Hersteller an der neuen Messe ist besonders groß: 50% der bundesdeutschen Kameraproduktion gehen in den Export. »Die deutsche Photoindustrie hat aber die Jahre nach dem Krieg dazu benutzt, sich wieder wie früher in die erste Reihe der Kamera-Produktion zu schieben«, so ein Berichterstatter.

Der deutliche Trend auf der Photokina: Auch für die Alltagsfotografie macht die technische Präzision große Fortschritte. Daneben gewinnt die Fotografie für Spezialgebiete weiter an Bedeutung. Ein Aussteller zeigt eine Kamera für die »Kanalfotografie«, mit der Schäden in Röhren von geringem Durchmesser aufgespürt werden.

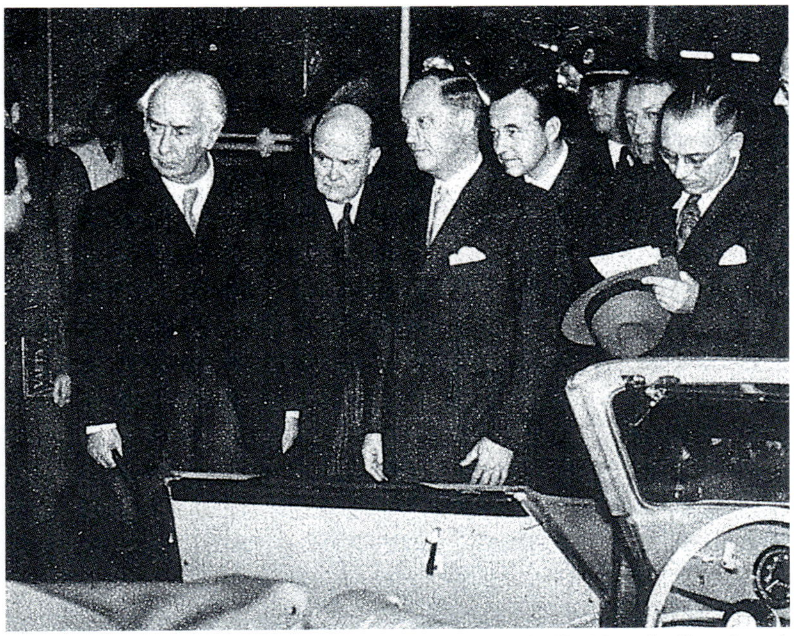

Bundespräsident Heuss bei einem Rundgang durch die Messehallen; in seiner Eröffnungsrede betont er die Bedeutung des Automobil-Exports.

600 000 auf der ersten IAA

19. April. Die erste Internationale Automobilausstellung (IAA) in Frankfurt am Main wird von Bundespräsident Theodor Heuss eröffnet. Die IAA soll die Nachfolge der Internationalen Automobil- und Motorradausstellung antreten, die in Berlin veranstaltet wurde. 518 Firmen stellen auf 68 500 m² in 13 Hallen nicht nur ihre neuesten Personen- und Lastkraftwagen vor, sondern präsentieren auch umfangreiche Zubehör- und Ersatzteilprogramme. Neben altbewährten Modellen in verbesserter Ausführung dominieren Neuerungen wie »Scheibenwischer mit Wasserspülung«. Nach zehn Tagen endet die Messe, die von insgesamt 600 000 Autofans besucht wird.

Neben eleganten, aber auch teuren Luxuswagen beherrschen die preiswerteren Klein- und Mittelklasseautos die Messe in Frankfurt. Dieser neue Hanomag »Partner« ist als Auto für die ganze Familie konzipiert. Vorne ist der »Partner« mit drei bequemen Sesselsitzen, hinten mit zwei Kindersitzen und einem von innen und außen zugänglichen Gepäckraum ausgestattet.

»Frauenring« ist anerkannt

2. April. Auf der 13. Drei-Jahres-Konferenz der internationalen Frauenvereinigung »International Council of Women« (ICW) in Athen wird der »Deutsche Frauenring« (DFR) als vollberechtigtes Mitglied aufgenommen. Die Delegation des DFR – Nachfolgeorganisation des »Bundes Deutscher Frauenvereine« von 1894 – führt Theanolte Bähnisch an. Die Regierungspräsidentin beschreibt die Aufgaben des DFR: Der »Frauenring« wolle sich u. a. um staatsbürgerliche Erziehung von Frauen, Verbraucherfragen und Wohnungsprobleme kümmern.

Bereits 1946 gründeten sich in Deutschland wieder Frauenvereinigungen. In Hannover leitete Theanolte Bähnisch den »Club Deutscher Frauen«. Nach dem Aufruf eines Frankfurter Frauenausschusses am 25. Januar 1946, »daß die Frauen von ihrer politischen Machtstellung und ihren staatsbürgerlichen Pflichten guten Gebrauch machen müßten . . .«, entstand der »Frauenverband Hessen«. Ziele all dieser Vereinigungen: Verwirklichung der Gleichberechtigung, größere Anerkennung ihrer Arbeit, Mitarbeit in der Verwaltung und Beteiligung in Berufsvertretungen.

Die in der sowjetischen Besatzungszone gegründeten Frauenausschüsse schlossen sich am 7./9. März 1947 zum »Demokratischen Frauenbund Deutschlands« zusammen. Auf der 1. Interzonalen Frauenkonferenz in Bad Boll vom 20. bis 23. Mai 1947, an der 204 Delegierte aus allen vier Besatzungszonen teilnahmen, stand der Meinungsaustausch im Mittelpunkt. Ein Zusammenschluß der 42 überparteilichen Frauenorganisationen sowie der konfessionellen Gruppen und Berufsverbände kam jedoch nicht zustande. Unstimmigkeiten über einen Appell an die Londoner Außenministerkonferenz der vier Mächte führte aufgrund ideologischer Differenzen sogar zum Abbruch der Beziehungen zwischen den »kommunistischen Frauen« aus Ost und den Delegierten der Westzonen.

Am 8./9. Oktober 1949 trafen sich in Bad Pyrmont mehr als 600 Delegierte zur Gründungsveranstaltung des DFR als Zusammenschluß von 15 überparteilichen, überkonfessionellen Landesverbänden der drei Westzonen. Theanolte Bähnisch wurde erste Vorsitzende. Agnes von Zahn-Harnack, letzte Vorsitzende des »Bundes Deutscher Frauenvereine«, der 1933 unter nationalsozialistischem Druck aufgelöst worden war, übernahm das Amt der Stellvertreterin. Marie Elisabeth Lüders wurde Ehrenvorsitzende. Theanolte Bähnisch zur ideellen Grundlage des DFR: »Der Sinn der deutschen Frauenbewegung ist die Umgestaltung der Welt durch gleichberechtigte und gleichverantwortliche Zusammenarbeit von Mann und Frau zu einer friedlichen Gemeinschaft.«

Theanolte Bähnisch, Vorsitzende des Deutschen Frauenrings

Eine Veröffentlichung der Frauenrechtlerin Zahn-Harnack

Der deutsche Schlußmann Toni Turek von Fortuna Düsseldorf ist Herr der Situation: Hier rettet er vor dem schweizerischen Mittelstürmer.

Erstes Spiel im Ausland

15. April. Das erste Auslandsspiel der deutschen Fußball-Nationalelf nach dem Krieg, gleichzeitig das 200. Länderspiel überhaupt, endet in Zürich gegen die Schweiz mit einem knappen 3:2-Sieg. Die Schweiz war die erste Nation, die im November 1950 durch ein in Stuttgart ausgetragenes Fußball-Länderspiel den sportlichen Bann über Deutschland gebrochen hat.

35 000 Zuschauer sehen ein spannendes Spiel, in dem den Schweizern nach neun Minuten eine schnelle Führung gelingt. Erst kurz vor dem Halbzeitpfiff kann Otmar Walter zum Ausgleich einköpfen.

In der zweiten Halbzeit überschlagen sich die Ereignisse: In knapp zehn Minuten fallen drei Tore. Fritz Walter gibt zunächst die Vorlage zur deutschen Führung durch Felix Gerritzen und baut diese dann selbst durch einen 25-m-Gewaltschuß aus. Ein verwandelter Elfmeter bringt den Eidgenossen den Anschlußtreffer. Daß der knappe Vorsprung über die Zeit gerettet werden kann, ist in erster Linie dem hervorragenden deutschen Schlußmann Toni Turek zu verdanken. Für die zahlreichen deutschen Schlachtenbummler wird in Zürich ausnahmsweise die Sperrstunde außer Kraft gesetzt.

Weltrekord: Herz schneller als Henne

12. April. Dem Lampertheimer Motorradrennfahrer Wilhelm Herz gelingt auf seiner 500-ccm-Kompressor-NSU-Maschine der Angriff auf den Geschwindigkeitsweltrekord für einspurige Fahrzeuge.

Auf der Autobahn München – Ingolstadt schraubt er die neue Marke auf 289,796 km/h und verbessert den seit 1937 bestehenden Rekord von Ernst Henne um mehr als 10 km/h. Die stromlinienförmig verkleidete Maschine legt dabei in der Sekunde etwa 84 m zurück.

Seit Jahren bemühten sich Konstrukteure und Rennfahrer aus Italien, Amerika und vor allem aus Großbritannien vergeblich um eine Verbesserung des Weltrekords.

Heiratsverbot bei Freundschaftsspiel

5. April. Der Vorstand des Fußballvereins Eintracht Frankfurt schließt einen Vertrag mit dem amerikanischen Fußballverband, der die Durchführung einer vierwöchigen USA-Reise und mehrerer Freundschaftsspiele regelt.

Das als »Gentlemen's Agreement« bezeichnete Papier enthält Vereinbarungen über Unterkunft oder »Taschengeld«-Zahlungen in amerikanischer Währung und soll dem Ziel dienen, den Deutschen »Land und Leute« näherzubringen. Jedoch nicht zu nahe: Jeder Reiseteilnehmer hat sich laut einer Vertragsklausel durch Unterschrift zu verpflichten, während der Tournee keine Amerikanerin zu heiraten.

Theater 1951:

Kassenschlager aus Amerika

Die Hits der Saison 1951/52 sind zwei Boulevardkomödien aus den USA: »Wolken sind überall« von Hugh F. Herbert kommt bereits sieben Monate nach der Uraufführung in New York (am 8. 3.) an den Münchner Kammerspielen zur deutschen Erstaufführung (4. 10.) und wird noch in derselben Spielzeit von 21 westdeutschen Bühnen ins Programm genommen.

»Das heiße Herz« von John Patrick ist schon 1945 in New York uraufgeführt worden, kam dann 1947 in Bern erstmals in deutscher Sprache heraus und beginnt nach der bundesdeutschen Premiere am 14. Januar 1951 in Kassel einen Siegeszug durch die westdeutschen Theater: Allein in der Spielzeit 1951/52 wird das Stück an zwölf Bühnen 418mal aufgeführt.

Szene aus »Wolken sind überall« (Regie: A. von Ambesser)

Neben den Kassenschlagern aus den Vereinigten Staaten können sich nur zwei deutsche Stücke an der Spitze der Hitliste behaupten: Ein Klassiker, Schillers »Wilhelm Tell«, bringt es an 14 Bühnen zu 354 Vorstellungen, »Dr. med. Hiob Prätorius« von Curt Goetz wird an 16 Bühnen 276mal gespielt. Das Interesse an dem bereits 1932 in Stuttgart uraufgeführten Stück ist vor allem durch die Verfilmung wiederbelebt worden; ohne solche zusätzlichen Spektakel haben es moderne und zeitgenössische deutsche Autoren auf den Theaterbühnen ziemlich schwer.

Die Theaterleiter blicken nach Amerika, wo in New York am 3. Februar »Die tätowierte Rose«, das neue Stück des seit der Verfilmung von »Endstation Sehnsucht« weltberühmten Autors Tennessee Williams uraufgeführt wird; sie blikken nach Großbritannien oder – auf die eigenen Probleme. Gustaf Gründgens, der in diesem Jahr die am meisten gerühmte Inszenierung des in der Bundesrepublik gerade entdeckten britischen Dramatikers Christopher Fry heraus-

Theater auf dem Präsentierteller: Das neue Rundtheater in Houston, Texas, verzichtet auf Vorhang und Kulisse. Das nach antikem Vorbild im Kreis sitzende Publikum kann die Bühne ungehindert einsehen.

Christopher Fry: »Venus im Licht«

Mit der Spielzeit 1950/51 entdecken die deutschen Theater den britischen Dramatiker Christopher Fry: Auf »Diese Dame ist nicht fürs Feuer« (noch 1950) folgt »Venus im Licht« (12. 4.) und »Ein Phönix zuviel« (19. 9.). Alle drei deutschen Erstaufführungen kommen am Berliner Schloßparktheater heraus. Sie holen im Zeitraffer den Erfolg nach, den Christopher Fry mit seinen religiösen Versdramen bei den Uraufführungen in London zwischen 1946 und 1950 hatte.
Der Schauspieler Laurence Olivier erklärte nach der Weltpremiere von »Diese Dame ist nicht fürs Feuer« (am 3. 10. 1948), Fry sei der größte englische Dichter seit William Shakespeare.

◁ Szenenbild aus der Londoner Uraufführung von »Venus im Licht« (2. v. r. Laurence Olivier)

bringt (»Venus im Licht« mit Adolf Wohlbrück), gründet als Intendant des Düsseldorfer Theaters eine »Schauspiel-GmbH« (→ 13. 9./S. 166). Die wichtigsten Uraufführungen des Jahres sind in Paris zu sehen: »Der Teufel und der liebe Gott« (→ 7. 6./S. 107) von Jean-Paul Sartre (am 7. 6. im Théâtre Antoine als letzte Inszenierung des am 16. 8. gestorbenen Louis Jouvet, deutsche Erstaufführung am 30. 10. in Hamburg) und »Bacchus« von Jean Cocteau (20. 12.). Beide Stücke sind ein spätes Echo auf die katholische Erneuerungsbewegung zwischen den Weltkriegen. François Mauriac, einer der führenden Schriftsteller dieser Bewegung, ist entsetzt über die Ketzereien in »Bacchus«. Er schreibt einen offenen Brief, doch Cocteau erwidert, Mauriac sei »wenn schon ein guter Katholik, so doch ein schlechter Christ« und außerdem »ungebildet«, da alle Stellen, die er beanstandet habe, historische Zitate seien.
Eine weitere Pariser Uraufführung findet am 20. Februar in einem kleinen Zimmertheater statt, sie ist die bedeutendste: Eugéne Ionescos Stück »Die Unterrichtsstunde« leitet zusammen mit seiner im Vorjahr uraufgeführten »Kahlen Sängerin« eine neue Epoche ein. Mit den beiden Stücken beginnt das Theater des Absurden.
(Siehe auch Übersicht »Uraufführungen« im Anhang.)

Therese Giehse (M.) als »Mutter Courage«; Münchner Kammerspiele (1951)

Werner Krauss als »König Lear« (Deutsches Schauspielhaus Hamburg 1951)

Wieder erfolgreich: »Vorhang auf« für Bühnenstars von gestern

»Mutter Courage« ist zur Rolle ihres Lebens geworden: Therese Giehse spielte die unbelehrbar auf Kriegsgewinn hoffende Marketenderin in Brechts Stück bei der Uraufführung in Zürich am 19. April 1941. Sie spielte die Mutter Courage nach ihrer Rückkehr aus dem Schweizer Exil (1950) in München, Wien und Frankfurt, allerdings nur als Gast, denn fest engagiert ist die 1898 in München geborene Schauspielerin seit 1949 an Brechts »Berliner Ensemble« am Deutschen Theater im Ostteil der Stadt.
Der »Shylock« wurde für Werner Krauss auf verhängnisvolle Weise zur Rolle des Lebens: Nachdem er den Juden in Shakespeares »Kaufmann von Venedig« schon 1921 in Berlin gespielt hatte, machte er ihn 1943 am Wiener Burgtheater zur antisemitischen Schauergestalt. Weil er überdies in dem nationalsozialistischen Propagandafilm »Jud Süß« (→ 2. 2./S. 42) mitgewirkt hatte, erhielt er nach dem Krieg zunächst einmal Auftrittsverbot. Seit 1948 ist Werner Krauss wieder Mitglied des Wiener Burgtheaters.

Mai 1951

Mo	Di	Mi	Do	Fr	Sa	So
	1	2	3	4	5	6
7	8	9	10	11	12	13
14	15	16	17	18	19	20
21	22	23	24	25	26	27
28	29	30	31			

1. Mai, Maifeiertag

Wie in Berlin und Köln finden in vielen Städten der Bundesrepublik zum 1. Mai Demonstrationen gegen die Wiederaufrüstung statt. → S. 87

Der Sender Freies Europa, eine von den USA errichtete Rundfunkanstalt, nimmt in München seinen Betrieb auf. → S. 88

In Berlin (Ost) werden der Lustgarten, der Schloßplatz und die Schloßfreiheit in Marx-Engels-Platz umbenannt.

Das Genfer Opernhaus wird durch einen Brand nahezu vollständig zerstört. Das Feuer ist bei den Proben für die »Feuerzauber«-Szene in Wagners »Walküre« ausgebrochen.

2. Mai, Mittwoch

Die Bundesrepublik Deutschland wird vollberechtigtes Mitglied im Europarat. Das Saarland bleibt noch assoziiertes Mitglied. → S. 87

Jakob Kaiser, Bundesminister für gesamtdeutsche Fragen, eröffnet in München die Ausstellung »Deutsche Heimat im Osten«.

3. Mai, Christi Himmelfahrt

Mohammad Resa Pahlawi, Schah von Persien, unterzeichnet das Gesetz zur Verstaatlichung der Erdölindustrie, das damit in Kraft tritt (→ 28. 4./S. 73).

Radio Belgrad beschuldigt Rumänien und Bulgarien, innerhalb der letzten 46 Stunden vier schwere Grenzzwischenfälle absichtlich herbeigeführt zu haben (→ 31. 10./S. 176).

In London wird das »Britain-Festival«, eine Leistungsschau von Wirtschaft und Kultur, eröffnet. → S. 92

4. Mai, Freitag

Das Bundeskabinett leitet Maßnahmen zum Verbot der Sozialistischen Reichspartei (SRP) ein. Als Sofortmaßnahme verbietet es die »Reichsfront«, eine Ordnungstruppe der SRP (→ 16. 11./S. 192).

Bundespräsident Theodor Heuss unterschreibt zwei Gesetze zur Neugliederung des Südwestraums der Bundesrepublik: Zum einen ein »Blitzgesetz«, das die Legislaturperiode der Landtage verlängert, und ein Gesetz, das die Volksabstimmung regelt (→ 9. 12./S. 202).

5. Mai, Samstag

Die USA und Island unterzeichnen ein Abkommen über den militärischen Schutz Islands. Ein Kontingent US-Sicherungstruppen fliegt zwei Tage später nach Island (→ 27. 4./S. 72).

Die »Gruppe 47« spricht auf ihrer Tagung in Bad Dürkheim den von der Mac-Cann Company gestifteten Dichterpreis von 1000 DM Heinrich Böll zu (→ S. 60).

Über die 100-m-Brust-Strecke schwimmt der Sowjetrusse Leonid Meschkow in Moskau mit 1:06,5 min Weltrekord. Über 200 m in derselben Stilart erreicht die Ungarin Eva Szeleky mit 2:48,5 min ebenfalls einen Weltrekord.

6. Mai, Sonntag

Die neonazistische SRP gewinnt bei den Landtagswahlen in Niedersachsen 16 Sitze. Auch international stößt das Ergebnis der Wahl auf besonderes Interesse. → S. 88

Ein sechsmotoriger Bomber der amerikanischen Luftwaffe stürzt während eines Sandsturms auf dem Militärflughafen Kirtland ab. Das Unglück fordert 21 Tote und drei Schwerverletzte.

Mit orientalischem Glanz heiratet König Faruk I. von Ägypten in Kairo die 17jährige Narriman Sadek. → S. 89

Ein schweres Erdbeben zerstört die Städte Jucuapa und Chinameca in San Salvador. Mindestens 200 Menschen kommen ums Leben.

7. Mai, Montag

Der Bundesausschuß des DGB erklärt sich bereit, dem Schumanplan zuzustimmen (→ 18. 4./S. 66). Voraussetzung sei, daß die Besatzungsmächte die Bestimmungen, die eine Gleichberechtigung in der Wirtschaft bisher verhinderten, aufheben.

Die Delegierten des IOC-Kongresses in Wien nehmen die Sowjetunion als Mitglied auf. Konstantin Adrianow, Präsident des sowjetischen NOK, wird in das Internationale Olympische Komitee gewählt.

8. Mai, Dienstag

Die britisch-iranische Ölgesellschaft schlägt dem iranischen Ministerpräsidenten Mohammad Mossadegh ein schiedsgerichtliches Verfahren vor. Es soll geklärt werden, ob die iranische Regierung berechtigt ist, den Konzessionsvertrag zu annullieren. Mossadegh lehnt einen Kompromiß im Ölkonflikt allerdings ab (→ 31. 7./S. 114).

Zum ersten Mal seit Kriegsende begehen die Amerikaner den »Victory day«, den Tag der deutschen Kapitulation, ohne besondere Feiern und Paraden. Lediglich die Soldaten bekommen dienstfrei.

Die Bundesregierung veröffentlicht Gesetzesvorlagen zum neuen Wirtschaftsprogramm (→ 11. 4./S. 69). So sollen die Beamtengehälter um 20% erhöht werden.

Das am 24. September 1949 in Bonn gegründete Nationale Olympische Komitee für Deutschland wird vom Internationalen Olympischen Komitee in Wien anerkannt. Am 22. April gründete sich auch ein Olympisches Komitee der DDR. → S. 93

9. Mai, Mittwoch

Der Bundestag in Bonn berät die Vorlage der Deutschen Partei (DP) zur Schaffung eines Bundesrundfunkgesetzes (→ 29. 8./S. 147).

Auf der 10. Sitzung der DDR-Volkskammer begründet der stellvertretende Ministerpräsident Walter Ulbricht in einer Regierungserklärung die Volksbefragung gegen die Remilitarisierung der Bundesrepublik und für den Abschluß eines Friedensvertrages. → S. 87

Nach blutigen Straßenkämpfen wird Panamas Staatspräsident Arnulfo Arias, der am 8. Mai die Verfassung außer Kraft gesetzt hatte, gestürzt. Die Nationalversammlung proklamiert den bisherigen Vizepräsident Alcibiades Arosemana zum Präsidenten.

In Straßburg rufen Journalisten aus 26 Ländern, darunter die Bundesrepublik, den »Internationalen Verband der Chefredakteure« wieder ins Leben.

Die Berliner Philharmoniker gehen mit Dirigent Wilhelm Furtwängler auf eine Tournee durch Griechenland, Italien, Ägypten und Frankreich.

In der noch nicht getrennten Brust/Delphin-Schwimmdisziplin gelingt der Ungarin Eva Szeleky in Moskau über 100 m in 1:16,9 min ein Weltrekord.

10. Mai, Donnerstag

Die Bundesrepublik und die Alliierte Hohe Kommission verhandeln über die Ablösung des revidierten Besatzungsstatuts (→ 6. 3./S. 50) durch ein System bilateraler Verträge.

In Hamburg führt die Abschaffung der Schülermonatskarten zu heftigen Studentenunruhen. → S. 88

In Frankfurt am Main wird das wiederaufgebaute Goethe-Haus in Anwesenheit von Bundespräsident Theodor Heuss und den drei Hohen Kommissaren eingeweiht. Die Festrede hält Oberbürgermeister Walter Kolb.

Der österreichische Thronprätendent Otto Habsburg-Lothringen heiratet in Nancy die 26jährige Regina von Sachsen-Meiningen. → S. 89

11. Mai, Freitag

Der US-Senat stimmt zu, die Wirtschaftshilfe für diejenigen Länder zu sperren, die kriegswichtige Güter an kommunistische Länder liefern.

Die Vereinten Nationen beziffern die Verluste im Koreakrieg: 228 941 Mann der UN-Streitkräfte (25 374 Gefallene, 128 394 Verwundete, 75 173 Vermißte) sind bisher Opfer des Krieges geworden. → S. 85

Das »131er-Gesetz«, das Pensionsansprüche ehemaliger Beamter und Berufssoldaten regelt, wird veröffentlicht und tritt in Kraft (→ 10. 4./S. 68).

Nach Mitteilung des Bundesverkehrsministeriums verkehren derzeit im Bundesgebiet 2,281 Mio. Kraftfahrzeuge. Davon sind 643 749 Personenwagen, 393 874 Lastkraftwagen und 1,044 Mio. Krafträder (→ S. 56).

12. Mai, Samstag

In Malta erringt die italienfreundliche Nationalistische Partei unter Borg Olivier bei den Wahlen zur gesetzgebenden Versammlung 15 der 40 Sitze, gefolgt von der Labour Party (14 Sitze), der Arbeiterpartei (7 Sitze) und der Konstitutionellen Partei (4 Sitze).

Der ungarische Außenminister Gyula Kallai, Nachfolger des 1949 wegen Hochverrats zum Tode verurteilten Laszlo Rajk, tritt zurück. Sein Nachfolger wird Karoly Kiss, Mitglied des Politbüros der Arbeiterpartei und Vorsitzender des Zentralkomitees.

13. Mai, Pfingstsonntag

Henry Jackson, Mitglied des US-amerikanischen Kongreßkomitees, gibt einen neuen Atomversuch auf dem Eniwetok-Atoll im Pazifik bekannt. Der Versuch habe ergeben, daß Truppen, ohne Schaden zu nehmen, sofort in das Explosionsgebiet nachrücken können (→ 2. 2./S. 38).

In Ansbach, Bottrop, Dinkelsbühl, Hannover und Stuttgart versammeln sich zehntausende Vertriebene, die eine Rückkehr in ihre Heimat fordern (→ 18. 2./S. 36).

In Fatima, dem portugiesischen Lourdes, kommen über 100 000 Gläubige zusammen, die gemäß dem Auftrag einer Marienerscheinung aus dem Jahr 1917 für eine »Bekehrung der Kommunisten« beten.

14. Mai, Pfingstmontag

In Südholland bricht eine Pockenepidemie aus. Gesundheitsämter und Verwaltungen ergreifen Gegenmaßnahmen. »Um ein weiteres Umsichgreifen der Krankheit zu verhindern, hat die holländische Armee am Freitag die Einberufung von Reservisten eingestellt«, meldet die Süddeutsche Zeitung.

Der Italiener Alberto Ascari gewinnt den Automobilpreis von Monza auf einem Ferrari. Er fährt eine Durchschnittsgeschwindigkeit von 163,882 km/h.

Durch ein 12:12 gegen David Bronstein bleibt Michail Botwinnik (UdSSR) Schach-Weltmeister. → S. 93

15. Mai, Dienstag

Israel und Syrien, im Streit um die Huleh-Sümpfe, folgen einem Aufruf der Vereinten Nationen, das Feuer einzustellen. → S. 86

Gustav Heinemann, ehemaliger Bundesinnenminister, spricht sich für eine Volksbefragung über die Remilitarisierung der Bundesrepublik aus. Allerdings dürften keine suggestiven Fragen der kommunistischen Aktion gestellt werden, fordert er (→ 9. 5./S. 87).

In Köln wird die Deutsche Gesellschaft für Fotografie gegründet.

Ein Land blickt voller Stolz auf sich selbst: Die »Illustrated London News« vom 12. Mai 1951 informiert ihre Leser über die in ganz Großbritannien stattfindende Leistungsschau »Festival of Britain«.

No. 5847—Volume 218
PRICE THREE SHILLINGS

The Illustrated London News,
May 12, 1951

THE ILLUSTRATED
LONDON NEWS
FESTIVAL OF BRITAIN

THE EXHIBITION'S OPENING – SPECIAL NUMBER

PRICE 3s.: BY INLAND POST, 3s. 3d.
Canada, 1½d. Foreign, 4d.

REGISTERED AS A NEWSPAPER FOR TRANSMISSION IN THE UNITED KINGDOM.

PUBLISHING OFFICE: COMMONWEALTH HOUSE,
1, NEW OXFORD STREET, LONDON, W.C.1.

16. Mai, Mittwoch

In Korea beginnt die zweite Phase der großen Frühjahrsoffensive nordkoreanischer und chinesischer Truppen. → S. 84

In Bolivien löst General Hugo Ballivián nach einem Militärputsch Staatspräsident Mamerto Urriolagoitá ab. Der Staatsstreich hat seinen Ursprung in den Präsidentenwahlen vom 6. Mai, die der im Exil lebende Victor Paz Estensoro, Führer der nationalen revolutionären Bewegung, gewann. Die Militärs verbieten ihm jetzt die Einreise und verhängen den Belagerungszustand.

Die Bundesrepublik Deutschland wird in die Weltgesundheitsorganisation (WHO) aufgenommen. Am 29. Mai wird sie durch ihren Beitritt zur Satzung auch »tatsächliches Mitglied«.

In Leipzig wird der erste deutsche Kulturkongreß mit Teilnehmern aus beiden deutschen Staaten eröffnet. Auf der Tagesordnung steht der Ausbau der Beziehungen zwischen der Deutschen Demokratischen Republik und der Bundesrepublik Deutschland. Der Kongreß dauert bis zum 18. Mai.

In Hamburg eröffnet Hans Dürrmeier, Präsident des Zentralausschusses der Werbewirtschaft, in der Hamburger Ernst-Merck-Halle einen Reklamekongreß. 1600 Mitglieder der Werbefachverbände und der Werbewirtschaft aus dem In- und Ausland sowie Vertreter der übrigen Industrie sind zu der Tagung erschienen (→ S. 128).

17. Mai, Donnerstag

Ein Attentatsplan gegen den iranischen Premier Mohammad Mossadegh wird bekannt. Aus Furcht vor vermeintlichen Feinden verschanzt sich Mossadegh im Parlamentsgebäude (→ 28. 4./S. 73).

Der amerikanische Reederverband wendet sich gegen Konkurrenz aus Japan und fordert, der japanischen Schiffahrt jeglichen internationalen Handel zu untersagen, der über den eigenen Bedarf hinausgeht.

18. Mai, Freitag

Die Vollversammlung der Vereinten Nationen beschließt, alle Nationen aufzufordern, ihre Lieferungen von kriegswichtigen Gütern an China und Nordkorea zu sperren. → S. 86

Dean Rusk, Fernost-Experte im US-Außenministerium, hält eine aufsehenerregende Rede über eine neue, offensive Politik gegenüber der Volksrepublik China. → S. 86

Die Bundesrepublik Deutschland ist für ausländische Politiker sechs Jahre nach Kriegsende wieder Ziel diplomatischer Missionen: Der britische Außenminister Herbert Stanley Morrison trifft zu einem viertägigen Besuch, der eine Übereinstimmung in wesentlichen Fragen der Politik bringt, bei Bundeskanzler Adenauer in Bonn ein.

Wegen Beleidigung des amerikanischen Oberkommissars John J. McCloy werden in Heidelberg zwei Männer zu je sechs Monaten Gefängnis verurteilt. Sie klebten mehrere Plakate, auf denen McCloy als »Kohlenklau« dargestellt war (→ 11. 8./S. 146).

19. Mai, Samstag

Auf den König von Libyen, Mohammad Idris I. El Senussi, wird ein Bombenanschlag verübt. Beim festlichen Einzug in Tripolis explodiert kurz vor dem Wagen des Monarchen ein selbstgebauter Sprengkörper, der drei Araber verletzt (→ 24. 12./S. 206).

Die Internationale Ruhrbehörde setzt die Kohleexportquote für die Bundesrepublik Deutschland im dritten Quartal 1951 auf 6,2 Mio. t fest. Die deutsche Delegation hatte nur 5,7 Mio t angeboten. Vizekanzler Franz Blücher hält den Beschluß für »schädlich und gefährlich« (→ 11. 8./S. 146).

Oskar Kokoschka malt ein Porträt des Hamburger Bürgermeisters Max Brauer. Im Juli vollendet der Künstler, der sein Modell bei der beruflichen Tätigkeit begleitet, das Werk. Es wird erstmals in der Hamburger Kunsthalle öffentlich ausgestellt.

20. Mai, Sonntag

Der Boxer Gustav »Bubi« Scholz sichert sich durch einen Punktsieg über den Titelverteidiger Walter Schneider die Deutsche Meisterschaft im Weltergewicht. → S. 93

21. Mai, Montag

Der saarländische Ministerpräsident Johannes Hoffmann verbietet auf französische Weisung die oppositionelle Demokratische Partei des Saarlandes (DPS). → S. 88

Das am 10. April vom Bundestag verabschiedete Gesetz über die Montanmitbestimmung tritt in Kraft (→ 10. 4./S. 67).

12 000 französische und nordafrikanische Soldaten suchen im Atlasgebirge nach einem wahnsinnigen marokkanischen Amokläufer, der sieben Menschen erschossen hat. Die ansässigen Bauern haben die Gegend solange verlassen.

22. Mai, Dienstag

Der ständige Stellvertretende Rat der Atlantikpaktstaaten ernennt den Briten Nigel Sutton zum Generalsekretär der NATO.

Das Gesetz zur Umsiedlung von Heimatvertriebenen tritt nach seiner Verkündung in Kraft. Bereits im März hat es den Bundestag passiert (→ 8. 3./S. 52).

23. Mai, Mittwoch

In einem 17-Punkte-Abkommen wird die »Rückkehr« Tibets in die Volksrepublik China erzwungen. China sichert Tibet die regionale Autonomie zu. → S. 86

Die Behauptung des Nachrichtenmagazins »Der Spiegel«, daß es im Zusammenhang mit der Abstimmung über den vorläufigen Sitz der Bundesregierung Bestechungen gegeben haben soll, ist falsch. Das stellt ein Untersuchungsausschuß des Bundestags nach neunmonatiger Arbeit fest (→ 7. 6./S. 101).

Die Union zur Koordinierung der Erzeugung und Übertragung elektrischer Energie (UCPTE) wird gegründet. In dieser Organisation schließen sich Belgien, Frankreich, die Niederlande, Italien, Österreich, die Schweiz und die Bundesrepublik zusammen, um elektrische Versorgungsnetze zu koppeln und die Stromerzeugung zu koordinieren.

24. Mai, Donnerstag

Ägypten sichert Syrien im Konflikt gegen Israel (→ 15. 5./S. 86) bedingungslose Waffenhilfe zu.

Das norwegische Parlament in Oslo beschließt, die Wehrpflicht von neun auf zwölf Monate zu verlängern.

25. Mai, Freitag

Die britischen Diplomaten Donald Stuart McLean und Guy Burgess, die für die Sowjetunion spionierten, fliehen in die UdSSR. → S. 89

Der Bundesrat stimmt der Verordnung der Bundesregierung über die Erhöhung der Butter- und Milchpreise zu. Der Milchpreis steigt von durchschnittlich 34 Pfennig auf 38 bis 42 Pfennig, je nach Fettstufe. Der Preis für Butter, die im Durchschnitt 5,60 DM je Kilo kostete, wird auf 5,82 DM bis 6,34 DM erhöht.

26. Mai, Samstag

Großbritannien klagt vor dem Internationalen Gerichtshof in Den Haag gegen den Iran. Grund ist die Verstaatlichung der Iranisch-britischen Ölgesellschaft (→ 31. 7./S. 114).

Polen und die UdSSR schließen ein Abkommen über einen Gebietsaustausch. Die Sowjetunion, die durch den Tausch eine Verbesserung ihrer Eisenbahnverbindungen erzielt, tritt ein 480 qkm großes Gebiet bei Drohohbycz an Polen ab. Polen, das ein gleich großes Gebiet in der Provinz Lublin an die UdSSR überträgt, erhält im Gegenzug eine Fläche mit Petroleumvorkommen.

In Wien eröffnet Bürgermeister Theodor Körner die ersten Wiener Festwochen. Neben Theater- und Konzertaufführungen findet eine Ausstellung »Wiener Theater« statt.

In Philadelphia läuft Andrew Stanfield mit 20,6 sec einen Weltrekord über 220 y (182,88 m), der gleichzeitig als Rekord über 200 m anerkannt wird.

27. Mai, Sonntag

In Österreich wird Theodor Körner in einer Stichwahl zum Bundespräsidenten gewählt. → S. 86

Das NWDR-Fernsehen überträgt in seiner ersten Außenübertragung die Eröffnung der Landwirtschaftsausstellung durch Bundesernährungsminister Wilhelm Niklas auf dem Hamburger Heiligengeistfeld (→ 6. 9./S. 164).

Nina Dumbadse aus der UdSSR stellt mit 53,37 m in Moskau einen Weltrekord im Diskuswerfen auf.

Mit einer Durchschnittsgeschwindigkeit von 153,405 km/h gewinnt der Argentinier Juan Manuel Fangio in Bern-Bremgarten den Großen Preis der Schweiz für Formel-I-Rennwagen auf Alfa Romeo (→ 1. 7./S. 132).

28. Mai, Montag

In Indochina setzen 35 000 Mann der kommunistischen Vietminh-Truppen zu einer Offensive auf Hanoi und das Delta des Roten Flusses an (→ 23. 11./S. 188).

In einem ergänzenden Erlaß zum deutschen Filmpreis stiftet das Bundesinnenministerium weitere Auszeichnungen (→ 21. 2./S. 41).

29. Mai, Dienstag

Das »Büro Bongers« wird Keimzelle der Deutschen Lufthansa. → S. 88

Die Bundesrepublik Deutschland erlangt weitere internationale Handlungsfreiheit durch die Mitgliedschaft beim Internationalen Währungsfonds und bei der Weltbank.

30. Mai, Mittwoch

Bundespräsident Theodor Heuss empfängt den spanischen Botschafter Antonio Maria Aquirre Gonzalo, der als Botschafter sein Beglaubigungsschreiben überreicht (→ 4. 4./S. 68).

Der 29jährige Schwergewichtsboxer Ezzard Charles (USA) verteidigt in Chicago seinen Weltmeistertitel gegen Joey Maxim in 15 Runden durch einen Sieg nach Punkten.

31. Mai, Donnerstag

Die »Deutsche Frauenpartei« will mit dem Kampfruf »Deutsches Gretchen erwache!« eine Werbeaktion im Bundesgebiet starten, meldet die »Frankfurter Allgemeine Zeitung« (→ 2. 4./S. 77).

Die Bundesrepublik zahlt den zu Beginn des Jahres aufgenommenen Kredit der Europäischen Zahlungsunion (EZU) in einer abschließenden Rate zurück (→ S. 104).

In der größten Aktion gegen die Bombardierung Helgolands zu Übungszwecken besetzen 100 Helgoländer ihre ehemalige Heimatinsel (→ 3. 1./S. 21).

Eine schwere Schlagwetterexplosion fordert auf der Schachtanlage »Heinrich Robert« in Herringen bei Hamm 17 Todesopfer und 20 Schwerverletzte.

Das Wetter im Monat Mai

Station	Mittlere Lufttemperatur (°C)	Niederschlag (mm)	Sonnenscheindauer (Std.)
Aachen	11,8 (12,8)	105 (67)	183 (205)
Berlin	12,4 (13,7)	77 (46)	191 (239)
Bremen	11,9 (12,8)	77 (56)	– (231)
München	11,9 (12,5)	84 (103)	202 (217)
Wien	14,0 (14,6)	160 (71)	165 (173)
Zürich	11,9 (12,5)	82 (107)	172 (207)

( ) Langjähriger Mittelwert für diesen Monat
– Wert nicht ermittelt

Mit 10 000 Preisen und einem viersitzigen »Traumauto« (DKW-Cabriolet, Typ Meisterklasse) als Hauptgewinn, verschafft sich die Illustrierte »Der Stern« vom 6. Mai 1951 gute Karten für den Konkurrenzkampf am Kiosk.

Radioaktiver Sperrgürtel soll Feinde in Korea trennen

16. Mai. Nordkoreanische und chinesische Truppen setzen in Korea zu der erwarteten zweiten Phase ihrer Frühjahrsoffensive an.
Im östlichen Teil der Front gelingt es den Kommunisten, UN-Stellungen nördlich des 38. Breitengrads zu durchbrechen und nach Süden vorzustoßen. Nach militärischen Erfolgen an der Westfront erreichen nordkoreanische und chinesische Soldaten den äußeren Verteidigungsring von Seoul. Allerdings halten sie ihre Position nur eine Woche, ehe sie sich wieder zurückziehen müssen. Streitkräfte der Vereinten Nationen ziehen erneut in die geräumten Städte Munsan und Uijongbo ein. Nach weiteren Gegenangriffen der UN-Streitkräfte bricht die gesamte nordkoreanisch-chinesische Offensive am 27. Mai zusammen.

Die erste Phase der Offensive

- ▷ 23. April: Die kommunistischen Angriffe beginnen am 150 km langen Frontverlauf nördlich des 38. Breitengrads, den die UN-Truppen im Verlauf ihrer Offensive im Februar überschritten hatten.
- ▷ 26. April: 26 Divisionen mit rund 250 000 Mann dringen in Richtung Seoul vor.
- ▷ 29. April: Die UN-Streitkräfte räumen die Städte Uijongbo und Chunchon und stehen auf ganzer Front südlich des 38. Breitengrads.
- ▷ 30. April: Die Offensive auf Seoul kommt zum Stehen, die militärischen Auseinandersetzungen erschöpften sich in »Patrouillenaktionen«.
- ▷ 9. Mai: 312 amerikanische Flugzeuge bombardieren in der bislang größten Einzelaktion des Koreakrieges Flugplätze an der Grenze zu China. Die kommunistischen Truppen ziehen sich zu gleicher Zeit zurück und geben die Stadt Uijongbo wieder auf.

△ Eine der »erfolgreichsten« Waffen der UN-Streitkräfte in Korea: Ein 155-mm-Geschütz, Marke »Long Tom«, in Aktion. Die Amerikaner setzten diese Kanone bereits während des Zweiten Weltkriegs ein. »Long Tom« war das erste Geschütz, mit dem die Kölner Innenstadt beschossen wurde.

◁ Mit aufgesetzten Bajonetten stürmen Soldaten der UN-Armee ein Dorf in Korea. Luftwaffe und Artillerie unterstützen die Bodentruppen, die die kommunistischen Einheiten nach Norden zurückdrängen. Schwere Verluste auf beiden Seiten sind das Ergebnis von Offensive und Gegenoffensive.

Während die Kämpfe in Korea andauern, geraten die Volksrepublik China und Nordkorea auf internationalem Parkett nun auch per Abstimmung ins Abseits: Am 18. Mai beschließt die Vollversammlung der Vereinten Nationen ein Embargo strategischen Materials gegen die beiden Staaten. Die Resolution wird mit 47 Ja-Stimmen bei acht Enthaltungen angenommen.
Politiker der USA diskutieren inzwischen das weitere Vorgehen »ihrer« UN-Truppen: Während die einen eine unkontrollierte Ausweitung des Krieges befürchten und China den Krieg erklären wollen, bemüht sich die Mehrheit der US-Politiker um Konfliktbegrenzung.
Der demokratische Abgeordnete Albert Gore aus Tennessee, der Mitglied einer parlamentarischen Atomenergie-Kommission ist, glaubt, daß ein radioaktiver Sperrgürtel in Korea die kämpfenden Armeen trennen könne. Die USA verfüge über umwälzende neue Atomwaffen, die ohne Explosion radioaktive Strahlung entwikkelten. Mit Hilfe dieser Waffen könne eine Sperrzone eingerichtet werden, die in »regelmäßigen Abständen neu aufgeladen« wird, bis der Konflikt in Korea gelöst sei (→ 2. 2./S. 38).
Nach dem Scheitern der chinesisch-nordkoreanischen Großoffensive wird ein Frontverlauf sichtbar: Die Armeen stehen sich erneut nördlich des 38. Breitengrades gegenüber.
»Ich glaube, daß die Zeit für eine neue Anstrengung gekommen ist, den Kampf in Korea zu beenden. Wenn eine Feuereinstellung ungefähr entlang dem 38. Breitengrad vereinbart werden könnte, so würde der Hauptzweck der Resolutionen des Sicherheitsrates vom 25. und 27. Juni und 7. Juli 1950 erfüllt sein, vorausgesetzt, daß die Feuereinstellung von einer Wiederherstellung von Frieden und Sicherheit in diesem Gebiet gefolgt ist«, hofft Trygve Halvdan Lie, der aus Norwegen stammende erste Generalsekretär der Vereinten Nationen.

». . . soviel Feinde zu töten wie möglich«

Mai. Lob erntet General Matthew B. Ridgway, seit einem Monat Oberbefehlshaber der UN-Streitkräfte in Korea, von der Presse für seine militärische Taktik. Nur aufgrund von militärischen Erfolgen könnten Politiker erfolgversprechende Verhandlungen beginnen. Über die »Erfolge« des Generals schrieb das Nachrichtenmagazin »Der Spiegel« am 14. März, als Ridgway noch Kommandant der 8. Armee war:
»›Wir sind nicht in Korea, um Boden zu gewinnen‹, sucht er seinen Verbänden die von ihm befohlene ›Operation Killer‹ zu erklären, wenn er im Helikopter zur Frontinspektion angeflogen kommt, die legendäre Handgranate (von der die Story geht, daß sie jeden Tag geputzt wird) am Schulterriemen. ›Ihr habt soviel Feinde zu töten wie möglich. Sucht jeden Winkel durch und geht nicht weiter, ehe ihr nicht jeden Kommunisten erledigt habt.‹ Erfolgreich töten. Seine Rechnung schien aufzugehen. Wie ›United States News‹ schätzt, soll Mao bisher in Korea 185 000 Mann verloren haben. Wenn also Ridgway weiter erfolgreich töte, würden in drei Monaten 370 000 Chinesen die Walstatt decken (. . .) Dann müsse Mao verhandeln.«
Die amerikanische Armee gibt am 31. März bekannt, daß die kommunistischen Einheiten rund 730 300 Mann verloren hätten. 139 000 Nordkoreaner und 2300 Chinesen seien gefangengenommen worden.

△ Der Sanitätsdienst der UN-Truppen verarztet einen verwundeten Soldaten. Neben den Verlusten durch militärische Einsätze fallen allein im US-amerikanischen Truppenkontingent über 70 000 Mann Unfällen, Krankheiten und dem Frost in Korea zum Opfer.

◁ Mit Artillerie, hier ein 155-mm-Geschütz, feuern Soldaten der UN-Armee gegen anstürmende nordkoreanische und chinesische Einheiten. Per Telefon erhält der Schütze Anweisungen zur Korrektur der Schußrichtung (l.). Im Vordergrund bereitet ein Soldat die Munition vor.

▽ Die in den heftig umkämpften Bergen getöteten Soldaten werden mit einem Lkw abtransportiert.

Koreakrieg: Verlustliste der UN

Land	Gefallene	Verwundete	Vermißte
Südkorea	16 182	88 511	63 959
USA	8 511	37 918	10 691
Türkei	298	672	199
Großbritannien	145	442	305
Frankreich	84	309	3
Australien	62	196	7
Niederlande	28	60	2
Griechenland	28	60	1
Kanada	17	51	– (bis 12. 3.)
Thailand	9	99	–
Philippinen	6	49	– (bis 2. 3.)
Neuseeland	4	9	–
Südafrika	–	–	6

Laut einer Statistik des Generalsekretariats der Vereinten Nationen hatte die UN-Armee bis zum 9. Mai einen »Gesamtverlust« von 228 941 Mann (25 374 Gefallene, 128 394 Verwundete, 75 173 Vermißte). Der »Gesamtverlust« verteilt sich auf insgesamt 13 Staaten.

Friedensgrenze am 38. Breitengrad?

Mai. Nach dem Scheitern der nordkoreanisch-chinesischen Großoffensive bemühen sich Politiker aus Ost und West um die Aufnahme von Friedensverhandlungen. Besonderes Interesse ruft der Vorschlag des sowjetischen Politikers Jakow A. Malik hervor. In einer Rundfunkrede, die im Rahmen des Programms der Vereinten Nationen »Der Preis des Friedens« über amerikanische Sender verbreitet wird, sagt Malik am 23. Juni: »Die Sowjetvölker glauben ferner, daß das akuteste Problem des heutigen Tages das Problem des bewaffneten Konflikts in Korea auch geregelt werden könnte . . . Die Sowjetvölker glauben, daß

Jakow A. Malik während seiner Rede über den Koreakrieg. Im Hintergrund hängt ein Stalin-Porträt.

als erster Schritt Erörterungen zwischen den Kriegführenden über eine Feuereinstellung und einen Waffenstillstand eingeleitet werden sollten, der den beiderseitigen Rückzug der Streitkräfte vom 38. Breitengrad vorsieht.«
Mit diesem Schritt – zwei Tage zuvor war die Vorkonferenz über eine Tagung der vier Mächte endgültig gescheitert (→ 5. 3./S. 50) – überrascht die UdSSR die Westmächte. Trygve Halvdan Lie, Generalsekretär der UN, hofft nunmehr, daß an der imaginären Grenze des 38. Breitengrads, der seit Ende des Zweiten Weltkriegs Nord- und Südkorea trennt, eine Feuereinstellung zu erreichen ist (→ 5. 8./S. 140).

USA: Rotchina ist russische Kolonie

18. Mai. Dean Rusk, Fernost-Experte im US-Außenministerium, dokumentiert mit einer aufsehenerregenden Rede im Washingtoner China-Institut einen grundsätzlichen Schwenk der amerikanischen China-Politik.

Die kommunistische Volksrepublik, so Rusk, sei nicht berechtigt, das chinesische Volk zu repräsentieren, sondern sei vielmehr eine »russische Kolonialregierung«. Die »Nationale Regierung« der Republik China unter Chiang Kai-shek (→ 25. 4./S.71) hingegen vertrete das »historische Verlangen nach Unabhängigkeit von fremder Kontrolle«. Deshalb könne Chiang jede Unterstützung von den USA erhalten.

Diese Festlegung, die bei den westlichen Alliierten Entsetzen hervorruft, ist der Versuch, den für die Amerikaner schwer hinnehmbaren politischen Erdrutsch auf dem chinesischen Kontinent in feindlich-offensiver Haltung zu korrigieren.

Am selben Tag setzen die USA bei den Vereinten Nationen eine Ausfuhrsperre für kriegswichtige Güter gegen Rotchina durch.

Versuch einer Friedensregelung im Grenzkonflikt: Israelis und Araber waschen Felsblöcke ab und markieren die umstrittene Grenzlinie mit Farbe.

Streit um Huleh-Sümpfe

15. Mai. Nach einer Aufforderung des Weltsicherheitsrats stellen Israel und Syrien ihre bewaffneten Feindseligkeiten im Kampf um die Huleh-Sümpfe ein.

Hintergrund des Konflikts sind israelische Dränage-Arbeiten, die den Wasserpegel des Huleh-Sees absenken. Dadurch wird für Syrien bestimmtes Wasser abgezogen.

Die Israelis hingegen beanspruchen das in den Huleh-Sümpfen gelegene Quellgebiet des Jordan, um keiner fremden Macht die Kontrolle über hydraulische Projekte im Landesinnern zu ermöglichen.

Großer Nachbar schluckt Tibet

23. Mai. Ein in Peking unterzeichnetes 17-Punkte-Abkommen führt zur faktischen Eingliederung Tibets in die Volksrepublik China.

Dieser harte »Unterwerfungsvertrag« steht am Ende eines jahrhundertealten Vormachtanspruches der Chinesen, der im Einmarsch chinesischer Truppen in Tibet im Oktober 1950 gipfelte. Die Eroberer diktieren nun die Bedingungen für Tibets »Rückkehr« nach Belieben. Zwar sichern die Chinesen Autonomie und freie Religionsausübung offiziell zu, verbinden dies jedoch mit einer Reihe von Auflagen:

Tibet hat die Oberhoheit Chinas anzuerkennen und muß die Außenpolitik sowie die Verteidigung des Landes an China abtreten. In der Hauptstadt Lhasa werden chinesische Zivil- und Militärbehörden eingesetzt.

Um die einigende Autorität des Dalai Lama, des weltlichen Oberhauptes der Tibeter, zu untergraben, wird das Land in drei Regionen aufgeteilt.

Für den Verlust ihrer Unabhängigkeit belohnen die Chinesen Tibet mit dem Bau von Straßen, Schulen und Krankenhäusern.

Liberale wählen Sozialisten Körner zum Präsidenten

27. Mai. Mit einer Überraschung endet die erste direkte Wahl des Bundespräsidenten in Österreich: Der Kandidat der Sozialistischen Partei Österreichs (SPÖ), Theodor Körner, setzt sich mit 49,7% bei einem hohen Anteil ungültiger Stimmen in der Stichwahl knapp durch.

Der 78jährige Wiener Bürgermeister überflügelt damit seinen Konkurrenten Heinrich Gleißner von der Österreichischen Volkspartei (ÖVP), der noch im ersten Wahlgang drei Wochen zuvor an der Spitze lag. Ursprünglich waren sechs Kandidaten angetreten, von denen jedoch keiner die absolute Mehrheit erreichen konnte. Damit wurde eine Stichwahl zwischen den beiden erfolgreichsten Anwärtern, Gleißner und Körner, nötig.

Überraschend ist der Wahlausgang vor allem deshalb, weil der drittgrößte und mithin entscheidende Wählerblock dem bürgerlich-liberalen Verband der Unabhängigen (VdU) zuzuordnen ist, der politisch dem Kandidaten der ÖVP nähersteht. Offensichtlich hat ein Großteil dieser Wähler jedoch im entscheidenden Wahlgang für den Kandidaten der Sozialisten gestimmt. Auch die Kommunisten riefen zur Wahl Theodor Körners auf.

Vorausgegangen war ein besonders leidenschaftlicher Wahlkampf, in dem vor allem von seiten der ÖVP immer wieder von einer »schicksalhaften Entscheidung« für Österreich die Rede war. Bei Zusammenstößen zwischen Plakatierkolonnen der Volkspartei und der Sozialisten gab es über 60 Verletzte.

Während die Begeisterung über den Wahlerfolg in den Reihen der Sozialisten außerordentlich groß ist, wechselt die ÖVP nach der Niederlage ihre Führung aus. Julius Raab löst Bundeskanzler Leopold Figl als Parteiobmann ab.

△ Nach der Vereidigung in der Bundesversammlung – das sind Nationalrat und Bundesrat – schreitet der neue österreichische Bundespräsident (l.) die Front der zu seinen Ehren angetretenen ausländischen Diplomaten ab.

◁ Propagandaplakat der SPÖ für ihren Kandidaten Theodor Körner; der General und Politiker war 1915 bis 1918 Generalstabschef am Ostabschnitt der österreichisch-italienischen Front und ab 1945 Bürgermeister von Wien.

Zur Maikundgebung strömen auf dem Münchner Königsplatz 80 000 Menschen zusammen, um den Gewerkschaftsforderungen Nachdruck zu verleihen.

Tag der Arbeit: Gegen Wiederaufrüstung und Kriegsgefahr

1. Mai. *Unter dem Motto »Soziale Sicherheit in Frieden und Freiheit« begehen Deutschlands Werktätige zu Hunderttausenden den Weltfeiertag der Arbeit. Kundgebungsredner verweisen auf die jüngsten Erfolge in der Mitbestimmungsfrage (→ 10. 4./S. 67), warnen aber vor der zunehmenden Militarisierung. Das geteilte Berlin erlebt zwei Massenveranstaltungen. In Hörweite voneinander interpretieren Gewerkschafter östlich und westlich des Brandenburger Tores die Deutschland- und Weltpolitik sehr unterschiedlich.*

Volksbefragung als Propagandacoup

9. Mai. Die Bundesrepublik, so der stellvertretende Ministerpräsident der DDR, Walter Ulbricht, sei das »Aufmarschgebiet für die Verwirklichung der US-amerikanischen Aggressionspläne«. Deshalb ist eine Volksabstimmung gegen ihre Remilitarisierung nötig.

Die Volkskammer terminiert die Volksbefragung für das Gebiet der DDR auf den 3. bis 5. Juni. Der Plan, die Befragung auch auf das Gebiet der Bundesrepublik auszudehnen, scheitert am Verbot der Bundesregierung. Die Bundesregierung stellt dazu fest, daß diese Propagandaaktion gegen die verfassungsmäßige Ordnung der Bundesrepublik gerichtet sei. Dennoch zirkulieren in vielen westdeutschen Betrieben die von Volksbefragungsaktivisten unter konspirativen Umständen verteilten Abstimmungszettel.

Auf die Frage: »Sind Sie gegen die Remilitarisierung Deutschlands und für den Abschluß eines Friedensvertrages mit Deutschland im Jahre 1951?« antworten laut offiziellen DDR-Quellen fast 96% der DDR-Bürger mit »Ja«.

»Souveränität zu, sagen wir, 90 Prozent«

2. Mai. Als 14. vollberechtigtes Mitglied wird die Bundesrepublik nach einstimmigem Beschluß des Ministerausschusses in den Straßburger Europarat aufgenommen.

Die Bundesrepublik war bisher nur assoziiertes Mitglied. Sie war zwar im vollen Umfang zur Beratenden Versammlung zugelassen, konnte aber im Ministerausschuß nur in beratender Funktion auftreten. Der Europarat ist nach der Organisation für die wirtschaftliche Zusammenarbeit Europas (OEEC) und der Montanunion (→ 18. 4./S. 66) die dritte internationale Organisation, in der die Bundesrepublik gleichberechtigt vertreten ist.

In seiner Eigenschaft als bundesdeutscher Außenminister (→ 15. 3./S. 51) betont Bundeskanzler Konrad Adenauer im Ministerausschuß des Europarats, daß ein freies Europa ohne die Mitarbeit Deutschlands nicht auskommen könne. Man werde bemüht sein, als loyaler Partner mitzuarbeiten. Mit dem heutigen Tage, so Adenauer in einer anschließenden Pressekonferenz, habe Deutschland seine staatliche Souveränität zu »sagen wir mal, 90 Prozent« wiedererlangt.

Die erste Initiative Adenauers im Ministerausschuß gilt am folgenden Tag der Lösung des Flüchtlingsproblems: Die mehr als 8 Mio. Vertriebenen in der Bundesrepublik (→ 8. 3./S. 52) benötigten internationale Hilfe, das deutsche Volk allein könnte diese Not nicht bewältigen. Adenauer fordert den Aufbau europäischer Flüchtlingsorganisationen und eine Flüchtlingskonferenz.

Pierre-Henri Teitgen (r., Frankreich) gratuliert Bundeskanzler Konrad Adenauer zum Europarat-Beitritt (2. v. l.: Staatssekretär Walter Hallstein).

Der Europarat: Ein erster Schritt

Der am 5. Mai 1949 aus der Taufe gehobene Europarat ist die älteste politische Vereinigung Westeuropas. Seine Wurzeln reichen zurück auf den ersten Paneuropakongreß in Den Haag vom Mai 1948, auf dem der frühere britische Premierminister Winston Churchill eine politische und wirtschaftliche Einigung Europas forderte.

Aufgabe des Europarates ist es, eine engere Verbindung zwischen den Mitgliedern herzustellen und den gemeinsamen Fortschritt zu fördern. Seine Beschlüsse haben aber nur »Aufforderungscharakter« und stehen noch unter nationalem Souveränitätsvorbehalt.

Die Organe des Europarats sind das Ministerkomitee, dem die Außenminister der Mitgliedsstaaten angehören, und die Beratende Versammlung, die aus Vertretern der nationalen Parlamente besteht.

Die Polizei hindert die Studenten am Marsch in die Innenstadt.

Studenten protestieren

10. Mai. *Mit Gummiknüppeln und Wasserwerfern gehen in Hamburg Polizeibeamte gegen 1700 Studenten vor. Deren Protest richtet sich gegen die Abschaffung der Schülermonatskarten im öffentlichen Nahverkehr.*
Bei den schweren Zusammenstößen werden 19 Studenten schwer und 50 leicht verletzt. 16 Polizisten werden verwundet. Die Polizei nimmt zahlreiche Studenten fest.

»Joho« (l.) mit Frankreichs Hochkommissar Gilbert Grandval.

»Joho« verbietet DPS

21. Mai. *Der saarländische Ministerpräsident Johannes Hoffmann (Spitzname »Joho«) verbietet die Demokratische Partei des Saarlandes (DPS). Der DPS unter ihrem Vorsitzenden Richard Becker wird Verfassungsfeindlichkeit vorgeworfen. Sie wendet sich gegen den Anschluß an Frankreich und unterstützt eine Neutralisierung der Saar bis zu einer Rückgliederung an Deutschland.*

Ein Wachmann sichert den Sitz des neuen Senders.

Radio für den Ostblock

1. Mai. *In der Oettingerstraße am Englischen Garten in München nimmt der Sender Freies Europa seinen Betrieb auf. Die mit amerikanischen Spenden finanzierte Rundfunkanstalt soll Berichte aus der »freien Welt« in die hinter den »Eisernen Vorhang« liegenden Gegenden Europas senden. Als erstes überträgt ein Richtstrahler auf Mittelwelle täglich ein Radioprogramm in die Tschechoslowakei.*

»Büro Bongers« – Keimzelle der Lufthansa

29. Mai. Bundesverkehrsminister Hans-Christoph Seebohm (DP) erteilt Hans M. Bongers den Auftrag, ihn »in Fragen eines deutschen Luftverkehrs zu beraten und als Gutachter auf diesem Gebiete tätig zu sein«. 50 000 DM stellt er zunächst für diese Aufgabe bereit. Damit beginnt offiziell die Tätigkeit des »Büro Bongers«, das die Keimzelle einer neuen Lufthansa wird.
Bongers, ehemaliger Verkehrsleiter der »alten« Lufthansa, untersucht in Köln mit seinen Mitarbeitern die Probleme beim Aufbau einer deutschen Luftfahrtgesellschaft. Ein »Vorbereitungsausschuß Luftverkehr« (VAL) trifft sich am 9. November zur konstituierenden Sitzung. Aufgabe ist es u. a., die Grundlage für die Beschaffung von Flugzeugen und flugtechnischem Gerät zu prüfen. Der VAL stützt sich bei seiner Arbeit auf Planungen und Berechnungen des »Büro Bongers«.
Daß der Bundesverkehrsminister die Initiative in Fragen eines bundesdeutschen Flugdienstes ergreifen kann, zeugt von wiedergewonnener Handlungsfreiheit, die die Alliierten im Laufe des Jahres einräumten und die eine Luftfahrtgesellschaft in deutschen Händen möglich erscheinen läßt: Im Juni wird der Segelflug, im Juli der Freiballonsport freigegeben (→ 26. 7./S. 120).
Darüber hinaus unterstützt der Verkehrsminister das »Büro Bongers«, um für einen Ausbau des modernen Transport- und Verkehrssystems Flugzeug gerüstet zu sein: Bereits im ersten Halbjahr des Jahres 1951 zeichnet sich eine deutliche Steigerung des Flugaufkommens von deutschen Flughäfen ab. 26 000 Starts registrierten die Flughafenbehörden im vergangenen Jahr, bereits 19 250 Starts sind es im ersten Halbjahr 1951.

Hans M. Bongers bereitet eine deutsche Luftfahrtgesellschaft vor.

Wahlerfolg stärkt rechtsextreme SRP

6. Mai. Bei den Landtagswahlen in Niedersachsen gewinnt die neonazistische Sozialistische Reichspartei (SRP) 11% der Stimmen und erhöht die Anzahl ihrer Mandate von 2 (1947) auf 16. Bonn erwägt unter dem Vorwurf der NSDAP-Nachfolge einen Verbotsantrag gegen die SRP (→ 16. 11./S. 192).

Landtagswahl Niedersachsen

Partei	Stimmen	%	Mandate (Gewinn/Verlust)
SPD	1 123 068	33,7	64 (– 2)
CDU/DP	790 923	23,8	35 (– 17)
BHE	496 269	14,9	21 (+ 20)
SRP	366 790	11,0	16 (+ 14)
FDP	278 269	8,4	12 (+ 1)
Zentrum	110 343	3,3	4 (– 1)
Dt. Reichspartei	74 108	2,2	3 (+ 2)
KPD	61 371	1,8	2 (– 5)
Dt. Soziale Partei	26 040	0,8	1 (– 1)

Sowjetische Topagenten setzen sich ab

25. Mai. Zwei hochrangige britische Diplomaten, Guy Burgess und Donald D. MacLean, verschwinden unter rätselhaften Umständen wie vom Erdboden und bleiben wochenlang unauffindbar. Nach großangelegten Suchaktionen unter Einsatz von 15 000 Agenten in ganz Westeuropa bestätigt sich der Verdacht, daß es sich bei den beiden um hinter den »Eisernen Vorhang« geflüchtete sowjetische Agenten handelt.

Burgess, britischer Botschaftsattaché in Washington, und MacLean, Chef der Amerika-Abteilung im britischen Außenministerium, sind intime Kenner der westlichen Diplomatie-Strategie sowie aller inneramerikanischen Entwicklungen und spezifisch anglo-amerikanischer Angelegenheiten.

Über den angerichteten Schaden kann nur spekuliert werden: Während der britische Außenminister Herbert Morrison versichert, die beiden Beamten seien nicht im Besitz von amtlichen Dokumenten, berichtet der übergelaufene sowjetische Nachrichtenoffizier Wladimir Petrow drei Jahre später, MacLean habe Aktentaschen voller Dokumente zum Abfotografieren in die Londoner Sowjetbotschaft gebracht. Die Hintergründe der schwerwiegenden Spionageaffäre klären sich erst im Lauf der Jahre. Burgess und McLean bildeten mit den später enttarnten »Superspionen« Kim Philby und Anthony Blunt bereits in den zwanziger Jahren an der Eliteuniversität Cambridge eine verschworene Gemeinschaft. Wie in englischen Studentenkreisen damals nicht unüblich, beschäftigten sie sich besonders intensiv mit den Ideen des Marxismus. Man nimmt an, daß das Quartett bereits hier vom sowjetischen Geheimdienst angeworben wurde. Später, allesamt in einflußreichen und nachrichtendienstlich hochsensiblen Positionen tätig, bildeten sie ein sich gegenseitig stützendes, gefährliches »Kleeblatt« mit Zugang zu den Machtzentralen der westlichen Großmacht Großbritannien.

Versetzen westliche Geheimdienstexperten in helle Aufregung: Guy Burgess (l.) und Donald McLean. Der Glaube an die Überlegenheit des kommunistischen Systems und ein ausgeprägter Anti-Amerikanismus verleiten sie zur Spionage.

Der unmittelbare Anlaß für das Untertauchen von Burgess und McLean sind die für die westlichen Geheimdienste erhellenden Ermittlungen in den Spionagefällen Klaus Fuchs und Ehepaar Rosenberg (→ 5. 4./S. 72). Als der Geheimdienstmitarbeiter Kim Philby erfährt, daß man gegen seine Freunde Burgess und McLean Verdacht hegt, warnt er sie umgehend. Unter dem Vorwand eines Wochenendausflugs gelingt es ihnen, über Frankreich und Prag in die Sowjetunion zu fliehen.

Am 11. Februar 1956 geben die in Großbritannien offiziell als vermißt geltenden Spione in Moskau eine Pressekonferenz, auf der sie sich zum Kommunismus bekennen.

Die 26jährige Prinzessin Regina und Erzherzog Otto bei der Ziviltrauung im lothringischen Nancy

Thron-Prätendent Otto heiratet

10. Mai. Otto Habsburg-Lothringen, 38jähriger Sohn des letzten österreichischen Kaisers Karl I. und Erbe der habsburgischen Thronansprüche, heiratet Regina von Sachsen-Meiningen. Die Hochzeit findet im lothringischen Nancy statt, um auf den Gebietsanspruch der Habsburger hinzuweisen.

Links: Faruk und Narriman; auf Wunsch des Gatten erhöhte die Braut seit der Verlobung ihr Gewicht um einige Kilo. Oben: Hochzeitsfoto mit Familie

Königliche Hochzeit am Nil: Narriman in Seide – Fackelzug für Faruk

6. Mai. *Im Kubbeh-Palast von Kairo heiratet der 31jährige König Faruk I. von Ägypten die 17jährige Narriman Sadek. Die Trauung findet nach muslimischem Ritus statt: Bei der Unterzeichnung des Ehekontraktes ist die Braut nicht anwesend. Ein Onkel Narriman Sadeks gibt als Vertreter der Familie sein Einverständnis.*

101 Kanonenschüsse künden dem Volk von der Trauung. Im ganzen Land wird das Ereignis, das mit dem 15. Jahrestag von Faruks Thronbesteigung zusammenfällt, gefeiert. Fackelzüge und Flottenparaden werden bei Alexandria veranstaltet. Während der Feierlichkeiten trägt Narriman Sadek ein Kleid aus weißer Seide, das mit Diamanten übersät ist. Das Hochzeitsfest kostet umgerechnet 3 Mio. DM.

Aus aller Welt treffen kostbare Geschenke für die Eheleute ein: Der britische König Georg VI. schickt ein antikes, silbernes Tintenfaß, der amerikanische Präsident Harry S. Truman vier kostbare Glasvasen. In erster Ehe war König Faruk I. mit Farida Zulficar, einer Tochter von Jusuf Zulficar Pascha, verheiratet.

Mode 1951:

Modische Accessoires unterstreichen damenhaften Schick

Noch ist die Versorgungslage auf dem Bekleidungssektor nicht perfekt. Es gibt zwar Stoffe in allen Preislagen, doch läßt z. B. das Schuhangebot zu wünschen übrig. Ruhiger, damenhafter Schick, unterstrichen durch farblich sorgfältig abgestimmte Accessoires wie kleine Hüte, Handschuhe, Handtaschen und – in noch bescheidenem Maße – Schuhe prägen das Modebild. Noch ist die Konfektion sechs Jahre nach Kriegsende im Aufholstadium: Hausschneiderinnen sind genauso selbstverständlich wie selbstgefertigte Kleidung.
Schnitthefte – »Sogra-Schnitte«, »GeJo Modenblatt« und »Der neue Schnitt« – sind die eigentlichen Frauenjournale. Sie sind im Abonnement zu haben oder in größeren Kaufhäusern einsehbar.
In der Frauenmode des Jahres 1951 sind weite Röcke, wie der Plisseerock, beliebt. Sie werden nicht durch Unterröcke betont, sondern liegen der Figur an. Hemdblusenkleider mit dreiviertellangen Fledermausärmeln dominieren.

Rot und Weiß für sommerliche Mode

Praktisch und pfiffig ist die Sommermode, die die Modeschöpfer aus Europa und Übersee für die Jugend kreieren. Schulterfreie Bluse und schulterfreies Sonnenkleid aus den USA, dreiviertellange Strandhosen aus Frankreich, der superkurze Bademantel aus Italien sowie preiswerte Shorts und Pullis sind bei jugendlichen Käufern beliebt.
Kleidung mit rotweißkarierten Längs- oder Querstreifen ist das »Trumpf-As dieses Sommers«, so die Illustrierte »Revue«: Neben Pullovern und Hemden kommen Strandkostüme in dieser auffälligen Farbkombination auf den Markt. Neues Muster für Damenblusen wird das »Fensterkreuz«, großkarierte Linien auf weißem Grund. Eine Brusttasche, verschränkt aufgesetzt, gibt den Modellen eine besondere Note.
Markenzeichen jugendlicher Mode sind Kragen in unterschiedlichen Ausführungen: Vom gestärkten Leinenkragen bis zu Samtaufschlägen reicht die Palette.

Die Kleider haben runde Schultern, einen langgezogenen V-Ausschnitt oder eingeschnittenen Dreiecksausschnitt. Große Vielfalt weisen die Kragenlösungen mit angeschnittenen Revers, Schwalbenschwanz- oder Dantonkragen auf. Elegante Nachmittagskleider fallen durch schlichte Drapierungseffekte auf.
Freizeit- und Badekleidung fehlen oft noch, und so muß das Unterkleid dafür herhalten.
Bei den Mänteln sieht man viele weite Schwinger oder gerade Hänger, meist mit bequemen Raglanärmeln oder für Mädchen taillenbetonende »Redingotes«. Flausch ist der Mantelstoff schlechthin. Petrol, Havannabraun und Kornblumenblau zählen zu den Modefarben für Kostüme und Mäntel.
Schuhe, bisher üblich in Tauschzentralen zu bekommen, füllen in diesem Jahr erstmals die Regale. Die Schuhe haben dicke Absätze und runde Vorderkappen. Sie sind aus Leder oder Sämisch-Leder (Fettgegerbtes), perforiert oder gelöchert.
Der Strumpf wird erotisches Accessoire, genauer die Strumpfnaht, die die Damen mehrmals täglich mühevoll in eine gerade Linie bringen. Und wie oft reißt nicht der Gummiknopf am Strumpfband, weshalb ein Pfennigstück verstohlen als Ersatz fixiert werden muß. Teuer sind die dünnen Nylons allemal, und so bleibt keiner Frau der Gang in die Repassierwerkstatt erspart.
Der Schnitt der Strümpfe muß dem Frauenbein angepaßt sein – Stretch gibt es noch nicht. Die Strumpfmaße richten sich nach den Ergebnissen des von der Firma ARWA ausgeschriebenen Beinwettbewerbs. Höhepunkt ist die Wahl der Beinkönigin in Stuttgart. Ergebnis des Wettbewerbs: Das Normalbeinmaß hat sich gegenüber 1938 entschieden geändert – die Beine sind länger, die Waden stärker und die Füße ausgeprägter. Die Stilferse, die das Bein schlanker aussehen läßt, setzt sich durch.
Zur gepflegten Dame gehört eine dezente Schminke, etwas Puder, Wangenrouge und Lippenstift. Ein neues Requisit auf den Schminktischen der Frauen ist die Wimpernschere, die »einen betörenden Augenaufschlag garantiert«.
Werbethema Nummer eins in allen Frauen- und Modejournalen 1951 ist die Körperhygiene. Die Frau – als Sekretärin im Büro – soll, laut Werbeslogans, mehr den je auf Vermeidung von Körpergeruch achten. Schweißblätter sind obligatorisch, denn wer will schon häßliche, gelbe Schweißränder in der weißen Perlonbluse. Es gilt, jeden Tag hübsch und gepflegt auszusehen, nach dem Motto: »Kluge Mädchen sind hübscher.« Laut Werbung »wissen« sie: Das amerikanische Erzeugnis »Odo-Ro-No« »beseitigt lästige Transpiration, verhütet unangenehmen Geruch, schont Kleider«. Der »Bac«-Stift – seit 1951 in der Bundesrepublik erzeugt – »bringt mit dem Geruch ›Frische‹ die Kraft der Alltagsbewältigung. Mit einem kleinen Strich wird Streß besiegt.« »8 × 4 = Umwälzung beim täglichen Waschen. Ein Schaum, der es in sich hat. Wer sich mit 8 × 4 gründlich wäscht, erreicht dreierlei auf einmal: Gründliche Reinigung, wohltuende Erfrischung und nachhaltige Geruchstilgung.«
In Italien wird auf Initiative von Marchese Giovanni Battista Giorgini die »Alta Moda Italiana« gegründet. Führende Couturiers wie Emilio Pucci, Emilio Schuberth, Simonetta und Germana Marucelli schließen sich der Idee an. Ihr Bestreben ist, zweimal jährlich im Palazzo Pitti in Florenz Modenschauen für Einkäufer und Journalisten abzuhalten.
Die Herrenmode ist noch kein allzu großes Thema. Farben und Muster der Herrenanzüge sind dezent, selbst die schmale Krawatte darf kaum auffallen. Die ersten Nylonhemden stellen eine große Erleichterung für geplagte Hausfrauen und alleinlebende Junggesellen dar: Am Abend gewaschen und über einen Kleiderbügel gehängt, sind sie am nächsten Tag wieder strahlend weiß. Nicht nur auf dem Land, sondern auch in der Großstadt sieht man Herren in Knickerbocker und mit Aktentasche ins Büro eilen. In Süddeutschland und Österreich ist die kurze Lederhose die sommerliche Freizeitkleidung.

Wollkleid aus schwarzweißem Pepita mit gestärktem Leinenkragen, Schleife und schmalem Lackgürtel

Ein Kleid aus dunkelblauer Wolle mit Pikeeaufschlägen an den Kimonoärmeln für die Arbeit

Damenhaftes, figurbetontes Abendkleid mit raffiniert eingearbeiteten Stoffeinsätzen (Godets), die dem Kleid eine glockige Weite geben (l.). Das Bürokleid (2. v. l.) hat durch die eingelegte Falte eine bequeme Schrittweite. Ein salopper Schwinger für den Tag (3. v. l.); jugendliches Sommerkleid mit weitem Sonnenplissee-Rock (4. v. l.); das elegante Nachmittagskleid (5. v. l.) besticht durch reizvolles amerikanisches Dekolleté und passende Accessoires.

Seriös: Knopfreihen und Revers geben dem Modell die klare Linie.

Mantelkleid aus Pepitaseide: Nur die weiten Ärmel weichen von der »Redingote«-Linie ab.

»Spanische« Abendgarderobe: Tüllrock mit Musselinstreifen und schwarzem Taftoberteil

Figurbetont und bleistiftschmal

Es gibt sie zwar, die Haute Couture, in Paris und in bescheidenem Umfang in Berlin, aber sie hat keinen saisonal wechselnden Einfluß. Christian Diors »New Look« und seine »Enge Linie«, beide von 1947, bzw. die figurbetonte Vertikallinie von 1950 bestimmen weiterhin die Mode.

Diors Vertikallinie ist geprägt von figurbestimmten Oberteilen und bleistiftschmalen Röken. Aufgesetzte Tütentaschen oder Bundfalten betonen die Hüften.

Aber die Frauen tragen nicht Diors klassische Kleidlänge von 30 cm über dem Boden, sondern etwas kürzer, d. h. bis ungefähr zum Wadenansatz. Kaum ein Kleid wird ohne engen, schmalen Gürtel getragen. Sehr modebewußte Damen betonen die »Wespentaille« durch ein Hüftmieder (Guepière), das Marcel Rochas erfunden hat. Dadurch kommt der Hüftknick besonders zur Geltung, der beim engen Rock durch zwei über der Hüfte aufspringende Fältchen oder aufgesetzte Taschen zusätzlich betont wird.

Daran ändert auch die im Winter von Dior vorgeschlagene »Gestreckte Linie« wenig, deren Prinzeßform die übliche Überbetonung der Hüften gerade vermeiden will.

Der Rundausschnitt ist beim T-Shirt beliebt. Weiter Glockenhut und Handschuhe gehören dazu.

Der kurzärmelige Pullover mit V-Ausschnitt und abgestuften Streifen von blau bis rot kommt in Mode.

Ein ärmelloser Pullover, Faltenrock und große Schmuckstücke gewährleisten elegantes Auftreten.

Streifenhemd aus dünnem Frottee mit passendem Kleid und kleinem Hut trägt die Frau im Sommer.

Leistungsshow in Großbritannien

3. Mai. Von der Treppe der St.-Pauls-Kathedrale eröffnet König Georg VI. das »Festival of Britain«, die Jahrhundert-Ausstellung Großbritanniens. Die Geschichte des Landes, Erfindungen, Entdeckungen und Errungenschaften der Bevölkerung Großbritanniens werden der Welt präsentiert. »Ich sehe dieses Festival als ein Symbol von Britanniens bleibendem Lebensmut an«, so Georg VI. über das Ziel der Großveranstaltung, die vier Jahre vorbereitet wurde.

Mit dem Spektakel wollen die Briten an die Londoner Weltausstellung von 1851, der ersten ihrer Art, erinnern. Dabei hoffen sie, daß 1951 als »Jahr der Festivals« in die Geschichte eingeht – ungeachtet außenpolitischer Konflikte in Persien (→ 31. 7./S. 114), Korea (→ 16. 5./S. 84) und Ägypten (→ 8. 10./S. 175) sowie innenpolitischer Turbulenzen (→ 23. 4./S. 73).

Treibende Kraft bei der Vorbereitung der Leistungsshow war der Labour-Politiker Herbert Morrison, von Kollegen auch »Lord Festival« genannt. Er setzte durch, daß 9 Mio. Pfund (112,5 Mio. DM) aus dem Staatssäckel für die Organisation des Festivals bereitgestellt wurden. Zentrales Ausstellungsgelände ist das Südufer der Themse, das zwischen Waterloo- und Hungersfordbrücke von Schutt und Dreck geräumt wurde, um Hallen und Vergnügungsparks Platz zu bieten. Die Royal Festival Hall ist noch rechtzeitig zur Show fertiggestellt worden. Sie steht neben einer »Kuppel der Erfindungen«, die mit dem größten Metalldach der Welt ausgestattet ist. Wahrzeichen der Ausstellung ist ein 90 m hoher »Skylon«, ein zigarrenförmiges Gebilde mit einem Gewicht von 28 t.

Auf besonderes Interesse stoßen die »plastischen«, dreidimensional wirkenden Filme, die im »Telecinema« täglich bis 2400 Besucher begeistern. Erstmals werden 3-D-Filme auf der Insel gezeigt.

Neben der zentralen Ausstellung in London finden im ganzen Land Veranstaltungen statt, die Großbritanniens Geschichte und die Leistungen seiner Bevölkerung darstellen. So organisiert auch die Stadt Edinburgh ihre Festspiele im Rahmen des »Festival of Britain«.

Impressionen des Vergnügungsgeländes »Battersea Park« an der Themse. Zoo und Kirmes, Cafés und Restaurants laden zu einem vergnüglichen Bummel ein.

In Glasgow wird als Abschluß einer Ausstellung über die Entwicklung der Energiegewinnung eine Anlage zur Erzeugung künstlicher Blitze gezeigt.

Ein vergrößertes Atom über dem Eingang gibt den Besuchern in Süd Kensington, London, einen ersten Hinweis auf Ausstellungen über elementare Bausteine des Lebens.

Ein altbekannter Orientierungspunkt Londons, der rote Löwe der Brauerei, steht nun am Ausstellungsgelände.

»Bubi« boxt besser: Sieg gegen Schneider

20. Mai. Vor 4000 begeisterten Zuschauern gewinnt der Berliner Boxer Gustav »Bubi« Scholz gegen Titelverteidiger Walter Schneider durch einen Punktsieg nach zwölf Runden den Deutschen Meistertitel im Weltergewicht.

Der Rechtsausleger von der Spree ist in der Sporthalle Am Funkturm dem defensiv eingestellten Schneider aus Gelsenkirchen an Größe und Reichweite deutlich überlegen. Durch eine beeindruckende Leistung, vor allem in den letzten vier Runden, boxt er sich in seinem 30. Profikampf zum Titel.

Scholz ist im Arbeiterviertel Prenzlauer Berg geboren. Wegen seiner schmächtigen Statur erhielt er im Kindesalter von seinen Spielgefährten den Spitznamen »Bubi«. Mit 16 Jahren bekam er die ersten Boxhandschuhe. Als Jugendlicher nahm er heimlich in Berlin Boxunterricht. Ohne jemals als Amateur im Ring gestanden zu haben, wurde »Bubi« Scholz schon mit 18 Jahren Profiboxer. Seinen ersten Kampf im Sommer 1948 gegen H. Eichler gewann das Naturtalent überzeugend nach Punkten: Bubi Scholz traf seinen Gegner so schwer, »daß dieser seine Hochzeit verschieben mußte«. Der technisch hochbegabte Berliner reihte Erfolg an Erfolg, bis er den Titelverteidiger im Weltergewicht zum Kampf fordern konnte. Scholz, der zunächst Feinmechaniker war, und nach dem Zweiten Weltkrieg eine Lehrzeit als Koch absolvierte, ist inzwischen nach Max Schmeling der beliebteste Boxsportler in Deutschland.

Seinen nationalen Meistertitel im Weltergewicht, der Klasse bis 66 kg, behält Scholz allerdings nur bis 1952. Wegen Gewichtsproblemen gibt er den Titel freiwillig wieder ab, um als Mittelgewichtler seine erfolgreiche Karriere fortzusetzen.

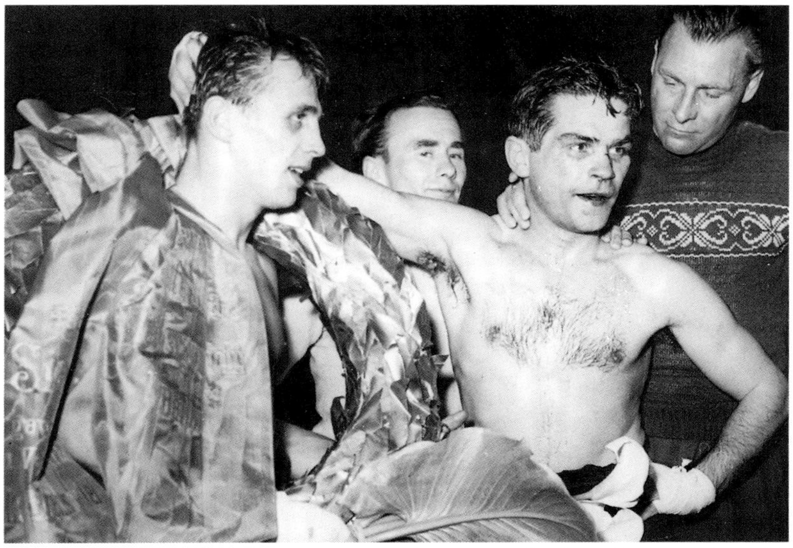

Lorbeer für den gewieften Taktiker und guten Techniker »Bubi« Scholz (l.), der den Titelverteidiger Walter Schneider (3. v. l.) besiegt

NOK für Deutschland vom IOC anerkannt

8. Mai. Auf einer Konferenz in Wien beschließt der Exekutivausschuß des Internationalen Olympischen Komitees (IOC) einstimmig die Aufnahme des 1949 in Bonn gegründeten »Nationalen Olympischen Komitees für Deutschland«.

Das Beitrittsgesuch des Olympischen Komitees der DDR, das sich am 22. April 1951 gründete, wird zurückgestellt. Auflage für die beiden deutschen Olympischen Komitees ist eine Einigung über eine gemeinsame Vertretung und eine gesamtdeutsche Mannschaft für die Olympischen Spiele 1952 in Oslo und Helsinki.

Am 22. Mai treffen sich auf Initiative des IOC Vertreter der beiden Olympiakomitees in Lausanne. Sie vereinbaren, daß das bereits anerkannte »NOK für Deutschland« die Olympiateilnahme aller Sportler aus Ost und West gewährleisten soll. Beide Sportorganisationen beschließen die Bildung eines Gesamtdeutschen Olympischen Komitees. Die DDR-Vertreter kündigen die Vereinbarung wieder auf, als ihre Regierung das Vorhaben verwirft (→ 26. 11./S. 195).

12:12 – Botwinnik behält Schachkrone

14. Mai. Da nach internationalem Reglement dem Titelverteidiger ein Unentschieden genügt, kann der amtierende sowjetische Schachweltmeister Michail Botwinnik seinen Landsmann und Herausforderer David Bronstein in einem dramatischen Titelkampf um die Schachkrone knapp mit 12:12 niederhalten.

Das insgesamt acht Wochen dauernde Duell in der Moskauer Tschaikowski-Konzerthalle bringt dem als unbesiegbar geltenden Weltmeister mehr Schwierigkeiten als erwartet. Zum ersten Mal seit Jahren sitzt ihm mit Bronstein ein Gegner gegenüber, der ihm an Talent, Theoriekenntnis und Nervenstärke annähernd ebenbürtig ist.

Der 1911 in Leningrad geborene Botwinnik dominiert seit Alexander Aljochins Tod im Jahr 1945 die internationale Schachszene. Im Jahr 1948 setzte sich der Elektroingenieur in einem Fünfkampf gegen die versammelte Schachelite durch und wurde Weltmeister. Gegen David Bronstein muß er seinen Titel nun zum ersten Mal verteidigen.

Beim Zweikampf Botwinnik – Bronstein prallen zwei unterschiedliche Spielsysteme, zwei gegensätzliche Schachauffassungen aufeinander: Während der Weltmeister seiner nüchternen Veranlagung gemäß der ausschließlich wissenschaftlich-analytischen Methode huldigt, zeigt Bronstein einen phantasievollen Angriffsstil mit verblüffendem Kombinationsvermögen. Sein manchmal zu riskantes Spiel ist allerdings auch seine Achillesverse.

Vor der 23. und damit vorletzten Partie stand es 11,5 : 10,5 für den 27jährigen Bronstein, und Botwinnik führte zum letzten Mal die weißen Steine. Wenn er seinen Titel behalten wollte, mußte er diese Partie für sich entscheiden, denn mit den schwarzen Steinen in der letzten Partie war ein Sieg äußerst unwahrscheinlich. Tatsächlich gelang es dem Weltmeister in einer Situation höchster psychologischer Anspannung, die 23. Partie für sich zu entscheiden und somit den Weg für den rettenden Gleichstand zu ebnen.

Grünfeld-Indisch: Botwinnik – Bronstein, 23. Partie

1. d4 Sf6, 2. c4 g6, 3. g3 c6, 4. Lg2 d5, 5. cd5: cd5:, 6. Sc3 Lg7, 7. Sh3 Lh3:, 8. Lh3: Sc6, 9. Lg2 e6, 10. e3 0-0, 11. Ld2 Tc8, 12. 0-0 Sd7, 13. Se2 Db6, 14. Lc3 Tfd8, 15. Sf4 Sf6, 16. Db3 Se4, 17. Db6: ab6:, 18. Le1 Sa5, 19. Sd3 Lf8, 20. f3 Sd6, 21. Lf2 Lh6, 22. Tac1 Sac4, 23. Tfe1 Sa5, 24. Kf1 Lg7, 25. g4 Sc6, 26. b3 Sb5, 27. Ke2 Lf8, 28. a4 Sc7, 29. Lg3 Sa6, 30. Lf1 f6, 31. Ted1 Sa5, 32. Tc8: Tc8:, 33. Tc1 Tc1:, 34. Sc1: La3, 35. Kd1 Lc1:? . . . Weiß verliert einen Bauern und bekommt dafür Gewinnchancen! . . . **36. Kc1: Sb3:+, 37. Kc2 Sa5, 38. Kc3 Kf7, 39. e4 f5** . . . Zeitnotfehler! . . . **40. gf5: gf5:, 41. Ld3 Kg6, 42. Ld6 Sc6, 43. Lb1 Kf6, 44. Lg3!!** (siehe Diagramm) **fe4:, 45. fe4: h6, 46. Lf4 h5, 47. ed5: ed5:, 48. h4 Sab8, 49. Lg5+ Kf7, 50. Lf5 Sa7** (Se7, 51. Lh3! Sbc6, 52. Lg2 Kg7, 53. Le7: Se7:, 54. Kb4 Sc6 +, 55. Kb5 Sd4: +, 56. Kb6: u. g.) **51. Lf4 Sbc6, 52. Ld3 Sc8, 53. Le2 Kg6, 54. Ld3+ Kf6, 55. Le2 Kg6 , 56. Lf3 S6e7, 57. Lg5** – Schwarz gibt auf.

◁ Stellung nach 44. Lg3 . . . Es entsteht ein äußerst interessanter Zugzwang: Falls 44 . . . Sab4, so folgt 45. Le5+ Kg6, 46. Ld6 Sa6, 47. ed5: ed5:, 48. La2.

Film 1951:

Krise trotz voller Kinos

Risikoscheue Produzenten, unrentable Produktionsbedingungen, schlechte Filmqualität – aber volle Häuser. So läßt sich die Situation des bundesdeutschen Films 1951 auf einen Nenner bringen.
Die Qualitätskrise deutscher Filmproduktionen ist von den wirtschaftlichen Rahmenbedingungen nicht zu trennen. Die Dekartellisierungsvorschriften der Alliierten haben eine Vielzahl (insgesamt über 70) von Produktionsfirmen entstehen lassen, die auf einer unsicheren Wirtschaftsbasis den schnellen Einspielerfolg suchen müssen. Der Amortisationsdruck ist verantwortlich für schlechte Vorbereitung der einzelnen Projekte und für Konzessionen bei der Themenwahl. Das Ergebnis sind minderwertige Klischeefilme wie »Grün ist die Heide« mit dem Erfolgspaar Sonja Ziemann und Rudolf Prack unter der Regie von Hans Deppe.
Zu den wenigen Ausnahmen zählen »Die Sünderin« (→ 18. 1./S. 25) von Willi Forst, der zumindest Tabuthemen wie Prostitution und Selbstmord anspricht, und »Der Verlorene«, die einzige Regiearbeit des aus den USA zurückgekehrten Peter Lorre.
Ob anspruchsvoll oder verkitscht – das Publikum drängt sich unbeirrt Abend für Abend vor den Kinokassen. Die Besucherzahl erreicht die Rekordhöhe von über 500 Millionen. Beachtenswertes gibt es vor allem aus der Produktion der Deutschen Film AG (DEFA), die das Monopol zur Herstellung von Filmen in der DDR hat. Den größten, auch internationalen Erfolg erzielt Wolfgang Staudte mit der Verfilmung von Heinrich Manns »Der Untertan«. Gezeigt wird eine satirisch-entlarvende Charakterstudie des deutschen Untertanentyps, der sich immer wieder für Militarismus und Krieg mißbrauchen läßt. Nicht zu Unrecht wird der Film als Beschreibung der triebökonomischen Voraussetzungen des Faschismus verstanden. In der Bundesrepublik wird die Aufführung des Films zunächst einmal untersagt.
Während der bundesdeutsche Film unter dem Kommerzdruck leidet, geraten DDR-Regisseure zusehends unter das ästhetisch-politische Diktat des sozialistischen Realismus (→ 14. 3./S. 58). Die Einmischung staatlicher Stellen treibt viele bedeutende Regisseure wie Wolfgang Staudte, Erich Engel und Paul Verhoeven in die Bundesrepublik.
Gefahr droht dem Aufbau einer eigenständigen deutschen Filmindustrie aus dem Ausland: 600 aller 700 auf dem deutschen Markt erscheinenden Filme sind ausländische, vor allem US-Produktionen: Der aufwendige Ausstattungsfilm in Breitwand und Farbe beherrscht die Szene. Das Musical »Ein Amerikaner in Paris« mit Gene Kelly und Leslie Caron wird ein Riesenerfolg und erhält am 20. März 1952 den Oscar für den besten Film des Jahres 1951. Sensationell ist das Zusammenspiel der Choreographie Gene Kellys mit der Musik von George und Ira Gershwin.
Ein psychologisches Drama der Extraklasse setzt Elia Kazan mit seiner werkgetreuen Verfilmung von Tennessee Williams' »A Streetcar Named Desire« (Endstation Sehnsucht) in Szene.
Angesichts dieser übermächtig scheinenden Konkurrenz verabschiedet die Bundesregierung zum Schutz des deutschen Films das »Filmquotengesetz«, nach dem jeder dritte Film, der in deutschen Kinos läuft, auch in der Bundesrepublik produziert sein muß.
(Siehe auch Übersicht »Filme« im Anhang.)

Hollywood-Heimkehrer Peter Lorre in seinem Film »Der Verlorene«

Elizabeth Taylor und Montgomery Clift in »Ein Platz an der Sonne« (1951): Der Sohn armer Wanderprediger sucht den sozialen Aufstieg um jeden Preis.

In John Hustons »African Queen«, der 1951 gedreht wird, (be)kriegen sich Humphrey Bogart und Katharine Hepburn während einer Flußfahrt.

V. l.: Macdonald Carey, Marilyn Monroe, Zachary Scott und Claudette Colbert in der eher seichten Komödie »Machen wir's legal«; Marilyn (in der Nebenrolle der Joyce) hat es, wie gewohnt, in erster Linie auf Bares abgesehen. Allerdings beweist sie auch komödiantisches Talent.

»Weißes Gift« ist die verfälschte deutsche Verleihfassung des Hitchcock-Klassikers »Berüchtigt« aus dem Jahr 1946. Zur Schonung der deutschen Kinobesucher haben es Ingrid Bergman und Cary Grant nicht mit Nazi-Spionen, sondern mit internationalen Rauschgiftschmugglern zu tun.

△△ »Endstation Sehnsucht«: Die verzweifelte Blanche (Vivian Leigh, Mitte, mit Marlon Brando und Kim Hunter) sucht bei ihrer Schwester Schutz . . .
△ . . . und macht mit ihrem Schwager (Marlon Brando) schlechte Erfahrungen. Für die Darstellung der Blanche erhält Vivian Leigh einen Oscar.

△ Sonja Ziemann und Rudolf Prack in »Grün ist die Heide«. Die beiden gelten als Traumpaar des deutschen Films.
◁ Gigantisches Ausstattungsspektakel in Technicolor: Gene Kelly und Leslie Caron in »Ein Amerikaner in Paris«

Juni 1951

Mo	Di	Mi	Do	Fr	Sa	So
				1	2	3
4	5	6	7	8	9	10
11	12	13	14	15	16	17
18	19	20	21	22	23	24
25	26	27	28	29	30	

1. Juni, Freitag

Der erste Botschafter der Bundesrepublik Deutschland, Clemens von Brentano, überreicht dem italienischen Staatspräsidenten Luigi Einaudi in Rom sein Beglaubigungsschreiben.

Der Bundestag verabschiedet den vorläufigen Bundeshaushalt 1951/52 in Höhe von 14,963 Mrd. DM. Er ist damit um fast 1 Mrd. DM umfangreicher als der Haushaltsplan 1950/51.

In Wien wird zum ersten Mal nach dem Zweiten Weltkrieg eine Volkszählung durchgeführt. Sie erfaßt auch den seit dem Krieg stark veränderten Häuserbestand.

2. Juni, Samstag

Gilbert Grandval, französischer Oberkommissar im Saarland, bekräftigt alle französischen Rechte im Saarland, das wirtschaftlich an den Nachbarn Frankreich angegliedert ist (→ 10. 12./S. 203).

In Prag wird der Hauptmitarbeiter der französischen Nachrichtenagentur AFP verhaftet. Die AFP schließt daraufhin ihr Büro.

3. Juni, Sonntag

In der sowjetischen Zone und in Ost-Berlin beginnt eine dreitägige, staatlich gesteuerte Volksbefragung (→ 9. 5./S. 87) gegen die Remilitarisierung Deutschlands und für den Abschluß eines Friedensvertrags. Fast 96% der Abstimmungsberechtigten votieren für diese Ziele.

Die Parteizentrale der SPD zieht von Hannover nach Bonn um.

Der 1914 verstorbene Papst Pius X. wird in der Peterskirche in Rom vor über 50 000 Katholiken seliggesprochen. Die Mitteilung wird von Monsignore Ferdinando Prosperini verlesen.

In Lübeck wird der fast 800 Jahre alte Dom, der 1942 durch Bomben schwer beschädigt wurde, mit einem Festgottesdienst wieder eingeweiht.

Der Münchner Georg Meier gewinnt auf dem Nürburgring vor 250 000 Zuschauern das Motorradrennen der Halbliterklasse mit einem neuen Klassenrekord von durchschnittlich 122,5 km/h.

4. Juni, Montag

Der US-amerikanische Botschafter in Teheran, Henry F. Grady, händigt einen Brief seines Präsidenten Harry S. Truman an den britischen Ministerpräsidenten Clement R. Attlee versehentlich dem iranischen Kabinettschef Mohammad Mossadegh aus. → S. 102

300 000 Deutsche, die durch die Westmächte aus dem Ausland und aus ihren überseeischen Wohnsitzen vertrieben worden sind, schließen sich in Bonn zur »Interessengemeinschaft der West- und Überseevertriebenen« zusammen.

Wegen des Lehrstellenmangels in der Bundesrepublik erreicht Bundesflüchtlingsminister Hans Lukaschek in Stockholm eine Zusage über die Ausbildung deutscher Lehrlinge in der schwedischen Industrie.

5. Juni, Dienstag

Der norwegische König Håkon VII. begibt sich zu einem Staatsbesuch nach Großbritannien.

Der Zentralverband Deutscher Mieter und der Bund westdeutscher Mieterverbände schließen sich in Köln zum Deutschen Mieterbund zusammen. Ziel ist die Erwirkung eines sozialen Miet- und Wohnrechts.

6. Juni, Mittwoch

Vertreter von CDU und FDP einigen sich in Rheinland-Pfalz auf die Bildung einer Koalitionsregierung. Ministerpräsident bleibt Peter Altmeier (CDU).

Mit der Begründung, dem Prestige der Alliierten geschadet zu haben, verbietet die alliierte Oberkommission drei kommunistische Zeitungen in Düsseldorf, Köln und Detmold zunächst für die Dauer von 90 Tagen.

Eine durch große Dürre verursachte Hungersnot im nordbrasilianischen Bundesstaat Ceara treibt 300 000 Verzweifelte in die großen Städte.

Im Steglitzer Titania-Palast beginnen die I. Internationalen Berliner Filmfestspiele. Es beteiligen sich 21 Nationen mit 34 Spiel- und 80 Kulturfilmen. → S. 106

Die britische Versicherungsgesellschaft Lloyds beurteilt die Chancen eines Kriegsausbruches 20:1 gegen einen Krieg. Für 100 Dollar Versicherungsprämie bekommen Reise- oder Messeveranstalter im Kriegsfall Schäden bis zu 2000 Dollar ersetzt.

7. Juni, Donnerstag

In Landsberg am Lech werden die letzten sieben Todesurteile gegen dort einsitzende Kriegsverbrecher vollstreckt. → S. 100

Im Zusammenhang mit dem Vorwurf der Bestechung bei der Wahl der Bundeshauptstadt findet im Bundestag die Debatte über den Abschlußbericht des »Spiegel«-Ausschusses statt. → S. 101

Zur Eindämmung der Arbeitslosigkeit veröffentlicht der Bundesminister für Arbeit, Anton Storch, einen Erlaß, der die Einhaltung der 48-Stunden-Woche und der Sonntagsruhe vorschreibt.

Der Bundestag beschließt, ein Bundesaufsichtsamt für das Versicherungswesen in Berlin einzurichten. Die neue Institution soll private Versicherungsunternehmen, private Bausparkassen und öffentlich-rechtliche Wettbewerbsversicherungsunternehmen kontrollieren.

Im Théatre Antoine in Paris wird das Schauspiel »Der Teufel und der liebe Gott« von Jean-Paul Sartre uraufgeführt. → S. 107

8. Juni, Freitag

Der jugoslawische Außenminister Edvard Kardelj gibt vor dem außenpolitischen Ausschuß des Parlaments bekannt, daß Jugoslawien in Washington um amerikanische Waffenlieferungen nachsucht, da sich das Land von seinen östlichen Nachbarn unmittelbar bedroht fühle (→ 31. 10./S. 176).

Der Vertrag zwischen Dänemark und den Vereinigten Staaten von Amerika über die gemeinsame Verteidigung Grönlands (→ 27. 4./S. 72) tritt in Kraft.

Der Deutsche Bundestag beschließt die Erhöhung der Umsatzsteuer von 3 auf 4% (→ S. 104).

In Essen stellt sich das neueröffnete Folkwang-Tanztheater unter der Leitung von Kurt Jooss vor. → S. 106

9. Juni, Samstag

In Düsseldorf werden 36 Kommunisten verhaftet, die für die in der Bundesrepublik verbotene Volksbefragung demonstrieren (→ 9. 5./S. 87).

In seiner Heimatstadt schwimmt der Münchner Herbert Klein in 2:27,3 min einen sensationellen Weltrekord über 200 m Brust. → S. 109

10. Juni, Sonntag

Als Nachfolger des verstorbenen Hans Böckler nominiert der Bundesausschuß des Deutschen Gewerkschaftsbundes den Vorsitzenden der IG Druck und Papier, Christian Fette (→ 24. 7./S. 125).

Nach dem Rücktritt der alten Regierung am Vortag legt die neue Regierung Nepals (→ 15. 2./S. 39) den Amtseid ab. Die Machtverteilung beruht auf der Parität zwischen der indienfreundlichen Kongreßpartei und der Rana-Gruppe, der herrschenden Familie Nepals.

Die erste Internationale Messe Druck und Papier (DRUPA) schließt in Düsseldorf ihre Pforten. 527 Aussteller aus neun Ländern informierten seit dem 26. Mai 195 185 Besucher. Auf 18 450 m² zeigten sie u. a. neueste Entwicklungen in der Drucktechnik.

Den Sieg im 34. Giro d'Italia (seit 19. 5.) holt sich der 31jährige Italiener Fiorenzo Magni.

11. Juni, Montag

Der geheime politische Orden »Erste Legion« (→ 24. 3./S. 52) tritt mit einem elf Leitsätze umfassenden Programm an die bundesdeutsche Öffentlichkeit.

Der US-Senat stimmt einem 190-Mio.-Dollar-Kredit an Indien zu, um die dort herrschende Ernährungskrise zu bekämpfen.

Die Bundespost beginnt in West-Berlin mit Fernsehversuchssendungen, um der Industrie die Möglichkeit zur Entwicklung serienreifer Fernsehempfänger zu geben.

In Frankfurt am Main wird das Neckermann-Versandhaus eingeweiht.

12. Juni, Dienstag

Die Westmächte protestieren gegen den Versuch der Sowjetunion, über West-Berlin eine Exportblockade (→ 3. 8./S. 145) zu verhängen. Die Blockade dauert bis zum 18. Juni.

Die Bundesrepublik Deutschland wird in die International Arbeitsorganisation (ILO; International Labour Organization) aufgenommen, die sich der Verbesserung der Arbeitsbedingungen in den einzelnen Ländern widmet.

3000 britische Fallschirmjäger treffen auf Zypern ein, um notfalls in den persisch-britischen Ölkonflikt eingreifen zu können (→ 31. 7./S. 114).

Nach 31 Stunden und 45 Minuten beendet das britische Unterhaus die bisher längste Sitzung nach Kriegsende und die zweitlängste dieses Jahrhunderts. Es ging um die Haushaltsdebatte.

13. Juni, Mittwoch

In Irland wird nach einem Regierungswechsel der Führer der Fianna-Fail-Partei, Eamon de Valera, mit 74 gegen 69 Stimmen zum Ministerpräsidenten gewählt.

Hinrich Wilhelm Kopf (SPD) wird als niedersächsischer Ministerpräsident bestätigt. Er leitet eine SPD/BHE/Zentrum-Koalition.

14. Juni, Donnerstag

Bundeskanzler Konrad Adenauer trifft zu seinem ersten Staatsbesuch in Italien ein. Hauptthema der politischen Gespräche ist die europäische Zusammenarbeit (→ 19. 6./S. 101).

Der Bundestag erläßt das Gesetz über die Aufhebung von Kriegsvorschriften. Es schreibt vor, alle Bestimmungen aufzuheben, die ausländische Staatsangehörige als Feinde behandeln.

US-Präsident Harry S. Truman gibt bekannt, daß die Zahl der Verkehrsopfer in den Vereinigten Staaten sich der Millionengrenze nähert. Damit wären ebenso viele Amerikaner bei Verkehrsunfällen getötet worden, wie in allen Kriegen der US-Geschichte zusammen.

15. Juni, Freitag

Die Sowjetunion und China unterzeichnen in Moskau ein Handelsabkommen ungenannten Umfangs, mit dem die Sowjetunion auch für den Koreakrieg wichtige Güter zusagt.

Der schweizerische Außenminister Max Petitpierre erklärt, die traditionelle Neutralität seines Landes verbiete vorläufig einen Beitritt der Schweiz zum Europarat nach Straßburg.

Über die letzten Hinrichtungen deutscher Kriegsverbrecher berichten die Tageszeitungen in großer Aufmachung. Der »Presse- und Funkbericht«, der einen Pressespiegel für die Bundestagsabgeordneten zusammenstellt, dokumentiert Stimmen aus dem In- und Ausland (»Presse- und Funkbericht« vom 8. Juni 1951).

Presse- und Funkbericht

FÜR DIE ABGEORDNETEN DES DEUTSCHEN BUNDESTAGES

Überblick über die öffentliche Meinung — Herausgeber: Deutscher Bundes-Verlag Bonn

Bonn — Freitag, den 8. Juni 1951 — Jahrgang 1 / Nummer 6

Das Ende in Landsberg

Stimmen des In- und Auslandes

Ernste Mahnung an die Welt

Hamburger Freie Presse (u.), 8. 6., Nr. 130:

Man hat mit Menschen, deren Schuld so schwer sein mochte, wie nur immer, die aber im Augenblick, da der Spruch der Sühne die Tat der Schuld überdeckte, Anspruch auf jenen vielleicht nicht persönlichen, aber menschlichen Respekt hatten, der jedem Raubmörder zugebilligt wird, wenn er auf die Schwelle des Todes tritt, im wahrsten Sinne des Wortes ein grausiges Katz- und Mausspiel der Justiz aufgeführt.

Die Vollstreckung von Landsberg bindet weiter die wiedergeborene Rechtssouveränität des deutschen Staates immer noch an die Rechtswillkür ehemaliger fremder Militärgerichte.

„Landsberg"

Frankfurter Allgemeine (u), 8. 6.:

Es bleibt bedauerlich, daß diejenigen Stellen, die die endgültige, schwere Entscheidung gefällt haben, sich nicht dazu herbeilassen konnten, auf die Argumente zu antworten, die, und beileibe nicht nur von Unberufenen, vorgetragen worden sind. Der Tod in Landsberg kann letzten Endes einer guten Sache einen Dienst erweisen. So bleibt zu wünschen, daß der Weg jetzt geebnet worden ist für eine leidenschaftslose, nüchterne rechtliche Betrachtung des Kriegsverbrecherkomplexes, den es eben leider noch immer gibt. Stichworte wie Werl, Landsberg, Wittlich und die deutschen Kriegsgefangenen in Frankreich sind jedermann im Gedächtnis. Es ist jetzt hoffentlich leichter geworden, Ungerechtigkeiten zu korrigieren und ungute Gefühle hinter das Recht zurückstellen.

Hinrichtungen in Landsberg

„Süddeutsche Zeitung", München (u.), 8. 6.:

Die übrige Welt hat noch nicht vergessen, was da während des Krieges von Hitlers Vertrauensmännern Furchtbares ausgeführt worden ist. Niemand, der vom Wert des Menschenlebens überzeugt ist, darf dies übersehen oder gar gegen ebenso grausame Verbrechen aufrechnen, die an Deutschen begangen, vorerst ungesühnt sind. Verbrechen bleiben Verbrechen, wer auch immer sie begangen hat, und Gottes Mühlen mahlen langsam . . .

„Wir sind allzumal Sünder . . ."

Gerhard Farwick im „General-Anzeiger der Stadt Wuppertal" (ü.), 8. 6., Nr. 130:

Die Vollstreckung der Urteile mehrere Jahre nach dem Richterspruch entsprach nicht den Gesetzen wahrer Menschlichkeit. Politisch betrachtet war die Hinrichtung ein Fehler, denn die weltpolitische Atmosphäre hat sich so erheblich gewandelt, daß heute nicht die Rache, sondern die Notwendigkeit engster Zusammenarbeit bestimmend sein sollte. Uns scheint die Aufgabe der Stunde doch mehr darin zu liegen, aus dem Kriegsende einen Frieden zu machen, der vergibt und vergißt, denn wir sind allzumal Sünder . . .

Das Ende

Aachener Volkszeitung, (CDU), 8. 6., Nr. 131:

Es ist wahr, daß der lange Aufschub durch die immer neuen Anträge der Verteidigung verursacht wurde. Durch Anträge, die von jedem gewissenhaften Gericht gewissenhaft zu prüfen waren. Allein man hätte zuletzt noch am 6. Juni, dem siebenten Jahrestag der Landung der Alliierten in der Normandie eine Geste machen und die Verurteilten begnadigen können. Dies ist nicht geschehen. Und so bleibt bedauerlich, daß ein Augenblick nicht genutzt wurde, zu dem man mit einem Schlage alle Diskussionen über den Fall beenden und auch diejenigen hätte belehren können, die in neofaschistischen Gedankengängen leben und Verwirrung durch die Verleihung von falschen Märtyrerkronen zu stiften versuchen.

Zur Hinrichtung der Landsberger

Washington Post 7. 6.:

„Die Farce, die die Bonner Regierung aus dem Fall gemacht hat, ist ein Skandal mit üblem Beigeschmack. Auf jeden Fall erfordert die Rolle, die Bundeskanzler Adenauer hierbei spielte, indem er einen auf unrichtigen Voraussetzungen beruhenden Gefühlsstreit aufbauschte, eine genauere Untersuchung.

Die Adenauer-Regierung unterhielt einen amerikanischen Anwalt, der vermutlich mit Dollars aus der amerikanischen Hilfe bezahlt wurde, um alle Rechtsmittel zu erschöpfen. Der Fall durchlief dreimal den gesamten Instanzenweg bis das Oberste Bundesgericht einen Aufschub ablehnte, — der eine Verzögerung des Falles über die Sommerferien hinaus bedeutet haben würde. Der letzte Vorwand war der phantastischste von allen, — daß die Verurteilten nämlich nicht mehr länger die Angehörigen einer feindlichen Macht seien, da Deutschland das Recht besitzt, seine eigenen außenpolitischen Angelegenheiten selber zu regeln, und daß die Bonner Verfassung die Todesstrafe ausschließt. Was diese Argumente mit der Rechtmäßigkeit von in der Vergangenheit gefällten Urteilen zu tun haben, ist uns unverständlich.

Die wirkliche Erklärung für diesen Kurs ist, daß die Adenauer Regierung mit dem neuen deutschen Nationalismus liebäugelt, der in erster Linie ein Wiederaufleben des Nazismus darstellt . . . daß die Adenauer Regierung die Extremisten unterstützt, . . . ist uns eine Warnung für einen äußerst gefährlichen Kurs in Deutschland. Es ist höchste Zeit für Hochkommissar Mc Cloy, diesen Vorgängen Beachtung zu schenken".

„Deutsche Kriegsverbrecher im Schutze der USA"

Radio Warschau (in russischer Sprache), 7. 6.:

Der Rummel, der um die Kriegsverbrecher in Landsberg gemacht wird, beweist erneut, daß die Amerikaner die Prozesse nur als Scheinprozesse aufgezogen haben, mit dem Ziel, die öffentliche Meinung der Welt zu täuschen. Ob die Landsberger hingerichtet werden oder nicht, ist nicht sehr wichtig, wichtig ist jetzt nur noch die Feststellung, daß die regierenden Kreise der Vereinigten Staaten kein Mittel unversucht gelassen haben, um diese Ausgeburt der Unmenschlichkeit so lange wie möglich vor der Hinrichtung zu bewahren, womit sie den friedliebenden Völkern bewiesen haben, daß sie moralisch auf der gleichen Stufe stehen wie die Landsberger Kriegsverbrecher. Wir Polen sind uns aber mit unseren deutschen Freunden aus der DDR einig, daß alle diese von den verbrecherischen regierenden Kreisen der USA, Englands und Frankreichs freigelassenen Kriegsverbrecher eines Tages sich in einem freien, vereinigten Deutschland vor einem Volkstribunal zu verantworten haben werden und daß ihnen dann die gerechte Strafe nicht erspart bleiben wird.

Man kann auch übertreiben

„Schwarzwälder Bote", Oberndorf/Neck., (u.), 6. 6., Nr. 86:

Wegen der Wachtposten in Bonn droht ein diplomatischer Zwischenfall zwischen Bonn und Düsseldorf auszubrechen. Da der Bund mit dem Bundesgrenzschutz eine eigene Polizeitruppe zur Verfügung gestellt bekommt, liegt es nahe, daß diese Bundesorganisation auch den Wachdienst bei Theodor Heuß und Dr. Adenauer übernimmt. Die Polizeigewaltigen Nordrhein-Westfalens sind allerdings anderer Meinung. „Der Postenstand vor den Toren ist nordrhein-westfälisches Hoheitsgebiet" argumentieren sie. Nun erwägt man beim Grenzschutzkommando, ob man die Schilderhäuschen vielleicht auf der Innenseite des Zaunes aufstellen sollte, denn die Gärten um die Villa Hammerschmidt und das Palais Schaumburg dürften wohl doch als „Hoheitsgebiet" des Bundes anzusehen sein. Vielleicht stellt Nordrhein-Westfalen dann trotzdem noch einen seiner Landespolizisten vor das Tor, der darauf zu achten hat, daß der Bundesgrenzjäger nicht „fremdes Hoheitsgebiet" betritt. Förderalismus ist eine gute Sache, man kann ihn aber auch übertreiben.

Bericht des Spiegelausschusses

Telegraf Berlin, (SPD), 8. 6.:

Den verantwortungslosen Schwätzern in Ost und West, die der parlamentarischen Demokratie als solcher zu Leibe wollen, wird man nur dann den Mund stopfen können, wenn die ungeschminkte Wahrheit festgestellt wird. Diese politisch wichtigste Seite der ganzen Angelegenheit ist bei der Arbeit des Ausschusses entschieden zu kurz gekommen. Die Zeugen haben, wenn es sich um Nennung von Geldgebern handelte, meist die Aussage verweigert. Die Mehrheit der Ausschuß-Mitglieder war entgegen der sozialdemokratischen Minderheit fest entschlossen, den Untersuchungsauftrag möglichst eng zu auszulegen.

Die große Verantwortung

Fränkische Nachrichten, (u.) 7. 6.:

Die gewaltigen wirtschaftlichen Vorteile der Montanunion können nicht ernsthaft bestritten werden, sind aber zweitrangig neben ihren politischen Möglichkeiten, die in der Überwindung der reinen Nationalstaaten liegen.

Die große, realisierbare Idee muß endlich über alle im Vergleich zu kleinlichen Bedenken siegen!

Deutsche in britischen Diensteinheiten

„Süddeutsche Zeitung", Müchen, (u.) 8. 6.:

Wir haben sehr viel dagegen, daß auf militärischem Gebiete Tatsachen geschaffen werden, die den Russen mißfallen, uns also belasten. Die britische Institution „deutscher Fremdenlegionäre in der eigenen Heimat" führt weit ab von jener „Gleichberechtigung Deutschlands", von der Eisenhower sprach, und sie ist nicht dazu geeignet, das Widerstreben breiter Volksschichten gegen die deutsche Beteiligung am westlichen Verteidigungssystem zu mildern."

Uniformierte Parteijugend in Berlin

Telegraf Berlin, (SPD), 8. 6.:

Mit der Uniformierung der DP-Jugend fängt also der Unfug der halbmilitärischen Verbände wieder an. Das neue Beispiel dürfte sehr bald Nachahmung finden. Es erhebt sich die Frage, wie die Behörden über diesen Rückfall in eine überwundene Zeit denken.

Tausende, vorwiegend dem Mittelstand angehörende Familien werden in der Volksrepublik Ungarn zunächst enteignet und dann in den Nordosten des Landes deportiert. → S. 103

Auf Anweisung des thüringischen Innenministeriums müssen alle größeren Städte Thüringens je eine Straße nach Mao Tse-tung benennen.

16. Juni, Samstag

In allen großen Häfen der USA kommt der Schiffsverkehr zum Erliegen, weil sich rund 50 000 Seeleute weigern, ohne neuen Tarifvertrag auszufahren.

Bundespräsident Theodor Heuss eröffnet in Recklinghausen die sechswöchigen Ruhrfestspiele. → S. 106

In Kiel beginnt die »Kieler Woche«, größte deutsche Regattaveranstaltung mit über 140 Booten aus vier Nationen.

17. Juni, Sonntag

Aus den Wahlen zur französischen Nationalversammlung gehen die Gaullisten, die sich zum ersten Mal zur Wahl stellen, als stärkste politische Kraft hervor. → S. 102

Der französische Staatspräsident Vincent Auriol gibt bekannt, daß Marschall Pétain aus seinem Gefängnis auf der Ile d'Yeu in ein Militärkrankenhaus auf dem Festland überführt wird (→ 23. 7./S. 119).

Vor 90 000 Zuschauern kommt es im Berliner Olympiastadion zu einer überraschenden 1:2-Niederlage der deutschen Fußball-Nationalmannschaft gegen die Türkei. Enttäuschte Zuschauer erleben damit die erste Nachkriegsniederlage der DFB-Elf.

Der Rowohlt-Taschenbuchverlag verkauft nach einjährigem Bestehen sein eineinhalbmillionstes Exemplar.

18. Juni, Montag

Die Vereinigten Staaten bauen auf Okinawa in Japan für 65 Mio. Dollar einen Luftstützpunkt (→ 27. 4./S. 72), von dem aus Ziele sowohl in Nordost- als auch in Südostasien erreicht werden können.

Ein alliiertes Militärgericht verurteilt in Kiel 29 Personen wegen illegalen Betretens und Aufenthalts auf der Insel Helgoland, die von den Alliierten als Bombenziel genutzt wurde. Die Verurteilten erhalten Haftstrafen von drei bis sechs Monaten (→ 3. 1./S. 21).

19. Juni, Dienstag

Während seines Italien-Aufenthaltes trifft Bundeskanzler Konrad Adenauer mit Papst Pius XII. zusammen. Daraus wird die längste Audienz in der Amtszeit des Papstes. → S. 101

Die Alliierte Hohe Kommission hebt das Segelflugverbot für das Gebiet der Bundesrepublik auf (→ 25. 5./S. 88).

Bundesarbeitsminister Anton Storch spricht als erster deutscher Delegierter seit 1933 auf einer Sitzung der Internationalen Arbeitsorganisation (ILO; International Labour Organization) in Genf. Ziel der Bundesregierung sei es u. a., so Storch, die Vollbeschäftigung zu erreichen (→ S. 104).

20. Juni, Mittwoch

Nachdem die Teheraner Schlichtungsgespräche im persisch-britischen Ölkonflikt (→ 31. 7./S. 114) gescheitert sind, enteignet die persische Regierung die unter britischer Leitung stehenden Ölanlagen.

In den Vereinigten Staaten werden nach einem entsprechenden Bundesgerichtshofurteil Haftbefehle gegen 17 führende Mitglieder der kommunistischen Partei erlassen. → S. 103

Das Norwegische Olympische Komitee lädt insgesamt 75 Staaten, darunter Deutschland, Japan und die Sowjetunion, zu den Olympischen Winterspielen 1952 nach Oslo ein.

21. Juni, Donnerstag

Die Generalkonferenz der UNESCO, der Sonderorganisation der Vereinten Nationen für Erziehung, Wissenschaft und Kultur, beschließt in Paris, die Bundesrepublik und Japan als Mitglieder aufzunehmen.

Der Bayerische Landtag spricht sich mit 89 gegen 72 Stimmen bei sechs Enthaltungen für die Wiedereinführung der Todesstrafe aus. Lediglich die Sozialdemokraten stimmen geschlossen gegen diesen Antrag.

In Österreich wird unter Bundeskanzler Leopold Figl (ÖVP) die Koalitionsregierung neu gebildet. Als wichtigstes außenpolitisches Ziel nennt Figl den Abschluß eines Staatsvertrags. Die Regierung hatte den am → 27. Mai (S. 86) zum Bundespräsidenten gewählten Theodor Körner gebeten, sie ihres Amtes zu entheben, »um ihn so in die Lage zu versetzen, von seinem verfassungsgesetzlich festgelegten Recht, die Bundesregierung zu ernennen, Gebrauch machen zu können«.

Auf dem Hamburger Markt brechen die Großhandelspreise für Frühkartoffeln innerhalb von 36 Stunden um die Hälfte ein. Die Ladenpreise fallen innerhalb einer Woche von 28 bis 30 Pfennig auf 18 bis 20 Pfennig pro Pfund.

22. Juni, Freitag

Die Vorkonferenz der Vier Mächte in Paris (→ 5. 3./S. 50) scheitert am Ost-West-Gegensatz. Die Delegierten der Westmächte brechen die Verhandlungen nach 15 Wochen und 73 Sitzungen ab, weil es zu keiner Einigung über die Tagesordnung einer geplanten Außenministerkonferenz kommt.

Auf einem außerordentlichen Bundeskongreß des Deutschen Gewerkschaftsbundes in Essen wird der bisherige Vorsitzende der IG Druck und Papier, Christian Fette, zum neuen Vorsitzenden des DGB gewählt. Er wird Nachfolger von Hans Böckler (→ 24. 7./S. 125).

Als Nachfolger von Theodor Körner, der am → 27. Mai (S. 86) österreichischer Bundespräsident geworden ist, wird Stadtrat Franz Jonas (SPÖ) zum Bürgermeister Wiens gewählt.

23. Juni, Samstag

Der sowjetische Chefdelegierte bei den Vereinten Nationen, Jakob Malik, schlägt zur Beilegung des Koreakrieges einen Waffenstillstand und die Anerkennung des 38. Breitengrades als Waffenstillstandslinie vor (→ 24. 5./S. 85). Diese Annäherung an westliche Positionen macht den Weg frei für baldige Verhandlungen.

In Köln wird die siebenwöchige deutsche Gesundheitsausstellung 1951 eröffnet, mit 52 000 m² die größte Gesundheitsausstellung seit 20 Jahren. Neben einem reichhaltigen Angebot an Gesundheitsartikeln informiert eine Ausstellung über »das Wunder des menschlichen Körpers« (→ S. 74).

Mit vier Minuten Vorsprung vor seinem Landsmann und Rivalen Hugo Koblet gewinnt der Schweizer Ferdinand Kübler zum dritten Mal die Radrundfahrt »Tour de Suisse«.

24. Juni, Sonntag

Die sechste Vollversammlung der UNESCO in Paris beschließt mit 37 gegen 3 Stimmen, die Vertretung Chinas in der Organisation durch eine nationalchinesische Vertretung, unter Ausschluß Rotchinas, beizubehalten (→ 25. 4./S. 71).

Bei einem Schaukampf gegen Gerhard Hecht in Berlin wird der amtierende Box-Weltmeister »Sugar« Ray Robinson nach mehreren regelwidrigen Nierenschlägen in der zweiten Runde disqualifiziert. → S. 109

25. Juni, Montag

Friedrich Wilhelm Lübke (CDU) wird im dritten Wahlgang, für den die einfache Mehrheit genügt, mit 28 von 67 Stimmen zum neuen Ministerpräsidenten von Schleswig-Holstein gewählt. Lübke ist ohne Gegenkandidat.

In Österreich treten 8000 Fleischer in einen unbegrenzten Lohnstreik. Sie fordern 12% mehr Lohn.

Um die Eierversorgung in der Bundesrepublik für den kommenden Winter zu sichern, hat die Einfuhr- und Vorratsstelle ihre Eierkäufe mit 120 Mio. Stück vorläufig abgeschlossen. 80 Mio. Eier wurden importiert. Die Einlagerung liegt damit um 50% höher als im Vorjahr.

26. Juni, Dienstag

Die britische Regierung beordert den Kreuzer »Mauritius« zum Schutz der im Iran lebenden Briten in die Gewässer vor das Erdölzentrum Abadan und beruft die eigene Ölflotte von dort ab. Im persisch-britischen Ölkonflikt (→ 31. 7./S. 114) rückt damit ein bewaffneter Konflikt in greifbare Nähe.

Die Bundesregierung verbietet die Freie Deutsche Jugend (FDJ) für das gesamte Bundesgebiet. In der Begründung heißt es, die kommunistische Jugendorganisation richte sich durch ihre agitatorische Tätigkeit gegen die verfassungsmäßige Ordnung. → S. 101

27. Juni, Mittwoch

Auf einer in London tagenden Konferenz der Commonwealth-Verteidigungsminister verpflichten sich Australien, Neuseeland, die Südafrikanische Union und die Kronkolonie Südrhodesien, Großbritannien militärisch zu unterstützen, falls der Schutz der Ölanlagen im Iran dies erfordere (→ 31. 7./S. 114).

28. Juni, Donnerstag

Der in Ungarn wegen angeblichen Hochverrats und Spionage angeklagte Erzbischof von Kalocsa, Josef Grosz, wird in Budapest zu 15 Jahren Haft verurteilt. Der Vatikan spricht gegen alle am Urteil Beteiligten die Exkommunikation aus. → S. 103

Der bayerische Senat lehnt das vom Landtag bereits verabschiedete Gesetz über die Errichtung von sechs Spielbanken in Bayern ab. Als Grund geben die Senatoren an, durch die Konzessionierung von Spielbanken mache man sich zum Schrittmacher der Unmoral.

29. Juni, Freitag

Der Bundestagsausschuß für innergebietliche Neuordnung legt Vorschläge zur Neugliederung des Bundesgebietes vor. Danach soll Rheinland-Pfalz aufgelöst werden und ein Nordweststaat entstehen, so daß es in Zukunft statt elf nur noch fünf Bundesländer gibt. → S. 101

Der südlich von Paris gelegene Flugplatz Orly wird, nach einer Vergrößerung von 800 ha auf 1800 ha, zum Zentrum des Flugverkehrs in Westeuropa ausgebaut (→ S. 56).

30. Juni, Samstag

In Frankfurt am Main konstituiert sich, als Nachfolgeorganisation der Sozialistischen Arbeiter-Internationale, die Sozialistische Internationale (SI). Es handelt sich um einen Zusammenschluß sozialistischer bzw. sozialdemokratischer Parteien in aller Welt. → S. 102

In Thailand bricht ein Marineputsch, der mit der Entführung des Ministerpräsidenten Marschall Luang Pibul Songgram begann, nach nur 36 Stunden wegen mangelnder Unterstützung aus der Bevölkerung in sich zusammen. → S. 103

Mit einem 2:1-Sieg über Preußen Münster wird Kaiserslautern in Berlin Deutscher Fußballmeister. → S. 109

Das Wetter im Monat Juni

Station	Mittlere Lufttemperatur (°C)	Niederschlag (mm)	Sonnenscheindauer (Std.)
Aachen	15,1 (15,9)	78 (77)	207 (200)
Berlin	17,2 (16,5)	98 (62)	249 (244)
Bremen	17,1 (16,0)	73 (59)	– (218)
München	15,3 (15,8)	186 (121)	222 (201)
Wien	18,1 (17,6)	86 (68)	241 (246)
Zürich	15,3 (15,5)	149 (138)	178 (220)

( ) Langjähriger Mittelwert für diesen Monat
– Wert nicht ermittelt

Die Illustrierte »Life« bringt ein Familienporträt des neuen US-Senators von Michigan, Blair Moody. Die Publikation wurde 1936 von Henry R. Luce begründet und gilt als erste Bilderzeitschrift im modernen Sinn (»Life« vom 4. Juni 1951).

McCloy entscheidet – deutsche Kriegsverbrecher gehängt

7. Juni. Mit der Hinrichtung von sieben ehemaligen hohen SS-Offizieren werden im Militärgefängnis Landsberg/Lech die letzten der 1947 vom Nürnberger Militärtribunal und von Landsberger Militärgerichten ausgesprochenen Todesurteile vollstreckt.

Die sieben Hingerichteten

- ▷ Paul Blobel, SS-Offizier, als Chef eines Einsatzkommandos im Rußlandfeldzug verantwortlich für den Tod von 60 000 Menschen
- ▷ Werner Braune, SS-Offizier, als Chef eines Einsatzkommandos in Rußland wegen der Ermordung tausender Juden und Zigeuner beschuldigt
- ▷ Erich Naumann, SS-Offizier, Chef einer Einsatzgruppe in der Nähe von Moskau. Dort war er für den Tod Tausender von Menschen verantwortlich.
- ▷ Otto Ohlendorf, SS-Offizier, wurde im »Einsatzgruppenprozeß« mit der Hauptverantwortung für die Ermordung von 90 000 Menschen belastet.
- ▷ Oswald Pohl, SS-Obergruppenführer, wegen der Verwaltung aller Konzentrationslager und der Zerstörung des Warschauer Ghettos beschuldigt.
- ▷ Georg Schallermair, Rapportführer im Konzentrationslager Mühldorf, der des Mordes an KZ-Insassen für schuldig befunden wurde.
- ▷ Hans-Theodor Schmidt, Adjutant im Konzentrationslager Buchenwald.

Aburteilung eines zum Tode durch den Strang verurteilten Kriegsverbrechers im US-Militärgefängnis Landsberg.

Für die Todeskandidaten, die selbst den Tod Tausender zu verantworten haben, schaufeln zwei Mithäftlinge Gräber.

Die Geschichte der in Landsberg einsitzenden Todeskandidaten ist lang: Von Kriegsende bis Mai 1948 wurden in Landsberg Todesurteile gegen 277 Kriegsverbrecher vollstreckt. In den Vereinigten Staaten vorübergehend aufgetauchte Zweifel an der Ordnungsmäßigkeit der Militärgerichtsverhandlungen führten, als noch 28 Todesurteile ausstanden, zu einem vorläufigen Hinrichtungsstopp.

Nach juristischen Überprüfungen, die sich über Jahre hinzogen, nach Ausschöpfung aller Revisionsmöglichkeiten und verschiedenen Gnadengesuchen gaben der zuständige Hohe Kommissar John J. McCloy und der Oberkommandierende der US-Streitkräfte in Europa, General Thomas Handy, am 31. Januar 1951 ihre mit Spannung erwartete Entscheidung bekannt:

Aufgrund eines Gnadenaktes werden 31 Häftlinge entlassen, 53 Haftstrafen werden verkürzt. Von den 28 Todesurteilen werden 21 in hohe Gefängnisstrafen umgewandelt. Die restlichen sieben Todesurteile werden – wegen der »Ungeheuerlichkeit der Verbrechen, für die diese Männer unmittelbar verantwortlich waren« (McCloy) – endgültig bestätigt.

Der Termin für die Tötung durch den Strang war bereits zweimal festgesetzt, wird aber aufgrund immer neuer Anträge der Verteidigung genauso oft wieder verschoben. Für die Aussetzung der Todesurteile setzen sich vor allem die Kirchen beider Konfessionen ein, die im Prozeß gegen die Häftlinge immer wieder eine Revision forderten.

In der Nacht zum 7. Juni werden die Urteile in alphabetischer Reihenfolge und in Abständen von 20 Minuten vollstreckt. Unmittelbar danach bestätigen McCloy und Handy in einem gemeinsamen Kommuniqué, daß damit die letzten Hinrichtungen für die während des Krieges von Deutschen begangenen Verbrechen vollzogen worden seien.

Die Bundesregierung verweist darauf, daß sie trotz der Intervention des Bundeskanzlers bei den Hohen Kommissaren die Vollstreckung der Urteile nicht verhindern konnte. Sie habe alles rechtlich Mögliche für die Häftlinge getan, und darüber hinaus den Verteidigern alle Chancen zur vollen Ausnutzung ihrer Rechtsmittel ermöglicht.

Das Engagement für das Leben der Häftlinge wird im Ausland mit unwilligem Stirnrunzeln registriert. Die US-amerikanische Zeitung »Washington Post« etwa wirft der Regierung Adenauer einen neuen deutschen Nationalismus vor, ». . . der in erster Linie ein Wiederaufleben des Nazismus darstellt«.

Vizekanzler Franz Blücher gibt in seiner Eigenschaft als FDP-Vorsitzender der Befürchtung Ausdruck, daß die Vollstreckung von Todesurteilen zwei Jahre nach Inkrafttreten des Grundgesetzes, das die Todesstrafe nicht mehr kennt, in der Bevölkerung ernste Verwirrung auslösen müsse.

Aus vielen bundesdeutschen Pressekommentaren spricht die Verwunderung darüber, daß sich die Besatzungsmacht angesichts der neuen deutsch-amerikanischen Freundschaft so ungerührt über geltende bundesdeutsche Rechtsnormen hinwegsetzt.

Die Landsberger Entlassungen

Nach dem Gnadenakt des US-amerikanischen Hochkommissars John J. McCloy vom 31. Januar treten 31 Häftlinge – in alphabetischer Reihenfolge – aus dem Tor der Haftanstalt Landsberg (Abb.).

Unter den Begnadigten befinden sich so wichtige Funktionsträger der NS-Zeit wie der ehemalige Reichsfinanzminister Johann Ludwig Graf Schwerin von Krosigk, General a. D. Wilhelm Speidel sowie alle Angeklagten des »Krupp-Prozesses«. Bei Alfried Krupp von Bohlen und Halbach, dem ehemaligen Chef der Waffenschmiede (→ 3. 2./S. 35), wird gleichzeitig die Vermögenseinziehung rückgängig gemacht.

Keine Bestechung – aber Ungereimtheiten

7. Juni. Im Bundestag beraten die Abgeordneten über die Ergebnisse des »Spiegel-Ausschusses«.
Das am 5. Oktober 1950 eingesetzte Gremium unter Vorsitz von Johannes Semler (CDU/CSU) untersuchte den Vorwurf des Nachrichtenmagazins »Der Spiegel«, 100 Volksvertreter wären bei der Wahl der Bundeshauptstadt im Jahr 1949 mit insgesamt 2 Mio. DM bestochen worden. Die Entscheidung der Abgeordneten für Bonn und gegen Frankfurt am Main als Sitz der Bundesregierung wäre u. a. von Bundesfinanzminister Fritz Schäffer durch Geldzuwendungen beeinflußt worden – so der »Spiegel«. Schäffer dementierte umgehend.
Ausgangspunkt der darauffolgenden Untersuchungen war ein »Gedächtnisprotokoll« des Abgeordneten Josef Baumgartner, Vorsitzender der Bayernpartei, über angebliche Bestechungsangebote. Der »Spiegel-Ausschuß« kam zu dem Ergebnis, daß die Gelder aus Wahlfonds, die Schäffer an die Abgeordneten Anton Donhauser und Hermann Aumer überwies, zu einwandfreien politischen Aufgaben verwandt wurden. Es habe kein Zusammenhang zwischen den Zahlungen und dem Abstimmungsverhalten der Parlamentarier bestanden.
Allerdings räumten die Mitglieder des Ausschusses Unkorrektheiten in den Aussagen einzelner Volksvertreter ein. Neben der Behandlung der Frage, ob die Hauptstadt-Wahl durch Geldzuwendungen beeinflußt wurde, rückte der »Spiegel-Ausschuß« grundsätzlich das Verhältnis von Wirtschaft und Politik in den Brennpunkt: Ungereimtheiten gebe es in der Spendenpraxis in der Bundesrepublik, stellt die Kommission fest und empfiehlt die baldige Verabschiedung eines Parteiengesetzes laut Art. 21 des Grundgesetzes. Auffällig sei u. a. das Verhalten des Abgeordneten Hermann Aumer, Mitglied des Erdölausschusses des Bundestages: Er habe an dem Tag eine Spende von der Erdölindustrie erhalten, an dem er im Bundestag für den Benzinpreis von 53 Pfennig eingetreten war.
Nach der Aussprache im Bundestag über den Bericht des »Spiegel-Ausschusses« fordern die Parlamentarier die besonders hart kritisierten Abgeordneten Hermann Aumer (unabhängig), Ludwig Volkholz (Bayernpartei), Wilhelm Schmidt (Wirtschaftliche Aufbauvereinigung) und Anton Freiherr von Aretin (Bayernpartei) auf, ihr Mandat als Volksvertreter niederzulegen.

Augstein – der »Spiegel«-Macher
Rudolf Augstein (Abb. um 1952), am 5. November 1923 in Hannover geboren, ist seit 1947 Herausgeber, Mitbesitzer und Mitarbeiter des Nachrichtenmagazins »Der Spiegel«. Vorläufer der Zeitschrift war »Diese Woche«, die 1946 von drei britischen Presseoffizieren in Hannover gegründet wurde und in einer Auflage von 15 000 Exemplaren erschien. Nach sechs Wochen mußte sie ihr Erscheinen allerdings wieder einstellen. Die britische Militärregierung erteilte dem Publizisten Augstein eine vorläufige Lizenz.

Holzweg Neuordnung: Aus elf mach fünf

29. Juni. Der Vorsitzende des Bundestagsausschusses für innergebietliche Neuordnung, August Martin Euler (FDP), legt der Öffentlichkeit Vorschläge vor, nach denen die bestehenden elf Länder der Bundesrepublik Deutschland auf fünf reduziert werden sollen.
Um zu gewährleisten, daß die Länder »nach Größe und Leistungsfähigkeit die ihnen obliegenden Aufgaben wirksam erfüllen können«, kann laut Art. 29 des Grundgesetzes das Bundesgebiet neu gegliedert werden. Die Vorschläge des Euler-Ausschusses sehen, analog zur Neuordnung des »Südweststaates« (→ 9. 12./S. 202), die Bildung eines »Nordweststaates« mit Niedersachsen, Schleswig-Holstein und den Hansestädten Hamburg und Bremen vor. Zudem soll das Land Rheinland-Pfalz aufgelöst und entweder mit Hessen vereinigt oder an Hessen, Nordrhein-Westfalen und den Südweststaat aufgeteilt werden.
Die Neuordnung scheitert schließlich am Widerstand der betroffenen Bundesländer. Bei einer Realisierung der Pläne bestünde die Bundesrepublik (ohne Berlin) lediglich aus den Ländern Bayern, Südweststaat, Hessen, Nordrhein-Westfalen und dem Nordweststaat.

Adenauer in Rom: 70 Minuten beim Papst

19. Juni. In Privataudienz empfängt Papst Pius XII. Konrad Adenauer, der am 14. Juni seinen ersten offiziellen Italienbesuch als Bundeskanzler angetreten hatte.
In dem 70minütigen Gespräch, die bisher längste Audienz in der Amtszeit von Pius XII., diskutieren Papst und Kanzler u. a. die religiöse Lage in Deutschland. Adenauer und Pius XII., der seit 1939 Oberhaupt der katholischen Kirche ist, kennen sich noch aus der Zeit, als der Papst als Eugenio Pacelli apostolischer Nuntius in Deutschland war.
Vor dem Empfang beim Papst führte Adenauer mit Ministerpräsident Alcide De Gasperi und Außenminister Carlo Sforza Gespräche über eine engere europäische Zusammenarbeit (→ 18. 4./S. 66). Darüber hinaus erörterten die Politiker die Möglichkeit eines deutsch-italienischen Kulturabkommens.

Der italienische Außenminister Carlo Sforza (r.) empfängt Bundeskanzler Adenauer auf dem Flughafen in Rom.

Adenauer im Vatikan: Päpstliche Kammerherren und die Schweizer Garde geleiten den Regierungschef zum Papst.

Verfassungsfeinde: Bund verbietet FDJ

26. Juni. Die Bundesregierung verbietet die kommunistische Freie Deutsche Jugend (FDJ). Der KPD-nahen Organisation wird vorgeworfen, gegen die verfassungsmäßige Ordnung der Bundesrepublik zu arbeiten. In Kooperation mit den Ländern will der Bund jede Tätigkeit der Jugendorganisation unterbinden.
Die FDJ wurde am 7. März 1946 als überparteiliche und sozialistische Jugendorganisation gegründet. Das Amt des ersten Vorsitzenden übernahm Erich Honecker. In der DDR entwickelte sich die FDJ als einzig zugelassener Jugendverband zur Nachwuchsorganisation der Sozialistischen Einheitspartei (SED). Jugendliche ab 14 Jahren können Mitglied werden.
Die FDJ in Ost-Berlin protestiert gegen das Verbot, das eine »freche Herausforderung des friedliebenden deutschen Volkes« sei.

Keine Lösung der Dauerkrise in Frankreich

17. Juni. Die Wahlen zur Nationalversammlung in Frankreich enden mit einer knappen Bestätigung der drei Regierungsparteien, einem Stagnieren der Kommunisten und einem respektablen Erfolg der gaullistischen Partei.

Die bisher regierenden Mittelparteien der »dritten Kraft« (Sozialisten, Radikale und christliche Volksrepublikaner) haben sich nur deshalb behaupten können, weil ein neugeschaffenes Wahlsystem ein Wahlbündnis der Regierungsparteien zuläßt: Beim Stimmenauszählen gelten sie als eine Partei. Wer 50% der Stimmen eines Wahlbezirkes erhält, bekommt automatisch alle vorgesehenen Parlamentssitze. Dieser Wahlmodus benachteiligt alle anderen Parteien, besonders aber die kleineren Parteien und Splittergruppen.

Um so erstaunlicher der Erfolg der Oppositionsparteien: Die Kommunisten bleiben mit 27% stärkste Einzelpartei, darauf folgt die gaullistische Sammlungsbewegung RPF (Rassemblement du Peuple Français), die mit ca. 21% den größten Zuwachs verbucht. Bei den Wahlen im Jahr 1946 hatten die Gaullisten einen Stimmenanteil von 1,6%.

Sowohl die Kommunisten als auch die Gaullisten stehen für Koalitionen nicht zur Verfügung und bevorzugen statt dessen die permanente Opposition. Eine Regierungsbildung gelingt René Pleven (UDSR = Union Démocratique et Socialiste de la Résistance) erst im August des Jahres. Die Hoffnungen Frankreichs und Europas auf eine stabile und schnelle Lösung der französischen Dauerkrise (→ 10. 3./S. 54) erfüllen sich unter diesen Umständen nicht. Die Vierte Republik präsentiert sich nach wie vor als ein labiler Dauerpatient.

Die innenpolitische Schwäche und zeitweilige Handlungsunfähigkeit der französischen Regierung wirken sich in einer Zeit ungelöster außenpolitischer Grundsatzprobleme besonders negativ aus. Der Abstieg Frankreichs von einer beherrschenden Kolonialmacht zu einer Mittelmacht beginnt sich abzuzeichnen: In Indochina (→ 23. 11./S. 188) befinden sich Frankreichs Legionäre in einem kräftezehrenden Abnutzungskrieg, in den afrikanischen Kolonien beginnt sich Widerstand gegen die ungebetenen Gäste aus Europa zu regen (→ 27. 3./S. 54).

Auf den Wahlplakaten dominierten nationalistische Schlagworte und das Trauma des Zweiten Weltkriegs (o. l.). Die Agitation gegen die deutsche Wiederbewaffnung (o. r.) gehörte dazu. Der strikte Anti-Amerikanismus der Kommunisten (u.) beunruhigt die Verbündeten Frankreichs. Jeder vierte wählte die Partei um Marcel Cachin, Nestor der KPF, und Jacques Duclos, den eigentlichen Führer der Kommunisten.

Versehen: Mossadegh liest Trumans Brief

4. Juni. Ein Mißgeschick des amerikanischen Botschafters in Teheran, Henry F. Grady, sorgt im britisch-iranischen Ölkonflikt für Erheiterung und Entspannung: Ein Brief von US-Präsident Harry S. Truman an den britischen Ministerpräsidenten Clement R. Attlee landet versehentlich auf dem Schreibtisch des iranischen Regierungschefs Mohammad Mossadegh. Die Botschaft, so heißt es, sei persönlich.

Der Jurist Clement Richard Attlee, 1883 in London geboren, ist seit 1907 Mitglied der Labour Party. 1922 wurde er Unterhausabgeordneter. Die Geschicke der Labour Party lenkt er seit 1935. Attlee ist seit 1945 britischer Premier.

Mohammad Mossadegh wurde um 1880 in Teheran geboren. Seit 1920 arbeitete er im Justiz-, Finanz- und Außenministerium. Als Abgeordneter forderte er liberale Reformen. Seit 1939 führt er die »Nationale Front«.

Das Versehen ändert die Haltung der Perser nicht: Sie erwarten die Briten zu Verhandlungen über die Verstaatlichung, ansonsten würden Maßnahmen ergriffen, so der stellvertretende Ministerpräsident Hussein Fatime (→ 31. 7./S. 114).

Sozialistische Internationale in Frankfurt gegründet

30. Juni. Delegierte aus 34 Ländern gründen in Frankfurt am Main erneut die Sozialistische Internationale (SI).

Leiter der Konferenz in der Main-Metropole ist Kurt Schumacher, Vorsitzender der SPD, sein Stellvertreter der SPD-Politiker Erich Ollenhauer. Bis zum 3. Juli diskutieren Politiker sozialistischer Parteien eine »Deklaration über Ziele und Aufgaben des demokratischen Sozialismus«, die schließlich einstimmig angenommen wird.

Ebenfalls einstimmig beschließen die Delegierten, Kongreß, Generalrat, Büro und Sekretariat einzurichten: Der Kongreß soll als oberste Körperschaft der SI alle zwei Jahre zusammentreten. Der Generalrat soll u. a. politische Fragen und das Budget erörtern. Er setzt sich aus je zwei Delegierten der stimmberechtigten Mitgliedsparteien, vier Delegierten der sozialistischen Union von Mittel- und Osteuropa, einer Delegierten des Internationalen Sozialistischen Frauensekretariats und einem Vertreter der Internationalen Union sozialistischer Jugend zusammen. Vorsitzender wird der Brite Morgan Philips. Büro und Sekretariat organisieren den Ablauf.

Die SI stellt in ihrer Deklaration fest, daß der Kapitalismus außerstande sei, »die elementaren Lebensbedürfnisse der Menschheit zu befriedigen«. »Die Sozialisten erstreben mit demokratischen Mitteln eine neue Gesellschaft in Freiheit«, heißt es weiter. Darüber hinaus fordern die Sozialisten eine Wirtschaftsordnung, »in der das Interesse der Gemeinschaft über dem Profitinteresse steht«. Die Delegierten der Frankfurter Konferenz wenden sich gegen den Kommunismus, der zum Dogmatismus erstarrt sei.

Die jetzt gegründete SI knüpft an die Tradition von 1864 an, als die erste SI als »Internationale Arbeitsassoziation« gegründet wurde. Nach ihrer Auflösung folgte 1889 die zweite SI, die bis 1914 arbeitete. Eine dritte SI wurde 1919 als kommunistische Internationale ebenso wie eine Neugründung der zweiten SI ins Leben gerufen. Diese zweite SI und die 1921 gegründete »Internationale Arbeitsgemeinschaft Sozialistischer Parteien« schlossen sich 1923 zur »Sozialistischen Arbeiter-Internationalen« (SAI) zusammen. 1940 löste sich die SAI auf. 1938 wurde eine vierte SI mit orthodox-leninistischem Programm gegründet. Die jetzt gegründete SI knüpft an die Arbeit und Tradition der SAI an.

›Schützenhilfe‹ für ›Kommunistenjäger‹

20. Juni. In den USA werden gegen 17 führende Mitglieder der Kommunistischen Partei Haftbefehle erlassen. Damit findet die »Kommunistenhatz«, die sich seit kurzem auf ein Urteil des Bundesgerichtshofs stützen kann, ihre Fortsetzung.
Am 5. Juni entschieden die Richter in Washington gegen elf führende Kommunisten und bestätigten ein Urteil früherer Instanzen. Mit sechs gegen zwei Stimmen urteilten die Richter, die u. a. Eugene Dennis, Generalsekretär der Kommunistischen Partei, Robert Thomson, Vorsitzender der Kommunistischen Partei New Yorks, und John Gates, Herausgeber des »Daily Workers«, ins Gefängnis schickten. Grundlage des Richterspruchs war ein Verstoß gegen ein Gesetz von 1940 (»Smith Act«), nach der die Propagierung einer Verschwörung zum Sturz der Regierung strafbar ist.
Das Urteil des Bundesgerichtshofs hat weitreichende Konsequenzen: Die »Kommunistenjäger« um Joseph Raymond McCarthy, Senator von Wisconsin, erhalten Schützenhilfe von richterlicher Stelle.
McCarthy, seit 1950 Vorsitzender des Senatsausschusses zur Untersuchung »unamerikanischer Umtriebe« in den USA, lenkt die Aktionen gegen vermeintliche Kommunisten in der Verwaltung und im öffentlichen Leben. Aufgrund seiner Beschuldigungen gegen viele Mitarbeiter des Außenministeriums wurden 1950 Befragungen eingeleitet. McCarthy verdächtigte u. a. Sonderbotschafter Philip Jessup und Außenminister Dean Acheson, mit dem Kommunismus zu sympathisieren bzw. unzuverlässige Arbeit zu leisten. McCarthy versteht es, die Angst vor dem Kommunismus zu schüren und trägt mit seinen Untersuchungen zu einem innenpolitischen Klima der Angst bei, das Denunziationen und peinliche, Befragungen zur Folge hat. Neben Beamten und Politikern geraten auch Schauspieler und Musiker in den Sog der »Kommunistenhatz«.

Kalter Krieger McCarthy
Joseph Raymond McCarthy, am 14. November 1909 in Grand Chute im US-Bundesstaat Wisconsin geboren, arbeitet seit 1947 als Senator in Washington. Er ist Mitglied der Republikanischen Partei. Der Jurist machte schon in seinen Wahlkämpfen durch antikommunistische Parolen auf sich aufmerksam, die – infolge des sich verschärfenden Ost-West-Gegensatzes – auf immer größere Zustimmung stießen. Zusätzlich heizte der Ausbruch des Koreakrieges die antikommunistische Tendenz in der Bevölkerung an. Der »kalte Krieger« McCarthy schürte die Angst vor den Kommunisten und organisierte Verfolgungswellen gegen Andersdenkende.

Putsch in Thailand – Präsident in Haft

30. Juni. In Thailand entführen putschende Marineangehörige Ministerpräsident Luang Pibul Songgram. Sie werfen der Regierung vor, sie werde von korrupten Militärs beherrscht. Nach 36 Stunden beenden die regierungstreuen Truppen von Luftwaffe, Armee und Polizei den Aufstand. Der Ministerpräsident wird freigelassen.

Rama IX. Bhumipol Adulyadej wurde am 5. Mai 1950 offiziell zum König gekrönt. Der mit Sirikit verheiratete Monarch wurde am 5. Dezember 1927 in Cambridge/Massachusetts geboren. Er profilierte sich auch als Komponist und Jazzmusiker.

Wenige Monate später setzt sich Pibul Songgram selbst an die Spitze eines Putsches: Am 29. November annullieren die Aufständischen die Verfassung von 1949, nach der der König Oberkommandierender der Streitkräfte ist, und lösen das Parlament auf. Sie setzen die Regierung ab und stellen die Verfassung von 1932 wieder her.

Massendeportation in Ungarn – Mittelschicht enteignet

15. Juni. Das ungarische Innenministerium teilt mit, daß seit dem 21. Mai Deportationen »unerwünschter Elemente« durchgeführt werden. Nach Presseberichten wurden insgesamt 12 000 Familien von Budapest und anderen ungarischen Städten aus in den ländlichen Nordosten verschickt. Dort werden sie in den Häusern enteigneter Großbauern untergebracht oder müssen in Zeltlagern kampieren.
Die Massendeportationen betreffen durchweg Angehörige des früheren Mittelstandes, also Beamte, Gewerbetreibende, Grundbesitzer und Offiziere samt ihren Familien. Darunter befinden sich auch enteignete Ungarn jüdischen Glaubens sowie viele Rentner und Pensionäre. Unter dem Vorwand einer Neuregelung hatten diese schon seit Monaten keine Auszahlungen mehr erhalten, so daß sie auf die Mildtätigkeit ihrer Mitmenschen angewiesen waren.
Schikanen dieser Art begründen die kommunistischen Machthaber mit der »Klassenunverträglichkeit« des bürgerlichen Bevölkerungsteils. So kann es »im Interesse des arbeitenden Volkes nicht mehr verantwortet werden, daß kostbarer Wohnraum von klassenfremden Elementen weiterhin in Anspruch genommen wird«, meint die Regierung.
In den bürgerlichen Kreisen der ungarischen Hauptstadt herrscht Panikstimmung. Die Benachrichtigung über die Verschickung wird in der Regel in den frühen Morgenstunden von der Staatspolizei zugestellt. Es bleibt dann nur noch eine Frist von 48 Stunden. Das Gewicht des erlaubten Gepäcks darf 500 kg nicht überschreiten.

Schauprozeß gegen Erzbischof Grosz

28. Juni. *Ein ungarisches Gericht verurteilt nach einem Schauprozeß Erzbischof Josef Grosz, den höchsten Würdenträger der katholischen Kirche in Ungarn, wegen einer »Verschwörung gegen die ungarische Volksdemokratie« zu 15 Jahren Gefängnis.*
Sein uneingeschränktes Schuldeingeständnis kann nach Meinung von westlichen Beobachtern nur unter Folter oder Hypnose zustande gekommen sein.

◁ Der 64jährige Erzbischof Grosz (l.) ist ein Opfer der Kirchenverfolgung in Ungarn.

Wirtschaft 1951:

Sonderkredit hilft aus der Krise – Aufschwung kann beginnen

Die wirtschaftliche Entwicklung der Bundesrepublik vollzieht sich in diesem Jahr in zwei Phasen mit unterschiedlichen Vorzeichen: Von Januar bis März spitzt sich die Zahlungsbilanzkrise dramatisch zu, ehe die Bundesregierung auf Druck der Alliierten ihre Marktwirtschaft modifiziert und lenkend eingreift. Vom Korea-Boom getragen, beginnt in der Folgezeit der wirtschaftliche Aufstieg der Bundesrepublik.

Zu Beginn des Jahres sieht sich die Bundesrepublik noch in der schwersten wirtschafts- und finanzpolitischen Krise seit ihrem Bestehen: Weil nach wie vor die Importe die Exporte bei weitem übersteigen, nimmt die Zahlungsbilanzkrise dramatische Formen an.

Grund für die Schwierigkeiten ist der Ausbruch des Koreakrieges, der, bevor er der Bundesrepublik einen Wachstumsschub verleiht, den jungen Staat an die Grenze der wirtschaftlichen Belastbarkeit drängt: Die Rohstoffpreise schnellen auf dem Weltmarkt steil nach oben. »Vor Korea« kosteten 100 kg Kupfer noch 177 DM, jetzt 272 DM. Für die gleiche Menge Messing mußten Händler vor Ausbruch des Koreakrieges 110 DM hinblättern, heute 450 DM.

Ein Land im Wiederaufbau wie die Bundesrepublik, das einen schnell steigenden Bedarf an Rohstoffen und Lebensmitteln hat, den es aber nicht aus eigener Produktion dekken kann – 25% der Rohstoffe und 50% der Lebensmittel müssen importiert werden –, wird von derlei raschen und dramatischen Veränderungen auf dem Weltmarkt existentiell bedroht.

Besonders gravierend wirken sich aber auch die Beschränkungen der Kohleförderung aus, die noch unter dem Preisdiktat der Ruhrbehörde steht (→ 21. 12./S. 201). Obwohl der Weltmarktpreis auf 96 DM je Tonne steigt, müssen bundesdeutsche Zechen das »schwarze Gold« für 45 DM auf dem Weltmarkt anbieten. Damit kann eine lebenswichtige Devisenquelle nicht ausgeschöpft werden. Um den Energiebedarf decken zu können, muß die Bundesregierung – ein weiterer harter Schlag für die Devisenpolitik – teure ausländische Kohle ankaufen.

Die Schulden bei der Europäischen Zahlungsunion (EZU) wuchsen bereits im Oktober des vergangenen Jahres auf 300 Mio. US-Dollar (1,6 Mrd. DM). Zur Jahreswende sind die Devisenreserven erschöpft. Die EZU »rettet« die Bundesrepublik mit einem Sonderkredit von 120 Mio. US-Dollar (624 Mio. DM).

Daß die Bundesrepublik als einer der wenigen Industriestaaten freie Produktionskapazitäten anbieten kann, macht sich erst nach überstandener Krise im Frühjahr bemerkbar, als die Rohstoffmärkte wieder »umkippen«, der Preisboom gebremst ist.

Die wirtschaftspolitischen Turbulenzen führen auch zu innenpolitischen Spannungen: Wegen Kohlemangel werden Stromsperren eingeführt, Fabriken stehen vor der Schließung, Versorgungsschwierigkeiten drohen. Gerüchte über neue Steuern und eine Anhebung der Preise (→ 8. 11./S. 193) führen zu »Hamsterkäufen«, die die Bundesregierung mit allen Mitteln verhindern will: »Die überschüssige, preistreibende Kaufkraft muß gebändigt werden, denn der Passivsaldo der Zahlungsbilanz ist ja nur Ausdruck dafür, daß das deutsche Volk ständig mehr verbraucht, als seine Exportleistungen rechtfertigen«, weiß das Nachrichtenmagazin »Der Spiegel«. Bundeswirtschaftsminister Ludwig Erhard versucht's mit Appellen: »Kaufen Sie nicht heute, morgen wird's billiger.« Mit Erfolg kämpft er gegen die Kaufwut an. Bereits im Mai bessert sich die Situation: »Erstmals seit Korea bestellten viele Kaufhäuser und Geschäftsleute wegen verschlechterten Absatzes keine Waren nach. Der Weltkrieg-III-Hamsterfimmel legt sich,« stellt das Nachrichtenmagazin »Der Spiegel« erleichtert fest. Der EZU-Sonderkredit kann schon im Mai zurückgezahlt werden. Die Exportwirtschaft profitiert jetzt vom »Korea-Boom«.

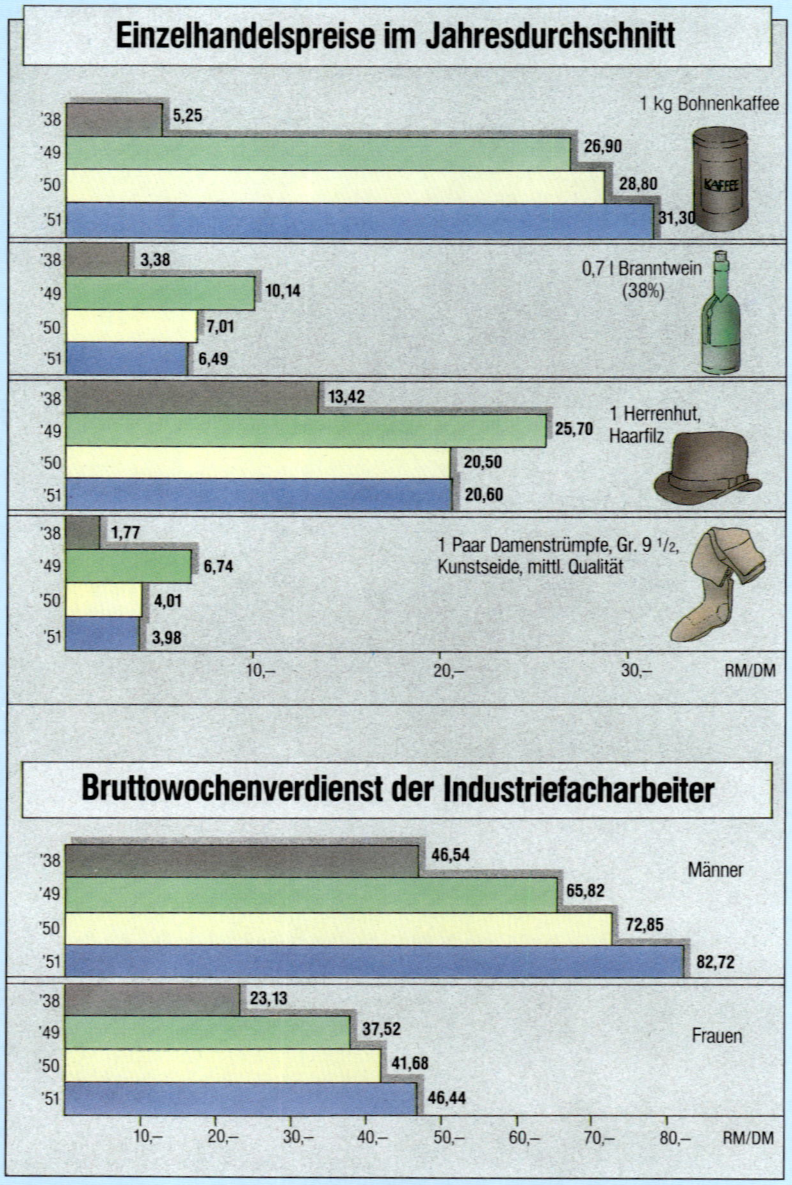

Nicht nur Appelle helfen, die schwierige Situation zu meistern. Erhard setzt die Liberalisierung der Importe aus (→ 27. 2./S. 37), eine Änderung der Marktwirtschaft folgt auf Druck der Alliieren und schlägt sich im Wirtschaftsprogramm nieder (→ 11. 4./S. 69).

Die Modifizierung der Wirtschaftspolitik nutzen vor allem die Verbände, die sich Macht und Einfluß zu sichern wissen. »Unter der Parole »Mobilisierung der Selbstverantwortung der Wirtschaft« übernahmen die Verbände hoheitliche Aufgaben und organisierten ein System von Sonderbeauftragten, Beratern und Ausschüssen zur Erledigung der von den Amerikanern gestellten Aufgaben. Zwar waren auch die Gewerkschaften an diesen Maßnahmen beteiligt, doch war die Dominanz der Unternehmerverbände unverkennbar. Sie demonstrierten damit in einer Krisensituation Effizienz und Unentbehrlichkeit und eroberten sich auf diese Weise eine führende Rolle im wirtschaftspolitischen Entscheidungsprozeß, die den Abbau des Lenkungsapparates nach dem Abflauen der Korea-Krise überdauerten«, schreibt Werner Bührer über die Unternehmerverbände. Der Bundesverband der Deutschen Industrie (BDI) übernimmt die Rohstofflenkung. Wirtschaftsverbände und Gewerkschaften organisieren das Investitionslenkungsprojekt, das im Januar 1952 in das »Gesetz über die Investitionshilfe der gewerblichen Wirtschaft« mündet.

Bergleute votieren mit Urabstimmung für einen Streik zur Durchsetzung der paritätischen Mitbestimmung.

Die Stahlkocher der Hüttenwerke Hörde sprechen jetzt ein gewichtiges Wort bei Unternehmensfragen mit.

Kooperation bringt die Mitbestimmung

Eine der wesentlichen wirtschaftspolitischen Errungenschaften des Jahres ist die Mitbestimmung im Montanbereich. Die Gewerkschaften setzen sich nach Streikandrohungen durch (→ 10. 4./S. 67).

Das Resultat der Verhandlungen ist aber kein ausschließlicher Erfolg der Arbeitnehmervertreter: »Dabei wird allerdings übersehen, daß dieses Ergebnis nur deshalb zustande kommen konnte, weil sich die Gewerkschaften als Gegenleistung zu einer stillschweigenden Unterstützung wesentlicher Aspekte der Wirtschafts-, Außen- und Verteidigungspolitik der Bundesregierung bereit erklärten . . .«, schreiben die Politikwissenschaftler Siegfried Mielke und Fritz Vilmar.

Schließlich braucht die Bundesregierung die Zustimmung der Gewerkschaften, um bei den Verhandlungen mit den Alliierten und den Schumanplan-Staaten über die Neuordnung und Entflechtung der Montanindustrie und die Rolle des Ruhrgebiets eine starke Position vertreten zu können.

Die Gewerkschaften, die sich generell für die Montanunion aussprechen, haben durch Zusage ihrer Mitarbeit ein Druckmittel gegenüber Regierung und Arbeitgebern in der Hand. Nur unter Ausnutzung dieser einmaligen innen- und außenpolitischen Konstellationen gelingt die Durchsetzung der paritätischen Mitbestimmung im Montanbereich.

Gemeinsam mit den Arbeitgebern der Montanbetriebe sitzen die Delegierten der Arbeiter an einem Tisch.

Nicht wenige Geschäfte scheitern an den wirtschaftlichen Wirren zu Beginn des Jahres und müssen wie dieser Feinkostladen ihre Pforten schließen. Erst in der zweiten Hälfte 1951 geht es für Händler und Produzenten kontinuierlich aufwärts.

Der Einzelhändler kann erst nach überstandener Krise wieder lachen. Die »Tante-Emma-Läden« bestimmen noch das Bild in der bundesdeutschen Verkaufslandschaft. Allerdings werden immer mehr Selbstbedienungsläden gegründet.

Hamsterkäufe bestimmen das Einkaufsverhalten zu Beginn des Jahres. In den Selbstbedienungsläden sind die Regale nach kurzer Zeit bereits leergeräumt. Erst im Mai wendet sich dieser Trend, und der »Weltkrieg-III-Hamsterfimmel« legt sich.

Erste Berlinale – erster Bundesfilmpreis

6. Juni. Gleichzeitig mit der Eröffnung der I. Internationalen Berliner Filmfestspiele im Steglitzer Titania-Palast findet die erste Verleihung der Bundesfilmpreise statt (→ 21. 2./S. 42). Als bester Spielfilm des vergangenen Jahres wird »Das doppelte Lottchen« (Regie: Josef von Baky) nach dem Buch von Erich Kästner preisgekrönt.

Insgesamt werden die zwölf Tage dauernden Berliner Filmfestspiele von 21 Nationen mit 34 Spiel- und 80 Kulturfilmen beschickt. Als bester Kulturfilm erhält »Kleine Nachtgespenster«, ein Film über Fledermäuse von Klemens Schumacher, einen Preis.

Der US-amerikanische Filmproduzent David O. Selznick stiftete einen »Silbernen Lorbeer« für »den größten Beitrag zur Förderung des gegenseitigen Verständnisses unter den Völkern der freien Welt«. Nach Meinung der amerikanischen Jury gebührt diese Auszeichnung dem Berlin-Film »Herrliche Zeiten« von Günter Neumann.

Hauptgesprächsthema des Eröffnungsabends, der auch ein gesellschaftliches Ereignis ersten Ranges darstellt, ist jedoch »Das doppelte Lottchen«. Die Kritik urteilt darüber: »Es müssen eben doch die Dichter kommen, damit ein deutscher Film so ganz gerät. ›Das doppelte Lottchen‹ ist ein Film aus einem Guß geworden – aus einem Erich-Kästner-Guß, der das Drehbuch nach seinem gleichnamigen Kinderbuch selbst schrieb und als Kommentator im Film erscheint« (»Sozialdemokrat«, 11. Januar).

Vorn von rechts: Erich Kästner mit seinem Vater und Regisseur Josef von Baky. Das Buch zu seinem prämierten Film stammt aus dem Jahr 1949.

Die Bilanz der deutschen Beiträge am Ende der Filmfestspiele fällt im Gegensatz dazu ernüchternd aus. Ob »Dr. Holl«, »Talent zum Glück« oder »Das gestohlene Jahr«, der deutsche Film hat hier nach allgemeiner Auffassung des Publikums nicht mehr zu bieten als Konsumware vom Dutzend.

Die Rückkehr des »German Dance«

8. Juni. Zur festlichen Premiere des Folkwang-Tanztheaters im Essener Opernhaus werden unter der Leitung des weltberühmten Ballettmeisters und Tanzpädagogen Kurt Jooss die legendären Stücke »Der grüne Tisch« und »Großstadt 1926« aufgeführt.

Sein auch bei den Ruhrfestspielen aufgeführtes Stück »Der grüne Tisch«, so der 1934 emigrierte Jooss, will er als zeitlosen Totentanz, als Glaubensbekenntnis eines Pazifisten verstanden wissen. Die choreographisch getreue Wiederholung dieser im Jahr 1932 uraufgeführten Stücke erhält nun auch wieder Beifall vom heimischen Publikum. Damit verbunden ist die Rückkehr des seit 1933 verfemten »German Dance«-Stils in sein Ursprungsland. Anders als etwa Mary Wigman, die berühmte Improvisationstänzerin der zwanziger Jahre, entwickelt Jooss das »objektives Geschehen vermittelnde Tanzdrama« als Verbindung zwischen klassischem Ballett und modernem Ausdruckstanz. Mit diesem Tanz, der auf einer neuentwickelten Tanzschrift beruht, sollen die Gefahren choreographischer Improvisation weitgehend vermieden werden.

Kunst für Kohle: Theodor Heuss eröffnet Ruhrfestspiele

16. Juni. Bundespräsident Theodor Heuss eröffnet die Ruhrfestspiele in Recklinghausen. Hauptsächlich klassisches Theater erwartet die Besucher: Schillers »Don Carlos«, die »Orestie« des Aischylos und Mozarts »Zauberflöte« stehen auf dem Programm.

Darüber hinaus bieten die Organisatoren der Festspiele unter Leitung von Karl Pempelfort Konzerte mit dem philharmonischen Staatsorchester Hamburg und dem Kölner Sinfonieorchester. In einer Ausstellung unter dem Titel »Künder des Jahrhunderts« werden Werke von Vincent van Gogh, Paul Gauguin, Auguste Rodin, Wassily Kandinsky und Max Beckmann gezeigt. 115 000 Menschen besuchen während der dreimonatigen Festspielzeit die 61 Theater- und Konzertveranstaltungen. 13 000 sehen die umfangreiche Kunstausstellung.

1947 wurden die Ruhrfestspiele vom Deutschen Gewerkschaftsbund und der Stadt Recklinghausen gegründet. Sie entwickelten sich aus einem Kontakt in der unmittelbaren Nachkriegszeit zwischen Bergleuten der Recklinghäuser Zeche König Ludwig 4/5 und Schauspielern der Hamburger Bühnen. Die Künstler erbaten von den Kumpels aus dem Revier Kohle für die Beheizung ihrer Theatersäle. Als Dank gastierten sie vom 28. Juni bis zum 2. Juli 1947 mit mehreren Aufführungen im Städtischen Saalbau von Recklinghausen. Aus der Aktion »Kunst gegen Kohle« entwickelte sich eine dauerhafte Einrichtung, die als kulturelles Angebot für Arbeitnehmer im Ruhrgebiet geplant ist.

Kurt Jooss gastiert mit dem Folkwangtheater, hier die Pantomime »Der grüne Tisch« (1932), an der Ruhr.

Walter Franck und Antje Weisgerber in einer Festspiel-Aufführung des Klassikers »Don Carlos« von Schiller

Sartre-Stück sorgt für Theaterskandal

7. Juni. Im Pariser Théâtre Antoine findet mit der Aufführung von Jean-Paul Sartres Schauspiel »Der Teufel und der liebe Gott« das Theaterereignis der Saison statt. Das Stück sorgt für Aufsehen durch die Radikalität, mit der Sartre die Gottesfrage stellt und beantwortet.
Unter der Regie von Louis Jouvet, der das auf sechs Stunden angelegte Drama auf vier Stunden verkürzt, spielt Pierre Brasseur die Hauptrolle. Die mit Spannung erwartete, schon seit Monaten ausverkaufte Uraufführung sorgt wegen ihrer theologischen Provokationen für einen Skandal, der sich sogar bis ins Ensemble auswirkt: »Brasseur weigerte sich, Götz' Monolog in Szene neun zu lernen, die Material aus dem heiligen Johannes vom Kreuz beinhaltet. Sartre war dem Eklektizismus noch nie abgeneigt gewesen und borgte so auch eine Bemerkung von Savonarola (›Die Kirche ist eine Hure‹), eine Stelle von Klemens VII. (›Du bist ein Bastard.‹ – ›Ja, wie Jesus Christus.‹) . . .«, schreibt Ronald Hayman, ein Sartre-Biograph.

Wichtige Werke von Sartre:

▷ 1938: Der Ekel (Roman)
▷ 1943: Die Fliegen (Drama); Das Sein und das Nichts (philosophische Schrift)
▷ 1945: Bei geschlossenen Türen (Drama)
▷ 1946: Die ehrbare Dirne (Drama)
▷ 1947: Das Spiel ist aus (Drehbuch)
▷ 1948: Die schmutzigen Hände (Drama)
▷ 1951: Der Teufel und der liebe Gott (Drama)

Sartres im Zeitalter der deutschen Bauernkriege agierender Held Götz erkennt: »Gott ist tot . . . nur die Menschen sind da.« Dahinter verbirgt sich ein Grundprinzip des Sartreschen Existentialismus, das Bewußtsein der Verlassenheit des Menschen, letztlich eine »Verurteilung zur Freiheit«. Das Individuum muß sich den Sinn seiner Existenz selbst geben. Für Sartre liegt dieser Sinn im totalen Engagement.
Während die Pariser Aufführung mit Skepsis aufgenommen wird, hat das Stück in Deutschland nach der Erstaufführung am 30. Oktober in Hamburg großen Erfolg.

Vor dem Mikrofon müssen Sprecher Theater spielen und nur mit Geräuschkulisse Handlung vermitteln.

Hörspiel-»Träume« schockieren Radiohörer

Nagende Termiten peinigen die New Yorker Hausfrau, töten deren Mann und Mutter, bedrohen das Haus und schließlich die gesamte Stadt – Angst erzeugt das 80minütige Hörspiel von Günter Eich, das der Nordwestdeutsche Rundfunk Hamburg am 19. April um 20.50 Uhr sendet. Die »Träume« von Eich schockieren die Hörer, die an Erlebnisberichte und Features gewöhnt sind: In fünf Episoden sendet der Autor sein Spiel aus der Welt der Alpträume.
Mit Eich, der als Schöpfer des poetischen Hörspiels gilt, wird eine neue Ebene geschaffen: Traum, Seelenqual, Unterbewußtes, Irreales vermengt der Schriftsteller zu einer neuartigen Dimension, die er mit Hilfe technischer Finessen erlebbar macht und dem Radiohörer ins traute Heim sendet.
1952 erhält Günter Eich für sein Stück »Die andere und ich« den Hörspielpreis der Kriegsblinden, der 1951 erstmals vergeben wird. Erster Preisträger ist Erwin Wikkert, der für das Stück »Darfst du die Stunde rufen?« geehrt wird.
Das Hörspiel hat eine wechselvolle Entwicklung hinter sich: Mit »Danger« von Richard Hughes, das am 15. Januar 1924 vom britischen Rundfunk gesendet wurde, begann seine Geschichte. In der Folgezeit wurden die technischen Möglichkeiten des noch jungen Mediums ausgereizt. Ein theoretisches »Gerüst« lieferten Autoren wie Bertolt Brecht, der eine »Radiotheorie« (1927–32) verfaßte.
Das wohl spektakulärste Hörspiel löste am 30. Oktober 1938 in New York eine panikartige Flucht der Bevölkerung aus: »The war of the worlds« (Der Krieg der Welten) von Orson Welles kündigte in einer fiktiven Nachrichtensendung einen Angriff von Marsbewohnern an. Mit dem Ziel, Spannung zu erzeugen, inszenierte Welles mit Hilfe des Radios eine fiktive Welt, die die Hörer als Realität interpretierten. Den direkten Draht zum Individuum nutzten auch die Nationalsozialisten in Deutschland zur Verbreitung ihrer Ideologie: Mit Inszenierungen für das Radio gaukelten sie die Radiowelt als Realität vor. Wolfgang Borcherts »Draußen vor der Tür«, das am 13. Februar 1947 über den Sender ging, markierte einen Neuanfang.

Eich: Lyriker und Hörspielautor
Vor Abschluß seines Studiums der Sinologie und Volkswirtschaft in Paris und Berlin faßte Günter Eich den Entschluß, Schriftsteller zu werden. Der am 1. Februar 1907 in Lebus/Oder geborene Literat veröffentlichte seine ersten Gedichte unter dem Pseudonym Erich Günter. Hörfeatures und Kalendergeschichten folgten. Eich gehörte zu den Mitbegründern der »Gruppe 47«. Seine Gedichte »Abgelegene Gehöfte« (1948) und die Kurzgeschichte »Züge im Nebel« (1947) sind beispielhafte Werke der frühen Nachkriegsliteratur in Deutschland. 1950 wurde Günter Eich mit dem Preis der »Gruppe 47« ausgezeichnet.

Urlaub und Freizeit 1951:

Deutsche Berge und Balkonien

Die Ferienreise gehört neben dem Erwerb von »Schlüsselgütern« wie Fernseher, moderne Wohnungseinrichtung, Motorrad und Pkw zu den begehrtesten Statussymbolen einer deutschen Nachkriegsgesellschaft, die der Sicherung der elementaren Lebensbedürfnisse gerade entwachsen ist.
Dabei reguliert die Größe des Geldbeutels die Reiselust der Deutschen: Nach einer Umfrage des Bielefelder Instituts für Markt- und Meinungsforschung EMNID, die kurz vor der Hauptreisezeit stattfindet, geben 40% der Bundesbürger an, eine Urlaubsreise zu planen oder bereits durchgeführt zu haben. Die Mehrheit der Bundesbürger verbringt ihre freien Tage allerdings nach wie vor am Wohnort bzw. »auf Balkonien«.
Beamte und Freiberufler sind mit 71% am häufigsten auf Reisen, gefolgt von Angestellten mit 58%. Rund ein Fünftel der Urlauber sucht Erholung in der näheren Umgebung des Wohnortes. Darüber hinaus stehen vor allem die deutschen Urlaubsgebiete hoch im Kurs der Freizeitfans:
17% bevorzugen Bayern und die Alpen, gefolgt vom Rheinland mit 12% und dem Bodensee sowie der Nordsee mit 11%. 8% geben die Mittelgebirge und 4% die Ostsee als Reiseziel an.
Chaotisch ist die Situation zum Ferienbeginn auf den Bahnhöfen: »Der Andrang der Ferienreisenden war so groß, daß die Züge regelrecht gestürmt und die Fenster zum Einsteigen benutzt wurden. Der Kampf um die Plätze nahm verschiedentlich rohe Formen an, so daß es zu Raufereien und zu Weinszenen kam ...«, schreibt die »Süddeutsche Zeitung« vom 2. August.
Die touristische Anziehungskraft vor allem Bayerns nimmt ständig zu: Der Kurort Reit im Winkl registriert im Mai 1951 2462 Übernachtungen. Im Mai 1952 lag die Übernachtungszahl bei 1266.
Die keineswegs blendende wirtschaftliche Lage hindert die Bundesbürger an einem Urlaub in fremden Ländern. Lediglich 5% der Erholungssuchenden begeben sich als Touristen in ferne Länder.

Wer es sich leisten kann, fährt mit der ganzen Familie und dem eigenen Auto in die malerische Bergwelt. Fast alle Kurorte Bayerns melden: »Betten ausverkauft.«

Ideal für den schmalen Geldbeutel: Sommerfreuden mit Siphon und Sonnenschirm genießen die Bundesbürger »auf Balkonien« (Aquarell von Ulrik Schramm).

Freizeit und Förderung des Europagedankens in einem: Die Jugend Westeuropas trifft sich in Zeltlagern.

Die Nachfrage nach billigen Unterkünften ist groß: Der Hüttenwirt begrüßt seine Gäste im Tal.

Es müssen nicht ferne Länder sein: Auch der Ausflug zum See in der näheren Umgebung ist beliebt.

Die Wasserrutschbahn im Waldhofbad Wernigerode verführt auch Erwachsene zur Ausgelassenheit.

Walter-Brüder retten 1. FC Kaiserslautern

30. Juni. Vor 100 000 Zuschauern sichert sich der 1. FC Kaiserslautern im Berliner Olympia-Stadion mit einem 2:1-Erfolg über Preußen Münster den Titel eines Deutschen Fußballmeisters.

Mit dem Brüderpaar Fritz und Otmar Walter finden sich die bekannteren Spielerpersönlichkeiten in den Reihen der Pfälzer, die schon mehrere südwestdeutsche Meistertitel errungen haben. Die Westfalen haben in den letzten Jahren vor allem mit ihrem aggressiven Angriffsfußball von sich reden gemacht.

Nach torloser erster Halbzeit mit leichten spielerischen Vorteilen der Münsteraner gelingt diesen in der 48. Minute durch Felix Gerritzen der Führungstreffer. In der Folgezeit sieht es schlecht aus für den FC Kaiserslautern, ein zweites Tor für die Preußen »liegt in der Luft«. Überraschend erzielt Otmar Walter mit einem Flachschuß in der 61. Minute den Ausgleich für die Pfälzer.

Danach übernimmt Fritz Walter energisch die Regie und erzwingt nach einem Alleingang einen Eckball, den er auch selbst ausführt. Mit elegantem Kopfstoß vollstreckt Otmar Walter in der 70. Minute zum zweiten Mal. Die Münsteraner setzen nun alles auf eine Karte, doch Gerritzen kann eine Ausgleichschance fünf Minuten vor Schluß nicht nutzen.

Schon vor Spielbeginn war klar, daß auf jeden Fall ein neuer Name in der Siegerliste der seit 1903 ausgetragenen deutschen Fußballmeisterschaft erscheint, denn keiner der beiden Endspielgegner hat zuvor eine deutsche Meisterschaft erringen können. Der 1. FC Kaiserslautern löst den VfB Stuttgart ab.

Die nach ihren Trikots »rote Teufel« genannten Kicker aus Kaiserslautern im gegnerischen Strafraum – mit Nr. 9 der zweifache Torschütze Otmar Walter

Klein: Weltrekord im Brustschwimmen

9. Juni. Der in München lebende Europameister Herbert Klein verbessert in seiner Heimatstadt über 200 m Brust den Weltrekord des Amerikaners Joe Verdeur mit 2:27,3 min um eine volle Sekunde.

Dem 28jährigen ehemaligen Breslauer Klein gelang bereits am 19. Dezember 1948 über die gleiche Distanz mit 2:36,6 min ein Europarekord.

Klein absolviert den Wettkampf im »Butterfly-Stil« – auch Delphin- oder Schmetterlingsstil genannt. Diese Schwimmart ist im Jahr 1935 aus dem Brustschwimmen entwickelt worden. Seit 1948 dominiert sie das Brustschwimmen. Erst 1953 trennt der Weltschwimmverband FINA (Fédération Internationale de Natation Amateur) »Butterfly« vom Brustschwimmen.

Die als sensationell empfundene deutliche Verbesserung des alten Weltrekords ist ein Ergebnis systematischer Vorbereitung und harten Trainingsfleißes. Auf Wunsch des Schwimmers wurde eigens der jugoslawische Nationaltrainer Darko Prvan für eineinhalb Monate verpflichtet. Seine Trainingseinheiten absolvierte der berufstätige Herbert Klein morgens vor und abends nach der Arbeit. Vor allem Elementarübungen, Stilverbesserungen und Wendeversuche übte Prvan mit Klein. Täglich legte der Schwimmer 3 bis 4 km im Becken zurück.

Ein Boxweltmeister im Flaschenhagel

24. Juni. Der Schaukampf des Boxweltmeisters im Mittelgewicht, »Sugar« Ray Robinson (→ 12. 9./S. 167), gegen den deutschen Halbschwergewichtler Gerhard Hecht endet nach tumultartigen Szenen in der Berliner Waldbühne mit einem handfesten Skandal.

Robinson, in Europa »das wandelnde Schlachthaus« genannt, streckt den als krassen Außenseiter eingestuften Deutschen bereits zu Beginn des Kampfes durch regelwidrige Nierenschläge nieder. Als darauf in der zweiten Runde der Kampf abgebrochen und Hecht zum Sieger durch Disqualifikation erklärt wird, fühlen sich 20 000 Zuschauer um den auf zehn Runden angesetzten Kampf betrogen. Unter einem gellenden Pfeifkonzert und einem Hagel von Wurfgeschossen muß der Box-Champion unter dem Schutz von 20 Polizisten den Ring verlassen.

»Ich werde niemals mehr in Deutschland kämpfen. In meinem ganzen Leben habe ich noch nie einen derartigen Skandal wie in Berlin erlebt«, kommentiert der als bester Boxer seiner Zeit eingeschätzte Robinson später.

Am folgenden Tag wird die Disqualifikation des Weltmeisters nach einer Sondersitzung des Berliner Berufsboxverbandes wieder aufgehoben. Das revidierte Urteil lautet nun »ohne Entscheidung«.

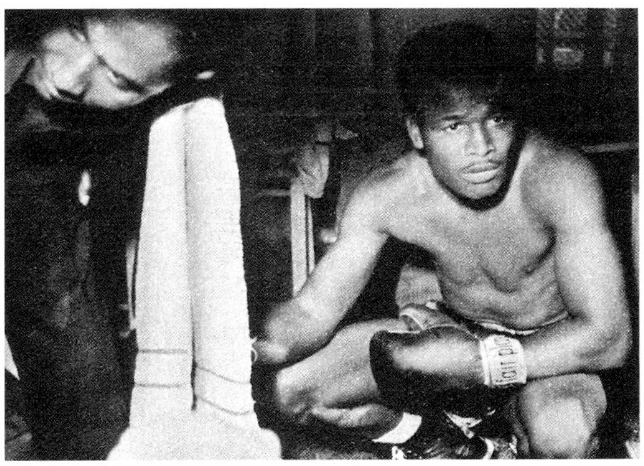

Kein Fair play: Robinson kauert eingeschüchtert unter dem Boxring und sucht Schutz vor dem Flaschenhagel der aufgebrachten Zuschauer.

Mit schmerzverzerrtem Gesicht bricht Hecht kampfunfähig zusammen. Schwere Nierentreffer des Weltmeisters sorgen für vorzeitigen Abbruch.

Juli 1951

Mo	Di	Mi	Do	Fr	Sa	So
						1
2	3	4	5	6	7	8
9	10	11	12	13	14	15
16	17	18	19	20	21	22
23	24	25	26	27	28	29
30	31					

1. Juli, Sonntag

Die nordkoreanisch-chinesische Truppenführung erklärt sich zu Waffenstillstandsverhandlungen bereit, die der Oberkommandierende der UN-Streitkräfte in Korea, General Matthew B. Ridgway, 48 Stunden zuvor vorgeschlagen hat (→ 5. 8./S. 140).

In der Frankfurter Paulskirche findet der erste Bundeskongreß der Vereinigten Ostdeutschen Landsmannschaften statt (→ 18. 2./S. 36).

Das »Gesetz zur Änderung des Umsatzsteuer- und Beförderungssteuergesetzes« bringt die allgemeine Erhöhung der Umsatzsteuer von 3 auf 4%.

Auf der Berliner Avus wird zum ersten Mal nach dem Krieg wieder ein Autorennen ausgetragen. Nach 25 Runden fährt Paul Greifzu auf BMW-Eigenbau als Erster durchs Ziel. → S. 132

2. Juli, Montag

Bundeswirtschaftsminister Ludwig Erhard fliegt zu mehrtägigen Wirtschaftsgesprächen in die Vereinigten Staaten. Er informiert dort über die wirtschaftlichen Sonderbedingungen der Bundesrepublik.

Christian Fette tritt als Nachfolger des verstorbenen Hans Böckler offiziell sein Amt als Vorsitzender des Deutschen Gewerkschaftsbundes an (→ 24. 7./S. 125).

3. Juli, Dienstag

Nach einem dreiwöchigen USA-Aufenthalt erklärt der amerikanische Hochkommissar John J. McCloy in Frankfurt am Main, eine künftige deutsche Armee sei, wenn überhaupt, dann »nur im Sinne der atlantischen Verteidigung« denkbar (→ 15. 2./S. 32).

Das Bundeskabinett beschließt per Gesetzentwurf eine zehnprozentige Besteuerung hochwertiger Waren. Davon betroffen sind Rundfunk- und Fotoapparate, Personenwagen, Pelze, Kosmetika, Gegenstände aus Edelmetall und Süßwaren (→ 8. 11./S. 193).

Eine außerordentliche Generalversammlung der IG Bergbau akzeptiert in Essen einen in Bonn ausgehandelten Kompromiß, der eine zwölfprozentige Lohnerhöhung vorsieht. Mit knapper Mehrheit wird dadurch ein Streik abgewendet.

In Hannover wird die erste große deutsche Bauausstellung nach dem Krieg, die »Constructa«, eröffnet. Wohnungsbauminister Eberhard Wildermuth (FDP) erklärt bei der Eröffnung, es gelte nun, was in 100 Jahren gewachsen sei, innerhalb einer Generation wiederherzustellen. → S. 126

4. Juli, Mittwoch

Vertreter aus 53 Staaten, darunter der neue DGB-Vorsitzende Christian Fette, nehmen an der Eröffnung des zweiten Weltkongresses des Internationalen Bundes der freien Gewerkschaften in Mailand teil. Die Gewerkschaften der demokratischen Länder bekräftigen, daß Verteidigungsanstrengungen kein Vorwand für unsoziale Maßnahmen sein dürften.

Auf der Zeche Radbod in Bockum-Hövel (bei Hamm) wird der modernste Schacht des Ruhrgebietes in Betrieb genommen. Der Schacht ist 1100 m tief und erlaubt eine tägliche Förderung von 4000 t Kohle.

5. Juli, Donnerstag

Die britische Leitung des iranischen Erdölzentrums Abadan drosselt wegen der Auseinandersetzung um die Nationalisierung der iranischen Erdölindustrie die Produktion von 650 000 auf 30 000 Barrel (→ 31. 7./S. 114).

Die Vorkonferenz zur deutschen Auslandsschuldenregelung beginnt in London. Leiter der deutschen Delegation ist der Direktor der Kreditanstalt für Wiederaufbau, Hermann Josef Abs. → S. 120

Bei einer Explosion auf dem Vergnügungsdampfer »Heimatland« kommen 45 Kinder aus dem Ost-Berliner Bezirk Prenzlauer Berg ums Leben. Das Unglück auf der Spree passiert während einer Klassenfahrt.

6. Juli, Freitag

Unter dem Eindruck der zunehmenden internationalen Spannungen kündigen die Vereinigten Staaten ihre Handelsabkommen mit der Sowjetunion, Rumänien und Bulgarien.

7. Juli, Samstag

In den Vereinigten Staaten beginnt die Ära des Farbfernsehens. Die Premiere erfolgt unter ansehnlichem Staraufgebot im Rahmen einer CBS-Show, wobei die Farbqualität allerdings noch zu wünschen übrig läßt. → S. 127

In Bayern wird der erste Spezialomnibus für Kriegsversehrte seiner Bestimmung übergeben. Die Konstrukteure haben das Fahrzeug nach ärztlichem Ratschlag eingerichtet.

Doris Hart (USA) setzt sich im Wimbledon-Endspiel der Damen gegen Shirley Fry (USA) 6:1, 6:0 klar durch. → S. 133

Sheila Lerwill springt mit 1,72 m bei den britischen Meisterschaften in London Weltrekord im Hochsprung.

Weltrekord auch in Honolulu im 800 m Freistil-Schwimmen: Ford Konno (USA) bewältigt die Strecke in 9:30,7 min.

8. Juli, Sonntag

Bei Wein, Musik und Tanz feiert die französische Hauptstadt den 2000. Jahrestag ihrer Gründung. 34 Großstädte haben ihre Oberhäupter nach Paris entsandt.

Beim Donauringrennen in Ingolstadt kommt es vor 50 000 Zuschauern in der Viertelliterklasse zu einem Eklat. Aus Protest darüber, daß sie zusammen mit den drei Werksfahrern gewertet werden, treten alle Privatfahrer in den Streik.

9. Juli, Montag

Die drei Westmächte geben die Beendigung des Kriegszustands mit Deutschland bekannt. → S. 120

Der Iran löst seine Beziehungen zum Haager Schiedsgerichtshof. Gleichzeitig bietet US-Präsident Harry S. Truman die Vermittlung seines Beraters William Averell Harriman im iranisch-britischen Konflikt an (→ 15. 7./S. 116).

Der Flughafen Tempelhof wird in Berlin von Bürgermeister Ernst Reuter eröffnet. Einmalig in der Welt ist es laut Reuter, daß ein Flughafen vom Rathaus aus in fünf Minuten zu erreichen ist. → S. 125

10. Juli, Dienstag

Der Beginn der Waffenstillstandsverhandlungen am 38. Breitengrad in Korea leitet eine militärische Verschnaufpause ein. Das Verhandlungsangebot geht auf eine Initiative des sowjetischen Delegierten bei der UN, Jakow A. Malik, zurück (→ 5. 8./S. 140).

Der Deutsche Bundestag in Bonn verabschiedet ein Gesetz, mit dem der bereits nach dem Ersten Weltkrieg erreichte Kündigungsschutz wieder voll hergestellt wird. → S. 124

Unter starker Anteilnahme der Berliner Bevölkerung wird vor dem Berliner Flughafen Tempelhof das »Denkmal für die Opfer der Berliner Luftbrücke« enthüllt (→ 9. 7./S. 125).

Wegen »Schädigung des Ansehens der Besatzungsmächte« verbieten die Alliierten die »Norddeutsche Volksstimme«, das Organ der kommunistischen Bürgerschaftsfraktionen in Hamburg und Bremen.

In London verliert »Sugar« Ray Robinson seinen Box-Weltmeistertitel im Mittelgewicht knapp nach Punkten an den Briten Randy Turpin (→ 12. 9./S. 167).

11. Juli, Mittwoch

Mehr als 300 000 Deutsche aus Ost und West nehmen bis zum 15. Juli an den Veranstaltungen des Dritten Deutschen Evangelischen Kirchentages in Berlin teil. → S. 121

Die Bundesrepublik tritt der UNESCO bei, der UN-Sonderorganisation für Zusammenarbeit auf den Gebieten der Erziehung, Wissenschaft und Kultur.

Der Bundestag in Bonn verabschiedet nach eineinhalbjähriger Beratung das Gesetz zum Schutz der Jugend. Zusätzlich verabschiedet er das Strafrechtsänderungsgesetz, das Hochverrat, Landesverrat, Friedensverrat und Staatsgefährdung definiert und unter Strafe stellt (→ 10. 7./S. 124).

In ganz Ägypten wird der Ausnahmezustand ausgerufen, um antibritischen Ausschreitungen vorzubeugen, die von nationalistischen Kreisen angekündigt wurden (→ 16. 7./S. 117).

12. Juli, Donnerstag

In der letzten Sitzung vor der Sommerpause legt Bundeskanzler Konrad Adenauer dem Bundestag erstmals das Gesetz über den Beitritt der Bundesrepublik zur europäischen Gemeinschaft für Kohle und Stahl vor (→ 18. 4./S. 66).

In einer polemisch geführten Debatte berät der Bundestag das Investitionshilfegesetz (→ 10. 7./S. 124).

In Guatemala-City kommt es nach Bodenenteignungen zu schweren antikommunistischen Unruhen, in deren Verlauf Regierungstruppen das Feuer auf die Menge eröffnen.

Zwischen Kehl und Straßburg wird die neu erbaute Rheinbrücke in Betrieb genommen.

13. Juli, Freitag

Aus aller Welt laufen Meldungen ein, die eine ungewöhnliche Häufung von Unglücksfällen und Katastrophen anzeigen. Im US-Bundesstaat Kansas bedroht eine riesige Überschwemmung 400 000 Menschen. → S. 119

Die kritisch-oppositionelle argentinische Tageszeitung »La Prensa« wird von der Regierung aufgekauft, nachdem sie bereits im Januar ihr Erscheinen einstellen mußte (→ 2. 2./S. 39; 28. 9./S. 156).

450 Polizisten und Nationalgardisten sind im Einsatz, um den Einzug einer farbigen Familie in ein »weißes« Wohngebiet Chicagos durchzusetzen. Während rassistischer Ausschreitungen steckt die Menge das betreffende Haus in Brand.

14. Juli, Samstag

In der »Großen Münchner Kunstausstellung 1951« werden 900 Werke von 398 Künstlern aus ganz Deutschland gezeigt.

Der Eisenbahnfährverkehr Großenbrode-Kai – Gedser zwischen der Bundesrepublik und Dänemark wird aufgenommen.

15. Juli, Sonntag

Der von US-Präsident Harry S. Truman entsandte Sonderbotschafter William Averell Harriman trifft in Teheran ein, um im Ölkonflikt zwischen Großbritannien und Iran zu vermitteln. → S. 116

Im Streit um Kaschmir verschärft sich die Situation zwischen Indien und Pakistan. Der pakistanische Premierminister Liaquat Ali Khan wirft Indien in einer scharfen diplomatischen Note vor, mit massiven Truppenkonzentrationen an der gemeinsamen Grenze eine gewaltsame Lösung zu suchen (→ 7. 8./S. 138).

Im flotten Strandkostüm turnt das Titelmädchen der »Aktuellen Bilder-Zeitung« vom 7. Juli auf der Uferbefestigung. In den Sommermonaten zieht es die meisten deutschen Urlauber jedoch in die Berge, falls sie nicht auf »Balkonien« bleiben.

Aus jugoslawischen Quellen verlautet, daß Bulgarien, Rumänien und Ungarn ihre in Friedensverträgen festgelegte Armeestärke um das Dreifache überschritten und damit insgesamt 830 000 Mann unter Waffen hätten.

16. Juli, Montag

Wegen der Behinderung des Sueskanal-Verkehrs durch Ägypten entsendet London nach scharfem Notenwechsel Kriegsschiffe ins Rote Meer. → S. 117

Das vorwiegend aus Christdemokraten bestehende Kabinett von Alcide De Gasperi tritt in Rom wegen einer bis in die eigene Partei reichenden Vertrauenskrise zurück. Grund dafür ist die Unzufriedenheit mit dem italienischen Friedensvertrag und die noch immer ungelöste Triest-Frage (→ 26. 7./S. 119; 17. 11./S. 191).

Während des Frankfurter Universitätsfestes findet eine Studentenkundgebung für ein vereintes Europa statt. Vizekanzler und ERP-Minister Franz Blücher (FDP) spricht sich in seiner Rede für eine einheitliche europäische Währung aus.

Im Zuge der Neuordnung der Stahlindustrie werden in Mülheim/Ruhr als erste von insgesamt 24 Stahl-Kerngesellschaften die Rheinischen Röhrenwerke gegründet (→ 28. 8./S. 146).

17. Juli, Dienstag

Der neue König der Belgier besteigt als Baudouin I. den Thron. Sein Vater, König Leopold III., mußte am Vortag wegen seiner umstrittenen Haltung im Zweiten Weltkrieg abdanken. → S. 118

Die Hohe Kommission der West-Alliierten veröffentlicht vier Denkschriften zur Neuordnung der Kohle- und Stahlindustrie (→ 11. 8./S. 146).

Im walisischen Port Talbot nimmt die größte Hütte Europas mit einem jährlichen Ausstoß von 200 000 t Stahl die Produktion auf.

Aus Mitteln der Ford-Stiftung erhält die Freie Universität Berlin eine Spende von 1,309 Mio. Dollar (5,5 Mio. DM). → S. 125

18. Juli, Mittwoch

Im Gegensatz zu Frankreich und Großbritannien sind die Vereinigten Staaten laut Außenminister Dean Acheson an einem Militärbündnis mit Francos Spanien grundsätzlich interessiert und haben in diesem Sinne Verhandlungen aufgenommen (→ 19. 7./S. 117).

Bundespräsident Theodor Heuss bekräftigt die Gesprächsbereitschaft der Bundesrepublik Deutschland gegenüber Israel in allen schwebenden Fragen (→ 27. 9./S. 160).

Als Ausgleich für Kriegsschäden wird in den Niederlanden die Enteignung der deutschen Vermögen verfügt. Allerdings fürchtet man deutsche Gegenmaßnahmen, etwa den Stopp landwirtschaftlicher Importe aus Holland.

Durch einen K.-o.-Sieg in der siebten Runde über Ezzard Charles wird Joe Walcott in Pittsburgh Box-Weltmeister im Schwergewicht. → S. 133

19. Juli, Donnerstag

Um die Beziehungen zu den Westmächten zu verbessern, bildet General Francisco Franco Bahamonde in Spanien sein Kabinett um. Ziel der neuen Regierung sei es, so Franco, die Monarchie wiederherzustellen. → S. 117

Die Westberliner Polizei kann in letzter Minute einen »Demontageversuch« vereiteln. Bautrupps aus dem Ostteil der Stadt haben versucht, im US-Sektor Eisenbahngleise zu entwenden.

Die Idee eines New Yorker Schneiders, zweifarbige Herrenhosen zu produzieren, führt zu einer Nachfragelawine. Andersfarbige Aufschläge, bevorzugt in graugrün und beige, machen es möglich, ausgefranste Hosenbeine unauffällig zu erneuern.

20. Juli, Freitag

König Abd Allah Ibn Al Husain von Jordanien wird beim Betreten der Jerusalemer Al-Aksa-Moschee von einem arabischen Nationalisten niedergeschossen und tödlich verletzt. → S. 117

21. Juli, Samstag

Bundeswirtschaftsminister Ludwig Erhard warnt in Kiel vor einer neuen Lohnwelle, die einen Exportrückgang und damit neues Unheil für den deutschen Arbeiter nach sich ziehen würde.

Die Deutschland-Radrundfahrt beginnt in Hannover. Sie endet nach zwei Wochen und 3096 km mit dem Sieg des Italieners Guido De Santi. → S. 132

22. Juli, Sonntag

Der 57jährige General Francisco Higino Craveiro Lopes wird in Portugal zum Präsidenten gewählt. Einen Gegenkandidaten gibt es nicht. Der Offizier genießt das besondere Vertrauen von Diktator António de Oliveira Salazar.

Bundestagspräsident Hermann Ehlers eröffnet das erste europäische Jugendlager auf der Loreley, an dem etwa 7500 Jugendliche teilnehmen.

Der Gründer der Bayernpartei, Ludwig Lallinger, bezeichnet es auf einer Kundgebung im Hofbräuhaus als bisher größten Erfolg der Politik der Bayernpartei, daß die Verwaltung der Landeshauptstadt nunmehr endgültig frei von allen Preußen sei.

23. Juli, Montag

Philippe Pétain, französischer Kriegsheld als Verteidiger Verduns und verbannter Vichy-Präsident, stirbt mit 95 Jahren auf der Insel Yeu. → S. 119

Das Land Niedersachsen erläßt ein Sing- und Spielverbot für Lieder und Musikstücke, welche die Erinnerung an die nationalsozialistische Gewaltherrschaft wachrufen oder gegen den Gedanken der Völkerverständigung verstoßen.

24. Juli, Dienstag

Aus Protest gegen die wirtschaftliche Entwicklung der Bundesrepublik empfiehlt der Bundesvorstand des Deutschen Gewerkschaftsbundes den Austritt aus allen Wirtschaftsgremien des Bundes. → S. 125

In einem Interview mit dem Sender Hilversum tritt Bundeskanzler Konrad Adenauer für eine enge Zusammenarbeit der Bundesrepublik mit den Benelux-Ländern ein. Diese seien besonders geeignet, in strittigen Fragen Vermittlerrollen zu übernehmen.

Ein neues Handelsabkommen zwischen Frankreich und der Bundesrepublik sieht bilaterale Export-Import-Erleichterungen vor.

25. Juli, Mittwoch

Mit Blick auf den Plan der Gewerkschaften, aus allen Wirtschaftsgremien des Bundes auszutreten, ruft die Bundesregierung in einer Regierungserklärung zu einer Zusammenarbeit aller verantwortungsbewußten Kräfte auf.

Der Staatssekretär für Auswärtige Angelegenheiten, Walter Hallstein, nennt als erstes Ziel der deutschen Außenpolitik die Bereinigung des Verhältnisses zu Frankreich (→ 18. 4./S. 66).

Bundesfinanzminister Fritz Schäffer (CSU) droht Steuersündern mit ganzem oder teilweisem Berufsverbot.

Um dem »Schieberunwesen« und westlichen »Menschenfallen« vorzubeugen, errichtet der Ostberliner Magistrat erste Grenzsperren an den großen Durchgangsstraßen der Stadt. → S. 121

In seiner ersten großen Unterhausrede spricht sich der britische Außenminister Herbert Morrison für einen deutschen Verteidigungsbeitrag aus.

26. Juli, Donnerstag

Eine weitere Lockerung alliierter Beschränkungen beendet u. a. das Verbot der Herstellung von Hüttenaluminium. → S. 120

Die Bundesregierung verbietet den Rat der Vereinigung der Verfolgten des Naziregimes (VVN) mit der Begründung, diese Organisation betätige sich verfassungswidrig. → S. 125

Der italienische Ministerpräsident Alcide De Gasperi übernimmt in seinem neuen, siebenten Kabinett selbst das Amt des Außenministers. → S. 119

Über die 800-m-Distanz läuft die Sowjetrussin Valentina Pomogajewa in Moskau mit 2:12,2 min Weltrekord.

27. Juli, Freitag

Der österreichische Bundespräsident Theodor Körner eröffnet die Salzburger Festspiele 1951. Georg Solti dirigiert Mozarts »Idomeneo«. → S. 130

Das bayerische Hauptmünzamt in München fertigt den Urstempel des neuen Fünfmarkstückes an, der als Muster für die anderen Münzämter der Bundesrepublik gilt.

28. Juli, Samstag

Der griechische Ministerpräsident und Führer der liberalen Parei, Sofoklis Weniselos, tritt zurück, wird jedoch vom König unverzüglich mit der Neubildung einer Regierung beauftragt.

Die deutschen Leichtathletik-Meisterschaften beginnen im Düsseldorfer Rheinstadion. Auf der Veranstaltung werden drei neue deutsche Rekorde aufgestellt. → S. 132

29. Juli, Sonntag

In Braunschweig treffen sich 140 Delegierte aus 22 Staaten zum Internationalen Kongreß der Kriegsdienstverweigerer. Sie erklären, daß sie auch im Falle eines sowjetischen Angriffs ihrer pazifistischen Überzeugung treu bleiben werden.

Zum ersten Mal seit dem Zweiten Weltkrieg finden in Bayreuth wieder Wagner-Festspiele statt. → S. 130

Die Tour de France wird erneut von einem Radprofi aus der Schweiz gewonnen: Ein Jahr nach Ferdi Kübler siegt diesmal Hugo Koblet. → S. 133

Den 14. Großen Preis von Deutschland gewinnt der Italiener Alberto Ascari auf Ferrari vor Juan Manuel Fangio (Argentinien) auf Alfa Romeo. Der Südamerikaner steht damit bereits als Weltmeister fest. → S. 132

Im Europafinale des Daviscups besiegt Schweden die deutschen Tennisspieler klar mit 5:0.

30. Juli, Montag

Bei Parlamentswahlen in Israel kann die Arbeiterpartei von Ministerpräsident David Ben Gurion ihren Stimmenanteil von 34,7% auf 42% erhöhen.

Der aus Juristen, Politikern und Beamten gebildete »Königssteiner Kreis« legt einen Wahlgesetz-Entwurf für eine gesamtdeutsche verfassunggebende Nationalversammlung vor.

31. Juli, Dienstag

Auf Veranlassung der britischen Werksleitung wird die Raffinerie Abadan, das Zentrum der iranischen Erdölindustrie, stillgelegt. → S. 114

Das Bundesaufsichtsamt für das Versicherungs- und Bausparwesen wird mit Sitz in West-Berlin errichtet.

Das Wetter im Monat Juli

Station	Mittlere Lufttemperatur (°C)	Niederschlag (mm)	Sonnenscheindauer (Std.)
Aachen	17,2 (17,5)	43 (75)	209 (190)
Berlin	18,4 (18,3)	36 (70)	263 (242)
Bremen	17,1 (17,4)	75 (92)	– (207)
München	17,8 (17,5)	170 (137)	261 (226)
Wien	20,0 (19,5)	116 (84)	294 (265)
Zürich	17,9 (17,2)	147 (139)	267 (238)

( ) Langjähriger Mittelwert für diesen Monat
– Wert nicht ermittelt

Mit sensationellen Berichten ködern Illustrierte ihre Leser. Die Reportage über die prickelnden Erlebnisse eines Tiefseetauchers vermittelt einen Hauch von gefahrvoller Exotik. Neben dem bunten Sensationsbericht verkauft die »Frankfurter Illustrierte« vom 29. Juli 1951 ein wichtiges innenpolitisches Thema.

Ölkonflikt: Briten wollen Herr im fremden Haus bleiben

31. Juli. Die Werksleitung der britisch dominierten Anglo-Iranian-Oil-Company legt die Raffinerie Abadan still. Dies geschieht vor dem Hintergrund der andauernden Differenzen mit der persischen Regierung über die Nationalisierung der iranischen Erdölindustrie (→ 28. 4./S. 73). Durch die Stillegung und den damit verbundenen Einnahmeausfall für das ohnehin krisengeschüttelte Entwicklungsland hofft man in London, die Perser an den Verhandlungstisch zu zwingen.

Nachdem am 3. Mai mit der Unterschrift des jungen Schahs von Persien, Mohammad Resa Pahlawi, das Gesetz zur Verstaatlichung der Erdölindustrie in Kraft getreten war, kam es zu einem scharfen Notenwechsel zwischen beiden Regierungen: Während die iranische Seite die bisherigen Vereinbarungen als nicht bindend ansah, da sie ihrer Meinung nach unter Druck zustande gekommen waren, sprach London von einem klaren Rechtsbruch.

Am 26. Mai rief Großbritannien den Internationalen Gerichtshof in Den Haag an. Die britische Regierung verlangte eine Schlichtung auf internationaler Ebene und eine Anklage des Iran wegen Verletzung internationalen Rechts. In einer einstweiligen Verfügung forderte Den Haag am 5. Juli den Iran und Großbritannien auf, einen gemeinsamen Aufsichtsrat für die Anglo-Iranian-Oil-Company zu bilden. Beide Länder sollten von allen »einem endgültigen Urteil vorgreifenden Maßnahmen« Abstand nehmen.

Die damit angedeutete Furcht vor einer Eskalation des Konfliktes ist nicht unbegründet: Fanatische persische Nationalisten fördern durch Druck auf den ohnehin britenfeindlichen Premier Mohammad Mossadegh ein kompromißloses Verharren auf dem eigenen Standpunkt. So droht ein neues »Antisabotagegesetz« allen Angehörigen der Ölgesellschaft schwere Strafen an, wenn sie den Anweisungen der iranischen Behörden nicht Folge leisten. Im Hafen von Abadan stauen sich inzwischen Tankschiffe, weil die Kapitäne sich weigern, Quittungen zu unterschreiben, nach denen sie ihre Fracht nicht von der Anglo-Iranian-Oil-Company, sondern von der nationalen persischen Ölgesellschaft erhalten haben.

Die Anglo-Iranian erteilt ihren Tankern in Abstimmung mit der britischen Regierung Anweisung, sofort und ohne Ladung aus dem Ölhafen Abadan auszulaufen. Damit muß die Ölverarbeitung wegen der übervollen Lagertanks in Kürze zum Erliegen kommen.

London schickt am 26. Mai den Kreuzer »Mauritius« in die Gewässer vor Abadan. Außenminister Herbert Morrison erklärt vor dem Unterhaus, Großbritannien werde »sämtliche, und zwar ausnahmslos sämtliche« notwendigen Maßnahmen zum Schutz seiner Bürger in Persien ergreifen. Damit tritt der Ölkonflikt in eine neue Phase. Ein militärisches Abenteuer der Briten in Mittelost ist nicht mehr ausgeschlossen.

Unmittelbar nach Bekanntwerden des Den Haager Schiedsspruches spricht Ministerpräsident Mossadegh dem Gerichtshof die Zuständigkeit ab, über diesen Fall zu entscheiden. Schließlich sei nicht die britische Regierung, sondern die Anglo-Iranian-Oil-Company Streitpartei und der Fall damit eine innerpersische Angelegenheit.

Die britische Regierung erwägt, im Falle eines Verstoßes gegen die Haager Empfehlung, den UN-Sicherheitsrat anzurufen (→ 29. 9./S. 159).

◁ Der persische Anspruch auf den Ertrag aus dem Ölgeschäft blockiert die Ladetätigkeit im Ölhafen Abadan. Von einer schnellen Übernahme kann jedoch keine Rede sein: Die Briten, zum »Durchstehen« der Krise entschlossen, sind im Besitz der Führungspositionen, der Verkaufsorganisation und der Öltanker.

▽ Hussein Makki, der Leiter der mit der Anglo-Iranian-Oil-Company konkurrierenden persischen Ölgesellschaft, informiert die Erdölarbeiter Abadans über den neuesten Stand im Ölkonflikt.

Wer das Erdölzentrum Abadan kontrolliert, verfügt über die größte Raffinerie der Welt: 28 000 km Rohrleitungen führen aus den einträglichen südpersischen Ölfeldern nach Abadan. Die Anlage verfügt über eine Kapazität von 25 Mio. t jährlich und verarbeitet somit 6% der Weltölproduktion. Die Geschäftsführung liegt in den Händen der Anglo-Iranian-Oil-Company, die ausschließlich britische Interessen vertritt. Die Anglo-Iranian beschäftigt in der Raffinerie und auf den Ölfeldern 77 000 Personen. Von 119 leitenden Stellen sind jedoch nur 30 mit iranischen Staatsangehörigen besetzt. Die Perser befürchten darüber hinaus, daß die Gesellschaft auf Kosten Teherans einen erheblichen Teil der enormen Gewinne verschleiert und illegal abführt.

Lohnender Zugriff auf persisches Öl

Der Kampf um die Förderrechte und Besitzverhältnisse an den Ölquellen der zungenförmigen Halbinsel Abadan – zu deutsch: Platz des Reichtums – hat für Großbritannien grundsätzliche Bedeutung. Der Verlust der größten Erdölraffinerie der Welt würde zu einer erheblichen Schwächung der wirtschaftlichen und politischen Position der Briten in Mittelost führen: Auch im Irak rühren sich im Gefolge des persisch-britischen Ölstreits Nationalisierungsbestrebungen, und in Ägypten möchte man nicht bis 1969 auf die Übernahme des Sueskanals (→ 16. 7./S. 117) warten. Darüber hinaus wäre ohne die Gewinne aus den persischen Ölquellen das ehrgeizige und umstrittene Wiederaufrüstungsprogramm der britischen Regierung (→ 23. 4./S. 73) gefährdet.

Die Wurzeln des britischen Zugriffs auf das »schwarze Gold« Persiens reichen zurück bis zur Jahrhundertwende. Im Jahr 1901 erwarb der Ingenieur und Abenteurer William Knot d'Arcy vom damaligen Schah Mosaffar Od Din eine Konzession zur Ausbeutung von Bodenschätzen. Sie gewährte ihm das Recht, 60 Jahre lang gegen 16% des Reingewinns in ganz Persien mit Ausnahme der fünf Nordprovinzen Öl und Metalle zu fördern.

Im Jahr 1909 übernahm die Anglo-Iranian-Oil-Company die Konzession und baute die kommerzielle Produktion aus. Die britische Regierung sicherte sich drei Jahre später mit 56% der Anteile das Kontrollrecht an dem lukrativen Geschäft. Nachdem Schah Resa Pahlawi 1932 die Konzession einseitig gekündigt hatte, kam es zu einem neuen, bis 1993 terminierten Vertrag, der das Konzessionsgebiet auf den Südwesten Persiens reduzierte und die Gebühr erhöhte. Seither gibt es immer wieder Vorstöße persischer Nationalisten, die Geschäftsführung der Briten zu beenden und die Verfügungsgewalt über die wertvollen nationalen Bodenschätze zu übernehmen.

Harriman in Teheran: US-Pendeldiplomatie ohne Erfolg

15. Juli. William Averell Harriman, außenpolitischer Berater von US-Präsident Harry S. Truman, trifft als Vermittler im iranisch-britischen Ölkonflikt in Teheran ein. Der Sonderbotschafter soll die zerstrittenen Parteien zurück an den Verhandlungstisch bringen und eine Einigung vorbereiten.

Wiederholt haben die Amerikaner, selber Ölmacht im Hauptverbund mit Saudi-Arabien, mäßigend auf die britische Politik gegenüber dem Iran eingewirkt. Vor allem die Londoner Planspiele hinsichtlich einer militärischen Intervention mit Kriegsschiffen oder Fallschirmjägern stießen in Washington auf entschiedene Ablehnung.

Die Erfolgsaussichten für den gelegentlich als »Wunderdiplomaten« bezeichneten Harriman sind denkbar gering: Die Briten kreuzen nach wie vor mit Kriegsschiffen vor der iranischen Küste und legen die Ölraffinerie Abadan lahm (→ 31. 7./S. 114); Teheran hat nicht nur die Kompromißformel des Internationalen Gerichtshofs in Den Haag zurückgewiesen, sondern am 9. Juli auch alle Beziehungen dorthin aufgelöst. Die Britenfeindlichkeit in der iranischen Bevölkerung treibt auf einen gefährlichen Höhepunkt zu.

△ US-Vermittler William A. Harriman (linkes Bild, l., mit Ministerpräsident Mossadegh) knüpft zu Beginn seiner Mission Kontakte mit iranischen Politikern (oben: Harriman, 3. v. l., im iranischen Parlament).

◁ Schah Mohammad Resa Pahlawi (r.) gehört zu den hochrangigen Gesprächspartnern Harrimans (l., mit US-Botschafter Henry F. Grady). Auch der Herrscher auf dem Pfauenthron fordert die Nationalisierung.

▽ Die Verhandlung vor dem Internationalen Gerichtshof in den Haag, den London angerufen hat (Abb. l.: die britische Delegation), wird von den Iranern boykottiert (Abb. r.).

Immerhin zwei Zwischenerfolge kann Harriman nach mehrwöchiger »Pendeldiplomatie« zwischen Teheran und London für sich verbuchen: Obwohl weiterhin gewichtige Differenzen in der Frage der Ausführungsbestimmungen bestehen, akzeptiert die britische Seite zumindest im Grundsatz die Nationalisierung der Ölindustrie im Iran. Die persische Regierung ihrerseits stimmt dem Besuch einer britischen Delegation unter Führung des Lordsiegelbewahrers Richard Stokes zu. Entgegen ihrer bisherigen Haltung erklärt sich die Regierung Mossadegh zu direkten Verhandlungen mit den Briten bereit.

Die Delegation, die am 3. August in Teheran eintrifft, will vor allem erreichen, daß weiterhin britische Geschäftsleute, Techniker und Verteiler am Ölgeschäft beteiligt bleiben. Ein von ihr vorgelegter Kompromißvorschlag sieht die Bildung einer britischen Einkaufsgesellschaft für das verstaatlichte Öl unter persischer Oberaufsicht vor. Die technische Leitung der Ölindustrie soll bei britischen Fachleuten liegen, der Gewinn gerecht 50 : 50 geteilt werden. Da diese Vorschläge nach Meinung der persischen Regierung immer noch die Gefahr einer zu großen britischen Einflußnahme bergen, werden sie abgelehnt.

Daraufhin zieht der Leiter der britischen Verhandlungsdelegation am 21. August sein Angebot zurück: Zu seinem tiefsten Bedauern sei die Regierung Mossadegh nicht bereit, einem Arrangement zuzustimmen, das britischen Öltechnikern die weitere Anwesenheit erlaube. In einem dramatischen Ultimatum droht Stokes mit dem Abzug aller britischen Fachleute (→ 29. 9./S. 159). Als auch noch die Berufung eines britischen Generaldirektors für die Erdölraffinerie Abadan abgelehnt wird, reist Stokes am 23. August ab.

Mit der Suspendierung der Verhandlungen ist Harrimans Vermittlungsversuch gescheitert.

Ägypten behindert freie Sues-Passage

16. Juli. Die britische Regierung entsendet Zerstörer ins Rote Meer, um ihrem Protest gegen die am 4. Juli erfolgte Aufbringung eines britischen Frachters durch eine ägyptische Korvette Nachdruck zu verleihen. Mehrere Zwischenfälle dieser Art, im besonderen die ständigen Behinderungen des Sueskanal-Verkehrs durch Ägypten, veranlassen Außenminister Herbert Morrison am 17. Juli zu der Ankündigung, die Angelegenheit vor den Weltsicherheitsrat zu bringen.

Die Ägypter rechtfertigen ihr Vorgehen damit, daß es zur Aufrechterhaltung der Blockade gegen Israel notwendig sei. Es sei nicht auszuschließen, daß westliche Schiffe Öl zur Raffinerie Haifa transportieren.

Neben dem persischen Erdölkonflikt (→ 31. 7./S. 114) und der Ermordung ihres verläßlichsten Bundesgenossen, König Abd Allah Ibn Al Husain von Jordanien, verschärfen die Spannungen mit Ägypten die ohnehin problematische Lage Großbritanniens im Mittleren und im Nahen Osten noch zusätzlich.

»Schöner Schein« durch Monarchisten

19. Juli. Der spanische Diktator General Francisco Franco Bahamonde setzt unter Stärkung der monarchistischen Kräfte eine neue Regierung ein. Die Kabinettsumbildung soll der Verbesserung der Beziehungen zwischen Spanien und den Westmächten dienen und den Weg für US-amerikanische Wirtschaftshilfe ebnen (→ 14. 8./S. 142).

Vor allem Großbritannien und Frankreich fordern im Zusammenhang mit der Einbindung Spaniens in die westliche Verteidigung (→ 27. 4./S. 72) seit langem eine Abschwächung des totalitären Regierungsstils. Durch die Regierungsumbildung sinkt die Zahl der Minister, die der faschistischen »Falange«-Einheitspartei angehören, von vier auf drei. Die Zahl der Monarchisten steigt von sechs auf neun.

Hoffnungen auf ein politisches Tauwetter erfüllen sich jedoch nicht. Der spanische Thronprätendent Juan Carlos wirft dem Diktator vor, die Idee der Monarchie als politische Reserve zur Durchsetzung der eigenen Ziele zu mißbrauchen.

Des toten Königs Lieblingspferd folgt dem Leichenzug.

Die Trauerprozession mit einem Bild des Ermordeten

Fanatiker erschießt König von Jordanien

20. Juli. Mustafa Shukri Asho, Mitglied der arabischen Nationalistenvereinigung »Al Jihad Al Mokadas«, ermordet in Jerusalem den 68jährigen König von Jordanien, Abd Allah Ibn Al Husain. Die tödlichen Schüsse des Palästinensers treffen den Monarchen beim Betreten der Aksa-Moschee. Bereits am 16. Juli fiel der ehemalige libanesische Ministerpräsident Riad Bey es Solh am Flugplatz von Amman einem Attentat zum Opfer.

Die Organisation, in deren Namen der 21jährige Schneider aus Jerusalem mordet, kämpft sowohl gegen Israel als auch gegen König Abd Allah. Hintergrund des Attentats ist dessen Palästina-Politik.

Der jordanische Monarch wurde 1881 in Mekka geboren. 1907 vertrat er als Delegierter seine Geburtsstadt im osmanischen Parlament. 1921 vereinbarten Abd Allah und Winston Churchill, britischer Staatssekretär für Kolonien, daß Abd Allah

Abd Allah war seit 1946 König von Transjordanien bzw. Jordanien.

die Verwaltung Transjordaniens übernehmen und als Gegenleistung die Angriffspläne gegen Französisch-Syrien fallenlassen sollte. 1923 erklärte sich Großbritannien, das seit dem Ersten Weltkrieg das Mandat über Transjordanien innehatte, mit einer Regierung unter der Führung von Abd Allah einverstanden. Im Zweiten Weltkrieg kämpfte der jordanische Führer dann auf seiten der Briten. 1946 wurde Transjordanien nominell unabhängig. Emir Abd Allah nahm den Königstitel an und schloß einen Allianzvertrag mit Großbritannien.

Als die Briten 1948 ihr Mandat für Palästina aufgaben, besetzte die transjordanische Armee Jericho und besiegelte mit den arabischen Staaten einen Pakt zur Bekämpfung des neu gegründeten Israel. Transjordanien wurde in Jordanien umbenannt. Abd Allah gliederte die annektierten Gebiete trotz des Widerstands der übrigen arabischen Staaten im April 1950 offiziell in den jordanischen Staat ein.

Die Nachfolge des ermordeten Monarchen bleibt umstritten. Der älteste Sohn Abd Allahs, Emir Talal, weilt wegen eines Nervenleidens in einem schweizerischen Sanatorium. Sein jüngerer Bruder Emir Naif führt die Amtsgeschäfte und wird als Nachfolger proklamiert. Naifs probritischer Kurs stößt allerdings auf Kritik. Jordanische Nationalisten fordern die Rückkehr Talals. Am 5. September ruft das jordanische Parlament den ältesten Sohn Abd Allahs zum König aus.

Nach dem Attentat haben die Sicherheitskräfte den Mörder sofort erschossen. Sein Körper liegt im Inneren der Aksa-Moschee in Jerusalem.

König Leopold III. unterzeichnet seine Abdankungsurkunde. Rechts wartet Sohn und Nachfolger Baudouin.

Baudouin I. besteigt belgischen Thron

17. Juli. Als König Baudouin I. besteigt der älteste Sohn des zurückgetretenen Königs Leopold III. den belgischen Thron. Der junge Monarch schwört sowohl in französischer als auch in flämischer Sprache auf die Verfassung. Damit zollt der 20jährige der besonderen Bevölkerungsstruktur seines Landes Tribut: Die belgische Bevölkerung setzt sich zu 44% aus Wallonen, die französisch sprechen, und zu 55% niederländisch sprechenden Flamen zusammen. In Eupen-Malmedy lebt darüber hinaus eine deutschsprachige Minderheit (etwa 0,6%). Die Trennung in Sprachgebiete – die »Grenze« verläuft etwa südlich der Städte Kortrijk, Ronse, Halle, Brüssel, Löwen und Tongern – hat nicht nur gesellschaftliche, sondern auch politische Bedeutung.

Baudouin, der vor seinem Amtseid zum Generalleutnant der belgischen Armee ernannt wird, führte bereits unter Anleitung seines Vaters elf Monate lang die Regierungsgeschäfte. Leopold III. dankte im Brüsseler Schloß einen Tag vor der Thronbesteigung Baudouins ab. 250 Personen, u. a. Mitglieder des königlichen Hofes, der Regierung und des Parlaments, nahmen an der feierlichen Zeremonie zur Verabschiedung des umstrittenen Königs teil.

Baudouin I. hat laut Verfassung weitreichende Befugnisse, die jedoch im politischen Alltag von Parlament und Regierung eingeschränkt werden: Ist die Regierung allerdings schwach oder wird Krieg geführt, kann der König das Machtvakuum nutzen. Er darf auch Minister ernennen und entlassen, ist jedoch darauf angewiesen, daß der Premierminister seine Weisungen gegenzeichnet. Fazit: »Der König herrscht, aber er regiert nicht.«

Lernen für ein königliches Leben

Baudouin I. wurde am 7. September 1930 auf Schloß Stuyvenberg bei Brüssel geboren. 1940, während des Zweiten Weltkriegs, flüchtete Baudouin nach Frankreich, Spanien und Portugal, kehrte aber noch während der Besatzungszeit nach Belgien zurück. Im Juni 1944 wurde er nach Strobl am Wolfgangsee in Österreich deportiert. Von 1945 bis 1950 besuchte der König in der Schweiz eine angesehene Privatschule: In den Fächern Mathematik und Technik glänzte Baudouin besonders. Seine Fähigkeiten im politischen und militärischen Bereich vervollständigte der Monarch durch Studien auf seinem Schloß Laeken.

Leopold III. löste »Königskrise« aus

Mit der Thronbesteigung Baudouins wird die belgische »Königskrise« beigelegt. Der Konflikt um den im vergangenen Jahr aus dem Exil zurückgekehrten Monarchen Leopold III. hat das Land bis an den Rand eines Bürgerkriegs geführt.

Ursache des Streits ist das Verhalten von Leopold III. während des Zweiten Weltkriegs. Während die Regierung nach London ins Exil ging, blieb der seit 1934 amtierende König als Kriegsgefangener der Deutschen auf Schloß Laeken und unterzeichnete eine Kapitulationsurkunde. Diese Haltung brachte Leopold III. den Vorwurf der Kollaboration ein.

Zwar rief die katholische Regierung 1950 Leopold III. nach einer Volksabstimmung ins Land zurück, die Kritik an ihm verstummte aber nicht.

Obendrein wurde dem umstrittenen König angekreidet, daß er 1941 die »Bürgerliche« Liliane Baels geheiratet hatte. Die innenpolitische Situation eskalierte: Protestkundgebungen, Streiks und Demonstrationsmärsche spalteten die Bevölkerung des Landes.

Die »Grenze« zwischen Wallonien und Flandern war nicht nur eine Sprachbarriere: Auch in der Königsfrage waren die beiden Volksgruppen uneins, Wallonen waren weitgehend gegen, Flamen für eine Rückkehr des Monarchen.

Nach dem Rücktritt darf Leopold III. (1901 in Brüssel) weiterhin den Titel »König« tragen.*

Kriegsheld und Kollaborateur Pétain tot

23. Juli. An den Folgen einer Lungenentzündung stirbt auf der Insel Yeu der ehemalige französische Staatschef Philippe Pétain im Alter von 95 Jahren.

Der Berufssoldat, der am 24. April 1856 in Cauchy-à-la-Tour geboren wurde, geriet vor allem aufgrund seiner Politik im Zweiten Weltkrieg ins Zwielicht und wurde zum Symbol der Zusammenarbeit (Kollaboration) mit dem nationalsozialistischen Deutschland. Erinnerungen an diese Zeit kollidieren mit einer französischen Vergangenheitsbewältigung, die die Rolle der Widerstandsbewegung (Résistance) in den Vordergrund rücken will.

Als Verteidiger Verduns avancierte Philippe Pétain im Ersten Weltkrieg zum Nationalhelden. Zu Beginn des Zweiten Weltkriegs trat Pétain nach der militärischen Niederlage Frankreichs für einen Waffenstillstand ein. Als Chef des letzten Kabinetts der 3. Republik schloß er am 22./24. Juni 1940 mit dem Deutschen Reich und Italien einen Waffenstillstand. Am 10. Juli 1940 übertrug das Parlament im neuen Regierungssitz Vichy Pétain die Herrschaft über das unbesetzte Frankreich. Verhandlungen und Kollaboration mit Deutschland kennzeichneten diese Epoche der »État Français«, die 1944 mit dem Einzug Charles de Gaulles, Leitfigur der Résistance, in Paris endete.

△ Ehemalige Soldaten, die unter Pétain bei Verdun kämpften, ehren den Verstorbenen. Weil sie nicht am Begräbnis auf Yeu teilnehmen können, legen sie in Paris Kränze am Grab des Unbekannten Soldaten nieder.

◁ Die lebenslängliche Festungshaft für Pétain, der nach Kriegsende sogar zum Tode verurteilt, dann aber begnadigt worden ist, wurde am 6. Juni aufgehoben: Seitdem durfte sich der Marschall in einem »Militärhospital oder einem ähnlichen Ort« aufhalten. Pétains Wunsch, bei Verdun begraben zu werden, lehnte Premier Henri Queuille ab.

De Gasperi auf den Spuren Adenauers

26. Juli. Ministerpräsident Alcide De Gasperi (Democrazia Cristiana) stellt Staatspräsident Luigi Einaudi sein neues Kabinett vor. Wie in der Bundesrepublik übernimmt auch in Italien der Regierungschef das Amt des Außenministers (→ 15. 3./S. 51). Ex-Außenminister Carlo Graf Sforza (parteilos) bleibt als Minister ohne Geschäftsbereich in der Regierung De Gasperi.

Der Kabinettsneubildung war eine Regierungskrise vorausgegangen: Die Politik von Finanzminister Giuseppe Pella (Democrazia Cristiana) und Außenminister Graf Sforza geriet ins Kreuzfeuer der Kritik.

Die »Linken« innerhalb der Christdemokraten warfen Pella unangemessene Zurückhaltung in der Kreditausweitung vor. Sie glaubten, daß die Inflation keine Gefahr mehr für die wirtschaftliche Entwicklung Italiens bedeuten würde. Am 14. Juli trat Pella zurück.

Sforza wurde zum Vorwurf gemacht, daß er weder eine Revision des Friedensvertrags von 1947, noch die Rückgliederung Triests nach Italien erreicht habe.

Außer Sforza sowie den Republikanern Randolfo Pacciardi, der das Verteidigungsressort übernimmt, und Ugo La Malfa, der für den Außenhandel zuständig ist, gehören alle Mitglieder der neuen Regierung der christdemokratischen Partei an.

Verwüstungen nach Flutkatastrophe

Juli. Schwere Explosionen, Brände und Unwetter in aller Welt fordern im Laufe des Monats viele Tote und Verletzte und verursachen Schäden in Millionenhöhe.

Eine der schwersten Überschwemmungskatastrophen in der Geschichte der USA sucht die Bewohner von Kansas City heim. Durch starke Regenfälle treten Missouri und Kansas River über die Ufer. Zehntausende müssen ihre Häuser verlassen. Bis Monatsmitte werden 17 Menschen getötet, Unzählige sind von den Wassermassen eingeschlossen. Inmitten der Fluten zerstören Brände, die von explodierenden Öltanks ausgelöst werden, Industrieanlagen und Häuserblocks. 400 000 Menschen sind durch das Hochwasser unmittelbar betroffen.

Einen Teil des Gebäudes rissen die Fluten weg. Über 75 000 Menschen werden aus Kansas evakuiert.

Dreck und Schlamm bedecken die Straßen im Gebiet von North Topeka nach dem Abfließen des Hochwassers.

Kriegszustand beendet – aber noch kein Friedensvertrag

9. Juli. Die drei Westmächte beschließen die formelle Beendigung des Kriegszustands mit Deutschland. Die Regelung tritt für Großbritannien am 9. Juli, für Frankreich am 13. Juli und für die Vereinigten Staaten von Amerika am 19. Oktober in Kraft. Über 40 Nationen folgen diesem Beispiel.

Ein wichtiger Schritt zu der von Bonn angestrebten völkerrechtlichen Gleichberechtigung der Bundesrepublik ist getan. Für Bundeskanzler Konrad Adenauer ist mit der Beendigung des Kriegszustands ein Ende aller »diskriminierenden Begriffe« eingeleitet. Deutsche Staatsangehörige dürfen in den Ländern der ehemaligen Kriegsgegner nicht mehr als »feindliche Ausländer« eingestuft werden. Sie haben das Recht, Zivilklagen einzureichen und Prozesse zu führen. Daraus ergeben sich z. B. konkrete handelspolitische Vorteile: Jeder deutsche Geschäftsmann kann von nun an unbehindert Geschäfte im Ausland abwickeln. Eine Vermögensbeschlagnahme ist nicht mehr möglich.

US-Präsident Harry S. Truman (M.) beantragt beim US-Kongreß das Ende des Kriegszustands mit Deutschland.

Der stellvertretende britische Oberkommissar J. G. Ward überreicht Walter Hallstein (r.) die offizielle Urkunde.

Die Alliierten versprechen sich von ihrem Schritt vor allem psychologische Auswirkungen. Die moralische, finanzielle und militärische Einbeziehung der Deutschen in eine Europäische Verteidigungsgemeinschaft (→ 15. 2./S. 32) setzt, so das Kalkül der Westmächte, ein Zusammengehörigkeitsgefühl auf der Basis der Gleichberechtigung voraus. Die Regelung soll jedoch nach alliierter Aussage keinem Friedensschluß vorgreifen. Von ihr ausgenommen bleiben das Besatzungsstatut (→ 6. 3./S. 50) und die Rechte der Alliierten in Berlin. Das Besatzungsstatut gründet sich auf die Kapitulation vom Mai 1945, die Rechte der Alliierten auf das Potsdamer Abkommen. Auch werden die finanziellen Ansprüche der früheren Kriegsgegner gegenüber Deutschland nicht aufgegeben.

Die Sowjetunion und die übrigen Staaten des Ostblocks schließen sich der Beendigung des Kriegszustandes nicht an.

Schuldenregelung soll Vertrauen schaffen

5. Juli. Im Lancaster-Haus in London beginnt eine zweiwöchige Vorkonferenz unter Teilnahme der Bundesrepublik und der drei westlichen Großmächte über die Anerkennung der deutschen Auslandsschulden.

In den Verhandlungen sollen die gesamten deutschen Auslandsschulden voneinander abgegrenzt und in ihrer Höhe benannt werden. Die Vorkonferenz ist erst möglich geworden, nachdem Bonn die Vorkriegsschulden und die Schulden aus der Nachkriegszeit prinzipiell anerkannt hat (→ 6. 3./S. 50).

Für die Bundesrepublik geht es dabei um die Wiederherstellung der internationalen Kreditfähigkeit. Große Teile der deutschen Wirtschaft und des privaten Bankgewerbes hoffen angesichts des zerrütteten Kapitalmarktes auf Auslandsanleihen. Neue Kredite erhält aber auch im staatlichen Bereich nur, wer seinen früheren Verbindlichkeiten nachkommt. Ohne Wiederherstellung seines Kredits, so der Bankier und Leiter der deutschen Delegation, Hermann Josef Abs, könne Deutschland keinen weltweiten Handel betreiben.

Am Ende der Vorkonferenz wird die Höhe der Vorkriegsschulden auf 3 Mrd. US-Dollar (15,6 Mrd. DM), die der Verschuldung aus der Marshall-Plan-Hilfe auf 4 Mrd. US-Dollar (20,8 Mrd. DM) festgelegt. Die deutsche Delegation unter der Führung von Abs erreicht das Zugeständnis, daß die deutschen Rückzahlungen nur aus dem Überschuß der deutschen Waren- und Dienstleistungsbilanz abgeleistet werden. Eine endgültige Regelung des Schuldenproblems bleibt einer Hauptkonferenz, die im Dezember stattfinden soll, vorbehalten (→ 10. 12./S. 202).

Der deutsche Bankier Hermann J. Abs (3. v. l.) mit den alliierten Delegationsleitern; Abs macht durch geschickte Verhandlungsführung von sich reden.

Alliierte lockern Industriekontrolle

26. Juli. Die Beschränkungen für die Bundesrepublik bei der Produktion von Hüttenaluminium und auf dem Gebiet der Energieerzeugung entfallen. Die Hochkommissare geben der deutschen Industrie mit dieser Lockerung alliierter Bestimmungen wirtschaftlichen Handlungsspielraum zurück.

Die Revision der Industriekontrollen ist Folge eines Beschlusses der drei westlichen Hochkommissare vom 3. April. Beschränkungen im Schiffbau und in der Stahlproduktion wurden teilweise aufgehoben, die Freigabe der Herstellung von Werkzeugmaschinen, Aluminium und synthetischem Benzin verfügt. Die Hochkommissare behielten sich allerdings eine Überwachung der industriellen Fertigung vor.

Die Freigabe von Produktionsquoten geht auf die Außenministerkonferenz vom September 1950 zurück: Sofort seien die Beschränkungen im Schiffbau und der Stahlproduktion aufzuheben, »sofern dies die Verteidigungsbemühungen des Westens erleichtern würden«, hatten die Westalliierten beschlossen.

Barrikadenkrieg an der Sektorengrenze

25. Juli. Der Ost-Berliner Magistrat läßt an der Grenze zum amerikanischen Sektor Straßensperren aus Schutt errichten. Zur Begründung wird angegeben, der »Schutzwall« solle dazu dienen, die eigene Bevölkerung vor westlicher Spionagetätigkeit und Kriminalität zu schützen.
Westliche Beobachter vermuten dagegen, daß die Errichtung der Barrikaden im Zusammenhang mit den in Kürze in Ost-Berlin stattfindenden Weltjugendfestspielen (→ 5.8./S. 144) steht: Mit den Absperrungen soll der zu erwartende Zustrom der Jugendlichen in die Berliner Westsektoren eingedämmt werden.
An der Friedrichstraße/Ecke Zimmerstraße beginnt ein Bautrupp unter Aufsicht der Volkspolizei, schwere Steinblöcke aus den Trümmern des Berliner Schlosses meterhoch aufzuschichten. Ein West-Berliner Arbeitskommando räumt die Sperre kurz darauf mit Zugmaschinen und Drahtseilen wieder ab. An anderer Stelle der Sektorengrenze wiederholt sich dieses Schauspiel, so daß ein regelrechter »Barrikadenkrieg« entbrennt. Um zu verhindern, daß die Barrikaden immer wieder abgetragen werden, verlegen die Ost-Berliner Behörden die Barrikaden einige Meter in die sowjetische Zone und verankern sie mit Eisenträgern in der Straßendecke.
Erst nach den Weltjugendfestspielen werden die Sperren an den Durchgangsstraßen von West- nach Ost-Berlin wieder entfernt.

Wütende West-Berliner werfen die an der Friedrichstraße als »Schutzwall« aufgeschütteten Steine in den sowjetischen Sektor zurück.

»Menschenfallen« – »Weltlügenspiele«

Der »Barrikadenkrieg« und vor allem die Weltjugendfestspiele (→ 5. 8./S. 144) werden von den ideologischen Lagern in Ost und West zu einem propagandistischen Spektakel genutzt, in dem die hitzigen Phrasen des kalten Krieges (→ 5. 1./S. 16) dominieren.
Zum Barrikadenkrieg vermeldet die DDR-amtliche Nachrichtenagentur ADN: »Diese Sperren haben den Zweck, unerfahrene Personen vor Menschenfallen in Westberlin zu schützen ...« Der Bundesminister für Gesamtdeutsche Fragen, Jakob Kaiser (CDU), spricht von »Weltlügenspielen« und erklärt in diesem Zusammenhang: »Unter Zwang und Terror sucht man unsere Jugend in einen Opiumrausch kommunistischer Friedens- und Freundschaftsphrasen zu versetzen, um sie zu willenlosen Werkzeugen gegen das eigene Volk zu machen.«

Unter dem Zeichen des Kreuzes gegen deutsche Teilung

11. Juli. Auf dem Messegelände am Berliner Funkturm und in der Ost-Berliner Werner-Seelenbinder-Halle wird unter dem Leitmotiv »Wir sind doch alle Brüder« der Dritte Deutsche Evangelische Kirchentag eröffnet. In beiden Teilen der Stadt führen überfüllte Gottesdienste Christen aus ganz Deutschland zusammen. Etwa 120 Gäste aus 20 Ländern nehmen am Kirchentag teil.
Der Präses der Synode der Evangelischen Kirche in Deutschland, Gustav Heinemann, spricht in seinem Eröffnungsreferat zum Thema »Wozu ist die Kirche da?«. Der Versuch, die Kirche in den Dienst einer schönen Menschenveredelung zu stellen, habe bitter bezahlt werden müssen – so Heinemann.
In verschiedenen Arbeitsgruppen beziehen die Christen Position zu politischen und weltanschaulichen Problemen. Vor allem: Die Kirche darf sich nicht als Propaganda- oder Machtinstrument eines Staates mißbrauchen lassen.
Zum Höhepunkt wird der Abschluß des Kirchentages, als sich im Olympiastadion und auf dem Maifeld 300 000 evangelische Christen zur größten kirchlichen Veranstaltung der Nachkriegszeit versammeln. In seiner Abschlußrede betont Kirchentagspräsident Reinold von Thadden-Trieglaff, daß es nicht Sache der Kirche sei, sich mit weltlichen Machtsystemen auseinanderzusetzen. Dennoch stehe das Kreuz über der geteilten Stadt und ». . . es ist das Kreuz, unter dem wir in diesen unheilvollen Tagen miteinander zu Brüdern geworden sind«.

Wie hier, während einer musikalischen Sonderveranstaltung in der Waldbühne, sind alle Versammlungsstätten im Osten und Westen Berlins gut besucht. Der Andrang ist teilweise so groß, daß die Polizei absperren muß.

Arbeit und Soziales 1951:

Tarifabschlüsse – Rentenerhöhung – Arbeitsschutzgesetze

Arbeitslosigkeit und Integration der Vertriebenen in das Erwerbsleben sind trotz beginnender Besserung der wirtschaftlichen Lage (→ S. 104) zentrale Probleme der Bundesrepublik. Den Aufschwung in Industrie und Handel begleitet die Bundesregierung mit gesetzgeberischen Maßnahmen in der Arbeits- und Sozialpolitik.

Der Arbeitsmarkt in der BRD

		30. 6. 1949	30. 6. 1950	30. 6. 1951
1.	Beschäftigte (Mio.):	13,49	13,85	14,72
	Männer	9,53	9,70	10,22
	Frauen	3,96	4,15	4,50
2.	Arbeitslose (Mio.):	1,28	1,54	1,33
	Männer	0,93	–	0,87
	Frauen	0,35	–	0,46
3.	Arbeitnehmer (1.+2.)	14,77	15,39	16,05
	Arbeitslose (%)	8,66	10,00	8,28

Daß Mitte 1951 rund 1,7% weniger Arbeitnehmer erwerbslos sind als am 30. Juni des Vorjahres, ist ein Indiz für die Verbesserung der ökonomischen Grundbedingungen in der Bundesrepublik. Die Vertriebenen und Flüchtlinge bleiben besonders hart von der Arbeitslosigkeit betroffen: 428 272 (32,3%) von ihnen werden am 30. Juni als Erwerbslose registriert.

Obwohl für viele Menschen die wirtschaftliche und soziale Lage immer noch unbefriedigend ist, macht sich ein bescheidener Wohlstand breit. Geldinstitute verzeichnen zum Jahresende einen deutlichen Trend zum Sparen. Der Anteil der Personen, die von der öffentlichen Fürsorge unterstützt werden müssen, geht 1951 deutlich zurück (siehe Grafik). Ungebrochen ist das Engagement des Deutschen Roten Kreuzes (DRK). Die Plakate und Anschläge des DRK-Kindersuchdienstes haben geholfen, 60 000 Mädchen und Jungen an ihre Eltern zu vermitteln. Darüber hinaus hat auf dem Gebiet der freien Wohlfahrtspflege sechs Jahre nach Kriegsende die Arbeit von Hilfsorganisationen wie CARE und UNICEF, dem Kinderhilfswerk der Vereinten Nationen, immer noch erhebliche Bedeutung. Neben der Suche nach vermißten Kindern führt das DRK Karteien über Kriegsgefangene und vermißte Soldaten.

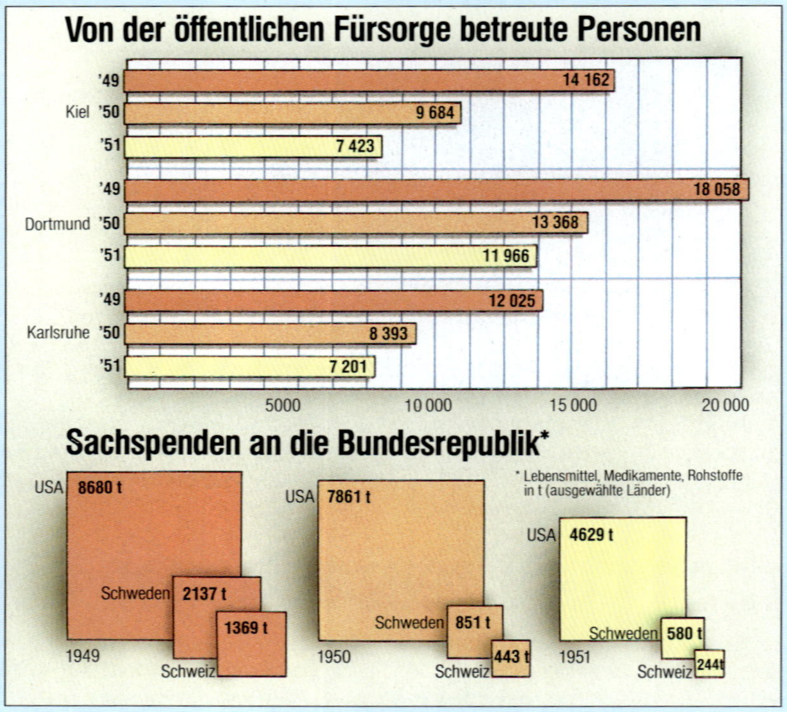

Einen herausragenden Beitrag zum wirtschaftlichen Aufschwung des Landes leisten die Frauen in der Bundesrepublik. »Die Aussicht, durch Arbeit aus der eigenen Not herauszukommen, trieb Frauen in wachsendem Umfang wieder auf den Arbeitsmarkt«, schreibt Elisabeth Weichmann über die Rolle der Frau in der Nachkriegs-Wirtschaft. Der Trend, daß Frauen als Arbeitskräfte die Wirtschaft unterstützen, ist 1951 ungebrochen: Rund 31% der Beschäftigten sind Frauen. Sie arbeiten in sämtlichen Bereichen von Industrie, Handel und Gewerbe.

Grundlegende Errungenschaften wie die Montanmitbestimmung (→ 10. 4./S. 67), wirtschaftspolitische Entscheidungen wie die Verabschiedung eines Sofortprogramms

Das Fließband, an dem vor allem Frauen arbeiten, transportiert zugeschnittene Bekleidungsstücke. 370 000 Frauen (56,4%) sind in der Textilindustrie tätig (Stand 30. Juni 1951).

Facharbeiter wandern aus. Der südafrikanische Arbeitsminister forderte 25 000 deutsche Fachkräfte an.

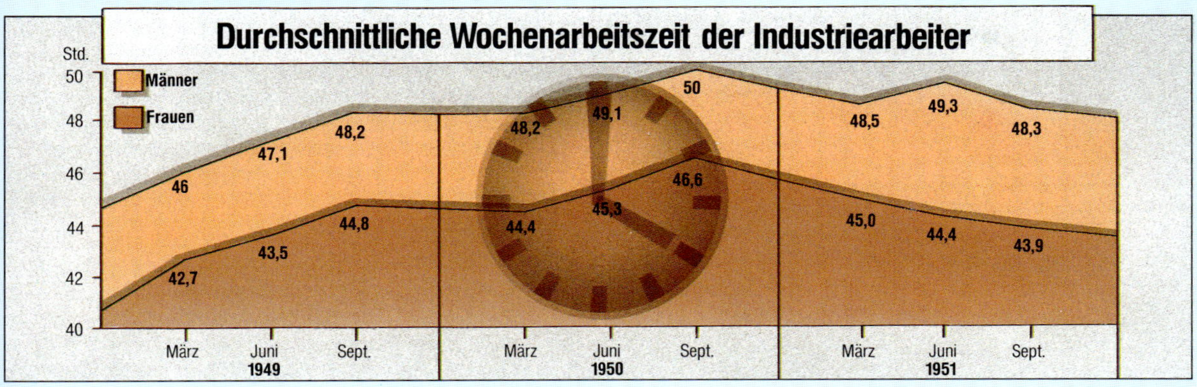

Minister kämpft gegen Überstunden

In einem Erlaß zur 48-Stunden-Woche vom 7. Juni stellt Bundesarbeitsminister Anton Storch (CDU) fest, daß die »gesetzlich zulässige Arbeitszeit immer wieder erheblich überschritten wird«. Durch Zusammenarbeit von Arbeitsverwaltung, Arbeitgebern und Gewerkschaften soll das »Überstundenunwesen« eingedämmt werden.

zur Arbeitsbeschaffung (→ 14. 11./S. 193) und neue Gesetze des Bundes machen 1951 zu einem Jahr des Umbruchs in der Arbeitswelt.

Mit Wirkung vom 1. April wird zum Schutz der Arbeitnehmer gegen Betriebs- und Berufsgefahren das »Bundesinstitut für Arbeitsschutz« eingerichtet. Es tritt die Nachfolge der ehemaligen »Reichsstelle für Arbeitsschutz« an. Das Institut untersteht dem Bundesarbeitsminister, der auch auf anderen Gebieten initiativ wird: Mit Wirkung vom 1. Juni werden die Leistungen der gesetzlichen Rentenversicherungen der Arbeiter und Angestellten sowie der Bergleute um 25% erhöht. Gesetzliche Basis ist das Rentenzulagengesetz vom 10. August 1951. Am gleichen Tag wird das »Gesetz über die einstweilige Gewährung einer Teuerungszulage zur Abgeltung von Preiserhöhungen bei Grundnahrungsmitteln« verabschiedet. Danach erhalten Rentner mit geringem Einkommen für sich und »zuschußberechtigte« Familienmitglieder pro Monat und Person 3 DM Teuerungszulage.

Eine weitere sozialpolitische Weichenstellung gelingt der Bundesregierung mit der Verabschiedung des Kündigungsschutzgesetzes vom 10. August (→ 10. 7./S. 124).

Die Rechtssicherheit für Arbeitnehmer in den Betrieben der Bundesrepublik wächst nicht nur durch Maßnahmen des Gesetzgebers, sondern auch durch Vereinbarungen zwischen Unternehmern und Arbeitern: Vom 1. November 1950 bis zum 1. September 1951 werden 3017 Tarifverträge abgeschlossen, allein 1613 in Industrie und Handwerk.

Schutz am Arbeitsplatz soll die am 1. September 1951 erlassene »Verordnung zum Schutze gegen Staublungenerkrankungen (Silikose) in der keramischen Industrie« für die Arbeitnehmer bringen: Sie enthält u. a. Vorschriften zur Einrichtung von Arbeits- und Sozialräumen, Bestimmungen über die Arbeitszeit der erwachsenen Arbeitnehmer bei besonders gefährlichen Arbeiten und über regelmäßige ärztliche Untersuchungen.

Mit dem Aufbau einer Institution zur Bewältigung der Arbeitsvermittlung schafft die Bundesregierung organisatorische Strukturen: Nach heftigen Diskussionen um den geeigneten Standort – Koblenz und Nürnberg standen zur Wahl – wird mit Gesetz vom 29. November 1951 die Bundesanstalt für Arbeitsvermittlung und Arbeitslosenversicherung in Nürnberg eingerichtet. »Aufgabe der Bundesanstalt ist es, die Arbeitsmarktpolitik, insbesondere die Maßnahmen zur Bekämpfung der Arbeitslosigkeit, die Arbeitsvermittlung und den Arbeitskräfteausgleich zu vereinheitlichen, die Berufsberatung nach einheitlichen Gesichtspunkten innerhalb des Bundesgebietes durchzuführen ...«, umreißt das Bundesministerium für Arbeit die Aufgaben der neuen Behörde.

Unter Mitwirkung der Gewerkschaften wird 1951 der »Verband für Arbeitsstudien REFA e. V.« mit Sitz in Darmstadt gegründet. Die gemeinnützige Nachfolgeorganisation des 1924 gegründeten »Reichsausschusses für Arbeitszeitermittlung« (REFA) erforscht Möglichkeiten der Rationalisierung und Humanisierung in sämtlichen Wirtschaftszweigen.

Erfolgreich kümmert sich das DRK um vermißte deutsche Soldaten. Neben einer Kartei mit Daten von 1,3 Mio. Vermißten werden auch Listen über Kriegsgefangene und Heimkehrer geführt.

Verpflegung von Kriegsheimkehrern, die zunächst in verschiedenen Erholungseinrichtungen betreut werden.

Bundestag setzt Akzente in Arbeits- und Sozialpolitik

10. Juli. Der Bundestag verabschiedet Gesetzentwürfe zur Neustrukturierung der Arbeits- und Sozialpolitik. Neben dem Kündigungsschutzgesetz beschließen die Parlamentarier ein Gesetz zum Schutz der Jugend. Darüber hinaus stimmt die Mehrheit des Bundestags für eine Änderung des Strafrechts.

Das Kündigungsschutzgesetz gilt für Arbeitnehmer ab dem vollendeten 20. Lebensjahr, die länger als sechs Monate in ihrem Betrieb beschäftigt sind. Nach überraschenden Textänderungen wird es in dritter Lesung mit den Stimmen von SPD, KPD, einem Teil der CDU, Zentrum und Wirtschaftlicher Aufbauvereinigung (WAV) angenommen. Im Gegensatz zum Entwurf der zweiten Lesung, der noch gegen die SPD angenommen wurde, sollen die Bestimmungen jetzt bereits für Betriebe mit mehr als fünf Beschäftigten greifen. Laut zweiter Lesung sollte das Gesetz erst nach einjähriger Betriebszugehörigkeit und für Unternehmen mit mehr als zehn Beschäftigten gelten. Nach Aufhebung verschiedener Gesetze fehlte es bislang an allgemeinen Kündigungsvorschriften.

Am 11. Juli verabschieden die Parlamentarier das Jugendschutzgesetz. Jugendlichen unter 16 Jahren wird der Besuch öffentlicher Tanzveranstaltungen ohne Begleitung eines Erziehungsberechtigten verboten. Auch in Begleitung eines Erwachsenen dürfen sie lediglich bis 22 Uhr an diesen Vergnügungen teilnehmen.

Ebenfalls am 11. Juli verabschiedet der Bundestag das Strafrechtsänderungsgesetz, das die Begriffe Hochverrat, Landesverrat, Friedensverrat und Staatsgefährdung definiert. Unter Landesverrat, Hochverrat und Staatsgefährdung fallen u. a. die Preisgabe von Staatsgeheimnissen, Handlungen, die den Bestand der Bundesrepublik in Frage stellen können, und der Versuch, »die verfassungsmäßige Ordnung im Bundesgebiet zu ändern und Teile des Bundesgebietes von der Bundesrepublik loszureißen«.

Einen Friedensverrat begeht u. a. derjenige, der einen Angriffskrieg fordert oder »ohne Genehmigung der Bundesregierung zur Kriegführung geeignete Waffen oder Munition oder Kriegsgerät entwickelt, herstellt, lagert, befördert oder in Verkehr bringt«. Am 30. August erläßt die Alliierte Hochkommission ein Gesetz, das die Beschlüsse des Bundestags ergänzt: Das Strafrechtsänderungsgesetz dürfe bei Personen keine Anwendung finden, die den Alliierten Informationen liefern.

Das Strafrechtsänderungsgesetz soll Lücken des Strafrechts schließen und Unklarheiten, die durch Rechtsprechung und Gesetzgebung nach 1945 entstanden sind, beseitigen.

In erster Lesung berät das Plenum über den Schumanplan zur Bildung einer Europäischen Gemeinschaft für Kohle und Stahl (→ 18. 4./S. 66). Der Gesetzentwurf wird an die Ausschüsse überwiesen.

Plädiert für den Schumanplan und hofft auf ein politisch geeintes Europa: Der FDP-Fraktionsvorsitzende August Martin Euler.

»Seine« Partei stimmt mit der Regierung dem Strafrechtsänderungsgesetz zu: Der SPD-Vorsitzende Kurt Schumacher.

Die CDU stimmt Änderungen der Entwürfe zum Kündigungsschutzgesetz zu: Der CDU/CSU-Fraktionsvorsitzende Heinrich von Brentano.

»Pfui!« – »Unerhört!« – »Unverschämtheit!«: Bonner Parlamentarier diskutieren Gesetze

12. Juli. Die Auseinandersetzungen bei der Beratung des Investitionshilfegesetzes (→ S. 104) werfen nicht nur ein Schlaglicht auf die inhaltlichen Differenzen zwischen SPD und CDU, sondern gewähren auch Einblick in den parlamentarischen Alltag. Ein Auszug aus dem stenographischen Protokoll, zitiert nach Presseberichten:

»Dr. Adenauer, Bundeskanzler: Meine Damen und meine Herren! Der Bundestag hat gestern beschlossen, die zweite und die dritte Lesung des Investitionsgesetzes bis nach den Ferien zu vertagen. (Aha!-Rufe bei der SPD). Ich verkenne durchaus nicht das Ruhebedürfnis des Hohen Hauses. (Erregter Widerspruch und große Unruhe bei der SPD. – Abge. Dr. Schumacher: Die Unfähigkeit der Regierung! – Zurufe von der SPD: Unverschämtheit! – Unerhört! – Abg. Dr. Arndt: Schämen Sie sich! – Glocke des Präsidenten. – Abg. Dr. Arndt: Die Unfähigkeit der Regierung! – Abg. Dr. Schumacher: Die Impotenz der Regierung!)

Präsident Dr. Ehlers: Meine Damen und Herren, darf ich bitten, die Mitteilung des Herrn Bundeskanzlers anzuhören. Sie haben die Möglichkeit, dazu Stellung zu nehmen. (Widerspruch und Zurufe von der SPD: Nein! – Pfui! – Glocke des Präsidenten. – Abg. Dr. Arndt: Nehmen Sie das zurück: das Ruhebedürfnis! – Abg. Mellies: Die Koalition hat wahrscheinlich Ruhebedürfnis! – Zuruf von der SPD: Die Regierung hat sich Zeit gelassen! – Abg. Dr. Schumacher: Vollkommen unfähige Regierung!)

Dr. Adenauer, Bundeskanzler: Aber meine Herren, lassen Sie mich doch mal aussprechen! (Weitere Zurufe von der SPD: Nein! – Große Erregung bei der SPD. – Glocke des Präsidenten. – Abg. Mellies: Provozieren Sie nicht so! – Abg. Renner: Jeder Zoll ein Führer!) – Aber meine Damen und Herren, wenn die von mir angeordnete Nachprüfung ergeben sollte, daß durch eine Verschiebung bis in den September wesentliche Interessen der deutschen Wirtschaft verletzt werden sollten (Zuruf von der SPD: Dann sind Sie schuld! Gegenrufe von der Mitte: Unerhört! – Große Unruhe), dann werde ich mich genötigt sehen, auf Grund des Art. 39 des Grundgesetzes den Herrn Bundestagspräsidenten zu bitten, das Hohe Haus zu einer Sitzung zusammenzurufen. (Zuruf von rechts: Heute!) Ich werde von dem Art. 39 und von der darin dem Bundeskanzler gegebenen Möglichkeit nur dann Gebrauch machen, wenn, wie ich schon gesagt habe, die eingeleitete Prüfung die zwingende Notwendigkeit ergibt. Und nun, meine Damen und Herren, die ganze Aufregung, die Sie eben gezeigt haben, war völlig überflüssig (Heftiger Widerspruch bei der SPD). Denn ich habe – (Abg. Dr. Schumacher: Was nehmen Sie sich eigentlich heraus! Leisten Sie erst was! – Abg. Dr. Wuermeling: Das müssen Sie gerade sagen, Herr Dr. Schumacher! – Abg. Dr. Schumacher: Diese jämmerliche Unfähigkeit der Bundesregierung hat sich ja gezeigt!)

Präsident Dr. Ehlers: Meine Damen und Herren! Wir sind es gewohnt, unsere Meinung zum Ausdruck zu bringen. Ich bitte, diese Gelegenheit auch dem Herrn Bundeskanzler zu geben …«

»Betonfinger« erinnern an die Luftbrücke

9. Juli. Der zivile Teil des Berliner Flughafens Tempelhof wird offiziell in deutsche Hände übergeben.
Ernst Reuter, Regierender Bürgermeister von Berlin (West), »eröffnet« den Flughafen. Die Start- und Landebahnen im amerikanischen Sektor werden mit Ausnahme der technischen Einrichtungen jetzt wieder in deutscher Regie verwaltet.
Bereits seit 1950 starten von Tempelhof nicht nur Flugzeuge der US-Fluggesellschaft PanAm, sondern auch der »British European Airways« (BEA), die vorher den Flugplatz in Gatow nutzte. Reuter in seiner Eröffnungsrede: »Am fernen Horizont sehe ich allerdings auch wieder deutsche Maschinen fliegen, wenn sich einmal alle zur Zusammenarbeit die Hand reichen.« Im Flughafen Tempelhof stehen 2000 m^2 Abfertigungshalle zur Verfügung. Im vergangenen Jahr wurden schon 110 886 Passagiere gezählt.
Am 10. Juli wird vor dem Zentralflughafen ein Denkmal zur Erinnerung an die Luftbrücke 1948 eingeweiht (→ 3. 8./S. 145). Eduard Ludwig hat die 20 m hohe, nach Westen weisende Skulptur entworfen. Die »Beton-Finger« sind Erinnerung an die drei Luftkorridore, die die Westalliierten benutzten, um während der Blockade Lebensmittel, Kohle und Kleidung nach Berlin zu fliegen.

Feierliche Zeremonie zur Übergabe des traditionsreichen Flughafens

Erinnerung an die Berlin-Blockade auf dem »Platz der Luftbrücke«

Ernst Reuter (l.) bei der Übernahme des Flugplatzes Tempelhof

Millionenspende für Freie Universität

17. Juli. Die US-amerikanische Ford-Stiftung fördert den Aufbau einer Bibliothek und eines großen Hörsaals für die Freie Universität Berlin mit einer finanziellen Zuwendung in Höhe von 5,5 Mio. DM, »in Anerkennung ihres unter großen Schwierigkeiten geleisteten Beitrages zur demokratischen Erziehung«.

In Freiheit lernen und lehren
Am 4. Dezember 1948 gründeten Studenten und Professoren die Freie Universität (FU) im Steglitzer Titania-Palast. Die Lehrenden und Lernenden der im sowjetischen Sektor gelegenen Alexander-Humboldt-Universität wollten sich nicht dem Druck der Besatzungsmacht und der Sozialistischen Einheitspartei (SED) beugen. Schon am 15. November 1948 begannen die Vorlesungen in Berlin-Dahlem.

Von den Mitteln sollen auch ein sozialwissenschaftlicher Kurs, ein Institut für europäische Studien und ein Austauschprogramm für Lehrkräfte mit den USA profitieren.
Die 1936 gegründete Stiftung verschreibt sich der Verbesserung der Lebensqualität durch Förderung von Erziehung und Ausbildung.

Regierung verbietet VVN

26. Juli. Die Bundesregierung stellt fest, daß der Rat der »Vereinigung der Verfolgten des Naziregimes« (VVN) gegen die verfassungsmäßige Ordnung verstoße und nach Artikel 9, Absatz 2 des Grundgesetzes verboten wird. Sie verfügt, jede weitere Arbeit des Rates zu unterbinden.
Der Rat der VVN habe sich als Dachorganisation im Bundesgebiet für die Volksbefragung zur Remilitarisierung eingesetzt (→ 9. 5./S. 87). Damit – so Bonn – hat er gegen einen Kabinettsbeschluß verstoßen. Am 24. April hatte die Regierung festgestellt, daß die Volksbefragung die demokratische Grundordnung der Bundesrepublik untergrabe.
Das Innenministerium charakterisiert die VVN als »ehemalig kameradschaftliche und überparteiliche« Vereinigung der Verfolgten des Nazi-Regimes. In der Folgezeit hätte jedoch die Kommunistische Partei einen bestimmenden Einfluß auf die VVN ausüben können: Die Vereinigung sei unter Führung maßgebender Kommunisten in steigendem Maße für die Politik des Sowjetregimes eingetreten, begründet das Innenministerium das Verbot.
Der Rat der VVN protestiert gegen die Maßnahme: »Die Tätigkeit des Rates der VVN richtet sich weder gegen die Strafgesetze noch gegen die verfassungsgemäße Ordnung und schon gar nicht gegen die Völkerverständigung«, wehren sich die Beschuldigten.
1947 gründeten ehemalige Widerstandskämpfer gegen das Nazi-Regime die VVN – für die Bundesrepublik in Frankfurt am Main, für die DDR in Ost-Berlin. 1950 hoben nichtkommunistische Mitglieder der VVN den »Bund der Verfolgten des Naziregimes – BVN – Die Mahnung« in West-Berlin aus der Taufe.

DGB-Spitze fordert Boykott

24. Juli. Einstimmig beschließt der Bundesvorstand des Deutschen Gewerkschaftsbundes (DGB) in Düsseldorf, die Mitarbeit in Gremien der bundesdeutschen Wirtschaftspolitik einzustellen.
Das Abstimmungsergebnis der Vorsitzenden von 16 Industriegewerkschaften wird dem Bundesausschuß, zweithöchstes Führungsorgan des DGB, als Empfehlung zugeleitet (→ 3. 12./S. 205).
Mit dem Beschluß protestiert der DGB gegen die Wirtschaftspolitik der Regierung: Die wirtschaftliche Entwicklung ist durch eine »allgemeine Restauration alter reaktionärer Kräfte« gekennzeichnet, glauben die Gewerkschaften. Wenn der Bundesausschuß der Vorstandsempfehlung zustimmt, werden die Gewerkschaften u. a. aus dem Beirat der deutschen Kohlenbergbauleitung, den Gremien für den Schumanplan und den paritätisch besetzten Ausschüssen der Bundesregierung ausscheiden.
Die Gewerkschaften fordern u. a., das Mitbestimmungsrecht nicht nur auf die Montanindustrie zu beschränken, sondern auf den entflochtenen IG-Farben-Komplex und die Bundesbahn auszudehnen. Vor der Sitzung des DGB-Bundesvorstandes trafen sich in Düsseldorf Bundeswirtschaftsminister Ludwig Erhard und DGB-Chef Christian Fette zu einem Meinungsaustausch. Fette, Ex-Vorsitzender der IG Druck und Papier, war am 22. Juni zum Vorsitzenden gewählt worden. Er trat die Nachfolge des am 16. Februar verstorbenen Hans Böckler an. Fette unterstützt den Schumanplan sowie einen deutschen Verteidigungsbeitrag. Unabdingbar sei eine Fortführung der Mitbestimmung, meint der DGB-Boß.

»Constructa« hilft beim Neuaufbau zerstörter Städte

3. Juli. Häuserruinen, Berge aus Schutt, Brachflächen – die Folgen der Bombardierungen während des Zweiten Weltkrieges – sind in vielen Straßenfluchten deutscher Städte immer noch unübersehbar. Bauprogramme von Bund und Ländern verhelfen den Wohn- und Industrielandschaften nach und nach zu einem neuen Gesicht. Welche Möglichkeiten der Gestaltung Industrie, Wissenschaft und Baukunst anbieten, zeigt die »Constructa« in Hannover, die größte Bauausstellung in Deutschland seit 1931.

Wohnungsbauminister Eberhard Wildermuth (FDP) eröffnet die Schau, die 117 Organisatoren in zweijähriger Vorbereitungszeit auf 160 000 m^2 eingerichtet haben: »Wir stehen vor der Aufgabe, was in Jahrhunderten gewachsen war, in der kurzen Zeit einer Generation wiederherzustellen«, beschreibt er die fundamentalen Probleme. Dankbar ist Wildermuth für jede ausländische Unterstützung und Kritik, die jedoch die politischen Verhältnisse in der Bundesrepublik beachten müsse: »Zwangswirtschaftliche Maßnahmen irgendwelcher Art sind in Deutschland nach dem, was unser Volk von 1938 bis 1948 erlebt hat, nicht mehr möglich.«

Rudolf de le Roi, Direktor des Hauptverbandes der Deutschen Bauindustrie, begrüßt in seiner Rede bei der Eröffnung der »Constructa« die Belebung der Bauwirtschaft. Er beklagt die enormen Schwierigkeiten, die einen noch schnelleren Neuaufbau der zerstörten Städte behindern: »Insbesondere handelt es sich hierbei um die Engpässe auf dem Baustoffmarkt und die Erschwerung der Finanzierung von Bauvorhaben, die durch die Erhöhung der Löhne und der Materialpreise gesteigert wurde.«

Auf der »Constructa« präsentieren 1260 Aussteller aus dem In- und Ausland Einrichtungsgegenstände, Installationen und Ideen für die Gestaltung von Wohnblocks. Bund und Länder werben für ihre Wiederaufbauprogramme.

Neben altbekannten Techniken zur Verarbeitung natürlicher Werkstoffe (z. B. Holz) stellen Firmenvertreter neue Nutzungsmöglichkeiten von modernen Materialien (z. B. Glas) vor und demonstrieren ihre vielfältige Verwendbarkeit am Bau. Darüber hinaus kann sich der Besucher über normierte Baubestandteile und Serienherstellung, die billiges und pragmatisches Bauen ermöglichen, informieren (→ S. 26).

◁ »Constructa« futuristisch: Café aus Spannbeton

▽ Baustelle am Münchner Marienplatz

Neubauten und Ruinen rund um den Potsdamer Platz in Berlin

Blick auf das Walter-Ulbricht-Stadion im sowjetischen Sektor Berlins

Fernsehen bringt Farbe ins Programm

7. Juli. In den USA startet das Farbfernsehen seinen Siegeszug: Die private Rundfunkanstalt »Columbia Broadcasting System« (CBS) strahlt als erste Sendung eine Show in Farbe aus. Ein regelmäßiges »buntes« Programm folgt.
Das »Schwarzweiß-Fernsehen« ist in den USA bereits stark verbreitet: Es werden rund 10 Mio. Fernsehteilnehmer registriert.

NTSC plant in den USA

▷ 1902 erhält Otto von Bronk das erste Farbfernsehpatent. Nach seinem Prinzip wird in den USA das Farbfernsehen entwickelt.
▷ 1925 greift der in die USA emigrierte Russe Wladimir Kosma Zworykin das Verfahren von Bronk auf und entwickelt die von ihm erfundene Fernsehröhre Ikonoskop weiter.
▷ 1928 gelingt dem schottischen Physiker John Logie Baird mit Hilfe einer rot, grün und blau gefilterten sog. Nipkowscheibe die Ausstrahlung eines 30zeiligen Farbfernsehbilds.
▷ 1936 experimentieren Bronk und Walter Bruch mit Farbaufnahme und Wiedergabe.
▷ 1951 wird in den USA der Fernsehnormenausschuß NTSC (National System Committee) gegründet, der sich in fünfjähriger Arbeit für ein Farbfernsehsystem entscheidet, das sich in Nordamerika und Japan durchsetzt (NTSC-System).

Der Aufbau eines Fernsehnetzes in der Bundesrepublik steckt noch in den Kinderschuhen. Allerdings bereitet die größte deutsche Rundfunkanstalt, der Nordwestdeutsche Rundfunk (NWDR), schon seit einiger Zeit Sendungen vor: Am 27. November 1950 startete der NWDR den ersten regelmäßigen Fernseh-Versuchsdienst. Finanzierungsprobleme behinderten bislang einen schnelleren Ausbau des Sendernetzes. Bis zum Beginn des Jahres 1952 sollen 12 bis 15 Mio. Menschen theoretisch die Chance haben, ein Fernsehprogramm zu empfangen. Der offizielle Startschuß für ein Fernsehprogramm fällt am 25. Dezember 1952.

△ Gebannt verfolgen Zuschauer in den Vereinigten Staaten eine Fernsehsendung in Farbe. US-amerikanische Techniker verbuchen in diesem Jahr einen weiteren Erfolg: Die erste Fernsehübertragung von der Ost- zur Westküste über eine Entfernung von 9600 km gelingt.

◁ Einer der ersten US-amerikanischen Apparate, der Sendungen in Farbe empfangen kann

▽ Freizeit mit »Flimmerkasten«; in der Bundesrepublik wird das Fernsehen erst im Laufe der 50er Jahre zur Konkurrenz für das Radio. Rund 9,5 Mio. Rundfunkteilnehmer registriert die Bundespost 1951.

Werbung 1951:

Branche orientiert sich neu – Public Relations im Blickpunkt

Die deutschen Werbetreibenden beginnen, die Zeichen der Zeit zu erkennen: Die Phase eher defensiver »Wiedereinführungsstrategien«, die mit Erfolg die Positionierung deutscher Markenartikel auf dem Inlandsmarkt gefestigt hat, neigt sich langsam dem Ende zu. Diese Art der Werbung hatte, so der Präsident des Zentralausschusses der Werbewirtschaft (ZAW), Hans Dürrmeier, entscheidenden Anteil daran, daß man mit deutschen Produkten so rasch wieder den Begriff »Qualität« assoziierte.

Die sich abzeichnende expansive Exportstrategie der deutschen Wirtschaft, verbunden mit der Rückeroberung verlorengegangener Auslandsmärkte, verlangt nach neuen, effektiven Werbemethoden, die dem hohen internationalen Standard entsprechen. Werbeabteilungen werden neben dem Produktions- und dem Verteilungsbereich zunehmend als gleichberechtigter Geschäftszweig betrachtet. Eindringlich und zugleich geschmackvoll soll die ganze Welt auf Deutschland und seine Erzeugnisse aufmerksam gemacht werden.

Qualität und Luxus: Schweizer Uhrmacher werben für ihr Produkt.

Mit einer Kultur-Landkarte lädt die Firma »Dunlop« zum Reisen ein.

125 Jahre »Huntley & Palmers«: Briten backen bessere Biskuits

Noch nicht im bundesdeutschen Werbealltag, wohl aber in den Chefetagen großer Firmen finden die modernen Werbemethoden aus dem angelsächsischen Bereich ihren Niederschlag: Auf dem Hamburger Kongreß des ZAW hält ein britischer Fachmann einen Vortrag über Struktur und Aufgabengebiet einer »Advertising Agency« (Werbeagentur), mit deren Hilfe große Industrieunternehmen in Großbritannien die besten Verkaufserfolge erzielen. Diese Werbeagenturen setzen sich einen so hohen Qualitätsstandard, daß sie einen »wirklichkeitsfremden« Auftrag eher ablehnen, als daß sie einen rufschädigenden Fehlschlag riskieren.

Auf der gleichen Veranstaltung beantwortet Direktor Hundhausen (Essen) dem interessierten Publikum die Frage, was eigentlich unter »Public Relations« (PR) zu verstehen ist. Als entscheidend nennt er: Werbung um öffentliches Vertrauen, das zum großen Teil durch Sozialleistungen und Aufklärung im Betrieb selbst erreicht wird. Dazu gehört aber auch die öffentliche Rechenschaft darüber, wie im Unternehmen – sozial und finanziell – gewirtschaftet wird. Das Echo der Öffentlichkeit auf die Geschäftsmoral und die menschliche Einstellung der leitenden Personen gerät zunehmend ins Fadenkreuz des Unternehmensinteresses.

Ganz in diesem Sinne fordert auch die deutsche Werbewirtschaft durch ZAW-Präsident Dürrmeier einen gemeinsamen Kampf aller an der Werbung Interessierten für Wahrhaftigkeit. Unter dem Beifall der Kongreß-Teilnehmer mahnt er Selbstdisziplin an und stellt einen Sittenkodex für die deutsche Werbung auf. Dabei ist von Vertrauen, Sauberkeit und Ehrlichkeit die Rede. Es besteht Einigkeit, daß jeder marktschreierische Beigeschmack, wie er sich mit dem Wort »Reklame« verbindet, jede Übertreibung und Verzerrung von Tatsachen den potentiellen Kunden nur abschreckt.

Die Zeit des Übergangs von der Isolation zur Partizipation am Weltmarkt muß, so fordern Wirtschaftsführer, auch eine Zeit des Aufbruchs für die Werbetreibenden sein. Der Präsident der Industrie- und Handelskammer Mannheim, Heinrich Fuchs, weist darauf hin, wie paradox es sei, daß die deutsche Industrie zum Teil Qualitätswaren mit niveaulosen und unqualifizierten Werbemitteln anpreist.

Deutsche Markenartikel, die entweder nur mit dem »guten Namen« oder mit dem Hinweis auf ihre besondere Qualität werben

Deutsche Werbegrafik: Keine Experimente und wenig Pfiff

Die deutsche Werbegrafik hat ihren eigenen, unverwechselbaren Stil: Mit genauso einfachen wie risikolosen Mitteln setzt sie auf die einzige Werbeaussage, daß nach den Mangeljahren nunmehr die alten Markenartikel die bekannte Qualität sichern. Die Anzeigengestaltung ist – in den meisten Fällen – nicht gerade Ausdruck eines pulsierenden Wirtschaftslebens. Zwei Jahre nach der Währungsreform sind die Zeugnisse werbegraphischen Schaffens allerdings unter den hemmenden Vorzeichen des schwierigen Neuanfangs zu sehen.

»Verkleidete« Flasche: Attribute spanischer Weiblichkeit verleihen diesem Sherry Rasse.

Fachgespräche: Arthur Lisowsky (2. v. r.) von der Hochschule St. Gallen, Firmenchef Reinhold Krause (r.)

ZAW-Präsident Dürrmeier (l.), Ludwig Erhard

Werbung überbrückt Ländergrenzen

Unter dem Motto »Werbung überbrückt Ländergrenzen« findet in Hamburg ein Internationaler Reklamekongreß statt, der 1600 Gäste aus Werbung, Politik, Wirtschaft und Kunst zusammenführt. Der veranstaltende Zentralausschuß der Werbewirtschaft (ZAW) sieht darin nicht nur eine günstige Gelegenheit zur Repräsentation, deutlich wird auch, daß eine grundsätzliche Neuorientierung ansteht.

Entsprechend dem Motto der Veranstalter betonen die Redner, daß nach der überwundenen jahrelangen Isolierung der Wirtschaft die Bundesrepublik Deutschland nunmehr auch auf dem vernachlässigten Gebiet der Werbung mit anderen Ländern wieder eng zusammenarbeiten und zu einer fortschrittlichen Entwicklung beitragen muß.

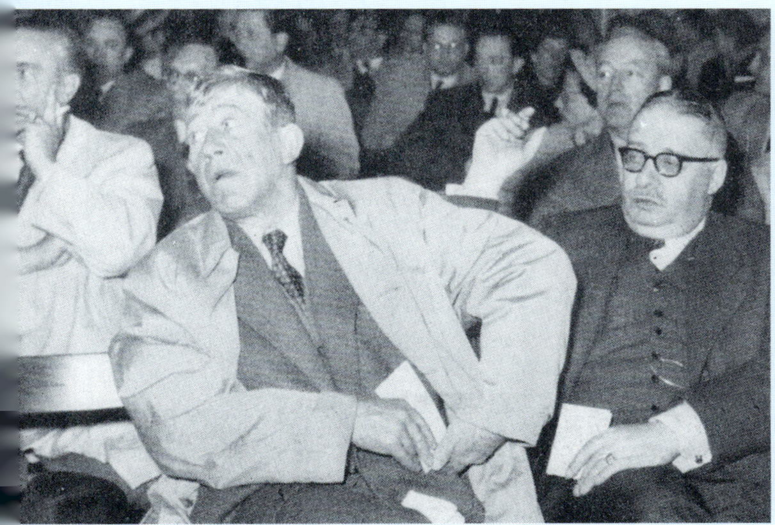

Oskar Kokoschka (M.) als Ehrengast auf dem Hamburger Reklamekongreß; der berühmte Expressionist erinnert durch seine Anwesenheit an die wünschenswerte Verbindung von Kunst und Werbung.

Das glanzvollste gesellschaftliche Ereignis des Kongresses ist der große Festball im Hotel »Atlantic«. Gastgeber und Präsident des ZAW, Hans Dürrmeier (l.), begrüßt den Zigarettenhersteller Philipp Reemtsma.

Festspiele: Salzburg und Bayreuth feiern Furtwängler

27./29. Juli. Annähernd zeitgleich finden in Salzburg und in Bayreuth mit den jeweiligen Festspielen die Höhepunkte der Kultursaison statt. Während in Salzburg in dichtgedrängter Folge hochkarätig besetzte Opern-, Konzert- und Schauspielaufführungen gezeigt werden, markieren die ersten Bayreuther Richard-Wagner-Festspiele nach dem Krieg einen ereignisreichen und vieldiskutierten Neubeginn.

Herausragende schauspielerische Glanzleistungen in Salzburg bieten die traditionelle »Jedermann«-Aufführung in der Inszenierung von Helene Thimig und Shakespeares »Wie es euch gefällt«, in Szene gesetzt von Gustaf Gründgens. Die Mozartoper »Idomeneo« leidet nach Ansicht mancher Kritiker zwar etwas an ihrer überdramatisierten Grundstruktur, wird aber von Georg Solti mit großem Feingefühl dirigiert. Tosenden Beifall erntet vor allem Wilhelm Furtwängler, der Mozarts »Zauberflöte« in der Felsenreitschule dirigiert.

Furtwängler auch in Bayreuth: Zum Auftakt der Festspiele dirigiert er Ludwig van Beethovens IX. Sinfonie, die dort nur zu besonderen Anlässen gespielt wird. Anläßlich der Wiederaufnahme des Festspielbetriebs wartet Bayreuth mit noch mehr virtuosem Personal am Orchesterpult auf: Die beiden bekanntesten Dirigenten sind der ausdrucksgewaltige Hans Knappertsbusch und der feinnervige Klangästhet Herbert von Karajan. Zur Aufführung kommen Wagners »Ring des Nibelungen«, »Parsifal« und »Die Meistersinger von Nürnberg« in teilweise spektakulären Neuinszenierungen von Wieland Wagner und Rudolf Hartmann.

Der Inszenierungsstil des Wagnerenkels Wieland Wagner, der zusammen mit seinem Bruder Wolfgang die Gesamtleitung der Festspiele übernimmt, verrät eine völlig neue einheitliche Konzeption, hinter der ein radikaler Gedanke steckt.

Wieland Wagner reduziert alles Szenische zugunsten des Musikalischen, stellt das Theater kompromißlos unter das Gesetz der Musik. Er begründet diese »Verneinung des Theaters« so: »Der Zuschauer wird auch bei der glücklichsten Lösung des Szenischen immer und unweigerlich hinter dem Zuhörer zurücktreten. Und so stehen wir auch heute noch, nach fünfundsiebzig Jahren einer unwahrscheinlichen Vervollkommnung der Mittel vor der Erkenntnis, daß die Bühne bestenfalls nur einen schwachen Abglanz dessen zu zeigen vermag, was aus dem mystischen Abgrund des Orchesters sieghaft und keinerlei optischer Verdeutlichung bedürftig unser Ohr erreicht.« Während alte Wagner-Anhänger zum Teil empört abreisen, fühlen sich die Fortschrittsfreudigen als Zeugen einer echten Musik- und Theaterrevolution.

In ihrem 75. Jubiläumsjahr stoßen die Bayreuther Festspiele auf große Publikumsresonanz: 40 000 Besucher, davon 30% aus dem Ausland, kommen auf den Festspielhügel. Die Kosten der Festspiele werden auf rund 1,7 Mio. DM geschätzt. Zuschüsse des bayerischen Staates, der Stadt Bayreuth, Spenden von Mäzenen sowie Gelder verschiedener Rundfunkanstalten decken weniger als die Hälfte der Auslagen. Der Rest, knapp eine Mio. DM, wird durch den Kartenverkauf an das traditionell gut betuchte Publikum bestritten. Der Preis eines Orchestersitzes für einen Abend beträgt 50 DM und ist damit höher als etwa der Bruttowochenlohn einer weiblichen Industriefacharbeiterin (→ S. 104).

Ein finanzkräftiges, konservativ gesinntes deutsches Bürgertum vermischt sich mit Politprominenz, Adel und internationalem Kulturtouristentum. Fast nirgendwo finden sich mehr Statussymbole wirtschaftlicher Prosperität. Die Auffahrt zum »Grünen Hügel« ist übersät mit Luxuskarossen. Nach wie vor kann sich Bayreuth der Sympathie der Reichen und Mächtigen sicher sein.

Die Neuauflage der Bayreuther Festspiele ist mit einer schweren Hypothek belastet: Die Liaison mit den Funktionsträgern des Dritten Reichs, ihre Funktion als kulturelles Aushängeschild der braunen Machthaber, sichert der Veranstaltung über den rein künstlerischen Stellenwert hinaus den Rang eines Politikums. In einem Appell der neuen Festspielleitung heißt es deshalb vorbeugend: »Im Interesse einer reibungslosen Durchführung der Festspiele bitten wir von Gesprächen und Debatten politischer Art auf dem Festspielhügel abzusehen. Hier gilt's der Kunst.«

Aus dem Sagenkomplex des Trojanischen Krieges: Szene aus Mozarts »Idomeneo«; es dirigiert Georg Solti.

Burgschauspieler Attila Hörbiger als »Jedermann« in dem gleichnamigen religiösen Mysterienspiel von Hugo von Hofmannsthal: Die Aufführung findet auf dem Salzburger Domplatz statt.

Salzburger Aufführung der Shakespeare-Komödie »Wie es euch gefällt« (Inszenierung: Gustaf Gründgens; Bühnenbild: Wilhelm Reinking)

Die »Parsifal«-Neuinszenierung von Wieland Wagner: Der Gralstempel mit einfachsten szenischen Mitteln

Enkel entrümpelt Wagner-Festspiele

Ein provozierend neuer Stil, der traditionsverhafteten Wagnerianern das Blut in den Adern erstarren läßt, zieht mit der Wiederaufnahme der Festspiele in Bayreuth ein. Wieland Wagner, Enkel des Meisters und künstlerischer Leiter der Festspiele, entrümpelt im »Parsifal«, Teilen des »Rings« und in den »Meistersingern« alles, was den Freunden des von Richard Wagner selbst minutiös ausgearbeiteten Illusionsstils lieb und heilig war.

Statt einer üppig-dekorativen Ausstattung ist nun Kargheit Trumpf: Auf einer fast leeren Bühne übernehmen, etwa im »Parsifal«, die Licht- und Schattenbewegungen die gliedernden Funktionen des traditionellen Bühnenbildes sowie des szenischen Aufbaus. Sämtlichen Bildern fehlen Requisiten, dafür erzeugen Nebelschleier und raffinierte Beleuchtungen die gewünschte Wirkung.

Die Reaktionen der Zuschauer reichen von spontaner Zustimmung bis zu empörten Protesten. Erst allmählich setzt sich die Auffassung durch, daß diese neue Linie der Größe und Erhabenheit des Werkes keineswegs schadet. Die Inszenierungen von 1951 weisen fortan den Weg zu einem vom Schwulst der Vergangenheit unbelasteten Wagner-Verständnis.

Wieland (l.) und Wolfgang Wagner: »Weg vom Wagnerkult, aber hin zum kultischen Theater«

Schlichtes Plakat zur Wiederaufnahme der Festspiele; das erste Mal nach dem Krieg bedeutet das 75. Mal überhaupt.

Wolfgang Windgassen in der Rolle des Parsifal; nicht etwa Stars, sondern junge Talente zeigen hier ihr Können.

Bernd Aldenhoff spielt und singt den Siegfried. In der Inszenierung von Wieland Wagner glänzt er als Heldentenor.

Rennleiter Seibl winkt Ascari ab, der das Prestige-Duell gegen Alfa Romeo zugunsten von Ferrari entscheidet.

Ascari siegt – Fangio wird Weltmeister

1./29. Juli. Hunderttausende strömen zu den großen Motorsporterеignissen in Deutschland, die an die Tradition der 20er und 30er Jahre anknüpfen: Im ersten Rennen nach dem Krieg drehen Motorräder und Rennwagen vor begeisterten Zuschauern am 1. Juli wieder auf der Berliner Avus ihre Runden, am 29. Juli trifft sich die Formel-I-Elite zum Großen Preis von Deutschland auf dem Nürburgring.

Eine Entscheidung im Kampf um die Weltmeisterschaft fällt auf dem Nürburgring: Vor 200 000 Motorsportfans fährt Ferrari-Pilot Alberto Ascari als Erster über die Ziellinie. 30 Sekunden später beendet Juan Manuel Fangio (Alfa Romeo) als Zweiter das Rennen. Während des gesamten Wettkampfs lieferten sich die beiden Weltklassefahrer packende Duelle. Durch seinen zweiten Platz und einen Zusatzpunkt für die schnellste Runde (Durchschnittsgeschwindigkeit 137,825 km/h) liegt Fangio in der Gesamtwertung vor den letzten Rennen in Italien und Spanien uneinholbar mit 28 Punkten in Führung. Ascari ist Zweitplazierter mit 17 Punkten.

Im Hauptrennen auf der Berliner Traditionsstrecke »Avus« siegt Paul Greifzu auf einem BMW-Formel-II-Wagen. Motorradfahrer in verschiedenen Klassen stellen in weiteren Wettkämpfen auf der 8,3 km langen Strecke ihr Können unter Beweis. Im Endspurt gewinnt Hein Thorn-Pricker knapp vor Hermann Gablenz das Eröffnungsrennen in der 250-ccm-Klasse.

Paul Greifzu und Toni Ulmen liegen Kopf an Kopf. Greifzu siegt, weil Ulmen die Reifen wechseln muß.

Avus – eine der schnellsten Rennstrecken der Welt

1. Juli. Auf der Avus, der »Automobil-, Verkehrs- und Übungsstraße«, dröhnen wieder die Motoren. Erste Autorennen wurden auf der zweispurigen, 19,656 km langen Fahrbahn zwischen Grunewald und Wannsee am 24./25. September 1921 gefahren. Auf der als Rundkurs konstruierten Avus starteten am 11. Juli 1926 die Rennpiloten zum ersten Großen Preis von Deutschland. 1938 wurde die Avus in den Autobahnring Berlin einbezogen. Die auf 8,3 km verkürzte Avus gilt 1951 immer noch als eine der schnellsten Rennstrecken der Welt. Den Rundenrekord hält seit 1937 Bernd Rosemeyer mit 276,3 km/h.

Höchstleistungen – Olympiade im Blick

28. Juli. Im Düsseldorfer Rheinstadion beginnen, ganz im Zeichen der Ausscheidungen für die Olympischen Sommerspiele 1952 in Helsinki, die zweitägigen Titelkämpfe der deutschen Leichtathleten. Im Kampf um 33 zu vergebenden Titel werden im Stabhochsprung und in den Staffelwettbewerben 4 × 400 m (Männer) und 3 × 1000 m (Männer) deutsche Rekorde aufgestellt.

Die beste Leistung der Wettkämpfe bringt der Pforzheimer Stabhochspringer Julius Schneider, dem im dritten Versuch ein Rekordsprung über 4,20 m gelingt. Er verbessert die neun Jahre alte Bestmarke von Rudolf Glötzner (München) um vier Zentimeter. Über 4 × 400 m und 3 × 1000 m der Männer werden zwei weitere deutsche Rekorde (für Vereinsstaffeln) aufgestellt.

Die Laufentscheidungen am zweiten Tag begeistern 35 000 Zuschauer; am Vortag sahen 10 000 die Wettkämpfe. Über 100 m sichert sich der Karlsruher Sprinter Heinz Fütterer den Sieg in 10,8 sec, zeitgleich vor Peter Kraus (München) und Vorjahresmeister Werner Zandt (Stuttgart). Die 200 m gewinnt Kraus ganz knapp vor dem zeitgleichen Titelverteidiger Zandt. Im 1500-m-Lauf triumphiert der Bremer Karl Kluge.

Radrennen: Vorfahrt für Firmenprestige

21. Juli. Die Internationale Deutschland-Rundfahrt für Radprofis, die über 16 Etappen und 3096 km führt, beginnt in Hannover. Sieger nach zwei Wochen ist der italienische Radrennfahrer Guido De Santi.

Als bester Deutscher beendet der Nürnberger Mathias Pfannenberger das Rennen auf Platz sieben. Ein Blick auf die Teilnehmerliste verrät, daß die Veranstaltung trotz der gleichzeitig stattfindenden Tour de France (→ 29. 7./S. 133) internationale Beachtung findet. Sieben deutschen Werksmannschaften stehen drei ausländische Teams gegenüber. Kritik wird lediglich am »Geist« der Veranstaltung laut, deren ursprünglicher Gedanke der einer gemeinschaftlichen Material- und Verschleißprobe gewesen ist. Fachleute beklagen, daß die beteiligten Firmen inzwischen einen »Sieg ihres Fahrers um jeden Preis« anstreben.

R. Savitt (USA; l.), Sieger im Herren-Einzel gegen K. McGregor (AUS)

Die Herzogin von Kent überreicht Doris Hart die Siegerschale.

▷ Louise Brough, Margret du Pont, Shirley Fry und Doris Hart, Finalistinnen im Damen-Doppel; Hart und Fry nehmen mit ihrem Sieg Revanche: 1950 verloren sie gegen Brough/du Pont, die Sieger von 1948 bis 1950.

Dreifacher Triumph für Doris Hart

7. Juli. Star der internationalen englischen Tennismeisterschaften von Wimbledon ist die US-Amerikanerin Doris Hart, die in drei Endspielen triumphiert.

Gegen Shirley Fry (USA) sichert sie sich durch einen glatten 6:1-6:0-Sieg den Titel im Einzel. Im Mixed gewinnt Doris Hart mit Frank Sedgman. Das amerikanisch-australische Team schlägt Nancy Bolton und Mervyn Rose (beide Australien) 7:5, 6:2. Mit Shirley Fry gewinnt sie schließlich das Damen-Doppel 6:3, 13:11 gegen die Titelverteidigerinnen Margaret Osborne/ Louise Brough (USA).

Die sportliche Leistung von Doris Hart ist bemerkenswert. Denn die 26jährige ist gehbehindert: Nach einer Kinderlähmung blieb ihr rechtes Knie verkrüppelt.

Im Finale des Herren-Einzels von Wimbledon bezwang der amerikanische Tennisspieler Richard Savitt mit einem glatten 6:4-6:4-6:4-Sieg den Australier Kenneth McGregor. Der fährt allerdings nicht ohne Siegerpokal nach Hause. Gemeinsam mit seinem Landsmann Frank Sedgman gewann er gegen Eric Sturgess und Jaroslav Drobny das Doppel.

Koblet beherrscht die Tour

29. Juli. Mit einem Vorsprung von 22 Minuten gewinnt der Schweizer Radrennfahrer Hugo Koblet die Tour de France. Er verweist nach 24 Etappen die Franzosen Raphael Géminiani und Lucien Lazarides auf die Plätze zwei und drei. Die Mannschaftswertung gewinnt Frankreich vor Belgien und Italien. Koblet, von der Presse »Pédaleur de'Charme« genannt, trug seit der zwölften Etappe das Trikot des Spitzenreiters.

Nur 66 der 123 am 4. Juli gestarteten Radrennfahrer erreichen nach 4686 km das Ziel. Die letzte Etappe von Dijon nach Paris war 317 km lang.

WM-Titel für »Box-Opa«

18. Juli. Mit einem K.-o.-Sieg in der siebten Runde gegen Titelverteidiger Ezzard Charles wird »Jersey« Joe Walcott in Pittsburgh vor 30 000 Zuschauern Weltmeister der Profiboxer im Schwergewicht.

Der farbige Boxer wurde (nach offiziellen Angaben) am 31. 1. 1914 in Merchantville (New Jersey) geboren. In den letzten vier Jahren hatte Walcott viermal vergeblich nach dem Titel gegriffen. 1947 und 1948 war »der braune Bomber« Joe Louis (→26. 10./S. 183) »eine Nummer zu groß« für ihn, im Jahr 1949 und am 7. März 1951 in Detroit unterlag er Ezzard Charles in 15 Runden jeweils nach Punkten. Jetzt, im für einen Boxer schon fast bedenklichen Alter von 37 Jahren und im 21. Jahr seiner Profikarriere, ist Walcott endlich Weltmeister aller Klassen.

Mit einem fürchterlichen linken Haken gelang Walcott eine der größten Box-Überraschungen der letzten Jahre. In den Wettbüros wurde der 30jährige Ezzard Charles als 6:1-Favorit geführt. Hartnäckig halten sich Gerüchte, daß Walcott sein wahres Alter geheim hält und in Wirklichkeit bereits auf die 50 zugeht.

Kann sein Verlierer-Image abstreifen: Champion »Jersey« Joe Walcott

August 1951

Mo	Di	Mi	Do	Fr	Sa	So
		1	2	3	4	5
6	7	8	9	10	11	12
13	14	15	16	17	18	19
20	21	22	23	24	25	26
27	28	29	30	31		

1. August, Mittwoch

Der britische Außenminister Herbert Morrison veröffentlicht in der sowjetischen Zeitung »Prawda« eine Erklärung an das sowjetische Volk. Er kritisiert u. a., daß es in der Sowjetunion keine Redefreiheit gebe. → S. 143

Der US-amerikanische Pilot Bill Bridgeman fliegt mit einer Douglas-»Skyrokket« zum ersten Mal zweifache Schallgeschwindigkeit. → S. 150

Der Maler und Grafiker Karl Hofer, Direktor der Berliner Kunstakademie, eröffnet in den Räumen der Hochschule für Bildende Künste in Berlin die erste »Große Deutsche Kunstausstellung« des »Deutschen Künstlerbundes 1950«. 299 Bilder, Plastiken und Grafiken werden gezeigt. Gerhard Marcks, Karl Hofer, Fritz Winter und Ernst Schumacher werden von Arthur Jung für ihre künstlerischen Arbeiten ausgezeichnet. Die Geldpreise stiftete der Verein Berliner Kaufleute und Industrieller.

2. August, Donnerstag

Das DDR-Ministerium für Staatssicherheit deckt eine »Spionageorganisation« namens »Freies Parlament« auf. Ziel der Mitglieder, die verhaftet worden sein sollen, sei die Sabotage der Weltjugendfestspiele gewesen, melden DDR-Behörden (→ 5. 8./S. 144).

Im Rahmen der Marshallplanhilfe erhält die norwegische Regierung ein Darlehen von 24 Mio. Dollar (124,8 Mio. DM). Mit dem Geld wird ein Aluminiumwerk auf Sunndalsöra errichtet, das ab 1955 eine jährliche Kapazität von 40 000 t erreichen soll.

Die »Deutsche Forschungsgemeinschaft e. V.« mit Sitz in Bonn wird gegründet. Diese bedeutendste Einrichtung zur Förderung der Wissenschaft in der Bundesrepublik entsteht durch Integration des 1949 gegründeten »Deutschen Forschungsrates« in die 1949 wiedergeschaffene »Notgemeinschaft der Deutschen Wissenschaft«.

In Marseille schwimmt die 4x200-m-Freistilstaffel Frankreichs mit 8:33,0 min einen Weltrekord.

3. August, Freitag

Der Warenverkehr zwischen der Bundesrepublik und der DDR wird eingestellt, nachdem das Abkommen zum Interzonenhandel ausgelaufen ist. Die Unterzeichnung eines neuen Vertrags scheiterte bisher. Auch West-Berlin ist davon betroffen. → S. 145

Die Arbeitslosigkeit in der Bundesrepublik geht zurück: Die Zahl der Erwerbslosen ist seit Ende März dieses Jahres um 250 000 auf 1 325 747 gesunken. Mit 14 720 569 Beschäftigten weist die Statistik einen Rekordstand auf.

Bei Wolfskehlen in der Nähe von Darmstadt fliegt ein Ölbohrturm in die Luft. Eine 70 m hohe Stichflamme steht weithin sichtbar über dem Bohrloch. Verletzt wird niemand.

Walter Ulbricht, stellvertretender Ministerpräsident der DDR, enthüllt in Ost-Berlin das erste Stalin-Denkmal in Deutschland.

Die USA heben sämtliche Zollvergünstigungen auf, die sie den kommunistischen Staaten während des Zweiten Weltkriegs gewährt haben.

4. August, Samstag

In München beginnt der 36. Esperanto-Weltkongreß, der bis zum 11. August dauert. → S. 151

Mit dem Gesetz zur Errichtung eines Kraftfahrt-Bundesamtes wird eine Bundesbehörde geschaffen, die zentrale Aufgaben des Straßenverkehrs wahrnehmen soll. Das Amt mit Sitz in Flensburg wird u. a. Sammelstelle für Informationen über Kraftfahrzeuge und Fahrer sein.

5. August, Sonntag

Auf Anordnung des alliierten Oberbefehlshabers General Matthew B. Ridgway werden die Waffenstillstandsverhandlungen in Korea unterbrochen. Grund für die Entscheidung ist das Eindringen einer kommunistischen Einheit in die neutrale Zone um den Konferenzort Kaesong. → S. 140

In Ost-Berlin beginnen die dritten Weltjugendfestspiele. Nach Angaben der DDR nehmen rund zwei Mio. Jugendliche aus beiden Teilen Deutschlands und 26 000 Delegierte aus 104 Ländern an den politischen, sportlichen und kulturellen Veranstaltungen teil. Die imposant inszenierten Weltjugendfestspiele dauern 14 Tage. → S. 144

Die 18jährige Obersekundanerin Vera Marks aus Frankfurt am Main – ehemalige »Miß Bodensee« – wird mit 302 von 768 Stimmen der Zuschauer im Baden-Badener Ballhaussaal zur »Miß Germany 1951« gewählt (→ S. 151).

6. August, Montag

26 000 Landarbeiter in Niedersachsen und Hessen treten in einen Streik. Sie wollen eine 25prozentige Lohnerhöhung durchsetzen. → S. 147

Im Ost-Berliner Walter-Ulbricht-Stadion werden die XI. Akademischen Sommerspiele eröffnet. Sportler aus 36 Ländern nehmen an den Wettkämpfen teil, die am 15. August zu Ende gehen.

Zitronensaft helfe gegen Radioaktivität, meldet die britische Presse. Wissenschaftler hätten herausgefunden, daß Tiere, die große Mengen Zitronensaft erhalten, gegen Strahlungen immun seien, die für andere Tiere bereits tödlich sind (→ 2. 2./S. 38).

7. August, Dienstag

Der pakistanische Premierminister Liaquat Ali Khan wirft dem indischen Premier Jawaharlal Nehru in einer scharfen diplomatischen Note vor, seinen Anspruch auf Kaschmir mit militärischen Mitteln durchsetzen zu wollen. Mit dieser Erklärung spitzt sich der Kaschmir-Konflikt zu, ein Krieg um das ehemalige Hindu-Fürstentum droht. → S. 138

Mit dem zweiten Gesetz zur Änderung des Tabaksteuergesetzes führt die Bundesregierung für Kleinbetriebe und kleinere Mittelbetriebe steuerliche Erleichterungen ein. Ziel ist es, den Leistungsvorsprung der Großbetriebe auszugleichen und eine mittelständische Struktur in der Tabakindustrie zu erhalten.

In den USA erreicht eine 5 t schwere Vikingrakete mit 200 km eine Rekordhöhe. Die bisherige Höchstleistung von 182,4 km stellte 1946 eine nachgebaute deutsche »V-2«-Rakete auf. → S. 150

8. August, Mittwoch

In seinem Urlaubsort auf dem Bürgenstock bei Luzern empfängt Bundeskanzler Konrad Adenauer Delegierte des Deutschen Gewerkschaftsbundes. Im Mittelpunkt der intensiven Gespräche stehen die Differenzen in der Wirtschaftspolitik (→ 3. 12./S. 205).

Der 23jährige Italiener Romulo Ferri stellt auf einem Lambretta-Spezialmotorrad fünf Weltrekorde in der Klasse bis 125 ccm auf: Er verbessert u. a. den Rekord über einen Kilometer mit stehendem Start um 10 km/h auf 105 km/h.

9. August, Donnerstag

Die Alliierte Oberkommission unterbreitet der Bundesregierung Vorschläge zur Gründung von Nachfolge-Gesellschaften der I. G. Farben. Demnach sollen Aktiengesellschaften des deutschen Rechts mit einem Stammkapital von 100 000 DM gegründet werden (→ 7. 12./S. 205).

In Portugal wird General Francisco Higino Craveiro Lopes Nachfolger des verstorbenen Staatspräsidenten António Oscar de Fragoso Carmona.

10. August, Freitag

Mit der Verabschiedung eines Zustimmungsgesetzes tritt die Bundesrepublik Deutschland dem Zoll- und Handelsabkommen GATT bei. Ab dem 1. Oktober wendet die Bundesrepublik die Bestimmungen des globalen Vertrages an (→ 1. 10./S. 178).

Die indische Regierung gibt bekannt, daß die ersten allgemeinen Wahlen am 3. Januar 1952 beginnen und etwa drei Wochen dauern werden. Rund 118 Mio. Inder werden an den Wahlen teilnehmen.

11. August, Samstag

Der französische Ministerpräsident René Pleven stellt Staatspräsident Vincent Auriol sein neues Kabinett vor. Robert Schuman bleibt Außenminister, Georges Bidault wird Verteidigungsminister, das Amt des Finanzministers erhält der Radikalsozialist René Mayer (→ 17. 6./S. 102).

In den USA legt der republikanische Senator Joseph Raymond McCarthy dem Senat eine Liste mit Namen von Diplomaten und Beamten des Auswärtigen Amtes vor, deren Zuverlässigkeit angeblich zweifelhaft sei (→ 20. 6./S. 103).

Die Ruhrbehörde setzt unter dem Protest der Bundesrepublik die Kohlenexportquote für das vierte Quartal 1951 auf 6,2 Mio. t fest. → S. 146

12. August, Sonntag

In einem Gespräch mit dem amerikanischen Senator Blair Moody fordert der jugoslawische Staatschef Josip B. Tito Düsenjäger, Artillerie und Panzer von Amerika. Durch die militärische Hilfe westlicher Staaten will er der Gefahr eines sowjetischen Angriffs auf Jugoslawien begegnen (→ 31. 10./S. 176).

Der vierte Kongreß der »Liberalen Weltunion« endet im schwedischen Uppsala. Unter Vorsitz von Salvador de Madariaga versammeln sich 200 Delegierte aus 24 Ländern, die einen »Freiheitsappell« verabschieden, der Meinungs- und Redefreiheit, Pressefreiheit, Bewegungsfreiheit und Freiheit des beruflichen und politischen Zusammenschlusses als wesentliche Voraussetzungen für einen globalen Frieden bezeichnet.

Amerikanischer Meister im Seifenkistenrennen wird der 15jährige Darwin Cooper aus Virginia. Lohn für den Sieger ist ein Stipendium in Höhe von 5000 Dollar (26 000 DM). Der deutsche Meister Kurt Warncke schied im Vorlauf aus.

100 Menschen werden Opfer eines Erdbebens in der türkischen Provinz Ankara. Im Gebiet von Cankiri, rund 80 km von Ankara entfernt, werden fünf Dörfer zerstört.

13. August, Montag

Walter Ulbricht, Generalsekretär der SED, appelliert während der Weltjugendfestspiele in Ost-Berlin an die westdeutschen Teilnehmer, schon jetzt die Jugendlichen in der Bundesrepublik für eine Militärdienstverweigerung in einer westdeutschen Armee zu organisieren (→ 5. 8./S. 144).

14. August, Dienstag

Die außenpolitische Kommission des US-amerikanischen Senats stimmt einer Militär- und Wirtschaftshilfe an Spanien in Höhe von insgesamt 400 Mio. Dollar (2,08 Mrd. DM) zu. → S. 142

Das US-Repräsentantenhaus in Washington stimmt dem Plan zur Errichtung militärischer Stützpunkte u. a. in Spanien zu. Das Rüstungsprogramm kostet 5,7 Mrd. Dollar (29,6 Mrd. DM; → 27. 4./S. 72).

Unter dem Vorsitz des CDU-Landtagsabgeordneten Karl Egbring wird in Bonn die »Gesellschaft Freies Europa« gegründet. Ziel ist die Propagierung des Schumanplans und die Bekämpfung des Links- und Rechtsextremismus.

In großer Aufmachung berichtet die »Revue« über den am 20. Juli verstorbenen Wilhelm von Hohenzollern, ältester Sohn des ehemaligen deutschen Kaisers Wilhelm II. Die Teilnahme von Bundespolitikern an der Beisetzung des Kronprinzen führt im Oktober zu innenpolitischen Spannungen, in deren Verlauf sich der Sprecher der Deutschen Partei vor dem Bonner Parlament zur Monarchie bekennt. (»Revue«, 4. August 1951)

NR. 31 MÜNCHEN, 4. AUG. 1951 50 PF.

REVUE
die Weltillustrierte

In diesem Heft: Hinter den Mauern von Spandau

Kronprinz Wilhelm auf dem Totenbett

Der Kronprinz †

Im Alter von 69 Jahren verstarb Kronprinz Wilhelm, der älteste Sohn des letzten deutschen Kaisers, Wilhelm II. Seine Beisetzung auf der Stammburg Hohenzollern fand in aller Welt stärkste Beachtung und Anteilnahme. Mit dem Kronprinzen verschwand ein Stück der „guten alten Zeit" vom Schauplatz der Geschichte. (Siehe Sonderbericht Seite 7—9)

Foto: Keystone

15. August, Mittwoch

Großbritannien und die USA veröffentlichen den endgültigen Entwurf eines Friedensvertrags mit Japan, der Grundlage der kommenden Verhandlungen sein wird (→ 8. 9./S. 157).

Der brasilianische Vizepräsident Joan Café Filho trifft zu einem Besuch in der Bundesrepublik ein. Er wird von Baron von Herwarth, Chef des Protokolls der Bundesregierung, in Frankfurt empfangen. Im Mittelpunkt der Gespräche stehen Verhandlungen über wirtschaftliche Zusammenarbeit.

Der 77jährige US-amerikanische Multimillionär John D. Rockefeller junior heiratet in Providence (Rhode Island) die 56jährige Rechtsanwaltswitwe Martha Baird Allen.

16. August, Donnerstag

Auf dem Frankfurter Messegelände wird die Uhrenfachmesse eröffnet. 190 Aussteller aus der Bundesrepublik und der Schweiz präsentieren ihre Uhren in vier Ausstellungshallen. Ferdinand Kaiser, erster Vorsitzender des Zentralverbandes der Uhrmacher, hält die Begrüßungsansprache.

In Darmstadt wird der Öffentlichkeit das erste fahrende Fernseh-Studio in der Bundesrepublik vorgestellt. Der Übertragungswagen, der dem NWDR gehört, soll für aktuelle Reportagen genutzt werden (→ 6. 9./S. 164).

Der 34jährige Ägypter Mareen Hassan Hamad gewinnt ein Wettschwimmen durch den Ärmelkanal. → S. 151

17. August, Freitag

In Peking werden Todes- und Gefängnisstrafen gegen deutsche, französische, italienische und chinesische Staatsangehörige wegen »Spionage und geplantem Mordversuch an Mao Tse-tung« verhängt.

Der amerikanische Oberkommissar John J. McCloy überreicht Walther Schreiber, Bürgermeister in Berlin (West), einen Scheck über 5 Mio. DM zur Errichtung einer Bibliothek.

18. August, Samstag

Deutscher Meister im Fünfkampf wird in Wetzlar Friedel Schirmer vom FC Stadthagen mit 3698 Punkten. Mit 6615 Punkten entscheidet Schirmer auch den Zehnkampf für sich. Im Fünfkampf der Frauen siegt Lena Stumpf vom SV Werder Bremen mit 436 Punkten.

19. August, Sonntag

Auf dem Loreleifelsen bei St. Goarshausen versammeln sich 10 000 junge Menschen aus 14 Nationen zur Hauptkundgebung des Treffens der europäischen Jugend. Vizekanzler Franz Blücher und der französische Oberkommissar André François-Poncet nehmen an der Veranstaltung teil.

Das Bundespresseamt teilt mit, daß der Bundesgrenzschutz in Kürze 60 gepanzerte Straßenfahrzeuge zum Einsatz gegen bewaffnete Demonstranten erhalten werde. Voraussetzung sei das Einverständnis des amerikanischen Verteidigungsministeriums (→ 15. 2./S. 34).

Ein Tornado verwüstet die Insel Jamaika. Der Orkan, der mit 150 km/h über die Hauptstadt Kingston braust, fordert 40 Tote. Der Sachschaden wird auf 70 Mio. DM geschätzt. → S. 151

Der amerikanische Oberst Ascani stellt einen Geschwindigkeits-Weltrekord für Flugzeuge auf: Mit einem Düsenjäger erreicht er auf einem Rundkurs ein Stundenmittel von 1005,917 km/h.

20. August, Montag

Aufgrund der Fleischknappheit beschließt das Wirtschaftsdirektorium in Österreich die Einführung von zwei fleischlosen Tagen in der Woche. Der Mangel an Fleisch wird noch durch die Weigerung der Metzger verschärft, den Viehhändlern mehr als die amtlichen Preise zu zahlen. → S. 147

Mit der Aufführung des deutschen Films »Lockende Gefahr« von Eugen York werden die Filmfestspiele in Venedig eröffnet. Der japanische Film »Rashomon« von Akira Kurosawa erhält den »Goldenen Löwen«.

21. August, Dienstag

Die Sowjetunion lehnt es ab, den USA 670 kleinere Seefahrzeuge, die sie während des Zweiten Weltkriegs erhielt, zurückzugeben. Allerdings, so das amerikanische Außenministerium, habe die UdSSR in den Verhandlungen um die Begleichung der Leih- und Pachtschulden eine Erhöhung ihrer bisher angebotenen 240 Mio. Dollar (1,3 Mrd. DM) in Aussicht gestellt. Die USA verlangen 800 Mio. Dollar (4,2 Mrd. DM).

22. August, Mittwoch

Großbritannien bricht die Verhandlungen mit dem Iran über die Ölraffinerien in Abadan ab. Lordsiegelbewahrer Richard Stokes, der die britische Delegation leitet, verläßt die iranische Hauptstadt Teheran (→ 29. 9./S. 159).

Im Kulturpolitischen Ausschuß des bayerischen Landtags wird der Antrag der Freien Demokraten und der Deutschen Gemeinschaft, in den bayerischen Schulen die körperliche Züchtigung zu verbieten, mit 14 gegen 13 Stimmen abgelehnt.

23. August, Donnerstag

Der Sowjetmarschall Kliment J. Woroschilow fordert in Bukarest während einer Feier anläßlich des siebten Jahrestages der Befreiung Jugoslawiens durch die Sowjetarmee das jugoslawische Volk auf, »das Tito-Regime zu liquidieren«. Er bezichtigt Tito des »Verrats am Sozialismus« (→ 31. 10./S. 176).

Das Urteil über 20 Jahre Zuchthaus gegen den Ex-Gestapochef in Belgien, Karl Constantin Canaris, ist rechtskräftig. Weder Ankläger noch Verteidiger haben Berufung eingelegt. Der ehemalige Gestapochef ist ein Neffe des früheren Chefs der deutschen Abwehr, Wilhelm Canaris.

In Wien hat eine Frau versucht, ihren elfjährigen Sohn Berti für 5000 öS (850 DM) zu verkaufen, berichten deutsche Zeitungen. Allerdings kam das Geschäft nicht zustande, weil Berti bei den Verkaufsverhandlungen anwesend war und eine Bekannte informierte. Die Wohlfahrt vermittelte Berti an Pflegeeltern: »Das bewahrt ihn zwar im Augenblick davor, verkauft zu werden, aber seine Mutter will ihn zurückholen und schließlich doch noch für einen anständigen Preis veräußern«, meldet die Presse.

24. August, Freitag

Overton Brooks, demokratischer Abgeordneter im US-Repräsentantenhaus, fordert den Einsatz der Atombombe in Korea, falls die Kommunisten die Waffenstillstandsverhandlungen endgültig abbrechen (→ 16. 5./S. 84).

Die Vermittlungsaktion des amerikanischen Gesandten William Averell Harriman im iranisch-britischen Ölkonflikt scheitert. Er verläßt Teheran. Derweil wird in London der Abschluß eines Abkommens zwischen Großbritannien und Saudi-Arabien über Gebiets- und Ölfragen bekanntgegeben (→ 29. 9./S. 159).

Bundeswirtschaftsminister Ludwig Erhard verhandelt mit Delegierten der Eisen- und Stahlindustrie über einschneidende Lenkungsmaßnahmen im Montanbereich. → S. 146

Ein Zugunglück in der Nähe von Metz fordert zwölf Tote und 40 Verletzte. Das Unglück, bei dem der Schnellzug Basel – Calais den Zug Frankfurt – Paris rammt, wird auf das Versagen der Signalanlagen zurückgeführt.

25. August, Samstag

Auf der Wasserkuppe in der Rhön beginnt das erste große Segelfliegertreffen nach dem Zweiten Weltkrieg.

Zum ersten Mal seit Kriegsende starten deutsche Sportler wieder bei Radweltmeisterschaften. Die Wettkämpfe in Mailand dauern bis zum 2. September.

26. August, Sonntag

Der iranische Oppositionsführer Djemal Imami attackiert während einer Sitzung der Abgeordnetenkammer Ministerpräsident Mohammad Mossadegh, weil er die Ölverhandlungen mit Großbritannien habe scheitern lassen. Mossadegh habe das Vertrauen des Parlaments mißbraucht, das ihn zur Fortsetzung der Gespräche ermächtigt habe (→ 29. 9./S. 159).

17 von 67 Staaten haben bislang den Kriegszustand mit Deutschland beendet, teilt das Auswärtige Amt in Bonn mit (→ 9. 7./S. 120).

Die UN-Wirtschaftskommission für Europa (ECE) stellt in einem ersten Teilbericht fest, daß sich die Bundesrepublik als Exportland eine erstaunlich starke Stellung auf dem Weltmarkt erobert hat: Zwischen Oktober 1950 und März 1951 ist die Gesamtausfuhr der Bundesrepublik um 70% gestiegen (→ S. 104).

27. August, Montag

In Hessen legen 50 000 Metallarbeiter ihre Arbeit nieder, um u. a. ihre Forderung nach höheren Löhnen durchzusetzen (→ 24. 9./S. 163).

Die Regierungschefs von Rheinland-Pfalz, Württemberg-Hohenzollern und (Süd)-Baden unterzeichnen den Staatsvertrag zur Errichtung des Südwestdeutschen Rundfunks (SWF). → S. 147

28. August, Dienstag

Die USA, Großbritannien und Japan überweisen der jugoslawischen Regierung Wirtschaftshilfe in Höhe von 47,3 Mio. Dollar (246 Mio. DM). Das Geld wird zur Bezahlung von Waffen- und Rohmaterialkäufen verwandt (→ 31. 10./S. 176).

Auf den außerordentlichen Hauptversammlungen der Hüttenwerke Hörde AG und des Werkes Dortmund der Dortmunder Union beschließen die Mitglieder die Verschmelzung beider Betriebe zu einer Stahlkerngesellschaft. Damit entsteht das »größte westdeutsche Stahlwerkunternehmen«. → S. 146

29. August, Mittwoch

Der US-amerikanische Senat billigt die sog. Battle bill. Sie ermächtigt den Präsidenten, den Staaten, die militärisch wichtige Güter an kommunistische Länder liefern, jede amerikanische Hilfe zu entziehen.

30. August, Donnerstag

30 000 Donauschwaben werden aus dem Banat verschleppt, berichtet die Presse. Auf Befehl Moskaus deportiert die rumänische Regierung die Menschen in das Steppengebiet des Baragan und ins Donaudelta. → S. 143

Die alliierten Hochkommissare verkünden die Enteignung des deutschen Vermögens im Ausland, das auf 8 bis 16 Mrd. DM geschätzt wird.

In Washington unterzeichnen der US-amerikanische Außenminister Dean Acheson und der philippinische Außenminister Carlos Romulo einen Beistandspakt zwischen den beiden Staaten.

31. August, Freitag

Auf der Deutschen Musikmesse in Düsseldorf stellt die Deutsche Grammophon-Gesellschaft die erste Langspielplatte mit 33 1/3 Umdrehungen pro Minute vor. → S. 147

Das Wetter im Monat August

Station	Mittlere Lufttemperatur (°C)	Niederschlag (mm)	Sonnenscheindauer (Std.)
Aachen	17,8 (17,2)	110 (82)	211 (188)
Berlin	19,0 (17,2)	36 (68)	214 (212)
Bremen	17,4 (17,1)	38 (79)	– (182)
München	17,5 (16,6)	139 (96)	238 (211)
Wien	20,3 (18,6)	60 (68)	288 (242)
Zürich	17,0 (16,6)	130 (132)	197 (219)

( ) Langjähriger Mittelwert für diesen Monat
– Wert nicht ermittelt

Die Frauenzeitschrift »Constanze« präsentiert einen sportlich-legeren Frauentyp. Freizeitmode gewinnt einen immer größeren Stellenwert. Der Hinweis auf dem Titelblatt, daß auf den Kaufpreis ein Papierzuschlag in Höhe von 10 Pfennig erhoben wird, dokumentiert die anhaltende Rohstoffknappheit. (»Constanze« vom 1. August 1951)

Pakistan und Indien kämpfen um Herrschaft in Kaschmir

7. August. Der pakistanische Premierminister Liaquat Ali Khan beschuldigt den indischen Regierungschef Jawaharlal Nehru in einer scharfen diplomatischen Note, einen Krieg vorzubereiten und seinen Anspruch auf Kaschmir mit Gewalt durchsetzen zu wollen. Seit 1947 ist Kaschmir in zwei Besatzungszonen eingeteilt, die unter Aufsicht und Schutz der Nachbarstaaten Indien bzw. Pakistan stehen.

In Liaquats Note heißt es u. a.: »Sie scheinen entschlossen zu sein, den Frieden des Subkontinents und der Welt aufs Spiel zu setzen, um eine politische Posse zu inszenieren und ihre Angriffspläne in Kaschmir durchzuzwingen. Ich habe mein Äußerstes versucht, um den Weg des Friedens zu weisen. Die Welt muß nun zwischen uns richten.« Der Konflikt um das in den Gebirgsketten des Himalaja und Karakorum liegende Gebiet droht zu eskalieren. Die Note des pakistanischen Regierungschefs kommt einer Kriegserklärung gleich.

Auf die Beschuldigung Liaquat Ali Khans reagiert Nehru seinerseits mit einem Vorwurf: Der von Pakistan geforderte Rückzug indischer Truppen könne so lange nicht geschehen, wie Pakistan von einem Heiligen Krieg rede. Während sich Pakistan den Entscheidungen der Vereinten Nationen zur Beilegung des Kaschmir-Konfliktes beugen will, halten Indien und der von ihm besetzte Teil Kaschmirs daran fest, eine konstituierende Versammlung, die die Landesteilung manifestieren würde, vorzubereiten.

Der Konflikt um das Land am Himalaja verschärfte sich bereits zu Beginn des Jahres: Am 4. Januar sagte Liaquat Ali Khan seine Teilnahme an einer Commonwealth-Konferenz in London ab. Er hatte von den Delegierten vorab die Zusage gefordert, daß eingehend über das Kaschmir-Problem gesprochen werde. Ein positiver Bescheid vor Beginn der Tagung in der Downing Street 10 wurde ihm verweigert. Im Anschluß an die Konferenz fanden informelle Gespräche zwischen Indien und Pakistan statt, die jedoch ohne Ergebnis blieben.

Am 14./15. Januar griff der britische Premierminister Clement Richard Attlee als Vermittler ein: Er lud Liaquat Ali Khan und Nehru zu Gesprächen. Die Staatsmänner kamen überein, daß in Kaschmir ein Volksentscheid über die weitere Zukunft stattfinden solle. Umstritten blieben die Bedingungen, unter denen das Plebiszit durchgeführt werden soll.

Am 21. Februar debattierte der UN-Sicherheitsrat über den Kaschmir-Konflikt. Die USA und Großbritannien brachten einen Antrag ein, der nach Protesten Indiens schließlich in revidierter Fassung am 30. März mit acht Stimmen bei drei Enthaltungen angenommen wurde. Der Inhalt der Entschließung: Nach dem Rücktritt von Owen Dixon, der am 21. September 1950 das Scheitern seiner Bemühungen bekanntgegeben hatte, soll ein neuer Vermittler im Kaschmir-Konflikt ernannt werden. Der neue UN-Gesandte soll unter Mitarbeit der pakistanischen und indischen Regierung helfen, eine Demilitarisierung Kaschmirs einzuleiten und ein Plebiszit vorzubereiten. Pakistan stimmte der Entscheidung des Sicherheitsrats zu, Indien machte Vorbehalte geltend und verwahrte sich gegen eine Gleichbehandlung Pakistans und Indiens.

Zum neuen UN-Vermittler im Kaschmir-Konflikt wurde am 30. April Frank B. Graham ernannt. Dessen Arbeit wurde gleich zu Beginn durch eine Verhärtung der Fronten zwischen Pakistan und Indien erschwert: Pakistan warf Indien am 20. Mai vor, mit der Vorbereitung einer gesetzgebenden Versammlung im »indischen« Teil Kaschmirs eine Legitimation seiner Okkupation einzuleiten. Indiens Verhalten laufe den Bemühungen des UN-Vermittlers entgegen.

Pakistan fühlte sich nicht nur durch administrative Maßnahmen Indiens gefährdet, sondern fürchtete auch eine militärische Aktion: »Starke Truppenkonzentrationen der indischen Armee befinden sich im östlichen Pundschab, in Jammu und Kaschmir. Das Gros der indischen Armee ist nun gegen die Grenzen Pakistans hin konzentriert. Das bedeutet eine schwere Gefährdung der

△ Mit dem Gewehr in der Hand stehen sich in Kaschmir Moslems und Hindus gegenüber. Rund 80% der Bevölkerung in dem Bergstaat gehören der moslemischen Religion an. Bereits unmittelbar nach der Teilung Britisch-Indiens kam es zu unzähligen Massakern zwischen Moslems und Hindus.

◁ Beide Seiten sind bereit zum Kampf. »Hindus und Moslems sind zwei Nationen, die sich in allen wesentlichen Dingen des Lebens grundsätzlich voneinander unterscheiden«, meinte bereits der Gründer Pakistans, Mohammad Ali Dschinnah.

Jawaharlal Nehru (r.) im Gespräch mit Scheich Mohammed Abdullah, Premierminister von »Indisch«-Kaschmir

Sicherheit Pakistans und des internationalen Friedens«, klagte Liaquat Ali Khan am 15. Juli. Am folgenden Tag erklärte der indische Premier Nehru, daß »Indien unter keinen Umständen Pakistan angreifen werde«. Allerdings wäre das Land gerüstet, wenn Pakistan eine Aggression gegen Indien starte. Die gegenseitigen Anschuldigungen beider Staatsmänner gipfeln in dem Notenwechsel Anfang August. Indien und Pakistan benehmen sich wie »verkleinerte, aber temperamentvollere Ausgaben von Sowjetunion und Amerika«, konstatiert das Nachrichtenmagazin »Der Spiegel« am 15. August.

Der Konflikt bleibt auch in der Folgezeit ungelöst. Aufgrund der Wahl einer konstituierenden Versammlung im pro-indischen Teil Kaschmirs nehmen die Spannungen zu. Die 75 Delegierten der konstituierenden Versammlung, die von 2,95 Mio. Einwohnern im indisch besetzten Teil Kaschmirs gewählt werden, treffen sich am 31. Oktober zu ihrer ersten Sitzung. Ihre Aufgabe ist es, eine Verfassung für den Gesamtstaat Jammu und Kaschmir auszuarbeiten sowie einen grundsätzlichen Landreformplan, der bereits von der Regierung veröffentlicht wurde, zu unterstützen.

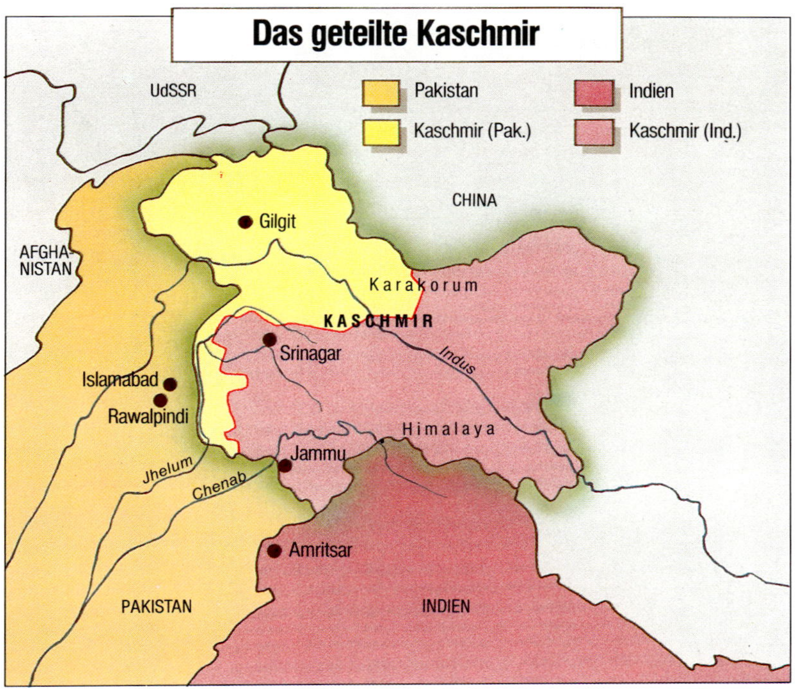

Am 21. Dezember muß UN-Vermittler Graham dem Sicherheitsrat mitteilen, daß seine Bemühungen um die Aufstellung eines Demilitarisierungsplans bislang gescheitert sind. Indien habe sich zwar damit einverstanden erklärt, seine Truppen um 7000 Mann zu reduzieren, wolle aber eine Infanteriedivision und Verbindungstruppen im »indischen« Kaschmir halten. Größtes Problem, so Graham, sei zur Zeit die Forderung Jawaharlal Nehrus, daß Pakistan in seiner Zone nicht mehr als 4000 Mann stationieren dürfe, von denen nur die Hälfte bewaffnet sein dürften. Die pakistanische Regierung lehnt diesen Vorschlag ab.

Konflikt zwischen Hindus und Moslems

Der Konflikt um das strategisch bedeutsame, an Afghanistan, China, Pakistan und Indien grenzende Kaschmir ist unmittelbare Folge der Teilung von Britisch-Indien 1947 und Ausdruck religiöser Gegensätze von Moslems und Hindus.

Mit der Unabhängigkeit Indiens von Großbritannien entstanden das moslemische Pakistan und die hinduistisch geprägte Indische Union. Nach der Befreiung von der britischen Kolonialherrschaft bestimmten Kämpfe rivalisierender Religionsgemeinschaften das Geschehen auf dem indischen Kontinent.

In Kaschmir stand der Hindu-Maharadscha Hari Singh 1947 vor der Entscheidung, sein Land Pakistan oder der Indischen Union anzugliedern. Gegen den Protest Pakistans erklärte er am 26. Oktober 1947 den Beitritt zu Indien.

Indische Truppen rückten von Südosten ein und besetzten den größeren Teil des Landes. Pakistan reagierte und schickte militärische Verbände von Westen her ins Land.

Scheich Abdullah, Führer der stärksten Partei des Landes, bildete mit dem Teil-Anschluß Kaschmirs an Indien ein Interimskabinett, das ab 5. März 1948 als verantwortliche Regierung arbeitete.

Dogra-Dynastie seit 1846

Bis zum Eindringen des Islam im 14. Jahrhundert hat sich Kaschmir seine politische und kulturelle Selbständigkeit erhalten können.

- ▷ 1586 wurde es dem indischen Mogulreich angeschlossen.
- ▷ 1756 nahm Afghanistan das Land in Besitz.
- ▷ 1819 besetzten die Sikhs, Anhänger einer Religionsgemeinschaft, das Land.
- ▷ 1846, nach dem Sieg der britischen Kolonialmacht über die Sikhs, erhielt der Hinduherrscher Gulab Singh unter Anerkennung der britischen Oberhoheit Kaschmir. Seitdem herrschte die hinduistische Dogra-Dynastie.

Streit um Grenzverlauf – Kämpfe in Korea dauern an

5. August. Die Vertreter der Vereinten Nationen brechen in Kaesong die Waffenstillstandsverhandlungen zur Beendigung des Koreakriegs mit den kommunistischen Delegierten ab. Es beginnt eine Phase, die – bei anhaltenden Kämpfen der Streitkräfte – durch diplomatisches Taktieren geprägt ist.

General Matthew B. Ridgway, Oberbefehlshaber der UN-Streitkräfte, begründet den Abbruch der Konferenz mit einer Verletzung der neutralen Zone um Kaesong durch kommunistische Einheiten: »Es wurde offiziell durch Augenzeugen bestätigt und durch Film- und Photoaufnahmen bewiesen, daß am 4. August gegen 13 Uhr 45 bewaffnete militärische Streitkräfte, die nicht dem Kommando der Vereinten Nationen angehörten, in Kaesong, und zwar in einer Entfernung von knapp hundert Metern vom Konferenzgebäude, beobachtet wurden.«

Der Vorwurf der UN-Delegation an die nordkoreanischen und chinesischen Verhandlungsführer verdeckt grundlegende Differenzen: Seit dem 27. Juli können sich beide Seiten nicht über Tagesordnungspunkt zwei – Festlegung einer Demarkationslinie und Schaffung einer demilitarisierten Zone – einigen. Zwar wird die Konferenz am 10. August fortgesetzt, damit aber auch der Streit über eine Demarkationslinie: Vertreter der Vereinten Nationen plädieren nach wie vor für eine entmilitarisierte Zone im Bereich des für sie militärstrategisch günstigen gegenwärtigen Frontverlaufs, der im Westen leicht südlich, im Osten bis zu 35 km nördlich des 38. Breitengrades verläuft. Sie begründen ihre Meinung u. a. mit der Stärke ihrer Bodentruppen und der übrigen UN-Streitkräfte, die die Luft- und Seeüberlegenheit hätten. Das UN-Hauptquartier in Tokio folgert, daß eine Demarkationslinie »irgendwo in Nordkorea zwischen den gegenwärtigen Kampflinien und dem Jalu, der Nordgrenze Nordkoreas, verlaufen« müsse.

Die kommunistischen Verhandlungsführer bestehen kategorisch auf dem 38. Breitengrad als Grenzlinie: Damit würde den tatsächlichen Kräfteverhältnissen der Gegner Rechnung getragen.

Am 16. August wird eine Unterkommission der Waffenstillstandskonferenz eingesetzt, die den Streit um die Demarkationslinie klären soll. Militärische Störmanöver beider Seiten erschweren den Fortgang der Verhandlungen erheblich. Am 23. August werfen Nordkoreaner und Chinesen den UN-Verbänden eine Verletzung der neutralen Zone vor. Die Konferenz wird erneut unterbrochen, die Unterkommission stellt ebenfalls ihre Arbeit ein.

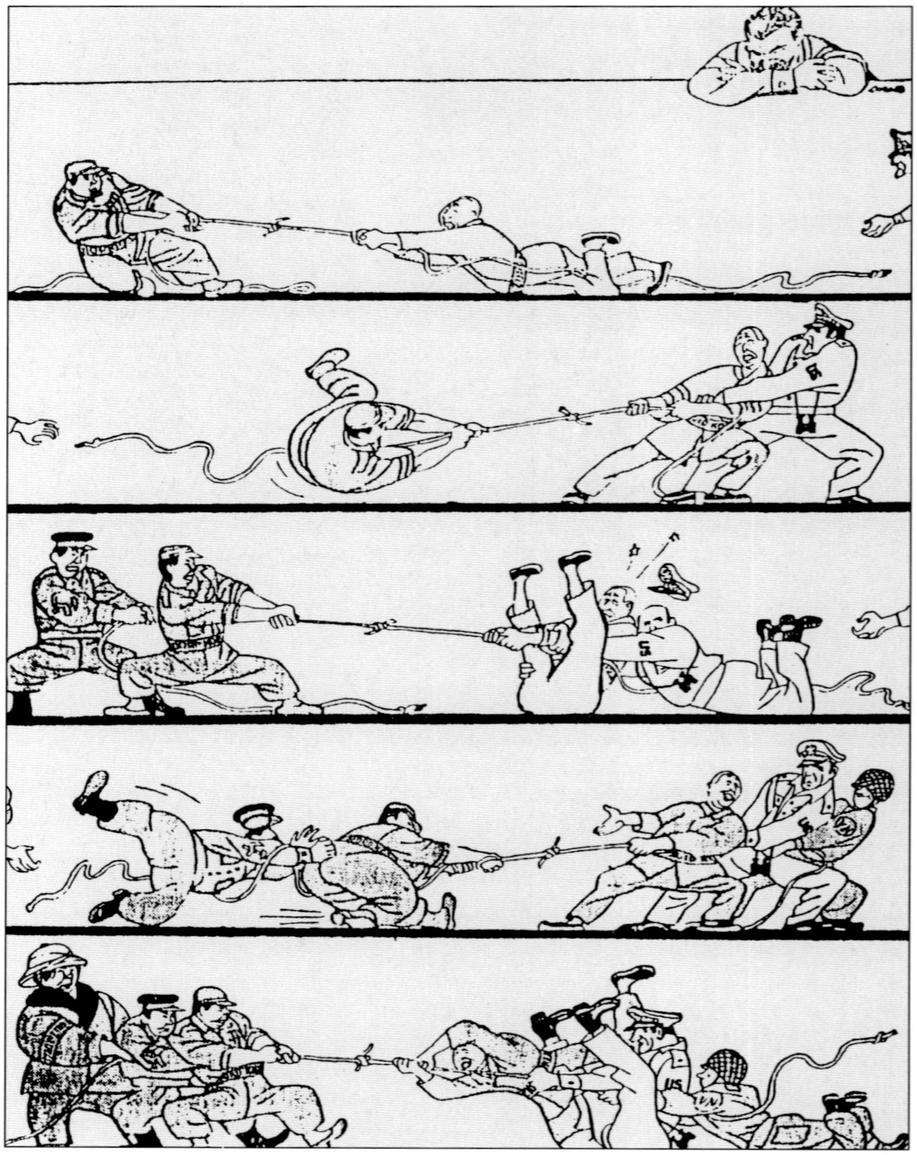

◁ In einer Karikatur des Amsterdamer »Elseviers Weekblad«, die das Nachrichtenmagazin »Der Spiegel« in seiner Ausgabe vom 30. Mai 1951 abdruckt, wird der gesamte bisherige Kriegsverlauf in Korea dargestellt. Zaungast Josef W. Stalin beobachtet, wie der Nordkoreaner den Südkoreaner zu Fall bringt (Angriff am 25. Juni 1950). Die USA springen den Südkoreanern bei und wenden das Blatt zugunsten Südkoreas. Seit dem 27. Juni 1950 unterstützen See- und Luftstreitkräfte der USA die südkoreanische Armee. Der Krieg im Fernen Osten weitet sich aus. Verstärkte nordkoreanische Truppen und kommunistische Freiwilligenverbände drängen in der Folgezeit US-Amerikaner und Südkoreaner wieder zurück. Seit Juli 1950 greifen Truppen der Vereinten Nationen in den Koreakrieg ein. Es gelingt den Armeen unter dem Oberbefehl von Douglas MacArthur, die nordkoreanische Front zu durchbrechen. Der verstärkte Einsatz chinesischer Verbände in Korea verhilft den Kommunisten zu einem Etappensieg. Angriffe der UN-Verbände können gestoppt werden.

Tauziehen am Konferenztisch

Schon der Beginn der Waffenstillstandsverhandlungen in Korea zeigt, wie schwierig Übereinstimmungen zu erzielen sind.

- ▷ 10. Juli: Die erste Konferenz der Waffenstillstandsverhandlungen findet in Kaesong statt.
- ▷ 12. Juli: Unterbrechung der Konferenz: Protest der UN-Delegation, weil »kommunistische« Posten 20 Pressevertreter zurückweisen.
- ▷ 15. Juli: Verständigung und Einrichtung einer neutralen Zone im Raum Kaesong, der von »Kommunisten« beherrscht wird.
- ▷ 21. Juli: Erneute Unterbrechung der Konferenz: Die UN-Delegation lehnt die Forderung ab, auch die Frage eines Abzugs aller ausländischen Truppen aus Korea zu diskutieren.
- ▷ 26. Juli: Beide Seiten einigen sich auf eine Tagesordnung.
- ▷ 27. Juli: Beginn der Beratungen laut Tagesordnung.

Die kriegerischen Auseinandersetzungen erreichen mit der Herbstoffensive der UN-Truppen am 25. September einen Höhepunkt. Tags darauf findet in Nordkorea der bislang größte Luftkampf statt: Über 250 Flugzeuge sind an den heftigen Gefechten beteiligt.

Am 25. Oktober werden die Waffenstillstandsverhandlungen wieder aufgenommen. Ort der Konferenz ist jetzt das zwischen Kaesong und Munsan gelegene Panmunjom. Detailliert werden die Rahmenbedingungen der Konferenz festgelegt: »Das Konferenzgebiet hat Kreisform. Der Mittelpunkt des Gebietes ist der eigentliche Konferenzort, der Radius beträgt 1000 Yard (915 m).« Mit Ausnahme der Militärpolizei darf kein bewaffnetes Personal das Konferenzgebiet betreten. Selbst

UN-Verbindungsoffiziere landen in der Nähe von Kaesong, um den Kommunisten eine Nachricht von Ridgway zu überbringen. Sie werden von einem Jeep der Nordkoreaner abgeholt und zum Tagungsort gebracht.

Lee Soo Young (r.), Mitglied der UN-Delegation, überreicht einem kommunistischen Offizier die Weigerung von UN-Oberbefehlshaber General Ridgway, die Waffenstillstandsverhandlungen in Kaesong fortzuführen.

Nach einem Begleitsoldaten verläßt General Nam Il, nordkoreanischer Delegationsleiter, den Konferenzort. Am 10. Juli begannen die Verhandlungen.

Zeit für ein Gruppenfoto haben die UN-Verhandlungsführer. Erst am 27. Juli 1953 wird ein Vertrag unterzeichnet, der den Koreakrieg beendet.

die Bewaffnung der Militärpolizisten – Pistolen, Gewehre und Karabiner – wird genau geregelt. Erneut wird ein Unterausschuß gebildet, der Empfehlungen zur Lösung des Problems einer Demarkationslinie erarbeiten soll.

Neben Berichten über diplomatisches Geplänkel und militärische Aktionen kennzeichnen Meldungen über angebliche oder tatsächliche Verbrechen des Gegners eine unerbittliche Verhandlungsatmosphäre, die einen Waffenstillstand noch in diesem Jahr unmöglich macht. Für Schlagzeilen sorgt am 14. November eine Nachricht von James Hanley, Oberst der 8. Armee, über die »Ermordung von Kriegsgefangenen«: Die Kommunisten hätten 5790 UN-Kriegsgefangene und etwa 250 000 koreanische Zivilisten getötet. Die Nordkoreaner und Chinesen dementieren und werfen den UN-Truppen ihrerseits barbarische Verbrechen wie die »massenhafte Ermordung völlig unschuldiger Greise, Frauen und Kinder, die Bombardierung koreanischer Städte und Dörfer« vor.

Am 20. November veröffentlicht das UN-Oberkommando zur Ermordung von Kriegsgefangenen eine Erklärung: Die Gesamtzahl der getöteten alliierten Kriegsgefangenen betrage 365, von denen 254 bisher identifiziert werden konnten. 10 000 Soldaten der UN-Truppen gelten bislang als vermißt. Vermutlich sei eine große Zahl – schätzungsweise 6000 – getötet.

Am 21. November kommen die Mitglieder des Unterausschusses der Waffenstillstandskonferenz zu einem Ergebnis: So wird grundsätzlich eine noch festzustellende tatsächliche Kampflinie als Demarkationslinie anerkannt. Am 28. November vermelden Nachrichtenagenturen, daß eine »tatsächliche Waffenruhe an der ganzen Koreafront« eingetreten sei. Ridgway dementiert diese Nachricht allerdings tags darauf. US-Präsident Harry S. Truman verliest auf einer Pressekonferenz am 29. November eine Erklärung, die weitere militärische Aktionen in Korea rechtfertigt: »Ich hoffe, jedermann wird verstehen, daß das Feuer in Korea noch nicht eingestellt wurde, und daß es nicht eingestellt werden kann, ehe nicht ein Waffenstillstand unterzeichnet worden ist ... Wir können nicht zulassen, daß der Feind das militärische Gleichgewicht zu seinen Gunsten ändert, falls wir kein zufriedenstellendes Waffenstillstandsabkommen unterzeichnen können. Der ständige Druck unserer Streitkräfte auf den Feind wird diesen schließlich veranlassen, einem gerechten Waffenstillstand zuzustimmen.«

US-Realpolitik macht Franco salonfähig

14. August. Die außenpolitische Kommission des amerikanischen Senats billigt eine Militär- und Wirtschaftshilfe an Spanien in Höhe von je 200 Mio. Dollar (1,04 Mrd. DM). Vorausgegangen waren am 16. Juli Gespräche des US-amerikanischen Gesandten Forrest P. Sherman mit dem spanischen Diktator Francisco Franco Bahamonde über eine zukünftige Rolle Spaniens innerhalb der Europäischen Verteidigungsgemeinschaft (→ 15. 2./S. 32). Spanien verfügt gegenwärtig über 22 Divisionen und kann innerhalb von 30 Tagen 500 000 Mann mobilisieren.

Vor allem aus strategischen Überlegungen, so betonten US-Außenminister Dean Acheson und der Vorsitzende des Militärausschusses, Senator Richard Russel am 18. Juli, sei es wünschenswert, das spanische Kräftepotential zu nutzen und auf der Iberischen Halbinsel Militärstützpunkte einzurichten (→ 27. 4./S. 72).

Die Vereinigten Staaten sind an der Errichtung von mindestens sechs Flugplätzen in Spanisch-Marokko und Spanien interessiert sowie am Bau von Flottenstützpunkten.

Die Wirtschaftsunterstützung soll helfen, Spanien von den Folgen des Bürgerkriegs und der Isolierung durch die demokratischen Mächte in der Nachkriegszeit zu befreien. Industrie und Finanzkreise des wirtschaftlich darniederliegenden Landes warten seit Jahren vergebens auf internationale »Ankurbelungskredite«. Bisher haben die Westmächte mit Hinweis auf die politischen Verhältnisse in Spanien einhellig Zurückhaltung geübt.

Das Ausscheren der Vereinigten Staaten aus dieser gemeinsamen Linie sorgt unter den westlichen Alliierten für viel böses Blut. Die Amerikaner halten dagegen, ideologische Meinungsverschiedenheiten müßten hinter den Erfordernissen kühler Realpolitik zurückstehen.

Diktator Francisco Franco, der sich der Gründe für das Zögern der Westmächte wohl bewußt ist, stellt eine Lockerung seines autoritären Regimes in Aussicht. Bei einer als taktisch eingestuften Regierungsumbildung (→ 19. 7./S. 117) berücksichtigt er verstärkt monarchistische Politiker und verringert die Zahl der Minister seiner eigenen faschistischen »Falange«-Partei.

Diktator Francisco Franco (l.) im Gespräch mit dem amerikanischen Senator Theodore Green (r.): Umstrittene spanisch-amerikanische Annäherung

Herber Tadel für Flirt mit Diktator

In einer diplomatisch abgestimmten Gemeinschaftsaktion protestieren Großbritannien und Frankreich gegen die Einbeziehung Franco-Spaniens in die westliche Verteidigung. Damit verbunden ist eine herbe Kritik an der Politik der Vereinigten Staaten.

Beide Länder halten übereinstimmend an der hohen Bewertung des Unterschieds zwischen Demokratie und Diktatur fest. Auch politische, militärische und moralische Gesichtspunkte spielen eine Rolle: Eine in Aussicht stehende, linksorientierte französische Regierung (→ 10. 3./S. 54), die sozialistische, britische Labour-Regierung (→ 23. 4./S. 73) und die öffentliche Meinung in beiden Ländern stehen einer Liaison mit dem faschistischen Spanien ablehnend gegenüber.

Paris fürchtet vor allem eine Verlagerung der amerikanischen Interessen von der Rhein-Elbe- zur Pyrenäenlinie, also von Mittel- nach Südwest-Europa. London verweist auf den moralischen Schaden einer Beteiligung Spaniens, der den strategischen Nutzen übersteige.

Militär, »Falange«-Partei und Klerus: Dreieinigkeit stützt Spaniens »Caudillo« – Ausland boykottiert

Francisco Franco Bahamonde ist seit Ende des spanischen Bürgerkriegs im Jahr 1939 mit diktatorischen Vollmachten ausgestatteter Herrscher (»Caudillo«) seines Landes. Sein Regime stützt sich auf drei Säulen: Die Loyalität der Armee, den Rückhalt durch die von ihm geschaffene Einheitspartei »Falange« und das Wohlwollen der katholischen Kirche.

Die Unterdrückung aller demokratischen und liberalen Prinzipien, eine staatliche Zwangsgewerkschaft und streng kirchliche Erziehung nach innen sowie eine wohlwollende Neutralität gegenüber den Achsenmächten Deutschland und Italien in der Außenpolitik prägten das Erscheinungsbild Spaniens im Zweiten Weltkrieg.

Nach dem Sieg der »Anti-Hitler-Koalition« geriet Spanien in eine schwierige Lage: Die Westmächte und die Weltöffentlichkeit drängten das als anachronistisch empfundene Regime Francos in die außenpolitische und wirtschaftliche Isolation. Spanien kam nicht in den Genuß der amerikanischen Marshall-Plan-Gelder, die für den Wiederaufbau Europas bestimmt waren. Auf Empfehlung der Vereinten Nationen wurde es zwischen 1946 und 1950 diplomatisch und wirtschaftlich boykottiert.

Mangelnder Geldfluß, Dürrekatastrophen und Streiks in Katalonien und dem Baskenland (beide 1951), die mit Autonomieforderungen gekoppelt sind, bringen die Wirtschaft an den Rand des Ruins.

Um die politisch-moralische Herabwürdigung seines Landes im Ausland abzumildern, verkündete Franco bereits 1945 einen beschränkten Grundrechtekatalog. Aus denselben Motiven sicherte er laut Gesetz vom 20. Juli 1945 die Wiedereinführung der Monarchie zu einem späteren Zeitpunkt zu.

Am 4. November 1950 zog die UNO auf Betreiben der USA, die auf die »antikommunistische Bastion Spanien« nicht verzichten will, ihre Boykotterklärung zurück.

Francisco Franco Bahamonde

Der am 4. Dezember 1892 geborene Franco empfahl sich zu Beginn seiner Soldatenlaufbahn als Kommandeur der spanischen Fremdenlegion und wurde 1934 Chef des Generalstabs. Der Mitinitiator des Militäraufstands vom 17./18. Juli 1936 gegen die linksgerichtete Volksfront-Regierung wurde am 29. September 1936 Chef der nationalspanischen Regierung und Generalissimus im spanischen Bürgerkrieg. In ideologischer Verwandtschaft zum Faschismus baute Franco seine Herrschaft zur Diktatur aus.

»Schutz vor Tito« – 30000 Banater Schwaben verschleppt

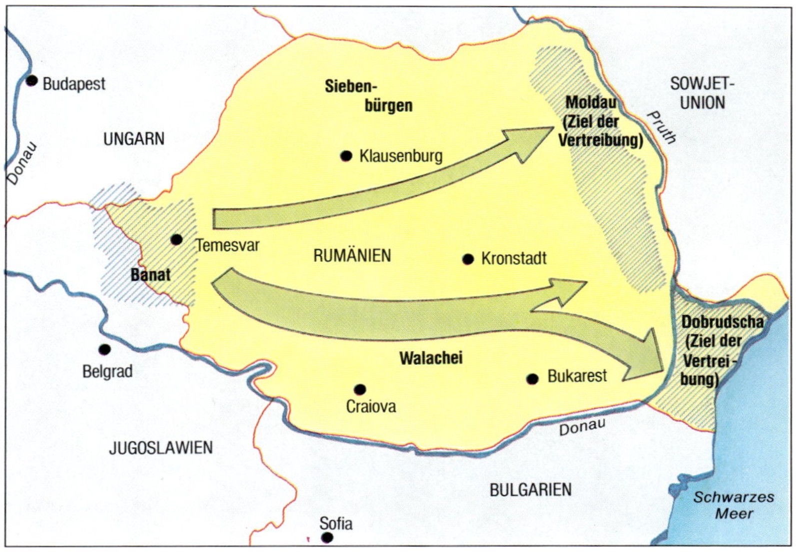

30. August. In einem spektakulären Artikel berichtet die »Süddeutsche Zeitung« über die Vertreibung von tausenden Banater Schwaben in den Osten Rumäniens. In einem Brief eines Betroffenen heißt es: »Man hat die Dörfer einfach umstellt, ist zu den Leuten gegangen und hat ihnen gesagt, daß sie in zwei bis drei Stunden fertig sein müssen zum Fortgehen. Kaum waren die Leute aus dem Dorf hinaus, da begann das Plündern und Hinmachen. Alles, was nicht beweglich war, wurde zusammengeschlagen. Und zum Schluß gab es große Gelage . . . Bei uns fehlen ungefähr 360 Familien.«

Seit dem Befehl Moskaus vom 18. Juni werden die Banater Schwaben aus ihrer Heimat an der rumänisch-jugoslawischen Grenze vertrieben und in die Baragansteppe, die Moldau und Dobrudscha deportiert. Laut rumänischen Berichten soll die Umsiedlung die »erfolgreiche Verteidigung gegen die imperialistischen Angriffsabsichten Tito-Jugoslawiens« unterstützen (→ 31. 10./S. 176). Rumänien erklärte, daß die Banater Schwaben »zum Schutz der Grenzbevölkerung gegen aggressive Absichten Titos und des Westens« umgesiedelt werden.

Die Regierung »evakuiert« die Menschen aus einem 50 bis 70 km breiten Landstreifen an der jugoslawischen Grenze. Sowjetische Truppen werden in dem geräumten Gebiet stationiert. Sie haben die Aufgabe, »wegen des Mangels an Landarbeitern bei den Erntearbeiten zu helfen und hierdurch ihre brüderliche Verbundenheit mit dem rumänischen Volk zu dokumentieren«.

Am 8. Oktober fordern Bundestagsabgeordnete und Vertriebenenfunktionäre die Bundesregierung auf, gegen die Vertreibung Einspruch einzulegen. Am 23. November protestiert das Parlament und verlangt von der Bundesregierung, bei den Vereinten Nationen zu intervenieren. Das Kabinett soll auf die Einsetzung einer Prüfungskommission in Rumänien drängen, fordern die Volksvertreter. Der Bundestag weist darauf hin, daß bereits 30 000 Menschen betroffen sind, daß dabei auch Familien auseinandergerissen und die Deportierten u. a. zum Bau des Schwarzmeer-Kanals eingesetzt werden.

Der Kanalbau gehört zu den vorrangigen Bauprojekten Rumäniens: Im Rahmen des Fünfjahresplans, der am 1. Januar anlief, soll der Bau des Donau-Schwarzmeer-Kanals beendet werden, verkündete Miron Constantinescu, Vorsitzender der staatlichen Planungskommission. Im Zuge einer weiteren Industrialisierung des Landes soll mit dem Bau einer weiteren Wasserstraße begonnen werden, die Bukarest mit der Donau verbinden soll.

Das Gebiet, in dem die Banater Schwaben leben, ist eine Landschaft im rumänisch-ungarisch-jugoslawischen Grenzdreieck. Die im wesentlichen aus West- und Südwestdeutschland stammenden Deutschen besiedelten das Gebiet zu Beginn des 18. Jahrhunderts. Mittelpunkt wurde die Festungsstadt Temeschburg, deren Aussehen in großem Maß von den zugezogenen Deutschen bestimmt wurde.

Österreich behielt bis 1872 die Hoheit über den Banat, der in ungarische Verwaltung überging. Nach dem Ersten Weltkrieg wurde das Gebiet zwischen den Flüssen Maros, Theiß und Donau aus dem ungarischen Staatsverband gelöst. Rumänien erhielt den größten Teil des 28 000 km² großen Banat, rund ein Drittel fiel an Jugoslawien. Nur die äußerste nordwestliche Gegend gehörte noch zu Ungarn.

1939 lebten rund 450 000 Deutschstämmige im Banat. Seit Ende des Zweiten Weltkriegs wurden viele der Banater Schwaben deportiert (Rumänien und Ungarn). In Jugoslawien fielen Deutschstämmige Massenexekutionen zum Opfer.

Ost-West-Schlagabtausch in der »Prawda«

1. August. Für viele überraschend gibt das Organ der sowjetischen kommunistischen Partei, die »Prawda«, dem britischen Außenminister Herbert Morrison Gelegenheit, ungekürzt und unzensiert die britische Auffassung von Freiheit zu beschreiben. Wörtlich heißt es:

»In Großbritannien unterwerfen wir die Meldungen und Ansichten keiner Beschränkung, so daß das Volk selbst urteilen kann. Die Meinungen werden dem Volk nicht diktiert. In der Sowjetunion ist das anders. Viele Tatsachen und Auffassungen werden euch vorenthalten. Es gibt dort diese Redefreiheit und den freien Zutritt zur Kenntnis dessen, wie die übrige Welt lebt und denkt, nicht . . . Britische Staatsbürger werden nicht aus ihren Heimstätten vertrieben; sie werden nicht deportiert und nicht in Zwangslager verschickt. Wenn am frühen Morgen an die Tür geklopft wird, so braucht niemand zu befürchten, daß es die Polizei ist. Es ist wahrscheinlich nur der Milchmann oder der Postbeamte . . . Das britische Volk, das zusammen mit dem russischen Volk die Leiden des Hitler-Krieges teilte, wünscht keinen dritten Weltkrieg. Unsere

Der britische Außenminister und Labour-Politiker Herbert Morrison

Allianzen sind Defensivbündnisse. Mit euch haben wir den englisch-sowjetrussischen Bündnisvertrag im Jahre 1942 abgeschlossen. Der Nordatlantikpakt ist ein anderes Defensivbündnis. Er richtet sich gegen niemand außer gegen einen Aggressor . . .«

Die »Prawda« entgegnet in derselben Ausgabe (Auszüge):

»Herr Morrison schweigt allerdings über die anderen Freiheiten, die eine viel tiefere Bedeutung haben als die Freiheit der Rede, der Presse usw. Er sagt nichts über die Freiheit des Volkes von der Ausbeutung, über die Freiheit von Wirtschaftskrisen, von Arbeitslosigkeit und Elend. Möglicherweise ist es Herrn Morrison unbekannt, daß alle diese Freiheiten in der Sowjetunion schon längst gesichert sind? Doch gerade diese Freiheiten sind die Grundlage aller anderen Freiheiten. Schweigt sich Herr Morrison nicht gerade deshalb so schamhaft über diese Grundfreiheiten aus, weil es diese Freiheiten in England leider nicht gibt und die englischen Arbeiter weiter in das Joch der kapitalistischen Ausbeutung eingespannt sind, obwohl in England nun schon sechs Jahre lang die Labourpartei an der Macht ist? . . . Herr Morrison behauptet, daß der Atlantikpakt ein Defensivpakt sei, daß er keine aggressiven Ziele verfolge, sondern im Gegenteil gegen eine Aggression gerichtet sei. Wenn das wahr ist, warum haben dann die Initiatoren dieses Pakts nicht der Sowjetunion vorgeschlagen, an ihm teilzunehmen?«

Weltjugendfestspiele: Wem gehört die Jugend der Welt?

5. August. In Ost-Berlin beginnen die »III. Weltfestspiele der Jugend und Studenten«, an denen 26 000 Delegierte aus 104 Ländern und, nach Angaben der DDR, zwei Mio. Jugendliche aus beiden Teilen Deutschlands teilnehmen.

Die mit beträchtlichem Aufwand inszenierten Veranstaltungen der nächsten 14 Tage dienen in erster Linie der Propagierung östlicher Friedensliebe im Gegensatz zur befürchteten Remilitarisierung der Bundesrepublik. Es entsteht eine verbissene Propagandaschlacht zwischen Ost und West, in der die Sprache des kalten Krieges den Ton angibt: In einer Grußbotschaft an Josef W. Stalin versprechen die Teilnehmer, »über die revanchelüsterne Politik der westdeutschen Imperialisten aufzuklären«. Bundeskanzler Konrad Adenauer spricht anläßlich der Eröffnungsveranstaltung von einem »kommunistischen Zwangsaufmarsch«, die Illustrierte »stern« in Anspielung auf den Ort der Massenveranstaltungen des NS-Regimes von einem »Roten Nürnberg«.

Die Woge aufgeschaukelter Emotionen bricht sich in nervösem Aktionismus Bahn: Nach dem Verbot der kommunistischen Jugendorganisation FDJ (→ 26. 6./S. 101) alarmiert die Bundesregierung die neugeschaffenen Bundesgrenzschutztruppen (→ 15. 2./S. 34), um den unerlaubten Besuch der Veranstaltung durch westdeutsche Jugendliche zu verhindern. Die FDJ hatte durch eine Aktion »Besucht Berlin« im Westen für eine Teilnahme geworben. Im Grenzgebiet werden Zehntausende abgepaßt und in ihre Heimatorte zurückgeführt.

In West-Berlin wird ein 27köpfiger Allparteienausschuß zur Bekämpfung der Weltjugendfestspiele gebildet. Zur Abwerbung der Jugendlichen in die Westsektoren ist in allen Kinos gegen Vorzeigen des FDJ-Ausweises der Eintritt frei.

Auf östlicher Seite sind die wenigen, nicht verbarrikadierten Straßen nach West-Berlin (→ 29. 7./S. 121) mit einer dreifachen Sperrkette abgeriegelt. Das Ministerium für Staatssicherheit der DDR teilte am 2. August – unmittelbar vor Beginn der Spiele – mit, daß eine Spionageorganisation namens »Freies Parlament« enttarnt worden sei. Ihre Aufgabe sei es gewesen, die Weltjugendfestspiele zu sabotieren. Das »Freie Parlament«, eine Gründung des »Bundes Deutscher Jugend«, dementiert umgehend und beruft sich auf eine rein politische Aufgabenstellung.

Am Ehrenmal der Roten Armee in Berlin-Treptow beginnen die Weltjugendfestspiele mit einer Kranzniederlegung.

Nach dem zweistündigen Aufmarsch der ausländischen Delegationen im Ost-Berliner Walter-Ulbricht-Stadion beherrschen Fahnen und Plakate die Szene.

»Die Spinne« mit dem Kopf Josef W. Stalins als Menschenfänger: Die Spinne über der angedeuteten Deutschlandkarte macht vor dem Brandenburger Tor nicht halt. Der Schriftzug »Kommunistische Weltjugendfestspiele« scheint Stalin den Weg nach Westen zu bereiten. In seiner zugespitzten Symbolik ist das Plakat ein typisches Produkt des kalten Krieges. Gestaltet wurde es vom »Bund Deutscher Jugend«.

Kleine Berliner Luftbrücke in umgekehrter Richtung

3. August. Mit dem Ablauf des alten Interzonenhandelsabkommens kommt der Warenverkehr zwischen der Bundesrepublik und der sowjetischen Zone zum Erliegen. Davon ist auch West-Berlin betroffen. Die Alliierten beschließen eine kleine Neuauflage der »Luftbrücke«, um den Warenfluß von Berlin in die Bundesrepublik zu gewährleisten.

Um Mitternacht verlieren alle Warenbegleitscheine, die aufgrund des alten Interzonenhandelsabkommens ausgestellt wurden, ihre Gültigkeit. Die Begleitscheine sind jedoch eine unabdingbare Voraussetzung für den Warentransit durch die sowjetische Zone. Ein neues Abkommen ist zwar paraphiert, wird aber wegen sowjetischer Behinderungen des West-Berliner Exportverkehrs vorerst nicht unterzeichnet (→ 20. 9./S. 162). Diese gipfelten in der Weigerung, Warenbegleitscheine zu unterzeichnen, die keine Ursprungszeugnisse über die Rohstoffe enthalten, die bei der Herstellung der Waren verwendet wurden. Sowjetische Behörden begründen ihr Vorgehen mit dem Verweis auf den ausufernden illegalen Warenverkehr zwischen Bundesrepublik und DDR.

Die Alliierten reagieren schnell: Unter der Bezeichnung »kommerzielle Luftbrücke« organisieren die drei Westmächte einen Warenluftverkehr, um in West-Berlin erzeugte Güter in die Bundesrepublik zu transportieren. Die Gesamttonnage der aufgestauten Güter beläuft sich auf rund 10 000 t.

△ Helfer verzurren die Güter im Flugzeugbauch (Abb. l.). Hier sind es Naphtalin-Tonnen und Elektromotoren. Auch Kinderwagen (Abb. r.) sind ein Exportschlager. Zehntausende von Arbeitsplätzen in den Westzonen der geteilten Stadt geraten durch die Ausfuhrblockade in Gefahr.

◁ Mit diesen viermotorigen Maschinen vom Typ »Skymaster« umgehen die Alliierten die Folgen der Berliner Exportblockade. Vor allem nachts, um den Passagierverkehr am Tage nicht zu stören, starten die vollbeladenen Transportmaschinen.

Rosinenbomber brachten die Insulaner durch den Winter

Das Dröhnen der Transportmaschinen am Berliner Himmel während der »kleinen Luftbrücke« erinnert viele Einwohner der Stadt an die »richtige« Luftbrücke vom 26. Juni 1948 bis 12. Mai 1949. Die Luftbrücke ist wie kein anderes Ereignis zum Symbol für den zähen Überlebenswillen der Berliner Bevölkerung geworden.

Nach Verhängung der Totalblokkade über die Westsektoren durch die Sowjetunion am 24. Juni 1948 war die Versorgung der Stadt mit lebenswichtigen Gütern auf das Äußerste gefährdet. Alle Verbindungswege auf Straße, Schiene und Wasser wurden abgeschnitten, nur noch die drei westalliierten Luftkorridore standen offen.

Auf Initiative des Militärgouverneurs der amerikanischen Besatzungszone, Lucius D. Clay, setzte sich die Ansicht durch, daß Berlin über einen längeren Zeitraum aus der Luft versorgt werden könne. Clay, als Logistikexperte im Zweiten Weltkrieg mit einschlägigen Erfahrungen, mußte Bedenken vor allem bei der eigenen Regierung ausräumen.

Schließlich landeten die ersten zweimotorigen Flugzeuge des Typs »C-47 Dakota« in West-Berlin. Sie wurden von den Berlinern bald in »Rosinenbomber« umgetauft. Ab 28. Juni transportierten auch britische Flugzeuge vom Typ »Tudor« und »Lancastrian« sowie »Sunderland«-Flugboote dringend benötigte Lebensmittel in die Stadt. Frankreich beschränkte sich aus Mangel an Transportflugzeugen auf logistische Unterstützung.

Bereits im Juli 1948 waren 269 britische und 314 US-amerikanische Flugzeuge im Einsatz, von denen ein Teil täglich bis zu vier Flüge unternahm. In Drei-Minuten-Intervallen landeten Maschinen auf den Berliner Flugplätzen in Tempelhof und Gatow. Die notdürftige Versorgung Berlins fand über die drei alliierten Luftkorridore statt: Während der Südkorridor aus Frankfurt am Main nur für Hinflüge genutzt wurde, fanden auf dem Mittelkorridor nach Hannover ausschließlich Rückflüge statt. Der Nordkorridor Berlin – Hamburg funktionierte »mit Gegenverkehr«.

Die Gesamttonnage der beförderten Fracht stieg von 69 000 t im Juli 1948 auf 235 363 t im April 1949. Während der 322 Tage dauernden Blockade belief sich das Gesamtgewicht der eingeflogenen Hilfsgüter auf 1,8 Mio. t.

Kohle-Zwangsexport bremst Wirtschaftsaufschwung

11. August. Die Internationale Ruhrbehörde setzt die Kohleexportquote der Bundesrepublik für das vierte Quartal 1951 auf 6,2 Mio. t fest. Aus Protest legt Vizekanzler Franz Blücher den Vorsitz der deutschen Delegation bei der Ruhrbehörde (→ 21. 12./S. 205) nieder. Am 24. November reduziert die Ruhrbehörde die Quote auf 6 Mio. t.

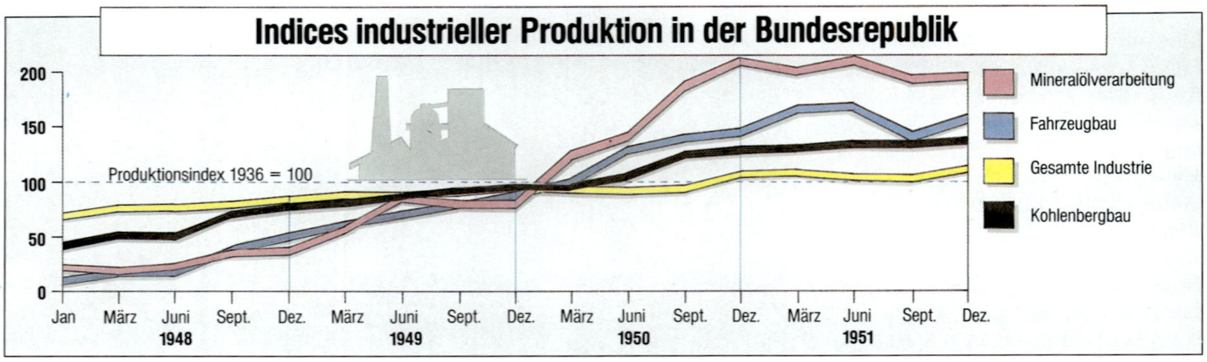

Die Kontrolle über die Kohle – einziger nennenswerter heimischer Energieträger der Bundesrepublik – ist die »Achillesferse« der Wirtschaft: Die Industrie will expandieren, die Produktion könnte forciert werden, wenn ausreichend Kohle vorhanden wäre. Zwar steigern die Zechen ihre Leistung, die von der Ruhrbehörde festgesetzte Exportquote von rund 24 Mio. t für das Jahr 1951 belastet die Wirtschaft aber erheblich. Die Exportkohle muß zum von der Ruhrbehörde festgesetzten Preis, der weit unter dem Weltmarktniveau liegt, verkauft werden. Steinkohle, die der heimischen Industrie fehlt, muß importiert werden – zum hohen Weltmarktpreis.

Das Nachrichtenmagazin »Der Spiegel« schreibt in seiner Ausgabe vom 15. August: »Das ist die fatale Kalkulation, die der westdeutschen Wirtschaft von der Ruhrbehörde diktiert wird: Für eine Tonne Exportkohle zahlen die Alliierten 11 Dollar = 46,22 DM. Danach kosten 6,2 Mill. t Exportkohle 286 Mill. DM. Bei diesem Aderlaß ist die Bundesregierung gezwungen, im vierten Quartal 1951 drei Mill. t US-Kohle einzuführen. Eine Tonne US-Kohle kostet, den Frachtwucher eingeschlossen, frei deutschen Ablageplatz 145 DM. Somit bezahlen die Deutschen für die halbe Menge ihres vierteljährlichen Kohlenexports 435 Mill. DM.«

Der chemischen Industrie fehlen monatlich rund 210 000 t Steinkohle und 40 000 t Koks, um Anschluß an den Weltmarkt zu finden. Im gleichen Zeitraum könnte die Textilindustrie 420 000 t Steinkohle gebrauchen. Den Walzwerken fehlen pro Monat 250 000 t Koks, die Kohlenbestände der Bundesbahn neigen sich dem Ende zu.

Neben dem wirtschaftlichen Aspekt wird das Problem fehlender Kohle zu einer weltanschaulichen Frage stilisiert: »Nur bei warmen Stuben hätte die freie Marktwirtschaft bewiesen, daß sie den Kohlekarten der Planwirtschaft überlegen ist«, schreibt »Der Spiegel«. Wenn nicht ausreichend Hausbrand geliefert werde, »dann laufen im kommenden Winter die Oppositionsbemühungen auf Hochtouren«, mutmaßt das Nachrichtenmagazin.

Nicht nur in der Bundesrepublik, in ganz Europa ist die Kohlewirtschaft in der Krise: 1913 förderten europäische Zechen 575 Mio. t Steinkohle, 1948 nur noch 498 Mio. t.

Größtes westdeutsches Stahlunternehmen gegründet

28. August. Auf der außerordentlichen Hauptversammlung der Hüttenwerke Hörde AG im Gasthof Schroer in Dortmund-Syburg wird im Zuge der Neugestaltung der Montanindustrie eine Stahlkerngesellschaft gegründet. Damit entsteht, mit dem Einverständnis der Alliierten, das größte westdeutsche Stahlwerkunternehmen mit einer Jahreskapazität von 2,3 Mio. t Stahl und 18 000 Arbeitern.

»Die Hüttenwerk Union Aktiengesellschaft überträgt ihr Vermögen als Ganzes mit allen Rechten und Pflichten auf die Hüttenwerk Hörde Aktiengesellschaft«, beschließen Aufsichtsrat, Vorstand und Aktionäre einstimmig. Trotz der Größe des jetzt »Dortmund-Hörder Hüttenunion AG« genannten Unternehmens habe das Werk keine marktbeherrschende Stellung, betont Dr. Fritz Harders, Aufsichtsratsvorsitzender der Hüttenwerke Hörde. Der Anteil beider Werke an der bundesdeutschen Stahlerzeugung betrage lediglich knapp 15%.

Der Zusammenschluß beider Werke ist Folge einer Vereinbarung zwischen Alliierten und Bundesregierung über Entflechtung und zukünftige Kooperation von Montanbetrieben: Im März 1951 wurde vereinbart, »daß Hüttenwerke keine eigenen Zechen unterhalten dürfen, die über 75% des Eigenbedarfs an Kohle produzieren« und 24 Kerngesellschaften der Eisen- und Stahlindustrie gegründet werden.

Stahllenkung beschlossen

24. August. *Wirtschaftsminister Ludwig Erhard und Vertreter der Eisen- und Stahlindustrie führen ein Gespräch über Versorgungsengpässe und die Notwendigkeit »bestimmter Lenkungsmaßnahmen« im Montanbereich.*

Am 17. Oktober wird durch Verordnung über die Herstellung, Lieferung und den Bezug von Eisen- und Stahlerzeugnissen eine Lenkung des Bundes verwirklicht.

Einer der wichtigen Stahlproduzenten in der Bundesrepublik ist die Dortmunder Westfalenhütte AG (Foto). Mit einer Erhöhung ihres Kapitals von 26,9 auf 27 Mio. DM wird am 27. September ein erster Schritt zur Neuordnung des Hoesch-Komplexes getan. Das als Westfalenhütte AG bereits 1947 aus dem Hoesch-Verbund ausgeschiedene Werk verfügt über eine jährliche Stahlkapazität von 1,3 Mio. t. Die Hoesch AG trat am 1. Oktober 1950 in Liquidation.

Österreich: Polizei blickt in den Kochtopf

20. August. In Österreich veranlassen Engpässe in der Fleischversorgung das Wirtschaftsdirektorium zur Einführung von zwei fleischlosen Tagen in der Woche.
Dienstags und freitags darf unter Androhung von Strafe ab sofort in Fleischerläden und in Gaststätten kein Fleisch mehr verkauft werden. Sogar bäuerlichen Selbstversorgern ist an diesen Tagen die Zubereitung und der Genuß eigener Fleischbestände untersagt.
Verantwortlich für die Fleischknappheit ist eine relativ hohe Fleischexportquote und – in noch stärkerem Maße – ein amtlich verordneter Preisstopp. Die Erzeuger weigerten sich, ihr Fleisch zu diesem Niedrigpreis an die Metzger abzugeben. Die Metzger hingegen waren nicht bereit, mehr zu bezahlen. So war seit Anfang August in den meisten Läden kaum noch Frischfleisch zu erhalten. Statt dessen kam es zu reger Schwarzmarkttätigkeit, worauf die Staatsanwaltschaft mehrere Ermittlungen wegen Preistreiberei aufnahm.
Das Wirtschaftsdirektorium, eine am 17. Februar 1951 gebildete Kommission aus Ministern und Vertretern der drei Kammern, soll für möglichst effektive Verteilung von Rohstoffen und Lebensmitteln sorgen.

Gewerkschafter und Arbeitswillige diskutieren den Lohnstreik

Wegen Streikbeteiligung vom Bauern fristlos entlassen.

Landarbeiter leben schlecht – Erntestreik macht den Bauern Druck

6. August. *26 000 Landarbeiter in Niedersachsen und Hessen treten in den Streik, um eine 25prozentige Lohnerhöhung durchzusetzen. Die Bauernverbände schlagen Alarm, da die Ernte kurz bevorsteht und am Halm zu verderben droht.*
Die Zeichen standen schon seit längerem auf Sturm: Mitte Juli ergab eine Urabstimmung unter den Landarbeitern in Württemberg-Baden eine 90%-Mehrheit für einen Erntestreik. Auch hier steht die schlechte Entlohnung im Zentrum der Auseinandersetzung. Der durchschnittliche Stundenlohn eines Industriearbeiters beträgt etwa 1,45 DM, der eines Landarbeiters 0,76 DM, was etwa dem Gegenwert eines Kilogramms Weizenmehl entspricht. Während die Industrielöhne seit 1938 um etwa 66% angestiegen sind, fielen die Löhne in der Landwirtschaft im gleichen Zeitraum um 20%.
Angesichts der am Rande des Existenzminimums lebenden Landarbeiter verweisen die Bauern auf die eigene Notlage und versuchen nun, die Ernte mit kurzfristig eingestellten Arbeitslosen einzubringen.
Schlichtungsausschüsse der Bundesländer erreichen lediglich die Gewährung einer Ernteprämie in den Monaten August und September in Höhe von 8 DM bis 24 DM. Der Lohn wird nicht erhöht.

Kritik an »Regierungsfunk«

27. August. Die Länderkabinette von Württemberg-Hohenzollern, Baden und Rheinland-Pfalz stimmen dem Staatsvertrag über den Südwestfunk zu. Der Beschluß löst in der Rundfunkanstalt selbst und in der Öffentlichkeit heftige Diskussionen aus. Kritisiert wird eine zu starke Einmischung der Länder in die grundgesetzlich garantierte Unabhängigkeit des Rundfunks.
Die drei Länder der ehemaligen französischen Besatzungszone unternahmen nach der Gründung der Bundesrepublik gemeinsame Anstrengungen, den durch die Franzosen ins Leben gerufenen Sender auf eine deutsche Rechtsgrundlage zu stellen. Der von den Kabinetten beschlossene, aber noch nicht ratifizierte Staatsvertrag sieht weitreichende Einflußmöglichkeiten der Länderregierungen auf die Politik des Südwestfunks vor. Kritiker sprechen vom Versuch der Politiker, einen »Staatsstreich« gegen den Rundfunk zu inszenieren.

Eines der drei alten Kurhotels, aus denen der Südwestfunk sendet

Messeclou Langspielplatte

31. August. Die Deutsche Grammophon-Gesellschaft stellt auf der Musikmesse in Düsseldorf die erste Langspielplatte mit einer Geschwindigkeit von 33,3 Umdrehungen in der Minute vor.
Nachdem die ehemals florierende Schallplattenproduktion in der Bundesrepublik durch Kriegsschäden fast zum Erliegen gekommen war, soll die Langspielplatte eine neue Ära einleiten. Wie in den USA, wo die Langspielplatte eine erhebliche Umsatzsteigerung auslöste, erhofft man sich jetzt auch in Deutschland einen Schallplattenboom. Die Entwicklung eines neuartigen Kunststoffs beschleunigt den Abschied von der alten Schellack-Platte. Die Spieldauer von einer halben Stunde und länger erlaubt einen ununterbrochenen Genuß längerer Stücke, weshalb vor allem die Liebhaber klassischer Musik der Langspielplatte zum kommerziellen Durchbruch verhelfen sollen.
Da die bisherige kleine Plattengröße eine andere Abspielgeschwindigkeit erforderte (78 Umdrehungen pro Minute), sind für die Langspielplatten neue Abspielgeräte nötig.

Eine der ersten Langspielplatten aus den fünfziger Jahren.

Auto 1951:

USA weisen den Weg: Vorfahrt für automobile Gesellschaft

Neue Auto-Modelle, steigendes Interesse an Autosalons und eine expandierende Autobranche in der Bundesrepublik deuten an, daß der Weg zur »automobilen Gesellschaft« steil aufwärts führt.

Vorbild bleiben die USA, die schon seit Jahrzehnten »Pioniermacht der Motorisierung« sind: »Das Auto dient nicht nur mehr dem Luxus und dem Vergnügen, sondern ist vielfach bereits zu einer Lebensnotwendigkeit geworden«, beschreibt die »Frankfurter Allgemeine« die Situation in den Vereinigten Staaten.

Besonders amerikanische Kleinwagen ziehen die Blicke neugieriger Besucher der Autosalons in der Bundesrepublik Deutschland an: »Fahrzeuge, die für amerikanische Verhältnisse niederpferdig und bescheiden in den Abmessungen sind, für europäische Begriffe zwar nach Leistung, Preis und Haltungskosten in den Bereich der oberen Mittelklasse gehören – hier aber als neue Konkurrenten in der Tat Aufmerksamkeit verdienen.«

Die Neuzulassungen von Personenkraftwagen steigen von 145 706 im vergangenen Jahr um 19% auf 173 026. Verkehrsmittel Nummer eins bleiben jedoch nach wie vor die Zweiräder (→ S. 56).

Die deutsche Autoindustrie, die zu einem der »wichtigsten Beschäftigungsfaktoren überhaupt« (»Frankfurter Allgemeine«) geworden ist, nutzt den beginnenden Aufschwung: Leistungsfähigere, luxuriösere Wagen mit mehr Komfort gehen in Produktion.

Auf dem Frankfurter Automobilsalon (→ 19. 4./S. 77) präsentiert BMW erstmals nach dem Zweiten Weltkrieg einen neuen Autotyp, den »BMW 501«: Die sechs Zylinder leisten 60 PS. Das 14 000 DM teure Auto erreicht eine Höchstgeschwindigkeit von 135 km/h.

Borgward präsentiert seinen neuen »Hansa 1800« in der typischen Strompontonform und selbsttragender Ganzstahlkarosserie. Opel, größter Autohersteller der Bundesrepublik, stellt sich den Kunden mit Weiterentwicklungen des »Kapitän« und »Olympia«. Das Werk in Rüsselsheim installiert – nach amerikanischem Vorbild – die erste Auto-Teststrecke der Bundesrepublik: Auf »Höckerbahn« und »Steilstrecke« wird jede Neukonstruktion geprüft. Ford ergänzt seine Modellpalette mit dem »Taunus de Luxe«.

Der positive Trend in der Automobilbranche wird allerdings überschattet von einer Zunahme der Unfälle: 320 433 werden 1951 registriert. Das entspricht einer Zunahme von 30% gegenüber dem Vorjahr.

▽ *Die Zeitschrift »Heute« präsentiert die neuen Modelle des Jahres in ihrer Ausgabe vom 25. April 1951.*

Renault 4 CV. 18 PS/750 ccm. Verbrauch: 5,7 l auf 100 km. Höchstgeschwindigkeit 100 km. Preis: DM 4800. Ein Wagen mit Heckmotor, der ebenfalls erstaunlich viel Platz bietet. Der wassergekühlte Motor — die Luftzuführung erfolgt zwischen hinteren Kotflügeln und Chassis — ist von drei Seiten aus gut zugänglich (unten rechts).

Dyna Veritas. 33 PS/750 ccm. Verbrauch: 6,5 l auf 100 km. Höchstgeschwindigkeit 115 km. Preis: DM 8300. Ein Sportcabriolet von ausgeprägt aerodynamischer Form für anspruchsvolle und verwöhnte Kleinwagenfahrer. Die in ihrem Vorderteil auffallend hoch gezogenen Polstersitze entlasten bei längerem Fahren Füße und Knie. Karosserie von Baur, Stuttgart.

Volkswagen. 25 PS/1134 ccm. Verbrauch: 7,5 l auf 100 km. Höchstgeschwindigkeit 100 km. Preis: DM 4400. (Exportmodell 5150 DM.) Die seit Jahren bewährte, voll ausgereifte Konstruktion, die gute Fahreigenschaften mit anerkannter Wirtschaftlichkeit vereint. Unten rechts der Thermostat, der der selbständigen Luftregulierung für die Kühlung des Motors dient.

Gutbrod Superior. 20 PS/593 ccm. Verbrauch: 7 l auf 100 km. Höchstgeschwindigkeit 100 km. Preis: DM 4680. Ein robuster zweisitziger Kleingebrauchswagen mit sportlicher Note und der Zuverlässigkeit eines mittelstarken Autos. Sein Zweitaktmotor ist anspruchslos und wirtschaftlich. Zur praktischen Ausstattung gehört die handliche Scheibenfeststellung (unten rechts).

DKW Cabriolet. 23 PS/690 ccm. Verbrauch: 6,25 l auf 100 km. Höchstgeschwindigkeit 100 km. Preis: DM 7585. (Die Limousine kostet 5830 DM.) Das gesamte Triebwerk liegt zugunsten der Geräumigkeit vor der Vorderachse. Das neueste DKW-Produkt, ein elegantes Coupé, hat die Werkleitung leider nicht bis Redaktionsschluß freigegeben. Unten rechts das neuartige Seitenfenster.

Goliath. 24 PS/700 ccm. Verbrauch: 7 l auf 100 km. Höchstgeschwindigkeit 100 km. Preis: DM 5725. Moderne windschlüpfige Linienführung und dabei ein so geräumiger Innenraum, wie er für Autos dieser Größenordnung und Preislage selten ist. Breite, in jeder Lage feststehende Türen, ermöglichen bequemes Ein- und Aussteigen (unten rechts).

Opel Olympia. 39 PS/1477 ccm. Verbrauch: 8,2 l auf 100 km. Höchstgeschwindigkeit 112 km. Preis: DM 6150. Der seit Jahren bewährte Olympia bekam dieses Jahr ein neues Heck mit einem von außen zugänglichen Kofferraum und einem vergrößerten Rückfenster mit gewölbtem Sicherheitsglas. Auch das Lenkrad bekam neue Gestalt.

Fiat 1400. 45 PS/1395 ccm. Verbrauch: 10,5 l auf 100 km. Höchstgeschwindigkeit 120 km. Preis DM 9400. Eine windschnittige, komfortable Limousine mit 4 bis 5 bequemen Sitzen in einem geräumigen Wageninnern. Die breite Windschutzscheibe ist gewölbt und durchgehend. Die Vordersitze können während der Fahrt jederzeit ohne Mühe verstellt werden (unten rechts).

Borgward 1500. 52 PS/1500 ccm. Verbrauch 9 l auf 100 km. Höchstgeschwindigkeit 125 km. Preis: DM 7600. Einer der ersten deutschen Wagen in der modernen „Ponton"-Form. Seine guten Fahreigenschaften sind unbestritten, ebenso wie seine Wirtschaftlichkeit. Zu den vorteilhaften Neuerungen in dem geräumigen Innern gehört ein federndes Lenkrad (unten rechts).

Ford Taunus. 34 PS/1172 ccm. Verbrauch: 8 l auf 100 km. Höchstgeschwindigkeit 110 km. Preis der de-Luxe-Ausführung: DM 6650. (Spezial: 6400 und Standard: 5300 DM.) Das deutsche Kind der weltweiten Fordfamilie weist sich in Motor und Ausstattung als typisches Fordprodukt aus. Die durchgehend gebogene Vorderscheibe gestattet unbehinderte Sicht.

Simca 8 Sport. 50 PS/1221 ccm. Verbrauch: 9 l auf 100 km. Höchstgeschwindigkeit 135 km. Preis DM 12 850. Das schmucke Sportcabriolet für verwöhnte Ansprüche und den entsprechenden Geldbeutel. Der hochgezüchtete Motor wurde in zahlreichen schweren Rennen erfolgreich erprobt. Unten rechts der neuartig geformte große Filter zur Vorwärmung der Luft.

Porsche 356. 42 PS/1286 ccm. Verbrauch: 7,4 l auf 100 km. Höchstgeschwindigkeit 140 km. Preis: DM 9850. Ein eleganter, bequemer Reisewagen, der wie ein Rennwagen aussieht. Er hat schwerste Prüfungsfahrten ebenso wie Schönheitskonkurrenzen bestanden. Zur geschmackvollen Innenausstattung gehören weit verstellbare Rückenpolster.

Opel Kapitän. 58 PS/2456 ccm. Verbrauch 11,5 l auf 100 km. Höchstgeschwindigkeit 128 km. Preis: DM 9250. Das Aussehen des bislang stärksten deutschen Nachkriegswagens hat sich völlig geändert. Vorder- und Rückfront sind herabgezogen und haben sich der modernen, weltgültigen Linie angepaßt. Der Motor wurde um 3 PS stärker.

Studebaker Champion. 85 PS/2800 ccm. Verbrauch: 11 l auf 100 km. Höchstgeschwindigkeit 150 km. Preis: Dollar 2800 (einschließlich der US-Inlands- und Seefracht); gegen DM vorläufig nicht lieferbar. Ein Wagen der amerikanischen kleinen Klasse, der trotzdem die Bedürfnisse für die deutschen Entfernungen bereits übersteigt. Der Rückspiegel ist in Chrom gefaßt.

Chevrolet. 105 PS/3500 ccm. Verbrauch: 12 l auf 100 km. Höchstgeschwindigkeit 140 km. Preis ab Werk: Dollar 1420, in Deutschland: 2200. Der meistgekaufte Wagen in den USA, der zu einer richtig wirtschaftlichen Verwendung in Europa der Erleichterung des Grenzverkehrs bedarf. Unten rechts: Aschenbecher aus den Armlehnen gezogen, einfach und praktisch.

Mercedes 170 S. 52 PS/1767 ccm. Verbrauch: 9,7 l auf 100 km. Höchstgeschwindigkeit 120 km. Preis: DM 10 060. Der in seinen äußeren Formen konservative Wagen führt die Qualitätstradition von Daimler-Benz fort. Das letzte Modell wurde von der Werkleitung bis zum Redaktionsschluß leider nicht freigegeben. Zurückstellbare Rückenlehne (unten rechts).

BMW 501. 60 PS/1971 ccm. Höchstgeschwindigkeit 135 km. Die Verbrauchsziffer ist noch nicht freigegeben. Eine der drei deutschen Neukonstruktionen und erster westdeutscher BMW-Nachkriegswagen. Die Linienführung erinnert etwas an die früheren Modelle; eine Modernisierung der Form stellt u. a. die Betonung der Horizontalen dar (unten rechts).

Austin A 90. 90 PS/2260 ccm. Verbrauch: 12 l auf 100 km. Höchstgeschwindigkeit 150 km. Preis: Dollar 2470. Einer der ansprechendsten Wagen der englischen Automobilproduktion, der viele Neuerungen aufweist; u. a. werden die Scheiben nicht mehr mit Kurbeln bewegt, sondern durch einen Hebelarm. Versenkbares Rückenfenster.

»Traumwagen« mit sechs Zylindern

Wer sich schon 1951 wieder Luxus leisten kann, begnügt sich nicht mit einer einfachen »Benzinkutsche«, sondern steigt auf eine Nobelkarosse um. Renommierte Autofirmen wie Daimler-Benz und Porsche bieten ihrer zahlungskräftigen Kundschaft Topmodelle. Daimler-Benz präsentiert auf der ersten Internationalen Automobilausstellung in Frankfurt am Main zwei neue Sechszylinder: Den 300er mit 115 PS, einer Spitzengeschwindigkeit von 155 km/h und den 220er mit 80 PS und einer Höchstgeschwindigkeit von 137 km/h. Der 300er, das erste Auto der internationalen Extraklasse aus Untertürkheim, wird als »Adenauer-Mercedes« bekannt. Der Bundeskanzler entwickelt eine Vorliebe für den Sechszylinder, der fortan als Staatskarosse genutzt wird. Daimler-Benz baut auch eine Kabriolett-Version des Typs 300. Der 3-l-Motor hat eine obenliegende Nockenwelle, zwei Vergaser und – eine Premiere für Daimler-Benz – eine 12-V-Lichtmaschine. Das Fahrwerk des 300er ist weitgehend mit dem des 220er identisch. Porsche stellt ein neues Kabriolett vor, das auf Basis des »356« konstruiert wurde. Die Limousine – ein erfolgreiches Exportmodell – hat 42 PS und kostet 9850 DM.

◁ Das Prunkstück von Daimler-Benz – der 300er – avanciert zum Repräsentationswagen der Bundesrepublik. Bei offiziellen Anlässen fährt meist die Nobelkarosse vor.

Das Auto als Nutzfahrzeug: Ein DKW-Bus wird im Kurierdienst an Flugplätzen und Bahnhöfen eingesetzt.

Ein Auto für Sparer ist der 4900 DM teure Fiat 500 C, der ganz besonders wendig ist.

Viel Automobil für wenig Geld – Der »kleine Mann« fährt »Champion«, »Lloyd« und »Goliath«

Für den überwiegenden Teil der Bevölkerung in der Bundesrepublik bleiben Neuwagen aufgrund der hohen Anschaffungskosten vorerst ein Traum. Vor allem kleinere Autofirmen versuchen, sich auf den »schmalen Geldbeutel« der Autofreunde einzustellen und produzieren verstärkt Modelle, die in Anschaffung und Unterhalt relativ kostengünstig sind.

Die Paderborner Champion-Werke haben aus dem im Vorjahr konstruierten »Campion 250« einen neuen Kleinwagen entwickelt, den »Champion 400«. Ein 400-ccm-Motor, der satte 14,5 PS leistet, treibt den Zweisitzer an. Der Wagen, der zusätzlich mit zwei Notsitzen ausgestattet ist, hält eine Dauergeschwindigkeit von 80 km/h. Der »Champion 400« verbraucht 6 l Kraftstoff auf 100 km. Je nach Ausstattung kostet er zwischen 2600 und 3665 DM.

Eine günstige Alternative für sportliche Fahrer bieten die Goliath-Werke in Bremen, die ihren ersten Sportwagen, den »GP 700 Sport«, mit Leichtmetallaufbau anbieten. Der mit einem stromlinienförmig gestylten Chassis ausgestattete Wagen verfügt über eine Klimaanlage, leistet 29 PS und erreicht eine Höchstgeschwindigkeit von 120 km/h. Der Kraftstoffverbrauch soll 8 l auf 100 km betragen. Der »GP 700 Sport« kostet 9700 DM. Die Goliath-Limousine mit 24 PS ist schon zum Preis von 5725 DM zu haben. Der geräumige Wagen mit einer modernen Linienführung verbraucht 7 l Sprit auf 100 km.

Die Lloyd-Werke in Bremen präsentieren mit dem Zweisitzer »Lloyd LP 300« eine Sperrholzkarosse mit Kunstlederbezug, die mit einem Zweitaktmotor, 300 ccm und 10 PS immerhin eine Spitzengeschwindigkeit von 60 km/h erreicht.

Die Hannoveraner Hanomag-Werke sind zum Personenwagen-Bau zurückgekehrt und wollen ab Herbst 1951 ein Nachfolgemodell des »Kommißbrotes« von 1924 in Serie bauen: Der 28 PS starke »Hanomag Partner«, den die Autokonstrukteure stellen, bietet den Käufern drei Sitzplätze und zwei Notsitze. Bei einem Spritverbrauch von 7–8 l schafft er eine Höchstgeschwindigkeit von 100 km/h. Der Wagen mit Frontantrieb und Wasserkühlung soll 5750 DM kosten.

Volkswagen setzt weiterhin auf sein bewährtes Modell mit 25 PS und 1134 ccm. Verbrauch: 7,5 l auf 100 km. Neben dem 4400 DM billigen, weitgehend ausgereiften VW kommt eine Sonderkonstruktion aus Wolfsburg auf den Markt, der viertürige »Rometsch«.

Weltrekord für Wissenschaft und Militär

7. August. In White Sands im US-Bundesstaat New Mexico erreicht eine Rakete vom Typ »Viking« 200 km Gipfelhöhe. Sie stellt damit einen Höhenweltrekord auf.
Der Rekordflug ist Teil einer Versuchsserie von zwölf Höhenforschungsraketen, die vom amerikanischen Verteidigungsministerium finanziert wird. Der erste Flug der einstufigen »Viking«-Rakete fand am 3. Mai 1949 statt. Am 11. Mai 1950 wurde bereits eine Höhe von 167 km erreicht.
Die Raketen der ersten Teilserie (»V.1« bis »V.7«) haben eine Länge von 13,8 m und einen Durchmesser von 0,81 m. Ihr Startgewicht beträgt 5 t. Das Triebwerk arbeitet mit Flüssigsauerstoff und Äthylalkohol.
Technisch neu ist die Aufhängung der Raketenbrennkammer in einem Kardangelenk, so daß durch entsprechende Schwenkung die Schubrichtung verändert werden kann. Auf diese Weise werden unkontrollierte Drehbewegungen um Quer- bzw. Längsachse verhindert. Rollbewegungen der Rakete werden durch Kaltgasdüsen in den Schwanzflossen kontrolliert. Die Beförderung des Treibstoffes in die Brennkammer übernehmen Turbinen, nachdem eine Beförderung mit Druckgas aus Leistungsgründen von den Technikern verworfen wurde.

Die »Service-Station« für »Viking«-Raketen im Wüstenstaat New Mexico: Technisches Personal arbeitet mit Hochdruck an der Höhenforschungsrakete.

Von der V 2 zur »Viking«-Rakete

Während der Entwicklung des »Viking«-Raketenprogramms konnten die Amerikaner u. a. auf den Forschungsergebnissen von deutschen Raketenwissenschaftlern aufbauen.
Die »Viking« ist eine nur leicht veränderte Nachfolgerin der ersten automatisch gesteuerten Flüssigkeitsrakete »A 4« (militärische Bezeichnung: V 2), die in der Heeresversuchsanstalt Peenemünde unter der Leitung des Raketeningenieurs Wernher von Braun entwickelt wurde. Als Fernrakete mit einer 1000 kg schweren Sprengstoffladung kam die V 2 ab 1944 noch zu einem traurigen militärischen Ruhm.
Nach Kriegsende wurden einige A-4-Raketen in die Vereinigten Staaten gebracht und dort zu Versuchszwecken gezündet. Unter Mitarbeit deutscher Wissenschaftler und in der Einsicht des begrenzten Vorrats an A-4-Raketen begannen die Amerikaner im August 1946 mit einem eigenen Raketenprojekt. Wie bei der A 4 besteht auch der Treibstoff der »Viking«-Rakete aus einem Alkohol-Flüssigsauerstoff-Gemisch.

Schneller als die Erdumdrehung: Jet-Zeitalter beginnt

1. August. Als erster Pilot überhaupt erreicht der US-Amerikaner Bill Bridgeman mit einer »Douglas Skyrocket« die doppelte Schallgeschwindigkeit, Mach 2. Die Schallgeschwindigkeit beträgt in trockener Luft bei 0 °C und Meereshöhe bei Normaldruck rund 1193 km/h.
Die sich häufenden Meldungen dieser Art sind das Ergebnis einer forcierten Forschungstätigkeit auf dem Gebiet der Flugzeugantriebstechnik. Auf der Jagd nach dem Geschwindigkeitsweltrekord bauen die Flugzeugingenieure immer größere Maschinen mit einem immer höheren Festigkeitskoeffizienten, um den kritischen Momenten beim Überschallflug gewachsen zu sein. Zur Bereitstellung der entsprechenden Schubkraft sind die Maschinen mit den stärkstmöglichen Triebwerken ausgestattet. Vor allem die Vereinigten Staaten setzen auf die Entwicklung von Flugzeugen mit Luftstrahl-Triebwerken, auch »Düsenjäger« genannt.

Ein Düsenjäger Marke »Douglas Skyrocket« mit einem Luftstrahltriebwerk

Das Prinzip ist dabei immer gleich: Durch das vordere Ende des rohrähnlichen Triebwerks tritt Luft ein, die im Innern durch einen Turbokompressor verdichtet wird. Der kontinuierlich eingespritzte Brennstoff verbrennt den Luftstrom in der Brennkammer. Heißgase, die gleichzeitig die Energie für die nötigen Hilfsaggregate und den Antrieb des Turbokompressors liefern, treten durch eine Verengung des Rohres, der Düse, wieder aus. Sie haben durch die Expansion bei der Verbrennung einen Druck und eine Geschwindigkeit erhalten, die um ein Vielfaches höher ist als beim Eintritt der Luft in das Triebwerk. Diese Differenz bewirkt beim Austritt aus der Düse den Antriebsschub.
Die technische Perfektionierung des Prinzips ermöglicht es dem Menschen zum ersten Mal in seiner Geschichte, die Geschwindigkeit der Erdumdrehung zu übertreffen. Die Erde dreht sich mit einer Geschwindigkeit von etwa 1700 km/h.

Tornado tobt über Jamaika

19. August. Ein ungewöhnlich heftiger Tornado verwüstet die Karibikinsel Jamaika und fordert mindestens 40 Todesopfer.
Obwohl die Wetterämter vorher gewarnt hatten, traf die tatsächliche Gewalt des Sturmes die Bewohner fast unvorbereitet. Das schwere Unwetter dauerte von Freitag abend bis Sonntag früh.
Am Freitag nachmittag bereits schlossen alle Geschäfte, der Verkehr wurde stillgelegt. Der Gouverneur der Insel, Hugh Foot, rief noch zu Ruhe und Ordnung auf, dann brach der gewaltigste tropische Regensturm los, den die Zucker- und Ruminsel bislang erlebt hat.
Der Tornado wütet mit Geschwindigkeiten von bis zu 200 km/h und bringt in der Hauptstadt Kingston, die mit am schwersten betroffen wird, viele Gebäude zum Einsturz. Im Hafengebiet stürzen mehrere Lagerhäuser ein. Ein dominikanisches Handelsschiff kentert und sinkt, fünf andere Schiffe werden auf den Strand der Kingston-Bucht getrieben. Den Insassen des Gefängnisses gelingt im allgemeinen Chaos ein Ausbruchsversuch.
Auch der Stadtkern der alten Seeräuberstadt Port Royal ist zu großen Teilen dem Erdboden gleichgemacht. Haustrümmer, umgestürzte Telegrafenmasten und entwurzelte Bäume prägen das Bild. Eine zentimeterhohe Schlammschicht bedeckt die Straßen: Überbleibsel einer Flutwelle, die der Tornado mit sich gebracht hat.
Im Innern des Landes sind sämtliche Nachrichtenverbindungen unterbrochen. Die Elektrizitäts- und Wasserversorgung ist ebenfalls ausgefallen oder stark gefährdet. Auf dem flachen Land ist die gesamte Ernte verloren. Nach Schätzungen beläuft sich der angerichtete Sachschaden auf rund 70 Mio. DM.

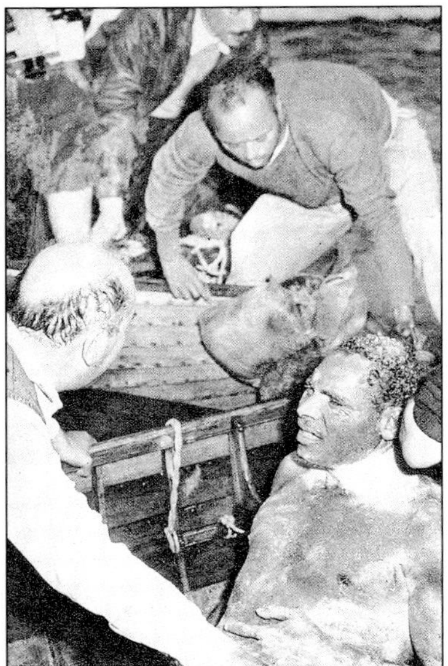

Ägypter Hassan: Ein erschöpfter Patriot

Siegen für Faruk

16. August. *Das diesjährige Wettschwimmen durch den Ärmelkanal entscheidet der 34jährige Ägypter Mareeh Hassan Hamad nach zwölf Stunden und zwölf Minuten für sich.*
13 Männer und sieben Frauen gehen am frühen Morgen in der Nähe des französischen Cap Gris Nez an den Start. Trainer in Beibooten versuchen, die Schwimmer mit Honig und gezuckertem Obst bei Kräften zu halten. Der Gewinner dieses mit hohem Prestigewert versehenen Rennens nutzt seinen Erfolg zu einer politischen Demonstration: Nach dem Erreichen der Küste von Dover lehnt er das Preisgeld von 11 700 DM ab. Er begründet dies mit der schlechten Behandlung seines Königs Faruk I. durch Großbritannien (→ 16. 7./S. 117).

Esperanto-Kongreß in »Munkeno«

4. August. In München (auf Esperanto: Munkeno) beginnt der 26. Esperanto-Weltkongreß, der bis zum 11. August dauert. Die völkerverbindende Idee einer Universalsprache führt 2000 Esperantisten aus 40 Ländern zusammen.
Zweck des Kongresses ist die Durchführung kultureller Veranstaltungen im Rahmen einer Sommeruniversität. Eine »Generalinventur« soll über den Stand der Esperantobewegung in aller Welt informieren.
Zu Ehren des Kongresses wird in München der »Esperantoplatz« eingeweiht, und im Hauptbahnhof werden die Lautsprecherdurchsagen auch in Esperanto gesprochen. Die »Welthilfssprache« Esperanto, die inzwischen von Millionen beherrscht wird, ist 1887 von dem polnischen Augenarzt Ludwik Zamenhof erdacht und entwickelt worden.

Hinein ins »schlüpfrige Naß«: Amüsement bei der Wahl zur »Miß Badewanne« 1951 in Berlin

Wahl der Miß-Germany: Töchterchen statt Vamp

Miß-Wahlen aller Art stehen hoch im Kurs: Unter Musikbegleitung wird die »Miß Badewanne« gekrönt. Vor allem die männlichen Zuschauer interessieren sich wohl weniger für das Utensil, das der Wahl den Namen verleiht, als für den kessen Bikini der Schönen. Dennoch bleiben auch bescheidene Späße dieser Art im Rahmen der Wohlanständigkeit.
Bei der Wahl zur »Miß Germany 1951« am 5. August in Baden-Baden wird deutlich: Gefragt ist keineswegs der weibliche Vamp mit dem erotisierenden Etwas. Nach Publikumsentscheid setzt sich die 18jährige vormalige »Miß Bodensee« Vera Marks durch, die eher den Typ des »unschuldig-liebreizenden Töchterchens« verkörpert. Die Maßstäbe sind streng: Die Juroren wachen über einen einwandfreien Lebenswandel der Bewerberinnen. Obersekundanerin Vera Marks etwa drückt vormittags brav die Schulbank und unterstützt mit dem Geld, das sie nachmittags als Mannequin verdient, ihre Familie.

September 1951

Mo	Di	Mi	Do	Fr	Sa	So
					1	2
3	4	5	6	7	8	9
10	11	12	13	14	15	16
17	18	19	20	21	22	23
24	25	26	27	28	29	30

1. September, Samstag

In San Francisco schließen Australien, Neuseeland und die Vereinigten Staaten den ANZUS-Pakt, ein pazifisches Sicherheitsbündnis. Daneben gibt es ohne formellen Vertrag eine australisch-neuseeländisch-britische Sicherheitsvereinbarung (ANZAM). → S. 158

Das Zentralkomitee der SED wendet sich in einem offenen Brief an die Mitglieder und Funktionäre der SPD und KPD. Er enthält die Aufforderung, eine Aktionseinheit gegen die Remilitarisierung und »für die Enteignung der Konzernherren« zu bilden.

Die Regierung der DDR führt eine Abgabe für die Benutzung sämtlicher DDR-Straßen durch westdeutsche Fahrzeuge ein. → S. 162

Ein Überblick über die Hörerzahlen der einzelnen Rundfunkanstalten ergibt folgendes Bild: NWDR 5,1 Mio., Radio Bremen 137 300, Bayerischer Rundfunk 1,7 Mio., Hessischer Rundfunk 880 000, Süddeutscher Rundfunk 790 000 und Südwestfunk 975 000.

2. September, Sonntag

Mit einer Feierstunde in der Johann-Wolfgang-Goethe-Universität wird die Internationale Frankfurter Herbstmesse 1951 eröffnet. Sie dauert bis zum 6. September (→ 11. 3./S. 56).

Im Zeichen politischer Propaganda beginnt die fünftägige Leipziger Herbstmesse. Das Messegeschäft wird optimistisch beurteilt. Besonders der DDR-Handel mit der Sowjetunion und China ist stark angestiegen (→ 11. 3./S. 56).

Die Filmbewertungsstelle der Länder in Wiesbaden (FBW) nimmt ihre Arbeit auf. Ihre Aufgabe ist die Beurteilung der von Verleih und Herstellung eingereichten Kultur-, Dokumentar- und Spielfilme. Mit besonders positiven Prädikatsurteilen bewertete Filme können Steuer-Vergünstigungen erhalten.

Mit einem Festgottesdienst wird in Anwesenheit von Bundeskanzler Konrad Adenauer die Wiedereinweihung der Lübecker St. Marienkirche gefeiert. Das im Krieg zerstörte Gotteshaus feiert gleichzeitig sein 700jähriges Bestehen.

3. September, Montag

Die Nachrichtenagentur AP meldet, daß unter der Londoner City gegenwärtig ein geheimes Tunnelnetz zum Schutz der Menschen vor Atomexplosionen angelegt wird. Das Tunnelsystem liegt bis zu 35 m tief.

Unter riesigem Polizeiaufgebot findet in Venedig das prunkvollste Fest der Nachkriegszeit statt. Der mexikanische Millionär Don Carlos de Bestegui lädt die Spitzen des internationalen Adels und der Geldprominenz zu einem Kostümball im Stil des 18. Jahrhunderts ein.

4. September, Dienstag

Das Wahlmännerkollegium des Bundestages wählt Hermann Höpker-Aschoff zum Präsidenten des Bundesverfassungsgerichts (→ 28. 9./S. 161).

Der bayerische Ministerpräsident Hans Ehard (CSU) spricht sich vor dem Landtag in München in scharfer Form gegen die Veröffentlichung der »Hitler-Tischgespräche« aus. → S. 166

In der Marktkirche von Hannover wird der Welfen-Erbprinz Ernst August von Hannover mit Prinzessin Ortrud von Schleswig-Holstein-Sonderburg-Glücksburg getraut.

5. September, Mittwoch

Das jordanische Parlament proklamiert Kronprinz Talal zum Nachfolger des ermordeten Königs Abd Allah Ibn Al Husain. Der neue König erholt sich im Moment in einem schweizerischen Sanatorium von den Folgen eines Nervenzusammenbruchs (→ 20. 7./S. 117).

Die Alliierte Oberkommission veröffentlicht das Gesetz Nr.63, das die Liquidation des deutschen Auslandsvermögens legalisiert. Auf den Widerspruch der Bundesregierung hin erklären die Alliierten, daß sie damit nur zu einem sehr kleinen Teil für die erlittenen Verluste entschädigt würden.

Die ersten Berliner Festwochen eröffnet Bundespräsident Theodor Heuss mit einem Staats- und Festakt im wiederaufgebauten Schiller-Theater. Die bis Ende des Monats andauernden Festwochen bringen Gastspiele berühmter Künstler und Ensembles aus dem In- und Ausland. → S. 166

6. September, Donnerstag

Die USA und Portugal unterzeichnen ein Abkommen, das es den Vereinigten Staaten ermöglicht, Stützpunkte auf den Azoren für gemeinsame Verteidigungszwecke zu nutzen (→ 27. 4./S. 72).

Die Sowjetunion unterbindet im Rahmen der fortgesetzten Störungen der Transitverbindungen (→ 20. 9./S. 162) den Paketpostverkehr zwischen Berlin (West) und der Bundesrepublik.

Bundespräsident Theodor Heuss eröffnet den »Internationalen Autosalon Berlin 1951«. 626 Fahrzeuge von 280 Firmen aus sieben Nationen sind zu sehen.

Der Nordwestdeutsche Rundfunk (NWDR) erhält den ersten Fernseh-Übertragungswagen. → S. 164

7. September, Freitag

Bundespräsident Theodor Heuss stiftet den Verdienstorden der Bundesrepublik Deutschland. Er löst damit eine Diskussion über den Sinn eines Bundesordens aus. → S. 161

Beamte der kalifornischen Straßenverkehrspolizei vereiteln einen Anschlag auf den stellvertretenden sowjetischen Außenminister Andrei A. Gromyko. Russische Emigranten wollten Gromykos Wagen mit einem schweren Lastwagen rammen.

Ein Abkommen mit den USA sichert den Staaten Vietnam, Laos und Kambodscha amerikanische Wirtschaftshilfe im Rahmen des Marshall-Plans zu.

8. September, Samstag

In San Francisco unterzeichnen nach viertägiger Dauer 49 Staaten den Friedensvertrag mit Japan. Ein zusätzlicher, bilateraler Sicherheitspakt gestattet den USA, auf dem japanischen Territorium Streitkräfte zu stationieren. → S. 157

Der Generalsekretär der kommunistischen Partei der Tschechoslowakei, Rudolf Slánský, wird überraschend seines Amtes enthoben (→ 27. 11./S. 191).

Der indische Premierminister Jawaharlal Nehru wird nach dem Rücktritt seines innerparteilichen Gegenspielers Purshottamdas Tandon Präsident der indischen Kongreßpartei. Damit ist die Regierungspartei nach monatelangen Streitereien zwischen den Kontrahenten wieder handlungsfähig.

In Bonn formieren sich Angehörige der ehemaligen deutschen Wehrmacht im Verband Deutscher Soldaten (VDS). Die Interessenvertretung wendet sich gegen eine soziale Diskriminierung der ehemaligen Soldaten und fordert die Bundesregierung auf, sich für die Rückkehr der noch im Ausland internierten Deutschen einzusetzen. → S. 161

9. September, Sonntag

Aus den Parlamentswahlen in Griechenland geht die griechische Sammlungsbewegung unter dem »Kriegshelden« General Alexandros Papagos als stärkste Partei hervor. Papagos, dessen nationalistisch orientierte Partei 115 der 250 Abgeordneten stellt, fordert den Rücktritt der liberalen Regierung unter Sofoklis Weniselos.

Der frühere amerikanische Militärgouverneur in Deutschland, General Lucius D. Clay, fordert das amerikanische Volk in einer Rundfunkansprache auf, für den »Kampf gegen den Kommunismus« 3,5 Mio. Dollar (18,2 Mio. DM) zu spenden. Das Geld soll zum Aufbau von Propagandasendern benutzt werden.

In Köln beginnt die dreitägige Textilmesse. Von ca. 1100 Ausstellern kommen 40 Prozent aus dem Ausland.

10. September, Montag

Auf der Eröffnungssitzung der Tagung des jüdischen Weltkongresses in Genf wird scharfe Kritik an der Deutschlandpolitik der Besatzungsmächte laut. In einer Art »moralischen Rückzugs« sei ein Wettlauf in Ost und West um die Gunst der Deutschen entstanden.

Auf der 12. Film-Biennale in Venedig wird der Film »Rashomon« des japanischen Regisseurs Akira Kurosawa mit dem Großen Preis ausgezeichnet. Einen Sonderpreis erhält der nach Tennessee Williams' gleichnamigem Stück von Elia Kazan gedrehte Streifen »Endstation Sehnsucht«.

Nach dem letzten Lauf der Motorrad-Weltmeisterschaft im italienischen Monza stehen die Weltmeister fest: Die Italiener Carlo Ubbiali und Bruno Ruffo in der 125- bzw. 250-ccm-Klasse, der Brite Geoff Duke als Sieger in der 350- und 500-ccm-Klasse.

11. September, Dienstag

Ein mit rund hundert Personen besetzter Schnellzug durchbricht bei Selb-Plößberg die Grenze der Tschechoslowakei in Richtung Bayern. → S. 162

Eine weitere Verdichtung der bilateralen Beziehungen bringt ein deutsch-französischer Auslieferungsvertrag, den das Kabinett in Bonn beschließt. Danach können Staatsangehörige, die im Nachbarland angeklagt worden sind, ausgeliefert werden.

12. September, Mittwoch

US-Verteidigungsminister George C. Marshall, Namensgeber für den Marshallplan, tritt von seinem Amt zurück. Von seiten der Regierung werden »rein private Gründe« für den Rücktritt angegeben. → S. 158

Mit einem Festakt in Bonn wird der »Nationale Gedenktag des deutschen Volkes« anläßlich des zweiten Jahrestages der Wahl des deutschen Bundespräsidenten begangen. → S. 161

Der US-amerikanische Mittelgewichts-Boxer »Sugar« Ray Robinson holt sich im Revanchekampf gegen den Briten Randolph Turpin seinen Weltmeistertitel zurück. Der Kampf in New York endet durch technischen K.o. in der letzten Runde. → S. 167

13. September, Donnerstag

Das US-Verteidigungsministerium gibt bekannt, daß erstmals ein Geschwader mit ferngelenkten, pilotenlosen Bombern aufgestellt wurde.

Die Frankfurter Buchmesse 1951, die bis zum 18. September dauert, wird eröffnet. Veranstaltungsort ist zum ersten Mal das Messegelände. Die Paulskirche und die Römerhallen bieten nicht mehr genug Platz.

Als Generalintendant der »Neuen Schauspiel GmbH« eröffnet Gustaf Gründgens das Düsseldorfer Schauspielhaus mit einer als glanzvoll bewerteten Inszenierung von Schillers »Die Räuber«. → S. 166

14. September, Freitag

Eine Konferenz der Außenminister Frankreichs, Großbritanniens und der USA in Washington faßt Beschlüsse über die Wiederbewaffnung Deutschlands und die Aufnahme deutscher Kontingente in die Europäische Verteidigungsgemeinschaft. → S. 158

Über König Faruk I. von Ägypten informiert das amerikanische Magazin »Time« seine Leser. Der 1920 in Kairo geborene Monarch herrscht seit 1937 als Nachfolger seines Vaters Fuad I. über das Land am Nil. (»Time« vom 20. September 1951)

Der britische Premierminister Clement Attlee eröffnet in Fawley bei Southampton die größte Ölraffinerie Europas. Durch die Raffinerie spart Großbritannien Devisen im Wert von jährlich 100 Mio. Pfund (1,25 Mrd. DM) ein und ersetzt etwa zu einem Drittel die Lieferungen des umstrittenen iranischen Erdölzentrums Abadan (→ 27. 9./S. 159).

15. September, Samstag

DDR-Ministerpräsident Otto Grotewohl fordert erneut freie Wahlen für Gesamtdeutschland und die Bildung eines gesamtdeutschen konstituierenden Rates. Als Konzession (→ 9. 3./S. 52) verzichtet er – gegenüber früheren Vorschlägen – auf eine paritätische Zusammensetzung.

Auf einer Bundes-Fahrplankonferenz beschließen führende Vertreter der Bundesbahn die Einsetzung eines weiteren »Rheingold-Expresses«. Der Luxuszug soll die Strecke Kaltenkirchen-Basel zwei Stunden schneller bewältigen als der erste »Rheingold-Expreß«.

16. September, Sonntag

Auf einer Kundgebung zum Abschluß des Bundestreffens der Schlesier in München mahnt der Bundesminister für Gesamtdeutsche Fragen, Jakob Kaiser, vor 120 000 Menschen die »Pflicht zur Rückgewinnung Ostdeutschlands« an.

Während einer Feierstunde in der Frankfurter Paulskirche überreicht Bundespräsident Theodor Heuss dem Arzt und Theologen Albert Schweitzer den Friedenspreis des Deutschen Buchhandels. → S. 166

Die Niederländerin Fanny Blankers-Koen erreicht im Fünfkampf mit 4692 Punkten in Amsterdam Weltrekord.

17. September, Montag

Der Oberbefehlshaber der Streitkräfte der Vereinten Nationen, General Matthew B. Ridgway, schlägt den Chinesen und Nordkoreanern die Wiederaufnahme der unterbrochenen Waffenstillstandsverhandlungen vor (→ 5. 8./S. 140).

Großbritannien schlägt der provisorischen libyschen Regierung einen gemeinsamen Verteidigungspakt vor, nach dem britische Truppen auch nach der Verleihung der vollen Unabhängigkeit an Libyen in diesem strategisch wichtigen Gebiet stationiert bleiben sollen.

Polizeibeamte sollen nach dem Wunsch von Bundesinnenminister Robert Lehr (CDU) vor den Bundesflaggen, etwa an Ministerfahrzeugen, Ehrenbezeigungen erweisen.

18. September, Dienstag

Der US-Kongreß stimmt dem militärischen Bauprogramm, insbesondere von Stützpunkten (→ 27. 4./S. 72), in Höhe von 5,86 Mrd. Dollar (30,47 Mrd. DM) zu.

Der in den Vereinigten Staaten lebende Staatsrechtler und Reichskanzler a. D. Heinrich Brüning erhält einen Ruf an die Universität Köln (→ 2. 11./S. 195).

Die »New York Times«, eine der größten und angesehensten Zeitungen der Welt, feiert ihr hundertjähriges Bestehen.

19. September, Mittwoch

Der britische Premierminister Clement Attlee gibt die Auflösung des Unterhauses bekannt und kündigt Neuwahlen (→ 25. 10./S. 174) an. Als Gründe für diesen Schritt gelten Fehlschläge in der Innen- und Außenpolitik sowie die demonstrativen Rücktritte führender Labour-Politiker (→ 23. 4./S. 73).

In Bonn erscheint erstmals die Wochenzeitung »Das Parlament«. Sie enthält einen Bericht über alle Plenarsitzungen und soll Gelegenheit geben, sich über die Arbeit des Bundestags ein treffendes Bild zu machen.

20. September, Donnerstag

Von den Vertretern der beiden deutschen Staaten wird ein neues Interzonenhandelsabkommen unterzeichnet. Es regelt Art und Umfang des Warenverkehrs und enthält präzise Vereinbarungen über die umstrittenen Warenbegleitscheine. → S. 162

Auf der siebten Tagung des Nordatlantikrates, die vom 15. bis 20. September in Ottawa stattfindet, beschließen die Bündnispartner die Einbeziehung Griechenlands und der Türkei in das gemeinsame Verteidigungssystem.

Der Schweizer Ständerat, die Vertretung der einzelnen Kantone, lehnt erneut die Einführung des Frauenstimmrechts ab.

21. September, Freitag

Der französische Außenminister Robert Schuman schlägt die Bildung einer übernationalen politischen Behörde für Europa vor. → S. 159

Der Berliner Funkturm, ein Wahrzeichen der Stadt, wird mit einer 10 m hohen Bild-Ton-Antenne versehen. Mit der ersten Antenne dieser Art in Deutschland will der NWDR Berlin seine künftigen Fersehprogramme und Ultrakurzwellensendungen (Hörfunk) ausstrahlen (→ 6. 9./S. 164).

22. September, Samstag

Auf der Jahresversammlung des »Deutschen Rates der europäischen Bewegung« in Hamburg kommt die Kommission »Grundlagen und Grenzen der europäischen Gemeinschaft« zu dem Ergebnis, daß die Vereinigung des freien Teils Europas die Einheit Deutschlands nicht gefährde. Eine Integration Europas könne erst nach der deutschen Einigung als abgeschlossen gelten.

In Brüssel beginnt eine dreitägige Rundfunkkonferenz unter Teilnahme von 23 Staaten. Der Bundesrepublik wird es gestattet, zu dieser Hauptversammlung der »Union Européenne de Radiodiffusion« Beobachter zu entsenden.

Auf der Münchner Theresienwiese wird das Oktoberfest 1951 eröffnet. Für Unterhaltung sorgen dieses Jahr 44 Fahr-und 24 Schaugeschäfte.

23. September, Sonntag

Das Außen- und das Verteidigungsministerium der USA geben nach Absprache mit französischen Militärs eine erhebliche Erhöhung ihrer Militärhilfe für Indochina (→ 23. 11./S. 188) bekannt. Indochina soll den größten Teil der insgesamt 4,2 Mrd. DM umfassenden Wirtschafts- und Militärhilfe erhalten.

Die deutsche Fußball-Nationalmannschaft besiegt in Wien die Auswahl Österreichs überraschend 2:0. → S. 167

Der deutsche Schwergewichtsmeister Hein ten Hoff wird in Berlin durch einen Punktsieg nach 15 Runden gegen den bisherigen englischen Titelträger Jack Gardner Box-Europameister. → S. 167

24. September, Montag

Nach vierwöchiger Arbeitsruhe nehmen alle bestreikten Betriebe der hessischen Metallindustrie die Arbeit wieder auf. An dem Lohnstreik, der mit einer Erhöhung des Stundenlohnes um 6,5 Pf endet, waren bis zu 60 000 Metallarbeiter beteiligt. → S. 163

Auf Schloß Ernich bei Remagen beginnen Verhandlungen zwischen Bundeskanzler Konrad Adenauer und den Oberkommissaren der Westmächte über die deutsche Souveränität. Zur Verteidigung Europas bieten die Oberkommissare der Bundesrepublik die militärische Gleichberechtigung an.

25. September, Dienstag

Die erst am Vortag wiederaufgenommenen Gespräche über die Aufnahme von Waffenstillstandsverhandlungen der Kriegsgegner in Korea (→ 5. 8./S. 140) werden nach Angaben des Oberkommandos der Vereinten Nationen von den Kommunisten abgebrochen. Die nordkoreanische Delegation betont, sie könne nur über den Zeitpunkt des Wiederbeginns, nicht aber über die Bedingungen der Wiederaufnahme verhandeln.

In Dortmund demonstrieren mehrere tausend Menschen gegen die geplante Wiederbewaffnung der Bundesrepublik Deutschland.

26. September, Mittwoch

Der zu einem Staatsbesuch in den USA weilende italienische Ministerpräsident Alcide De Gasperi erwirkt eine Erklärung der Westmächte, in der eine baldige Revision des italienischen Friedensvertrages in Aussicht gestellt wird. Aufgrund des Friedensvertrages unterliegt Italien immer noch gewissen rechtlichen Einschränkungen und Benachteiligungen.

Das Gesetz zur »Förderung des Bergarbeiterwohnungsbaues im Kohlebergbau« schreibt für die Bergbauunternehmen eine Abgabe je verkaufter Tonne Kohle vor. → S. 163

Ein Eisenbahnunglück bei Langenwang in Österreich fordert 20 Tote und 38 Schwerverletzte. Der Schnellzug Wien-Rom rast aufgrund falscher Signalstellung in einen Güterzug.

27. September, Donnerstag

Der Deutsche Bundestag verabschiedet als Antwort auf die »Grotewohl-Vorschläge« (→ 9. 3./S. 52) eine Wahlordnung für freie gesamtdeutsche Wahlen. Das 14 Punkte umfassende Programm schlägt vor, internationale Kontrollorganisationen zu bilden.

In einer Regierungserklärung spricht Bundeskanzler Konrad Adenauer die Bereitschaft zur materiellen Wiedergutmachung gegenüber den jüdischen Opfern des Nationalsozialismus aus. → S. 160

Iranisches Militär besetzt die Raffinerie Abadan und verwehrt dem britischen Personal den Zutritt. → S. 159

28. September, Freitag

In Argentinien kann ein Militärputsch gegen Präsident Juan Domingo Perón niedergeschlagen werden. Die Bevölkerung und der überwiegende Teil des Militärs bleiben loyal. Peron verkündet den Kriegszustand. → S. 156

Mit einem Festakt im Karlsruher Schauspielhaus wird das Bundesverfassungsgericht eröffnet. Erster Präsident ist Hermann Höpker-Aschoff. → S. 161

Gegen Koblenz setzt sich Nürnberg als neuer Standort für die neu zu errichtende Bundesanstalt für Arbeitsvermittlung und Arbeitslosenfürsorge durch. Bayern erklärt sich bereit, ein Trümmergrundstück auf Landeskosten für den Bau der Bundesanstalt bereitzustellen.

29. September, Samstag

Auf Anordnung der sowjetischen Kontrollkommission baut der Ost-Berliner Magistrat die zwischen den Stadthälften errichteten Barrikaden (→ 25. 7./S. 121) wieder ab. Mit dieser Geste der Entspannung soll, wie Beobachter glauben, ein günstiges Klima für die von der DDR-Führung gewünschten gesamtdeutschen Wahlen geschaffen werden.

Die britische Regierung protestiert vor dem Sicherheitsrat der Vereinten Nationen gegen die Haltung des Iran im britisch-persischen Ölkonflikt. → S. 159

Der Tschechoslowake Emil Zátopek läuft in Stara Boleslav als erster in einer Stunde mehr als 20 km. → S. 167

30. September, Sonntag

Bundesernährungsminister Wilhelm Niklas (CSU) dankt der Landbevölkerung in einer Rundfunkrede für die beste Ernte seit Kriegsende. Die Nahrungsmittelerzeugung hat nunmehr 106% des Vorkriegsstandes erreicht (→ S. 208).

Das Wetter im Monat September

Station	Mittlere Lufttemperatur (°C)	Niederschlag (mm)	Sonnenscheindauer (Std.)
Aachen	15,2 (14,5)	71,1 (68)	161 (160)
Berlin	15,5 (13,8)	57 (46)	208 (194)
Bremen	15,1 (14,0)	47 (60)	– (164)
München	14,6 (13,4)	59 (84)	182 (176)
Wien	16,8 (15,0)	24 (56)	164 (184)
Zürich	14,7 (13,5)	94 (101)	147 (166)

( ) Langjähriger Mittelwert für diesen Monat
– Wert nicht ermittelt

Immer gut für die Auflage sind Berichte über einen Star, zumal wenn es sich um die unnahbar »Göttliche«, Greta Garbo, handelt, die sich bereits 1941 vom Filmgeschäft zurückgezogen hat. Neben dem Bericht über die schwedische Schauspielerin, die 1951 die amerikanische Staatsbürgerschaft annimmt, serviert die Illustrierte »Heute« vom 26. September 1951 »bunte Geschichten« aus Politik, Wirtschaft und Gesellschaft.

Argentinien: Sympathie der Massen rettet die Peróns

28. September. In Argentinien veranlaßt ein Militärputsch den Diktator Juan Domingo Perón zur Ausrufung des Kriegszustandes. Loyale Militäreinheiten und ein Generalstreik der mit Perón symphatisierenden Massen bringen die Revolte rasch zum Scheitern.

Die Unruhe in der eigentlich mit Perón verbündeten Armee ist nach Ansicht von Beobachtern auf den Versuch Peróns und der peronistisch gesteuerten Gewerkschaften zurückzuführen, die ehrgeizige Präsidentengattin Evita Perón bei den am 11. November anstehenden Wahlen für das Amt des Vizepräsidenten zu nominieren. Damit wäre der bisher bestehende Einfluß der Armee auf die Regierung über das Amt des Vizepräsidenten ausgeschaltet worden. Als der Präsident nach dem von der Armee erzwungenen Verzicht Evitas im Gegenzug einen Kandidaten der militärischen Opposition ablehnte, wurden Peróns ehemalige Waffengefährten aktiv.

Präsidentengattin Evita Perón mit Ehemann Juan, während argentinische Arbeiter jubelnd ihre Wiederwahl fordern

Juan Perón spielt in Argentinien seit 1943, als er an einem Militärputsch gegen die korrupte konservative Regierung teilnahm, in zunehmendem Maße eine dominierende Rolle. Zunächst als Arbeits- und Wohlfahrtsminister in der Militärregierung, dann auch als Kriegsminister und Vizepräsident vertrat er ein Programm praktischer Sozialreformen. Sein primäres Ziel, den Staat zu stärken, erreichte er mit dem Brückenschlag zur Industriearbeiterschaft, die im Verlauf der Industrialisierung immer stärker wird. Mit ausdrücklichen Bestimmungen über Löhne, Kündigungsschutz und Arbeitszeiten nahm sich Perón dieser von den alten Parteien und Gewerkschaften vernachlässigten Schicht an.

Bei den Präsidentschaftswahlen 1946 setzte sich Perón mit Hilfe der von Arbeitern gegründeten »Laborista«-Partei knapp durch. Er gewann 1,5 Mio. gegenüber 1,2 Mio. männlicher Wähler der Opposition – Frauen durften noch nicht abstimmen. Unmittelbar nach dem Wahlsieg begann Perón, seine Macht zu konsolidieren. Eine staatlich geförderte Industrialisierung auf der Grundlage von Importsubstitution und der Ausweitung des Binnenmarktes ließ das Realeinkommen der Arbeiter von 100 (Index) im Jahr 1943 auf 181 im Jahr 1949 steigen. Innenpolitischen Gewinn zog die Regierung Perón auch aus ihrer demonstrativen Ablehnung des »Yankee-Imperialismus« und der Betonung nationaler Eigenständigkeit. Ein übermächtiger Regierungs- und Staatsapparat, die Unterdrückung liberaler Oppositionspresse (→ 2. 2./S. 39) bis hin zu systematischer Folter kennzeichnen das innenpolitische Klima.

Die Masse der proletarisierten, in den allgegenwärtigen peronistischen Gewerkschaften organisierten Bevölkerung jedoch vergöttert Perón und seine attraktive Frau Evita, eine Ex-Sängerin. Die charismatische »Presidenta« engagierte sich für die »Descamisados«, die Hemdlosen in der Sozialpolitik oder zugunsten des Frauenwahlrechts und erwarb sich damit große Popularität. Der Verzicht auf die Vizepräsidentschaft stand im Zusammenhang mit einer lebensbedrohlichen Anämie, der Evita Perón am 26. Juli 1952 erliegt.

Ein nicht ganz sauberer Sieg

Trotz eines Klimas innenpolitischer Repression, wie hier beim Aufruf zum Boykott der oppositionellen Tageszeitung »La Prensa« (→ 2. 2./S. 39), gelingt Juan Perón bei den Präsidentschaftswahlen am 11. November ein überzeugender Erfolg. Mit 4,6 zu 2,3 Mio. Stimmen setzt er sich gegen die Oppositionsparteien durch. Die Wahlen werden zwar geheim durchgeführt und verlaufen ordnungsgemäß. Das Ergebnis muß jedoch im Lichte des neuen Wahlgesetzes gesehen werden: Die Regelung, wonach ein Präsident sich nicht um eine zweite Amtsperiode bewerben darf, wurde abgeschafft. An die Stelle der Verhältniswahl tritt die direkte Wahl, und die Aufstellung eines gemeinsamen Kandidaten durch die Opposition wurde verboten.

Frieden mit Japan – Amerika sichert sich Militärbasen

8. September. Im Opernhaus zu San Francisco unterzeichnen 49 Staaten, darunter die Vereinigten Staaten, Großbritannien und Frankreich, einen Friedensvertrag mit Japan. Die Sowjetunion, Polen und die Tschechoslowakei verweigern die Unterschrift.

Durch den Vertrag, dessen Ausarbeitung wesentlich auf den amerikanischen Sonderbotschafter John Foster Dulles zurückgeht, verliert Japan alle Ansprüche auf Korea, Formosa, die Fischerinsel, die Kurilen und Sachalin. Zusätzlich gibt es alle Pazifikinseln auf, die sich früher unter japanischem Mandat befanden. Neben diesen territorialen Beschneidungen verpflichtet sich Japan zu Reparationszahlungen für den Schaden, den es während des Krieges verursacht hat. Zwar sollen alle Besatzungsmächte spätestens 90 Tage nach Inkrafttreten des Vertrags aus Japan abziehen, doch müssen die Japaner als Ergebnis bilateraler oder multilateraler Abkommen die Stationierung ausländischer Streitkräfte im Land hinnehmen.

Die Sowjetunion lehnt die Unterzeichnung des Vertrags mit dem Hinweis ab, daß dieser Friedensvertrag aus Japan einen amerikanischen Militärstützpunkt mache. Außerdem sei eine Friedensregelung im Fernen Osten ohne die Volksrepublik China, die zur Konferenz nicht eingeladen wurde (→ 18. 5./S. 86), undenkbar.

Im Anschluß an die Unterzeichnung des Friedensvertrags kommt es zum Abschluß eines bilateralen Sicherheitsabkommens zwischen den Vereinigten Staaten und Japan. In ihm heißt es, daß das entwaffnete Japan über keinerlei Mittel verfüge, das unabdingbare Recht auf Selbstverteidigung auszuüben. Deshalb sei die Stationierung amerikanischer Land-, Luft- und Seestreitkräfte auf der Insel notwendig. Japan verpflichtet sich, ohne vorherige Zustimmung seitens der Vereinigten Staaten keine Stützpunkte an dritte Mächte zu übertragen. Dieser Passus dokumentiert die Furcht der Amerikaner, auch die Russen könnten – wie im geteilten Deutschland – »Sicherungstruppen« aufstellen.

Die angekündigte Stationierung amerikanischer Truppen auf Japan fügt sich in die Strategie des angestrebten weltweiten Stützpunktsystems der USA (→ 27. 4./S. 72) ein.

△ Der japanische Ministerpräsident Shigeru Yoshida bei der Unterzeichnung des Friedensvertrags. In einer Sondersitzung des japanischen Parlaments vom 16. August bezeichnete Yoshida den Vertrag als großzügig, fair und ohne geschichtliche Parallele. Zwar seien die Territorial- und Wirtschaftsklauseln schmerzlich, doch sei darin weder von der Kriegsschuld, noch von einer bedingungslosen Kapitulation Japans die Rede.

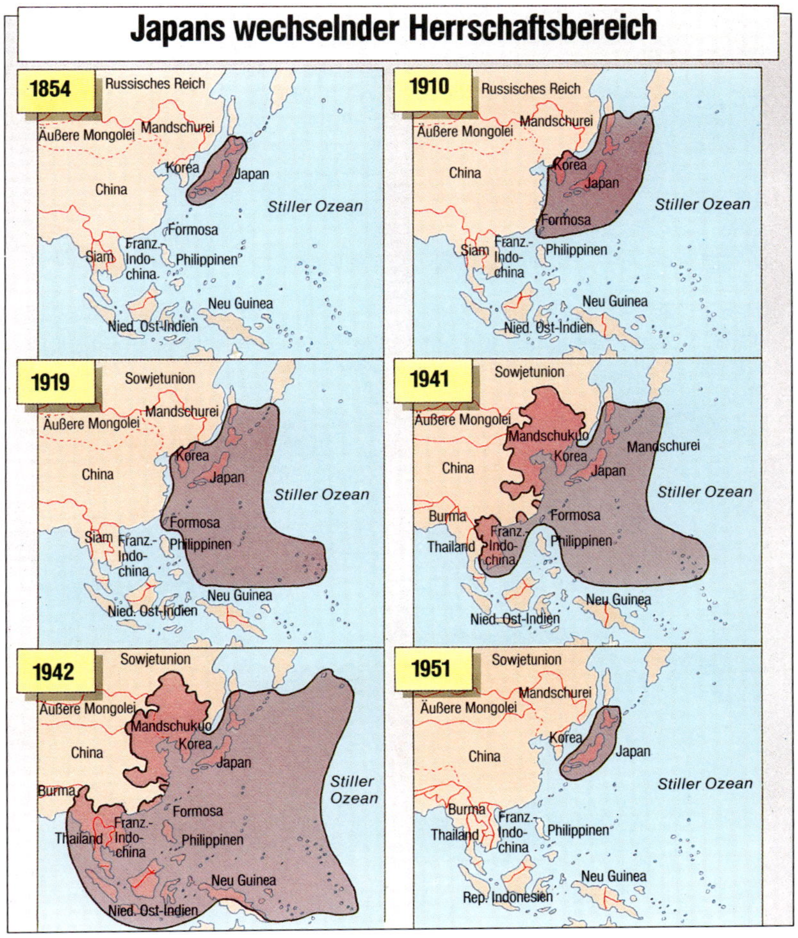

◁ Japan als imperiale Großmacht: Das Inselreich baute seine militärische Position in Fernost durch den chinesisch-japanischen Krieg von 1894 und den russisch-japanischen Krieg von 1904/05 immer weiter aus. 1905/10 gelang mit der Einverleibung Koreas der Sprung auf das asiatische Festland. Im Ersten Weltkrieg erweiterte Japan als Verbündeter Großbritanniens seinen pazifischen Inselbesitz. Im Jahr 1932 führte die Besetzung der Mandschurei zur Gründung des japanisch kontrollierten Mandschukuo. Mit der Großoffensive der Jahre 1941/42 erreichte Japan seine größte Ausdehnung, bevor der Friedensvertrag von 1951 in etwa den Status von 1854 wiederherstellt.

Westalliierte sind für Generalvertrag

14. September. Mit einer Erklärung zur grundlegenden Änderung der Beziehungen zur Bundesrepublik Deutschland endet die Außenministerkonferenz der Westalliierten in Washington. Die Vertreter der USA, Frankreichs und Großbritanniens sind nach fünftägigen Verhandlungen übereingekommen, an die Stelle des Besatzungsstatuts (→ 6. 3./S. 50) einen Deutschlandvertrag (Generalvertrag) zu setzen (→ 22. 11./S. 190). Er soll zur gleichen Zeit in Kraft treten wie das Abkommen über einen deutschen Verteidigungsbeitrag im Rahmen der Europäischen Verteidigungsgemeinschaft (EVG). Mit den geplanten Vertragsabschlüssen soll die Bundesrepublik zu einem gleichberechtigten Partner innerhalb der westlichen Allianz gemacht werden. Ziel ist das Ende der Besatzungspolitik.
Die Außenminister begrüßen die französischen Initiativen zur Bildung einer Montanunion (Schumanplan) und zur Gründung der EVG (Plevenplan). Einen nationalen Alleingang der Bundesrepublik wird es im Rahmen einer Remilitarisierung auf keinen Fall geben, stellt die französische Regierung klar. Es werde zu keiner Zeit auch nur der Embryo einer deutschen Nationalarmee existieren. Deutsche Truppen dürfte es erst geben, wenn die Organisation einer Europaarmee vollendet ist und die Organe arbeiten.
Bundeskanzler und Außenminister Konrad Adenauer begrüßt die Entschlüsse der westlichen Außenminister: »Es ist eine sehr gute Nachricht, die aus Washington gekommen ist. Die Beschlüsse der drei Außenminister öffnen die Tür zu den Verhandlungen, die dem deutschen Volk die echte Freiheit wiedergeben. Diese Beschlüsse geben dem deutschen Volk Sicherheit, ihm und Europa den Frieden.« Bereits am 22. November erörtert Adenauer in Paris mit den Außenministern der Westalliierten einen Entwurf des Generalvertrags (→ 22. 11./S. 190). Der SPD-Vorsitzende Kurt Schumacher kritisiert, daß die Voraussetzungen für einen deutschen Verteidigungsbeitrag, d. h. gleichberechtigte Beziehungen, fehlen.
Neben dem bevorstehenden Ende der Besatzung in der Bundesrepublik Deutschland diskutierten die drei Außenminister über eine endgültige Einigung mit Österreich. Sie kündigen an, in Kürze mit der Sowjetunion Gespräche über die Zukunft Österreichs führen zu wollen.

Die Außenminister (v. l.) Robert Schuman (Frankreich), Dean Acheson (USA) und Herbert Morrison (Großbritannien) beraten in Washington.

Außenminster Dean Acheson (sitzend) unterschreibt für die USA.

ANZUS: »Bollwerke der Freiheit«

1. September. Australien, Neuseeland und die Vereinigten Staaten schließen in San Francisco ein gegenseitiges Beistandsabkommen (ANZUS-Pakt).
Der australische Botschafter Percy C. Spender betont bei der Vertragsunterzeichnung die Bedeutung des Abkommens: »Es ist der erste Schritt zum Aufbau der Bollwerke der Freiheit in einem immer wichtiger werdenden Teil des Pazifiks.«

Marshall hört auf – »einer der großen Männer unserer Zeit«

12. September. George Catlett Marshall, US-amerikanischer Verteidigungsminister, reicht seinen Rücktritt ein. Der 70jährige scheidet »aus sehr privaten Gründen« aus dem Amt. Nachfolger wird sein bisherigen Stellvertreter Robert Lovett. Der Wechsel bedeutet keine Änderung der Rüstungspolitik.
Marshall wurde am 21. Januar 1947 Außenminister. Er vertrat eine Politik der Härte gegenüber der Sowjetunion. Am 5. Juni 1947 verkündete er in einer Rede in Harvard den Marshallplan, ein Hilfsprogramm für Europa. Truman, der glaubt, daß »General Marshall als einer der großen Männer unserer Zeit in die Geschichte eingehen« wird, erinnert sich an die Verkündung des Marshallplans: »Er wurde so genannt, weil ich mir darüber klar war, daß er als etwas sehr Großes, sehr Bedeutendes in die Geschichte eingehen werde, und ich wünschte, daß General Marshall das Verdienst daran zugeschrieben wurde . . .« Nach Marshalls Rücktritt im Jahr 1949 überredete ihn Präsident Truman zur Übernahme des Verteidigungsressorts.

Unterstützung für den Aufbau Europas: In der Bundesrepublik koordiniert Vizekanzler Franz Blücher die Hilfe (zeitgenössisches Plakat).

George Marshall, hier 1947 bei seinem Amtsantritt als Verteidigungsminister, leitete von 1939–1945 den Ausbau der US-Streitkräfte.

Freie Fahrt für Hilfssendungen aus den USA. Bis 1951 erhält die Bundesrepublik 5,5 Mrd. DM aus dem Topf des Aufbauprogramms.

Iraner besetzen Raffinerien in Abadan

27. September. Iranisches Militär besetzt das Gelände der umstrittenen Ölraffinerie Abadan (→ 31. 7./S. 114). Dem britischen Personal wird der Zutritt zu den Anlagen und Verwaltungsgebäuden verwehrt.
Am 25. September verfügte die iranische Regierung die Ausweisung aller britischen Angestellten aus Abadan. Ungeachtet des britischen Protestes und eines amerikanischen Appells, die Ausweisung zurückzunehmen, besteht die iranische Regierung unter Mohammad Mossadegh auf ihrem Ausweisungsbeschluß.
Am 29. September bringt die britische Regierung die Angelegenheit vor den Sicherheitsrat der Vereinten Nationen.
Ab dem 3. Oktober läuft die Evakuierung aller noch im Iran verbliebenen britischen Staatsangehörigen. Die letzten 300 Techniker verlassen den Iran mit dem britischen Kreuzer »Mauritius«, 40 weitere Angestellte werden mit Flugzeugen außer Landes gebracht.
Einen »Ersatz für Abadan« erhofft sich Großbritannien durch die am 14. September durch Premierminister Clement Richard Attlee eröffnete Raffinerie in Fawley bei Southampton. Sie ist die größte Raffinerie Europas und kann die Lieferungen aus Abadan zu einem Drittel ersetzen, glaubt die Regierung.

△ Der Schah von Persien, Mohammad Resa Pahlawi, eröffnet die neue Sitzungsperiode des persischen Senats. In seiner Rede unterstützt er die Verstaatlichungspolitik der Regierung Mohammad Mossadegh. Die von vielen Westeuropäern gehegte Hoffnung, der Schah werde sich kompromißbereiter zeigen als der Regierungschef, ist damit hinfällig.

◁ Glückliche Heimkehr: Das britische Pflegepersonal des Krankenhauses Abadan trifft nach seiner Ausweisung wohlbehalten auf dem Londoner Flughafen ein. Die Schwestern und Pfleger müssen 300 iranische Patienten zurücklassen.

Briten scheitern im Sicherheitsrat

29. September. Großbritannien ruft aus Protest gegen das iranische Vorgehen im Konflikt um Abadan den Sicherheitsrat der Vereinten Nationen an. Es fordert den Iran auf, sich an den vorläufigen Entscheid des Haager Gerichtshofs vom 5. Juli (→ 31. 7./S. 114) zu halten.
Das Vorgehen der Briten wird als ein Akt des Einlenkens bzw. der Resignation gewertet, nachdem aufsehenerregendere Aktionen wie etwa eine Blockade des Persischen Golfs oder eine Truppenlandung in Abadan verworfen worden waren.
Zu der Behandlung des Streitfalls im UN-Sicherheitsrat (15.–19. 10.) erscheint der iranische Ministerpräsident Mohammad Mossadegh persönlich in New York, während sich Großbritannien lediglich durch seinen Delegierten Gladwynn Jebb, vertreten läßt.
Am 19. Oktober erklärt der Sicherheitsrat zur Enttäuschung der Briten, daß seine Zuständigkeit in diesem Fall erst gutachtlich vom Haager Gerichtshof geklärt werden müsse. Dies kommt einer langfristigen Vertagung gleich.

Krönung der Integration durch politische Behörde

21. September. Der französische Außenminister Robert Schuman kündigt einen Vorschlag zur Gründung einer supranationalen politischen Behörde für Europa an.
Mit diesem Schritt, den Schuman im kanadischen Rundfunk erläutert, soll neben einem wirtschaftlichen (→ 18. 4./S. 66) und militärischen Zusammenschluß (→ 15. 2./S. 32) eine gemeinsame Außenpolitik die Integration fortsetzen.
»Frankreich hat die Schaffung eines europäischen Pools für Kohle und Stahl vorgeschlagen, der die Schlüsselindustrien zusammenfaßt, welche für die Produktion beherrschend sind, und ebenso die Bildung einer europäischen Armee, die an Stelle nationaler Armeen treten soll, die sich in der Vergangenheit häufig als Gegner in blutigen Konflikten gegenüberstanden. Frankreich wird im gegebenen Augenblick die Bildung einer europäischen politischen Organisation vorschlagen, die über eine supranationale Autorität für die Formulierung einer gemeinsamen Politik verfügt, die der Aufrechterhaltung des Friedens dient«, sagt Schuman. Er greift mit seinem Vorstoß gewisse Ideen des EVG-Vertrags auf. Neben Schuman machen sich auch andere europabewegte Politiker Gedanken über die »Vereinigten Staaten von Europa«.

Ein Kontinent wächst zusammen – »Vereinigte Staaten von Europa« geplant

Nicht nur die militärische und wirtschaftliche Integration im Rahmen der EVG und Montanunion wird forciert, sondern auch politische Zusammenarbeit.
Laut Art. 38 EVG-Vertrag soll eine parlamentarische Versammlung folgendes untersuchen: »a) die Bildung einer Versammlung der Europäischen Verteidigungsgemeinschaft durch Wahl auf demokratischer Grundlage; b) die Befugnisse, die einer solchen Versammlung zu übertragen wären; ... Bei ihren Untersuchungen hat sich die Versammlung insbesondere von nachstehenden Grundsätzen leiten zu lassen: Die endgültige Organisation, die an die Stelle der vorläufigen Organisation treten wird, soll so beschaffen sein, daß sie den Bestandteil eines späteren bundesstaatlichen oder staatenbündischen Gemeinwesens bilden kann, das auf dem Grundsatz der Gewaltenteilung beruhen und insbesondere über ein Zweikammersystem verfügen soll ...«
Darüber hinaus engagieren sich Politiker, um ein geeintes Europa zu erreichen. In Basel gründeten am 2. Februar 76 Mitglieder der Beratenden Versammlung des Europarats das »Verfassungskomitee für die Vereinigten Staaten von Europa«. Am 6. Mai legten sie den Entwurf einer Europaverfassung vor (Auszug):
»Präambel: Wir, die Völker von ... in dem Bewußtsein unseres gemeinsamen Erbgutes, in der Sorge um die Förderung der sozialen Gerechtigkeit, von dem Wunsche beseelt, den allgemeinen Wohlstand herbeizuführen, entschlossen, die Freiheit des Menschen zu retten, gewillt, den Frieden zu sichern, haben beschlossen, unsere Staaten in einem Bund zu vereinen ...
Artikel 2: ... Die Mitgliedstaaten üben ihre souveränen Rechte weiterhin unmittelbar aus, insoweit sie sie nicht auf die gemeinsamen Organe übertragen haben, die durch diese Verfassung errichtet werden ...«

Als Zeichen ihrer Zustimmung zur Regierungserklärung Konrad Adenauers erheben sich die Abgeordneten aller Fraktionen von ihren Plätzen.

Regierungserklärung zum deutsch-jüdischen Verhältnis

27. September. Sechs Jahre nach Ende der nationalsozialistischen Herrschaft, während der Millionen Juden in Konzentrations- und Vernichtungslagern ermordet wurden, gibt Bundeskanzler Konrad Adenauer vor dem Parlament in Bonn eine Regierungserklärung zum deutsch-jüdischen Verhältnis ab.

Er betont, daß die im Grundgesetz festgelegten Rechtsnormen jeden deutschen Staatsbürger verpflichten, sich Rassendiskriminierungen entgegenzustellen. In dem Geist der Versöhnung habe die Bundesregierung auch die vom Europarat entworfene Menschenrechtskonvention vom 4. November 1950 unterzeichnet. Eine Verwirklichung der in dem Abkommen festgelegten Prinzipien – u. a. Achtung der Menschenwürde und Recht auf freie Entfaltung der Persönlichkeit – hält der Bundeskanzler vorwiegend für ein Problem der Erziehung.

Adenauer appelliert an Kirchen und Erziehungsbehörden, »alles daran zu setzen, damit der Geist menschlicher und religiöser Toleranz im ganzen deutschen Volk, besonders aber unter der deutschen Jugend ... in der seelischen Haltung und praktischen Tat Wirklichkeit wird«. Darüber hinaus will Adenauer die Kreise bekämpfen, die immer noch antisemitische Hetze betreiben: »Dem Bundestag liegen Vorschläge zur Ergänzung des Strafgesetzes vor, auf Grund deren unter anderem auch rassenhetzerische Propaganda mit schwerer Strafe belegt wird.«

In ersten Reaktionen aus Israel auf die Bonner Regierungserklärung wird die Forderung nach Wiedergutmachung wiederholt. Die israelische Gesandtschaft in London meint in einer Erklärung ihrer Regierung, daß die Rede Adenauers ein Versuch zu sein scheint, zu der Frage des deutsch-jüdischen Verhältnisses endlich Stellung zu nehmen. Die Morde während des Zweiten Weltkriegs könnten jedoch »nicht durch eine Deklaration, sei sie auch noch so aufrichtig und reuevoll gemeint, ausgelöscht werden.« Es sei immerhin bemerkenswert, »daß die Erklärung von einer direkten Aufforderung an das deutsche Volk, sich von dem fluchwürdigen Erbe des Antisemitismus und der Rassendiskriminierung zu trennen, begleitet ist.«

Adenauer verspricht materielle Wiedergutmachung mit Vorbehalt

In seiner Regierungserklärung am 27. September sagt Konrad Adenauer u. a.:

»Die Einstellung der Bundesrepublik zu ihren jüdischen Staatsbürgern ist durch das Grundgesetz eindeutig festgelegt. Artikel 3 des Grundgesetzes bestimmt, daß alle Menschen vor dem Gesetz gleich sind und daß niemand wegen seines Geschlechtes, seiner Abstammung, seiner Rasse, seiner Sprache, seiner Heimat und Herkunft, seines Glaubens, seiner religiösen oder politischen Anschauungen benachteiligt werden darf ...

Die Bundesregierung und mit ihr die große Mehrheit des deutschen Volkes sind sich des unermeßlichen Leides bewußt, das in der Zeit des Nationalsozialismus über die Juden in Deutschland und in den besetzten Gebieten gebracht wurde. Das deutsche Volk hat in seiner überwiegenden Mehrheit die an den Juden begangenen Verbrechen verabscheut und hat sich an ihnen nicht beteiligt. Es hat in der Zeit des Nationalsozialismus im deutschen Volk viele gegeben, die mit eigener Gefährdung ... ihren jüdischen Mitbürgern Hilfsbereitschaft gezeigt haben.

Im Namen des deutschen Volkes sind aber unsagbare Verbrechen begangen worden, die zur moralischen und materiellen Wiedergutmachung verpflichten, sowohl hinsichtlich der individuellen Schäden, die Juden erlitten haben, als auch des jüdischen Eigentums, für das heute individuell Berechtigte nicht mehr vorhanden sind ...

Hinsichtlich des Umfangs der Wiedergutmachung ... müssen die Grenzen berücksichtigt werden, die der deutschen Leistungsfähigkeit durch die bittere Notwendigkeit der Versorgung der zahllosen Kriegsopfer und der Fürsorge für die Flüchtlinge und Vertriebenen gezogen sind ...«

Verfassungshüter nehmen Arbeit auf

28. September. Mit einem Festakt im Karlsruher Schauspielhaus wird die Gründung des Bundesverfassungsgerichts (BVG) gewürdigt. Erster Präsident wird Hermann Höpker-Aschoff.
Das Bundesverfassungsgericht, ein Novum in der deutschen Rechtsgeschichte, ist gegenüber allen anderen Verfassungsorganen unabhängig. Es soll die Einhaltung der Verfassungsbestimmungen, auch gegenüber der Regierung, garantieren. Mit seiner Errichtung, so betont Bundeskanzler Adenauer in seiner Ansprache während des Festakts, hat der organische Aufbau des deutschen Staatswesens seinen Abschluß erreicht.
Das BVG ist ein sog. Zwillingsgericht, d. h. es besteht aus zwei Senaten mit je acht Richtern. Diese werden zur Hälfte vom Bundesrat und vom Bundestag gewählt und vom Bundespräsidenten ernannt und vereidigt. Mit dieser Art der Richterwahl ergibt sich allerdings das Problem der Abhängigkeit von politischen Konstellationen.
Der erste Themenkomplex, mit dem sich das Bundesverfassungsgericht auseinanderzusetzen hat, ist die Südweststaatsklage (→ 9. 12./S. 202).

Während des Festaktes in Bonn (v. l.): Hermann Höpker-Aschoff, Konrad Adenauer, Theodor Heuss und Bundestagspräsident Hermann Ehlers

Nur die Spitzen des Staates feiern ersten »Nationalen Gedenktag«

12. September. *Die Bundesrepublik begeht den ersten Feiertag ihrer Geschichte: Im festlich geschmückten Plenarsaal des Bonner Bundeshauses feiern Politiker aus dem In- und Ausland sowie Vertreter aus Kultur und Wirtschaft die Wahl des ersten Bundespräsidenten der Republik vor zwei Jahren.*
Mit dem »Nationalen Gedenktag des deutschen Volkes« wird der Wiederherstellung einer demokratischen Ordnung durch das Grundgesetz gedacht. Bundeskanzler Adenauer beschwört in seiner Erklärung die deutsche Einheit: »Der Tag der friedlichen Wiederherstellung der deutschen Einheit wird kommen. Wir werden dieser Hoffnung niemals entsagen, diese Forderung niemals preisgeben. Wir denken gerade an diesem Tage und mit besonderer Liebe Berlins und der deutschen Brüder und Schwestern jenseits des Eisernen Vorhangs.«
Mit dem endgültigen Beschluß der Bundesregierung, einen »Nationalen Gedenktag« am 12. September zu feiern, soll das Bewußtsein für den jungen Staat geschärft und eine Möglichkeit der Identifikation gegeben werden. Die »Frankfurter Allgemeine Zeitung« bemerkt dazu in kritischer Weise: »Es ist ein Gemeinplatz, daß es sich hierbei mehr um eine Angelegenheit der Ämter als des Volkes handelt.«

Bundesorden gegen »abstraktes« Bonn

7. September. Bundespräsident Theodor Heuss stiftet den Verdienstorden der Bundesrepublik Deutschland. Der Orden soll besondere Leistungen würdigen, die im politischen, wirtschaftlichen und sozialen Bereich vollbracht werden.
Das rot emaillierte, goldgefaßte schlanke Kreuz, in dessen Mitte der Bundesadler aufgesetzt ist, wird als Verdienstmedaille, Verdienstkreuz, Großes Verdienstkreuz und Großkreuz verliehen.
Die Ordensstiftung löst ein heftiges politisches Für und Wider aus: Während die Gegner an ungute Traditionen des deutschen Militarismus und des Dritten Reiches erinnern, erhoffen sich die Befürworter durch die Stiftung eines Bundesordens eine positive Identifikation mit dem noch jungen Staat. Heuss betont, daß er mit seiner Entscheidung lediglich der »Abstraktheit des Begriffs Bonn« abhelfen wolle.

»Verband deutscher Soldaten« gegründet

8. September. In Bonn gründen Delegierte von Soldaten-, Traditions- und Waffenbünden als Dachorganisation den »Verband deutscher Soldaten« (VDS). Hans Frießner wird zum Vorsitzenden gewählt. Zur Gründungsversammlung kommen u. a. Vertreter des »Deutschen Soldatenbunds«, der »Organisation der Kraftfahrtruppen«, der »Organisation der Fallschirmjäger«, des »Afrikakorps«, Angehörige der Division »Großdeutschland«, Delegierte der Waffen-SS und des »Stahlhelm«. Über die Mitgliedschaft des »Stahlhelm« wird noch nicht entschieden.
Der Verband will sich um die sozialen Rechte ehemaliger Soldaten kümmern. In einem Sieben-Punkte-Programm betonen die Mitglieder, daß sie sich in die Diskussion um einen deutschen Verteidigungsbeitrag einschalten wollen. Der VDS will sich über Parteipolitik stellen und die Demokratie unterstützen.
Der SPD-Vorsitzende Kurt Schumacher räumt den ehemaligen Soldaten das Recht ein, sich zur Durchsetzung ihrer Versorgungsansprüche und Pflege der Kameradschaft zusammenzuschließen. Er wendet sich aber gegen einen Zusammenschluß mit politischem Charakter.

Zu einem Meinungsaustausch treffen sich der SPD-Vorsitzende Kurt Schumacher (l.) und Hans Frießner, Vorsitzender des VDS, in Bonn.

Autofahrer zahlen für Transit nach Berlin

1. September. Die DDR führt für alle Kraftfahrzeuge aus der Bundesrepublik und West-Berlin eine Straßennutzungsgebühr ein.

Motorräder müssen auf DDR-Straßen 8 DM, Pkw 10 DM, schwere Lkw bis zu 50 DM bezahlen. Besonders der Verkehr von und nach Berlin ist von den Maßnahmen der DDR betroffen. Walther Schreiber, stellvertretender Regierender Bürgermeister von West-Berlin, bezeichnet die Abgabenverordnung als »Raubrittermethode«.

Albert Norden vom Informationsamt der DDR begründet den Schritt bei der Eröffnung der Leipziger Herbstmesse am 2. September: »Wir sind der Ansicht, daß es nur gerecht ist, wenn diejenigen, die zum Beispiel zu 90% die Straße Helmstedt-Berlin befahren und natürlich auch abnutzen, ebenfalls beitragen, diese Straße wieder in Ordnung zu bringen.«

Nach der überraschenden Einführung der Straßennutzungsgebühr kommt es in den ersten Tagen zu kilometerlangen Staus an den Grenzübergängen: Kraftfahrer können oder wollen das geforderte Geld nicht zahlen.

Am 7. September protestieren die stellvertretenden Hochkommissare der USA, Großbritanniens und Frankreichs beim Vorsitzenden der sowjetischen Kontrollkommission in Deutschland, General Wassili J. Tschuikow, gegen die Straßensteuer. Die Gebühr sei eine direkte Verletzung des internationalen Abkommens, das einen ungehinderten Verkehr nach Berlin vorschreibt, bemängeln sie.

In Berlin-Kreuzberg startet Bezirksbürgermeister Willi Kreßmann eine Gegenaktion: Er beauftragt die Polizei, Fahrzeuge nach Schmuggelware zu untersuchen und eine »Straßensteuer« in Höhe der DDR-Gebühr zu erheben. Als die Volkspolizei den Verkehr vom ostzonalen Sektor nach Kreuzberg stoppt, wird die Aktion abgebrochen.

Nach der Unterzeichnung des Interzonenhandelsabkommens am 20. September wird auch die Abgabe für die Nutzung von DDR-Straßen neu geregelt: Die Gebühr wird auf ein erträgliches Maß ermäßigt, so daß sie nur noch der »westdeutschen Bereitschaft zu einem Unterhaltsbeitrag für die Autobahn Helmstedt-Berlin entspricht«. Diese Vereinbarung soll bis zur Festsetzung einer pauschalen Abfindungssumme gelten.

Für die Fahrt von und nach Berlin müssen Autofahrer demnächst tief in die Tasche greifen – sowohl für Lkw als auch Pkw erhebt die DDR Gebühren.

Interzonenabkommen regelt Warenverkehr

20. September. In Berlin wird das Interzonenabkommen, das den Warenaustausch zwischen der Bundesrepublik und der DDR bis zum 30. Juni 1952 regelt, unterzeichnet. Die deutsch-deutsche Vereinbarung umfaßt einen Warenkatalog von 482 Mio. Verrechnungseinheiten.

Mit dem Handelsabkommen wird der Warenverkehr zwischen Bundesrepublik und DDR wieder auf eine legale Grundlage gestellt. Nach Ablauf des alten Handelsvertrages am → 3. August (S. 145) stockte der Warenaustausch. Warenbegleitscheine verloren ihre Gültigkeit, Güter konnten nicht mehr aus Berlin exportiert werden, eine »kleine Luftbrücke« wurde eingerichtet.

Das Interzonenhandelsabkommen, das bereits am 6. Juli paraphiert wurde, tritt rückwirkend ab 1. Juli 1951 in Kraft.

Bundeswirtschaftsminister Ludwig Erhard hat in seinem Ressort eine »Gruppe West-Ost« eingesetzt, die den deutsch-deutschen Warenverkehr organisieren soll.

Tschechoslowakischer Zug durchbricht »Eisernen Vorhang«

11. September. Nach einer spektakulären Flucht aus der Tschechoslowakei erreichen Flüchtlinge mit dem Personenzug Prag – Asch die bayerische Grenzstation Selb/Plößberg. 25 Reisende, die in den Fluchtplan eingeweiht waren, finden beim Roten Kreuz eine Unterkunft. Die amerikanischen Behörden gewähren ihnen Asyl.

Nach einer Überprüfung sollen die Flüchtlinge in das Auffanglager Valka bei Nürnberg gebracht werden. 86 Reisende wollen in die Tschechoslowakei zurückkehren. Derweil werden sie von einer Notküche versorgt.

Die Flucht von Ost nach West wurde von langer Hand vorbereitet, berichtet Lokführer Francek Jarda, der den Zug nicht im tschechischen Asch kurz vor der deutschen Grenze stoppte, sondern mit 100 km/h über ein Gütergleis nach Bayern steuerte. Die Bremsen des Zuges wurden vor Fahrtantritt gelockert und die Luft aus dem Notbremssystem gelassen, so daß es für den Zugbegleiter, der nicht in den Fluchtplan eingeweiht war, keine Möglichkeit gab, die Waggons zum Stehen zu bringen. Helfer hatten dafür gesorgt, daß sämtliche Weichen rechtzeitig gestellt waren.

Ratlos diskutieren nicht eingeweihte Fahrgäste in Selb über die Flucht.

Die Organisatoren der spektakulären Flucht sind mitsamt ihren Familien in die Bundesrepublik Deutschland gekommen. Vor ihrer Flucht luden sie noch umfangreiches Gepäck und Lebensmittel in die drei Schnellzugwaggons und den Packwagen.

Als Grund für die rasende Fahrt durch den »Eisernen Vorhang« geben die Flüchtlinge Unzufriedenheit über die Lebensbedingungen in ihrer Heimat an: »Es war nicht mehr auszuhalten, weiter in einem Oststaat zu leben.«

Nach der Freigabe der Eisenbahnwaggons durch die amerikanischen Behörden steuert ein Lokomotivführer aus der Tschechoslowakei den »Flüchtlingszug« mit den Rückkehrwilligen wieder über die nahe Grenze.

3 Pfennig mehr nach vier Wochen Streik

24. September. Nach einem vierwöchigen Streik einigen sich Unternehmer und Arbeiter der hessischen Metallindustrie auf eine durchschnittliche Erhöhung der Tariflöhne um 3 Pf je Stunde. Darüber hinaus soll eine Sozialzulage von 1 Pf pro Stunde für den Hausstand und 2 Pf für jedes Kind gezahlt werden. Ferner erhalten verheiratete Metallarbeiter eine einmalige Wirtschaftsbeihilfe von 30 DM, ledige von 20 DM.

65% der rund 60 000 Metaller haben sich zwar gegen diese Lösung ausgesprochen, für die Weiterführung eines Streiks wäre jedoch die Ablehnung des Vermittlungsvorschlags durch 75% der Arbeiterschaft notwendig gewesen.

Die Tarifauseinandersetzung war eskaliert durch die Weigerung der Unternehmer, die Stundenlöhne um 12 Pf auf 1,49 DM zu erhöhen. Nach einer Urabstimmung der IG Metall, bei der sich 88,5% für einen Streik aussprachen, begann die Arbeitsniederlegung am 27. August.

Ein besonders wichtiges Ergebnis des Arbeitskampfes sei es, so ein Bezirksleiter der Industriegewerkschaft Metall, daß die Lohn- und Arbeitsbedingungen nicht einseitig festgelegt, sondern mit den Gewerkschaften ausgehandelt wurden.

Schlechte Noten für Adenauers Politik

Ende September. Das Emnid-Institut gibt Ergebnisse einer Monatsumfrage über die Haltung der Bevölkerung zur Regierungspolitik bekannt. Die Politik des Bundeskanzlers wird kritisch bewertet. Immer mehr Bundesbürger sind mit den Maßnahmen der Regierung nicht einverstanden.

Regierung im Kreuzfeuer

Die Fragen »Halten Sie die bisherigen Maßnahmen der Bundesregierung Dr. Adenauers im allgemeinen für sehr gut, gut, mäßig oder schlecht?« wurde wie folgt beantwortet:

	sehr gut	gut	mäßig oder schlecht
1949	6%	41%	8%
1950	3%	26%	20%
1951	2%	17%	69%

Eine Stadt wächst um die Zeche: Wie hier in Bochum soll den Bergleuten eine neue Heimat geboten werden.

Zufriedener Kumpel fördert mehr Kohle

26. September. Der Bundestag billigt nach zweiter und dritter Lesung einen Gesetzentwurf zur Förderung des Bergarbeiterwohnungsbaus. Das Gesetz sieht vor, in den kommenden zwei Jahren 92 000 neue Wohnungen für Bergarbeiter zu bauen. Die Maßnahme wird durch eine Abgabe der Bergbauunternehmen finanziert: 2 DM pro Tonne Steinkohle und Steinkohlenkoks und 1 DM pro Tonne Braunkohlenbriketts müssen an den Bund entrichtet werden.

Mit dem Neubauprogramm wollen die Politiker die Bergleute an ihre Arbeitsstätte binden, die Fluktuation in den Zechenbelegschaften stoppen und neue Arbeitnehmer für eine Tätigkeit unter Tage gewinnen. Grund für den Wechsel vieler Arbeitskräfte im Bergbau sind unzureichende Lebensbedingungen. »Der deutsche Bergmann ist erst zufrieden, wenn er sein eigenes Heim hat«, kommentiert die »Frankfurter Illustrierte« die Situation im Bergbau. Viele Bergleute müssen sich bislang mit Barackenunterkünften und Wellblechhütten begnügen.

Mit dem neuen Gesetz soll letztlich die »Achillesferse« der deutschen Wirtschaft – der Steinkohlenbergbau an Rhein und Ruhr – gestärkt und ein dauerhafter ökonomischer Aufschwung geschafft werden.

△ In einer Lehrlingsunterkunft für angehende Bergleute kümmert sich die Heimmutter um die jungen Knappen.

◁ Bergmanns-Spott in »Ruhrpott-Deutsch« angesichts ihrer Arbeit »vor Ort«: »Mutta, nimmich vonne Zeche, ich kann dat Schwatte nich mehr sehn!«

Auf einer Bühne im Schöneberger Stadtpark wird die Show gestaltet. Gebannt verfolgen Berliner das Programm an der »Fernsehstraße« in der Nähe.

Berliner im Fernseh-Fieber

6. September. Der Nordwestdeutsche Rundfunk (NWDR) erhält seinen ersten Fernseh-Übertragungswagen. Am 1. Oktober wird der NWDR-Fernsehsender Berlin in Betrieb genommen. Die größte deutsche Rundfunkanstalt bereitet sich damit auf ein regelmäßiges Fernsehprogramm vor.

In Berlin grassiert bereits das »Fernseh-Fieber«: Zwei amerikanische Rundfunkgesellschaften präsentieren ihre neuesten Errungenschaften und organisieren 14 Tage lang Fernsehsendungen in Schwarz-Weiß und Farbe. In den Schaufenstern der Radiogeschäfte am Kurfürstendamm flimmert jeden Abend ein vierstündiges Fernsehprogramm. Menschentrauben drängeln sich vor den »Flimmerkästen«. Nachrichtensprecher und Künstler des RIAS (»Rundfunk im amerikanischen Sektor«) gestalten die Sendungen der US-Gesellschaften im Schöneberger Stadtpark (→ 7. 7./S. 127).

Blick in das Innere des ersten NWDR-Übertragungswagens. Regisseur und Toningenieur sitzen an den Schneidetischen und Monitoren. Sie verarbeiten die Bilder, die der Kameramann vom Dach des Wagens mit seiner fest installierten Kamera eingefangen hat. Die erste Fernsehsendung übertrugen die Rundfunktechniker des NWDR von der Landwirtschaftsausstellung in Hamburg.

Wissenschaft und Technik 1951:

Sonnen-Energie in Flaschen

Die wichtigsten technisch-wissenschaftlichen Fortschritte des Jahres ereignen sich auf den Gebieten der Energietechnik und der elektronischen Datenverarbeitung und -speicherung.

Als Durchbruch im Bereich der Kernenergienutzung gilt die Inbetriebnahme des ersten Brutreaktors der Welt, EBR-I, in Arco, US-Bundesstaat Idaho, am 20. Dezember. Die Anlage ist zugleich der erste Kernreaktor, der elektrischen Strom liefert (→ 20. 12./S. 207).

Der Brite Alan Alfred Ware und der US-Amerikaner Lyman Spitzer jr. unternehmen 1951 erstmals Versuche mit sog. magnetischen Flaschen. Spitzer nennt sein Modell »Stellarator«. In diesen »Flaschen« läßt sich Wasserstoffplasma, also ein Wasserstoffgas, dessen Atome weitgehend ihrer Elektronen beraubt sind, durch ein Feld so zusammenhalten, daß es nicht in Kontakt mit den eigentlichen Gefäßwänden kommt. Ziel ist es, das Plasma so hoch zu erhitzen und zugleich so stark zu komprimieren, daß Wasserstoffusion einsetzt, wobei je zwei Wasserstoffkerne zu einem Heliumkern verschmelzen und zugleich Energie abgeben. Die Wissenschaftler wollen damit den Energieerzeugungsprozeß der Sonne auch durch menschliche Technik nutzbar machen.

Die Versorgung mit konventionellen Energieträgern soll durch eine Pipeline rationeller gemacht werden, die auf der Arabischen Halbinsel eingeweiht wird. Sie verbindet die Ölquellen am Persischen Golf mit der Hafenstadt Saida im Libanon. Das über 1800 km lange, knapp 1 m starke Rohr kann bei einer Fließgeschwindigkeit von 3 m/sec jährlich 100 Mio. t Öl befördern.

In den USA beschäftigen sich Wissenschaftler mit der Erzeugung hoher Temperaturen um 2000° C durch Solarenergie. Sie errichten für diesen Zweck einen Forschungsofen, bei dem zahlreiche Hohlspiegel das Sonnenlicht auf einen zentralen Punkt lenken.

Einen praktischen Beitrag zur Energietechnik liefert die deutsche Heinrich Koppers GmbH. Sie baut die erste Rauchgasentschwefelungsanlage für Koksöfen und leitet damit eine Entwicklung ein, die 1951 ihrer Zeit noch weit voraus ist.

Eine neue Entwicklung in der elektronischen Informationsverarbeitung leitet auch der deutsche Nachrichtentheoretiker Walter Sprick ein. Er entwirft eine Methode, um handschriftlich geschriebene Zeichen maschinell lesbar zu machen.

»BK 100« ist der erste deutsche Videorekorder. Grundig präsentiert ihn in den späten 50er Jahren.

Magnetband speichert »zerlegte« Bilder

Ein magnetisches Aufzeichnungsverfahren, das er im Auftrag der Ampex Corporation in Kalifornien entwickelt hat, stellt Charles Ginsburg 1951 vor: Den Videorekorder. Er speichert elektronisch zerlegte Bilder auf einem 2 Zoll (5,08 cm) breiten Magnetband.

Vorgänger dieses MARK III war MARK I (1944), erster programmgesteuerter Rechenautomat Amerikas.

Schneller Großrechner MARK III geht in Betrieb

Schlagzeilen in aller Welt macht Howard H. Aiken, der an der Harvard-Universität in Cambridge (Massachusetts) den Großrechner MARK III in Betrieb nimmt. MARK III verfügt neben 2000 Relais über rund 5000 Elektronenröhren und 1300 Dioden und ist wesentlich schneller als seine Vorgänger. Seine Daten und Programme werden von Magnetbändern eingelesen. In der Zentraleinheit befindet sich ein Magnettrommelspeicher.

Für wesentlich schnellere Magnetspeicher in Rechnern sorgt W. N. Papian – ebenfalls in Cambridge –, der die ersten Kernspeicher für Elektronenrechner entwickelt. Die winzigen ringförmigen Keramikmagnete können jeweils ein Bit speichern. Das ist die Basiseinheit des digitalen Datenflusses. Ähnliche Speicher- oder Schaltelemente entwickelt unter der Bezeichnung Bandringkerne die deutsche Firma Vacuumschmelze in Hanau.

Eine der 107 Relais-Stationen des neuen Rundfunknetzes in den USA. Die 1. Fernsehübertragung von Ost- zu Westküste gelingt.

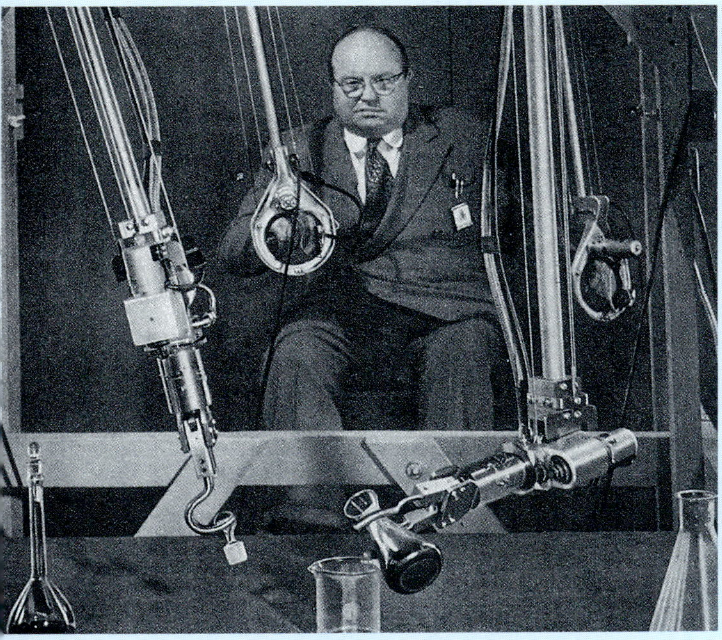

Mit diesen »ferngesteuerten Händen« können die Wissenschaftler radioaktive Flüssigkeiten weitgehend gefahrlos umfüllen.

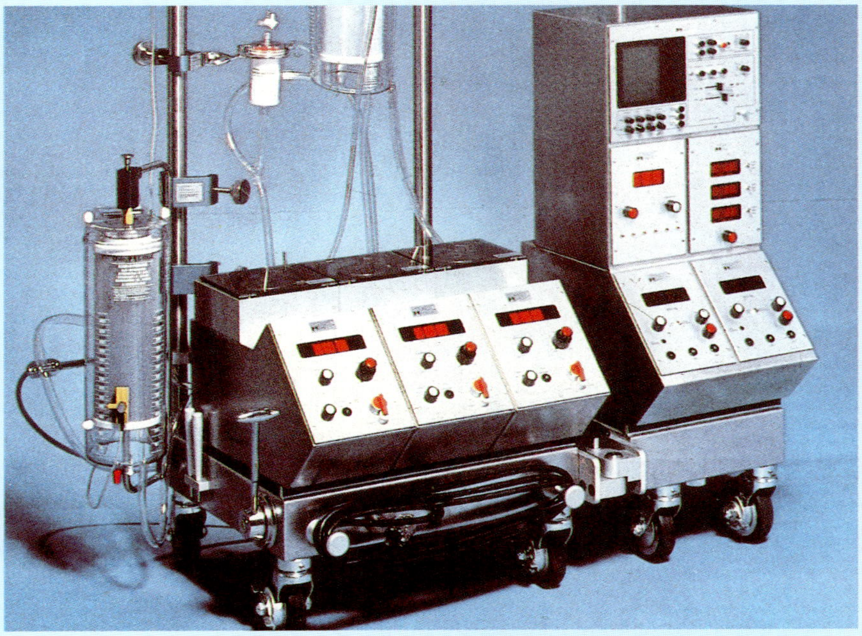

Am 5. April findet in Minnesota die erste Operation am offenen Herzen mit Hilfe eines »Herz-Lungen-Apparats« statt. Erstmals ersetzt eine Maschine diese Organe.

Gründgens gründet »Schauspiel-GmbH«

13. September. Im wiederaufgebauten Operettenhaus wird das neue Düsseldorfer Schauspielhaus eröffnet. Ein kulturpolitisches Novum ist die Organisation des Theaters als »Schauspiel-GmbH«. Gustaf Gründgens spielt am Eröffnungstag in einer Neuinszenierung von Schillers »Räubern« den Franz Moor.
Gründgens, der seit 1947 Generalintendant der Städtischen Bühnen in seiner Heimatstadt Düsseldorf ist, startet mit dieser Eröffnungspremiere ein vieldiskutiertes Projekt: Nach der von ihm durchgesetzten Trennung von Oper und Schauspiel erzwang er unter Rücktrittsdrohungen die Gründung einer »Schauspiel-GmbH«.
Hauptgesellschafter dieser für ein deutsches Theater ungewöhnlichen Konstruktion sind die Stadt Düsseldorf, das Land Nordrhein-Westfalen sowie Gewerkschafts- und Wirtschaftsvertreter. Gründgens selbst ist nicht nur künstlerischer Leiter, erster Regisseur und erster Schauspieler, sondern auch Geschäftsführer der GmbH. Unbelastet von einschnürenden Etatzwängen und den drückenden Vorschriften der Verwaltungsbürokratie hat Gründgens nunmehr fast uneingeschränkte Gestaltungsmöglichkeiten. Mit dieser Umstrukturierung hin zum kapitalrechtlich abgesicherten Subventionstheater vollzieht sich für den Prinzipal die notwendige Anpassung an die neue künstlerische und wirtschaftliche Wirklichkeit der Nachkriegszeit.
Die Eröffnungspremiere von Schillers »Räubern« in dem für 1,2 Mio. DM umgebauten neuen Schauspielhaus wird zu einem Triumph für Gründgens und seine Schauspieler. Kritiker sprechen von konzessionsloser Kühnheit in der grandiosen Verdichtung des Thematischen und von unerbittlicher Folgerichtigkeit der dramaturgischen Akzentuierung, wie sie nur ein echter Ensemblegeist hervorbringen könne.

Glanzvoller Auftakt in Düsseldorf: Gustaf Gründgens (r.) mit Hans Schalla als Pastor Moser in Schillers »Räubern«. Gründgens glänzt als Darsteller des Neurotikers Franz Moor, der von tiefster Angst gepeinigt in anarchistischem Terror versinkt. Gründgens hat als Dramaturg, Regisseur und Schauspieler das Werk vom Schwulst jeglicher Theatralik befreit.

V. l.: Bundespräsident Theodor Heuss und Josef Knecht ehren Albert Schweitzer.

Seit Jahren Freunde: Heuss und Schweitzer

Friedenspreis des Buchhandels für 71jährigen »Urwalddoktor«

16. September. *Während eines Festaktes in der Frankfurter Paulskirche überreichen Bundespräsident Theodor Heuss und Josef Knecht, Chef des Börsenvereins Deutscher Verleger- und Buchhändlerverbände, den Friedenspreis des deutschen Buchhandels an Albert Schweitzer. Die 10 000 DM, die der 71jährige »Urwalddoktor« des Tropenhospitals Lambaréné erhält, stiftet er Flüchtlingen und notleidenden Schriftstellern. Die »Frankfurter Allgemeine Zeitung« schreibt: »Die Unterscheidung zwischen Gewalt und Recht, das Bekenntnis zur Macht des Geistes über die Grenzen hinweg soll durch die Verleihung des Preises an den Humanisten, Forscher, Arzt und Missionar Professor Albert Schweitzer zum Ausdruck kommen.«*

Hitler-Protokolle sorgen für Unmut

4. September. Der bayerische Ministerpräsident Hans Ehard (CSU) übt heftige Kritik am Münchner »Deutschen Institut für Geschichte der nationalsozialistischen Zeit«, das »Hitlers Tischgespräche« aus den Jahren 1941/42 veröffentlicht hat.
Ehard bezweifelt die Wissenschaftlichkeit der Forschungsanstalt, da Hitlers Tischgespräche, obwohl deren Authentizität noch nicht gesichert sei, an die Illustrierte »Quick« weitergegeben worden war.
Gegenstand des Streits sind Protokolle, die 1941/42 im »Führerhauptquartier« auf Veranlassung des Leiters der Parteikanzlei Martin Bormann und mit Wissen Hitlers verfaßt worden sind. Fast täglich hatte Hitler um die Mittagszeit vor Vertrauten »Kasino-Tagungen« abgehalten, auf denen er seine gesamte Weltsicht ausbreitete.
Besorgte Intellektuelle, wie etwa die Politikwissenschaftlerin und Soziologin Hannah Arendt, kritisieren, daß man die Form der Herausgabe kaum hätte ungeschickter wählen können und so dem aufkeimenden Neonazismus Vorschub leiste: »Da auf jeglichen Kommentar verzichtet wird, hat man Hitler wie zu Lebzeiten das freie unwidersprochene Wort gelassen«.

Berliner laden zu ersten Festwochen

5. September. Bundespräsident Theodor Heuss eröffnet im wiederaufgebauten repräsentativen Schiller-Theater in der Bismarckstraße die ersten Berliner Festwochen.
Tieferer Sinn der Festwochen sei es, der Welt zu zeigen, »daß Berlin mit ungebrochenem Lebensmut nicht nur mit Freude schafft, sondern auch freudig Feste veranstaltet«, heißt es in dem Prospekt, der in allen Reisebüros der westlichen Welt zu einem Besuch der Festwochen einlädt. Den Auftakt der Festlichkeiten gestaltet das Schiller-Theater mit dem »Wilhelm Tell« in einer Inszenierung von Boleslav Barlog.
Während der Festwochen, die bis zum 30. September dauern, finden in der ganzen Stadt Theateraufführungen, Konzerte und Kunstausstellungen statt. Künstler, Ensembles und Orchester aus dem In- und Ausland geben Gastspiele.

Ein Schlag gegen den Adamsapfel macht Robinson (l.) für einen Moment sprachlos. Dann hat er die passende Antwort: Rechte Gerade, technischer K. o.

Comeback von Robinson

12. September. Im Revanchekampf gegen Randolph Turpin holt sich der farbige US-Amerikaner »Sugar« Ray Robinson in New York durch einen Abbruchsieg in der zehnten Runde den Weltmeistertitel der Profi-Boxer im Mittelgewicht zurück.

Am 10. Juli hatte der 31 Jahre alte Robinson – erst seit Februar durch einen K.-o.-Sieg gegen Jake LaMotta Titelträger – in London gegen den 23jährigen britischen Empire-Meister Turpin eine klare Punktniederlage hinnehmen müssen.

Die Revanche steht unter einem anderen Stern: Bereits in der fünften Runde steht Turpin in äußerster Bedrängnis mit dem Rücken zum Seil. In der zehnten Runde schickt Robinson den Titelverteidiger mit einer Rechten auf die Bretter. Kurz darauf bricht der Ringrichter den Kampf wegen krasser Unterlegenheit von Randolph Turpin ab.

Zatopek läuft Traumrekord

29. September. Der als »tschechoslowakischer Wunderläufer« bekannte Emil Zatopek läuft in Stara Boleslav als erster Athlet der Welt in einer Stunde mehr als 20 km. Er verbessert dabei seinen alten Stundenrekord von 19,558 km auf 20,052 km.

Zatopek ist eine der herausragenden Sportlergestalten nach dem Zweiten Weltkrieg, zusammen mit dem »großen Schweiger«, dem Finnen Paavo Nurmi, der erfolgreichste Langstreckenläufer aller Zeiten. Dem am 19. September 1922 in Kopřivnice geborenen Sohn eines Tischlers gelingt als »Sportsoldat« der tschechischen Armee eine glänzende Karriere: Einer Goldmedaille im 10 000-m-Lauf und einer Silbermedaille im 5000-m-Lauf während der Olympischen Spiele 1948 in London folgten mehrere Weltrekorde über 10 000 m und 20 000 m. Zatopek avanciert aufgrund seiner Erfolge vom Unterleutnant zum Hauptmann, dann zum Major, später zum Oberstleutnant.

Seine phänomenalen sportlichen Erfolge erreicht die »tschechische Lokomotive«, wie ein anderer Spitzname lautet, mit Hilfe des neuartigen Intervalltrainings. Hierbei wechseln Phasen der Höchstbelastung mit relativen Ruhephasen ab. Zatopek steigert dies allerdings fast ins Selbstmörderische. Nach eigener Aussage lief er bis zu hundertmal 400 m täglich.

Zatopek: Zuerst über die 20-km-Ziellinie, danach Stundenweltrekord

Unverwechselbar ist vor allem der Laufstil des bescheiden und umgänglich auftretenden tschechischen Patrioten: Er gilt nicht gerade als Laufästhet. Mit heraushängender Zunge, verzerrtem Gesicht und schwer arbeitenden Schultern quält er sich ins Ziel. Seine Rekordläufe sind brutale Kraftakte in Form eines Anrennens des unbeugsamen Willens gegen die Grenzen der menschlichen Leistungsfähigkeit.

Punktsieg für Hüne Hein

23. September. Dem Deutschen Meister im Schwergewicht, Hein ten Hoff, gelingt nach einem überaus harten Kampf gegen den Briten Jack Gardner in der Berliner Waldbühne der Griff nach dem Europameister-Titel. Der 15-Runden-Fight vor 30 000 Zuschauern, darunter viel Prominenz von Bühne und Film, endet mit einem klaren Punktsieg des 32jährigen Oldenburgers.

Landet einen »Heumacher«: Hein ten Hoff (r.) am längeren Hebel

Kampfentscheidend ist der Reichweitenvorteil des 1,98 m langen Deutschen, dem es über die gesamte Distanz gelingt, mit seiner linken Geraden Punkte zu sammeln. Ten Hoff trifft immer wieder die besonders anfällige linke Augenbraue des Titelverteidigers. Bereits in der dritten Runde beginnt sie sich zu öffnen, ab der zehnten Runde blutet die Wunde erheblich. Von 15 Runden gewinnt ten Hoff mindestens zehn, während die übrigen ausgeglichen verlaufen. Hein ten Hoff ist nach Hein Müller (1931), Arno Kölblin (1937), Adolf Heuser (1939) und Max Schmeling (1939) der fünfte deutsche Europameister im Schwergewicht.

Mannschaftsbild der DFB-Auswahl: 1 Turek, 2 Streitle, 3 Kohlmeyer, 4 Mebus, 5 Posipal, 6 Schanko, 7 Gerritzen, 8 Haferkamp, 9 Preißler, 10 Morlock, 11 F. Walter, 12 Barufka, 13 Herrmann, 14 Trainer Herberger

Kicker glänzen in Wien

23. September. Im ersten Nachkriegsländerspiel der beiden Mannschaften schlägt die deutsche Fußball-Nationalmannschaft im Wiener Praterstadion das österreichische Team 2:0 und sorgt für eine europäische Fußball-Überraschung.

Das Prestigeduell wird von der Öffentlichkeit zum »Fußballkampf des Jahres« hochstilisiert. Die als spielschwächer eingestuften Deutschen kommen durch Treffer von Max Morlock und Hans Haferkamp (54. und 86. Minute) zum verdienten Sieg.

Kunst 1951:

»Tachismus« – spontane Entladung als Kompositionsprinzip

In Paris stirbt 1951 der Maler Wols, mit bürgerlichem Namen Alfred Otto Wolfgang Schulze. Er hat der europäischen Kunst des Jahres 1951 und nachwirkend der 50er Jahre seinen Stempel aufgedrückt, einer Kunst, die »Informelle Kunst«, »Art Informel«, genannt wird.
1913 in Berlin geboren, studierte Wols Anfang der 30er Jahre kurze Zeit am Bauhaus bei Ludwig Mies van der Rohe und Laszlo Moholy-Nagy, bevor er nach Paris zog. In seinen frühen Werken läßt sich der Einfluß Paul Klees ablesen. In Paris entwickelt er, wie auch ein anderer Deutscher, Hans Hartung, Sonderformen gegenstandsloser Malerei.
Hartung drückt sich in einem rhythmischen Graphismus aus, einer subjektiven kalligraphischen Informel mit parallel und diagonal verlaufenden Pinselstrichen. Bei Wols dagegen erscheinen irregulär, dramatisch und ungestüm auf die Bildfläche geworfene Formen. Wols' Gemälde entstanden häufig in tranceähnlicher Verfassung. Linie und Farbe entwickeln sich frei, selbständig und psychogrammatisch. Beide Künstler können als die führenden Vertreter des französischen »Informel« bezeichnet werden, einer künstlerischen Bewegung, die sich unter wechselndem Namen wie »Abstrakter Expressionismus«, »Informelle Kunst«, »Peinture de geste«, »Tachismus« und »Action painting« weltweit verbreitet.
Während Hartung die einfachen psychomotorischen Grundenergien des Menschen, die er aus dem Körpergefühl in weiten Schwüngen entfaltet und in großformatigen Ausdrucksbewegungen unter harmonisierende bildnerische Kontrolle bringt, in Bildsprache umsetzt, entwickelte Wols einen unabsehbaren Strudel unregelmäßiger Linien und Farbbewegungen. Hier verknüpft sich die Wirklichkeitserfahrung der sinnlichen Wahrnehmung im kreativen Aktionsprozeß des Malens mit der sensiblen informellen Figurationsdynamik der Intuition: »Ein Künstler muß über das Augenfällige hinaussehen ...«
Wols gilt in Deutschland als der große Prophet des »Tachismus« (taches = Flecken) bzw. der »Art Informel«. Ohne große Vorüberlegung ergeben nach dem Konzept der »Tachisten« gepinselte Farbflecken und Flächenelemente eine intellektuell ungesteuerte, abstrakte Komposition. Bei Wols rieseln, züngeln, wirbeln und verknoten sich eine Fülle linearer und farbiger Partikel zu einem Bildganzen. Seine visionären Traumbilder geben unmittelbar den Stand seiner Selbstzerstörung an.
Zu den französischen Abstraktionsmalern des gestisch-informellen Prozesses, die ebenso wie die »Action-painting«-Maler aus dem surrealistischen Automatismus einen abstrakten, emotionalen Expressionismus ableiten, gehört neben Wols

Das Bild »Visa« (1951) von Stuart Davis, der als Ahnherr der Pop-art gilt. Er verwendet in seinen schematisch wirkenden und grell bunten Kompositionen vor allem Zeichen und Buchstaben, wie sie ihm im Alltag begegnen.

Der Gegenstand in der Moderne

Von den Konstruktivisten der 20er Jahre ausgehend, entfaltete sich die gegenstandslose Malerei im Informalismus. Dennoch bleibt die »Idee des Gegenstandes« (Pablo Picasso) für viele Maler der Moderne beherrschend. Nicht in konventioneller Manier, sondern auf expressive oder verschlüsselte Weise taucht gegenstandsnahe Kunst etwa bei Marc Chagall, Georges Braque, Fernand Léger, Henri Matisse oder Max Ernst auf.

▷ Der Italiener Emilio Vedova malt das Bild »Immagine del Tempo«.

Wols, »Die Windmühle«, Öl auf Leinwand; die immer wiederkehrende Grundform dieses Gemäldes des »Tachismus«-Begründers ist die Farbform, die sich aus dem Zentrum entwickelt und organisch ausdehnt.

auch Georges Mathieu. Er schließt sich wie andere Künstler Frankreichs, so Jean Bazaine und Roger Bissière, der losen Künstlervereinigung »École de Paris« an. Von ihr geht ein großer Einfluß auf die deutschen informellen Maler aus.
Mathieus bildnerischer Ausdruck ist von der Material- und Farbauswahl sowie von seinen inneren Impulsen bestimmt. Er malt, ohne eine konkrete Vorstellung davon zu haben, wie das Bild später aussehen wird. Vor allem kommt es ihm auf die Schnelligkeit des Malens an: »Zu der Notwendigkeit von Geschwindigkeit und Improvisation füge ich als sublimierte Kondition die Konzentration psychischer Energie und gleichzeitig den Zustand völliger Leere.«
Nur durch die Abkehr von konventionellen Bindungen an die Kunst und die Loslösung von Vorbildern wird es Georges Mathieu möglich, das Phänomen Geschwindigkeit in seine neuartige Malweise einzuführen. Mathieu liebt es, mit der Farbe schwungvoll und verschwenderisch umzugehen. Die Geschwindigkeit der schöpferischen Malweise hat bei ihm endgültig das Handwerkliche verdrängt.

Beitrag aus den USA: »Action-painting«

Im »Action-painting« liegt die Betonung auf dem künstlerischen Gestaltungsakt als dem archetypischen Verhalten des Kreativen. Der dynamische Ablauf des Malprozesses wird zum Postulat künstlerischer Realisation erhoben und die Malerei als Niederschrift einer Aktion verstanden. Konkrete Formprinzipien bleiben unberücksichtigt.
Den Begriff »Action-painting« prägt der Kritiker Harald Rosenberg in den Vereinigten Staaten für die Arbeitstechnik von Jackson Pollock, einer Malweise, die dem Zufall überlassen bleibt und dem psychischen Automatismus der Surrealisten entspricht. Die unkontrolliert spontane Malweise wird in den USA zu einer eigenständigen Kunst. Um ein freies Ausleben auf der Bildfläche zu ermöglichen, gibt der Maler das Prinzip der Komposition und die konventionelle Technik auf.
»Wenn ich in meinem Bild bin«, so Pollock, »bin ich mir nicht bewußt, was ich tue.« Pollock legt seine Malflächen auf den Boden und bearbeitet sie mit verschiedenen Materialien und Werkzeugen wie Kellen, Stöcken und Spachteln. Oder er beträufelt und bespritzt die Leinwand beim »Farb-dripping« so von allen Seiten, daß die Komposition auch von allen Seiten »gleich- gewichtig« ist. Das Kunstwerk wächst quasi über die Grenzen des Rahmens hinaus. Das kreative Arbeiten an den Kompositionen spiegelt die ständige Verwandlung des Wirklichen wider, den Wechsel von Aufbau und Zerstörung, von Formation und Deformation.
»Action-painting« ist ein bedeutender Beitrag der amerikanischen Moderne zur abstrakten Malerei. Unter dem Einfluß des »Action-painting« stehen Maler wie Willem de Kooning, Sam Francis, Mark Tobey und Georges Mathieu. Jackson Pollock wurde sowohl durch die Theorien André Bretons, als auch durch die dem Dadaismus verwandten Automatismen André Massons stark beeinflußt.
Dem Auge des Betrachters erschließt sich ein Gesamteindruck eines wirren Liniennetzes als ästhetische Ordnung, das ihn in gewisser Weise zu faszinieren in der Lage ist, ihn aber zugleich auch irritieren und verunsichern kann.

Oktober 1951

Mo	Di	Mi	Do	Fr	Sa	So
1	2	3	4	5	6	7
8	9	10	11	12	13	14
15	16	17	18	19	20	21
22	23	24	25	26	27	28
29	30	31				

1. Oktober, Montag

Das Außenministerium in London gibt den Abtransport des gesamten britischen Fachpersonals aus dem umstrittenen iranischen Erdölzentrum Abadan bekannt (→ 27. 9./S. 159).

Die Bundesrepublik Deutschland tritt dem »Allgemeinen Handels- und Zollabkommen« (GATT) bei. → S. 178

Zum jüdischen Neujahrstag bekennen sich führende Persönlichkeiten der Bundesrepublik zu einer deutsch-jüdischen Verständigung (→ 27. 9./S. 160). Es beginnt nach jüdischer Zeitrechnung das Jahr 5712.

In Berlin wird der Fernsehsender des Nordwestdeutschen Rundfunks in Betrieb genommen (→ 6. 9./S. 164).

2. Oktober, Dienstag

Bundeskanzler Konrad Adenauer erstattet dem Kabinett Bericht über die kontrovers verlaufenen Gespräche mit den alliierten Oberkommissaren auf Schloß Röttgen. Während der Kanzler ein grundsätzliches Ende der obersten Autorität der Besatzungsmächte fordert, wollen diese allenfalls eine weitere Delegierung von Souveränitätsrechten zugestehen (→ 6. 3./S. 50).

Vor dem Zweiten Senat des Bundesverfassungsgerichts beginnt die mündliche Verhandlung über den Abstimmungsmodus in bezug auf den geplanten »Südweststaat« (→ 9. 12./S. 202). Das Land Baden hatte gegen die Neugliederungsgesetze des Bundes Verfassungsbeschwerde eingelegt.

Der Nordwestdeutsche Rundfunk nimmt in Norden-Osterloog einen 350-Watt- Kurzwellensender (→ 22. 11./S. 193) mit Richtstrahler nach Südosteuropa, Nahost und Nordamerika in Betrieb.

3. Oktober, Mittwoch

Noch vor Ablauf eines von der iranischen Regierung gestellten Ultimatums verlassen alle britischen Staatsangehörigen das Erdölzentrum Abadan (→ 27. 9./S. 159).

US-Präsident Harry S. Truman überrascht die Weltöffentlichkeit mit der Mitteilung, daß die Sowjetunion einen Atombombentest unternommen habe. → S. 175

4. Oktober, Donnerstag

In einer Note der Bundesregierung an die Regierungen der Westalliierten präzisiert Konrad Adenauer die Bedingungen für die Abhaltung von gesamtdeutschen Wahlen (→ 9. 3./S. 52). Insbesondere verlangt Adenauer die Entsendung einer neutralen internationalen Kommission in beide Teile Deutschlands. Sie soll untersuchen, inwieweit die bestehenden Verhältnisse die Durchführung freier Wahlen ermöglichen.

An der Grenze zwischen dem sowjetischen und dem französischen Sektor kommt es in Berlin zu schweren Ausschreitungen zwischen West-Berliner Polizei und etwa 6000 Mitgliedern der Freien Deutschen Jugend (FDJ). Anlaß der Demonstration war das Verbot einer FDJ-Veranstaltung im französischen Sektor (→ 26. 6./S. 101).

»Infolge ungenügender Kohlezuteilung« sieht sich die Deutsche Bundesbahn gezwungen, Einschränkungen im Reisezugverkehr vorzunehmen. Im Winterfahrplan entfallen 28 Schnell- und Eilzüge ganz, 120 Personenzüge werden aus den Sonntagsfahrplänen gestrichen.

Auf dem 38. Pariser Autosalon wird das futuristische Versuchsmodell »Le sabre« (Der Säbel) der Öffentlichkeit vorgestellt. → S. 182

Im niedersächsischen Stadtoldendorf werden die Entnazifizierungsakten im Ofen des städtischen Gaswerks verbrannt, meldet die »Frankfurter Allgemeine Zeitung«. Stadtoldendorf ziehe damit als erste Stadt einen Schlußstrich unter die Entnazifizierung. → S. 179

5. Oktober, Freitag

Der Bundesrat lehnt die von Finanzminister Fritz Schäffer (CSU) vorgeschlagene Aufwandsteuer (→ 8. 11./S. 193) ab und schlägt statt dessen eine Erhöhung der Umsatzsteuer vor.

Die Tarife der Bundesbahn werden durchschnittlich um 15% bis 30% erhöht. Der Berufsverkehr wird von dieser Erhöhung nicht betroffen. Für den Transport von Zuckerrüben, lebenden Tieren und Kartoffeln treten neue Tarife erst im nächsten Jahr in Kraft.

Der 250 000. Volkswagen läuft im Wolfsburger Volkswagenwerk vom Band. Der »Jubiläumswagen« wird unter der Belegschaft verlost.

6. Oktober, Samstag

Der sowjetische Diktator Josef W. Stalin bestätigt den zweiten Atombombenversuch seines Landes und kündigt weitere Anstrengungen zur Entwicklung einer Atombombe an (→ 3. 10./S. 175).

Der deutsche Philosoph Martin Heidegger beendet mit dem Vortrag »... und dichterisch wohnet der Mensch ...« auf Bühlerhöhe eine bereits 1949 begonnene Vortragsreihe. → S. 183

7. Oktober, Sonntag

Bei den Wahlen zur Bremer Bürgerschaft erhöht die nationalkonservative Deutsche Partei (DP) ihren Stimmenanteil von 3,8% auf 14,7% und wird zweitstärkste Fraktion. → S. 179

Der Dichter Bertolt Brecht erhält aus den Händen von DDR-Staatspräsident Wilhelm Pieck in Ost-Berlin den Nationalpreis 1. Klasse. → S. 183

8. Oktober, Montag

Ägypten kündigt einseitig die bestehenden Verträge mit Großbritannien über die gemeinsame Verwaltung des Sudan und über die Stationierung britischer Truppen in der Sueskanal-Zone. → S. 175

Die Alliierte Kommandantur Berlins teilt dem Regierenden Bürgermeister Ernst Reuter mit, daß Bundesgesetze für Berlin übernommen werden dürfen. Voraussetzung ist ein Mantelgesetz, das die Bestimmungen des jeweiligen Bundesgesetzes in Berlin für gültig erklärt.

Erstmals seit 15 Jahren dirigiert Igor Strawinski wieder ein deutsches Orchester. → S. 183

260 Verlage repräsentieren auf einer deutschen Buchausstellung in Stockholm zum ersten Mal nach dem Zweiten Weltkrieg das deutsche Buch in Skandinavien. Die Ausstellung dauert bis zum 15. Oktober.

9. Oktober, Dienstag

Die Arabische Liga, die 1945 gegründete politisch-militärische Gemeinschaft arabischer Staaten , erklärt sich im britisch-ägyptischen Vertragsstreit (→ 8. 10./S. 175) mit Ägypten solidarisch.

Das Bundeskabinett verabschiedet einen Gesetzentwurf, der für die Benutzung der Autobahnen eine jährliche Gebühr vorsieht. → S. 179

Die August-Thyssen-Hütte in Duisburg nimmt nach sechsjähriger Unterbrechung ihren ersten Siemens-Martin-Ofen zur Stahlerzeugung in Betrieb.

10. Oktober, Mittwoch

Die Arabische Liga fordert die Unabhängigkeit Marokkos. Sie beschuldigt die Schutzmacht Frankreich (→ 27. 3./S. 54), eine imperialistische Politik zu betreiben und verlangt die Abschaffung des französischen Protektorats.

Als Vorbedingung für gesamtdeutsche Wahlen (→ 9. 3./S. 52) nennt die DDR-Volkskammer den sofortigen Abbruch der Verhandlungen über die Einbeziehung der Bundesrepublik in die westliche Verteidigungsgemeinschaft (→ 15. 2./S. 32).

11. Oktober, Donnerstag

Die Deutsche Partei (DP), die in der Bundesregierung mit zwei Ministern vertreten ist, bekennt sich durch ihren Sprecher Hans Joachim von Merkatz zur Monarchie (→ 7. 10./S. 179).

Im größten West-Berliner Prozeß der Nachkriegsgeschichte sind mehrere Geschäftsleute und Firmen angeklagt, Stahl in den Osten geschmuggelt zu haben. → S. 175

12. Oktober, Freitag

Die Sowjetunion erklärt sich zu einer Revision des italienischen Friedensvertrags bereit. Unabdingbare Voraussetzung wäre allerdings ein Ausscheiden Italiens aus dem Nordatlantikpakt (→ 26. 7./S. 119).

Zur Wiedergutmachung an Opfern des Dritten Reiches gibt die Alliierte Oberkommission auf Antrag der Bundesregierung bisher gesperrte Vermögenswerte in Höhe von 20 Mio. DM frei. Die Vermögenswerte, die Opfern des Nationalsozialismus gehört haben, sollen den Nachfolgeorganisationen der Verfolgten zukommen.

»Die Verurteilung des Lukullus«, eine Überarbeitung der Oper »Das Verhör des Lukullus« von Bertolt Brecht hat an der Deutschen Staatsoper in Ost-Berlin Premiere (→ 17. 3./S. 58).

13. Oktober, Samstag

Der stellvertretende Ministerpräsident der DDR, Walter Ulbricht, ruft zur breiten Anwendung der sowjetischen Arbeitsmethoden auf. Man könne nur dann schneller vorwärtskommen, wenn man von dem »Land mit der höchsten Entwicklung der menschlichen Gesellschaft« lerne.

Der französische Finanzminister René Mayer kündigt zur Rettung des schwachen Francs scharfe Maßnahmen gegen Dollar- und Goldspekulanten an. Er warnt eindringlich vor einer »Inflationspsychose«, die die angespannte Finanzsituation des Landes nur noch weiter verschärfen würde.

Mit einer Friedensbotschaft an 1 Mio. Gläubige im portugiesischen Wallfahrtsort Fatima beendet Papst Pius XII. das Heilige Jahr. → S. 182

14. Oktober, Sonntag

Auf einem »Exilparteitag« der Ost-CDU in Bonn erklärt Bundeskanzler Konrad Adenauer: »Wenn ich dies auch nicht jeden Augenblick hinausschreie und plakatiere, so ist die deutsche Einheit das höchste Ziel meiner Politik«.

Wie jedes Jahr finden sich zu den britischen Flottenmanövern vor den Shetland- Inseln auch in diesem Jahr wieder pünktlich die als Heringsfänger getarnten sowjetischen Spionageschiffe ein.

Weinkönigin Gisela I. tauft in Neustadt an der Weinstraße den neuen Wein des Jahrgangs 1951 auf den Namen »Sorgentöter«.

15. Oktober, Montag

In einer Note zur Frage gesamtdeutscher Wahlen (→ 9. 3./S. 52) äußern sich die drei Westmächte zustimmend und kündigen die Entsendung einer internationalen Kommission zur Prüfung der Voraussetzungen in beiden deutschen Staaten an.

Mit Stimmenverlusten der Sozialisten und Kommunisten enden die Departement-Wahlen in Frankreich. So büßen etwa die Sozialisten 139 ihrer 417 Sitze in den Ratsversammlungen der Departements ein (→ 17. 6./S. 102).

Die »Illustrated London News« vom 27. Oktober berichtet über die antibritischen Ausschreitungen in der Sueskanal-Zone. Um den »ägyptischen Mob«, so die Zeitschrift, im Zaum zu halten, errichtet britisches Militär Straßensperren.

THE ILLUSTRATED LONDON NEWS,

The World Copyright of all the Editorial Matter, both Illustrations and Letterpress, is Strictly Reserved in Great Britain, the British Dominions and Colonies, Europe, and the United States of America.

SATURDAY, OCTOBER 27, 1951.

KEEPING THE PEACE IN EGYPT: MEN OF THE 1ST BN., THE LANCASHIRE FUSILIERS, MANNING A ROAD BLOCK IN ISMAILIA, WHILE RESTORING ORDER AFTER WIDESPREAD ANTI-BRITISH RIOTING BY AN EGYPTIAN MOB.

The Egyptian crisis began on October 8 when Nahas Pasha introduced legislation to end the 1936 Anglo-Egyptian Treaty and to declare King Farouk King of Egypt and Sudan. On October 10 there were anti-British riots in Cairo and the United States condemned the Egyptian abrogation move. On October 12 an offer, which had been in preparation for some time, was made by Britain, France, Turkey and the U.S.A. to include Egypt as equal partner in a Middle East and Suez Canal defence plan. On October 15 Egypt refused this offer and confirmed the abrogation of the 1936 treaty. On the following day there was severe rioting in the Canal Zone; and during October 17, 18 and 19 British troops were reinforced, restored order and took over control of the Canal Zone.

16. Oktober, Dienstag

Der Weltsicherheitsrat in New York behandelt den iranisch-britischen Ölkonflikt (→ 31. 7./S. 114). Der iranische Ministerpräsident Mohammad Mossadegh fordert das Gremium auf, sich in dieser Angelegenheit für nicht zuständig zu erklären.

Der Ministerpräsident von Pakistan, Liaquat Ali Khan, fällt in Rawalpindi einem Attentat zum Opfer. → S. 177

Eine Debatte des Deutschen Bundestags über die deutsche Frage endet mit scharfen Auseinandersetzungen zwischen Vertretern der Regierung und der Opposition. → S. 178

Ein kräftiges und andauerndes Hoch mit bisher über 140 Sonnenstunden läßt die Meteorologen vom »schönsten Oktober seit 31 Jahren« sprechen.

17. Oktober, Mittwoch

In einem Antrag spricht sich der Bundestag gegen die Zwangsumsiedlung von insgesamt 200 000 Banater Schwaben in den Osten Rumäniens aus (→ 30. 8./S. 143). Die Abgeordneten ersuchen die Bundesregierung, bei den Vereinten Nationen Anklage zu erheben.

In Dublin verliert die deutsche Fußball-Nationalmannschaft überraschend 2:3 gegen Irland.

18. Oktober, Donnerstag

Die Außenminister von Costa Rica, Guatemala, Honduras, Nicaragua und El Salvador gründen in San Salvador die »Organisation der Zentralamerikanischen Staaten« (ODECA; Organización de Estados Centroamericanos). Die beteiligten Staaten wollen in Zukunft ihre Probleme gemeinsam lösen.

Der West-Berliner Vorort Steinstücken bei Zehlendorf wird ohne Vorankündigung von DDR-Volkspolizei und sowjetischen Soldaten besetzt. → S. 178

Der Nobelpreis für Medizin wird dem US-amerikanischen Arzt Max Theiler von der Rockefeller-Stiftung in New York zugesprochen. Der 51jährige Virusforscher entwickelte Impfstoffe gegen das Gelbfieber (→ 10. 12./S. 210).

19. Oktober, Freitag

Die USA beenden offiziell den Kriegszustand mit Deutschland (→ 9. 7./S. 120).

Die Alliierte Hochkommission überträgt ihre Befugnisse bezüglich der Überwachung des Grundgesetzes auf die Bundesregierung. Zur Begründung verweisen die Alliierten auf die Schaffung des Bundesverfassungsgerichts (→ 28. 9./S. 161), das diese Aufgabe in Zukunft übernehmen soll.

Staatssekretär Walter Hallstein gibt vor der Presse die Zusagen der drei Besatzungsmächte und der Benelux-Staaten zur Beendigung des Ruhrstatuts bekannt (→ 21. 12./S. 205). Auch sollen alle Beschränkungen der deutschen Eisen-, Kohle- und Stahlproduktion wegfallen.

20. Oktober, Samstag

Da der UN-Sicherheitsrat nach sechs Sitzungen zum Thema iranisch-britischer Ölstreit (→ 29. 9./S. 159) zu keiner Lösung kommt, beschließt er, die Angelegenheit zu vertagen. Der Internationale Gerichtshof in Den Haag soll zuerst die Frage der Zuständigkeit des UN-Sicherheitsrats klären.

Im Münchner Haus der Kunst wird eine Ausstellung mit Werken von Altmeistern der NS-Kunst eröffnet. Gezeigt werden etwa Bilder von Sepp Hilz und Josef Thorak. Den zahlreichen Protesten begegnet der bayerische Kultusminister Josef Schwalber mit den Worten: »Es können Bilder nicht deshalb verboten werden, weil sie einmal Nazigrößen gefallen haben.«

21. Oktober, Sonntag

Wegen des ägyptisch-britischen Streits um die Sueskanal-Zone (→ 8. 10./S. 175) verstärkt Großbritannien seine Garnisonen in der Kanalzone um insgesamt 6000 bis 8000 Mann.

Auf dem Parteitag der CDU in Karlsruhe sprechen sich die Delegierten einstimmig für die dritte Strophe des Deutschlandlieds als Nationalhymne (→ 1. 1./S. 17) aus. Besonders Bundeskanzler Konrad Adenauer setzt sich für diesen Antrag ein.

Der deutsche Dichter Gottfried Benn erhält in Darmstadt den Georg-Büchner-Preis. → S. 183

22. Oktober, Montag

Auf dem Testgelände im US-Bundesstaat Nevada wird eine »Baby-Atombombe« zur Explosion gebracht (→ 1. 11./S. 194). Der bisher kleinste Atombombentest steht nach Ansicht von Beobachtern im Zusammenhang mit Überlegungen der Militärs, Atomwaffen »taktisch«, d. h. in begrenztem Umfang und zielgerichtet, einzusetzen.

Die US-Oberkommission lehnt eine Bitte der Bundesregierung ab, die Verkehrskontrollen deutscher Fahrzeuge durch amerikanische Militärpolizei einzustellen. Die Ablehnung erfolgt mit dem Hinweis auf die »völlig unzulängliche Kontrolle durch die deutsche Polizei« und auf die »chaotischen Verhältnisse auf deutschen Landstraßen und Autobahnen«.

23. Oktober, Dienstag

Das Bundesverfassungsgericht in Karlsruhe legt den Termin für die umstrittene Volksabstimmung über einen »Südweststaat« auf »spätestens 16. Dezember« fest (→ 9. 12./S. 202).

24. Oktober, Mittwoch

In der Marokko-Krise (→ 27. 3./S. 54) sichert Großbritannien Frankreich für die in Kürze beginnende Vollversammlung der Vereinten Nationen in New York seine volle Unterstützung zu. Großbritannien gehe davon aus, daß die Zukunft Marokkos eine »innere Angelegenheit Frankreichs« sei.

In zahlreichen Hauptstädten der Welt wird der sechste Gründungstag der Vereinten Nationen gefeiert. Die sowjetische Zeitung »Iswestija« übt allerdings scharfe Kritik an der Organisation und nennt sie eine »Waffe des Aggressionskriegs«.

Auf der Jahreshauptversammlung des Deutschen P.E.N.-Zentrums in Düsseldorf spaltet sich die bisher gesamtdeutsche Schriftstellervereinigung. Zehn westdeutsche Schriftsteller stellen einen Antrag auf Anerkennung eines eigenen westdeutschen PEN-Clubs. Die Spaltung wird vor allem von Erich Kästner und Kasimir Edschmid vorangetrieben (→ 4. 12./S. 210).

25. Oktober, Donnerstag

Bei den Unterhauswahlen in Großbritannien kommt es zu einem knappen Sieg der konservativen Opposition. Mit 321 Sitzen erhält Winston Churchills Partei die absolute Mehrheit. → S. 174

Verhandlungen der Bundesrepublik mit dem Ausland über Handels- und Zahlungsabkommen unterliegen ab sofort nicht mehr einer Aufsicht durch die Alliierte Oberkommission. Die Oberkommission verzichtet damit auf ihre dreiwöchige Kontrollfrist bei internationalen Handelsverträgen.

26. Oktober, Freitag

In seinem letzten Kampf unterliegt »der braune Bomber« Joe Louis (USA) durch K.o. in der achten Runde seinem Landsmann Rocky Marciano. → S. 183

27. Oktober, Samstag

Winston Churchill wird als Nachfolger von Clement Richard Attlee (Labour-Partei) Premierminister Großbritanniens (→ 25. 10./S. 174).

US-Präsident Harry S. Truman unterzeichnet ein Gesetz, nach dem alle Länder, die militärische, wirtschaftliche oder finanzielle Hilfe erhalten wollen, ein Lieferverbot für Waffen und Material zur Atomenergiegewinnung gegen die Sowjetunion erlassen müssen.

Der Vorsitzende des Atomenergieausschusses des amerikanischen Kongresses, Brian McMahon, teilt mit, daß die USA nicht vor 1953 oder 1954 mit taktischen Atomwaffen ausgerüstet werden können (→ 1. 11./S. 194).

28. Oktober, Sonntag

In der Schweiz finden die Wahlen zum Nationalrat statt. Die Freisinnig-demokratische Partei behauptet trotz des Verlustes von einem Mandat mit 51 Sitzen ihre Position als stärkste Fraktion. Verluste müssen vor allem die kleinen Parteien hinnehmen.

Die ägyptische Regierung verkündigt als Reaktion auf den Konflikt mit Großbritannien (→ 8. 10./S. 175; 6. 12./S. 206) ein Gesetz, das die Mobilisierung aller Jahrgänge zwischen 18 und 50 Jahren vorsieht. Allen britischen Staatsangehörigen in ägyptischen Diensten wird ultimativ gekündigt.

Automobil-Weltmeister der Formel 1 ist mit 31 Punkten der Argentinier Juan Manuel Fangio auf Alfa Romeo. Fangio siegt beim letzten Grand-Prix-Rennen der Saison vor 300 000 Zuschauern in Barcelona (→ 1. 7./S. 132).

Zum ersten Mal in Deutschland wird in Frankfurt am Main eine »Fahrrad- und Motorradausstellung« eröffnet. Mehr als 300 000 Besucher, darunter 2000 Einkäufer aus 16 europäischen und 28 überseeischen Ländern, besuchen die achttägige Zweirad-Schau.

29. Oktober, Montag

Der Wirtschaftsausschuß des Königsteiner Kreises, einer Vereinigung von Juristen, Beamten und Volkswirten aus der DDR, legt einen »Nationalplan für die Übergangszeit einer Wiedervereinigung vor«. Der Vorsitzende, Bruno Gleitze, weist darauf hin, daß die marktentwöhnte mitteldeutsche Bevölkerung vor asozialen Auswüchsen und Spekulationen geschützt werden müsse.

An einem wilden Lohnstreik der Hamburger Hafenarbeiter beteiligen sich 6000 Beschäftigte. Sie fordern eine Erhöhung des Stundenlohns um 23 Pf. Der Hamburger Senat erklärt das Hafengebiet zum Sperrbezirk, um »ein Eindringen kommunistischer Agenten« zu verhindern.

30. Oktober, Dienstag

Die »Frankfurter Allgemeine Zeitung« erscheint mit einer im Umfang reduzierten Ausgabe. Als Begründung wird angegeben: »Unser Papierlieferant schließt wegen Rohstoffmangels für kurze Zeit seinen Betrieb.«

Eine Freiburger Firma präsentiert einen beweglichen Scheinwerfer für Motorfahrzeuge. Der Lichtkegel des Scheinwerfers läuft bei jedem Einschlag des Lenkrades parallel zur Stellung der Vorderräder und soll die Kurven besser ausleuchten.

31. Oktober, Mittwoch

Auf einer Pressekonferenz erläutert der jugoslawische Ministerpräsident Josip Tito die Politik seines Landes. → S. 176

Auf ihrer Besuchsreise durch Nordamerika wird die britische Thronfolgerin Prinzessin Elisabeth in Washington von 300 000 begeisterten Amerikanern empfangen. → S. 177

Im Schwarzwald, in der Nähe von Kassel und bei Landshut kommt es zu Eisenbahnunglücken, bei denen eine Person getötet und insgesamt 55 Reisende verletzt werden.

Das Wetter im Monat Oktober

Station	Mittlere Lufttemperatur (°C)	Niederschlag (mm)	Sonnenscheindauer (Std.)
Aachen	8,5 (10,0)	5,7 (64)	197 (123)
Berlin	8,4 (8,8)	3 (58)	226 (123)
Bremen	8 (9,4)	2 (47)	– (104)
München	6,5 (7,9)	1 (62)	156 (130)
Wien	8,8 (9,6)	1 (57)	171 (118)
Zürich	7,5 (8,4)	48 (80)	79 (108)

( ) Langjähriger Mittelwert für diesen Monat
– Wert nicht ermittelt

Der am 19. Februar verstorbene französische Schriftsteller André Gide ziert die Titelseite von »Lies mit!«. Gide wird als geistiger Vorkämpfer der europäischen Verständigung charakterisiert. Die Illustrierte präsentiert zeitgeschichtliche und kulturelle Themen mit entsprechendem Bildmaterial.

Ein Mann für schwere Zeiten – Churchill wieder Premier

25. Oktober. Die Unterhauswahlen in Großbritannien enden mit einem knappen Sieg der Opposition. Nach dem Rücktritt der linksgerichteten Labour-Regierung unter Clement Richard Attlee am folgenden Tag bildet der Führer der Konservativen, Winston Churchill, am 27. Oktober eine neue Regierung.

Der umstrittene Premier Attlee hatte wegen der jüngsten krisenhaften Entwicklungen in der Außenpolitik (→ 31. 7./S. 114) sowie angesichts des demonstrativen Rücktritts führender Labour-Politiker (→ 23. 4./S. 73) im September Neuwahlen angesetzt. Im Wahlkampf, der vor allem sozial- und wirtschaftspolitische Probleme thematisierte, wurde deutlich, daß dem angeschlagenen britischen Wohlfahrtsstaat schwierige Zeiten bevorstehen.

Zwar erreicht die Labour Party mit 48,8% der Stimmen eine prozentuale Mehrheit (bei 48% der Konservativen), im Unterhaus jedoch verfügt Churchills Partei mit 321 Sitzen über die absolute Mehrheit. Die Labour Party erhält 294, die Liberale Partei sechs Sitze. Churchills Versuch, seine Regierung auf eine breitere Basis zu stellen und die Liberalen zum Eintritt in sein Kabinett zu veranlassen, scheitert. So besteht die neue Regierung ausschließlich aus konservativen Ministern.

△ *Der Labour-Politiker und erste Nachkriegspremier Clement Attlee ist mit seiner Politik am Ende. Merkmale seiner Amtszeit waren die Verstaatlichung der Schlüsselindustrien sowie der Ausbau des staatlichen Versicherungswesens und des Wohlfahrtsstaats.*

▷ *Die Briten verhelfen ihrem Kriegspremier (1940–1945) Winston Churchill zum späten Triumph einer zweiten Amtszeit. Dem vital wirkenden 76jährigen wird am ehesten zugetraut, das angeschlagene Weltreich »mit Zähnen und Klauen« zu verteidigen.*

Juli 1908: *Der 33jährige Churchill (l.) mit seinem Freund und Kabinettskollegen John Morley vor dem Regierungssitz in der Downing Street. Der ehemalige Südafrika-Kämpfer wird – nach einem Wechsel von der konservativen zur liberalen Partei – im Jahr 1908 Handelsminister.*

März 1938: *Kurz nach Hitlers Einmarsch in Österreich diskutiert Churchill (l.) – seit 1924 wieder Mitglied der konservativen Partei – die neue Lage mit Außenminister Lord Halifax. Churchill gehört zu den frühesten und eindringlichsten Mahnern vor Hitlers Kriegspolitik.*

Juni 1944: *Nach der Invasion der Alliierten besucht der britische Kriegsherr Winston Churchill (r.) den amerikanischen Oberbefehlshaber Dwight D. Eisenhower in der Normandie. Er kann nicht verhindern, daß die Kriegsleitung in die Hände der beiden Großmächte übergeht.*

März 1945: *Der britische Premier mit Offizieren nach der Überquerung des Rheins; ein Augenblick des Triumphs. Churchill hatte für sich einen Platz in den vordersten Reihen gefordert (r. der britische Oberbefehlshaber Feldmarschall Bernard Law Montgomery).*

Ägypter setzen Briten Stuhl vor die Tür

8. Oktober. Der ägyptische Ministerpräsident Mustafa Nahhas Pascha erklärt die bestehenden Abkommen mit Großbritannien über die gemeinsame Verwaltung des Sudan und die Stationierung britischer Truppen in der Sueskanal-Zone für ungültig.

Londoner Regierungskreise reagieren bestürzt, da sie die britische Schlüsselrolle im islamisch-arabischen Raum gefährdet sehen. Die britische Regierung gibt bekannt, daß sie die Annullierung der Verträge keinesfalls akzeptieren werde und ihre militärische Präsenz in Ägypten notfalls mit Waffengewalt verteidigen wolle.

Die einseitige Aufhebung des 1899 vereinbarten Kondominiums über den am Oberlauf des Nils liegenden Sudan ist verbunden mit der Forderung nach der ägyptisch-sudanesischen Einheit. Nach einer Verfassungsänderung soll der ägyptische König Faruk I. den Titel »König von Ägypten und des Sudan« tragen, womit die Einheit des Niltals unter der ägyptischen Krone festgeschrieben wäre. Alle britischen Rechte im Sudan sollen beseitigt werden.

Die Annullierung des Verteidigungspakts aus dem Jahr 1936, der eine Stationierung britischer Truppen vorsieht, resultiert aus der ägyptischen Forderung nach einem Ende der britischen Besatzung. Die Vertreibung der Briten aus dem islamischen Bruderland Iran (→ 27. 9./S. 159) hat die Ägypter dabei ermutigt. Aufgestaute antibritische Ressentiments entladen sich am 16. Oktober in Ausschreitungen von Demonstranten gegen britische Einrichtungen. In Kairo, Alexandria, Ismailia und anderen Städten kommt es zu blutigen Zusammenstößen zwischen ägyptischen Zivilisten und britischen Truppen, bei denen nach ägyptischen Angaben 19 Personen getötet werden. Zur Verstärkung ihrer Garnisonen verlegen die Briten 6000 bis 8000 zusätzliche Soldaten in die Kanalzone.

Am 1. November verfügt das britische Oberkommando unter General George Erskine den Abtransport von Familienangehörigen britischer Soldaten vor allem aus dem Unruhezentrum Ismailia am Nordufer des Timsahsees. Sie sollen zunächst in gesicherte Sperrbezirke gebracht und später nach Großbritannien zurückgeflogen werden.

△ Nachdem Demonstranten in Ismailia Armee-Einrichtungen zerstört und Autos in Brand gesteckt haben, errichten britische Soldaten Straßensperren. Während die Briten die Notwendigkeit dieser Maßnahmen mit einem Versagen der ägyptischen Sicherheitskräfte begründen, klagen die Ägypter über gezielte Provokationen und Übergriffe der britischen Armee.

◁ Der Mann, der die britische Besatzungsmacht das Fürchten lehrt: Der 72jährige Politiker Nahhas Pascha (r.) ist bereits zum siebten Mal Ministerpräsident Ägyptens. Zusammen mit König Faruk I. macht er Front gegen die »unglückbringenden Fremden« im Land.

Die ägyptischen Truppen sind zwar in Alarmbereitschaft, im Falle einer bewaffneten Auseinandersetzung wären sie den Briten aber weit unterlegen.

Stalins Atombombe ängstigt den Westen

3. Oktober. Im Auftrag von US-Präsident Harry S. Truman gibt ein Sprecher des Weißen Hauses bekannt, daß sich nach amerikanischen Informationen in der Sowjetunion eine Atombomben-Explosion (→ 2. 2./S. 38) ereignet hat – die zweite seit 1949. Drei Tage später bestätigt Josef W. Stalin diese Meldung, die in der westlichen Welt massive Ängste auslöst.

Die Amerikaner werten den Atombombentest als Beweis dafür, daß sich das sowjetische Atomprogramm nicht ausschließlich auf friedliche Nutzung konzentriert. Vielmehr bestätige das Ereignis den kontinuierlichen Ausbau eines atomaren Waffenarsenals. In Kreisen der Vereinten Nationen wird die Ansicht vertreten, die Explosion sei ein Druckmittel für kommende Viermächte-Verhandlungen.

In einem Interview mit der Parteizeitung »Prawda« kündigt Stalin noch weitere Atombombenversuche »zur Verteidigung unseres Landes gegen einen Überfall des anglo-amerikanischen aggressiven Blocks« an, dementiert jedoch alle sowjetischen Angriffsabsichten.

Mit Stahl durch den Eisernen Vorhang

11. Oktober. Im größten Berliner Prozeß der Nachkriegszeit stehen mehrere Geschäftsleute der Stahlindustrie unter der Anklage, illegal 15 000 t Eisen- und Stahlerzeugnisse im Wert von 9 Mio. DM in den Osten geliefert zu haben.

Die Transaktionen wurden vom Herbst 1949 bis zum Sommer 1951 durchgeführt. Der Staatsanwalt unterstellt Verstöße gegen Verordnungen und Bestimmungen des Strafgesetzbuchs, der Alliierten, der Devisenbewirtschaftung und des Interzonenhandelsabkommens (→ 20. 9./S. 162). Empfänger waren etwa die Sowjetische Wismut AG in Chemnitz und die sowjetische Aktiengesellschaft USIA in Wien.

Gegen drei Angeklagte verhängt das Landgericht Moabit am 3. November Gefängnisstrafen zwischen drei und 27 Monaten. In allen anderen Fällen kommt es zu einem Freispruch. Die Verteidiger der Verurteilten kündigen eine Revision vor dem Bundesgerichtshof an.

Amerikanische Waffen stützen Titos Sozialismus

31. Oktober. In einer Pressekonferenz in Belgrad erläutert der jugoslawische Ministerpräsident Josip Tito die Grundzüge seiner Politik eines kommunistischen Sonderweges zwischen den »Blöcken«: Der Aufrüstung in den »Satellitenstaaten der Sowjetunion« werde Jugoslawien mit Hilfe US-amerikanischer Waffenlieferungen begegnen. Bei jeder Aggression werde das Land an der Seite des Westens stehen, ohne jedoch vertraglich gebunden zu sein, betont der Regierungschef.

Bei Erhalt seiner Selbständigkeit strebt Jugoslawien eine enge wirtschaftliche, kulturelle und politische Zusammenarbeit mit dem Nordatlantikpakt an. Mit der Türkei und Griechenland will Tito gute Kontakte unterhalten, jedoch noch keine Verträge abschließen. Die aufgrund der ungelösten Triestfrage (→ 17. 11./S. 191) gespannten Beziehungen zwischen Jugoslawien und Italien hofft er durch baldige Verhandlungen zu verbessern.

Innerhalb der Vereinten Nationen müsse alles getan werden, um den Ost-West-Gegensatz zu überwinden, meint Tito. Er unterstützt allerdings nicht die Bildung einer »dritten Macht«. Tito hält den »sowjetischen Imperialismus« für die schlimmste Bedrohung des Weltfriedens.

Der jugoslawische Regierungschef unterstützt eine Wiederbewaffnung der Bundesrepublik Deutschland: »Deutschland müsse Gleichberechtigung neben den anderen Mächten erlangen und auch die Möglichkeit erhalten, in gleicher Weise zur Verteidigung der freien Welt beizutragen«, faßt die »Frankfurter Allgemeine Zeitung« Titos Ausführungen zusammen.

Bereits am 24. September wies Tito in einer Kundgebung vor 50 000 Menschen in der serbischen Stadt Uschize auf die Rolle Jugoslawiens in der Weltpolitik hin: »Wir haben niemals daran gedacht, die Satelliten der Russen zu sein, und denken auch nicht daran, Satelliten des Westens zu werden.«

Titos Sozialismus zeichnet sich durch weitgehende Aufgabe des Zentralismus, die Einführung der Arbeiterselbstverwaltung, marktwirtschaftliche Ansätze und eine freiere Kulturpolitik aus.

Der jugoslawische Versuch, ein eigenständiges Sozialismus-Modell zu verwirklichen, nahm am 26. Juni 1948 seinen Anfang: Auf einer Geheimsitzung des Kommunistischen Informationsbüros (Kominform) in Bukarest wurde die jugoslawische kommunistische Partei ausgeschlossen. Das Kominform – ein Zusammenschluß europäischer kommunistischer Parteien unter Leitung der sowjetischen KP – warf Jugoslawien eine nationalistische Politik vor. Der Bruch mit Moskau war ein historisches Ereignis: Erstmals löste sich ein kommunistisches Land aus der ideologischen Vormundschaft der Sowjetunion.

Marschall Josip Tito, 1892 geboren, ist seit 1945 jugoslawischer Regierungschef und Verteidigungsminister.

Belgrader betrachten mit bewundernden Blicken den überschwenglichen Luxus dieses Uhrengeschäfts.

»Druck auf Bürger hat merklich nachgelassen«

Oktober. *Titos politischer Sonderweg hat weitreichende Folgen für die Bevölkerung des Landes. Ein Korrespondent der »Frankfurter Allgemeinen Zeitung« stellte im September fest, »daß der Druck des Staates und seiner Organe auf die Bürger merklich nachgelassen hat«.*

Schon am 6. April hatte das Parlament eine Dezentralisierung der Wirtschaft verfügt und den sechs Teilrepubliken Zuständigkeiten übertragen. Damit wurde nach den Wahlen von Arbeiterräten im Februar ein zweiter Schritt im Prozeß der Umgestaltung getan.

Seeleute, im Arbeitseinsatz für ihr vom Westen unterstütztes Land, beteiligen sich am Bau der Autobahn Zagreb-Belgrad.

Drei Schüsse töten Pakistans Premier

16. Oktober. Der pakistanische Ministerpräsident Liaquat Ali Khan wird während einer Versammlung der Muslimliga in Rawalpindi von einem Attentäter durch drei Schüsse in die Brust getroffen. Trotz Operation stirbt der Regierungschef kurze Zeit später in einem Krankenhaus. Der Mörder wird von der erregten Menge gelyncht.

Das Kabinett, das sofort in der Hauptstadt Karatschi zusammentritt, verhängt eine 30tägige Staatstrauer. Nachfolger des Ermordeten wird Chodscha Nazim ud-Din.

Liaquat Ali Khan wurde am 1. Oktober 1895 in Karmal geboren. Der Rechtsanwalt stand als führendes Mitglied der Muslimliga in engem Kontakt zu Mohammad Ali Dschinnah. Gemeinsam mit Dschinnah setzte er sich für die Gründung des Staates Pakistan ein.

1947 wurde Liaquat Ali Khan erster Premierminister Pakistans. Die »Süddeutsche Zeitung« vom 17. Oktober schreibt über den 55jährigen: »Der untersetzte Mann mit dem energischen Gesichtsausdruck des politischen Tatmenschen leitet die Herkunft seiner begüterten Familie von einem Perserkönig ab, der den Beinamen ›Der Gerechte‹ trug und dessen 1350 Jahre altes System eines ›islamischen Sozialismus‹ er zum Wirtschaftsprogramm seiner Regierung gemacht hat.«

△ Tausende von Menschen säumen die Straßen der pakistanischen Hafenstadt Karatschi, als der Sarg des ermordeten Premier zu Grabe getragen wird. Liaquat Ali Khan wird in der Nähe von Mohammad Ali Dschinnah, dem Muslimführer und Gründer Pakistans, beerdigt.

◁ Liaquat Ali Khan; zum Tod des Ministerpräsidenten sagt der britische Premier Attlee in Trowbridge: »Zu allen Zeiten bewies Liaquat Ali Khan großen Mut und eine kluge Staatsführung. Sein Tod ist ein großer Verlust für das Commonwealth.«

Religion bestimmt das Los des Landes

Nach dem Tod von Liaquat Ali Khan stellt sich in Pakistan erneut die Frage nach der Bedeutung der Religion für die Politik des Staates. Der ermordete Premier galt als Politiker, der die religiös motivierten extremistischen Kräfte des Landes im Zaum gehalten und eine maßvolle und diplomatische Politik betrieben hat. Seine Haltung trug dazu bei, daß es im Kaschmir-Konflikt bislang noch zu keinem offenen Krieg mit Indien kam (→ 7. 8./S. 138).

Religiöse Überzeugung und politische Weltanschauung sind seit jeher bestimmend für Pakistans Entwicklung: Schon in der Pakistan-Resolution der Muslimliga von 1940 setzten sich die Moslems in Pakistan aus Furcht vor einer Vorherrschaft der Hindus für einen eigenen Staat ein. Am 15. August 1947 entstand Pakistan als islamische Republik. Bereits kurz nach der Teilung kam es während der Flüchtlingsströme von Muslimen nach Pakistan und Hindus nach Indien zu Massakern. Hauptschauplatz der Unruhen zwischen den Religionsgruppen war der Pandschab im Nordwesten Indiens.

300 000 Amerikaner jubeln der britischen Thronfolgerin zu

31. Oktober. Die britische Thronfolgerin Prinzessin Elisabeth unterbricht ihre Rundreise durch Kanada und folgt einer Einladung von US-Präsident Harry S. Truman nach Washington. Mit ihrem Mann Philip, Herzog von Edinburgh, wird sie bei ihrem ersten Besuch in den USA von 300 000 Amerikanern mit Jubel empfangen.

Als wolle er die Unkompliziertheit der »Neuen Welt« und die Unabhängigkeit der USA vom einstigen Mutterland demonstrieren, verstößt Truman massiv gegen die Etikette, verzichtet bei der Begrüßung Elisabeths auf die Anrede »Königliche Hoheit« und nennt sie einfach »my dear« (»meine Liebe«), was nicht nur in royalistischen Kreisen stilles Entsetzen hervorruft.

Präsident Truman und Prinzessin Elisabeth in der kanadischen Botschaft

Mit seinen Gästen fährt er zum »Blair House«, dem provisorischen Amtssitz des Präsidenten.

Elisabeths Reise nach Amerika wird mit besonderem Interesse begleitet. Eine baldige Thronbesteigung scheint wahrscheinlich. Der schwer erkrankte britische König Georg VI., der sich am 23. September einer Lungenoperation unterziehen mußte, ernannte fünf Staatsräte, die die laufenden Geschäfte des Königs erledigen. Neben Prinzessin Elisabeth vertreten Königin Elisabeth, Prinzessin Margaret, der Herzog von Gloucester und die Schwester des Königs den Monarchen.

Am 8. Oktober traf Prinzessin Elisabeth zu einem Besuch im kanadischen Montreal ein.

Geteilte Meinung über deutsche Teilung

16. Oktober. In der außenpolitischen Debatte des Bundestages erhellen scharfe Auseinandersetzungen zwischen Bundeskanzler Konrad Adenauer und Oppositionsvertretern die unterschiedlichen Standpunkte in der deutschen Frage.

Der außenpolitische Sprecher der SPD-Fraktion, Gerhard Lütkens, sorgt für einen Eklat, als er ohne vorherige Absprache mit seinen Parteifreunden erklärt, daß die Souveränität der Bundesrepublik vor der Wiedervereinigung nicht wünschenswert wäre. Zuerst sollte die Bundesregierung die innere Autonomie anstreben und nicht die Souveränität.

Bundeskanzler Konrad Adenauer, dessen Politik in erster Linie auf Westintegration ausgerichtet ist, verweist entrüstet auf die schwebenden Verhandlungen mit den Alliierten über eine gleichberechtigte Partnerschaft (→ 9. 1./S. 16; 22. 11./S. 190). Die Opposition würde dieser Politik in den Rücken fallen und wolle offensichtlich zwischen der Sowjetunion und den Westalliierten hin- und herpendeln.

Der stellvertretende Fraktionsvorsitzende Erich Ollenhauer (SPD) formuliert daraufhin die offizielle Parteilinie: Die Spaltung Deutschlands dürfe nicht durch ein westorientiertes Provisorium, wie die Bundesregierung, zementiert werden.

Adenauer betont den »föderativen Charakter«

Schumacher: »Staatsgewalt ist unteilbar«

Briefwechsel: Kanzler contra Oppositionsführer

Die gegensätzlichen Auffassungen über den Weg zur deutschen Einheit dokumentiert ein Briefwechsel zwischen Oppositionsführer Kurt Schumacher (SPD) und Bundeskanzler Konrad Adenauer (CDU). Ein Gesetzentwurf der Bundesregierung sieht vor, daß eine von der Nationalversammlung zu beschließende Verfassung von dem Veto eines Länderausschusses abhängig gemacht werden soll. Es geht um die Frage des Einflusses der Länder.

Am 9. November schreibt Schumacher: »Das Verfassungswerk von der Zustimmung eines Länderausschusses abhängig zu machen, würde die Souveränität des deutschen Volkes grundlegend beeinträchtigen. Die Staatsgewalt geht unteilbar vom Volke aus.«

Adenauer antwortet am folgenden Tag: »Die Mitwirkung eines Länderausschusses entspreche dem föderativen Charakter der staatlichen Ordnung und der Bedeutung, die den Ländern beim Zusammenschluß zukomme. Da die Ländervertreter direkt durch das Volk gewählt werden sollen, bedeute die Bestimmung keine Beeinträchtigung der Volkssouveränität.«

Mit GATT Anschluß an den Welthandel

1. Oktober. Die Bundesrepublik Deutschland wird Mitglied des Allgemeinen Handels- und Zollabkommens GATT (General Agreement on Tariffs and Trade). GATT ist eine am 30. Oktober 1947 unterzeichnete völkerrechtliche Vereinbarung. Ziel ist der Abbau von Handelshemmnissen und eine globale, handelspolitische Ordnung.

Deutsche Delegierte unter Leitung von Ministerialdirigent Hagemann nehmen im Oktober zum ersten Mal an einer GATT-Tagung in Genf teil. Sie betonen, die auf der letzten großen Zolltarifkonferenz von Torquay vereinbarten Ergebnisse auch gegenüber den Staaten anwenden zu wollen, die das Schlußprotokoll noch nicht unterzeichnet haben.

Im britischen Torquay trafen sich am 28. September 1950 neben den Unterzeichnerländern des GATT-Abkommens neun Staaten, die der GATT-Vereinbarung beitreten wollten – u. a. die Bundesrepublik.

Die Bedeutung des am 21. April 1951 unterzeichneten Schlußprotokolls für die Bundesrepublik liegt u. a. im Anschluß der deutschen Wirtschaft an die Weltwirtschaft, in der Wiederherstellung der zoll- und handelspolitischen Selbständigkeit und in der damit verbundenen Förderung des deutschen Exports.

Sowjetisches Intermezzo im Berliner Steinstücken

18. Oktober. Die Volkspolizei der Deutschen Demokratischen Republik und sowjetische Soldaten besetzen den in der Nähe des Berliner Bezirks Zehlendorf liegenden Ort Steinstücken. Den 150 Bewohnern, die zum großen Teil in West-Berlin arbeiten, wird mitgeteilt, daß für sie von nun an alle Gesetze und Verordnungen der DDR gültig seien. Gesetzliches Zahlungsmittel sei nur noch die Ost-Mark.

Der Berliner Senat sowie der US-amerikanische Stadtkommandant Lemuel Mathewson kündigen Gegenmaßnahmen an. Beide hatten nach der Einverleibung von West-Staaken (→ 1. 2./S. 34) durch die DDR-Behörden erklärt, daß es nun keinen strittigen Punkt an der Grenze West-Berlins mehr gebe. Im Gegensatz dazu behaupten sowjetamtliche Stellen, daß Steinstücken in das Viermächteabkommen über die Sektoreneinteilung der Stadt Berlin nicht einbezogen worden sei. Mit dem Hinweis auf ihre Zuständigkeit für den Bezirk Zehlendorf kündigen die Amerikaner Repressalien an. Das führt am 23. Oktober zum Abzug der Volkspolizei und zu einer Anordnung der sowjetischen Kontrollkommission, den früheren Status wiederherzustellen. Dennoch kommt es zu Schwierigkeiten, als am 24. Oktober wieder West-Berliner Polizeiposten einziehen: Volkspolizei umstellt den Ort und verhindert tagelang deren Ablösung.

Ein sowjetischer Soldat patrouilliert vor einem kommunistischen Propagandaplakat im Steinstückener Wald.

West-Berliner Polizei harrt auf ihrem unsicheren Vorposten aus. Die rechtliche Situation ist völlig ungeklärt.

Bremen: Königstreue zweitstärkste Kraft

7. Oktober. Bei den Wahlen zur Bremer Bürgerschaft wird die nationalkonservative Deutsche Partei (DP) zweitstärkste Partei. Sie kann die Anzahl ihrer Mandate von drei auf 16 erhöhen. Während einer Bundestagsdebatte am 11. Oktober legt der Sprecher der DP, Hans Joachim von Merkatz, ein Bekenntnis zur Monarchie ab.
Die zunehmende Sympathie für monarchistisches Gedankengut hatte die SPD-Opposition erst kürzlich anläßlich der Teilnahme von Regierungsmitgliedern an Feierlichkeiten des Hochadels kritisiert. So nahm Bundeswohnungsbauminister Eberhard Wildermuth (FDP) an der Beerdigung des Kronprinzen Wilhelm von Hohenzollern teil, die Bundesminister Hans-Christoph Seebohm (→ 4. 12./S. 202) und Heinrich Hellwege (beide DP) waren zur »Welfenhochzeit« des Prinzen Ernst August erschienen.
Monarchist von Merkatz, Staatssekretär im Bundesministerium für Angelegenheiten des Bundesrates, verteidigt deren Teilnahme gegen den wütenden Protest vor allem der Sozialdemokraten: »Sie sollten sich darüber freuen, daß auch in diesem 20. Jahrhundert Gemütswerte und Faktoren eines Staatsbewußtseins noch lebendig geblieben sind, die unsere Geschichte und unser Land durch ein ganzes Jahrtausend getragen haben, in glücklichen und in unglücklichen Stunden.«
Die DP, die 1947 aus der 1945 gegründeten Niedersächsischen Landespartei hervorgegangen ist, vervielfacht bei den Wahlen zur Bremer Bürgerschaft ihren Stimmenanteil von 3,8% im Jahr 1947 auf 14,7%. Sie ist nach der SPD (39,1%) die nunmehr zweitstärkste politische Kraft. Der Stimmenanteil der FDP fällt von 19,5% auf 11,8%, die CDU (vorher 22%) erhält nur noch 9,1%.
Ein Charakteristikum dieser Wahl ist der hohe Zuwachs von über 60 000 neuen Wahlberechtigten. Sie kommen hauptsächlich aus den Reihen der 1947 noch nicht wahlberechtigten und jetzt entnazifizierten früheren Parteigenossen. So erreicht die neofaschistische Sozialistische Reichspartei (SRP) (→ 6. 5./S. 88; 16. 11./S. 192) auf Anhieb 7,7%.
Trotz ihres Wahlerfolgs gelingt der DP, die im Bonner Regierungsbündnis ihre Rolle als »Opposition innerhalb der Koalition« definiert, in Bremen keine Regierungsbeteiligung. Die bisherige SPD/FDP-Koalition bildet unter Einschluß der CDU und eines parteilosen Senators den neuen Senat, der am 29. November von der Bürgerschaft gewählt wird.

Der auf der Stammburg Hohenzollern aufgebahrte Sarg des am 20. Juli verstorbenen ehemaligen preußischen Kronprinzen Wilhelm. Auf dem Zinksarg liegt die preußische Flagge und die kaiserliche Standarte. Die Teilnahme hochrangiger Politiker an dem Begräbnis sorgt für innenpolitischen Zündstoff.

Braucht mehr Geld für Straßenbau: Verkehrsminister Seebohm (DP)

Autofahrer sollen Wegezoll bezahlen

9. Oktober. Das Bundeskabinett verabschiedet einen Gesetzentwurf über die Einführung einer Autobahngebühr. Falls Bundestag und Bundesrat der Initiative zustimmen, sollen Autofahrer ab 1. Dezember zahlen. Ziel ist es, die »notwendigen Mittel für den Bau und die Unterhaltung aller Bundesstraßen einschließlich der Autobahnen zu gewinnen«.
Die Gebühr, die bereits im Bundeshaushalt eingeplant ist, soll für Personenkraftwagen jährlich 120 bis 360 DM betragen. Die Benutzung der Autobahnen für Lkw soll 180 bis 840 DM, für Motorräder 20 bis 60 DM kosten. Es ist weiterhin geplant, ausländischen Touristen zeitlich befristete Autobahnbenutzungsmarken zu verkaufen.
Lediglich Wagen des Bundes, der Länder und Gemeinden, der öffentlichen Versorgung, der Krankenpflege, des Straßenerhaltungsdienstes, des Grenzschutzes sowie der ausländischen Botschaften und alliierter Dienststellen sollen von der neuen Gebühr befreit werden. Wer gegen die Bestimmungen verstößt, soll eine Strafe bezahlen, die doppelt so hoch wie die Autobahngebühr ist.
Die Einnahmen, die erwartet werden, schätzt Bundesfinanzminister Fritz Schäffer auf jährlich 100 Mio. DM. Das Vorhaben der Regierung scheitert jedoch: Am 9. November lehnt der Bundesrat die Autobahngebühr mit 34 gegen fünf Stimmen bei vier Enthaltungen ab.

»Schlußstrich unter die Entnazifizierung«

4. Oktober. »In Stadtoldendorf, Kreis Holzminden, sind in Anwesenheit des Bürgermeisters und aller Ratsmitglieder die Entnazifizierungsakten im Ofen des Städtischen Gaswerkes verbrannt worden«, meldet die »Frankfurter Allgemeine Zeitung«.
Stadtoldendorf, so der Bürgermeister, ziehe als erste Stadt »einen Schlußstrich unter die gesamte Entnazifizierung«.
Über die verbrannten Akten heißt es in der »Süddeutschen Zeitung« vom 10. Oktober: »Es ist ein Mitgliedsverzeichnis der NSDAP und der Gliederungen mit etwa 600 Namen … Wäre diese Liste in falsche Hände geraten, hätte es böses Blut im Ort gegeben, denn alles, was heute Rang und Namen hat, steht darauf …«
An der sog. Vergangenheitsbewältigung wird 1951 nicht nur im gesellschaftlichen Bereich und in der Kommunalpolitik gearbeitet, sondern auch in der Landes- und Bundespolitik. Im bayerischen Landtag wird ein Gesetz zum Abschluß der Entnazifizierung eingebracht. Demnach sollen »Sühnemaßnahmen«, die belastete Personen u. a. an der Ausübung öffentlicher Ämter hinderte, aufgehoben werden.
Das Verbrennen von belastenden Informationen aus der NS-Zeit in Stadtoldendorf und der Vorstoß im bayerischen Landtag werfen Schlaglichter auf die Bemühungen der Deutschen, ihre nationalsozialistische Vergangenheit aufzuarbeiten. Darüber hinaus markieren Großereignisse des Jahres die Stimmungslage in der Bundesrepublik: Eisenhowers Ehrenerklärung für die deutschen Soldaten (→ 23. 1./S. 15), die Freilassung von Kriegsverbrechern (→ 9. 3./S. 53) und die Erklärung mit Vorbehalt des Bundeskanzlers zum deutsch-jüdischen Verhältnis (→ 27. 9./S. 160) sind Beispiele für den schleppenden Versuch, sich an die Vergangenheit zu erinnern.
Sechs Jahre nach dem Ende der nationalsozialistischen Gewaltherrschaft ist – im Aufwind wirtschaftlicher Entwicklung und neuerlangter internationaler Anerkennung – ein vermeintlich endgültiger Bruch mit der nationalsozialistischen Geschichte gefragt.
Die sog. Entnazifizierung verliert an Bedeutung und muß sich am Pragmatismus bundesdeutscher Politik messen lassen.

Wohnen und Design 1951:

Suche nach neuen Formen

Die Diskrepanz zwischen den Ansprüchen von Designern und Innenarchitekten und der aktuellen Wohnraumwirklichkeit ist aufgrund der Kriegsfolgen Anfang der 50er Jahre noch besonders groß: Einerseits fehlt sechs Jahre nach Kriegsende immer noch Wohnraum, stehen vor allem Vertriebene auf der Straße, andererseits weisen Designer-Ideen zur kühnen und schwungvollen Gestaltung von Küche und Wohnstube bereits in eine Zukunft ohne Wohnraum- und Geldprobleme.

Trotz finanzieller »Kraftakte« bleibt der Wohnungsbau ein »Sorgenkind« der Bundesregierung: Eine Steigerung der Baukosten, Verzögerungen bei der Beschaffung von Hypotheken und Engpässe in der Kohleversorgung (→ 11. 8./S. 146) behindern die Fertigstellung notwendigen Wohnraums. Neben der Beseitigung der Kriegsschäden – in Westdeutschland waren von 10,5 Mio. Wohnungen 2,3 Mio. in einem irreparablen Zustand – mußte Bonn mit Wohnungsbauprogrammen den Zustrom der Vertriebenen und Flüchtlinge bewältigen. 410 000 Wohnungen werden 1951 fertiggestellt.

Der Bau von Wohnhäusern und Eigenheimen (→ S. 26) kann jedoch mit der Bevölkerungsentwicklung in den Großstädten der Bundesrepublik kaum mithalten.

Großstadtbevölkerung

Stadt	*Mai 1939*	*Dez. 1944*	*Dez. 1951*
Hamburg	1 711 877	1 077 034	1 658 038
München	840 586	566 838	870 050
Frankfurt/M.	553 464	297 289	564 400
Dortmund	542 261	385 972	534 500
Braunschweig	196 068	138 048	230 153

Mit mehreren Gesetzesinitiativen strukturiert die Bundesregierung die Maßnahmen zur Bewältigung der Wohnraumnot: Besondere Förderung erhält der Bergarbeiterwohnungsbau (→ 26. 9./S. 163).

Für die Entwicklung eines modernen Designs werden neue Institutionen geschaffen: Der Bundestag beschließt eine »Stiftung zur Förderung der Formgestaltung«. Deren »Rat für Formgebung« hat seinen Sitz in Darmstadt. Die Stiftung, die dem Bundeswirtschaftsminister untersteht, soll die Wettbewerbsfähigkeit westdeutscher Güter durch ansprechende Gestaltung sichern. Der »Rat für Formgebung« schreibt jährlich einen Bundespreis »Gute Form« aus.

Der Bundesverband der Deutschen Industrie (BDI) organisiert einen »Arbeitskreis für industrielle Formgebung«. Im Jahr 1955 wird er in »Gestaltkreis beim BDI e. V. Köln« umbenannt.

Nach wie vor bleibt die klassische Wohnraumgestaltung bei den Käufern beliebt. Neuerungen, wie die auf der Mannheimer Möbelausstellung präsentierten »Boogie-Woogie«-Möbel, werden skeptisch aufgenommen. »Boogie-Woogie-Möbel, das sind, nach dem Jargon der Innenarchitekten, typische Schaufenstermöbel mit geschwungenen Linien, die sich ebenso verrenken wie die Paare bei modernen Tänzen«, erklärt das Nachrichtenmagazin »Der Spiegel« den letzten Schrei auf dem Möbelmarkt in seiner Ausgabe vom 26. September. Im August des Jahres stellt die Baugemeinschaft »Neue Heimat« die sog. Boogie-Woogie-Möbel in Hamburg-Barmbeck aus. Auch hier stoßen die neuen Design-Ideen auf ein eher verhaltenes Echo. »Die Innenarchitekten klagen: Die Möbel hätten einen neuen zeitgemäßen Stil bekommen, aber niemand wolle sie sehen«, schreibt »Der Spiegel«.

95% aller neu errichteten Häuser gehören zum sozialen Wohnungsbau.

Nach dem kostengünstigen Baukastensystem können Fertighäuser wie dieses in kürzester Zeit errichtet werden.

Ein gewohntes Bild: Tausende von teilzerstörten Häusern warten immer noch auf ihre Wiederherstellung.

Dichtes Gedränge herrscht vor dem Wohnungsamt. Neben dem Bewerbungsschreiben müssen Verdienst- und Meldebescheinigung eingereicht werden.

Futuristisches Design für eine bessere Welt

Zum Forum für neues Design wird die IX. Mailänder Triennale. Die richtungweisende, international besetzte Designerschau erregt Aufsehen – besonders durch die erstmals eingerichtete Abteilung »Die Form des Nützlichen«, in der eine neue italienische Formensprache im Vordergrund steht: Kühne Entwürfe von bizarr geschwungenen Glasvasen und avantgardistischen Möbelformen prägen die Schau. Schon am großzügigen Eingangsportal, das mit einem riesigen abstrakten Gemälde auf einem Linoleumboden ausgestattet ist, wird der Trend deutlich: Luxuriöses Design wird für eine kommende bessere Welt geschaffen. Der Eleganz italienischen Designs, das moderne Zweckmäßigkeit mit funktional-schöner Formgebung verbindet, können deutsche Aussteller nichts Gleichwertiges entgegensetzen.

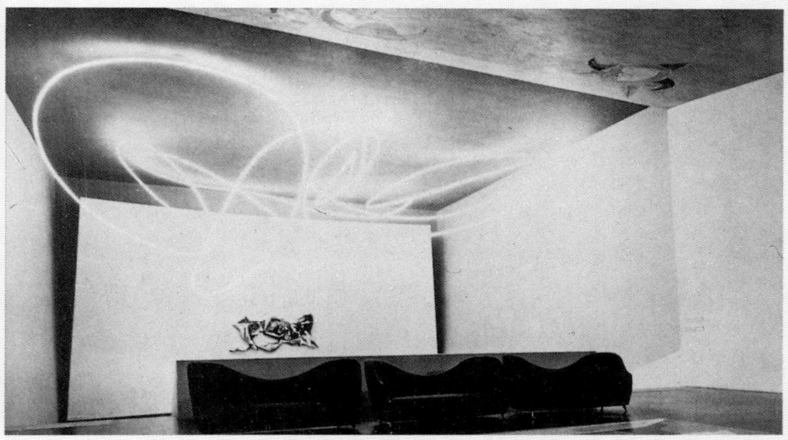

Das Foyer der Triennale von Luciano Baldessari: Kühne Formensprache verbindet die weichen Sitzelemente mit der Leuchtskulptur von Lucio Fontana.

Kölner Zentrale hilft beim Wohnungstausch

Mit ungewöhnlichen Mitteln begegnen der Zentralverband deutscher Mieter und der Zentralverband der Haus- und Grundbesitzer der Wohnungsnot: Sie rufen eine Bundeswohnungs-Tauschstelle mit Sitz in Köln ins Leben.

Basis der Initiative ist das Ergebnis der Wohnstättenzählung vom 13. September 1950, die die Zahl, Größe, Ausstattung und Belegung der Wohnungen registriert. Nach ihr leben 335 000 Familienvorstände aufgrund der Verlegung ihres Arbeitsplatzes getrennt von ihren Familien. Durch die Zusammenführung der Familien werde nicht nur Wohnraum frei, sondern entfalle auch die Trennungsentschädigung, so die Initiatoren. Neben der Zentrale in Köln beteiligen sich die Geschäftsstellen des Mieterverbandes und des Haus- und Grundbesitzerverbandes an der Organisation der Initiative.

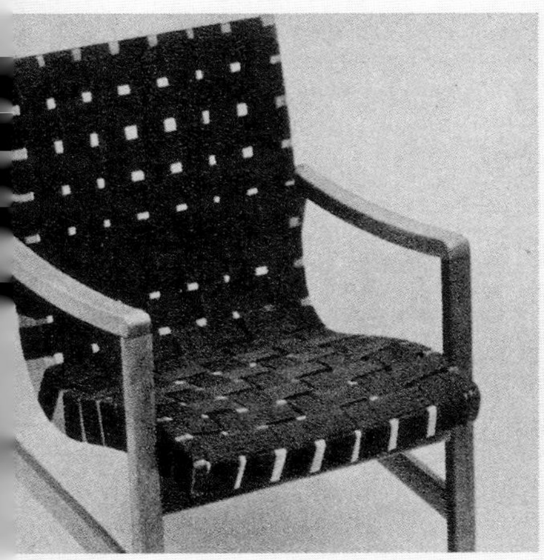

Schlicht in der Ausführung: Beliebt sind Stühle mit geflochtenem Bezug.

Solche Einfachmöbel mit Schnurbespannung ermöglichen bequemes Sitzen.

Formschöne Technik hält in der Küche Einzug. Toaster, Mixer, Presse und Friteuse sollen die Arbeit im Haushalt erleichtern.

Rosenkränze ausverkauft

13. Oktober. Mit einer Friedensbotschaft von Papst Pius XII. an 1 Mio. Pilger in Fatima, dem portugiesischen Lourdes, findet das Heilige Jahr seinen Abschluß. Von seinem Sommersitz in Castel Gandolfo spricht der Papst über Rundfunk zu den Pilgern. Neben seinem Friedensappell betont er die Bedeutung der Familie.

Pius XII., als Eugenio Pacelli am 2. März 1876 in Rom geboren, ist seit dem 2. März 1939 Papst. Er förderte 1950 die Marienverehrung durch das Dogma der Himmelfahrt Marias.

regelmäßig alle 100 Jahre stattfinden. Seit 1475 wird jedoch alle 25 Jahre ein Heiliges Jahr gefeiert.
Im vergangenen Jahr pilgerten rund 5 Mio. Gläubige in die »Ewige Stadt«. Neben einer »inneren Reinigung der Seele« diente das Heilige Jahr auch dem Fremdenverkehr, vor allem den Andenkenverkäufern. Das Nachrichtenmagazin »Der Spiegel« berichtete am 3. Januar 1951: »Die geschäftstüchtigen Römer klagen, mehr aus Gewohnheit, als aus wirklichem Grund. Allein 30 Millionen Rosenkränze wurden umgesetzt, geweiht vom Papst. Die italienische Produktion reichte nicht aus. Deutsche und österreichische Firmen mußten helfen. Papst und Petersdom als Briefbeschwerer und Nachttischlampen dagegen blieben liegen.«

Ganze Dorfgemeinschaften ziehen während des Heiligen Jahres nach Rom, um den Jubiläumsablaß zu erhalten. Die Bedingungen zur Erreichung des Ablasses sind in der »Ablaßbulle« geregelt. Sie werden seit Gregor XIII. an Christi Himmelfahrt festgelegt.

In Rom endete das Jubiläumsjahr für die Katholiken offiziell schon mit dem 24. Dezember 1950. Papst Pius verschloß mit silbernem Spachtel und vergoldeten Steinen symbolisch die Heilige Pforte am Petersdom. Durch eine am 26. Dezember des vergangenen Jahres veröffentlichte Bulle wurde das Heilige Jahr jedoch »verlängert«. Katholiken, die nicht nach Rom kommen konnten, durften auch 1951 noch den Jubiläumsablaß empfangen.
Das Heilige Jahr der katholischen Kirche soll der Festigung und der inneren Erneuerung des Glaubens dienen. Alle Rompilger erhalten eine besondere Form des Ablasses: Bußstrafen werden erlassen, wenn der Gläubige z. B. an einer Pilgerfahrt teilnimmt. Erstmals wurde 1300 von Papst Bonifatius VIII. ein Heiliges Jahr verkündet. Es sollte zunächst

Die Abschlußfeier des Heiligen Jahres findet im portugiesischen Wallfahrtsort Fatima statt. 1917 hatten dort drei Hirtenkinder jeweils am 13. der Monate Mai bis Oktober Marienerscheinungen. Seitdem die katholische Kirche die Erscheinungen im Jahr 1930 für glaubwürdig erklärte, wuchs Fatima zu einem bedeutenden Wallfahrtsort mit Basilika, Klosterbauten und Unterkünften.
Kardinal Tedeschini überrascht die Pilger während der Feier in Fatima mit einer spektakulären Mitteilung über Marienerscheinungen des Papstes: Am 30. und 31. Oktober und am 1. November 1950 habe der Papst im Vatikangarten mehrere Erscheinungen gehabt. Parallel zu dieser Bekanntgabe in Fatima veröffentlicht das amtliche Organ des Vatikan, der »Osservatore Romano«, die aufsehenerregende Rede des Kardinals.

»Der Säbel« fasziniert durch ungewöhnliche Accessoires wie Höhenmesser und Kunststofftank.

»Le sabre« in Paris: Ein Traum auf Rädern

4. Oktober. *»Le sabre« (Der Säbel), ein futuristisch anmutender Versuchswagen des US-Autoherstellers General Motors, ist der unumstrittene Star des 38. Pariser Autosalons, der um 9 Uhr seine Tore im »Grand Palais« öffnet. Harley J. Earl, Vizepräsident von General Motors, beschäftigt sich bereits seit 1946 mit dem Bau des Spezialautos.*
Der V-8-Motor des Wagen leistet 300 PS. »Le sabre«, dessen Wert auf 100 000 US-Dollar (520 000 DM) geschätzt wird, ist mit rund 80 Neukonstruktionen ausgestattet. Er besticht vor allem durch seine umfassende Automatisierung: Schaltet der Fahrer das Radio ein, wird automatisch die Antenne ausgefahren. Benetzen Wassertropfen die mit »Feuchtigkeitszellen« ausgerüstete Außenwand des Kabrioletts, schließen sich automatisch Scheiben und Verdeck. Mit Hilfe von Elektromotoren können hydraulischer Wagenheber, Kofferraumdeckel und die Sitze bewegt werden. Für schnittiges Aussehen sorgen Schutzblenden vor den Scheinwerfern. »Le sabre« erreicht eine Spitzengeschwindigkeit von 300 km/h.
Neben dem Prunkstück des Pariser Autosalons präsentieren sieben Nationen neue Modelle, die in Serienproduktion gehen. Die französische Firma Renault bringt die »Frégate« auf den Markt, Peugeot ein Sportkabriolett. Enttäuschung herrscht über Citroen: Die Firma stellt wider Erwarten in diesem Jahr keine Neukonstruktion vor.

DDR-Nationalpreis: Pieck ehrt Brecht

7. Oktober. Aus den Händen des Staatspräsidenten der DDR, Wilhelm Pieck, erhält der Dichter Bertolt Brecht in Ostberlin den Nationalpreis 1. Klasse.

Bertolt Brecht wurde am 10. 2. 1898 in Augsburg geboren. Der Schriftsteller und Regisseur wandte sich ab 1926 dem Marxismus zu. Obwohl er propagandistische Lehrstücke verfaßte, war er nie Mitglied der kommunistischen Partei.

Die Ehrung gilt nicht nur dem großartigen Dramatiker, Lyriker und Theatertheoretiker, sondern auch dem Pazifisten, der seine Kunst vorbehaltlos in den Dienst der kommunistischen Bewegung stellt. Wenige Tage später, am 12. Oktober, hat die von ihm selbst auf Parteilinie (→ 17. 3./S. 58) gebrachte Zweitfassung seines »Lukullus« Premiere.

Peinlich berührt ist die DDR-Führung jedoch, als vor der Verleihung bekannt wird, daß Brecht schon 1950 heimlich die österreichische Staatsbürgerschaft angenommen hat.

Igor Strawinski dirigiert in Köln

8. Oktober. Der Komponist Igor Strawinski dirigiert in Köln zum ersten Mal nach 15 Jahren wieder ein deutsches Orchester. Im Großen Sendesaal spielt das NWDR-Rund-

Igor Strawinski, geboren am 17. 6. 1882 in Lomonossow. Der US-Komponist russischer Herkunft ist ein Hauptexponent der Musik der ersten Hälfte des 20. Jahrhunderts. Ein Schwerpunkt seiner vielfältigen Arbeit sind Bühnenwerke.

funkorchester Strawinskis Ballettmusik »Apollon Musagéte« und die »Sinfonie für Bläser«.

Der zu Beginn des Zweiten Weltkriegs in die Vereinigten Staaten emigrierte und jetzt in Hollywood lebende Künstler kommt besuchsweise nach Europa, um während der Musik-Biennale in Venedig die Uraufführung seiner bereits 1941 begonnenen Oper »The Rake's Progress« zu dirigieren. Eine umfangreiche Europa-Tournee bringt Strawinski pro Konzertaufführung 2000 US-Dollar (10 400 DM) ein.

Benn glücklich über Büchner-Preis

21. Oktober. Auf einer Tagung der Deutschen Akademie für Sprache und Dichtung erhält der Lyriker Gottfried Benn in Darmstadt den Georg-Büchner-Preis.

Der Dichter und Essayist Gottfried Benn, geboren am 2. 6. 1886 in Mansfeld, thematisiert in seiner Lyrik die Welt des Ekels und der Verwesung. Dem Nihilismus setzt er den absoluten Glauben an die formale Kraft und Energie der Kunst entgegen.

In der Urkunde heißt es, der Preis ehre den Dichter, »der, streng und wahrhaftig gegen sich selbst, in kühnem Aufbruch seine Form gegen die wandelbare Zeit setzte und in unablässigem Bemühen durch Irren und Leiden reifend dem dichterischen Wert in Vers und Prosa eine neue Welt des Ausdrucks erschloß.«

Vier Tage später resümierte Benn in einem Brief an Friedrich Wilhelm Oelze: »Darmstadt: ein glorreicher Tag, der glänzendste meines Lebens, völlig gelungen in Stimmung, Äußerem u. Gesellschaftlichem«.

Heidegger fordert »neues Denken«

6. Oktober. Mit dem Vortrag ». . . dichterisch wohnet der Mensch . . .« beendet der wegen seiner Rolle während der NS-Zeit umstrittene Philosoph Martin Heidegger auf Bühler-

Martin Heidegger, geboren am 26. 9. 1889 in Meßkirch. Sein Hauptwerk, »Sein und Zeit«, erschien im Jahr 1927. Der führende Vertreter der deutschen Existenzphilosophie beendet im Oktober 1951 seine Lehrtätigkeit in Freiburg im Breisgau.

höhe eine Vortragsreihe, die er am 1. Dezember 1949 in Bremen mit dem Vortrag »Einblick in das, was ist« eröffnete.

Heidegger charakterisiert darin das Denken unseres wissenschaftlichen Zeitalters. Die Spezialisierung der Gegenstandsfelder der Wissenschaft und deren Verwandlung in Institutionen ist eine Folge dieses »rechnend verrechnenden Denkens«, dem unsere Zivilisation ausgeliefert ist. Damit vollzieht Heidegger eine entschiedene Wendung gegen die moderne Wissenschaft und Technik.

Eine Boxlegende im Ringstaub – Joe Louis' letzter Kampf

26. Oktober. In seinem letzten Kampf unterliegt der ehemalige Schwergewichts-Weltmeister der Profiboxer, der schwarze US-Amerikaner Joe Louis, im New Yorker Madison Square Garden dem »Aufsteiger« Rocky Marciano durch Abbruch in der achten Runde.

Der 37jährige war Marciano mit Ausnahme der fünften Runde deutlich unterlegen. Gleich zu Beginn der achten Runde mußte Louis eine schwere Rechte nehmen und ging zu Boden. Kaum wieder auf den Beinen, deckte ihn Marciano mit einer ganzen Serie von harten Treffern ein, ehe der Kampf abgebrochen wurde. Für den »Braunen Bomber« Joe Louis war es in 76 Profikämpfen, von denen er 59 durch K. o. beendete, erst die dritte Niederlage.

Der 28jährige Rocky Marciano, der eigentlich Rocco Marchegiano heißt und für viele Boxfans die »weiße Hoffnung aus Boston« ist, kommt mit diesem Sieg einem Titelkampf gegen Weltmeister Jersey Joe Walcott ein gutes Stück näher. Marciano feiert seinen 38. Profisieg in ununterbrochener Folge. 33mal gewann der als überaus harter Schläger bekannte Italo-Amerikaner durch K. o.

Acht Siege zwischen dem 29. November 1950 und dem 15. August 1951 ermöglichen Louis, der 1949 ungeschlagen als Weltmeister zurückgetreten war, den Fight gegen Marciano. Obwohl er bisher über 20 Mio. US-Dollar erboxt hat, trieben ihn Schulden wieder zurück in den Ring. Boxfreunde beklagen nach dem endgültigen Aus dieser Karriere den unrühmlichen Abgang des Superstars.

Joe Louis, am 13. Mai 1914 als Joseph Louis Barrow in Lafayette/ Alabama geboren, gilt als einer der besten Boxer aller Zeiten. Mehr als ein Jahrzehnt beherrschte er mit Schlagkraft und technischer Brillanz die Schwergewichtszene. Seine Karriere als Berufsboxer begann 1934. Seine erste Niederlage kassierte er am 19. Juni 1936 gegen Max Schmeling, der den »Braunen Bomber« in New York in der zwölften Runde auf die Bretter schickte.

Am 22. Juli 1937 wurde Louis im Comiskey-Park von Chicago durch K. o. in der achten Runde über James J. Braddock Weltmeister. Zwischen 1937 und 1949 verteidigte er 25mal erfolgreich den Titel.

In dem Revanche-Kampf gegen Schmeling triumphierte Louis am 22. Juni 1938 im Yankee-Stadion vor 75 000 Zuschauern als K.-o.-Sieger in der ersten Runde. Nach seinem Rücktritt am 1. März 1949 hatte er schon einmal – 1950 – ein Comeback gewagt, verlor aber gegen Ezzard Charles nach Punkten.

November 1951

Mo	Di	Mi	Do	Fr	Sa	So
			1	2	3	4
5	6	7	8	9	10	11
12	13	14	15	16	17	18
19	20	21	22	23	24	25
26	27	28	29	30	31	

1. November, Donnerstag

5000 Soldaten der US-amerikanischen Armee nehmen an Nuklearwaffenmanövern in der Sierra Nevada teil. → S. 194

Während der Gemeindewahlen in Marokko kommt es in Casablanca zwischen nationalistischen Demonstranten und französischer Polizei zu schweren Zusammenstößen, die fünf Tote und 70 Verletzte fordern (→ 27. 3./S. 54).

Ein Regierungsentwurf zur Wahl einer gesamtdeutschen Nationalversammlung wird in einem Bulletin des Bundespresseamtes veröffentlicht. Neben einer Nationalversammlung soll auch ein Länderausschuß gewählt werden. Vertreter sollen nicht von den Landesregierungen bestimmt, sondern in den Ländern gewählt werden (→ 16. 10./S. 178).

Das britische Oberkommando in Ägypten trägt der bedrohlichen Situation im Konflikt mit der ägyptischen Regierung Rechnung und evakuiert ein Drittel der Familienangehörigen britischer Soldaten (→ 6. 12./S. 206).

2. November, Freitag

Professor Brutt von der Universität Syracuse im US-Bundesstaat New York gibt bekannt, daß zum ersten Mal über New York »Atom-Schnee« niedergegangen sei. Ursache seien offenbar die letzten Atombombentests in der Salzwüste von Nevada (→ 1. 11./S. 194).

Der ehemalige Reichskanzler Heinrich Brüning kehrt aus dem amerikanischen Exil nach Deutschland zurück und übernimmt eine Lehrtätigkeit an der Universität Köln. → S. 195

Aus dem Auswärtigen Amt in Bonn wird bekannt, daß die Sandbank »Großer Knechtsand« in der Elbemündung bei Cuxhaven von der britischen Regierung als Ersatzbombenziel für Helgoland ausersehen ist. Helgoland soll bis März 1952 an die Deutschen zurückgegeben werden (→ 3. 1./S. 21).

Sämtliche Gebäude des Obersalzbergs – von Adolf Hitler als Sommersitz genutzt – werden laut Vereinbarung zwischen dem US-amerikanischen Landeskommissar und der bayerischen Regierung in deutsche Hände gegeben. Die Bauten sollen dem Erdboden gleichgemacht werden.

3. November, Samstag

Bundesregierung und Alliierte Hochkommission veröffentlichen ein Kommuniqué über ihre Besprechungen zum Abschluß eines Generalvertrages (→ 22. 11./S. 190), die Rechte stationierter alliierter Truppen, einen Schiedsgerichtshof und die Entflechtung der deutschen Industrie (→ 28. 8./S. 146).

Vertreter der vier Länder aus dem Sendegebiet des Nordwestdeutschen Rundfunks (NWDR) – Niedersachsen, Nordrhein-Westfalen, Schleswig-Holstein und Hamburg – und NWDR-Delegierte einigen sich auf den Entwurf eines Staatsvertrags.

Der sowjetische Botschafter in Ankara, Layryschow, überreicht eine scharfe Protestnote an die türkische Regierung gegen den Anschluß der Türkei an die NATO (→ 24. 11./S. 191).

4. November, Sonntag

Der zweite Vorsitzende der SPD, Erich Ollenhauer, fordert Neuwahlen zum Bundestag. Er wirft der Regierung insbesondere in der Wirtschaftspolitik Versagen vor (→ S. 104).

In der Stuttgarter Staatsoper wird Igor Strawinskis Oper »The Rake's Progress« unter dem Titel »Der Wüstling« in Deutschland erstaufgeführt. Die musikalische Leitung hat Ferdinand Leitner. Am 11. September fand die Uraufführung in Venedig statt (→ S. 196).

5. November, Montag

Bundeskanzler Konrad Adenauer und sechs weitere Politiker treffen sich in Königswinter mit 22 evangelischen Kirchenvertretern, die ihre Vermittlung in Fragen der deutschen Einigung anbieten. → S. 192

Die staatliche iranische Ölgesellschaft nimmt nach dem Abzug der Briten einen Teil der Raffinerien von Abadan wieder in Betrieb (→ 27. 9./S. 159).

6. November, Dienstag

In Paris beginnt die sechste Vollversammlung der Vereinten Nationen. Für die Bundesrepublik Deutschland nimmt Ministerialdirektor Herbert Blankenhorn als Beobachter an den Tagungen teil. → S. 190

Die Regierungsparteien CDU, FDP und DP sprechen sich für die dritte Strophe des Deutschlandliedes als Nationalhymne aus. Laut Bulletin des Bundespresseamtes unterstützen 75% der erwachsenen Bevölkerung diesen Vorschlag (→ 1. 1./S. 17).

In Colmar-Berg heiratet die 26jährige Marie-Gabrielle von Luxemburg den dänischen Grafen Knud Holsberger Ledreborg.

7. November, Mittwoch

Bundespräsident Theodor Heuss lehnt »aus staatsrechtlichen Gründen« eine Einladung von DDR-Ministerpräsident Wilhelm Pieck zu einem Meinungsaustausch ab (→ 9. 3./S. 52).

Der sowjetische Außenminister Andrei J. Wyschinski fordert von der Vollversammlung der Vereinten Nationen in Paris (→ 6. 11./S. 190), die Frage der Vertretung Chinas in der UNO auf die Tagesordnung zu setzen. Das Problem, ob China durch die nationalchinesische Regierung auf Taiwan oder die kommunistische Regierung vertreten werden soll, war auf der fünften Vollversammlung nicht geklärt worden (→ 25. 4./S. 71).

8. November, Donnerstag

Der Bundestag in Bonn lehnt den vom Kabinett eingebrachten Gesetzentwurf zur Einführung einer Aufwandsteuer einmütig ab. → S. 193

Ein schweres Eisenbahnunglück ereignet sich auf der Strecke von München nach Mühldorf: Ein Personenzug fährt auf einen stehenden Güterzug auf. 15 Menschen sterben, zwölf werden schwer verletzt (→ S. 56).

In New York wird der Monumentalfilm »Quo vadis« uraufgeführt. Peter Ustinov als Nero und Leo Glenn als Petronius ernten Lob für ihre schauspielerische Leistung. Kritik vor allem aus Kirchenkreisen wird laut, weil Jesus dargestellt wird. → S. 195

Der Curt-Goetz-Film »Das Haus in Montevideo« wird in Frankfurt uraufgeführt.

9. November, Freitag

Der Bundesrat lehnt das Gesetz über die von Bundesfinanzminister Fritz Schäffer vorgeschlagene Autobahngebühr ab (→ 9. 10./S. 179).

Jugoslawien unterbreitet der Vollversammlung der Vereinten Nationen Beschwerden über feindseliges Verhalten der Sowjetunion (→ 31. 10./S. 176).

10. November, Samstag

Der bundesdeutsche »Ring der Mitfahrerzentralen« erhebt beim hessischen Verwaltungsgericht in Wiesbaden Klage gegen die Schließung der Kasseler Mitfahrerzentrale durch das hessische Ministerium für Arbeit, Landwirtschaft und Wirtschaft. Das Vorgehen gegen die Mitfahrerzentrale wird mit einem Erlaß des Reichsverkehrsministeriums von 1936 begründet, der »ungesetzliche Personenbeförderung« verbietet.

Die Herren-Riege des Deutschen Turner-Bundes gewinnt in der Frankfurter Festhalle einen Länderkampf gegen die schweizerische Weltmeister-Mannschaft mit 350,85:348,95 Punkten. Bester Turner in der Einzelwertung ist der Kölner Helmut Bantz vor Sepp Stalder (Schweiz).

11. November, Sonntag

Die Wahl in Argentinien festigt die Stellung von Juan Domingo Perón. Er gewinnt die Mehrheit in beiden Häusern des Parlaments. Erstmals durften Frauen wählen (→ 28. 9./S. 156).

In Düsseldorf wird ein deutsch-französischer Industrieausschuß gegründet. Vertreter des Bundesverbandes der deutschen Industrie und der Conseil National du Patronat Français wollen gemeinsame Vorarbeiten zum internationalen Industriellenkongreß, der im Dezember stattfindet, leisten.

12. November, Montag

Erstmals in der japanischen Geschichte steht der Kaiser im Mittelpunkt von Studentenunruhen. Bei einem Besuch an der Universität in Kioto umringen 1000 demonstrierende Studenten den Monarchen und fordern einen Verzicht auf Wiederaufrüstung (→ 8. 9./S. 157).

In einem Briefwechsel tauschen Bundeskanzler Konrad Adenauer und SPD-Chef Kurt Schumacher ihre kontroversen Ansichten zu Entwurf und Wahlordnung für eine gesamtdeutsche Nationalversammlung aus (→ 16. 10./S. 178).

Im US-Bundesstaat Wyoming fordert ein schweres Zugunglück 21 Tote. Ein Schnellzug kollidiert mit einem stehenden Waggon.

13. November, Dienstag

Die Vereinten Nationen setzen bei ihrer sechsten Vollversammlung in Paris die Deutschlandfrage auf die Tagesordnung. Es beginnen Erörterungen über die Einsetzung einer Kommission, die feststellen soll, ob die Voraussetzungen für freie Wahlen in ganz Deutschland gegeben sind (→ 6. 11./S. 190).

14. November, Mittwoch

Der Bundestag verabschiedet ein Sofortprogramm zur Arbeitsbeschaffung. Aus Mitteln der Arbeitslosenversicherung sollen bis zum 30. Juni 1952 200 Mio. DM zur Verfügung gestellt werden. → S. 193

In der Hauptstadt Kairo demonstrieren 500 000 Menschen mit einem Schweigemarsch gegen die Präsenz der Briten in Ägypten (→ 8. 10./S. 175).

Die USA und Jugoslawien schließen ein Abkommen über die Bedingungen amerikanischer Unterstützung für den Balkanstaat (→ 31. 10./S. 176).

In Frankreich treten 30 000 Bergarbeiter der nordfranzösischen Kohlenreviere in den Streik. Sie protestieren vor allem gegen die Anordnung des Arbeitsministeriums, nach der Bergarbeiter 15% der Kosten für die ärztliche Behandlung übernehmen müssen.

Nach schweren Unwettern brechen die Dämme des Po. 450 000 Menschen werden durch die Überschwemmungskatastrophe obdachlos (→ 20. 11./S. 194).

15. November, Donnerstag

Der Bundestag beschließt höhere Beamtenbezüge. Rückwirkend vom 1. Oktober werden die Bezüge von aktiven Beamten, Normal-Pensionären und Empfängern von Übergangsgehältern und Übergangsbezügen aufgrund des Gesetzes 131 (→ 10. 4./S. 68) um 20% erhöht.

Die schwedische Akademie der Wissenschaften gibt die Nobelpreisträger dieses Jahres bekannt: Pär Lagerkvist (Literatur), John Cockcroft und E. T. S. Walton (Physik) (→ 10. 12./S. 210).

16. November, Freitag

Die Bundesregierung stellt beim Bundesverfassungsgericht einen Verbotsantrag gegen die Kommunistische Partei Deutschlands (KPD) und die Sozialistische Reichspartei (SRP). → S. 192

Die im »Freiheitsverlag Leipzig« erscheinende »Tarantel«, die »satirische Monatsschrift der DDR«, sticht zu: Auf dem Titelblatt richten sich – in Anspielung auf den unterschiedlichen Lebensstandard – begehrliche Blicke von Ost nach West.

17. November, Samstag

In Hannover wird in Anwesenheit von Bundeskanzler Konrad Adenauer der »Bund der vertriebenen Deutschen« gegründet. Erster Vorsitzender der 10 Mio. Mitglieder starken Vereinigung wird Linus Kather. → S. 193

Der französische Ministerpräsident René Pleven stellt die Vertrauensfrage zur Durchsetzung finanzpolitischer Maßnahmen. Erneut gerät die Regierung in eine Krise (→ 10. 3./S. 54). Mit 246 gegen 228 Stimmen bei 118 Stimmenthaltungen spricht die Nationalversammlung der Regierung am 21. November knapp das Vertrauen aus.

Die sowjetische Regierung übermittelt den drei Westmächten gleichlautende Protestnoten zur sog. Triester Frage. Sie kritisiert die Vorbereitungen der westlichen Regierungen, den 1947 geschaffenen Freistaat Triest unter Aufsicht der Vereinten Nationen zwischen Italien und Jugoslawien aufzuteilen. → S. 191

In Düsseldorf wird die mit 206 m längste Flußbrücke über den Rhein eingeweiht.

18. November, Sonntag

Die ägyptische Regierung erkennt die Bundesrepublik Deutschland an. In Kürze sollen diplomatische Vertreter ausgetauscht werden, gibt der stellvertretende Außenminister Ibrahim Farag Pascha bekannt (→ 4. 4./S. 68).

19. November, Montag

Bischof Otto Dibelius, Vorsitzender des Rates der Evangelischen Kirche Deutschlands, ist bei DDR-Ministerpräsident Otto Grotewohl zu Gast. Er betont den dringenden Wunsch der Evangelischen Kirche nach einer schnellen Verständigung in Fragen der deutschen Einheit (→ 5. 11./S. 192).

Die SPD ist gegen ein Verbot der KPD. Ihr Parteivorstand teilt mit, daß die Initiative der Bundesregierung, einen Verbotsantrag beim Bundesverfassungsgericht in Karlsruhe zu stellen, ohne Absprache mit den Sozialdemokraten erfolgt sei (→ 16. 11./S. 192).

Mit der Unterzeichnung der Flüchtlingskonvention der Vereinten Nationen in New York schreitet die Eingliederung der Bundesrepublik Deutschland in die internationale Politik immer weiter voran (→ 9. 7./S. 120).

Die ehemalige argentinische Oppositionszeitung »La Prensa«, die von der Regierung enteignet wurde, erscheint wieder – als Organ des von der Regierung kontrollierten allgemeinen Gewerkschaftsverbandes (→ 2. 2./S. 39).

20. November, Dienstag

Am Ober- und Mittellauf des Po in Norditalien steigt nach schweren Regenfällen erneut das Hochwasser. Oberitalien wird von einer zweiten Flutwelle bedroht. → S. 194

Wegen seiner Verdienste auf dem Gebiet der Biophysik und beim Wiederaufbau der Frankfurter Johann-Wolfgang-Goethe-Universität erhält der ehemalige Rektor Prof. Rajewsky die Goethe-Medaille.

21. November, Buß- und Bettag

Mit einem 2:0 revanchiert sich die deutsche Fußball-Nationalmannschaft für die 1:2-Heimniederlage gegen die Türkei vom 17. Juni. → S. 195

22. November, Donnerstag

In Paris findet die erste Außenministerkonferenz der Westmächte unter Teilnahme von Bundeskanzler und Außenminister Konrad Adenauer statt. Nach zweieinhalbstündigen Verhandlungen einigen sich die vier Politiker auf den Entwurf eines Generalvertrags, der das Besatzungsstatut für die Bundesrepublik ablösen soll. → S. 190

In Korea erzielen die Unterhändler der Vereinten Nationen und der Kommunisten weitgehende Einigung über eine Waffenstillstandslinie, deren Verlauf ein Ausschuß von Stabsoffizieren beider Seiten in den nächsten Tagen bestimmen soll. Damit ist ein erster praktischer Schritt zur Beendigung der Kämpfe getan (→ 5. 8./S. 140).

Der Bundestag verabschiedet gegen die Stimmen der Kommunisten das neue Paßgesetz, das nach Übertragung der Paßhoheit auf die Bundesrepublik die Paßformalitäten nach deutschem Recht regelt. Vertreter aller Fraktionen sprechen sich gegen noch bestehende alliierte Beschränkungen aus.

Die Arbeitsgemeinschaft der Rundfunkanstalten in der Bundesrepublik (ARD) beschließt die Aufnahme eines gemeinsamen Kurzwellendienstes. → S. 193

Die Internationale Ruhrbehörde senkt für das laufende Quartal die Kohlenexportquote für die Bundesrepublik von 6,2 auf 6 Mio. t (→ S. 104).

Die Dekartellisierungs- und Entflechtungsabteilung der Alliierten Hohen Kommission (DIDEG) untersagt den Herstellern von Elektrozubehör sowie der Glühbirnenindustrie mit sofortiger Wirkung jegliche Art von Wettbewerbsverzerrungen wie z. B. Preisabsprachen.

23. November, Freitag

Eine vietnamesische Delegation unter Führung des Ministerpräsidenten Tran Van Huu reist nach Paris, um gemäßigte Forderungen nach einer Loslösung von der französischen Oberhoheit zu stellen. → S. 188

Der Bundestag protestiert gegen die Vertreibung von Deutschen aus dem rumänischen Teil des Banat (→ 30. 8./S. 143).

Ein Munitionslager im Kopenhagener Hafen fliegt in die Luft: Diese bislang schwerste Explosionskatastrophe in Dänemark fordert 18 Tote und 80 zum Teil lebensgefährlich Verletzte.

24. November, Samstag

In Rom beginnt eine Konferenz der NATO-Staaten. General Dwight D. Eisenhower fordert, die Verteidigungslinie in Europa so weit wie möglich östlich des Rheins zu legen. Ein deutscher Verteidigungsbeitrag sei dafür unabdingbar. → S. 190

Österreichs ehemaliger Minister für Vermögenssicherung und Wirtschaftsplanung Peter Krauland wird festgenommen. Gegen ihn werden schwere Beschuldigungen wegen Amtsmißbrauchs gerichtet. → S. 194

Mit einem Ballettgastspiel des französischen Tänzers und Choreographen Serge Lifar wird das neue Haus der städtischen Bühnen Mainz eröffnet.

25. November, Sonntag

Der SPD-Vorsitzende Kurt Schumacher kritisiert in einer Rede in Hannover das Ergebnis der Pariser Verhandlungen zwischen Konrad Adenauer und den Westalliierten. Er bezeichnet das Resultat als »eindeutige Annahme der alliierten Wünsche« (→ 22. 11./S. 190).

In der DDR läuft das erste Fernseh-Versuchsprogramm an.

In Nürnberg wird der »Graf von Ratzeburg«, ein Drama von Ernst Barlach, uraufgeführt. Das Stück aus dem Nachlaß des 1938 verstorbenen Dichters entstand schon 1927. Barlach, für dessen Dramen während des Nationalsozialismus Aufführungsverbot bestand, überarbeitete es selbst mehrmals in den 30er Jahren.

Die Kestner-Gesellschaft zeigt in Hannover erstmals in Deutschland Plastiken des italienischen Bildhauers Marino Marini. Die Ausstellung dauert bis zum 7. Januar 1952.

26. November, Montag

In der DDR tritt eine Kommission zur Ausarbeitung eines Wahlgesetzentwurfs für gesamtdeutsche Wahlen unter dem Vorsitz von Walter Ulbricht zusammen. Vorlage soll das Reichswahlgesetz der Weimarer Republik vom 6. März 1924 werden (→ 9. 3./S. 52).

Im Hamburger Hotel »Alsterhof« treffen sich Vertreter des Nationalen Olympischen Komitees für Deutschland und des Nationalen Olympischen Komitees der DDR. Ihr Versuch, sich auf die Teilnahme einer gesamtdeutschen Mannschaft bei den Olympischen Spielen 1952 zu einigen, scheitert. → S. 195

27. November, Dienstag

In Prag wird der stellvertretende Ministerpräsident Rudolf Slánsky verhaftet. Ministerpräsident Klement Gottwald schaltet seinen langjährigen Rivalen mit Billigung Moskaus aus. → S. 191

In Korea billigen die Delegationen der Vereinten Nationen und der Kommunisten die von ihren Stabsoffizieren gezogene Waffenstillstandslinie, die dem gegenwärtigen Frontverlauf entspricht. Sie soll jedoch erst dann endgültig anerkannt werden, wenn sich die Unterhändler in den kommenden 30 Tagen über die restlichen Punkte der Waffenstillstandsverhandlungen einigen (→ 5. 8./S. 140).

Bundespräsident Theodor Heuss ruft eine »Dankspende des deutschen Volkes« ins Leben. Werke zeitgenössischer deutscher Künstler sollen erworben und jenen Ländern geschenkt werden, die Deutschland in der Nachkriegszeit unterstützt haben. → S. 191

28. November, Mittwoch

In Geheimbesprechungen zwischen Großbritannien und Ägypten wird ein Übereinkommen über die Ordnung am Sueskanal erzielt: Britische Soldaten dürfen u. a. die Städte Ismailia, Port Said und Sues nur noch aus dienstlichen Gründen betreten (→ 6. 12./S. 206).

Der britische Innenminister Maxwell Fyfe erklärt in Straßburg, daß sein Land keine Souveränitätsrechte abgeben und sich somit nicht an einer Europaarmee beteiligen werde. Er begründet die Haltung mit den besonderen Verpflichtungen, die Großbritannien im politischen Schnittkreis von Nordamerika, Commonwealth und Westeuropa zu erfüllen habe (→ 7. 12./S. 203).

Die Chemischen Werke in Hüls nehmen als erstes westdeutsches Industrieunternehmen die Produktion von Buna (= synthetischer Kautschuk) wieder auf. Der monatliche Buna-Ausstoß der Chemischen Werke beträgt 500 t.

29. November, Donnerstag

Wenige Stunden nach ihrer Bildung wird die syrische, als sowjetfreundlich geltende Regierung vom Militär unter der Führung von Oberst Adib Schischekly gestürzt. Ministerpräsident Maruf Dawalibi war auch Verteidigungsminister, obwohl das Militär stets darauf bestand, daß ein Offizier das Amt übernehmen müsse.

In Siam annulliert eine Gruppe von Militärs unter Führung von Ministerpräsident Pibul Songgram in einem unblutigen Staatsstreich die Verfassung von 1949, setzt die Regierung ab, löst das Parlament auf und stellt die Verfassung von 1932 wieder her (→ 30. 6./S. 103).

Eine Paketbombe tötet den Chefredakteur der »Bremer Nachrichten«, Adolf Wolfard. Eine weitere Bombe explodiert auf dem Postamt in Eystrup in der Nähe von Verden und fordert ein Todesopfer und fünf Schwerverletzte. Zwei Verdächtige werden bereits am folgenden Tag festgenommen.

30. November, Freitag

In New York wird der 76jährige deutsche Schriftsteller Thomas Mann auf Lebenszeit in die »Academy of Arts and Letters« aufgenommen.

Das Wetter im Monat Oktober

Station	Mittlere Lufttemperatur (°C)	Niederschlag (mm)	Sonnenscheindauer (Std.)
Aachen	8,6 (6,0)	111 (67)	51 (62)
Berlin	7,2 (3,9)	61 (46)	30 (50)
Bremen	7,5 (5,3)	125 (60)	– (50)
München	5,6 (3,0)	48 (53)	62 (54)
Wien	7,5 (4,5)	89 (53)	71 (58)
Zürich	6,2 (3,3)	85 (72)	62 (51)

( ) Langjähriger Mittelwert für diesen Monat
– Wert nicht ermittelt

ZEIT UND BILD
Die Wochenend-Illustrierte

SAMSTAG, 3. NOVEMBER 1951

NUMMER 44

Ein ordentliches Sechstagerennen

hat seine Sensationen und ist eine Sensation. Es beschäftigt Tausende von Sportbegeisterten. Frankfurt erlebte zum ersten Male nach dem Krieg dieses sportliche Ereignis, das mit einem glanzvollen Start in Szene ging. Stürze wie diese gehören auch dazu. Sie sind glücklicherweise selten. (Siehe unsere spannende Reportage auf den Seiten 4 und 5.)

(Zeichnung: Goldschadt)

»Zeit und Bild« lockt seine Leser mit einer Reportage über das Frankfurter Sechstagerennen, das nach dem Krieg erstmals wieder ausgetragen wurde. Spektakuläre Mammutveranstaltungen dieser Art ziehen Zuschauer (und Leser) scharenweise an. (»Zeit und Bild« vom 3. November)

Vom Kolonialkrieg zum Kreuzzug gegen Kommunisten

Vietminh-Truppen vor dem Einsatz: Mit Laubtarnung und leichter Bewaffnung für Geländekämpfe gut gerüstet

Eine Vietminh-Werfergranate zerstört einen französischen Beobachtungsstand. Der Soldat entkommt mit Not.

Französische Soldaten graben sich im Tonkin-Delta ein: Aus dem Dschungelkrieg wird nun auch ein Grabenkrieg.

23. November. Eine vietnamesische Regierungsdelegation unter Ministerpräsident Tran Van Huu reist nach Paris, um dort einer gemäßigten Forderung nach mehr innen- und außenpolitischer Unabhängigkeit Vietnams Nachdruck zu verleihen. Sie will eine Ablösung der französischen Oberhoheit nach dem Vorbild des britischen Commonwealth erreichen.

Erst am 18. Februar hatte Tran Van Huu auf Wunsch und mit Zustimmung des ehemaligen Kaisers (1925–1945) und jetzigen Staatspräsidenten der »Republik Vietnam«, Bao Dai, eine neue Regierung gebildet. Sie ist, wie alle ihre Vorgänger seit der Proklamierung der »Republik Vietnam« am 13. Juli 1949, eine Marionettenregierung der französischen Kolonialmacht.

Ihr radikaler Gegenpart im eigenen Land ist die kommunistische Vietminh-Bewegung unter ihrem Gründer und ideologischen Führer Ho Chi Minh: Seit 1947 liefern die Vietminh der französischen Kolonialmacht und den vietnamesischen Regierungstruppen einen erbitterten Guerillakrieg. Ho Chi Minh fordert die völlige Unabhängigkeit Indochinas von der französischen Oberherrschaft und versucht nach chinesischem Vorbild, »durch Mobilisierung des ganzen Volkes« die völlige Unabhängigkeit durchzusetzen.

Während in den französisch besetzten Gebieten Unordnung und Terror herrschen, haben die Vietminh in ihrem Einflußbereich eine effektive Verwaltung aufgebaut. Es besteht eine Verfassung, die eine 40-Stunden-Woche, bezahlten Urlaub, Sozialversicherung und Grundschulpflicht vorsieht. Vor diesem sozialreformerischen Hintergrund erfolgt eine gezielte und erfolgreiche politische Schulung der Bevölkerung. Nach Ansicht französischer und US-amerikanischer Asien-Experten unterstützen mindestens 84% der Vietnamesen die Befreiungsbewegung Ho Chi Minhs.

Bereits Ende 1950 war die militärische Lage der Franzosen miserabel – seit September des Jahres befinden sich die französischen Truppen ständig auf dem Rückzug. Paris versuchte, durch personelle Änderungen zu retten, was zu retten war: Der bisherige Hochkommissar für Indochina, Léon Pigeon, mußte zurücktreten. Sein Nachfolger wurde am 6. Dezember 1950 – nach erregten Debatten in der Pariser Nationalversammlung – der mit 41 Dekorationen ausgezeichnete »berühmteste Soldat Frankreichs«, General Jean de Lattre de Tassigny. Gleichzeitig übernahm Lattre de Tassigny von General Marcel-Maurice Carpentier die Funktion des Oberbefehlshabers der französischen Streitkräfte in Indochina. Der von den Franzosen als »Kriegsheld« apostrophierte Lattre de Tassigny war gegen Ende des Zweiten Weltkriegs mit der 1. französischen Armee über den Rhein bis nach Vorarlberg vorgestoßen und hatte am 8. Mai 1945 für Frankreich die deutsche Kapitulation entgegengenommen.

Zu Beginn des Jahres 1951 ist Vietnam de facto in zwei Einflußzonen aufgespalten: Die Franzosen konzentrieren sich auf stark befestigte Stützpunkte, aus denen sie am Tag Ausfälle in den Urwald unternehmen. Die Vietminh beherrschen das Umland und greifen vorwiegend nachts die palisadenbewehrten Befestigungen der Franzosen an. Der militärische Kopf und Organisator dieser Partisanenarmee, die trotz eines katastrophalen Mangels an schwerem Gerät ein strategisches Übergewicht behauptet, ist der 38jährige General Vo Nguyên Giap.

Mit der Übernahme des Oberbefehls durch Lattre de Tassigny begann die härteste Zeit des Widerstandskrieges gegen die Franzosen. Im Tonkin-Gebiet, dem Delta des Roten Flusses, gleichzeitig Hauptkriegsschauplatz, ließ der erfahrene Frontkommandeur Bunkerstellungen anlegen, um die ständige Infiltration durch Vietminh zu beenden. Auf seinen Befehl hin bombardierten alle in Indochina verfügbaren Flugzeuge feindliche Bodenstellungen mit Napalm. Als die Truppen General Vos – durch die Erfolge der jüngsten Zeit ermutigt – sich am 14. Januar 1951 zum offenen Angriff auf das von den Franzosen gehaltene Industriezentrum Hanoi entschlossen, erlitten sie eine verlustreiche Niederlage: 5000 Vietminh kamen im Artilleriefeuer ums Leben.

Kurz vor einem Gefecht suchen französische Soldaten Deckung im Unterholz. Im Dschungel sind sie gegenüber den einheimischen Vietminh im Nachteil.

Seither vermeidet General Vo offene Feldschlachten. Statt dessen graben sich die Vietminh-Truppen in monatelanger Arbeit durch das Bunkersystem in den Rücken des Feindes. Der Guerillakrieg, den keine Seite gewinnen kann, geht weiter und bindet über die Hälfte aller französischen Truppen in Indochina.

Hier liegt eines der Motive für die sich abzeichnende Internationalisierung des Konflikts: »Alle französischen Elitetruppen waren, wie ich feststellte, in Indochina, und wo sie nicht waren, das war in Westeuropa . . .«, klagte General George C. Marshall (→ 12. 9./S. 158) bereits 1949. Die USA waren aus taktischem Kalkül bereit, Frankreich aus der »vietnamesischen Sackgasse« zu helfen. In Europa, dem Hauptschauplatz des kalten Krieges, sollte Frankreich ein starker und handlungsfähiger Verbündeter sein. Ein weiterer Grund für das Engagement der Amerikaner – noch unter dem Eindruck des kommunistischen Sieges im chinesischen Bürgerkrieg und des Koreakrieges (→ 1. 1./S. 12) – ist die Überzeugung, daß im Falle einer französischen Niederlage auch alle an Vietnam angrenzende Staaten »wie Dominosteine umfallen« und unter kommunistischen Einfluß geraten (Dominotheorie).

Deshalb leisten die Amerikaner den Franzosen kontinuierlich steigende Militärhilfe. 1950 bezahlten die USA 15% der Gesamtkriegskosten, 1954 sind es bereits 82%. Aus dem einstigen Kolonialkrieg wird ein Teil des globalen Anti-Kommunismus-Kreuzzuges der USA.

Auch die Gegenseite versichert sich des Rückhalts anderer Länder: Neben der militärischen Hilfe durch das kommunistische China können die Vietminh auf die Unterstützung ihrer Nachbarn bauen: Am 3. März 1951 bildeten Kommunisten aus Laos, Kambodscha und Vietnam eine Einheitsfront, die den antifranzösischen Kampf in den drei Ländern koordinieren soll.

Seit 160 Jahren ausgebeutet

Die Geschichte des Indochina-Konflikts steht im engen Zusammenhang mit dem machtpolitischen und wirtschaftlichen Vormachtstreben der Kolonialmacht Frankreich, das sich bis ins 18. Jahrhundert zurückverfolgen läßt. Der Kaiser von Annam, Nguyen Anh, eroberte mit Hilfe der Franzosen 1792 Saigon und 1802 Hanoi. Nachdem Frankreich im Jahr 1863 das Protektorat über Kambodscha übernommen hatte, vereinigte es 1887 Annam, Tonkin, Kambodscha und den südlichen Teil Vietnams, Kotschinchina, zur »Indochinesischen Union«, die 1893 um Laos erweitert wird. Von besonderer strategischer Bedeutung war für die Franzosen der über Indochina mögliche Zugang zu China, darüber hinaus war diese Kolonie auch ökonomisch ausbeutbar: Indochina gehörte bis zum Zweiten Weltkrieg zu den drei größten Reiseexportländern, weitere wichtige Rohstoffe sind Kohle, Wolfram und Rohkautschuk.

Die treibende Kraft der vietnamesischen Unabhängigkeitsbewegung ist Ho Chi Minh. Der Sohn eines Dorfgelehrten bereiste ab 1911 Europa und war 1920 Gründungsmitglied der Kommunistischen Partei Frankreichs. In Hongkong gründete Ho Chi Minh 1930 die Kommunistische Partei Vietnams. Im Dezember 1940 kehrte er nach 30jähriger Abwesenheit nach Vietnam zurück und gründete am 19. Mai 1941, seinem 51. Geburtstag, die Vietminh (»Liga für die Unabhängigkeit Vietnams«). Sie ist eine unter kommunistischer Führung stehende Organisation von Bauern, Arbeitern und Kleinbürgern, die gegen den japanischen Imperialismus und den französischen Kolonialismus gerichtet ist.

Das Ende des Zweiten Weltkriegs beendete auch die fünf Jahre währende japanische Okkupation Vietnams. Den im September 1945 zurückkehrenden Franzosen konnte Ho am 6. März 1946 die Gründung einer »Demokratischen Republik Vietnam« (DRV) abhandeln. Die begrenzte Zusammenarbeit fand jedoch ein schnelles Ende, als auf französischer Seite alte koloniale Interessen im Sinne einer Rückeroberungspolitik die Oberhand behielten. Die Spannungen zwischen Vietminh und Franzosen entluden sich im Haiphong-Zwischenfall: Nach einem Streit um die Zollhoheit im Hafen von Haiphong ließ der französische Kommandeur am 23. November 1946 das Vietnamesenviertel beschießen, wobei 6000 Zivilisten den Tod fanden. Die Vietminh erwiderten die Feindseligkeiten am 19. Dezember 1946 mit einem Angriff auf die französische Garnison.

Tagung der Vereinten Nationen: Andrei Wyschinski (am Rednerpult) fordert die Beendigung des Koreakrieges.

Deutsche Frage vor Vereinten Nationen

6. November. Mit einer Rede des französischen Staatspräsidenten Vincent Auriol beginnt in Paris die sechste Sitzungsperiode der Vereinten Nationen (UN; United Nations). Mit Ministerialdirektor Herbert Blankenhorn ist erstmals ein Beobachter der Bundesrepublik dabei.

Zwei Themen beherrschen die Tagungen, die der mexikanische Delegierte Luis Padilla Nervo leitet: Abrüstungsfragen und Vorschläge zur Prüfung freier gesamtdeutscher Wahlen (→ 9. 3./S. 52).

Am 8. November kündigen Frankreich, Großbritannien und die USA Vorschläge zur Rüstungsbegrenzung an, die »eine ausgeglichene Herabsetzung aller Streitkräfte und aller Rüstungen, einschließlich der Atomwaffen« einbeziehen sollen. Die Westmächte schränken aber ihr Angebot deutlich ein: »Solange die gegenwärtigen Bedingungen der internationalen Spannung vorherrschen, haben die drei Regierungen die unausweichliche Pflicht, ihre Anstrengungen zur Entwicklung der für ihre eigenen und für die Sicherheit der freien Welt erforderlichen Stärke fortzusetzen ... «

Als »ersten und unerläßlichen Schritt« zur Rüstungsbegrenzung und zum Abbau der Streitkräfte bezeichnen die westlichen Regierungen eine Bekanntgabe der militärischen Stärke von Ost und West sowie die Möglichkeit, die Angaben nachzuprüfen. »Das System muß ferner eine wirksame internationale Inspektion zur Nachprüfung der gegebenen Informationen enthalten«, schlagen sie vor.

Der sowjetische Außenminister Andrei J. Wyschinski lehnt den an Bedingungen gebundenen Plan der Westmächte ab und unterbreitet eine Resolution, die u. a. eine Verurteilung des Nordatlantikpakts als »aggressiver Atlantikblock« und die Einberufung einer Weltkonferenz zur Abrüstung fordert.

Am 20. Dezember beschließt die Vollversammlung die Einsetzung einer Untersuchungskommission zur Klärung der Voraussetzungen für freie gesamtdeutsche Wahlen. Die Kommission ist erfolglos: Im Januar 1952 wird sie an der Einreise in die DDR gehindert und löst sich auf.

Verteidigungsfront östlich des Rheins

24. November. In Rom beginnt eine Tagung des Nordatlantikrats. Die Frage eines bundesdeutschen Verteidigungsbeitrags und der Plan einer Europaarmee sind die Hauptthemen der Konferenz.

NATO-Oberbefehlshaber General Dwight D. Eisenhower fordert in Europa eine Verteidigungsfront, die östlich des Rheins verläuft. Eine Verteidigungslinie müsse so weit vorgeschoben sein, »weil sonst ein Friede ohne Furcht nicht gewährleistet sei«. Eine westdeutsche Armee, die in die Verbände des Atlantikpaktes eingegliedert werde, sei vonnöten, meint Eisenhower.

Eröffnung der NATO-Konferenz; Während der Tagung erklärt der amerikanische Außenminister Dean Acheson, daß die Vereinigten Staaten die europäischen Verteidigungsanstrengungen fördern wollen. Sein Vorschlag, bereits jetzt deutsche Truppen in die NATO einzugliedern, stößt allgemein auf Ablehnung.

Die Bundesrepublik steht im Westen

22. November. In Paris nimmt Bundeskanzler und Außenminister Konrad Adenauer (→ 15. 3./S. 51) erstmals an einer Außenminister-Konferenz der Westmächte teil. Er verhandelt mit seinen Kollegen über die Gleichberechtigung der Bundesrepublik. Robert Schuman (Frankreich), Anthony Eden (Großbritannien) und Dean Acheson (USA) verständigen sich mit Adenauer auf den Entwurf eines Generalvertrags zur Ablösung des Besatzungsstatuts.

»Basis der Gleichberechtigung«

Im Konferenz-Kommuniqué heißt es über den Generalvertrag: »Das Allgemeine Abkommen wird einen entscheidenden Schritt auf dem Weg zur Verwirklichung des gemeinsamen Zieles der drei Westmächte und der Bundesrepublik Deutschland bedeuten, die Bundesrepublik auf der Basis der Gleichberechtigung in eine europäische Gemeinschaft einzugliedern, die selber im Rahmen der sich entwickelnden atlantischen Gemeinschaft stehen muß. Mit dem Inkrafttreten des Allgemeinen Abkommens und der verwandten Konventionen wird das Besatzungsstatut ... aufgehoben werden.

Die drei Mächte werden nur diejenigen Sonderrechte weiter beanspruchen, auf die sie angesichts der besonderen internationalen Lage Deutschlands ... nicht verzichten können. Diese Rechte beziehen sich auf die Stationierung und die Sicherheit der Streitkräfte in Deutschland, auf Berlin und die gesamtdeutschen Fragen ...«

Konrad Adenauer betont, daß die Außenministerkonferenz einen Wendepunkt in der deutschen Nachkriegsgeschichte bedeutet, da sie die Zugehörigkeit der Bundesrepublik Deutschland zum Westen dokumentiere. Grundlage des Generalvertrags sowie der Verträge über die EVG (→ 15. 2./S. 32) sei ein Verteidigungsbeitrag der Bundesrepublik.

Keine Fortschritte auf dem Weg zur Gleichberechtigung konstatiert die SPD. Sie sieht vielmehr in der Verkoppelung zwischen dem Generalvertrag, den noch zu beratenden Zusatzabkommen und dem Vertrag über die EVG eine Verschlechterung der deutschen Position.

Protestnote gegen US-Kriegshafen Triest

17. November. Die Sowjetunion protestiert in einer von dem stellvertretenden Außenminister Andrei Andrejewitsch Gromyko überreichten diplomatischen Note bei den drei Westmächten gegen deren Triest-Politik und beschuldigt sie einer tiefgreifenden Verletzung des italienischen Friedensvertrages.

Die Beschwerde der Sowjets richtet sich gegen angebliche Pläne der Westmächte, den Freistaat zwischen Italien und Jugoslawien aufzuteilen und dann »den Raum Triest als ständigen militärischen Land- und Seestützpunkt der USA und Großbritanniens sicherzustellen«. In der Note heißt es weiter: »Eine Aufteilung dieses Gebiets ist geeignet, lediglich neue Komplikationen in diesem Raume Europas hervorzurufen, da die Pläne einer derartigen Aufteilung von Interessen diktiert sind, die mit den Aufgaben der Festigung des Friedens in Europa nichts gemein haben.« Die von General Dwight D. Eisenhower geplante Verstärkung der NATO-Südflanke unter Einbeziehung Italiens und die steigenden Spannungen mit Jugoslawien (→ 31. 10./S. 176) setzen die Sowjets zusätzlich unter Druck.

Die norditalienische Stadt Triest fiel bei Kriegsende in die Hand jugoslawischer Partisanen und war seither Zankapfel zwischen Italien und Jugoslawien. Noch 1945 wird der Raum Triest in Zone A (Triest mit Umland und nordwestlichem Küstenstreifen mit US-amerikanisch-britischer Verwaltung) und Zone B (südlich der Stadt) mit jugoslawischer Verwaltung eingeteilt.

Im Friedensvertrag der Alliierten mit Italien vom 10. Februar 1947 wurde Triest und Umgebung zu einem 800 km² umfassenden Freistaat unter internationaler Kontrolle erklärt. In Triest leben rund 900 000 Menschen, davon 40% mit jugoslawischer Staatsangehörigkeit.

Seit 1921 KPČ-Mitglied: Slánský, der eigtl. Rudolf Salzmann heißt

Mit Moskaus Hilfe Slánský entmachtet

27. November. In Prag wird Rudolf Slánský, stellvertretender Ministerpräsident der Tschechoslowakei, verhaftet. Slánský, der die kommunistische KPČ nach 1945 zur stärksten Partei des Landes machte, wurde bereits am 6. September als Generalsekretär entlassen.

Ministerpräsident Klement Gottwald betrieb mit Unterstützung aus Moskau die Entmachtung Slánskýs. »Slánský und seine Komplicen sind als Agenten des amerikanischen Imperialismus entlarvt worden, die sich bemühen, in der Tschechoslowakei nach dem Muster der jugoslawischen Verräter das kapitalistische Regime wieder aufzurichten«, zitiert »Der Spiegel« vom 19. Dezember Klement Gottwald.

Der Konflikt zwischen dem intellektuellen Parteifunktionär Slánský und Gottwald, der sich auch der nationalen Geschichte verbunden fühlt, ist Ausdruck der sowjetischen Politik gegenüber den Verbündeten in Südosteuropa (→ 31. 10./S. 176): »Der Kreml hatte aus Titos Abfall gelernt, daß die osteuropäischen Satelliten nur zu halten sind, wenn deren eingefleischter Nationalismus nicht durch den abstrakten, ideell-doktrinären Internationalismus der Schdanows und Slánskýs unterdrückt wird«, mutmaßt das Nachrichtenmagazin »Der Spiegel«.

Nach einem Schauprozeß wird Slánský u. a. wegen »titoistischer Umtriebe« verurteilt und am 3. Dezember 1952 hingerichtet.

Zeitgenössische Kunst für »Liebespakete«

27. November. Bundespräsident Theodor Heuss ruft eine Stiftung »Dankspende des deutschen Volkes« ins Leben. Mit Geldspenden sollen Werke zeitgenössischer deutscher Künstler erworben und den Ländern geschenkt werden, die die Bundesrepublik nach dem Ende des Zweiten Weltkrieges unterstützt haben.

»Es wäre heute in Deutschland schlimm um uns alle bestellt, wenn uns in den Jahren der bittersten Not nicht so viele Völker der freien Welt aus freien Stücken hilfreich beigestanden hätten«, erklärt Theodor Heuss.

»Wir werden und dürfen es nicht vergessen, daß die Geldspenden und all die Gaben in Millionen von Liebespaketen den Hunger von der Schwelle jagten, unzählige Menschen, jung und alt, das Leben retteten, daß sie Schmerzen stillten und die Mutlosen neuen Mut fassen ließen ... Wer hätte größeren Grund zur Dankbarkeit als der deutsche Mensch«, so der Bundespräsident in einer Ansprache.

Auch Kanzler Adenauer (l.) hält zur Verkündung der Stiftung eine Rede.

Sorge um deutsche Spaltung: CDU-Politiker und Theologe Eugen Gerstenmaier (l.) im Gespräch mit Bischof Dibelius

Der frühere Bundesinnenminister und amtierende Präses der EKD, Gustav Heinemann (l.), mit Bischof Hanns Lilje

Kirche als Makler zwischen Ost und West

5. November. Auf einer Konferenz in Königswinter treffen sich 22 evangelische Theologen und sieben Politiker, darunter Kanzler Konrad Adenauer, um die Wiedervereinigung Deutschlands zu erörten.

Gemäß dem Motto ihres Kirchentags (→ 11. 7./S. 121) »Wir sind doch Brüder . . .« wächst die Evangelische Kirche mehr und mehr in die Rolle des gesamtdeutschen Maklers. Am 29. Oktober hatte der Rat der Evangelischen Kirche in Deutschland (EKD) den Bischof von Berlin und Brandenburg, Otto Dibelius, beauftragt, mit den Regierungen in Bonn und Ost-Berlin über die deutsche Frage ins Gespräch zu kommen. Beide Regierungen sollen gebeten werden, alles in ihren Kräften stehende zu tun, um die Wiedervereinigung zu ermöglichen. Diese deutschlandpolitische Initiative entsteht in dem Bewußtsein, daß die intakte gesamtdeutsche Kirchenorganisation und die Gemeinschaft der Gläubigen zum gegenwärtigen Zeitpunkt die einzige Autorität ist, die das gesamte Deutschland vertreten kann.

An dem Gespräch in Königswinter nehmen von kirchlicher Seite neben Dibelius der Hannoveraner Bischof Hanns Lilje und der Präsident des Evangelischen Kirchentags, Reinold von Thadden-Trieglaff teil. Während die Kirchenvertreter darauf drängen, gesamtdeutsche Gespräche nicht schon im Vorfeld abzulehnen, legt Adenauer die Gründe für die Zurückhaltung gegenüber der DDR-Regierung dar (→ 9. 3./S. 52).

Der zweite Teil der Kircheninitiative findet am 19. November statt: Bischof Dibelius trifft sich in Ost-Berlin mit dem Ministerpräsidenten der DDR, Otto Grotewohl, zu einem Meinungsaustausch über eine mögliche Wiedervereinigung.

Pastor Niemöller: »Ein Notschrei«

Einer der herausragenden Wortführer der Evangelischen Kirche, gleichzeitig ein entschiedener Kämpfer für die deutsche Einheit und gegen eine Wiederbewaffnung ist Pastor Martin Niemöller.

Der U-Boot-Kommandant des Ersten Weltkriegs war während der NS-Zeit einer der Hauptexponenten der regimekritischen Bekennenden Kirche. Im Februar 1934 erhielt er deshalb Predigtverbot. Im Juli 1937 wurde er verhaftet und als »persönlicher Gefangener« Hitlers ins KZ Sachsenhausen, später nach Dachau, gebracht.

Nach seiner Befreiung war er im Oktober 1945 als Mitglied des Rates der EKD wesentlich an der »Stuttgarter Schulderklärung« der evangelischen Kirche beteiligt. Seit Oktober 1947 ist er Präsident der Landeskirche Hessen und Nassau. Leidenschaftlich warnte Niemöller vor einer Integration der Bundesrepublik ins westliche Bündnis und vor der Remilitarisierung. Am 4. April 1951 erklärte er seine »politische Aufgabe für erfüllt«. Seine Stellungnahme gegen die Wiederaufrüstung sei »ein Notschrei« gewesen.

Schlag gegen Radikale – Bundesjustiz prüft SRP und KPD

16. November. Die Bundesregierung stellt beim Bundesverfassungsgericht einen Verbotsantrag gegen die Sozialistische Reichspartei (SRP) und die Kommunistische Partei Deutschlands (KPD).

Bundesinnenminister Robert Lehr wirft der rechtsradikalen SRP u. a. vor, Nachfolgeorganisation der NSDAP zu sein: »Die SRP geht nach ihrem Charakter als Nachfolgeorganisation der NSDAP sowie nach ihrer ganzen Zielsetzung und dem Verhalten ihrer Anhänger darauf aus, die freiheitliche demokratische Grundordnung der Bundesrepublik zu beeinträchtigen . . . Die SRP bestreitet der Bundesrepublik die staatsrechtlichen Grundlagen und bekennt sich zur Regierung Dönitz . . .« Mit dem Verbotsantrag reagiert die Regierung auf den wachsenden Einfluß der SRP (→ 6. 5./S. 88) und gegen Vorwürfe des Auslands (→ 27. 9./S. 160), daß der Rechtsradikalismus in der Bundesrepublik Deutschland erstarke.

Im Verbotsantrag gegen die KPD heißt es: »1. Die KPD handelt im Rahmen eines von den Machthabern in der Sowjetzone entworfenen und seit Jahr und Tag durchgeführten Angriffsplanes, in dem die KPD das Rückgrat der inneren Aggression darstellt.« Die Bundesregierung wirft der KPD vor, eine »durch und durch undemokratische Organisation« zu sein, die mit allen Mitteln die »Diktatur des Proletariats« anstrebe. Nahziel der KPD sei es, »die Einigung Deutschlands auf der festen Basis der ›Deutschen Demokratischen Republik‹ herbeizuführen und die dort herrschende Ordnung auf die Bundesrepublik zu übertragen«. Fazit der Bundesregierung: »Die KPD ist daher in höchstem Maße verfassungsfeindlich und muß von der weiteren Beteiligung an der politischen Willensbildung ausgeschlossen werden.« Der Verbotsantrag ist Ausdruck des im kalten Krieg wachsenden Antikommunismus (→ 20. 6./S. 103).

Mitgliedsbücher für Nürnberger Parteigänger. Vorsitzender der 1949 durch Abspaltung von der Deutschen Reichspartei gegründeten SRP ist Otto Remer.

Vertriebene Deutsche organisieren sich

17. November. In Anwesenheit von Bundeskanzler Adenauer wird in Hannover der »Bund der vertriebenen Deutschen« (BvD) gegründet. Mit 10 Mio. Menschen sind 80% der Heimatvertriebenen Mitglieder in der Dachorganisation der Flüchtlingsgruppen.
Erster Vorsitzender wird der CDU-Bundestagsabgeordnete Linus Kather. Er betont, daß der BvD keine parteipolitischen Ziele verfolge. In erster Linie wolle sich die Vertriebenenorganisation um die Versorgung ihrer Mitglieder kümmern. Von der Frage, wie das Problem des Lastenausgleichs gelöst wird, hänge die Haltung der Vertriebenen zum Verteidigungsbeitrag der Bundesrepublik ab, erläutert Kather.
Bundeskanzler Konrad Adenauer erklärt in seiner Rede, daß er sich bei der bevorstehenden Außenministerkonferenz in Paris (→ 22. 11./S. 190) »ausdrücklich für die Rückgewinnung der deutschen Ostgebiete einsetzen werde«, wie die »Süddeutsche Zeitung« am 19. November meldet. Dieses Ziel sei nur im Rahmen einer europäischen Einheit zu erreichen, erläutert er und fordert die Unterstützung der Vertriebenen.
Der Bundeskanzler erklärt sich bereit, mit Linus Kather und Bundesvertriebenenminister Hans Lukaschek Fragen des Lastenausgleichs und des Beamtenbesoldungsgesetzes zu besprechen. Das neue Beamtenbesoldungsgesetz, das die »131er-Pensionäre« (→ 10. 4./S. 68) nicht berücksichtigt, stößt auf Kritik des BvD. Der Vorstand fordert den Bundespräsidenten auf, das Gesetz nicht zu unterschreiben.

Im BvD: Der Zentralverband der Vertriebenen, die Landsmannschaften der Schlesier, Brandenburger, Sudetendeutschen und Karpatendeutschen

Kurzwelle der ARD für das Ausland

22. November. In West-Berlin beschließen Vertreter der Rundfunkanstalten der ARD auf einer dreitägigen Konferenz einen gemeinsamen Kurzwellendienst für das Ausland. Ziel ist es, ausländische Staaten, die bislang von alliierten Sendern informiert wurden, mit in Deutschland produzierten Nachrichten zu versorgen.
Schon am 5. Juni 1950 forderte Heinz Lubbers, Chefredakteur des CDU-Pressedienstes »Deutschland-Union-Dienst«, einen Kurzwellendienst: Das Ausland »hört nicht uns, sondern es hört nur von uns, und zwar aus zweiter Hand«. Die SPD sprach sich ebenfalls für Auslandssendungen aus, wandte sich jedoch gegen die Einrichtung eines Regierungsrundfunks. Die ARD, so die SPD, solle einen Auslandsfunk als Gemeinschaftsprojekt organisieren.
Der Ausbau eines Auslandsdienstes verzögert sich jedoch. Erst am 27. März 1953 nehmen die ARD-Intendanten einen Vertragsentwurf über einen gemeinsamen Kurzwellendienst, »Deutsche Welle«, an.

Aufwandsteuer abgelehnt

8. November. Der Bundestag lehnt bereits in erster Lesung den Entwurf über die Einführung einer Aufwandsteuer ab. Mit Mehrheit wenden sich die Politiker sogar dagegen, daß der Entwurf von Finanzminister Fritz Schäffer beraten wird.
Schäffer mußte den Gesetzentwurf sogar gegen die Regierungsparteien verteidigen, die die Einführung einer reinen Luxussteuer favorisierten. Der Bundesrat hatte die Erhöhung der allgemeinen Umsatzsteuer vorgeschlagen. Von seiten der SPD wurde Schäffers Vorschlag als typische Verbrauchssteuer kritisiert, die die Konsumenten zu stark belaste.
Mit der Einführung einer Aufwandsteuer wollte Finanzminister Schäffer u. a. einen zu erwartenden Verteidigungsbeitrag der Bundesrepublik finanzieren. Die Steuer – u. a. auf Juwelen, Rundfunkgeräte und Autos – sollte teils beim Produzenten, teils beim Einzelhandel erhoben werden, plante Schäffer.

Mit einer Karikatur beschreibt die »Süddeutsche Zeitung« vom 17./18. November 1951 die Niederlage von Finanzminister Fritz Schäffer (rechts).

Geld für Arbeitsplätze

14. November. Der Bundestag beschließt ein Sofortprogramm zur Arbeitsbeschaffung. Vorrangig für Schleswig-Holstein, Niedersachsen, Hessen und Bayern – Länder mit besonders hoher Arbeitslosigkeit – sollen 200 Mio. DM aus Mitteln der Arbeitslosenversicherung zur Verfügung gestellt werden.
Der Finanzminister wird ermächtigt, einen sofortigen Kredit von 80 Mio. DM bereit zu halten, damit das Arbeitsbeschaffungsprogramm zügig umgesetzt werden kann. Vorrangig wollen die Politiker Arbeitslosigkeit in industriearmen Regionen bekämpfen. Bundesarbeitsminister Anton Storch ist darüber hinaus bemüht, die Arbeitslosigkeit durch Abbau der Schwarzarbeit zu vermindern (→ S. 123).
Der Kampf der Bundesregierung gegen die hohe Arbeitslosigkeit begann bereits am 9. Februar 1950 mit der Verabschiedung eines 300-Mio.-DM-Programms. 60 000 Arbeitsplätze konnten geschaffen werden. Engpässe in der Kohlen- und Eisenversorgung hemmten eine bessere Wirkung der finanziellen Mittel.

Seit 1949 Bundesarbeitsminister: Anton Storch (CDU), 1892 geboren

Bis zur Errichtung der Bundesanstalt für Arbeitsvermittlung – ihr Sitz ist in Nürnberg geplant – soll das Geld zur Finanzierung des 200-Mio.-DM-Sofortprogramms von einem Ausschuß verteilt werden, der aus Arbeitnehmern, Arbeitgebern sowie Delegierten aus Bund, Ländern und Gemeinden besetzt ist.

Wegen seiner Amtsführung unter Verdacht: Ex-Minister Krauland

Skandal entrüstet Österreichs Wähler

24. November. Im Zusammenhang mit dem größten österreichischen Polit-Skandal nach dem Krieg wird der ehemalige Minister (1945–1949) für Vermögenssicherung und Wirtschaftsplanung, Peter Krauland, in Wien wegen des Verdachts des Amtsmißbrauchs festgenommen. Er soll ihm anvertrautes Vermögen veruntreut haben. Mangels Beweisen wird er 1954 freigesprochen.

Poebene überflutet: Welle der Solidarität

20. November. Ein anhaltendes Regentief und verheerende Unwetter sorgen in Oberitalien für eine Hochwasserkatastrophe riesigen Ausmaßes. Nachdem die Po-Dämme gebrochen sind, gibt es fast eine halbe Mio. Obdachlose. Die Zahl der Toten wird auf 100 geschätzt.

Am 14. November brachen bei Paviola und bei Occiobello die ersten Dämme, seither wälzt sich eine 8 km breite Flutwelle der Flußmündung zu. Nur höher gelegene Geländepunkte ragen noch aus dem Wasser, häufig besetzt von Eingeschlossenen, die auf Hilfe warten. Nach weiteren Regenfällen vereinigen sich die normalerweise 21 km voneinander entfernten Wassermassen des Po und der Etsch. Das Gebiet um die Städte Rovigo und Adria am Unterlauf des Po wird zum Sperrgebiet erklärt, in dem das Standrecht für Plünderer gilt.

An drei Stellen werden am 22. November die Deiche gesprengt, um dem Wasser einen neuen Abfluß zum Meer zu schaffen, bevor eine neue, zweite Flutwelle anrollt. Das Dreieck Pontecchio – Adria – Corbone steht seither gänzlich unter Wasser. In der eingeschlossenen Stadt Adria befinden sich nach Schätzungen noch immer 10 000 Menschen. Sie schweben in akuter Lebensgefahr, da vergiftetes Wasser aus der Kanalisation die Häuser bis zu den Dächern umspült.

Als der Wasserspiegel langsam zu sinken beginnt, bleibt eine Sumpflandschaft zurück. Schlammseen, unterspülte Akazienwälder und ertrunkenes Vieh prägen das Bild. Während eine weltweite Hilfs- und Spendenaktion anläuft, werden erste Fragen nach der Vermeidbarkeit der schweren Katastrophe laut: Experten beklagen jahrelange Untätigkeit angesichts überfälliger Reparaturen an Dämmen und Deichen in Oberitalien.

Hilfe aus der Luft: Ein in Hamburg gestartetes Flugzeug mit Arzneimitteln im Wert von 20 000 DM soll helfen, die Seuchengefahr in den überschwemmten Gebieten Italiens zu bekämpfen. Insgesamt sind 1700 km² Land überspült. Pionier- und Sanitätseinheiten aus der ganzen Welt bergen die Opfer.

US-Soldaten gehen auf Tuchfühlung mit der Atombombe

1. November. In der Salzwüste von Nevada beginnen in der Morgendämmerung Nuklearmanöver unter Beteiligung von 5000 US-amerikanischen Soldaten aller Waffengattungen. »Diese Manöver unter radioaktiven Bedingungen verfolgen einen doppelten Zweck: Sie sollen beweisen, ob Atomwaffen erfolgreich zur Unterstützung der Erdtruppen eingesetzt werden und ob Truppen in atomverseuchtem Gelände erfolgreich operieren können«, meldet die »Frankfurter Allgemeine Zeitung« am 2. November. Am Nachmittag explodiert die erste Atombombe. 1000 Fallschirmjäger, die eine Sonderausbildung erhalten haben, erwarten die Detonation in Gräben und Schutzlöchern. Im 120 km entfernten Las Vegas ist der grelle Lichtschein zu sehen, zahlreiche Fensterscheiben gehen zu Bruch.

Aus den Atombombentests ziehen die Wissenschaftler den falschen Schluß, daß Soldaten, die in einer Entfernung von 1000 m in Gräben Schutz suchen, von der Explosion nicht berührt sind. »Nachteilig für die Kampfbereitschaft der Truppe würde sein, daß Schutz vor der Druck- und Hitzewelle nur durch tiefes Eingraben zu erreichen ist«, meldet »Der Spiegel« am 14. November Ergebnisse der wissenschaftlichen Untersuchung.

Die möglichen Schutzmaßnahmen bei Atombomben-Explosionen beschäftigen nicht nur die Militärs, sondern auch die Zivilisten. Mit Schutzübungen und dem Bau von Privatbunkern glaubt sich die Bevölkerung auf den atomaren »Ernstfall« ausreichend vorbereiten zu können (→ 2. 2./S. 38).

Bei einer Schutzübung gegen radioaktiven »Fall-out« verstecken sich Schüler aus Brooklyn unter Tischen.

In einer katholischen Schule beaufsichtigt eine Nonne die Schüler, die sogenanntes Schutzverhalten proben.

»Quo vadis«: Gigantisch, teuer, skandalös

8. November. Die dreistündige Romanverfilmung »Quo vadis«, von der Werbung als »vielleicht größter Film aller Zeiten« angepriesen, wird in New York uraufgeführt. In jedem Fall ist das Kolossalepos von Regisseur Mervyn Le Roy das bislang teuerste Filmprojekt: Es kostet die fantastische Summe von umgerechnet 30 Mio. DM.

Für Aufsehen sorgen Szenen, in denen Jesus auftritt. Obwohl der »Quo-vadis«-Jesus – mit Rücksicht auf Gläubige und Kirche – keinen Ton sagt, sehen Kirchenvertreter darin eine Verletzung des christlichen Empfindens und fordern eine entsprechende Kürzung. Die britischen Erziehungsbehörden verbieten den Film »wegen anstößiger Szenen« für Jugendliche unter 18 Jahren.

Der 1896 erschienene Bestseller-Roman des polnischen Nobelpreisträgers Henryk Sienkiewicz handelt von der verbotenen Liebe eines römischen Soldaten (Robert Taylor) zu einer Christin (Deborah Kerr) während der Regierungszeit des wahnsinnigen Kaisers Nero. Die eifersüchtige Kaiserin Poppäa läßt den Soldaten zusammen mit anderen Christen, denen die Schuld am Brand Roms gegeben wird, gefangen nehmen und den Löwen zum Fraß vorwerfen.

Die Dreharbeiten zu dem von Metro-Goldwyn-Meyer finanzierten Film dauerten drei Jahre. Spektakuläre Höhepunkte sind pompöse Massenaufmärsche, halsbrecherische Wagenrennen, das brennende Rom und blutige Arena-Szenen. Obwohl beim Publikum erfolgreich, melden Kritiker an der Qualität des Filmes Zweifel an: Von »Durchschnitt« und »ermüdend« ist die Rede, auch von kläglichen schauspielerischen Leistungen. Eine Ausnahme bildet vor allem Peter Ustinov in seiner unvergeßlichen Interpretation des wahnsinnigen Kaisers Nero.

Szene aus »Quo vadis«: In einem abgelegenen Tal treffen sich die verfolgten Christen und hören dort eine Predigt des Apostels Petrus (Finlay Currie, unter dem Kreuz). In dem gigantischen Technicolor-Spektakel gab es 235 Sprechrollen zu besetzen; 30 000 Statisten bevölkern die Kulissen. Gedreht wurde in den italienischen Cinecittà-Studios.

Reichskanzler a. D. erhält Lehrstuhl

2. November. Der frühere deutsche Reichskanzler Heinrich Brüning, der sich seit 1935 im amerikanischen Exil befindet, trifft in Köln ein, um an der dortigen Universität den Lehrstuhl für Politische Wissenschaften zu übernehmen.

1924 bis 1933 Mitglied des Reichstags für das Zentrum, war Brüning der führende Finanzpolitiker der Weimarer Republik. Am 30. März 1930 berief ihn Reichspräsident Paul von Beneckendorff und von Hindenburg zum Reichskanzler. Auf Betreiben Kurt von Schleichers wurde Brüning 1932 entlassen. Nach der Machtergreifung der Nationalsozialisten floh er 1934 in die Niederlande, dann in die USA, wo er 1939 eine Professur in Harvard übernahm.

Heinrich Brüning, geboren am 26.11.1885, liest vor Studenten des Jahrgangs 1932: In diesem Jahr wurde der Zentrumspolitiker als Reichskanzler entlassen. Thema seiner Vorlesung: »Hauptprobleme der großen Politik zwischen 1924 und 1934«.

Kein gesamtdeutsches Olympia-Team

26. November. Im Hamburger Hotel »Alsterhof« treffen sich Delegierte des Nationalen Olympischen Komitees der DDR und des »westdeutschen« Nationalen Olympischen Komitees für Deutschland zu Verhandlungen über eine gemeinsame Olympiamannschaft. »Entweder wir kommen heute zu einer Einigung, oder aber wir fahren allein nach Helsinki«, heißt es auf seiten der West-Vertreter.

Das »westliche« Olympiakomitee wird von Präsident Karl Ritter von Halt, das »östliche« von Kurt Edel geführt. Nach vierstündigen Verhandlungen veröffentlichen die Delegationen ein Kommuniqué, in dem das Scheitern der Konferenz bekanntgegeben wird. Wiederum ist es nicht gelungen, die gemeinsame Vorbereitung und Entsendung deutscher Mannschaften zu den Olympischen Spielen 1952 nach Oslo und Helsinki zu erreichen.

Die Vertreter des Olympischen Komitees für Deutschland bestanden auf einer Einhaltung der Lausanner Beschlüsse, die dem vom IOC anerkannten Olympischen Komitee für Deutschland die Organisation der Olympiateilnahme zuerkannten (→ 8. 5./S. 93). Der Antrag des DDR-NOK, die Frage der deutschen Beteiligung an den Olympischen Spielen an das IOC zurückzugeben, wurde vom »westlichen« Olympiakomitee zurückgewiesen.

Funktionär Karl Ritter von Halt

Am 3. Dezember gibt Karl Ritter von Halt den endgültigen Abbruch der Verhandlungen bekannt. An den Olympischen Spielen 1952 nehmen keine Sportler der DDR teil. Neben den Sportlern der Bundesrepublik Deutschland marschiert in Helsinki das Team des Saarlandes – 1952 noch eine selbständige politische Einheit und mit einem eigenen Olympischen Komitee Mitglied im IOC – ein. Eine gesamtdeutsche Mannschaft wird erst zu den Olympischen Spielen 1956 in Cortina d'Ampezzo entsandt.

Der Leiter der westdeutschen Delegation, Karl Ritter von Halt, ist bereits seit 1929 Mitglied im IOC. 1936 fungierte er als Präsident des Vorbereitungskomitees für die IV. Olympischen Winterspiele in Garmisch-Partenkirchen, die dank guter Organisation zu einem Achtungserfolg für das Hitler-Regime wurden.

Max Morlock trifft: Triumph in Istanbul

21. November. In ihrem laut Presseberichten besten Länderspiel nach Kriegsende besiegt in Istanbul die bundesdeutsche Fußball-Nationalelf das Team der Türkei 2:0.

Nach torloser erster Halbzeit erzielt der Nürnberger Max Morlock in der 55. und 60. Minute die Siegtreffer. Mit ihrem Erfolg revanchieren sich die Kicker aus der Bundesrepublik für die 1:2-Heimniederlage, die sie gegen die türkische Mannschaft am 17. Juni im Berliner Olympiastadion erlitten haben.

Der Sieg in Istanbul wird sehr hoch bewertet, weil sich die Spieler vom Bosporus durch sensationelle Siege in den letzten Monaten in der Spitze des europäischen Fußballs etabliert haben. Erst vor einer Woche schlugen sie das Team von Olympiasieger Schweden mit 1:0.

Neben den sportlichen Leistungen findet die herzliche Aufnahme der deutschen Sportler besondere Beachtung in der Bundesrepublik.

Musik 1951:

Phalanx gegen Kunstklänge

Bezogen auf das Musikleben kann 1951 im weitesten Sinne als ein Jahr neuartiger Erkenntnisse, ein Jahr der Besinnung und Orientierung gelten. Der nach dem Zweiten Weltkrieg einsetzende »kulturelle Nachholbedarf« ist zwar noch bestimmend, gleichzeitig signalisieren aber auch die ersten Versuche mit elektronischer Musik eine Entwicklung, die im Verlauf der 50er Jahre noch heftige Auseinandersetzungen nach sich zieht.

Im Kölner Studio des NWDR wird 1951 das erste elektronische Musikstudio installiert, das sich zunächst versuchsweise mit den umwälzenden neuen Klangwelten auseinandersetzt und größtenteils leidenschaftliche Ablehnung erfährt. Andererseits ist nicht zu übersehen, daß in den folgenden Jahren der Interessentenkreis für diese künstlich erzeugte »Musik« ständig größer wird. Auch gewinnt die »Unterhaltungselektronik«, die mit »synthetischen Tonerzeugern« und Rhythmusinstrumenten arbeitet, zunehmend an Boden.

Bei den internationalen Ferienkursen für Neue Musik in Darmstadt im September 1951 findet eine erste Vorführung der »Klangwelten der elektronischen Musik« großes Publikumsinteresse, aber auch ebenso massive Kritik und Ablehnung. Viele Musiker beklagen eine »Entindividualisierung und künstlerische Verrohung des menschlichen natürlichen Musikempfindens«. Ihr Argument, daß damit das »Begräbnis jeglicher gesunder Musikerziehung und -ausübung vollzogen« werde, schreckt Pädagogen, Musikinstitute und Konzertveranstalter auf und formiert sie – aus sehr unterschiedlichen Interessen – zum geschlossenen Widerstand gegen das drohende Unheil.

Der größte Teil der Musikausübenden und Musikliebhaber in der Bundesrepublik hat sich zu dieser Zeit zusätzlich mit jenen Entwicklungsströmungen auseinanderzusetzen, die während der nationalsozialistischen Gewaltherrschaft ignoriert bzw. verboten waren und daher nach dem Zweiten Weltkrieg aus dem Ausland geradezu über das deutsche Musikleben hereinbrachen. Schwerpunkt ist dabei das Sich-Vertrautmachen mit der Reihentechnik, der Zwölftonmusik des Österreichers Arnold Schönberg und der Entwicklung des US-amerikanischen Jazz (→ S. 44), alles Strömungen, die zwischen 1933 und 1945 als »entartet« diffamiert wurden.

Schließlich ist bemerkenswert, daß die DDR nach der vollzogenen Spaltung in zwei deutsche Staaten ihr politisch-sozialistisches »Kulturaufbauprogramm« propagiert und alle bisherigen Aufführungspraktiken als »unkritisches Feudaltheater« ablehnt (→ 17. 3./S. 58).

(Siehe auch Übersicht »Uraufführungen« im Anhang.)

Igor Strawinski (geb. 17. 6. 1882) bei den Proben am Dirigentenpult; der russische Komponist und Schüler von Nikolai Andrejewitsch Rimski-Korsakow interpretiert seine Werke auf zahlreichen Tourneen als Dirigent und Pianist. 1951 befindet sich Strawinski auf Konzertreise durch Europa.

Sir Thomas Beecham *(geb. 29. 4. 1879) führt das von ihm gegründete »Philharmonia Orchestra London« auf ein absolutes Weltklasse-Niveau.*

Sergei Kussewizki *(geb. 26. 7. 1874) leitet seit 1924 das »Boston Symphony Orchestra«, das unter seiner Führung zu den »Big Five« zählt.*

Wilhelm Furtwängler *(geb. 25. 1. 1886), Chefdirigent in Berlin und Wien; wird zum »Festspielmagneten« in Bayreuth und Salzburg.*

Bruno Walter *(geb. 15. 9. 1876) erlangt Weltberühmtheit durch hervorragende Mahler- und Mozart-Interpretationen.*

Auf Deck: Dansker (Inia Te Wiata) mit Billy Budd (Theodore Uppman) in Eisenketten, verurteilt zum Tod.

Zwischen der Ahnung um die ehrlichen Motive von Billy und dem Seerecht, das ein Todesurteil fordert, schwanken Kapitän und Offiziere; Claggert (Frederick Dalberg) und Billy (v. l.).

Die Offiziere Ratcliffe (Michael Langdon), Redburn (Hervey Alan), Flint (Geraint Evans; v. l. am Tisch sitzend) richten über die Meuterei, die Billy Budd – angestiftet von einem tyrannischen Unteroffizier – angezettelt hat.

Erfolg für »düstere Matrosenoper« von Benjamin Britten

Die neue Oper »Billy Budd« des britischen Komponisten Benjamin Britten wird unter starker internationaler Beachtung am 1. Dezember im Royal Opera House Covent Garden in London uraufgeführt.
Sie setzt – nach »Peter Grimes« (1945) und »Albert Herring« (1947) – die erfolgreiche Reihe des sozialkritisch geprägten britischen Musiktheaters der Gegenwart fort. Britten, der als Begründer der neuen englischen Operntradition gilt, dirigiert sein Werk selbst. Der Wegbereiter des neuerlichen Opernerfolgs ist der Tenor Peter Pears, der persönlich eng mit dem Komponisten befreundet ist, wodurch sich eine fruchtbare künstlerische Zusammenarbeit entwikkelt. Pears singt die Rolle des Kapitäns Edward Fairfax Vere.
Der vieraktigen Oper liegt Herman Melvilles unvollendete Novelle »Billy Budd, foretopman« (1891) zugrunde, die von den Librettisten E. M. Forster und Eric Crozier in ein packendes Drehbuch gekleidet wurde. Die düstere Matrosenoper spielt an Bord des Kriegsschiffs »Indomitable« zur Zeit des englisch-französischen Krieges um 1797.
Die Oper, die vom »British Art Council« in Auftrag gegeben wurde, weist eine wohl einmalige Besonderheit auf: Es handelt sich um eine reine »Männeroper«, in der keinerlei weibliche Gesangspartien vorgesehen sind.

David Oistrach *(geb. 30. 9. 1908) gilt als eine der größten Geigerpersönlichkeiten seiner Zeit; glänzt auch als Dirigent.*

Erich Kleiber *(geb. 5. 8. 1890) dirigiert mit untrüglichem Formsinn Mozart, Beethoven und Richard Strauss sowie moderne Werke.*

Otto Klemperer *(geb. 14. 5. 1885), ehemaliger Chef der Berliner Kroll-Oper (1924–1930), brilliert vor allem als Interpret der Wiener Klassik.*

Arturo Toscanini *(geb. 25. 3. 1867), der temperamentvolle Maestro der »Werktreue«, dirigiert das Orchester mit bisher unerreichter Intensität.*

Dezember 1951

Mo	Di	Mi	Do	Fr	Sa	So
					1	2
3	4	5	6	7	8	9
10	11	12	13	14	15	16
17	18	19	20	21	22	23
24	25	26	27	28	29	30
31						

1. Dezember, Samstag

Der Auftritt des NWDR-Sinfonieorchesters unter Leitung von Hans Schmidt-Isserstedt in London – nach dem Zweiten Weltkrieg erstes Gastspiel eines deutschen Orchesters im Ausland – wird von der Kritik gefeiert. → S. 211

In Paris findet die erste offizielle Tagung des Hohen Rates der Französischen Union statt. Die Französische Union sollte u. a. den Zusammenschluß des Mutterlandes mit überseeischen Departements und den assoziierten Staaten Indochinas verwirklichen, beschränkte sich letztlich aber auf die Kooperation zwischen Frankreich und Indochina (→ 23. 11./S. 188).

2. Dezember, Sonntag

Die Vereinigten Staaten erhöhen die Finanzhilfe an Frankreich von 200 auf 600 Mio. Dollar (3,1 Mrd. DM). Damit tragen die USA zur Stabilisierung der innenpolitischen Lage in Frankreich bei. Die Annahme des Schumanplans in der französischen Nationalversammlung scheint nach dieser »Finanzspritze« gesichert zu sein (→ 17. 6./S. 102).

Die Vollversammlung der Vereinten Nationen in New York ehrt 50 Soldaten der in Korea kämpfenden Verbände. »Durch ihre Taten haben sie zum erstenmal in der Weltgeschichte möglich gemacht ..., daß eine Aktion kollektiver Sicherheit gegen einen bewaffneten Angriff durchgeführt wird«, dankt ihnen Luis Padilla Nervo, der Präsident der Versammlung (→ 5. 8./S. 140).

Der Südwestdeutsche Rundfunk (SWF) beginnt mit der Ausstrahlung regelmäßiger Sendungen auf Ultrakurzwelle (UKW). Noch sind Übertragungen auf der Mittelwellen-Frequenz die Regel.

Die Maler Henri Matisse und Oskar Kokoschka erhalten die Kölner Stephan-Lochner-Medaille. Die Auszeichnung, die 1949 von der Stadt Köln gestiftet wurde, wird aus Anlaß der 500. Wiederkehr des Todesjahres von Stephan Lochner, Hauptmeister der Kölner Malerschule, verliehen.

3. Dezember, Montag

Der britische Premierminister Winston Churchill empfängt Bundeskanzler Konrad Adenauer zu seinem ersten offiziellen Besuch in Großbritannien. Die Visite des Kanzlers ist gleichzeitig der erste offizielle Aufenthalt eines deutschen Regierungschefs in Großbritannien seit 1925 (→ 7. 12./S. 203).

Bei einem Feuergefecht zwischen Briten und Ägyptern bei der Stadt Sues gibt es mindestens 24 Tote (→ 6. 12./S. 206).

Der Bundesausschuß des Deutschen Gewerkschaftsbundes beschließt in Düsseldorf, aus Protest gegen die Wirtschafts- und Sozialpolitik die Mitarbeit in den entsprechenden Ausschüssen der Bundesregierung einzustellen. → S. 205

Die Bonner Oberstaatsanwaltschaft teilt dem »Platow«-Untersuchungsausschuß, der die Weitergabe vertraulicher Informationen an den Pressedienst des Journalisten Robert Platow untersucht, mit, daß bis jetzt über 100 Personen überprüft sind. In 50 Fällen werden die Ermittlungen fortgesetzt, so daß mit weiteren Verfahren zu rechnen ist. → S. 204

4. Dezember, Dienstag

Die drei Hohen Kommissare der Westmächte protestieren gegen eine »nationalistische Rede«, die Bundesverkehrsminister Hans-Christoph Seebohm auf dem Parteitag der Deutschen Partei in Kassel hält. → S. 202

Bei einem Ausbruch des Vulkans Hibokhibok auf der Philippinen-Insel Camiguin kommen nach ersten Schätzungen 2000 Menschen ums Leben. Mehrere Dörfer werden völlig vernichtet.

In Darmstadt wird das westdeutsche PEN-Zentrum für die Bundesrepublik gegründet. Präsident wird Erich Kästner. → S. 210

In Genf wird die »Europäische Vereinigung der Musikfestspiele« und die »Europäische Gemeinschaft der Büchergilden und Buchklubs« gegründet.

5. Dezember, Mittwoch

Der niederländische Justizminister Hendrik Mulderije gibt im Parlament bekannt, daß der frühere Flieger und Militärbefehlshaber der deutschen Besatzungstruppen in den Niederlanden, Friedrich Christiansen, noch vor Weihnachten aus der Haft entlassen wird. Christiansen wurde 1946 verhaftet und zu zwölf Jahren Gefängnis verurteilt.

Aus der chirurgischen Abteilung des Universitätskrankenhauses in Hamburg-Eppendorf wird zum ersten Mal ein operativer Eingriff – die Entfernung eines Blinddarms – im Fernsehen übertragen. Die Teilnehmer des 68. nordwestdeutschen Chirurgenkongresses können auf 80 Fernsehempfängern die Operation in drei Hörsälen verfolgen. → S. 207

6. Dezember, Donnerstag

Der Bundestag verabschiedet gegen die Stimmen der KPD eine neue Geschäftsordnung, nach der ein Fraktionsstatus erst ab mindestens 15 Abgeordneten zuerkannt wird. Demnach wird es nur noch vier Fraktionen (CDU/CSU, SPD, FDP und DP) geben. KPD, Bayernpartei und Zentrum verlieren ihren Fraktionsstatus. → S. 204

Unruhen in Ägypten fordern über 50 Tote. Die Regierung in Kairo verhängt den Ausnahmezustand. → S. 206

Das Berliner Sechs-Tage-Rennen endet mit einem Sieg der französischen Radrennfahrer Carrara/Lapebie.

7. Dezember, Freitag

Bundeskanzler Konrad Adenauer wird im Buckingham-Palast von König Georg VI. empfangen. → S. 203

In einer Rede vor dem Unterhaus über den Stand der britischen Rüstung distanziert sich Premierminister Winston Churchill von der Europäischen Verteidigungsgemeinschaft. → S. 203

Prinz Abbas Halim, ein Vetter des ägyptischen Königs Faruk I. und Vorsitzender der Arbeiterpartei sowie des Gewerkschaftsbundes, bietet der Bundesregierung während einer Rundreise durch die Bundesrepublik wirtschaftliche Kooperation u. a. auf dem Gebiet des Eisenbahn- und des Bankwesens an.

Mit den Farbwerken Hoechst wird die erste Nachfolgegesellschaft des I.G.-Farben-Konzerns gegründet. → S. 205

8. Dezember, Samstag

Ernst Reuter, Regierender Bürgermeister von Berlin, warnt in einer Rede vor der Vollversammlung der Vereinten Nationen in Paris vor den Bestrebungen der Sowjetunion, die Teilung Berlins zu verewigen.

»Wo warst du, Adam«, der erste Roman Heinrich Bölls (→ S. 60), wird von der Zeitung »Die Welt« als bedeutender Versuch gewertet, die Kriegserlebnisse eines einfachen Soldaten zu beschreiben.

Die Bemühungen um eine gemeinsame deutsche Olympia-Mannschaft für 1952 scheitern endgültig. Ein vom Internationalen Olympischen Komitee anberaumtes Schlichtungsgespräch in Kopenhagen findet nicht statt, da die DDR-Delegation den vereinbarten Termin nicht wahrnimmt (→ 26. 11./S. 195).

9. Dezember, Sonntag

Bei einer Volksabstimmung in den drei südwestdeutschen Ländern Württemberg-Baden, (Süd-)Baden und Württemberg-Hohenzollern votiert die Bevölkerung mehrheitlich für die Gründung eines Südweststaats. → S. 202

10. Dezember, Montag

In Verhandlungen zwischen den Westmächten und einer bundesdeutschen Delegation werden die deutschen Nachkriegsschulden von 19,1 Mrd. DM auf 8,1 Mrd. DM ermäßigt. → S. 202

Bundeskanzler Konrad Adenauer spricht in Straßburg vor der Beratenden Versammlung des Europarats über die Verwirklichung der Europäischen Verteidigungsgemeinschaft. Darüber hinaus schlägt er eine politische Hohe Behörde für die EVG vor. → S. 203

In Stockholm und Oslo werden die Nobelpreise verliehen. → S. 210

11. Dezember, Dienstag

Der Belgier Paul Henri Spaak tritt als Präsident des Europarats zurück. Mit seinem Schritt protestiert er gegen die Unentschlossenheit der Vollversammlung und die seiner Meinung nach geringe politische Wirkung des Gremiums (→ 10. 12./S. 203).

12. Dezember, Mittwoch

In Paris erzielen die sechs Staaten, die an der Bildung einer Europäischen Verteidigungsarmee mitarbeiten, ein Teilergebnis. Vor allem die Frage, wie eine EVG finanziert werden kann, bleibt ungeklärt (→ 15. 2./S. 32).

Die ägyptische Regierung beruft als Folge der britisch-ägyptischen Auseinandersetzungen (→ 6. 12./S. 206) ihren Botschafter in London ab. Gleichzeitig beschließt das Kabinett, der Bevölkerung das Tragen von Waffen zu gestatten. In Kürze sollen Gesetze verkündet werden, die eine Zusammenarbeit mit den Briten unter Strafe stellen.

Als Reaktion auf die Südweststaat-Abstimmung wird in Baden eine Zentrumspartei wiedergegründet. Die Mitglieder wollen bei der Schaffung einer künftigen Verfassung mitarbeiten.

13. Dezember, Donnerstag

Als zweites europäisches Parlament ratifiziert die französische Nationalversammlung in Paris den Schumanplan (→ 18. 4./S. 66).

Die Bundestagsabgeordneten des Zentrums und der Bayernpartei schließen sich zur »Föderalistischen Union« zusammen. Die neue Fraktion besteht aus 22 Mitgliedern (→ 6. 12./S. 204).

Der Bundestag verabschiedet das Feststellungsgesetz zum Lastenausgleich, das die »kriegsbedingten Vermögensverluste« ermitteln soll, sowie das Bundesbahngesetz (→ S. 56). Darüber hinaus wird die Erhöhung der Zahl der Berliner Bundestagsabgeordneten von 8 auf 19 und die finanzielle Gleichstellung des Landes Berlin mit den übrigen Bundesländern beschlossen.

14. Dezember, Freitag

NATO-Oberbefehlshaber Dwight D. Eisenhower trifft in Paris den französischen Ministerpräsidenten René Pleven. Vorrangig wird die Stellung Frankreichs in der Atlantikpaktorganisation diskutiert (→ 10. 3./S. 54).

Die »Dienststelle Blank«, die sich mit Fragen alliierter Besatzungstruppen beschäftigt und im Rahmen der EVG-Verhandlungen neue Aufgaben erhält, wird erweitert. 21 neue Planstellen werden geschaffen. Die zusätzlichen Kosten betragen rund 300 000 DM.

15. Dezember, Samstag

Norodom Sihanuk, König von Kambodscha, fordert die volle Unabhängigkeit Kambodschas von Frankreich.

Frankreich weist die tunesischen Forderungen nach erweiterter Selbstregierung zurück.

Mit Bundespräsident Theodor Heuss an Bord läuft das Segelschulschiff »Pamir« zur ersten Probefahrt aus. → S. 207

Turmbläser über der Stadt strahlen Besinnlichkeit aus – und Abschiedsstimmung: Mit dieser Weihnachtsausgabe vom 19. Dezember 1951 stellt die Münchner Illustrierte »Heute« nach sechseinhalb Jahren ihr Erscheinen ein.

16. Dezember, Sonntag

Der Generalrat der neugeschaffenen Sozialistischen Internationalen (→ 30. 6./S. 102) beendet in Brüssel eine dreitägige Konferenz. In einer Resolution lehnen die Delegierten jede Verbindung zu den Regimen Franco (→ 14. 8./S. 142) und Chiang Kai-shek (→ 25. 4./S. 71) ab.

Bei heftigen Schneestürmen zwischen den Rocky Mountains und der Ostküste und bei Temperaturen von bis zu minus 29 °C kommen in den Vereinigten Staaten über 100 Menschen ums Leben.

Die türkische Nationalversammlung verabschiedet ein Gesetz, das die Todesstrafe für kommunistische Parteiarbeit vorsieht. Die Kommunistische Partei ist in der Türkei verboten.

17. Dezember, Montag

Der britische Premierminister Winston Churchill und sein Außenminister Anthony Eden treffen zu einem zweitägigen Staatsbesuch Frankreichs in Paris ein. Gesprochen wird vor allem über die Frage der geplanten europäischen Verteidigungsgemeinschaft.

In Verhandlungen mit dem Nordwestdeutschen Rundfunk (NWDR) kann die Existenz von Radio Bremen gesichert werden. Der NWDR zahlt für vertraglich festgelegte Gemeinschaftsleistungen vom 1. Januar an monatlich 175 000 DM, womit die finanzielle Unabhängigkeit der Anstalt gesichert ist.

18. Dezember, Dienstag

Überraschend stimmen die Nordkoreaner während der Waffenstillstandsverhandlungen einem Austausch der Gefangenenlisten zu (→ 5. 8./S. 140). 11 559 UN-Soldaten stehen auf der nordkoreanischen Liste, während sich 132 474 nordkoreanische und chinesische Soldaten in UN-Gewahrsam befinden.

Nationalistische Kräfte in Tunesien sowie Gewerkschafts- und Berufsorganisationen rufen zu einem dreitägigen Generalstreik auf, um gegen die ablehnende Haltung Frankreichs in der Frage der tunesischen Autonomie zu protestieren.

Der österreichische Nationalrat nimmt einstimmig ein Amnestiegesetz für politisch belastete Spätheimkehrer aus der Kriegsgefangenschaft an.

19. Dezember, Mittwoch

Der Zweite Politische Ausschuß der Vollversammlung der Vereinten Nationen nimmt in Paris die Resolution der Westmächte zur Wiedervereinigung Deutschlands mit 45 gegen sechs Stimmen bei acht Enthaltungen an. Der Ausschuß billigt damit die Bildung einer Fünfmächtekommission, die in beiden Teilen Deutschlands die Voraussetzungen für gesamtdeutsche Wahlen (→ 9. 3./S. 52; → 6. 11./S. 190) prüfen soll.

Bundesinnenminister Robert Lehr (CDU) kündigt an, daß er zu Beginn des nächsten Jahres die Verdoppelung des Bundesgrenzschutzes (→ 15. 2./S. 34) auf 20 000 Mann beantragen werde.

Als zweite Nachfolgegesellschaft der I.G.-Farbenindustrie AG werden in Leverkusen die Farbenfabriken Bayer AG gegründet. Das vorläufige Grundkapital beträgt 100 000 DM (→ 7. 12./S. 205).

Die deutsche Sportpresse verleiht Ria und Paul Falk das Prädikat »Sportler des Jahres«. Das Ehepaar ist Weltmeister auf Schlittschuhen (→ 23. 2./S. 43) und Rollschuhen.

20. Dezember, Donnerstag

In Arco, US-Bundesstaat Idaho, liefert der erste Brutreaktor der Welt erstmals elektrischen Strom. → S. 207

Nach der Verabschiedung durch den Bundestag stimmt nun auch der Bundesrat dem Investitionshilfegesetz (→ S. 104) zu. Es sieht vor, zur Deckung des vordringlichen Investitionsbedarfs der Grundstoffindustrien, u. a. des Montanbereichs, durch die gewerbliche Wirtschaft einen einmaligen Betrag von 1 Mrd. DM aufbringen zu lassen.

Verleger Gottfried Bermann Fischer erweitert mit der Gründung der »Fischer Bücherei« (→ S. 61) das Verlagsprogramm um eine Taschenbuchreihe.

21. Dezember, Freitag

Die alliierte Hochkommission und die Bundesregierung veröffentlichen das in Paris paraphierte Abkommen über die Beendigung des Ruhrstatuts und über die Aufhebung der alliierten Industriekontrollen. → S. 205

Mit Zustimmung der Westmächte erklärt Italien Teile seines nach dem Zweiten Weltkrieg geschlossenen Friedensvertrages für ungültig. Dies betrifft die Passagen über die Größe der bewaffneten Streitkräfte, die Neutralisierung seiner Grenzen und das Verbot der Atomwaffenproduktion. Solange die Sowjetunion der Revision nicht zustimmt, kann sie allerdings keine völkerrechtliche Gültigkeit erlangen.

Als Weltpremiere wird im Bayern-Toto nach längerer Erprobungsphase eine Toto-Foto-Maschine in Betrieb genommen. Zum besseren Schutz gegen Toto-Betrug können bis zu 100 000 Tipzettel in einer Stunde fotografiert werden.

22. Dezember, Samstag

In einer Rundfunkrede umreißt der neue britische Premier Winston Churchill (→ 25. 10./S. 174) seine Politik für das kommende Jahr. Es seien Regierungsanträge nötig, die zum großen Teil unerfreulich, aber notwendig seien.

Für den wegen »titoistischer Umtriebe« verurteilten Rudolf Slánský (→ 27. 11./S. 191) wird Jaromir Dolansky zum stellvertretenden tschechoslowakischen Ministerpräsidenten ernannt.

23. Dezember, Sonntag

Im Jahresbericht der Bundesregierung erklärt Bundeskanzler Konrad Adenauer, das Jahr 1951 habe die Bundesrepublik in die westliche Gemeinschaft hineingeführt und dort fest verankert.

Das Frankfurter Opernhaus wird mit Richard Wagners »Meistersingern von Nürnberg« eröffnet. → S. 211

Das während des Krieges durch Bombeneinwirkung zerstörte und nun wiederhergestellte Stadttheater in Aachen wird mit einer Festvorstellung von Richard Wagners »Meistersingern von Nürnberg« unter der musikalischen Leitung von Karl Elmendorff der Öffentlichkeit übergeben.

24. Dezember, Montag

König Idris I. proklamiert das unabhängige und souveräne Königreich Libyen. → S. 206

Die NBC Opera Company strahlt in New York die erste fürs Fernsehen geschriebene Oper »Amahl und die nächtlichen Besucher« aus. → S. 211

25. Dezember, 1. Weihnachtstag

Jugoslawien meldet die Erfüllung des abgeschlossenen Fünfjahresplans. Die amtlichen Erfolgsziffern bewegen sich zwischen 90 und 105%.

26. Dezember, 2. Weihnachtstag

Die Vereinigten Staaten veröffentlichen eine Liste von 313 Rohstoffen und Waren, die nicht an Länder des Ostblocks geliefert werden dürfen. Nach dem Wunsch der USA haben alle Staaten, die Wirtschaftshilfe erhalten, diesen Boykott mitzutragen.

Die Marshall-Hilfe-Sonderkommission gibt die Freigabe von 310 Mio. DM bekannt. Die größte Zuteilung erhält der Wohnungsbau der Ruhrbergarbeiter mit 100 Mio. DM.

27. Dezember, Donnerstag

Auf dem koreanischen Kriegsschauplatz läuft das auf 30 Tage befristete Abkommen über die Demarkationslinie für einen Waffenstillstand (→ 5. 8./S. 140) ab. Da keine Einigung in Sicht ist, droht an der vorübergehend zur Ruhe gekommenen Front eine neue Eskalation.

Einer der besten US-amerikanischen Kenner der Sowjetunion, George F. Kenan, wird von Präsident Harry S. Truman zum Botschafter in Moskau ernannt.

Die Sowjetunion kündigt ihre Teilnahme an den Olympischen Sommerspielen 1952 in Helsinki an. Seit ihrer Gründung im Jahr 1917 hat die Sowjetunion an keinen Olympischen Spielen teilgenommen.

In Hamburg läuft mit der »Grönland« das größte Schiff vom Stapel, das seit 1945 in der Bundesrepublik gebaut wurde. Es ist 11 600 BRT groß und erreicht eine Geschwindigkeit von 14,5 Knoten (ca. 27 km/h).

28. Dezember, Freitag

In einer außerordentlichen Sitzung berät das jugoslawische Parlament Gesetze, die eine Lockerung der zentralistisch aufgebauten Wirtschaftsform zum Ziel haben. Die Wirtschaft des Landes soll von staatlicher Bevormundung befreit und dem Prinzip der Rentabilität verpflichtet werden (→ 31. 10./S. 176).

Im Davis-Cup-Endspiel besiegt Australien die Vereinigten Staaten in Sydney knapp mit 3:2. → S. 211

29. Dezember, Samstag

Die französische Nationalversammlung bewilligt Kriegskredite in Höhe von 4,2 Mrd. DM für den Krieg in Indochina (→ 23. 11./S. 188). Alle wichtigen politischen Parteien, mit Ausnahme der Kommunisten, erklären sich für die Fortsetzung des Krieges.

Im Rahmen der Marshallplanhilfe, dem US-amerikanischen Hilfsprogramm für Europa, wurden seit dem Beginn am 3. April 1948 insgesamt 13 Mrd. DM zur Verfügung gestellt.

Äußerst heftige Winterstürme mit Geschwindigkeiten bis zu 175 km/h verwüsten die Küsten Westeuropas von Irland bis Spanien. Ganze Küstenregionen stehen unter Wasser, zahlreiche Schiffe befinden sich in Seenot.

30. Dezember, Sonntag

In Paris endet eine viertägige Konferenz aller Außenminister der sechs am Aufbau einer Europa-Armee beteiligten Staaten (→ 22. 11./S. 190). Die Minister veröffentlichen einen Drei-Phasen-Plan zur Organisation einer Europa-Armee.

Nach offiziellen Angaben des britischen Innenministeriums arbeiten derzeit in Großbritannien ca. 15 000 ehemalige deutsche Kriegsgefangene. Sie sind vor allem in der Landwirtschaft und in gewissen unterbesetzten Industriezweigen beschäftigt.

Der badische Staatspräsident Leo Wohleb (CDU) fordert auf einer Konferenz in Offenburg eine Säuberung seiner Partei von Anhängern des »Südweststaats« (→ 9. 12./S. 202).

31. Dezember, Montag

Eine Stärkung der britischen Position im arabischen Raum bringt ein auf 15 Jahre abgeschlossener Freundschafts- und Handelsvertrag zwischen Großbritannien und dem Sultanat Oman. Britischen Staatsbürgern werden exterritoriale Rechte zuerkannt.

Die beliebtesten männlichen Vornamen des abgelaufenen Jahres waren (in dieser Reihenfolge) Wolfgang, Klaus und Peter. Für ihre Töchter wählten die Eltern am häufigsten die Namen Ursula, Renate und Ingrid.

Das Wetter im Monat Dezember

Station	Mittlere Lufttemperatur (°C)	Niederschlag (mm)	Sonnenscheindauer (Std.)
Aachen	6,3 (3,1)	43 (62)	94 (49)
Berlin	3,7 (0,7)	23 (41)	47 (36)
Bremen	4,3 (2,2)	63 (54)	– (33)
München	0,2 (–0,7)	37 (44)	51 (41)
Wien	2,2 (0,9)	35 (51)	58 (41)
Zürich	0,3 (0,2)	63 (73)	66 (37)

( ) Langjähriger Mittelwert für diesen Monat
– Wert nicht ermittelt

Mit Konfetti und Optimismus ins neue Jahr. Die Illustrierte »Quick« vom 30. Dezember stimmt ihre Leser auf den Jahreswechsel ein. Trotz aller guten Wünsche ist noch ungewiß, ob die Welt am 1. Januar 1952 ein freundlicheres Gesicht zeigen wird.

Gegen Widerstand: Südweststaat perfekt

9. Dezember. Die von großen Emotionen begleitete Volksabstimmung über eine Neuordnung der Länder Württemberg-Baden, Württemberg-Hohenzollern und (Süd-)Baden ergibt mit 69,7% eine starke Mehrheit für die geplante Fusion zu einem »Südweststaat«. Lediglich im Abstimmungsbezirk Südbaden lehnen 62,2% der Bevölkerung einen Zusammenschluß ab und fordern statt dessen die Wiederherstellung des alten Landes Baden.

In den vier Abstimmungsbezirken (Nordwürttemberg, Südwürttemberg, Nordbaden, Südbaden) werden die rund 4,2 Mio. Wahlberechtigten vor diese Alternativen gestellt:
1. Wollen Sie die Vereinigung der drei Länder zum Südweststaat?
2. Wollen Sie die Wiederherstellung der alten Länder Baden und Württemberg?

Neben den Württembergern spricht sich auch das als wahlentscheidend angesehene Nordbaden mehrheitlich für den Südweststaat aus. Damit ist das Ergebnis, wie vom Gesetzgeber verlangt, in drei von vier Abstimmungsbezirken positiv.

Ergebnisse »pro« Südweststaat:
▷ Nordwürttemberg 93,5%
▷ Südwürttemberg 91,4%
▷ Nordbaden 57,1%
▷ Südbaden 37,8%

Vorausgegangen waren heftige juristische Kontroversen, in deren Verlauf das Land Baden unter Ministerpräsident Leo Wohleb (CDU) die sog. Neugliederungsgesetze des Bundestags vom 4. Mai 1951 durch das Bundesverfassungsgericht (BVG) zu Fall bringen wollte. Das erste Neugliederungsgesetz (»Blitzgesetz«) verlängerte, um fällige Neuwahlen zu vermeiden, die Wahlperiode der beiden Landtage bis 31. März 1952. Das zweite Neugliederungsgesetz regelte das Wahlverfahren für das Plebiszit und teilte den Südwestraum in vier Abstimmungsbezirke ein.

Im letzten Punkt erlitt Wohleb, der sich von einer Einteilung in nur zwei Stimmbezirke (Altbaden und Altwürttemberg) eine Bündelung der Vereinigungsgegner versprach, vor dem neugegründeten BVG (→ 28. 9./S. 161) am 23. Oktober eine Niederlage. Damit wurde die badische Klage in ihrem entscheidenden Punkt abgewiesen. Das BVG ersuchte den Bundesinnenminister, die Volksabstimmung spätestens auf den 16. Dezember anzusetzen.

△ Während Politiker und Juristen das Problem des »Südweststaats« mit größter Leidenschaft ausfechten, zeigen sich die Betroffenen nur mäßig interessiert: Lediglich 58% nutzen das ungewohnte Instrument der Volksabstimmung und machen sich auf den Weg zur Wahlurne.

◁ Wahlplakat der »Südwestler«: Was hier unter einem Hut steckt, ergibt mit rund 6,6 Mio. Einwohnern das viertbevölkerungsreichste Bundesland. Für den Namen des neuen Bundeslandes gibt es eine Reihe von Vorschlägen, darunter Hohenzollern, Rheinschwaben, Württemberg-Baden und Baden-Württemberg.

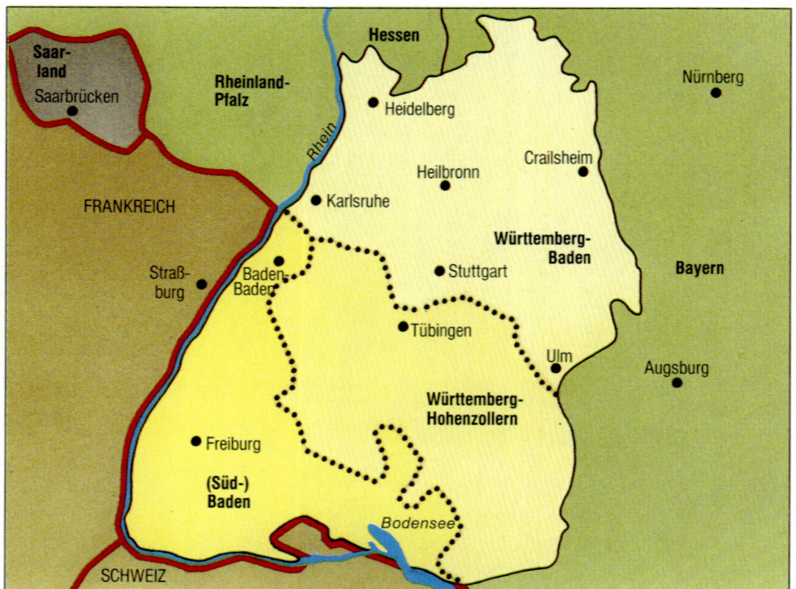

Schuldenregelung schafft Atempause

10. Dezember. Zur endgültigen Regelung der deutschen Nachkriegsschulden (→ 5. 7./S. 120) tagt in London eine deutsche Delegation unter Hermann Josef Abs mit einem Dreimächte-Ausschuß.

Die Alliierten teilen mit, daß sie zu einer erheblichen Schuldenreduzierung bereit seien. Die USA senken ihre Forderung von 3,2 Mrd. Dollar (16,6 Mrd. DM) auf 1,2 Mrd. Dollar (6,2 Mrd. DM). Dieser Schuldennachlaß bezieht sich in der Hauptsache auf Wirtschaftshilfe, die nach 1945 geleistet wurde. Er soll nach Auffassung der Alliierten eine noch ausstehende und für 1952 ins Auge gefaßte Regelung der deutschen Vorkriegsschulden erleichtern.

Eine finanzielle Atempause bringt neben dieser Reduzierung des gesamten Schuldenbetrags auch das Zugeständnis, daß die Bundesrepublik in den ersten fünf Jahren nur Zinsen oder nur Amortisation, nicht aber beides zugleich auf die gleiche Forderung zahlen muß.

SPD und Alliierte kritisieren Seebohm

4. Dezember. Die Westmächte protestieren gegen eine »nationalistische Rede« von Bundesverkehrsminister Hans-Christoph Seebohm (DP).

Auf dem Parteitag der Deutschen Partei in Kassel hat er die Meinung vertreten, daß die Alliierten mit dem Potsdamer Abkommen eine »soziale Atombombe« geschaffen hätten. Seine Äußerung, daß selbst die Grenzen von 1937 – »als Grenzen des Versailler Vertrags« – nicht anerkannt werden könnten, stößt auf heftige Kritik der USA.

Die SPD fordert die Entlassung des Ministers: Seebohm habe auch gesagt, er neige sich vor jedem Symbol, unter dem Deutsche ihr Leben gelassen hätten. Diese Äußerung sei nicht der Ausdruck von Ehrfurcht, sondern ein Bekenntnis zum Hakenkreuz. Seebohm reagiert auf die Angriffe: Mit der Bemerkung habe er nicht das Hakenkreuz gemeint, sondern »die schwarzweißroten Farben, das Eiserne Kreuz, den alten Reichsadler sowie die Embleme des Kaiserhauses und der österreich-ungarischen Monarchie«. Der Minister übersteht die Affäre und bleibt im Amt (→ 7. 10./S. 179).

Bundeskanzler im Buckingham-Palast

7. Dezember. Während seines ersten offiziellen Besuchs in Großbritannien wird Bundeskanzler Konrad Adenauer im Buckingham-Palast von König Georg VI. empfangen. Dieser protokollarische Höhepunkt des Staatsbesuchs wird in Regierungskreisen und in der Öffentlichkeit beider Länder mit besonderer Aufmerksamkeit registriert, da das britische Verhältnis zu Deutschland seit Kriegsende noch immer von Ressentiments geprägt ist.
Die Audienz bei dem erkrankten König George VI. – er mußte sich am 23. September einer schweren Lungenoperation unterziehen – dauert 25 Minuten. Der letzte deutsche Regierungschef, der im Buckingham-Palast empfangen wurde, war Reichskanzler Heinrich Brüning (→ 2. 11./S. 195) im Jahr 1931.
Unmittelbar nach seiner Ankunft auf dem Flugplatz Northolt am 3. Dezember nahm Adenauer Gespräche mit Premierminister Winston Churchill und Außenminister Anthony Eden auf. Dabei wurden Fragen der britischen Deutschlandpolitik und der Haltung Großbritanniens zur Europa-Armee angesprochen.
Nach Meinung aller Beteiligten soll der Besuch aber in erster Linie zu einer Verbesserung der beiderseitigen Beziehungen führen. Die Zahl der Lunchs, Dinners und Ansprachen ist daher weit größer als die der politischen Termine. Die gelungene Annäherung kommentiert Lordkanzler Gavin Turnbull Simonds nach einer Diskussion Adenauers mit Parlamentariern: »Uns trennt zwar die Sprache der Worte, nicht aber die Sprache der Herzen.«

Ankunft im Regen: Konrad Adenauer (2. v. l.) ist vor allem an atmosphärischen Auflockerungen interessiert. Der Bundeskanzler – hier mit dem Empfangskomitee auf dem Flughafen Northolt – möchte Befürchtungen über einen neuen deutschen Nationalismus zerstreuen.

Keine britischen Soldaten für EVG

7. Dezember. In einer Rede vor dem Unterhaus distanziert sich der britische Premierminister Winston Churchill von einer Europäischen Verteidigungsgemeinschaft (EVG; → 15. 2./S. 32). Er habe nicht vor, die britischen Verbände in eine europäische Armee zu integrieren.
Churchill unterstützt jedoch grundsätzlich die Bildung einer Europa-Armee und die Einbeziehung deutscher Verbände: »So wird eine europäische Armee, die einen deutschen Beitrag von vereinbarter Größe und Stärke einschließt, neben den britischen und amerikanischen Armeen in einer gemeinsamen Verteidigungsfront stehen.«
Churchill sieht Großbritannien im Schnittpunkt der politischen Einflußsphären von Europa, dem Commonwealth und dem atlantischen Bündnis in einer Sonderstellung in der Welt. Der Premierminister hält die militärische Verbindung seines Landes mit Europa im Rahmen der NATO für ausreichend.

Adenauer beschwört Europarat – Präsident Spaak tritt ab

10. Dezember. Vor der Beratenden Versammlung des Europarats in Straßburg unterstützt Bundeskanzler und Außenminister Konrad Adenauer die Schaffung einer politischen Hohen Behörde für die Europa-Armee (→ 21. 9./S. 159). Darüber hinaus fordert er die schnelle Ratifizierung des Schumanplans (→ 18. 4./S. 66), den Abschluß eines Vertrags über eine Europa-Armee (→ 15. 2./S. 32) und die verstärkte Zusammenarbeit mit Großbritannien.
Zur Frage einer weiteren Einigung Europas plädieren auch der italienische Ministerpräsident Alcide De Gasperi, der belgische Außenminister Paul van Zeeland und der französische Außenminister Robert Schuman für die Einführung einer politischen Behörde zur Kontrolle der Europa-Armee.
Die vom 26. November bis 11. Dezember tagenden Europapolitiker erleben am letzten Konferenztag den demonstrativen Rücktritt von Paul Henri Spaak, Präsident der Beratenden Versammlung. In einer leidenschaftlichen Rede begründet der belgische Politiker seinen Schritt: Er wirft dem Europarat mangelnde Effizienz vor sowie die fehlende Bereitschaft, ein politisches Europagremium, das nicht nur den militärischen Sektor kontrolliert, zu schaffen. Spaak hält es außerdem für unabdingbar, Großbritannien für den Aufbau eines gemeinsamen Europa zu gewinnen.
In der Sitzung der Beratenden Versammlung am 30. November kam unverhofft das Saarproblem zur Sprache. Der SPD-Abgeordnete Mommer kritisierte, daß das Saarland assoziiertes Mitglied des Europarates ist. Für die Mitarbeit der Bundesrepublik im Europarat wäre dies immer noch ein Hindernis. Präsident Spaak unterbrach den Redner, weil das Saarproblem nicht auf der Tagesordnung stand und entzog ihm das Wort.
Das Saarland ist wirtschaftlich an Frankreich angegliedert. Am 1. April 1948 trat eine Zollunion der beiden Länder in Kraft. Über den weiteren Status des Saarlandes soll im Rahmen eines Friedensvertrages entschieden werden (→ 21. 5./S. 88).

Nach seiner Rede: Glückwünsche für Adenauer (r.), hier neben dem belgischen Außenminister van Zeeland. Der Bundeskanzler betont, daß eine Europaarmee eine straffe, einheitliche Organisation und Ausrüstung sowie eine genormte Rüstungsproduktion brauche.

Außenminister unter sich (v. l.): De Gasperi (I), Schuman (F), Dirk Uipko Stikker (NL), van Zeeland (B), Adenauer und Joseph Bech (Lux) in Straßburg

»Hausordnung« gegen kleine Fraktionen

6. Dezember. Der Bundestag verabschiedet gegen die Stimmen der KPD und einiger fraktionsloser Abgeordneter bei Stimmenthaltung der SPD und des Zentrums eine neue Geschäftsordnung.
Wesentlich ist eine Änderung der Fraktionsstärke von zehn auf 15 Abgeordnete. Die Anerkennung als Fraktion und die Stärke einer Fraktion entscheidet über die Besetzung von Ausschüssen und des Ältestenrats sowie über finanzielle Zuwendungen aus Haushaltsmitteln.
Durch die Neuregelung verlieren die Kommunisten (KPD), die Bayernpartei (BP) und das Zentrum (Z) ihren Fraktionsstatus. BP und Zentrum schließen sich am 13. Dezember zur Fraktion »Föderalistische Union« (FU) zusammen. Vorsitzende werden Hugo Decker (BP) und Helene Wessel (Z). Sieben Abgeordnete der Wirtschaftlichen Aufbauvereinigung (WAV) organisieren sich als »Deutsche Partei Bayern« (DPB) und schließen sich der Fraktion der Deutschen Partei (DP) an.
Darüber hinaus bestimmt die neue Geschäftsordnung, daß Abgeordnete nur noch in freiem Vortrag sprechen dürfen. Vom Blatt abgelesene Reden bedürfen der Genehmigung des Bundestagspräsidenten.
Weiterhin wird beschlossen, daß Pressevertreter zu öffentlichen Ausschüssen zugelassen werden sollen, »soweit es die Raumverhältnisse gestatten«. Finanzvorlagen können nach der neuen »Hausordnung« nur noch dann vom Bundestag beraten werden, wenn sie mit einem Ausgleichsantrag zu ihrer Deckung verbunden sind. Außerdem muß die Bundesregierung vor Antragstellung konsultiert werden. Die SPD kritisiert diese Bestimmung. Sie hat beim Bundesverfassungsgericht bereits Klage erhoben. Die neue Geschäftsordnung tritt am 1. Januar 1952 in Kraft.
Im weiteren Verlauf der Bundestagssitzung wird ein Gesetz zur Einrichtung eines Bundesgesundheitsamtes, das dem Innenministerium untersteht, beschlossen.

Ab kommendem Jahr müssen sich die Abgeordneten der Fraktionen in freier Rede üben. Ein vorbereitetes Manuskript gibt es nur noch im Ausnahmefall.

Helene Wessel, eine der ersten deutschen Berufspolitikerinnen

Wessel kämpft gegen Wiederbewaffnung

Helene Wessel (geb. 1898) war bereits von 1928 bis 1933 Abgeordnete für die Zentrumspartei im preußischen Landtag. 1945 war die gebürtige Dortmunderin führend an der Wiederbegründung des Zentrums beteiligt. Seit 1949 ist sie Parteivorsitzende und Bundestagsabgeordnete. Helene Wessel engagiert sich gegen die Politik der Westintegration und Wiederbewaffnung und gehört zu den Mitgründern der »Notgemeinschaft für den Frieden«.

Vorwurf Beamtenbestechung: Platow in Haft

3. Dezember. Die Bonner Oberstaatsanwaltschaft teilt dem Platow-Untersuchungsausschuß mit, daß in der Affäre um die Weitergabe vertraulicher Informationen an den Pressedienst des 51jährigen Journalisten Robert Kurt Albert Platow mittlerweile über 100 Personen überprüft worden sind. Gegen 50 von ihnen werden weitere Ermittlungen eingeleitet.
Platow war im August unter dem Verdacht der Bestechung von Beamten zur Preisgabe von Amtsgeheimnissen verhaftet worden. Die Platow-Affäre sowie die Aufdekkung eines Dokumentendiebstahls im Kanzleramt führten in der Folgezeit zu innenpolitischen Auseinandersetzungen zwischen Regierung und Opposition.
Von Platows Informationsdienst profitierten besonders Wirtschaftsfachleute: »Vorher zu wissen, wie die gesetzliche Regelung von Zukker-, Sonderumsatz- und Aufwandssteuer sein wird oder werden kann, war vielen schon 300 oder 350 Mark pro Monat wert . . . Die betroffenen Wirtschaftszweige reagierten dank Platows Informationen so schnell, daß Finanzminister Schäffer (CSU) gleichzeitig mit dem Referentenentwurf bereits die negativen Kommentare der Presse und die Proteste der Verbände vorgelegt bekam«, berichtete »Der Spiegel« am 5. September.
Die Verhaftung von Platow wurde zum Ausgangspunkt einer heftigen Auseinandersetzung zwischen Regierung, Justiz und Presse über die Grenzen der Informationsfreiheit. Im Mittelpunkt des Streits steht der aus der NS-Zeit stammende § 353 c des Strafgesetzbuches, der die Veröffentlichung amtlicher Schriftstücke unter Strafe stellt.
Der Haftbefehl gegen Platow wird noch 1951 gegen Zahlung einer Kaution von 100 000 DM aufgehoben. Im Februar 1952 wird gegen ihn und weitere Journalisten Anklage wegen aktiver Bestechung erhoben.
Am 31. Juli 1953 wird die »Lex Platow« mit den Stimmen aller Bundestagsabgeordneten verabschiedet, »die für alle Personen, die bis 31. Dez. 1951 als Verleger, Journalisten oder Angehörige des öffentlichen Dienstes Nachrichten, Informationen oder Artikel in als strafbar angesehenerweise mitgeteilt, entgegengenommen, verbreitet oder die zu einer solchen Handlung angestiftet oder Beihilfe geleistet haben«, Straffreiheit vorsieht. Erst am 1. Juli 1954 wird dieses Amnestiegesetz dann verkündet und das Verfahren gegen Robert Platow daraufhin eingestellt.

Der Wirtschaftsjournalist Robert Platow gründete den ersten Info-Dienst in Hamburg nach 1945.

Nachfolgeorganisationen der I. G. Farben

7. Dezember. Als erste Nachfolgeorganisation der I. G. Farbenindustrie AG – des ehemals weltgrößten Chemiekonzerns – wird in Frankfurt am Main die Farbwerke Hoechst AG gegründet.
Am 19. Dezember wird mit den Farbenfabriken Bayer AG die zweite Nachfolgeorganisation ins Leben gerufen. Im Gesamtkomplex der Farbenfabriken Bayer AG mit Werken in Leverkusen, Dormagen, Uerdingen und Elberfeld arbeiten zum 1. Dezember 1951 rund 29 500 Menschen (Juli 1939: 21 850). Vorrangig werden Farbstoffe produziert. Chemikalien und pharmazeutische Artikel ergänzen die Produktionspalette. Früher waren Pharmaartikel die Hauptprodukte der Bayer AG.
Die I. G. Farben wurde 1925 als Zusammenschluß von BASF (Ludwigshafen), Bayer (Leverkusen), Hoechst (Frankfurt am Main), Agfa-Gevaert-Gruppe (Berlin), Chemische Fabrik Griesheim (Frankfurt am Main) und Chemische Fabriken Uerdingen gegründet.
Mit der Produktion von synthetischem Kautschuk und Benzin war die I. G. Farben eines der wichtigsten Unternehmen in der Kriegswirtschaft des Zweiten Weltkriegs. Häftlinge aus Konzentrationslagern mußten in den Chemiewerken arbeiten. In Nürnberg wurden 1948 13 Direktoren der I. G. Farben zu Freiheitsstrafen verurteilt.

△ Protest gegen Entflechtungsbeschlüsse: 4200 Menschen, die im Bayer-Werk Dormagen arbeiten, bangen um ihre Arbeitsplätze.

◁ Mit Marshallplan-Geldern gebaut: Zentrifugen der Farbwerke Hoechst, in denen 90% des in Deutschland produzierten Penicillins hergestellt werden.

EGKS-Vertrag löst das Ruhrstatut ab

21. Dezember. Die Bundesregierung und die alliierte Hochkommission veröffentlichen die am 19. Oktober paraphierten Vereinbarungen zur Aufhebung des Ruhrstatuts und der alliierten Industriekontrollen.
Nach Ratifizierung des Vertrags über die Montanunion (→ 18. 4./S. 66), spätestens sechs Monate nach Wahl der Hohen Behörde, werden die Abkommen in Kraft treten: Damit wird die Internationale Ruhrbehörde aufgelöst. Die Stahl- und Kohleindustrie wird der supranationalen Montanunion (Europäische Gemeinschaft für Kohle und Stahl/EGKS) unterstellt.
Die USA, Großbritannien, Frankreich und die Benelux-Staaten beschlossen am 28. April 1949 die Errichtung der Internationalen Ruhrbehörde als Kontrollorgan der Kohle-, Koks- und Stahlproduktion im Wirtschaftsraum Ruhrgebiet. Damit trat das am 28. Dezember 1948 vereinbarte Ruhrstatut in Kraft.
Ziel des Ruhrstatuts war die Aufteilung der Produktion für den bundesdeutschen Markt und den Export. Die Alliierten entzogen die kriegswichtigen Industrien der ausschließlich deutschen Kontrolle.
Seit der Unterzeichnung des Petersberger Abkommens am 22. November 1949 waren auch deutsche Vertreter bei der Internationalen Ruhrbehörde zugelassen.

DGB »streikt« – Ausstieg aus Bonner Wirtschaftsgremien

3. Dezember. Der Bundesausschuß des Deutschen Gewerkschaftsbundes (DGB) beschließt in Düsseldorf, aus Protest gegen die Wirtschafts- und Sozialpolitik der Bundesregierung seine Mitarbeit in den wirtschaftspolitischen Ausschüssen aufzukündigen (→ 24. 7./S. 125).
Delegierte der Gewerkschaften treten damit u. a. aus den paritätisch besetzten Ausschüssen für Investitionen, für Lohn und Preis sowie für Ex- und Import aus. Ausgenommen ist die Mitarbeit in der Ruhrbehörde und der Kohlenbergbauleitung.
Der DGB kritisiert, daß die Forderungen nach einer arbeitnehmerfreundlichen Politik nicht ernst genommen wurden: »Auf preispolitischem Gebiet hat das Fehlen erforderlicher Maßnahmen zu wesentlichen und vermeidbaren Preiserhöhungen und damit zu einer steigenden Belastung der Arbeitnehmer und minderbemittelten Schichten geführt.«
Der Beschluß bedeutet nicht – so der DGB –, daß kein Gewerkschafter mehr mit der Bundesregierung verhandeln werde. Er solle lediglich zeigen, wer die Verantwortung für die wirtschaftliche und soziale Entwicklung in der Bundesrepublik trage.
Seit Juli versuchten Gewerkschaften und Bundesregierung, eine Einigung über wirtschaftspolitische Fragen zu erzielen. Während eines Treffens im Urlaubsort des Bundeskanzlers auf dem Bürgenstock bei Luzern diskutierten am 8. August Adenauer und Gewerkschaftsführer unter Leitung von Christian Fette insbesondere die Einrichtung eines Bundeswirtschaftsrats.
Die »Fronten« verhärteten sich, als Bundesjustizminister Thomas Dehler (FDP) am 18. Oktober im Rundfunk die Gewerkschaften hart attakkierte: »Die Gewerkschaften verkennen, ja mißachten die Aufgabe des Unternehmers in der Wirtschaft«, warf er ihnen vor und wandte sich gegen eine politische Machtstellung der Gewerkschaften.

Für paritätisch besetzte Organe
Christian Fette (1. 2. 1895) führt seit dem Tod von Hans Böckler den DGB (→ 24. 7./S. 125). Die paritätische Besetzung der Wirtschaftsgremien wie auch des geplanten Bundeswirtschaftsrats müsse gesichert sein, fordert Fette immer wieder in Gesprächen mit der Regierung. Er setzt sich u. a. für den Umbau der Industrie- und Handelskammern mit paritätisch besetzten Organen ein, um eine Verbindung zwischen Betriebsorganisationen und zu gründendem Bundeswirtschaftsrat zu schaffen.*

Libyen mit Hilfe der UNO unabhängig

24. Dezember. In Bengasi proklamiert der 72jährige König Mohammad Idris I. El Senussi die Unabhängigkeit Libyens. Der nordafrikanische Staat – zukünftig eine konstitutionelle Monarchie – ist das erste Land, das unter der Schirmherrschaft der Vereinten Nationen den Weg in die Unabhängigkeit geht.

Im Anschluß an die Unabhängigkeitsfeier überreichen mehrere ausländische Diplomaten dem König ihre Beglaubigungsschreiben.

Seit dem Italienisch-Türkischen Krieg 1911/12 gehörte das gesamte libysche Territorium als Kolonie zu Italien. Im Ersten Weltkrieg vertrieben die Senussi, Mitglieder einer islamischen Bruderschaft, die Italiener. Das faschistische Italien eroberte das nordafrikanische Land zwischen 1923 und 1931 erneut. 1934 faßten die Italiener Tripolis, Cyrenaika und Fessan als Kolonie Libyen zusammen.

Nach heftigen Kämpfen zwischen Alliierten und Achsenmächten während des Zweiten Weltkriegs kamen Cyrenaika und Tripolis unter britische, Fessan unter französische Besatzung. Seitdem drängten die Senussi, die die Alliierten unterstützt hatten, auf die endgültige Unabhängigkeit ihres Landes.

Im November 1950 beschloß die libysche Nationalversammlung, das Land in ein föderales, demokratisches Königreich umzuwandeln. Im März 1951 ernannte die Versammlung eine provisorische Bundesregierung mit Mahmud Bei Muntasar als Ministerpräsident. Gemeinsam mit dem Niederländer Adrian Pelt, Hochkommissar der Vereinten Nationen für Libyen, erarbeitete das Kabinett, das bis zu den ersten Parlamentswahlen am 22. Februar 1952 im Amt bleiben soll, einen wirtschaftlichen und politischen Stufenplan für die erste Zeit der Unabhängigkeit. Kurz vor der Proklamation der Unabhängigkeit überließen Briten und Franzosen der libyschen Regierung das Selbstbestimmungsrecht in Fragen der Außen- und Verteidigungspolitik.

Das unabhängige Königreich Libyen soll von Großbritannien und Frankreich eine regelmäßige jährliche Finanzhilfe von 7 Mio. Dollar (36,4 Mio. DM), bzw. von 0,56 Mio. Dollar (2,9 Mio. DM) erhalten. Mit der Unterzeichnung von bilateralen Abkommen mit Frankreich, den USA und Großbritannien über die Nutzung und den Ausbau ihrer militärischen Stützpunkte ist in Kürze zu rechnen (→ 27. 4./S. 72).

Gibt die Unabhängigkeit Libyens bekannt: König Mohammad Idris I.

Applaus zur Unabhängigkeit: Außenminister Ali Bei Gerbi (2. v. l.) mit dem UN-Delegierten Pelt (l.) und Vertretern Italiens, Frankreichs und den USA

Der erste Ministerpräsident in Tripolis: Mahmud Bei Al Muntasar

Sueszone kommt nicht zur Ruhe – Briten reißen Häuser ab

6. Dezember. Wegen der antibritischen Ausschreitungen (→ 8. 10./ S. 175), die nun schon über 50 Menschenleben gefordert haben, verhängt die ägyptische Regierung für Kairo den Ausnahmezustand.

Zwar kam es am 28. November zu einer vorläufigen britisch-ägyptischen Einigung, die den Rückzug der britischen Truppen aus Ismailia, Port Said und Sues vorsah, doch gelang es den beteiligten Parteien in der Folgezeit nicht, mehrere blutige Zwischenfälle zu verhindern. Am 5. Dezember übermittelte die britische Regierung der ägyptischen Regierung eine Note, in der sie darauf hinwies, daß »gesetzlose Elemente außerhalb der Kontrolle der ägyptischen Regierung stehen« und seitens der ägyptischen Polizei Unterstützung erhielten.

Besondere Verbitterung löst bei der einheimischen Bevölkerung der eigenmächtige Bau einer neuen Straße durch die Briten aus, die die Garnison mit der Wasserfiltrieranlage am Sueskanal verbinden soll. Der britische Befehlshaber General Sir George Erskine will zu diesem Zweck »mit oder ohne ägyptische Zustimmung« 75 Lehmhäuser niederreißen. Nur unter der militärischen Bewachung der 16. Fallschirmjägerbrigade kann die Straße am 9. Dezember ohne Behinderung durch die aufgebrachten Ägypter fertiggestellt werden.

Am 13. Dezember gibt die ägyptische Regierung die Abberufung ihres Botschafters aus London bekannt.

Briten erklären Sues-Gouverneur Ibrahim Bei (M.) Straßenbaupläne.

Aus Furcht vor Sabotageakten und Heckenschützen überwachen Fallschirmjäger die Bauarbeiten, die innerhalb von nur 36 Stunden abgeschlossen sind.

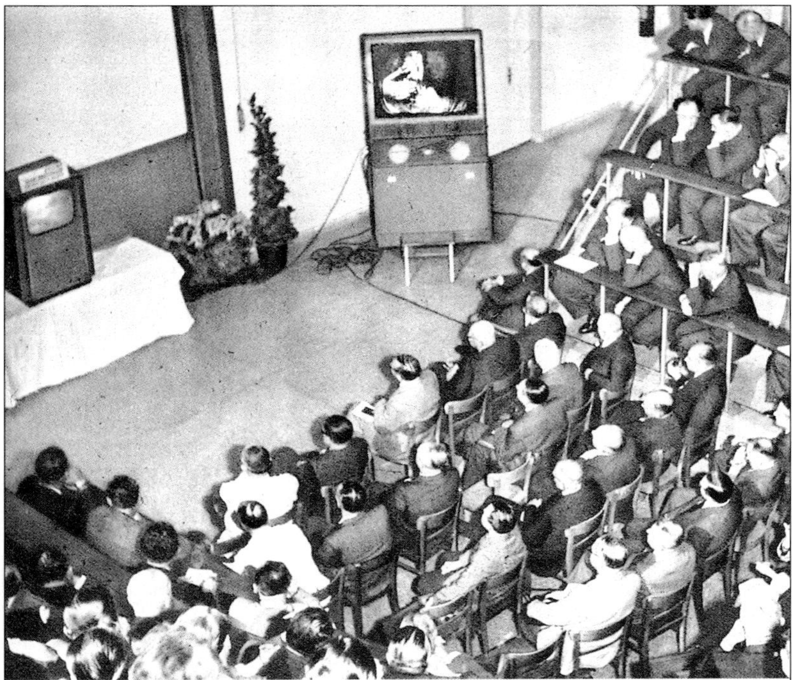
Das Fernsehen hilft beim Studium medizinischer Eingriffe – Zuschauer verfolgen eine Operation.

Blinddarm-Operation live im Hörsaal

5. Dezember. *Zum ersten Mal wird in Deutschland eine Operation live im Fernsehen gezeigt. Aus dem Eppendorfer Krankenhaus in Hamburg werden die Bilder einer Blinddarm-Operation in drei Hörsäle der chirurgischen Abteilung übertragen. 880 Personen, vorwiegend Teilnehmer des 68. nordwestdeutschen Chirurgenkongresses, beobachten an 80 Fernsehempfängern den Eingriff unter der Leitung von Albert Lezius.*
5 km Kabel verlegten Techniker, um die Operation ins rechte Bild setzen zu können. In einer anschließenden Pressekonferenz betont Lezius die »revolutionierende Bedeutung«, die das Fernsehen für den medizinischen Unterricht an Universitäten erlangen werde.

Die 3103 BRT große »Pamir« hat eine Segelfläche von 4200 m². Die Viermastbark mit ihren rund 60 m hohen Masten ist 96,03 m lang und 14,04 m breit.

Erster Brüter liefert Strom

20. Dezember. In Arco, Idaho (USA), wird EBR-I in Betrieb genommen – der erste Brutreaktor der Welt und zugleich der erste Kernreaktor, der elektrischen Strom liefert.
Der einzige direkt verwendbare Kernbrennstoff, der in der Natur vorkommt, ist das Isotop Uran-235. Natururan enthält aber nur 0,711% Uran-235 und 99,27% nicht reaktorgeeignetes Uran-238. Dieses Material wandelt EBR-I in Plutonium-239 um und erzeugt so mehr Brennstoff als er verbraucht.

EBR-I kann auch aus Thorium-232 den Kernbrennstoff Uran-233 erzeugen. Die Brütertechnologie gilt im Jahr 1951 als richtungweisend, weil die Experten – zu Unrecht – eine schnelle Erschöpfung der natürlichen U-235-Vorräte befürchten.

Pamir: Probefahrt im Nebel

15. Dezember. In Kiel läuft die »Pamir«, erstes Segelschulschiff der deutschen Nachkriegshandelsflotte, zur ersten Probefahrt aus.
Mit an Bord sind Bundespräsident Theodor Heuss, Bundesverkehrsminister Hans-Christoph Seebohm und Vertreter der schleswig-holsteinischen Landesregierung. Wegen dichten Nebels bleibt die Viermastbark in ständiger Trossenverbindung mit dem Bugschlepper.
1905 baute die Werft Blohm & Voss für die Hamburger Reederei Laeisz die »Pamir«. Weitere Großsegler, u. a. die »Passat«, folgten. Bis 1914 unternahm die »Pamir« 18 Reisen. Aufgrund des Versailler Friedensvertrags wurde sie 1921 an Italien ausgeliefert. 1924 erwarb die Reederei Laeisz die Viermastbark und verkaufte sie 1931 an den finnischen Reeder Gustaf Erikson. 1941 wurde der Großsegler in Wellington (Neuseeland) aufgebracht. 1949 erhielt Erikson die Pamir zurück. 1950 verkaufte er die »Pamir« und die »Passat« nach Antwerpen. Der Lübecker Reeder Heinz Schliewen rettete die Schiffe vor dem Abwracken.

Mit Pudelmütze schützt sich Heuss während der vierstündigen Fahrt.

Essen und Trinken 1951:

Im Zweifelsfall für Qualität

Volle Schaufenster sind schon fast wieder eine Selbstverständlichkeit, was den Deutschen ein – allerdings trügerisches – Gefühl der Sicherheit vermittelt. Etwa 40% der benötigten Grundnahrungsmittel kommen immer noch aus dem Ausland. Der Umfang der Nahrungsmitteleinfuhren wird von Politikern weiterhin als besorgniserregend angesehen, gleichzeitig entwickelt sich die inländische Erzeugung, die mit 104% zum ersten Mal das Niveau des Vorkriegsstandes überschreitet, deutlich positiv.

Beachtlich ist die Steigerung des Pro-Kopf-Fleischverbrauchs, der sich innerhalb von nur zwei Jahren mit 36,6 kg mehr als verdoppelt hat. Wo es nicht mehr um die Sicherung des Allernotwendigsten geht, treten andere Bedürfnisse in den Vordergrund. »Qualität« heißt die Zauberformel, nach der die deutsche Hausfrau ihren Einkaufskorb füllt – auch wenn es dann etwas teurer wird.

Lebensmittelverbrauch 1935/1951
(kg pro Kopf und Jahr)

	35/38	48/49	49/50	50/51
Zucker	26,0	19,5	22,9	27,4
Fleisch	51,0	17,8	31,4	36,6
Trinkvollmilch	121,4	67,2	96,2	108,3
Fette	22,6	9,3	16,2	20,5

Ernst Schröder, Präsident des Zentralverbandes des deutschen Gemüse-, Obst- und Gartenbaus berichtet von folgendem in Frankfurt am Main durchgeführte Experiment: Zwei Ladungen Birnen von gleicher Qualität wurden einmal mit »40 Pfennig« und einmal mit »80 Pfennig« ausgezeichnet und zum Kauf angeboten. Während die preisgünstigeren Birnen liegen blieben, fanden die anderen reißenden Absatz. Nach einem Austausch der Preisschilder wurden wiederum die billigeren Birnen vernachlässigt. Ganz offensichtlich vermuten die deutschen Hausfrauen hinter einem höheren Preis auch eine bessere Qualität und sind bereit, dafür auch mehr zu bezahlen.

Der Verbrauch an Grundnahrungsmitteln, vor allem von landwirtschaftlichen Veredelungserzeugnissen, steigt stetig an.

Der Verzehr von Fisch ging hingegen von 15,2 kg pro Kopf im Jahr 1949 auf 11 kg im Jahr 1950 zurück. Im Jahr 1951 produziert die deutsche Fischindustrie für 20 Mio. DM zusätzlich Fischkonserven, mit dem Ziel, sie in die DDR zu liefern. Der zwischenzeitliche Stopp im Interzonenhandelsabkommen (→ 20. 9./ S. 162) führt zu einer regelrechten »Fischschwemme«.

Um den Absatz von Fischkonserven anzukurbeln, startet der »Bundesausschuß für volkswirtschaftliche Aufklärung« im Auftrag der Fischwirtschaft eine Kampagne. Unter dem Motto »Hausfrau spare Zeit – Brathering – tischbereit!« macht der Ausschuß mit Erfolg Werbung für schmackhaftes und gesundes Fischfleisch: »Wer einen Brathering aus der Dose von zirka 100 Gramm ißt, führt seinem Körper wichtige Vitamine, wertvollste Mineralsalze und nicht zuletzt 20 Gramm Eiweiß, 20 Gramm Fett und drei Gramm Kohlehydrate, das sind etwa 280 Kalorien, zu, und wird so ausreichend gesättigt, denn Bratheringe haben den höchsten Sättigungswert. Und das alles für einen Preis von 21 bis 24 Pfennig . . .«

Diese Werbekampagne, verbunden mit dem Versand von Werbeplakaten an alle 12 000 Fachgeschäfte im Bundesgebiet, bleibt nicht ohne Erfolg: Der Pro-Kopf-Verbrauch steigt 1951 wieder auf rund 13 kg an.

Die Versorgung mit Südfrüchten ist dieses Jahr, besonders gegen Weihnachten, so gut wie noch nie in den Jahren zuvor. In der ersten Dezemberwoche treffen allein in der Münchner Großmarkthalle 385 Waggons Orangen, 169 Waggons Mandarinen und 41 Waggons Zitronen ein. Dazu kommen noch sechs Waggons Datteln und fünf Waggons Feigen. Im Angebot sind Paranüsse aus Brasilien genauso wie Ananas von den Azoren und Erdnußkerne aus China. Weintrauben kommen, in Fässern verpackt, aus Spanien, Kokosnüsse aus Afrika in die bayerische Landeshauptstadt.

Der deutsche Konsument leistet sich bereits hin und wieder ein gutes Tröpfchen. Der Pro-Kopf-Verbrauch an Wein steigt im Jahr 1951 gegenüber dem Vorjahr von 3 l auf 5 l an. Die deutschen Weinbauern taufen den Jahrgang »Sorgentöter«.

Knorr AG, Heilbronn: Eine moderne Verpackungsanlage ersetzt 20 Arbeitskräfte. Hygiene ist bei der Verpackung von Erbswurst oberstes Gebot.

In der Großmarkthalle können Bananenstauden zum Reifen gebracht werden. Eine Gasflamme und Wasserberieselung erzeugen Tropenklima.

Auf dem Erzeugergroßmarkt versorgen sich die Kleinhändler in den frühen Morgenstunden mit frischen landwirtschaftlichen Erzeugnissen.

Zur Qualitätskontrolle gehört bei Suppenwürfeln das auf der Packung vermerkte Herstellungsdatum.

Staubfreie Mühlenanlage: Der Mahlvorgang kann durch Fenster kontrolliert werden.

Kontrolle bringt es an den Tag: Hygiene ist ein Hauptproblem

Neben den Bemühungen um die Rationalisierung der Arbeitsabläufe investieren die modernen Großbetriebe der Nahrungsmittelindustrie vor allem in Maßnahmen, die einer Erhöhung der Produkthygiene dienen.
Anlaß zur Klage gibt es genug: Die staatliche Lebensmittelkontrolle weist aus, daß rund ein Viertel aller in der Bundesrepublik in den Handel kommenden Lebensmittel nicht den gesetzlichen Vorschriften entspricht. Aus einem Monatsbericht der Staatlichen Chemischen Untersuchungsanstalt München geht hervor, daß von 49 Proben bei Schokolade und Kakao 33 verdorben oder verunreinigt waren. Bei Tee und Tee-Ersatz sind sogar alle zehn genommenen Proben beanstandet worden.
Fachleute raten den verunsicherten Verbrauchern, im Zweifelsfall Lebensmittel anonymer Herkunft zurückzuweisen und sich auf Markenartikel bekannter Hersteller zu verlassen.

Ein Hamburger eröffnet das erste »Drive In« Deutschlands. Die Idee, im Auto seinen Hunger zu stillen, kommt aus dem hastigen Amerika.

In alter Frische: Früchte, die einen weiten Weg hinter sich haben.

Flugzeug, Bahn, LKW: Logistik garantiert Frische

Die Verbesserung der Versorgungslage und die sich weltweit ausdehnenden Handelsbeziehungen bringen neue Probleme mit sich: Wie kann die Fülle der Waren, etwa Gemüse aus Holland oder Südfrüchte aus Übersee, in einwandfreiem Zustand an den Verbraucher weitergegeben werden?
Dabei handelt es sich in erster Linie um ein logistisches Problem. Die Lösung liegt in einer Kombination aus der Rationalität des Großmarkthallensystems, der Schnelligkeit der modernen Verkehrsmittel und der Technik von großen Kühlanlagen. Großmarkthallen in der Nähe von Bahnanschlüssen und Flughäfen sowie Kühlwagen-Transporte, die über große Entfernungen landwirtschaftliche Erzeugnisse in die Städte bringen, befriedigen das gestiegene Qualitätsbewußtsein der deutschen Hausfrau.

Literatur-Nobelpreis für Pär Lagerkvist

10. Dezember. König Gustav VI. Adolf von Schweden überreicht in der Stockholmer Konzerthalle die Nobelpreise für Physik, Chemie, Medizin und Literatur.

Der Brite John Douglas Cockcroft und der Ire Ernest Thomas Sinton Walton erhalten den Physik-Nobelpreis »für ihre Pionierarbeit auf dem Gebiet der Atomkernumwandlung durch künstlich beschleunigte atomare Partikel«. Die beiden Wissenschaftler entwickelten 1932 einen Kaskadengenerator, der elektrische Hochspannung erzeugte und Protonen derart beschleunigte, daß sie in die Kerne leichter Elemente eindrangen. Sie erreichten die erste künstliche Kernumwandlung und forcierten damit die Entwicklung der Kernphysik.

Für die Entdeckung der Transurane erhalten die US-Amerikaner Edwin Mattison McMillan und Glenn Theodore Seaborg den Chemie-Nobelpreis. Transurane sind radioaktive Elemente mit einer höheren Ordnungszahl als Uran (92). Sie werden u. a. durch den Beschuß von Urankernen gewonnen.

Der US-Amerikaner Max Theiler erhält für seine Arbeiten zur Erforschung des Gelbfiebervirus den Medizin-Nobelpreis. 1927 wies Theiler nach, daß der Erreger der Tropenkrankheit kein Bakterium, sondern ein Virus ist. Seit 1930 arbeitete er an der Bekämpfung des Gelbfiebers. Mit seinen Mitarbeitern entwickelte er den Impfstoff 17 D.

»Für die künstlerische Kraft und tiefe Selbständigkeit, womit er in seiner Dichtung die Antwort auf die ewigen Fragen der Menschen sucht«, erhält der schwedische Schriftsteller Pär Fabian Lagerkvist den Literatur-Nobelpreis. Besondere Aufmerksamkeit hat Lagerkvist mit seinen Romanen »Der Zwerg« (1944) und »Barabbas« (1950) erzielt. Neben schriftstellerischen Ausflügen in den Expressionismus – Gedichtsammlung »Ångest« (»Angst«) 1916 – schrieb er symbolische Dramen zur Verteidigung humanistischer Ziele (»Mannen utan själ«/ »Der Mann ohne Seele«, 1936).

Nobelpreisträger unter sich (v. l.): John Cockcroft, Ernest Walton, Edwin McMillan, Glenn Seaborg, Max Theiler und Pär Lagerkvist stellen sich nach der feierlichen Zeremonie in Stockholm den Fotografen.

Gewerkschafter in Oslo ausgezeichnet

10. Dezember. Der französische Gewerkschaftsführer Léon Jouhaux erhält im norwegischen Oslo den Friedensnobelpreis.

Jouhaux wurde 1909 Generalsekretär der Gewerkschaft »Confédération Générale du Travail« (C.G.T.). 1920 war er Mitglied der französischen Delegation beim Völkerbund. Innerhalb der C.G.T. widersetzte er sich dem kommunistischen Führungsanspruch. 1936 trat Jouhaux für eine Wiedervereinigung der C.G.T. mit der 1921 abgespaltenen kommunistischen C.G.T.U. ein.

Der Nobelpreisträger schlug u. a. eine internationale Kontrolle des Waffenhandels vor. Von 1941–1943 wurde er in Frankreich inhaftiert, 1943 nach Deutschland deportiert.

Nach dem Ende des Zweiten Weltkriegs nahm er seine Arbeit wieder auf und avancierte zum Leiter der Internationalen Arbeitsorganisation »Confédération Internationale des Syndicats Libres«.

1946 war er Mitglied der französischen UNO-Delegation. 1947 gründete er gegen die kommunistische Mehrheit im Präsidium der C.G.T. die C.G.T.-Force Ouvrière, deren Präsident er 1948 wurde.

Abspaltung: Kalter Krieg auch im PEN

4. Dezember. Auf einer Tagung in Darmstadt konstituiert sich als Abspaltung des gesamtdeutschen Schriftstellerverbandes PEN (aus: poets, essayists, novelists) ein »Deutsches PEN-Zentrum der Bundesrepublik«. Zum Präsidenten wird Erich Kästner gewählt.

Damit ziehen rund vierzig westdeutsche Schriftsteller die Konsequenzen aus dem politischen Richtungsstreit der letzten gesamtdeutschen PEN-Veranstaltung am 24. Oktober in Düsseldorf. Uneinigkeit herrschte dort über die Zusammensetzung des gewählten Präsidiums, das nach Meinung der westdeutschen Schriftsteller zu sehr kommunistisch beherrscht war. Die Gegensätze konzentrierten sich auf die Person des DDR-Kulturfunktionärs Johannes R. Becher, der in Düsseldorf erneut ins Präsidium gewählt worden war. Das Treffen endete nach scharfen politischen Auseinandersetzungen mit der Ankündigung, bei der Leitung des Internationalen PEN in London eine eigene, westdeutsche Gründung zu beantragen. Die Spaltung wurde vor allem von Erich Kästner und Kasimir Edschmid betrieben.

Dem neugegründeten PEN geben rund vierzig der fünfzig im gesamtdeutschen PEN vertretenen westdeutschen Schriftsteller ihre Zustimmung. Bei der Gründungstagung sind u. a. Alfred Döblin, Hermann Kasack und Marie-Luise Kaschnitz anwesend. Zum Ehrenpräsidenten wird der frühere Präsident Hermann Friedmann gewählt. Die Satzung bestimmt ausdrücklich, daß kein mit amtlicher politischer Funktion ausgestattetes Mitglied dem Vorstand angehören kann.

Erich Kästner umreißt am Ende der Tagung die Ziele des West-PEN: Neben der Verbesserung der sozialen Lage des deutschen Schriftstellers soll besonderes Augenmerk der Intensivierung der internationalen Beziehungen gelten. Auch soll die Qualität der deutschen Übersetzungen von ausländischen Büchern ein höheres Niveau erreichen.

Hermann Friedmann (l.) und Erich Kästner wollen politische Streitigkeiten durch fruchtbare Arbeit ersetzen.

Der Dichter und Funktionär Johannes R. Becher gibt Anlaß zur Spaltung des gesamtdeutschen PEN-Zentrums.

Das als modernes Rang-Theater errichtete »Große Haus« in Frankfurt faßt 1300 Zuschauer.

Premiere für Frankfurter Theaterneubau

23. Dezember. *Mit Festreden von Oberbürgermeister Walter Kolb und einem Prolog aus Versen von Johann Wolfgang von Goethe, Friedrich von Schiller, Gerhart Hauptmann und Hugo von Hofmannsthal wird das Frankfurter »Große Haus« auf dem Gelände des im Zweiten Weltkrieg zerstörten Schauspielhauses eröffnet.*

Neben dem neuen Generalintendanten Harry Buckwitz nehmen u. a. der amerikanische Hochkommissar John J. McCloy, Bundestagspräsident Hermann Ehlers, Vizekanzler Franz Blücher sowie der hessische Ministerpräsident Georg August Zinn an der feierlichen Zeremonie teil. Am Abend werden Richard Wagners »Meistersinger von Nürnberg« aufgeführt. Als provisorischer Ersatz für das im Krieg zerstörte Opernhaus diente bislang der Börsensaal, in dem allerdings nur 500 Zuschauer Platz fanden.

Menottis Heilige Drei Könige im Fernsehstudio; 1941 schuf der Komponist bereits eine Radio-Oper.

Weihnachtsoper speziell fürs Fernsehen

24. Dezember. *Die NBC Opera Company strahlt in New York die erste ausschließlich für das Fernsehen produzierte Oper aus. »Amahl and the Night Visitors« (»Amahl und die nächtlichen Besucher«) stammt aus der Feder des 1911 in Italien geborenen und seit 1928 in den USA lebenden Komponisten Gian Carlo Menotti. Am 21. Februar 1952 findet die szenische Uraufführung der stimmungsvollen Weihnachtsoper an der Indiana University in Bloomington statt.*

Der Einakter »Amahl und die nächtlichen Besucher« ist durch Hieronymus Boschs Gemälde »Die Anbetung der drei Könige« inspiriert. Die Weihnachtsoper erzählt die Geschichte des verkrüppelten Jungen Amahl, der auf wundersame Weise geheilt wird, nachdem er den Heiligen Drei Königen seine Krücke gegeben hat.

Australien zehnfacher Davis-Pokal-Sieger

28. Dezember. Mit 3:2 besiegt die australische Tennismannschaft in Sydney das Team der USA und gewinnt den Davis-Pokal damit zum zehnten Mal. Den letzten und entscheidenden Punkt holt der australische Tennisstar Frank Sedgman, der Vic Seixas überraschend glatt mit 6:4, 6:2, 6:2 abfertigt.

Das erste Einzel gewann der Amerikaner Seixas vor 15 000 Zuschauern gegen Mervyn Rose mit 6:3, 6:4, 9:7. Frank Sedgman glich durch ein 6:4, 6:3, 4:6, 6:4 gegen Ted Schröder für Australien aus. Das australische Doppel schaffte anschließend die 2:1-Führung gegen das amerikanische Team. Ted Schröder egalisierte gegen den Australier Mervyn Rose mit 6:4, 13:11 und 7:5 den Stand im Gesamtklassement.

Davis-Pokal-Finale in Sydney: Blick auf das Eröffnungsmatch am 26. Dezember zwischen Seixas und Rose

Sieger mit Pokal (v. l.): Mervyn Rose, Ian Eyre, Kapitän H. Hopman, Ken McGregor und Frank Sedgman

Deutsches Orchester in London gefeiert

1. Dezember. Die erste Auslandsreise eines deutschen Orchesters nach dem Ende des Zweiten Weltkriegs wird von der Kritik begeistert gefeiert: Zum krönenden Abschluß einer dreiwöchigen Konzertreise durch Großbritannien werden für das Sinfonieorchester des Nordwestdeutschen Rundfunks (NWDR) drei Auftritte in London.

Die NWDR-Musiker unter Leitung von Hans Schmidt-Isserstedt spielen in der britischen Hauptstadt klassische und romantische Musik sowie Werke von Paul Hindemith und Werner Egk.

Nach der Rückkehr des Orchesters hebt NWDR-Generaldirektor Adolf Grimme in einem Dankschreiben an Dirigent und Musiker die völkerverbindende Bedeutung der Konzertreise hervor. Mit dem Besuch der Musiker auf der Britischen Insel erfährt das bundesdeutsche Kulturleben sechs Jahre nach dem Weltkrieg internationale Anerkennung.

Geld und Geschenke für Waisenkinder

24. Dezember. Statt einer erhofften »weißen Weihnacht« müssen sich die Bundesbürger mit nebligem und feuchtem Wetter begnügen. Die unfreundliche Witterung hemmt jedoch keineswegs die Reiselust während der Feiertage.

In der Vorweihnachtszeit war besonders Berlin für viele Urlauber das Reiseziel. In den Tagen vor dem Weihnachtsfest passierten in 24 Stunden rund 1000 Fahrzeuge – vorwiegend Reisebusse und Privatwagen – die Kontrollstellen zwischen Bundesrepublik und DDR.

Die Bahn verzeichnete im Berlinverkehr einen viermal so starken Andrang wie zu normalen Tagen. Tausende Reisende aus der DDR, die Weihnachten in der Bundesrepublik Deutschland verbringen wollten, konnten wegen Überfüllung der »Interzonenzüge« nicht reisen. Der größte Ansturm von Weihnachtsreisenden seit der Währungsreform mußte bewältigt werden.

Schlechtes Wetter behinderte den Flugverkehr: Wegen Nebel saßen Hunderte von Reisenden, die Weihnachten in Berlin verbringen wollten, auf dem Flughafen in Frankfurt am Main fest.

Hilfsaktionen für Flüchtlinge, Heimkehrer und mittellose Familien prägten die Vorweihnachtszeit. In Süddeutschland starten die amerikanischen Besatzungstruppen das »Unternehmen Weihnachtsmann«, die größte Hilfsaktion seit dem Winter 1946/47. 250 000 Waisenkinder, Invaliden, heimatlose Ausländer und zahlreiche bedürftige Familien profitieren zum Weihnachtsfest von der Spendenaktion: 175 000 Dollar (910 000 DM) sowie viele Tonnen Süßigkeiten und Geschenke sammeln amerikanische Truppen, Zivilangestellte und deren Angehörige im europäischen Befehlsbereich.

Schlechtes Wetter führte in den Tagen vor Weihnachten zu zahlreichen Unglücken auf See: In der Scheldemündung stießen ein amerikanischer und ein britischer Frachter zusammen, der schwedische Dampfer »Noreg« lief vor der britischen Küste auf Grund, vor Zypern brach der britische Transporter »Porlock Hill« im Sturm auseinander. Wegen des schlechten Wetters traf der britische Luxusdampfer »Queen Mary« mit 44 Stunden Verspätung in New York ein.

Bescherung für Münchner Waisenkinder: Lebkuchen und »abz«-Zeitung mit Walt Disneys »Bambi«-Geschichte

Erstmals wieder Weihnachten in Freiheit: Kriegsgefangene aus Jugoslawien im Auffanglager Piding

Weihnachtsmann an Bord: Das Flugzeug der Illustrierten »Stern« landet im Flüchtlingslager Lübeck-Blankensee.

Kinder begutachten in Berlin ein neues Spielzeug, den »Stuben-Flieger« mit »Gummiband-Motor«.

Schwer bepackt kommt der Weihnachtsmann, begleitet von einem Engel, zu Flüchtlingen nach Lübeck.

Ein Fahrrad als Weihnachtsgeschenk; Bescherung für Waisenkinder im Stuttgarter Universum-Theater

»Die Luft der Weltpolitik ist milder als vor einem Jahr«

Dezember. Weit stärker als vor einem Jahr bestimmt die Hoffnung auf eine wirtschaftlich stabile und friedliche Zukunft die Reden der Politiker zum Jahresende. Bundeskanzler und Außenminister Konrad Adenauer blickt auf ein Jahr zurück, das unter dem Zeichen politischer und ökonomischer Konsolidierung im Rahmen der Westintegration stand. Sowohl die wirtschaftlichen Einigungsbemühungen der westeuropäischen Länder im Rahmen der Montanunion, als auch der militärische Zusammenschluß unter gleichberechtigter Teilnahme der Bundesrepublik haben Fortschritte gemacht – trotz Rückschlägen, wie die zurückhaltende Politik Großbritanniens gegenüber einer Europaarmee. Zum Jahresende erklärt Adenauer, daß nach seiner Meinung der Bundestag einen Vorschlag zum deutschen Verteidigungsbeitrag befürworten werde. Er glaubt, daß im kommenden Jahr keine sowjetische Aggression bevorstehe und nicht nur die Bundesrepublik hoffnungsfroher als noch Ende 1950 in die Zukunft blicken könne.

Westeuropa formiert sich

Der amerikanische Präsident Harry S. Truman ist ebenfalls der Ansicht, daß trotz aller internationaler Schwierigkeiten Anlaß zu Optimismus bestehe. In seiner Weihnachtsbotschaft verkündet der amerikanische Hochkommissar John J. McCloy: »In den vergangenen sechs Jahren haben wir Amerikaner und unsere Alliierten in Deutschland zusammen mit dem deutschen Volk daran gearbeitet, eine Lebensauffassung zu schaffen und zu gewährleisten, die auf den Idealen des Friedens auf Erden und den Menschen ein Wohlgefallen beruht. Ein neues Verhältnis entwikkelt sich nun zwischen uns, von dem wir hoffen, daß es zur dauernden Wirklichkeit wird.«

Nach Meinung des französischen Hochkommissars André François-Poncet befindet sich Europa auf einem »Kreuzweg« und könne jetzt zwischen einem Rückfall in die Vergangenheit und einer neuen Ordnung wählen: »Wir haben darüber zu entscheiden, ob wir auf einem Weg der nationalen Egoismen, der zügellosen Konkurrenz und des Machthungers verharren wollen, oder ob wir bereit sind, andere Wege zu betreten und mit neuem Geiste und verjüngter Energie dem zuzustreben, was für alle Europäer das Zukunftsheil herbeiführen kann. Ich wünsche dem deutschen Volke, daß es in Kürze die volle Macht zurückerhalten wird, über sein Schicksal zu bestimmen, daß es diesen letzten Weg beschreiten und mutigen Herzens an der Errichtung einer verklärten Zukunft mitarbeitet«, sagt François-Poncet.

Bundesrepublik anerkannt

Mit der Unterzeichnung eines Entwurfs zum Generalvertrag ist der Weg für die Bundesrepublik in das westliche Bündnis vorgezeichnet, eine Wiedervereinigung allerdings weiter entfernt als je zuvor. Zwar tauschen Bundesregierung und DDR-Regierung Forderungen über die Bedingungen für gesamtdeutsche Wahlen aus, eine ernsthafte Gesprächsgrundlage wird jedoch nicht gefunden.

Die positiven Auswirkungen der wirtschaftspolitischen Kurskorrekturen der Bundesregierung im März dieses Jahres weisen auf einen steilen Aufschwung hin. Die wiedergewonnene internationale Solidität der Bundesrepublik Deutschland wird in der schnellen

Absteiger des Jahres: MacArthur (l.), der sein Amt an Ridgway verlor

Rückzahlung des Kredits der Europäischen Zahlungsunion und den erfolgreichen Industrie- und Technikmessen deutlich.

Ungeahnte Möglichkeiten bergen Industriezweige wie die Automobilherstellung: Die »automobile Gesellschaft« beginnt sich zu entwickeln. Sie ist Ausdruck einer sich stabilisierenden und florierenden Wirtschaft und weist in eine Zukunft, die dem Individualverkehr gehört.

Ungelöst bleiben die Probleme Lastenausgleich und Wohnungsnot. Darüber hinaus wird die Gewerkschaftsforderung nach einer Ausdehnung der paritätischen Mitbestimmung, die Entflechtung von Industriekonzernen und die Überwindung von Engpässen u. a. in der Kohleförderung die Diskussionen in Wirtschaft und Gesellschaft der Bundesrepublik weiterhin prägen. Bei aller Hoffnung auf eine bessere Zukunft wird die deutsche Vergangenheit während des nationalsozialistischen Regimes nur mühsam und zögerlich diskutiert. Trotz des Versuchs, das Verhältnis zu Israel zu klären, wird Entnazifizierung und eine umfassende Diskussion über den Holocaust den tagesaktuellen Problemen untergeordnet. Die Sorge um wirtschaftliche Gesundung und internationale Anerkennung hemmt die Bereitschaft einer nötigen Vergangenheitsbewältigung.

Auf kulturellem Gebiet wird der Film »Die Sünderin« zum Skandal des Jahres. Nicht die filmische Leistung steht im Mittelpunkt der Kontroverse, sondern eine Nacktszene mit Hildegard Knef, die die Gemüter erregt.

Die Teilung der Welt

Auf internationaler Bühne bleibt der Antagonismus zwischen den »Ideologieführern« USA und Sowjetunion bestehen und wird auch im kommenden Jahr die Weltpolitik prägen. Der kalte Krieg, in dem

Treffen des Jahres: Adenauer (2. v. l.) mit François-Poncet in Paris

sich die kommunistische mit der kapitalistischen Supermacht befehden, führt zu einer Teilung der Welt und einer immer stärkeren Formierung der Blöcke in Ost und

Skandal des Jahres: Hildegard Knef als die umstrittene »Sünderin«

West. Kennzeichnend für das Verhältnis der potentiellen Gegner wird der Ausbau militärischer Kapazitäten, der in einen Rüstungswettlauf mündet. Ende 1951 beschreiben die alliierten Befehlshaber in Europa die beträchtliche Verstärkung ihrer konventionellen Truppen: »Wenn 1952 kein Großangriff kommt – um so besser. 1953 halten wir alles, was gegen uns anrennt. Und 1954? – Nun bis dahin ist noch lange Zeit.«

Auch im kommenden Jahr werden kriegerische Auseinandersetzungen die Welt in Atem halten. Truman unterstützt die französischen Truppen in Indochina mit Finanzmitteln und läuft Gefahr, sich in die militärische Konfrontation zu verstricken.

In Korea laufen die bislang erfolglosen Friedensverhandlungen weiter – immer wieder durch kriegerische Einsätze gestört. Die Auseinandersetzungen in Kaschmir werden auch im folgenden Jahr nicht beigelegt. Der ägyptisch-britische Konflikt in der Sueszone schwelt weiter.

Trotz internationaler Krisenherde bleibt, wie Paul Sethe von der »Frankfurter Allgemeinen Zeitung« schreibt, die Überzeugung: »Die Luft der Weltpolitik, die uns umgibt, ist milder als vor einem Jahr.«

Neue Postwertzeichen 1951 in der Bundesrepublik Deutschland

Sonderausgabe zum 700jährigen Jubiläum der Lübecker Marienkirche

Sonderausgabe zur nationalen Briefmarkenausstellung in Wuppertal

Freimarken-Ausgabe der Deutschen Bundespost mit Posthorn

Sonderausgabe zum 50. Jahrestag der Nobelpreis-Verleihung für Physik an Wilhelm Conrad Röntgen

Wohltätigkeitsausgabe zugunsten der freien Wohlfahrtspflege mit Porträts von Vinzenz von Paul, Friedrich von Bodelschwingh, Elsa Brändström und Heinrich Pestalozzi

Anhang

Regierungen Bundesrepublik Deutschland, DDR, Österreich und Schweiz 1951

Neben den Staatsoberhäuptern der Bundesrepublik Deutschland, der DDR, Österreichs und der Schweiz sind in der Zusammenstellung die einzelnen Kabinette des Jahres 1951 in chronologischer Reihenfolge enthalten. Hinter den Namen der wichtigsten Regierungsmitglieder steht in Klammern der Zeitraum ihrer Tätigkeit.

Bundesrepublik Deutschland

Staatsform:
Parlamentarisch-demokratischer Bundesstaat
Bundespräsident:
Theodor Heuss (FDP; 1949–1959)

1. Kabinett Adenauer, Koalition von CDU/CSU, FDP und DP (1949–1953):
Bundeskanzler:
Konrad Adenauer (CDU; 1949–1963)
Vizekanzler:
Franz Blücher (FDP; 1949–1957)
Auswärtiges:
Konrad Adenauer (CDU; 15. 3. 1951–1955)
Inneres:
Robert Lehr (CDU; 1950–1953)
Justiz:
Thomas Dehler (FDP; 1949–1953)
Finanzen:
Fritz Schäffer (CSU; 1949–1957)
Wirtschaft:
Ludwig Erhard (CDU; 1949–1963)
Landwirtschaft und Ernährung:
Wilhelm Niklas (CSU; 1949–1953)
Arbeit:
Anton Storch (CDU; 1949–1957)
Verkehr:
Hans-Christoph Seebohm (DP; 1949–1966)
Post:
Hans Schuberth (CSU; 1949–1953)
Wohnungsbau:
Eberhard Wildermuth (FDP; 1949–1952)
Vertriebene:
Hans Lukaschek (CDU; 1949–1953)
Gesamtdeutsche Fragen:
Jakob Kaiser (CDU; 1949–1957)
Angelegenheiten des Bundesrats:
Heinrich Hellwege (DP; 1949–1955)
Europafragen:
Franz Blücher (FDP; 1949–1953)
Bundespressechef:
Fritz von Twardowski (1950–1952)

Die Regierungschefs der deutschen Bundesländer, Freien Hansestädte und Berlins
Baden:
Leo Wohleb (CDU), Staatspräsident (1946–1952)
Bayern:
Hans Ehard (CSU), Ministerpräsident (1946–1954)
Berlin:
Ernst Reuter (SPD), Oberbürgermeister (1949–18. 1. 1951, Regierender Bürgermeister 18. 1. 1951–1953)
Bremen:
Wilhelm Kaisen (SPD), Regierender Bürgermeister und Senatspräsident (1945–1965)
Hamburg:
Max Brauer (SPD), Bürgermeister (1946–1953)
Hessen:
Georg August Zinn (SPD), Ministerpräsident (1950–1969)
Niedersachsen:
Hinrich Wilhelm Kopf (SPD), Ministerpräsident (1946–1955, 1959–1961)
Nordrhein-Westfalen:
Karl Arnold (CDU), Ministerpräsident (1947–1956)
Rheinland-Pfalz:
Peter Altmeier (CDU), Ministerpräsident (1947–1969)
Schleswig-Holstein:
Walter Bartram (CDU), Ministerpräsident (1950–23. 6. 1951), Friedrich Wilhelm Lübke (CDU), Ministerpräsident (25. 6. 1951–1954)
Württemberg-Baden:
Reinhold Maier (FDP/DVP), Ministerpräsident (1945–1952)
Württemberg-Hohenzollern:
Gebhard Müller (CDU), Staatspräsident (1948–1952)
Saargebiet (selbständige Republik):
Johannes Hoffmann (CVP), Ministerpräsident (1947–1955)

Deutsche Demokratische Republik

Staatsform:
Sozialistischer Einheitsstaat
Staatspräsident:
Wilhelm Pieck (SED; 1949–1960)
Ministerpräsident:
Otto Grotewohl (SED; 1949–1964)
SED-Parteichefs:
Wilhelm Pieck und Otto Grotewohl (1946–1954)

Österreich

Staatsform:
Republik
Bundespräsident:
Theodor Körner (SPÖ; 27. 5. 1951–1957)

2. Kabinett Figl, Koalition von ÖVP und SPÖ (1949–1952):
Bundeskanzler:
Leopold Figl (ÖVP; 1945–1953)
Vizekanzler:
Adolf Schärf (SPÖ; 1945–1957)
Äußeres:
Karl Gruber (ÖVP; 1945–1953)
Inneres:
Oskar Helmer (SPÖ; 1945–1959)
Justiz:
Otto Tschadek (SPÖ; 1949–1953)
Unterricht:
Felix Hurdes (ÖVP; 1945–1952)
Finanzen:
Eugen Margaretha (ÖVP; 1949–1952)
Handel und Wiederaufbau:
Ernst Kolb (ÖVP; 1948–1952)
Verkehr und verstaatlichte Betriebe:
Karl Waldbrunner (SPÖ; 1949–1962)
Sozialwesen:
Karl Maisel (SPÖ; 1945–1956)
Landwirtschaft:
Josef Kraus (ÖVP; 1945–1952)

Schweiz

Staatsform:
Republik
Bundespräsident:
Eduard von Steiger (BGB; 1945, 1951)
Politisches Departement (Äußeres):
Max Petitpierre (freisinnig; 1945–1961)
Inneres:
Philipp Etter (katholisch-konservativ; 1934–1959)
Justiz und Polizei:
Eduard von Steiger (BGB; 1941–31. 12. 1951)
Finanzen und Zölle:
Ernst Nobs (erster Sozialdemokrat im Bundesrat; 1943–31. 12. 1951)
Militär:
Karl Kobelt (freisinnig; 1941–1954)
Volkswirtschaft:
Rodolphe Rubattel (freisinnig; 1948–1954)
Post und Eisenbahn:
Joseph Etter (katholisch-konservativ; 1950–1954)

Bundesrepublik Deutschland, DDR, Österreich und die Schweiz 1951 in Zahlen

Die Statistiken für die vier deutschsprachigen Länder umfassen eine Auswahl von grundlegenden Daten. Es wurden vor allem Daten aufgenommen, die innerhalb der einzelnen Länder vergleichbar sind. Maßgebend für alle Angaben waren die amtlichen Statistiken. Die Zahlen beziehen sich auf die jeweiligen Staatsgrenzen von 1951. Nicht in allen gesellschaftlichen Bereichen finden jährliche Erhebungen statt, so daß mitunter die Daten aus früheren Jahren aufgenommen werden mußten. Das Erhebungsdatum ist jeweils angegeben (unter der Rubrik »Stand«). Die aktuellen Zahlen des Jahres 1951 werden – wo möglich – durch einen Vergleich zum Vorjahr relativiert. Wichtige Zusatzinformationen zum Verständnis einzelner Daten sind in den Fußnoten enthalten.

Bundesrepublik Deutschland

Erhebungsgegenstand	Wert	Vergleich Vorjahr (%)	Stand
Fläche (km²)	245 316,47	–	31. 12. 1951
Bevölkerung			
Wohnbevölkerung	48 075 000[3]	+ 1,1	1951[4]
männlich	22 559 000[3]	+ 0,9	1951[4]
weiblich	25 516 000[3]	+ 0,7	1951[4]
Einwohner je km²	195	+ 1,0	1951[2]
Ausländer	485 763	– 11,4	1. 10. 1951[7]
Privathaushalte	16 650 000	–	13. 9. 1950[1]
Einpersonenhaushalte	3 229 000	–	13. 9. 1950[1]
Mehrpersonenhaushalte	13 421 000	–	13. 9. 1950[1]
Lebendgeborene	758 000[3]	– 1,9	1951[4]
Gestorbene	508 000[3]	+ 3,0	1951[4]
Eheschließungen	494 000[3]	– 2,4	1951[4]
Ehescheidungen	57 000[3]	– 25,0	1951[4]
Familienstand der Bevölkerung[2]			
Ledige insgesamt	21 538 651	–	13. 9. 1950[1]
männlich	10 664 506	–	13. 9. 1950[1]
weiblich	10 874 145	–	13. 9. 1950[1]
Verheiratete	21 772 545	–	13. 9. 1950[1]
Verwitwete und Geschiedene	4 384 476	–	13. 9. 1950[1]
männlich	964 831	–	13. 9. 1950[1]
weiblich	3 419 645	–	13. 9. 1950[1]
Religionszugehörigkeit[2]			
Christen insgesamt	46 006 994	–	13. 9. 1950[1]
katholisch	21 576 179	–	13. 9. 1950[1]
evangelisch	24 430 815	–	13. 9. 1950[1]
andere Religionen, Freidenker	1 528 713	–	13. 9. 1950[1]
Juden	17 116	–	13. 9. 1950[1]
ohne Angaben	142 849	–	13. 9. 1950[1]
Altersgruppen[2]			
unter 6 Jahren	3 192 083	–	13. 9. 1950[1]
6 bis unter 15 Jahren	7 318 040	–	13. 9. 1950[1]
15 bis unter 18 Jahren	2 146 523	–	13. 9. 1950[1]
18 bis unter 20 Jahren	1 327 099	–	13. 9. 1950[1]
20 bis unter 30 Jahren	7 124 712	–	13. 9. 1950[1]
30 bis unter 40 Jahren	6 081 436	–	13. 9. 1950[1]
40 bis unter 50 Jahren	7 546 455	–	13. 9. 1950[1]
50 bis unter 60 Jahren	5 657 830	–	13. 9. 1950[1]
60 bis unter 70 Jahren	3 913 612	–	13. 9. 1950[1]
70 und darüber	2 661 038	–	13. 9. 1950[1]
Die zehn größten Städte			
Berlin (West)	2 172 300	+ 1,2	31. 12. 1951
Hamburg	1 658 038	+ 3,3	31. 12. 1951
München	870 050	+ 4,6	31. 12. 1951
Köln	629 200	+ 5,8	31. 12. 1951
Essen	624 100	+ 3,1	31. 12. 1951
Frankfurt am Main	564 400	+ 6,1	31. 12. 1951
Düsseldorf	540 200	+ 7,9	31. 12. 1951
Dortmund	534 500	+ 5,4	31. 12. 1951
Stuttgart	521 800	+ 4,8	31. 12. 1951
Hannover	467 900	+ 5,3	31. 12. 1951
Erwerbstätigkeit			
Erwerbstätige	23 489 000	–	13. 9. 1950[1]
männlich	15 004 000	–	13. 9. 1950[1]
weiblich	8 485 000	–	13. 9. 1950[1]
nach Wirtschaftsbereichen			
Land- und Forstwirtschaft, Tierhaltung und Fischerei	5 196 000	–	13. 9. 1950[1]
Produzierendes Gewerbe	10 506 000	–	13. 9. 1950[1]
Handel und Verkehr	3 743 000	–	13. 9. 1950[1]
Sonstige	4 044 000	–	13. 9. 1950[1]
Arbeitslose	1 713 887	– 8,3	1951[6]
Arbeitslosenquote (in %)	10,4	–	1951[6]
Betriebe			
Land- und forstwirtschaftliche Betriebe	2 011 992	–	1949[1]
Industrie und Energiewirtschaft	48 162	+ 2,2	1951[4]
Baugewerbe	10 181[3]	+ 27,6	1951[4]
Außenhandel			
Einfuhr (Mio. DM)	14 726	+ 29,5	1951
Ausfuhr (Mio. DM)	14 577	+ 74,3	1951
Einfuhrüberschuß (Mio. DM)	149	– 95,1	1951
Verkehr			
Eisenbahnnetz (km)	30 690	– 0,1	1951[8]
Beförderte Personen (Mio)	1 235	– 4,0	1951[4]
Beförderte Güter (Mio t)	255	+ 11,4	1951[4]
Bundesstraßennetz (km)	21 772,3	–	31. 3. 1951[4]
davon Autobahn (km)	2 116,1	–	1. 1. 1951[4]
Bestand an Kraftfahrzeugen	2 493 000	+ 27,8	1951
davon Pkw	685 000	+ 32,2	1951
davon Lkw	415 000	+ 15,6	1951
Zulassung fabrikneuer Kfz	596 000	+ 18,0	1951
Binnenschiffe zum Gütertransport (Tragfähigkeit in 1000 t)	3 195	+ 2,0	1951
Beförderte Güter (1000 t)	88 000	+ 22,2	1951
Handelsschiffe/Seeschiffahrt (1000 BRT)	1 185	+ 54,0	1951
Beförderte Güter (1000 t)	33 000	+ 27,0	1951
Luftverkehr			
Beförderte Personen	553 000	+ 66,1	1951
Bildung			
Schüler an			
Volksschulen	5 849 389	–	1951[5]
Mittelschulen	236 366	–	1951[5]
Gymnasien	643 065	–	1951[5]
Studenten	100 570	+ 0,2	1951[4]
Rundfunk und Fernsehen			
Hörfunkteilnehmer	9 492 657	–	1. 4. 1951[4]
Gesundheitswesen			
Ärzte	47 832	–	1939[1]
Zahnärzte	35 891	–	1939[1]
Krankenhäuser	3 273	+ 0,1	1951[4]

1) Letzte verfügbare Angabe
2) Bundesgebiet ohne Berlin
3) Jahresdurchschnitt
4) Bundesgebiet ohne Saarland und Berlin
5) Bundesgebiet ohne Hamburg, Bremen, Saarland und Berlin
6) Bundesgebiet ohne Saarland, mit Berlin
7) Bundesgebiet mit Berlin, ohne Saarland und Südbaden
8) Deutsche Bundesbahn
9) Klassifizierte Straßen, ohne Ortsstraßen, aber einschließlich Ortsdurchfahrten
10) Klassifizierte Straßen und Gemeindestraßen
11) Personen ab 18 Jahre
12) Geschätzte mittlere Wohnbevölkerung
13) Schätzung
14) Letzte Betriebszählung
15) Bahnen des allgemeinen Verkehrs

Erhebungsgegenstand	Wert	Vergleich Vorjahr (%)	Stand
Sozialleistungen			
Mitglieder der gesetzlichen Krankenversicherung	16155940	+ 2,8	1951[4]
Rentenversicherung der Arbeiter	3838265	+18,7	1951[4]
Rentenversicherung der Angestellten	1103100	+18,4	1951[4]
Knappschaftl. Rentenversicherung	583419	+ 3,0	1951[4]
Empfänger von Arbeitslosengeld	420000	− 9,9	1951[4]
offener Fürsorge	1047000	−19,9	1951[4]
Finanzen und Steuern			
Gesamtausgaben des Staates (Mio. DM)	36656	+41,6	1951
Gesamteinnahmen des Staates (Mio. DM)	29330	+43,4	1951
Schuldenlast des Staates (Mio. DM)	19949	+ 6,2	1951
Löhne und Gehälter			
Wochenarbeitszeit in der Industrie (Std.)	47,4	− 1,2	1951
Bruttostundenverdienst			
männlicher Arbeiter (DM)	1,58	+21,5	1951
weiblicher Arbeiter (DM)	1,01	+14,8	1951
Index der tariflichen Stundenlöhne in in der gewerblichen Wirtschaft (1938 = 100)	177,4	+13,3	1951
Preise			
Index der Verbraucherpreise (1938 = 100)	168,0	+ 7,8	1951
Einzelhandelspreise ausgewählter Lebensmittel (DM)			
Butter, 1 kg	6,12	+11,3	1951
Weizenmehl, 1 kg	0,78	+39,3	1951
Schweinefleisch, 1 kg	4,64	+ 8,4	1951
Rindfleisch, 1 kg	3,92	+13,6	1951
Eier, 1 Stück	0,23	+ 4,5	1951
Kartoffeln, 5 kg	0,75	− 1,3	1951
Vollmilch, 1 l	0,37	+ 5,7	1951
Zucker, 1 kg	1,23	+ 4,2	1951
Kaffee, 1 kg	31,30	+ 8,7	1951
Index der Lebenshaltungskosten (1980 = 100)	42,9	+ 7,8	1951
Bruttosozialprodukt (Mrd. DM)	113,5	+25,7	1951

Erhebungsgegenstand	Bremen	Berlin	Kassel	Aachen	Stuttgart	München
Klimatische Verhältnisse						
Mittlere Lufttemperatur (°C)						
Januar	2,5	0,9	2,8	4,1	4,0	0,4
Februar	2,4	2,0	2,9	4,0	4,0	1,2
März	2,9	2,2	3,0	4,0	4,6	2,6
April	7,2	8,8	7,4	7,8	9,2	7,9
Mai	11,9	12,4	11,8	11,8	13,4	11,9
Juni	15,9	17,2	15,1	15,1	16,8	15,3
Juli	17,1	18,4	17,4	17,2	19,0	17,8
August	17,4	19,0	17,0	17,8	18,2	17,5
September	15,1	15,5	14,7	15,2	15,7	14,6
Oktober	8,0	8,4	7,4	8,5	8,8	6,5
November	7,5	7,2	7,1	8,6	7,7	5,6
Dezember	4,3	3,7	2,4	6,3	2,7	0,2
Eistage (Temp. unter 0°)						
Januar	2	4	–	–	–	–
Februar	1	4	–	–	–	–
März	1	4	–	–	–	–
Niederschlagsmengen (mm)						
Januar	86	61,9	49	94,0	60	98
Februar	73	33,2	36	22,5	24	49
März	107	60,9	44	73,2	47	59
April	56	28,7	38	69,2	24	19
Mai	77	76,5	52	105,4	79	84
Juni	73	97,8	90	77,9	75	186
Juli	75	36,7	33	43,9	64	170
August	38	31,2	81	110,7	82	139
September	47	57,7	56	71,1	43	59
Oktober	2	3,0	5	5,7	45	1
November	125	61,8	108	111,1	77	48
Dezember	63	23,1	29	43,3	26	37
Tage mit Schneedecke						
Januar	3	–	–	–	–	–
Februar	3	–	–	–	–	–
März	4	–	–	–	–	–
Sonnentage (mind. 25° C)						
Mai	–	–	–	–	–	–
Juni	2	–	–	–	–	6
Juli	5	–	–	–	–	11
August	9	–	–	–	–	9
Sonnenscheindauer (Std.)						
Januar	–	46,0	41,9	32,5	26,8	43,9
Februar		63,5	33,6	64,3	72,1	69,8
März		131,9	144,9	104,1	95,2	83,8
April		226,1	206,1	189,5	197,6	201,0
Mai		190,7	185,1	183,4	196,3	202,3
Juni		248,6	183,5	207,3	195,0	221,7
Juli		262,9	211,9	209,0	266,9	261,5
August		213,8	202,7	210,6	221,3	238,4
September		208,4	160,9	161,3	170,8	182,9
Oktober		226,1	179,0	197,1	160,5	156,3
November		30,2	23,6	51,1	62,9	61,7
Dezember		46,5	40,5	94,0	59,4	51,1

Deutsche Demokratische Republik

Erhebungsgegenstand	Wert	Vergleich Vorjahr (%)	Stand
Fläche (km²)	108072	–	1951
Bevölkerung			
Wohnbevölkerung	18790000	–	1950[1]
Einwohner je km²	173,9		1951
Lebendgeborene	264000	–	1951
Gestorbene	218000	–	1951
Erwerbstätigkeit			
Erwerbstätige	7886000	–	1950[1]
nach Wirtschaftsbereichen			
Land- und Forstwirtschaft, Tierhaltung und Fischerei	1972000	–	1950[1]
Produzierendes Gewerbe	3627000	–	1950[1]
Handel und Verkehr	1025000	–	1950[1]
Sonstige	1262000	–	1950[1]
Verkehr			
Eisenbahnnetz (km)	15500	±0	1951
Beförderte Personen (Mio)	990000	+ 4,7	1951
Beförderte Güter (Mio t)	132		
Straßennetz (km)	49248	–	
davon Autobahn (km)	1374	–	1951
Bestand an Kraftfahrzeugen			
Pkw	53700	+ 1,1	1951
Lkw	65600	− 4,8	1951
Binnenschiffahrt			
Beförderte Güter (1000 t)	9,6	−17,8	1951
Finanzen und Steuern			
Gesamtausgaben des Staates (Mio. Mark)	26268	–	1951
Gesamteinnahmen des Staates (Mio. Mark)	26503	–	1951

Erhebungsgegenstand	Wert	Vergleich Vorjahr (%)	Stand
Preise			
Einzelhandelspreise ausgewählter Lebensmittel (Mark)			
Butter, 1 kg	24,00	–	1951
Weizenmehl, 1 kg	1,32	–	1951
Schweinefleisch, 1 kg	17,00	–	1951
Rindfleisch, 1 kg	14,00	–	1951
Eier, 1 Stück	0,70	–	1951
Kartoffeln, 1 kg	0,12	–	1951

Österreich

Erhebungsgegenstand	Wert	Vergleich Vorjahr (%)	Stand
Fläche (km²)	83 849	±0	1951
Bevölkerung			
Wohnbevölkerung	6 933 905	±0	1951[3]
männlich	3 217 240	–	1951
weiblich	3 716 665	–	1951
Einwohner je km²	82,7	±0	1951
Lebendgeborene	102 764	–4,7	1951
Gestorbene	88 253	+3,0	1951
Eheschließungen	63 167	–2,3	1951
Ehescheidungen	10 295	–	1951
Familienstand der Bevölkerung			
Ledige insgesamt[11]	1 282 600	–	1951
männlich	600 065	–	1951
weiblich	682 535	–	1951
Verheiratete[11]	3 055 286	–	1951
Verwitwete und Geschiedene[11]	748 885	–	1951
männlich	161 097	–	1951
weiblich	487 788	–	1951
Religionszugehörigkeit			
Christen insgesamt	6 655 589	–	1951
katholisch	6 208 646	–	1951
evangelisch	429 493	–	1951
sonstige	17 450	–	1951
Juden	11 224	–	1951
andere, ohne Konfession	267 092	–	1951
Altersgruppen			
unter 5 Jahren	529 791	–	1951
5 bis unter 10 Jahren	513 402	–	1951
10 bis unter 15 Jahren	543 504	–	1951
15 bis unter 20 Jahren	440 212	–	1951
20 bis unter 30 Jahren	1 003 590	–	1951
30 bis unter 40 Jahren	835 572	–	1951
40 bis unter 50 Jahren	1 078 115	–	1951
50 bis unter 60 Jahren	903 079	–	1951
60 bis unter 70 Jahren	641 671	–	1951
70 bis unter 80 Jahren	356 275	–	1951
80 und darüber	84 763	–	1951
unbekannt	3 931	–	1951
Die zehn größten Städte			
Wien	1 616 125	–	1951
Graz	226 453	–	1951
Linz	184 585	–	1951
Salzburg	106 892	–	1951
Innsbruck	95 055	–	1951
Klagenfurt	62 782	–	1951
Wels	38 120	–	1951
St. Pölten	37 722	–	1951
Steyr	36 818	–	1951
Leoben	35 653	–	1951

Erhebungsgegenstand	Wert	Vergleich Vorjahr (%)	Stand
Erwerbstätigkeit			
Beschäftigte	1 982 480	+1,8	1951
männlich	1 329 626	+1,6	1951
weiblich	652 854	+2,3	1951
Einkommensempfänger nach Wirtschaftsbereichen			
Land- und Forstwirtschaft	1 079 647	–	1951
Industrie und Gewerbe	1 367 432	–	1951
Handel und Verkehr	436 052	–	1951
Freie Berufe	200 963	–	1951
Öffentlicher Dienst	147 203	–	1951
Haushaltung	76 269	–	1951
unbekannt	39 549	–	1951
Arbeitssuchende	117 656	–8,8	1951
Betriebe			
Landwirtschaftliche Betriebe	432 848	–	1951
Bergbau (Freischürfe)	56 952	–11,4	Anfang 1951
Industrie	3 968	+ 1,4	Dez. 1951
Außenhandel			
Einfuhr in Mio. öS (Mio. DM)	14 027 (2104)	+52,3	1951
Ausfuhr in Mio. öS (Mio. DM)	9635 (1445)	+48,0	1951
Einfuhrüberschuß in Mio. öS (Mio. DM)	4392 (659)	+62,8	1951
Verkehr			
Eisenbahnnetz Bundesbahnen (km)	6 027	±0	1951
Beförderte Personen (Mio)	123,7	+ 7,6	1951
Beförderte Güter (Mio t)	39,1	– 9,0	1951
Bundesstraßennetz (km)	8 145	+14,6	1951
Bestand an Kraftfahrzeugen	258 619	– 2,5	1951
davon Pkw	59 422	+15,9	1951
davon Lkw	46 262	+ 9,6	1951
Bildung			
Schüler an			
Volksschulen	622 603	– 9,8	1951
Hauptschulen	222 183	+50,1	1951
Mittleren Lehranstalten	93 613	+86,7	1951
Studenten	22 720	–19,37	1951
Rundfunk und Fernsehen			
Hörfunkteilnehmer	1 440 319	+ 9,3	1951
Gesundheitswesen			
Ärzte	4 401	–	1951
Zahnärzte	843	–	1951
Krankenhäuser	285	–	1951
Sozialleistungen			
Mitglieder der gesetzlichen Krankenversicherung	1 956 099	+ 2,4	1951
Rentenbestand			
Rentenversicherung der Arbeiter	262 016	–	31. 12. 1948[1]
Rentenversicherung der Angestellten	76 863	–	31. 12. 1948[1]
Knappschaftl. Pensionsversicherung	19 534	–	31. 12. 1948[1]

1) Letzte verfügbare Angabe
2) Bundesgebiet ohne Berlin
3) Jahresdurchschnitt
4) Bundesgebiet ohne Saarland und Berlin
5) Bundesgebiet ohne Hamburg, Bremen, Saarland und Berlin
6) Bundesgebiet ohne Saarland, mit Berlin
7) Bundesgebiet mit Berlin, ohne Saarland und Südbaden
8) Deutsche Bundesbahn
9) Klassifizierte Straßen, ohne Ortsstraßen, aber einschließlich Ortsdurchfahrten
10) Klassifizierte Straßen und Gemeindestraßen
11) Personen ab 18 Jahre
12) Geschätzte mittlere Wohnbevölkerung
13) Schätzung
14) Letzte Betriebszählung
15) Bahnen des allgemeinen Verkehrs

Erhebungsgegenstand	Wert	Vergleich Vorjahr (%)	Stand
Finanzen und Steuern			
Gesamtausgaben des Staates in Mio öS (Mio DM)	17366 (2605)	+58,4	1951
Gesamteinnahmen des Staates in Mio öS (Mio DM)	17270 (2591)	+79,6	1951
Löhne und Gehälter			
Wochenverdienst			
männlicher Arbeiter (öS/DM)	272,00 (41)	+31,4	Dez. 1951
weiblicher Arbeiter (öS/DM)	215,00 (32,3)	+25,7	Dez. 1951
Preise			
Index der Einzelhandelspreise (1938 = 100)	589	+ 3,9	1951
Einzelhandelspreise ausgewählter Lebensmittel in öS (DM)			
Butter, 1 kg	34,20 (5,13)	+ 60,7	1951
Weizenmehl, 1 kg	4,30 (0,65)	+136,3	1951
Schweinefleisch, 1 kg	20,00 (3,00)	±0	1951
Rindfleisch, 1 kg	20,00 (3,00)	+ 57,5	1951
Eier, 1 Stück	0,90 (0,14)	+ 28,6	1951
Kartoffeln, 1 kg	1,60 (0,24)	+ 77,8	1951
Vollmilch, 1 l	2,04 (0,31)	+ 45,7	1951
Zucker, 1 kg	6,70 (1,01)	+ 55,1	1951
Kaffee, 1 kg	60,00 (9,00)	+ 7,1	1951
Bruttonationalprodukt (in Mrd. öS/DM)	66 (9,9)	+ 32,0	1951

Erhebungsgegenstand	Wien	Innsbruck	Salzburg	Klagenfurt	Graz	Feldkirch
Klimatische Verhältnisse						
Mittlere Lufttemperatur (°C)						
Januar	1,5	− 1,1	0,4	− 2,2	0,5	1,3
Februar	3,5	2,1	1,6	0,4	2,5	3,0
März	4,2	3,7	2,7	2,5	3,9	3,9
April	10,4	8,6	8,2	8,5	9,2	9,0
Mai	14,0	13,6	12,8	13,0	13,3	13,0
Juni	18,1	16,8	15,8	17,5	17,7	16,0
Juli	20,0	18,4	17,7	18,8	18,1	18,3
August	20,3	18,5	17,8	19,3	19,5	17,7
September	16,8	15,9	14,9	16,2	16,4	15,3
Oktober	8,8	8,4	6,9	7,4	7,8	8,1
November	7,5	7,0	6,3	4,8	6,2	7,5
Dezember	2,2	− 0,6	0,2	− 1,6	0,5	0,2
Niederschlagsmengen (mm)						
Januar	24	205	134	83	40	117
Februar	20	104	46	101	53	72
März	66	48	95	101	82	108
April	28	71	28	50	43	59
Mai	160	42	157	91	59	52
Juni	86	97	181	76	112	167
Juli	116	179	200	112	186	126
August	60	102	104	21	23	150
September	24	29	75	145	89	73
Oktober	1	9	7	17	42	19
November	89	89	89	116	59	76
Dezember	35	25	88	40	36	40
Sonnenscheindauer (Std.)						
Januar	35	54	28	38	90	64
Februar	94	98	95	72	72	83
März	81	126	108	114	83	109
April	234	203	188	234	231	205
Mai	165	187	154	177	153	195
Juni	241	177	155	252	222	204
Juli	294	227	205	263	259	286
August	288	230	206	279	273	221
September	164	197	151	161	155	194
Oktober	171	178	190	111	121	93
November	71	73	73	62	92	78
Dezember	58	97	39	47	69	89

Schweiz

Erhebungsgegenstand	Wert	Vergleich Vorjahr (%)	Stand
Fläche (km²)	41294,9	±0	1951
Bevölkerung			
Wohnbevölkerung	4749000	+1,2	1951[12)]
männlich	2272025	–	1950[1)]
weiblich	2442967	–	1950[1)]
Einwohner je km²	115,0	+1,2	1951
Ausländer	285446	–	1950[1)]
Privathaushalte	1312204	–	1950[1)]
Lebendgeborene	81903	−3,4	1951
Gestorbene	49952	+5,4	1951
Eheschließungen	37719	+1,6	1951
Ehescheidungen	4295	+1,3	1951
Familienstand der Bevölkerung			
Ledige insgesamt	2334347	–	1950[1)]
männlich	1162202	–	1950[1)]
weiblich	1172145	–	1950[1)]
Verheiratete	2029317	–	1950[1)]
Verwitwete und Geschiedene	351328	–	1950[1)]
männlich	93395	–	1950[1)]
weiblich	257933	–	1950[1)]
Religionszugehörigkeit			
Protestanten	2655375	–	1950[1)]
römisch-katholisch	1959046	–	1950[1)]
christ-katholisch	28568	–	1950[1)]
Juden	19048	–	1950[1)]
andere, ohne Konfession	52955	–	1950[1)]
Altersgruppen			
unter 5 Jahren	412150	–	1950[1)]
5 bis unter 10 Jahren	392038	–	1950[1)]
10 bis unter 15 Jahren	306543	–	1950[1)]
15 bis unter 20 Jahren	327809	–	1950[1)]
20 bis unter 30 Jahren	707514	–	1950[1)]
30 bis unter 40 Jahren	664364	–	1950[1)]
40 bis unter 50 Jahren	695009	–	1950[1)]
50 bis unter 60 Jahren	547554	–	1950[1)]
60 bis unter 70 Jahren	385586	–	1950[1)]
70 bis unter 80 Jahren	220789	–	1950[1)]
80 Jahre und darüber	55636	–	1950[1)]
Die zehn größten Städte			
Zürich	393000	+ 0,8	1951[13)]
Basel	185000	+ 0,8	1951[13)]
Bern	147900	+ 1,0	1951[13)]
Genf	147500	+ 1,4	1951[13)]
Lausanne	107400	+ 0,6	1951[13)]
St. Gallen	68600	+ 0,9	1951[13)]
Winterthur	67500	+ 0,8	1951[13)]
Luzern	61000	+ 0,8	1951[13)]
Biel	49100	+ 1,6	1951[13)]
La Chaux-de-Fonds	33700	+ 1,2	1951[13)]
Erwerbstätigkeit			
Erwerbstätige	2155656	–	1950[1)]
männlich	1515232	–	1950[1)]
weiblich	640424	–	1950[1)]

Erhebungsgegenstand	Wert	Vergleich Vorjahr (%)	Stand
Erwerbstätigkeit (Fortsetzung)			
nach Wirtschaftsbereichen			
Land- und Forstwirtschaft, Tierhaltung und Fischerei	710 854	–	1950[1)]
Produzierendes Gewerbe	803 644	–	1950[1)]
Handel und Verkehr	300 435	–	1950[1)]
Sonstige	340 723	–	1950[1)]
Ausländische Arbeitnehmer	95 393	+ 5,9	Febr. 1951
Arbeitslose (Stellensuchende)	1 776	– 66,9	Juni 1951
Betriebe			
Landwirtschaftliche Betriebe	238 481	–	1939[14)]
Bergbau, Steinbrüche, Gruben	1 118	–	1939[14)]
Baugewerbe	17 146	–	1939[14)]
Industrie, Handwerk	97 659	–	1939[14)]
Verkehr	10 944	–	1939[14)]
Gastgewerbe	29 972	–	1939[14)]
Banken, Finanzgesellschaften	1 084	–	1939[14)]
Außenhandel			
Einfuhr in Mio. sFr (Mio. DM)	5915,5 (7098,6)	+ 30,4	1951
Ausfuhr in Mio. sFr (Mio. DM)	4690,8 (5628,9)	+ 19,9	1951
Einfuhrüberschuß in Mio. sFr (Mio. DM)	1224,6 (1469,5)	+ 95,9	1951
Verkehr			
Eisenbahnnetz (km)	3 633 814	± 0	1951[15)]
Beförderte Personen (in 1000)	277 309	+ 3,6	1951[15)]
Beförderte Güter (in 1000 t)	28 486	+ 18,5	1951[15)]
Straßennetz (km)	16 879	–	1951
Bestand an Kraftfahrzeugen	212 158	+ 12,5	1951
davon Pkw	168 307	+ 14,5	1951
davon Lkw	21 285	+ 4,0	1951
Zulassung fabrikneuer Pkw	29 454	–	1951
Luftverkehr			
Beförderte Personen	555 981	+ 34,5	1951
Bildung			
Schüler an			
Primarschulen	476 331	–	1951/52
Sekundar- und unteren Mittelschulen	56 166	–	1951/52
oberen Mittelschulen	7 997	–	1951/52
Studenten	12 679	– 1,3	1951/52
Rundfunk und Fernsehen			
Hörfunkteilnehmer	890 312	+ 3,0	1951
Gesundheitswesen			
Ärzte	4 190	+ 3,7	1951
Zahnärzte	1 911	+ 2,7	1951
Sozialleistungen			
Mitglieder der gesetzlichen Krankenversicherung	3 129 306	+ 3,0	1951
Empfänger von Arbeitslosengeld und -hilfe	53 510	– 46,3	1951
Finanzen und Steuern			
Gesamtausgaben des Staates in Mio. sFr (Mio. DM)	1786,5 (2143,8)	+ 9,1	1951
Gesamteinnahmen des Staates in Mio. sFr (Mio. DM)	1757,3 (2108,8)	– 10,9	1951
Schuldenlast des Staates in Mio. sFr (Mio. DM)	8042,7 (9651,2)	+ 1,2	1951

1) Letzte verfügbare Angabe
14) Letzte Betriebszählung
15) Bahnen des allgemeinen Verkehrs

Erhebungsgegenstand	Wert	Vergleich Vorjahr (%)	Stand
Löhne und Gehälter			
Bruttostundenverdienst			
männlicher Arbeiter (sFr/DM)	2,25 (2,70)	+ 2,3	1951
weiblicher Arbeiter (sFr/DM)	1,66 (1,99)	+ 1,8	1951
Index der realen Stundenlöhne in der gewerblichen Wirtschaft (1939 = 100)	122	– 2,4	1951
Preise			
Index der Einzelhandelspreise (1939 = 100)	166,7	+ 4,8	1951
Einzelhandelspreise ausgewählter Lebensmittel (sFr/DM)			
Butter, 1 kg	9,90 (11,88)	+ 1,3	1951
Weizenmehl, 1 kg	1,56 (1,87)	– 0,6	1951
Schweinefleisch, 1 kg	7,41 (8,89)	+ 7,2	1951
Rindfleisch, 1 kg	6,20 (7,44)	+ 3,0	1951
Eier, 1 Stück	0,30 (0,36)	± 0	1951
Kartoffeln, 1 kg	0,36 (0,43)	– 2,7	1951
Vollmilch, 1 l	0,49 (0,59)	+ 2,1	1951
Index der Lebenshaltungskosten (1953 = 100)	98	+ 3,2	1951
Nettosozialprodukt (Mio. sFr/DM)	20 120 (24 144)	+ 9,2	1951

Erhebungsgegenstand	Zürich	Basel	Bern	Genf	Davos	Lugano
Klimatische Verhältnisse						
Mittlere Lufttemperatur (°C)						
Januar	1,3	2,5	0,6	2,7	– 5,1	3,8
Februar	2,0	3,5	1,9	3,6	– 4,4	4,0
März	3,4	4,7	3,5	5,5	– 3,3	6,2
April	8,1	9,1	8,3	10,0	1,5	11,6
Mai	11,9	12,4	11,8	13,2	6,8	14,3
Juni	15,3	16,3	15,6	17,3	10,5	19,0
Juli	17,9	18,3	18,1	20,0	13,1	21,6
August	17,0	17,4	16,6	19,2	12,1	20,3
September	14,7	15,4	14,5	16,4	10,1	18,9
Oktober	7,5	8,5	8,1	10,5	4,0	11,2
November	6,2	6,7	5,4	6,9	1,0	8,1
Dezember	0,3	1,4	0,0	1,3	– 3,8	3,7
Niederschlagsmengen (mm)						
Januar	71	34	66	47	237	145
Februar	91	57	109	104	80	293
März	109	70	105	99	80	155
April	76	64	117	48	42	140
Mai	82	86	75	125	37	168
Juni	149	95	96	62	139	252
Juli	147	205	151	65	115	83
August	130	111	162	100	163	266
September	94	65	57	57	50	128
Oktober	48	58	66	65	6	206
November	85	85	113	128	141	518
Dezember	63	39	61	36	30	34
Sonnenscheindauer (Std.)						
Januar	39	49	43	48	70	87
Februar	66	67	72	70	75	100
März	87	83	95	110	94	137
April	183	175	171	190	164	188
Mai	172	148	148	188	119	114
Juni	178	159	197	239	146	225
Juli	267	254	274	316	221	276
August	197	162	191	227	190	211
September	147	154	154	180	176	200
Oktober	79	106	106	102	159	90
November	62	53	62	78	48	85
Dezember	66	113	95	61	105	132

Staatsoberhäupter und Regierungen ausgewählter Länder 1951

Die Einträge zu den wichtigsten Ländern des Jahres 1951 informieren über die Staatsform, Titel und Namen des Staatsoberhaupts sowie in Klammern dessen Regierungszeit. Es folgen – soweit vorhanden – die Regierungschefs, bei wichtigeren Ländern auch die Außenminister des Jahres 1951; jeweils in Klammern stehen die Zeiträume der Amtsausübung. Eine Kurzdarstellung gibt – wo es sinnvoll erscheint – einen Einblick in die innen- und außenpolitische Situation des Landes. Über bewaffnete Konflikte und Unruhegebiete, auf die hier nicht näher eingegangen wird, informiert der Anhang »Kriege und Krisenherde des Jahres 1951« gesondert.

Afghanistan
Königreich; *König:* Mohammed Sahir (1933–1973)
Ministerpräsident: Schah Mahmud Chan Gazi (1946–1953)

Ägypten
Königreich; *König:* Faruk I. (1936–1952)
Ministerpräsident: Mustafa Nahhas Pascha (1928, 1930, 1936–1939, 1942–1944, 1950–1952)

Albanien
Volksrepublik; *Präsident:* Omer Nishani (1946–1953)
Ministerpräsident: Enver Hoxha (1944–1954)

Algerien
Französisches Generalgouvernement; *Generalgouverneur:* Marcel Naegelen (1948–1951), Roger Léonard (April 1951–1955)
Algerien ist politisch und wirtschaftlich dem Mutterland angegliedert.

Argentinien
Republik; *Präsident:* Juan Domingo Perón (1946–1955)

Äthiopien
Kaiserreich; *Kaiser:* Haile Selassie I. (1930–1974)
Leitender Minister: Bitwoded Makonnen Endelkatschaw (1941–1957)

Australien
Bundesstaat im British Empire; *Ministerpräsident:* Robert Gordon Menzies (Labour Party; 1939/40, 1949–1966)
Außenminister: Percy Claude Spender (1949–11. 5. 1951), Richard Gardiner Casey (11. 5. 1951–1960)
Britischer Generalgouverneur: William John MacKell (1947–1952)

Belgien
Königreich; *König:* Leopold III. (1934–16. 7. 1951; für Leopold III. führte von 1944 bis 22. 7. 1950 sein Bruder Karl Graf von Flandern die Regentschaft), Baudouin I. (ab 17. 7. 1951)
Kabinett Pholien (christlich-sozial; 1950–1952):
Ministerpräsident: Joseph Pholien (christlich-sozial; 1950–1952)
Außenminister: Paul van Zeeland (1949–1954)

Bhutan
Königreich; *König:* Jigme Dorji Wangchuk (1926–1952)
Das Land erkennt die britische Vormacht an, regelt seine inneren Angelegenheiten jedoch selbständig.

Birma
Republik; *Präsident:* Sao Shwe Thaik (1948–1952)
Ministerpräsident: U Nu (1947–1956, 1957/58, 1960–1962)

Bolivien
Republik; *Präsident:* Mamerto Urriolagoitía (1949–16. 5. 1951)
Vorsitzender eines Militärausschusses: General Hugo Ballivián (16. 5. 1951–1952)

Brasilien
Bundesrepublik; *Präsident:* Eurico Gaspar Dutra (1946–31. 1. 1951), Getúlio Dornelles Vargas (1930–1945, 10. 2. 1951–1954)

Bulgarien
Volksrepublik; *Präsident:* Georgi Purwanow Damjanow (1950–1958)
Ministerpräsident: Wassil Kolarow (1949–23. 1. 1950), Walko Tscherwenkow (1950–1956)
Stellvertretender Ministerpräsident: Kimon Stojanow Georgiew (1946–1962)
Außenminister: Mintscho Naitschew (1950–1956)

Ceylon
Konstitutionelle Monarchie im britischen Commonwealth; *Premierminister:* Don Stephen Senanayake (1948–1952)

Chile
Republik; *Präsident:* Gabriel González Videla (1946–1952)

China
Volksrepublik; *Präsident:* Mao Tse-tung (1949–1959)
Regierungschef: Chou En-lai (1949–1976)
Parteichef: Mao Tse-tung (1945–1976)

Costa Rica
Republik; *Präsident:* Otilio Ulate Blanco (1949–1952)

Dänemark
Königreich; *König:* Friedrich IX. (1947–1972)
Ministerpräsident: Erik Eriksen (1950–1953)
Außenminister: Ole Bjørn Kraft (1950–1953)

Dominikanische Republik
Republik; *Präsident (diktatorisch):* Rafael Leónidas Trujillo y Molina (1930–1938, 1942–1952)

Ecuador
Republik; *Präsident:* Galo Plaza Lasso (1948–1952)

El Salvador
Republik; *Präsident:* Óscar Osorio (1950–1956, zuvor Vorsitzender einer Militärjunta 1949/50)

Finnland
Republik; *Präsident:* Juho Kusti Paasikivi (1946–1956)
Ministerpräsident: Urho Kaleva Kekkonen (1950–1953, 1954–1956)
Außenminister: Ake Henrik Gartz (1950–13. 9. 1951), Sakari Tuomioja (19. 9. 1951–1952)

Frankreich
Republik; *Präsident:* Vincent Auriol (Sozialist; 1947–1954)
1. Kabinett Pleven (Demokratische Widerstandspartei; 1950–2. 2. 1951):
Ministerpräsident: René Pleven (1950–28. 2. 1951, 8./11. 8. 1951–1952)
Außenminister: Robert Schuman (1948–1952)
3. Kabinett Queuille (Radikalsozialist; 9./10. 3.–10. 7. 1951):
Ministerpräsident: Henri Queuille (1948/49, 1950, 9./10. 3.–10. 7. 1951)
Außenminister: Robert Schuman (1948–1952)
2. Kabinett Pleven (Demokratische Widerstandspartei; 8./11. 8. 1951–1952):
Ministerpräsident: René Pleven (1950–28. 2. 1951, 8./11. 1951–1952)
Außenminister: Robert Schuman (1948–1952)

Griechenland
Konstitutionelle Erbmonarchie; *König:* Paul I. (1947–1964)
Ministerpräsident: Sofoklis Weniselos (1944, 1950, 1950–27. 10. 1951), Nikolaos Plastiras (1933, 1945, 1950, 1. 11. 1951–1952)
Außenminister: Sofoklis Weniselos (1950, 1950–10. 8. 1951, 29. 10. 1951–1952, 1963), Ioannis Politis (1945, 10. 8.–27. 10. 1951)

Großbritannien
Konstitutionelle Erbmonarchie; *König:* Georg VI. (1936–1952)
Premierminister: Clement Richard Attlee (Labour Party; 1945–26. 10. 1951), Winston Churchill (konservativ; 1940–1945, 27. 10. 1951–1955)
Außenminister: Ernest Bevin (1945–9. 3. 1951), Herbert Stanley Morrison (9. 3.–26. 10. 1951), Anthony Eden (1935–1938, 1940–1945, 27. 10. 1951–1955)

Guatemala
Republik; *Präsident:* Juan José Arévalo (1945–1. 3. 1951), Jacobo Arbenz Guzmán (1. 3. 1951–1954)

Haiti
Republik; *Präsident:* Paul Magloire (1950–1956)

Honduras
Republik; *Präsident:* Juan Manuel Gálvez (1949–1954)

Indien
Republik; *Präsident:* Rajendra Prasad (1950–1962)
Ministerpräsident und Außenminister: Jawaharlal Nehru (1946/47–1964)

Indochinesische Union
Französisches Protektorat; *Oberkommissar:* Jean de Lattre de Tassigny (1950–1952)

Indonesien
Republik; *Präsident:* Achmed Sukarno (1945/49–1967)
Teile von Indonesien (West-Neuguinea) gehören den Niederlanden.

Irak
Königreich; *König:* Faisal II. (1939–1958)
Regent: Abd Al Ilah (1939–1953)

Iran
Kaiserreich; *Schah:* Mohammad Resa Pahlawi (1941–1979)

Irland
Republik (Freistaat innerhalb des britischen Empire); *Präsident:* Sean Thomas O'Kelly (1945–1959)
Ministerpräsident: John Aloysius Costello = Sean Ua Coisdealbha (1948–13. 6. 1951, 1954–1957), Eamon de Valera (1919–1921, 1932–1948, 13. 6. 1951–1954, 1957–1959)
Außenminister: Sean MacBride (1948–13. 6. 1951), Proinsias Mac Aogiain = Frank Aiken (13. 6. 1951–1954, 1957–1969)

Island
Republik; *Präsident:* Sveinn Björnsson (1944–1953)
Ministerpräsident: Steingrimur Steinthorsson (1950–1953)

Israel
Republik; *Präsident:* Chaim Weizman (1948–1952)
Ministerpräsident: David Ben Gurion (1948/49–1953, 1955–1963)

Italien
Republik; *Präsident:* Luigi Einaudi (1948–1955)
Ministerpräsident: Alcide De Gasperi (Democrazia Cristiana; 1945–1953)
Außenminister: Carlo Graf Sforza (1947–16. 7. 1951), Alcide De Gasperi (1945/46, 24. 7. 1951–1953)

Japan
Kaiserreich; *Kaiser (Tenno):* Hirohito (1926–1989)
Ministerpräsident: Shigeru Yoshida (1946/47, 1948–1954)
Außenminister: Shigeru Yoshida (1945–1947, 1948–1954)

Jemen (Sana)
Königreich; *König:* Ahmad Ibn Jahja (1948–1962)

Jordanien
Königreich; *König:* Abd Allah Ibn Al Husain (1946–20. 7. 1951, zuvor Emir 1921–1946); der König fällt einem Attentat zum Opfer.

Jugoslawien
Volksrepublik; *Vorsitzender des Präsidiums der Nationalversammlung:* Johann Ribar (1945–1953)
Ministerpräsident: Josip Tito (1943–1963, danach Staatspräsident)

Kambodscha (Kamputschea)
Königreich; *König:* Norodom Sihanuk (1941–1955, danach Ministerpräsident)
Ministerpräsident: Son Ngoc Thanh (1945, 1948/49, Oktober 1951), Prinz Monipong (1949–1951), Huy Kanthoul (Oktober 1951–1952)

Kanada
Parlamentarische Monarchie im Commonwealth; *Premier- und Außenminister:* Louis Steven Saint Laurent (liberal; 1948–1957)

Kirchenstaat
Siehe Vatikanstadt

Kolumbien
Republik; *Präsident:* Laureano Gómez Castro (1950–1953)

Korea (Nordkorea)
Republik; *Präsident:* Kim Du-bong (1948–1958)
Ministerpräsident: Kim Il Sung (1948–1972, danach Staatspräsident ab 1972)

Korea (Südkorea)
Republik; *Präsident:* Syngman Rhee (1948–1960)

Kuba
Republik; *Präsident:* Carlos Prios Socarrás (1948–1952)

Kuwait
Emirat unter britischem Protektorat; *Emir:* Abd Allah As Salim As Sabah (1950–1965)

Laos
Königreich unter französischem Protektorat; *König:* Sisavong Vong (1904–1959)

Libanon
Republik; *Präsident:* Bischara Bey al-Churi (1943–1952)
Ministerpräsident: Rijad as-Sulh (1943, 1944/45, 1946–13. 2. 1951), Husain Al Uwaini (14. 2.–5. 6. 1951), Abd Allah Al Jafi (1938/39, 6. 6. 1951–1952, 1953–1955, 1956)

Liberia
Republik; *Präsident und Ministerpräsident:* William Tubman (1943–1971)

Libyen
Konstitutionelle Monarchie (unabhängig seit 24. 12. 1951); *König:* Mohammad Idris I. El Senussi (24. 12. 1951–1969)
Ministerpräsident: Mahmud Bei Al Muntasar (25. 12. 1951–1954, 1964/65)
1934 hat die italienische Kolonialmacht Tripolis, Cyrenaika und Fessan zur Kolonie Libyen zusammengefaßt. Seit 1943 unterstanden Cyrenaika und Tripolis britischer Besatzung, der Fessan war von den Franzosen besetzt.

Liechtenstein
Fürstentum; *Fürst:* Franz Joseph II. (seit 1938)

Luxemburg
Großherzogtum; *Großherzogin:* Charlotte (1919–1964)
Ministerpräsident: Pierre Dupong (1937–1945, 1945–1953)
Außenminister: Joseph Bech (1937–1958)

Madagaskar
Französische Kolonie
Madagaskar ist seit 1885 französisches Protektorat, seit 1896 französische Kolonie. Die geringe Autonomie, die Frankreich der Insel 1946 gewährt hat, führte 1947 zu einem Aufstand, den Frankreich mit Waffengewalt unterdrückt hat.

Malta
Britische Kolonie mit innerer Selbstregierung; *Gouverneur:* Gerald Creasy (1949–1954)
Ministerpräsident: Borg Olivier (1950–1954, 1962–1971)

Marokko
Sultanat unter französischem Protektorat; *Sultan:* Sidi Muhammad Ibn Jusuf (1927–1953, 1955–1957, als Muhammad V. König 1957–1961)
Großwesir: Muhammad al-Muqri (1917–1955)
Französischer Resident: General Alphonse Juin (1947 bis Oktober 1951), General Auguste Guillaume (Oktober 1951–1954)

Mexiko
Bundesrepublik; *Präsident:* Miguel Alemán Váldez (1946–1952)

Monaco
Fürstentum; *Fürst:* Rainier III. (seit 1949)

Mongolische Volksrepublik
Volksrepublik; *Präsident:* Amor Gochighigin Bumatsende (1934–1953)
Ministerpräsident: Korlin Tschoibalsan (1924–1952)

Nepal
Königreich; *König:* Tribhuwan Bir Bikram Schah (1911–1955; von November 1950 bis Februar 1951 während eines Bürgerkriegs im Exil in Indien)

Neuseeland
Parlamentarische Monarchie im britischen Commonwealth; *Premierminister:* Sidney George Holland (1949–1957)
Britischer Generalgouverneur: Bernard Cyril Freyberg (1946–1952)

Nicaragua
Diktatur; *Präsident:* Anastasio Somoza García (1937–1947, 1950–1956)

Niederlande
Königreich; *Königin:* Juliana (1948–1980)
1. Kabinett Drees (sozialistisch; 1948–24. 1. 1951);
2. Kabinett Drees (sozialistisch; 15. 3. 1951–1952):
Ministerpräsident: Willem Drees (1948–24. 1. 1951, 15. 3. 1951–1952, 1952–1956, 1956–1958)
Außenminister: Dirk Uipko Stikker (1948–1952)

Nordirland
Teil von Großbritannien; *Ministerpräsident:* Sir Basil Stanlake Brooke (1943–1963)

Norwegen
Königreich; *König:* Håkon VII. (1905–1957)
Ministerpräsident: Einar Gerhardsen (Sozialist; 1945–13. 11. 1951, 1955–1963, 1963–1965), Oscar Torp (13./17. 11. 1951–1955)

Oman
Sultanat; *Sultan:* Said bin Taimur (1932–1970)

Pakistan
Parlamentarische Monarchie im Commonwealth; *Ministerpräsident:* Liaquat Ali Khan (1947–16. 10. 1951), Chodscha Nazim ud-Din (17. 10. 1951–1953)
Britischer Generalgouverneur: Chodscha Nazim ud-Din (1948–17. 10. 1951), Ghulam Mohammad (17. 10. 1951–1955)

Panama
Republik; *Präsident:* Arnulfo Arias (1940/41, 1949–9. 5. 1951), Alcibiades Arosemana (9. 5. 1951–1952)

Papst
Siehe Vatikanstadt

Paraguay
Republik; *Präsident:* Federico Chaves (1949–1954)

Persien
Siehe Iran

Peru
Republik; *Präsident:* Manuel A. Odría Amoretti (1948–1956)

Philippinen
Republik; *Präsident:* Elpidio Quirino (1948–1953)

Polen
Volksrepublik; *Präsident:* Bolesław Bierut (1945–1956)
Ministerpräsident: Józef Cyrankiewicz (1947–1952, 1954–1970)
Außenminister: Sigmund Modzelewski (1947–17. 3. 1951), Stanislaw Skrzeszewski (17. 3. 1951–1956)

Portugal
Diktatur; *Präsident:* António Óscar de Fragoso Carmona (1926–18. 4. 1951), Francisco Higino Craveiro Lopes (9. 8. 1951–1958)
Ministerpräsident: António de Oliveira Salazar (1932–1968)
Außenminister: Paulo Cunha (1950–1958)

Rumänien
Volksrepublik; *Ministerpräsident:* Petru Groza (1945–1952)
Außenminister: Ana Pauker (1947–1952)

Sansibar
Sultanat unter britischem Protektorat; *Sultan:* Chalifa II. (1911–1960)

Saudi-Arabien
Königreich; *König:* Abd Al Asis Ibn Saud (1932–1953)

Schweden
Königreich; *König:* Gustav VI. Adolf (1950–1973)
Ministerpräsident: Tage Erlander (Sozialist; 1946–1969)
Außenminister: Östen Undén (1924–1926, 1945–1962)

Siam
Siehe Thailand

Sowjetunion
Siehe UdSSR

Spanien
Diktatur (Monarchie); *Nationaler Staatspräsident und Vorsitzender des Ministeriums:* Francisco Franco Bahamonde (1936–1975)
Außenminister: Alberto Martín Artajo (1945–1957)

Südafrikanische Union
Dominion im britischen Commonwealth; *Ministerpräsident:* Daniel François Malan (1948–1954)
Generalgouverneur: Gideon Brand van Zyl (1945–1950), Ernest George Jansen (1. 1. 1951–1959)

Syrien
Republik; *Präsident:* Haschim Al Atasi (1936–1939, 1949–2. 12. 1951, 1954/55), Adib Schischakli (Militärdiktator; 2. 12. 1951–1953, dann Präsident 1953/54)

Thailand
Königreich; *König:* Rama IX. (Bhumibol Adulyadej; seit 1946)
Ministerpräsident: Marschall Luang Pibul Songgram (1938–1944, 1948–1957)

Tibet
Teil der Volksrepublik China; *14. Dalai-Lama:* Tenzin Gjatso (1935 geboren, 1939 inthronisiert, im Exil ab 1959)
7. Pantschen-Lama: Tschökji Gjaltsen (seit 1938)

Transjordanien
Siehe Jordanien

Triest
Freies Gebiet unter Aufsicht der UN; *Militärgouverneur der US-amerikanisch-britischen Zone A:* Generalmajor Terence Airey (Brite; 1947–1951), General John Winterton (Brite; 1951–1954); *Militärgouverneur der jugoslawischen Zone B:* Oberst Stomatović (Jugoslawe; 1947–1954)

Tschechoslowakei
Republik; *Präsident:* Klement Gottwald (1948–1953)
Ministerpräsident: Antonín Zapotocký (1948–1953)
Außenminister: Viliam Siroký (1950 bis 1953)

Tunesien
Französisches Protektorat; *Bei:* Muhammad VIII. Al Amin (1943–1957)
Französischer Generalresident: Louis Périllier (1950–1951), Jean Duc Hautecloque (Dezember 1951–1953)

Türkei
Republik; *Präsident:* Mahmut Celál Bayar (1950–1960)
Ministerpräsident: Adnan Menderes (1950–1960)
Außenminister: Mehmet Fuat Köprülü (1950–1955)

UdSSR
Union sozialistischer Sowjetrepubliken; *Präsident (Vorsitzender des Präsidiums des Obersten Sowjets):* Nikolai M. Schwernik (1946–1953)
Parteichef: Josef W. Stalin (1922–1953)
Ministerpräsident: Josef W. Stalin (1941–1953)
Außenminister: Andrei J. Wyschinski (1949–1953)

Ungarn
Volksrepublik; *Präsident:* Sándor Rónai (1950–1952)
Ministerpräsident: István Dobi (1948 bis 1952)
Außenminister: Mátyás Rákosi (1948 bis 1952)

Uruguay
Republik; *Präsident:* Luis Batlle y Berres (1947–1. 3. 1951, 1953/54), Andrés Martínez Trueba (1. 3. 1951–1952)

USA
Bundesrepublik; *33. Präsident:* Harry Spencer Truman (Demokrat; 1945–1953)
Vizepräsident: Alban William Barkley (1949–1953)
Staatssekretär (Außenminister: Dean Gooderham Acheson (1949–1953)

Vatikanstadt
Absolute Monarchie; *Papst:* Pius XII., ursprünglich Eugenio Pacelli (1939–1958, Kardinalstaatssekretär 1930–1939)

Venezuela
Republik; *Präsident:* German Suarez Flammerich (1950–1952)

Kriege und Krisenherde des Jahres 1951

Die herausragenden politischen und militärischen Krisensituationen des Jahres 1951 werden – alphabetisch nach Ländern geordnet – im Überblick dargestellt.

Ägypten contra Großbritannien

Die britische Position in Nahost gerät durch die Auflösung aller bestehenden Abkommen durch Ägyptens Ministerpräsident Mustafa Nahhas Pascha am 8. Oktober in erhebliche Gefahr. Die Kündigung betrifft die gemeinsame Verwaltung des Sudan und die Stationierung britischer Truppen in der Sueskanalzone. Der Wunsch nach einem Ende der britischen Besatzung bricht sich in Ausschreitungen Bahn, die das britische Militär zur Evakuierung ihrer Angehörigen zwingen. Die blutigen Zwischenfälle zwischen ägyptischen Nationalisten und britischem Militär fordern bis zum Jahresende mindestens 50 Todesopfer.

Kriegsschauplatz Indochina

Der seit 1946 tobende Dschungelkrieg zwischen den französischen Kolonialtruppen und den Kämpfern der kommunistischen Vietminh-Bewegung nimmt an Schärfe zu. Ein Kommandowechsel – seit Ende 1950 hat der französische General Jean de Lattre de Tassigny den Oberbefehl – führt zu flächendeckenden Napalm-Bombardements, welche die vorübergehend offen geführten Feldschlachten zugunsten der Franzosen entscheiden. Die Rückkehr zur Strategie des verdeckten Dschungelkampfes durch den Vietminh-General Vo Nguyên Giap macht deutlich, daß keine Seite den Krieg für sich entscheiden kann. Die zunehmende finanzielle Unterstützung Frankreichs durch die USA gibt dem Konflikt eine neue Dimension: Die Vereinigten Staaten sehen den Krieg gegen die Kämpfer Ho Chi Minhs als Teil des global geführten Kreuzzugs zur Eindämmung des sich ausbreitenden Kommunismus.

Iran kämpft ums eigene Öl

Als Reaktion auf die immer drängender werdende iranische Forderung nach einer Nationalisierung der Erdölindustrie legt die britisch dominierte Werksleitung der Anglo-Iranian-Oil-Company am 31. Juli das Erdölzentrum Abadan still. Die als Einschüchterungsversuch gedachte Aktion führt zur Eskalation: Fanatische persische Nationalisten sorgen im Zusammenspiel mit Premier Mohammad Mossadegh für einen kompromißlosen Konfrontationskurs, der am 27. September in einer Besetzung Abadans durch persisches Militär gipfelt. Ab dem 3. Oktober beginnt die Evakuierung aller britischen Staatsangehörigen aus dem Iran. Ein Vorstoß Großbritanniens, den Fall vor der UNO zu klären, scheitert.

Kaschmir-Konflikt verschärft

In Kaschmir droht ein Krieg zwischen Pakistan und Indien um die Vorherrschaft in dem Himalaja-Staat. Pakistans Premier Liaquat Ali Khan richtet am 7. August eine scharfe Protestnote an Indiens Ministerpräsident Jawaharlal Nehru. Er beschuldigt ihn, den »Frieden des Subkontinents und der Welt aufs Spiel zu setzen«. Nehru lehnt den geforderten Abzug indischer Truppen von den Grenzen Pakistans und Kaschmirs ab, »solange Pakistan nicht aufhöre, von einem Heiligen Krieg zu reden«. Der Konflikt um Kaschmir ist unmittelbare Folge der Unabhängigkeit Indiens 1947 und Teilung des Kontinents in ein moslemisches Pakistan und ein hinduistisches Indien. Pakistanische und indische Truppen besetzten in der Folgezeit Teile von Kaschmir. 1949 vermittelten die Vereinten Nationen zwar einen Waffenstillstand, militärische Zwischenfälle verschärften aber immer wieder den Konflikt.

Kein Waffenstillstand in Korea

Der Krieg in Korea zwischen Nordkoreaner, die von chinesischen Verbänden unterstützt werden, und Südkoreanern, die durch Truppen der Vereinten Nationen verstärkt werden, bleibt der gefährlichste Krisenherd in diesem Jahr. Die Auseinandersetzung, die Ausdruck des kalten Kriegs zwischen Ost und West ist, wird in Europa und den USA als kommunistische Bedrohung der gesamten »freien Welt« gewertet. Nach dem Einmarsch der Nordkoreaner in Südkorea am 25. Juni 1950 und einer Gegenoffensive der Truppen Südkoreas und der Vereinten Nationen ab 15. September 1950, griffen chinesische Verbände Ende November 1950 in die Kämpfe ein. Am 4. Januar 1951 erobern die Kommunisten Seoul. Ab dem 20. Februar ergriffen die UN-Truppen nach einem Rückzug erneut die Initiative: Am 31. März überschreiten sie den 38. Breitengrad. In der Folgezeit stabilisiert sich der Frontverlauf in der Nähe des 38. Breitengrads. Am 10. Juli beginnen in Kaesong Waffenstillstandsverhandlungen während die Kämpfe fortdauern. Im Mittelpunkt der oft unterbrochenen Verhandlungen steht die Festlegung einer Demarkationslinie und die Schaffung einer entmilitarisierten Zone. Am 28. November kommen die Verhandlungsführer überein, eine noch festzustellende Kampflinie als Demarkationslinie anzuerkennen. Erst am 27. Juli 1953 kann ein Waffenstillstandsabkommen unterzeichnet werden.

Marokko will Unabhängigkeit

Marokkanische Nationalisten der »Istiklal«-Partei fordern den Abzug der französischen Protektoratsmacht. Schwere Unruhen, verbunden mit antifranzösischen Ausschreitungen, fordern das ganze Jahr hindurch Tote und Verletzte. Am 27. März erklärt Sultan Sidi Muhammad V. Ibn Jusuf, daß er vom französischen Generalresidenten General Alphonse Juin bei Verhandlungen zu Zugeständnissen gezwungen worden sei. Der Sultan muß zusätzlich alle Minister, die der »Istiklal«-Partei angehören, entlassen. Die Arabische Liga, die Organisation der arabischen Staaten, stellt sich empört und einmütig hinter die marokkanische Nationalbewegung.

China annektiert Tibet

Mit einem Unterwerfungsvertrag verleibt sich China am 23. Mai Tibet ein. Bereits im Oktober 1950 waren die chinesischen Truppen in dem Himalaja-Staat einmarschiert. Zwar wird den Tibetern regionale Autonomie zugesichert, dennoch setzt eine komplette Umgestaltung der tibetanischen Gesellschaft und Wirtschaft nach chinesischem Vorbild ein. Tibet verliert das Recht auf eine eigenständige Außenpolitik und muß die Landesverteidigung an die Volksrepublik China abtreten.

Ausgewählte Neuerscheinungen auf dem Buchmarkt 1951

Die Auswahl berücksichtigt nicht nur Neuerscheinungen von literarischem oder wissenschaftlichem Wert, sondern auch Bücher des Jahres 1951, die zu Welterfolgen geworden sind. Innerhalb der einzelnen Länder sind die Werke alphabetisch nach Autoren geordnet (siehe auch Übersichtsartikel auf S. 60).

Bulgarien

Dimitar Dimow
Tabak
(Tjutjun)
Roman
Mit dem in Sofia erschienenen Roman »Tabak« versucht Dimitar Dimow (1909–1966), »aus den Schemata auszubrechen, die unsere Kritik als Methode des Sozialistischen Realismus aufgestellt hat«. Geschildert wird der Kampf zwischen Kommunismus und Kapitalismus im Bulgarien der Zeit von 1933 bis 1944. Zwar kritisiert der Bulgarische Schriftstellerverband, daß Dimow die Kommunisten ohne jede Idealisierung mit ihren Schwächen dargestellt habe, doch erhält das Werk, das in mehr als 20 Sprachen übersetzt wird, auch einen der höchsten Preise in Bulgarien. – Die deutsche Übersetzung erscheint 1957.

Bundesrepublik Deutschland/DDR

Theodor W. Adorno
Minima Moralia
Reflexionen aus dem beschädigten Leben
Der Philosoph und Soziologe, Komponist und Musiktheoretiker Theodor W. Adorno (1903–1969), Hauptvertreter der kritischen Theorie, veröffentlicht die Aphorismensammlung »Minima Moralia. Reflexionen aus dem beschädigten Leben«. Aus den Facetten persönlicher Erfahrung entsteht das Bild eines »beschädigten«, entfremdeten Lebens.

Stefan Andres
Die Arche
Roman
Beim Verlag Piper in München erscheint der Roman »Die Arche« von Stefan Andres (1906–1970). Es ist der zweite Band der »Sintflut«-Trilogie, deren erster Band unter dem Titel »Das Tier aus der Tiefe« 1949 erschienen ist; der Abschlußband »Der graue Regenbogen« erscheint 1959. In dieser Romantrilogie porträtiert Andres das Wesen des totalitären Staates auf satirisch-parabelhafte Art. Die Darstellungsformen gehen ineinander über: Bericht, Dialog, Legende, Vision, Burleske und Parabel wechseln einander ab.

Heinrich Böll
Wo warst du, Adam?
Roman
Der beim Verlag Middelhauve in Opladen erscheinende Roman »Wo warst du, Adam« ist das erste Werk, das Heinrich Böll (1917–1987) als »Roman« bezeichnet. Tatsächlich besteht der Roman aus neun relativ selbständigen Episoden, die zum Teil schon als Erzählung oder Hörspiel bekannt sind. Sie werden durch eine Art Leitgestalt, den Soldaten und Architekten Feinhals, verknüpft. Die Erlebnisse von Feinhals während der letzten Monate des Zweiten Weltkriegs bilden den Inhalt der Episoden. Im Mittelpunkt der Darstellung steht die Kritik am Krieg. Böll führt die absolute Sinnlosigkeit des Kriegsgeschehens vor, zeigt den Krieg als gegen die Interessen der einfachen Menschen gerichtet und als den Menschen entwürdigend.

Walter Jens
Der Blinde
Roman
Beim Verlag Rowohlt in Hamburg erscheint der Roman »Der Blinde« von Walter Jens (* 1923). Während in den bisherigen Büchern des Autors die Bedrohung durch die Außenwelt beschrieben wurde, thematisiert Jens hier die Gefährdungen, die im Menschen selbst liegen. Der erblindete Volksschullehrer Mittenhaufen schafft sich mit den Steinen eines Baukastenspiels eine imaginäre Gegenwelt. Als er von einem ehemaligen KZ-Häftling, der ebenfalls ein solches Spiel besitzt, die Regel »Man darf das Spiel nicht allein spielen, denn sonst ist man verloren« erfährt, gewinnt er seinen Lebenswillen zurück.

Ernst Jünger
Der Waldgang
Essay
In der Schrift »Der Waldgang«, erschienen beim Verlag Klostermann in Frankfurt am Main, entwirft Ernst Jünger (* 1895) ein Bild elitärer Verinnerlichung. Der Wald erscheint als »Lebenshort«, der Waldgang als »Lehre von der Freiheit des Menschen« gegenüber dem Staat, als »Spielraum kleiner Eliten, die sowohl wissen, was die Zeit verlangt, als auch

noch etwas mehr«. Der Waldgänger wird als Mensch beschrieben, »der ein ursprüngliches Verhältnis zur Freiheit besitzt« und »sich keine Übermacht durch das Gesetz vorschreiben« läßt; er hält sich den Zugang offen »zu Mächten, die den zeitlichen überlegen und niemals rein in Bewegung aufzulösen sind«.

Wolfgang Koeppen
Tauben im Gras
Roman
Beim Verlag Scherz & Goverts in Stuttgart erscheint der Roman »Tauben im Gras« von Wolfgang Koeppen (* 1906). Brillant nutzt Koeppen die Montagetechnik von Alfred Döblin und John Dos Passos sowie die Möglichkeiten des inneren Monologs. Er schildert 24 Stunden im Leben mehrerer Menschen im von US-Truppen besetzten München nach dem Ende des Zweiten Weltkriegs. Diese Menschen erscheinen wie »Tauben im Gras«, »dem Metzger preisgegeben, aber stolz auf die eingebildete, zu nichts als Elend führende Freiheit«.

Siegfried Lenz
Es waren Habichte in der Luft
Roman
Beim Verlag Hoffmann und Campe erscheint das Erstlingswerk von Siegfried Lenz (* 1926), der Roman »Es waren Habichte in der Luft«. Unter dem Einfluß von William Faulkner, Fjodor M. Dostojewski und Ernest Hemingway zeichnet Lenz hier das Schicksal eines Menschen, der sich in auswegloser Lage bewähren muß. Die Erfahrung totalitärer Herrschaft wird als individueller Überlebenskampf dargestellt. Zentrale Figur ist ein Dorflehrer in Karelien, der sich dem ideologischen Rigorismus der kommunistischen Doktrin nicht unterordnen will. Auf der Flucht wird er erschossen.

Thomas Mann
Der Erwählte
Roman
In dem Roman »Der Erwählte«, der beim Verlag Fischer in Frankfurt am Main erscheint, erzählt Thomas Mann (1875–1955), Literaturnobelpreisträger 1929, in heiter-parodistischer Form die mittelalterliche Gregorius-Legende nach, wie sie in den »Gesta Romanorum« und im mittelhochdeutschen Gregorius-Epos von Hartmann von Aue überliefert ist. Thomas Mann vertieft die Handlung psychologisch und verfremdet die legendenhaft-religiöse Form humoristisch durch das naive Erzählen einer fiktiven Erzählergestalt, dem irischen Mönch Clemens. Der Autor selbst bemerkt zu diesem Roman, der beim Erscheinen Verwunderung und Befremden auslöst, daß er »einmal nichts wollte, als eine schöne Geschichte erzählen«.

Henry Picker (Hrsg.)
Hitlers Tischgespräche im Führerhauptquartier 1941–42
Protokolle
Im Athenäum-Verlag in Bonn erscheinen im Auftrag des Deutschen Instituts für Geschichte der Nationalsozialistischen Zeit die Protokolle der »Kasino-Tagungen« im Führerhauptquartier. Ihre Aufzeichnung erfolgte auf Veranlassung von Martin Bormann, dem Leiter der Parteikanzlei. Die Protokolle geben Aufschluß über Adolf Hitlers Weltsicht und sorgen nach ihrer Veröffentlichung für großes Aufsehen.

Hans Werner Richter
Sie fielen aus Gottes Hand
Roman
Beim Verlag Desch in München erscheint der Roman »Sie fielen aus Gottes Hand« von Hans Werner Richter (* 1908). Erzählerisch montiert werden in diesem Antikriegsroman die Lebenswege von 13 Menschen verschiedener nationaler, sozialer, geistiger und politischer Herkunft. Der Roman, der auch authentische Protokolle enthält, dokumentiert die in Internierungslagern praktizierte Massenverhetzung.

Ernst von Salomon
Der Fragebogen
Roman
Ein Bestseller im In- und Ausland wird der sarkastische Entnazifizierungsroman »Der Fragebogen« von Ernst von Salomon (1902–1972), der beim Verlag Rowohlt in Hamburg erscheint. Salomon legt diesem autobiographischen Roman als Gliederungsprinzip die 131 Fragen zugrunde, die die westlichen Alliierten allen durch nationalsozialistische Vergangenheit belasteten Personen vorlegten. Der Roman ist ein Protest gegen die Bürokratie der Besatzungsmächte.

Frankreich

Albert Camus
Der Mensch in der Revolte
(L'Homme révolté)
Essays
Die unter dem Titel »Der Mensch in der Revolte« in Paris erscheinende Essaysammlung zählt zu den zentralen philosophisch-gesellschaftskritischen Werken von Albert Camus (1913–1960), Literaturnobelpreisträger 1957. Nach einer kritischen Auseinandersetzung mit dem Christentum, mit Mythen und verschiedenen Ideologien entwickelt Camus hier eine neue Ethik, die auf der Verweigerung gegen der Absurdität des Lebens basiert: »Ich revoltiere, also bin ich.« Diese Revolte kann jedoch, so Camus, nur innerhalb der Solidarität der menschlichen Gemeinschaft verwirklicht werden. – Die deutsche Übersetzung erscheint 1953.

Jean Giono
Der Husar auf dem Dach
(Le Hussard sur le toit)
Roman
Der selbstlose Einsatz eines Mannes für seine Mitmenschen ist das Thema von Jean Gionos (1895–1971) historischem Roman »Der Husar auf dem Dach«. Der Husarenoberst Angelo kommt 1838 auf der Flucht in ein französisches Dorf, in dem die Cholera wütet, wird von den Bewohnern für einen Brunnenvergifter gehalten und flieht vor ihnen auf die Dächer. Von hier oben erlebt er das ganze Ausmaß der Katastrophe, steigt schließlich vom Dach herab und setzt sich für die Kranken ein, die von den inzwischen aus dem Dorf geflohenen anderen Bewohnern zurückgelassen worden sind. – Die deutsche Übersetzung erscheint 1952.

Julien Gracq
Das Ufer der Syrten
(Le Rivage des Syrtes)
Roman
Für den in Paris erscheinenden Roman »Das Ufer der Syrten« soll Julien Gracq (* 1910) mit dem angesehenen Literaturpreis Prix Goncourt ausgezeichnet werden, lehnt ihn jedoch ab. In dem erfolgreichen Werk stellt er unter dem Einfluß des Surrealismus symbolhaft das Schicksal des Menschen bzw. der modernen Gesellschaft am Beispiel des Untergangs eines Stadtstaats dar. – Die deutsche Übersetzung erscheint 1952.

Marguerite Yourcenar
Ich zähmte die Wölfin
(Mémoires d'Hadrien)
Roman
Als »tragische Meditation« bezeichnet Marguerite Yourcenar (* 1903) ihren in Paris erscheinenden Roman »Ich zähmte die Wölfin«, mit dem sie einen internationalen Erfolg erringt. Das Werk enthält die imaginären Memoiren des römischen Kaisers Hadrian (76–138), die er kurz vor seinem Tod in seiner Villa in Tibur niederschreibt. – Die deutsche Übersetzung erscheint 1953.

Großbritannien

Graham Greene
Das Ende einer Affäre
(The End of the Affair)
Roman
Einen großen Erfolg erringt Graham Greene (* 1904) mit dem »katholischen« Detektivroman »Das Ende einer Affäre«. Ein Mann erfährt, daß sich seine ehemalige Geliebte wieder einem anderen zugewandt hat. Eifersüchtig engagiert er einen Detektiv, der herausfinden soll, wer der Geliebte ist: Es ist Gott. – Die deutsche Übersetzung erscheint 1951.

Irland

Samuel Beckett
Molloy
(Molloy)
Roman
Malone stirbt
(Malone meurt)
Roman
In Paris erscheinen in französischer Sprache die Romane »Molloy« und »Malone stirbt« von Samuel Beckett (1906–1989); sie werden 1953 mit dem Roman »Der Namenlose« zu einer Trilogie ergänzt. Gezeigt werden Gestalten, die auf ihr Ende warten. Molloy liegt im Bett seiner Mutter und erzählt. Auch Malone liegt mit verfallenem Körper im Bett und wartet auf das Ende; solange er noch lebt, erfindet er Geschichten, die er in ein Schulheft schreibt. – Die deutsche Übersetzung von »Molloy« erscheint 1954, die von »Malone stirbt« 1958.

Österreich

Heimito von Doderer
Die Strudlhofstiege oder Melzer und die Tiefe der Jahre
Roman
Mit dem umfangreichen Gesellschafts-, Liebes-, Ehe- und Entwicklungsroman »Die Strudlhofstiege oder Melzer und die Tiefe der Jahre«, der beim Verlag Biederstein in München erscheint, will Heimito von Doderer (1896–1966) dem Genre des Romans »neue Universalität« geben. Fixpunkt des an Handlungen, Personen und Schicksalen übervollen Werks ist die im IX. Wiener Gemeindebezirk gelegene »Strudlhofstiege« in den Jahren 1910/11 und 1923/25.

Spanien

Camilo José Cela
Der Bienenkorb
(La colmena)
Roman
Mit karikaturistischer Überzeichnung und aggressiver Satire schildert Camilo José Cela (* 1916) in dem in Buenos Aires erschienenen Roman »Der Bienenkorb« 24 Stunden aus dem Leben des Kleinbürgertums von Madrid. 200 Personen treten in diesem Madrider »Bienenkorb« auf, hin und her gerissen zwischen Laster und Langeweile. – Die deutsche Übersetzung erscheint 1964.

USA

James Jones
Verdammt in alle Ewigkeit
(From Here to Eternity)
Roman
Der unmenschliche Kasernenhofdrill in einer US-Einheit während des Zweiten Weltkriegs ist das Thema des in New York erschienenen Romans »Verdammt in alle Ewigkeit« von James Jones (1921–1977). Das Buch wird ein Welterfolg. Noch im selben Jahr erscheint die deutsche Übersetzung. 1953 wird es unter der Regie von Fred Zinnemann verfilmt.

Carson McCullers
Die Ballade vom traurigen Café
(The Ballad of the Sad Café)
Erzählung
Im Stil volkstümlicher Balladen und Moritaten schildert Carson McCullers (1917–1967) in der Titelerzählung des in Boston erschienenen Kurzgeschichtenbands »Die Ballade vom traurigen Café« die tragikomische Entwicklung eines Dreiecksverhältnisses zwischen einer Ladenbesitzerin, ihrem gedemütigten Mann und einem Zwerg, der aus dem Laden eine florierende Gaststätte macht. – Die deutsche Übersetzung erscheint 1954. 1963 dramatisiert Edward Albee die erfolgreiche Erzählung.

J. D. Salinger
Der Fänger im Roggen
(The Catcher in the Rye)
Roman
Der in London erschienene Roman »Der Fänger im Roggen« von J(erome) D(avid) Salinger (* 1919) artikuliert das Selbstverständnis einer ganzen Generation und wird ein Welterfolg. In der Ich-Form erzählt wird die Geschichte eines Heranwachsenden, seine Rebellion gegen die Welt der Erwachsenen, gegen die Zivilisation und Langeweile. – Die deutsche Übersetzung erscheint 1954.

Herman Wouk
Die Caine war ihr Schicksal
(The Caine Mutiny)
Roman
In Garden City/New York erscheint der Bestseller »Die Caine war ihr Schicksal« von Herman Wouk (* 1915). Vor dem Hintergrund eigener Erfahrungen während des Zweiten Weltkriegs erzählt Wouk die Entwicklungs- und Liebesgeschichte eines Marineoffiziers. Eingebettet sind die Meuterei auf einem Minensuchboot und das folgende Kriegsgerichtsverfahren gegen die Meuterer, die sich gegen den geisteskranken, faschistoiden Commander Queeg aufgelehnt haben. – Die deutsche Übersetzung erscheint 1952.

Uraufführungen Schauspiel, Oper, Operette und Ballett 1951

Die bedeutendsten Uraufführungen aus Schauspiel, Oper, Operette und Ballett sind im Länderalphabet und hier wiederum nach Autoren/Komponisten geordnet (siehe auch Übersichtsartikel »Theater« auf S. 78 und »Musik« auf S. 196).

Bundesrepublik Deutschland/DDR

Paul Dessau
Das Verhör des Lukullus
Oper
Die Oper »Das Verhör des Lukullus«, zu der Bertolt Brecht das Libretto schrieb, wird am 14. März in der Deutschen Staatsoper in Berlin (Ost) uraufgeführt. Differenzen mit staatlich verordneten Kulturrichtlinien (Formalismusdebatte) veranlassen Brecht, an seinem Text Änderungen vorzunehmen. Die Neufassung – nun unter dem Titel »Die Verurteilung des Lukullus« – hat am 12. Oktober am gleichen Ort Premiere.
Der römische Feldherr Lukullus – die Personifikation des Kriegs – macht vor dem Gericht der Unterwelt die bittere Erfahrung, daß sein auf Erden bedeutender Name im Reich der Toten nichts gilt. Der Sieger zahlreicher Schlachten erscheint in den Zeugenaussagen der Besiegten, Legionäre und Mütter als Verursacher von Zerstörung und Leid. Nur von seinem Koch wird er als »menschlich« bezeichnet, weil er die Kunst des Kochens zu würdigen wußte, und ein Bauer ist Lukullus für die Einführung des Kirschbaums nach Italien dankbar.

Wolfgang Fortner
Die weiße Rose
Ballett in zwei Teilen
Nach Oscar Wildes Märchen »Der Geburtstag der Infantin« komponierte Wolfgang Fortner (1907–1987) das Ballett »Die weiße Rose«, das am 28. April in der Städtischen Oper in Berlin (West) uraufgeführt wird. Die Choreographie leitet Jens Keith, die Ausstattung besorgte Paul Seltenhammer. Solisten der Uraufführung sind Suse Preisser, Erwin Bredow und Rainer Köchermann.

Frankreich

Jean Cocteau
Bacchus
(Bacchus)
Tragikomödie in drei Akten
Die historische Tragikomödie »Bacchus« von Jean Cocteau (1889–1963) wird am 10. Oktober im Théâtre Marigny in Paris uraufgeführt. Im Mittelpunkt des Stücks, das in einem schweizerischen Dorf während der Reformation spielt, steht ein aus ärmlichen Verhältnissen stammender junger Mann, der entsprechend einem alten Brauch für eine Woche zum »Bacchus«, zum Narrenherrscher, gewählt wird. Er will diese Frist für eine politische Neugestaltung im Sinn der Reformation nutzen, stößt bei seinen Maßnahmen jedoch nur auf Widerstand und Haß und scheitert. – Die deutsche Erstaufführung findet 1952 in Düsseldorf statt.

Jean-Paul Sartre
Der Teufel und der liebe Gott
(Le Diable et le Bon Dieu)
Drama in drei Akten
Das Schauspiel »Der Teufel und der liebe Gott« von Jean-Paul Sartre (1905–1980) wird am 7. Juni 1951 im Théâtre Antoine in Paris uraufgeführt. Am Beispiel des Heerführers Götz zur Zeit der Bauernkriege in Deutschland zeigt Sartre die Entwicklung eines Menschen vom Idealisten, der das Absolute entweder im Guten oder im Bösen zu erreichen versucht und sich dabei als Gegenspieler Gottes versteht, zum existentialistischen Atheisten. Erst als Führer der aufständischen Bauern gelingt es Götz, für eine Verbesserung der sozialen Lage der Bauern zu kämpfen. – Die deutsche Erstaufführung findet 1951 in Hamburg statt.

Großbritannien

Wystan Hugh Auden/
Igor Strawinski
The Rake's Progress
(The Rake's Progress)
Die Oper »The Rake's Progress« (»Der Wüstling«) von Wystan Hugh Auden (Text) und Igor Strawinski (Musik) wird am 8. September im Teatro La Fenice in Venedig uraufgeführt. Als Vorlage diente die gleichnamige Kupferstichserie von William Hogarth aus dem 18. Jahrhundert. Geschildert werden Aufstieg und Fall eines »Wüstlings«, der schließlich im Irrenhaus endet. Strawinski verwendet alle Mittel der barocken Oper. Durch diese Rückkehr zur alten Form erhält die Oper etwas Klassizistisches und wird für den Zuhörer leicht faßbar. – Das mit Spannung erwartete Werk des 70jährigen Strawinski verbreitet sich rasch, die deutsche Premiere findet noch im selben Jahr in Stuttgart statt.

Benjamin Britten
Billy Budd
(Billy Budd)
Oper
Der gleichnamige Seeroman von Hermann Melville bildete die Vorlage für Benjamin Brittens (1913–1976) Oper »Billy Budd«, die am 1. Dezember im Royal Opera House Covent Garden in London unter der musikalischen Leitung des Komponisten uraufgeführt wird. Nach Giorgio Federicos Oper von 1949 ist es bereits die zweite Vertonung dieses Romans.

John Cranko
Pineapple Poll
(Pineapple Poll)
Ballett in drei Szenen
Mit der Musik von Arthur Sullivan, arrangiert von Charles Mackerras, wird am 13. März im Sadler's Wells Theatre in London das Ballett »Pineapple Poll« von John Cranko (1927–1973) durch das Sadler's Welle Theatre Ballet (heute Roxal Ballet) uraufgeführt. Als Vorlage diente William S. Gilberts »Geschichte von dem Kanonenboot-Mädchen«. Die Ausstattung besorgte Osbert Lancaster, Solisten der Uraufführung sind David Blair und Elaine Fifield.

John Cranko
Harlekin im April
(Harlequin in April)
Ballettpantomime
Am 8. Mai wird im Sadler's Wells Theatre in London »Harlekin im April«, eine von John Cranko choreographierte Ballettpantomime in zwei Akten mit Divertissement, Prolog, Zwischenakt und Epilog uraufgeführt. Die Musik komponierte Richard Arnell.

Christopher Fry
Ein Schlaf Gefangener
(A Sleep of Prisoners)
Religiöses Festspiel
Das in metrisch freien Versen gehaltene religiöse Festspiel »Ein Schlaf Gefangener« von Christopher Fry (* 1907) wird am 23. April in der University Church in Oxford uraufgeführt. Am Beispiel von vier Kriegsgefangenen in einer Kirche dramatisiert Fry die Geschichte der Menschheit vom ersten Mord bis zum Atomkrieg (Jünglinge im Feuerofen) aus christlicher Sicht. In den dramaturgischen Hinweisen des Autors heißt es: »Jeder der vier Männer wird durch die Schlafgedanken der anderen gesehen, und jeder spricht in seinem Traum so, wie er im innersten Herzen ist, und nicht als der, für den er sich selbst hält.« – Die deutsche Erstaufführung findet 1951 in Berlin statt.

Peter Ustinov
Die Liebe der vier Obersten
(The Love of Four Colonels)
Stück in vier Akten
Die Komödie »Die Liebe der vier Obersten« von Peter Ustinov (* 1921) wird am 23. Mai im Wyndham's Theatre in London uraufgeführt. Am Beispiel von vier alliierten Offizieren in Nachkriegsdeutschland kontrastiert Ustinov die erotischen Verhaltensweisen, Sehnsüchte und Idealvorstellungen von US-Amerikanern, Briten, Franzosen und Russen und zeigt zugleich die Absurdität des kalten Krieges auf. Die vier Obersten versuchen vergeblich, jeder auf seine landestypische Weise, ein Dornröschen zu wecken, das als Allegorie des Friedens gedeutet wird. – Die deutsche Erstaufführung findet 1952 in Berlin statt.

Österreich

Ulrich Becher
Samba
Schauspiel in drei Akten
Das Schauspiel »Samba« von Ulrich Becher (* 1910) wird am 5. März im Theater in der Josefstadt in Wien uraufgeführt. Becher schildert die Schicksale deutscher Emigranten, die sich während des Zweiten Weltkriegs im Hotel einer brasilianischen Kleinstadt treffen. Ein antifaschistischer deutscher Schriftsteller entscheidet sich, aktiv am Kampf gegen den Nationalsozialismus teilzunehmen und seine literarische Arbeit in dem schäbigen Hotel unter resignierenden Emigranten aufzugeben. Becher beschreibt, wieviel Mut und Klugheit, Kraft und Menschlichkeit nötig sind, um als Emigrant nicht zu verzagen und sich zu behaupten.

Cesar Bresgen
Der Igel als Bräutigam
Ein Oper für große und kleine Leute
Am 13. November wird in Nürnberg die Oper »Der Igel als Bräutigam« von Cesar Bresgen (* 1913) uraufgeführt. Das Libretto schrieb der Komponist nach Ludwig Andersen in Anlehnung an das Märchen »Hans, mein Igel«. Bresgen ist bekannt als Komponist von Jugend- und Spielmusiken, vor allem von Märchen- und Jugendopern.

Rumänien

Marcel Mihalovici
Phädra
Oper
Die Oper »Phädra« von Marcel Mihalovici (1898–1985) wird am 9. Juni in der Württembergischen Staatsoper in Stuttgart uraufgeführt. Das Libretto schrieb der im Vorjahr verstorbene französische Schriftsteller Yvan Goll.

USA

George Balanchine
Der Walzer
(La Valse)
Ballett in zwei Teilen
Das zweiteilige Ballett »Der Walzer« von George Balanchine (1904–1983) wird am 20. Februar vom New York City Ballet im City Center von New York uraufgeführt. Grundlage ist die Musik von Maurice Ravels »La Valse« und »Valses nobles et sentimentales«. Ravel hatte »La Valse« ursprünglich für Sergei Diaghilews »Ballets Russes« komponiert als »eine Art Apotheose des Wiener Walzers«, Diaghilew hatte die Aufführung jedoch abgelehnt. 1929 war es zu einer ersten Aufführung durch das Ballett Ida Rubinstein in Monte Carlo gekommen. Balanchine inszeniert eine im Walzerrausch untergehende Welt.

Gian Carlo Menotti
Amahl und die nächtlichen Besucher
(Amahl and the Night Visitors)
Die Oper »Amahl und die nächtlichen Besucher«, zu der Komponist Gian Carlo Menotti den Text selbst schrieb, wird am 24. Dezember im New Yorker Rundfunk (NBC Opera Company) uraufgeführt. Die szenische Uraufführung findet 1952 an der Indiana University in Bloomington statt. Die stimmungsvolle Weihnachtsoper wird in den USA 13 Jahre lang an Heiligabend wiederholt. Die Musik steht unter dem Einfluß des Spätwerks von Giacomo Puccini.

Filme 1951

Die neuen Filme des Jahres 1951 sind im Länderalphabet und hier wiederum alphabetisch nach Regisseuren aufgeführt. Bei ausländischen Filmen steht unter dem deutschen Titel der Originaltitel (siehe auch Übersichtsartikel auf S. 94).

Bundesrepublik Deutschland/DDR

Hans Deppe
Grün ist die Heide
Ein grandioser Erfolg in der Bundesrepublik Deutschland wird der Heimatfilm »Grün ist die Heide« von Hans Deppe. Die als »Schwarzwaldmädel« (1950) bekannte Sonja Ziemann agiert unter Heidschnucken.

Willi Forst
Die Sünderin
Der Film »Die Sünderin« von Willi Forst, uraufgeführt am 18. Januar, wird der größte Skandalerfolg des deutschen Nachkriegsfilms. Hildegard Knef spielt ein junges Mädchen, das nach dem Krieg Prostituierte wird. Der künstlerisch wenig wertvolle Film erregt Kirchenvertreter und Politiker und beschäftigt mehrere Gerichte. Ihm ist es zu verdanken, daß das Bundesgericht in Karlsruhe das Medium Film als »Erzeugnis der Kunst« bezeichnet und damit vor der staatlichen Zensur schützt.

Curt Goetz
Das Haus in Montevideo
»Das Haus in Montevideo« ist die erste Verfilmung der gleichnamigen bühnenwirksamen Boulevardkomödie von Curt Goetz, der Regie führt und zusammen mit seiner Frau Valerie von Martens die Hauptrolle spielt als sittenstrenger Lehrer, der mit zwölf Kindern gesegnet ist und daher in bescheidenen Verhältnissen lebt. Als er ein Haus in Montevideo unter der Bedingung erbt, daß eine seiner Töchter innerhalb eines Jahres ein uneheliches Kind bekommt, wird die Familie in einen großen Konflikt gestürzt. Schließlich stellt sich heraus, daß die Ehe wegen eines Formfehlers ungültig ist und alle zwölf Kinder unehelich sind.

Rolf Hansen
Dr. Holl
Dieter Borsche spielt in dem sentimentalen Film »Dr. Holl« von Rolf Hansen einen Arzt, der eine todkranke Frau (Maria Schell) heiratet, für die diese Heirat das letzte Glück bedeutet. Seine Verlobte (Heidemarie Hatheyer) billigt diese Motive. Doch Dr. Holl entdeckt ein Serum, durch das seine Frau von ihrer unheilbaren Krankheit geheilt wird. Das Ehepaar bleibt zusammen, die ehemalige Verlobte sucht Erfüllung in ihrem Beruf.

Peter Lorre
Der Verlorene
Peter Lorre schildert in »Der Verlorene« die Geschichte eines Wissenschaftlers (Peter Lorre), der nach dem Zweiten Weltkrieg in einem Flüchtlingslager den Mann (Karl John) trifft, der ihn während des Dritten Reichs dazu gebracht hat, seine unter Spionageverdacht stehende Verlobte zu ermorden. Er stellt den Mann zur Rede, erschießt ihn und begeht Selbstmord.

Wolfgang Staudte
Der Untertan
Einer der größten Erfolge in der Geschichte des DEFA-Films der DDR und zugleich einer der bedeutendsten deutschen Nachkriegsfilme ist Wolfgang Staudtes »Der Untertan« nach dem gleichnamigen Roman von Heinrich Mann; er wird am 31. März uraufgeführt. In der Bundesrepublik Deutschland wird die Aufführung verboten, die Premiere findet erst 1957 statt. Der Film ist eine satirische Entlarvung des kaiserlichen Untertans, der sich durch feige Kriecherei gegenüber den Mächtigen und durch unerbittliche Brutalität gegenüber Schwächeren und Untergebenen die Teilnahme an der Macht erkauft. In der Hauptrolle ist Werner Peters zu sehen.

Frankreich

Jacques Becker
Goldhelm
(Casque d'or)
Als Jacques Beckers Meisterwerk gilt der Film »Goldhelm«, die Schilderung eines Mannes (Serge Reggiani), der durch seine in Gangsterkreisen wegen ihres blonden Haars »Goldhelm« genannte Geliebte Marie (Simone Signoret) in das Milieu der Gauner, Zuhälter und Prostituierten gerät. Vom Chef der Bande (Claude Dauphin), zu der auch Marie gehört hat, wird er zu zwei Morden provoziert. Er stirbt durch die Guillotine.

Christian-Jaque
Fanfan, der Husar
(Fanfan la Tulipe)
Mit »Fanfan, der Husar« inszeniert Christian-Jaque (eigentlich Christian Maudet) die erste seiner spannenden Abenteuerkomödien, die ohne Sozialkritik auskommen, als niveauvolle Unterhaltungsfilme konzipiert sind und beim Publikum großen Erfolg haben. Gérard Philipe spielt die Titelrolle des Husaren Fanfan zur Zeit König Ludwigs XV. in Frankreich. In weiteren Rollen sind Gina Lollobrigida, Marcel Herrand, Geneviève Page und Sylvie Pelayo zu sehen.

Max Ophüls
Pläsier
(Le Plaisir)
Nach drei Erzählungen von Guy de Maupassant drehte Max Ophüls den Episodenfilm »Pläsier«: Die Geschichte eines maskierten Tänzers (Claude Dauphin), der ein Greis ist; den Ausflug der Damen eines Freudenhauses zur Erstkommunion der Nichte der Chefin (Madeleine Renaud); die Geschichte eines eifersüchtigen Malers (Daniel Gélin), der seine Geliebte (Simone Simon) erst heiratet, als sie nach einem gescheiterten Selbstmordversuch gelähmt ist. Mit diesem Film kehrt Ophüls zu den romantischen Werken seiner Frühzeit zurück.

Jacques Tati
Die Ferien des Monsieur Hulot
(Les Vacances de Monsieur Hulot)
Einen internationalen Erfolg erringt Jacques Tati mit der Komödie »Die Ferien des Monsieur Hulot«. Der Regisseur selbst spielt die Titelrolle, einen liebenswerten Kleinbürger, der am Strand in der Bretagne seinen Urlaub genießen will und in aller Unschuld ein Chaos um sich herum anrichtet. Viele Elemente sind dem Stummfilm entlehnt. Monsieur Hulot sagt in dem Film nur ein einziges Wort (»Hulot«).

Großbritannien

Charles Crichton
Einmal Millionär sein
(The Lavender Hill Mob)
Alec Guinness spielt die Hauptrolle in der Kriminalkomödie »Einmal Millionär sein« von Charles Crichton. Ein kleiner Bankangestellter, der den Transport von Goldbarren überwacht, läßt umgeschmolzenes Gold in Miniatur-Eiffeltürme nach Paris schicken. Als er an der Seine eintrifft, erfährt er, daß durch ein Versehen mehrere der goldenen Eiffeltürme als Souvenirs verkauft worden sind. Um den Traum vom Reichsein dennoch zu verwirklichen, jagt er den Souvenirkäufern nach, verrät sich jedoch durch seinen Übereifer und wird verhaftet.

Alfred Hitchcock
Verschwörung im Nordexpreß
(Strangers on a Train)
»Verschwörung im Nordexpreß« zählt zu den erfolgreichsten Thrillern von Alfred Hitchcock. Ein Unbekannter (Robert Walker) macht dem Tennisstar Guy (Farley Granger) den Vorschlag, dessen Frau umzubringen, wenn Guy eine andere Person tötet. Guy lehnt entrüstet ab, wenig später wird seine Frau ermordet aufgefunden. Der Verdacht fällt auf Guy, dessen Ehe zerrüttet war. Wieder meldet sich der Unbekannte und drängt auf »Vertragserfüllung«, andernfalls will er Material, das Guy belastet, am Tatort plazieren. Guy stellt den geistesgestörten Mörder auf einem Karussell.

Italien

Vittorio De Sica
Das Wunder von Mailand
(Miracolo a Milano)
In »Das Wunder von Mailand« inszeniert Vittorio De Sica mit den Mitteln des Neorealismus ein modernes Märchen. Nach der Entlassung aus dem Waisenhaus zieht der 18jährige Totò (Francesco Golisano) in eine Barackensiedlung vor Mailand, wo ihn bald jeder als »Totò den Guten« kennt und schätzt. Als die Armen wegen einer Erdölbohrung aus ihren Baracken vertrieben werden sollen, sendet Totòs verstorbene Mutter (Emma Gramatica) eine Taube vom Himmel, die Totò jeden Wunsch erfüllt. Totò nimmt den Kampf gegen die Industriellen und die Polizei auf, ist jedoch machtlos, als die Taube wieder verschwindet.

Japan

Akira Kurosawa
Rashomon
(Rashomon)
Internationalen Ruhm erringt Akira Kurosawa mit dem Samurai-Film »Rashomon«, der bei den Filmfestspielen von Venedig den Grand Prix erhält. Filmisch erzählt wird aus vier verschiedenen Perspektiven die Geschichte desselben Verbrechens, wobei bei jeder Variante die Wahrheit in Frage gestellt wird.

USA

Elia Kazan
Endstation Sehnsucht
(A Streetcar Named Desire)
Vivien Leigh, Marlon Brando und Kim Hunter sind die Stars in »Endstation Sehnsucht« von Elia Kazan. Der Film – eine Verfilmung des gleichnamigen Schauspiels von Tennessee Williams – ist eine Tragödie um den Motivkomplex Triebhaftigkeit und Sehnsucht. Der Arbeiter Stanley Kowalski (Marlon Brando), mit der ihm hörigen Stella (Kim Hunter) verheiratet, muß vorübergehend auch Stellas Schwester Blanche (Vivien Leigh) in seine Wohnung aufnehmen. Die Spannungen, die nun auftreten, vermehren sich noch, als Mitch (Karl Malden), ein Freund Kowalskis, Stella den Hof macht, und als Kowalski erfährt, daß Blanche in ihrem Heimatort als Alkoholikerin bekannt ist.

Mervyn Le Roy
Quo vadis?
(Quo vadis?)
Halsbrecherische Wagenrennen, blutige Zirkuskämpfe und aufwendige Bauten kennzeichnen Mervyn Le Roys in Italien gedrehten Spielfilm »Quo vadis?« nach dem gleichnamigen Bestseller des polnischen Literaturnobelpreisträgers Henryk Sienkiewicz.

Vincente Minelli
Ein Amerikaner in Paris
(An American in Paris)
Vincente Minellis »Ein Amerikaner in Paris« mit der Musik von George Gershwin zählt zu den erfolgreichsten Film-Musicals. Ein US-amerikanischer Maler (Gene Kelly) lebt arm, aber glücklich in Paris. Er wird von einer Millionärin (Nina Foch) umworben, verliebt sich jedoch in das Mädchen Lisa (Leslie Caron), das wiederum mit einem Sänger (Georges Guétary) verlobt ist. Der Film, der mit acht Oscars ausgezeichnet wird, endet mit einem Happy-End für den Maler und Lisa.

George Stevens
Ein Platz an der Sonne
(A Place in the Sun)
»Ein Platz an der Sonne« von George Stevens ist die Verfilmung des Romans »Eine amerikanische Tragödie« von Theodore Dreiser. Montgomery Clift, Elizabeth Taylor und Shelley Winters spielen die Hauptrollen in der Geschichte vom »amerikanischen Traum« des gesellschaftlichen Aufstiegs, einem Traum, der sich zur Tragödie wandelt.

Billy Wilder
Reporter des Satans
(Ace in the Hole oder The Big Carnival)
Billy Wilders »Reporter des Satans« ist eine scharfe Attacke gegen den Sensationsjournalismus. Ein erfolgloser Reporter (Kirk Douglas) wittert seine große Chance, als er einen in einer Höhle verschütteten Altertumsforscher (Richard Benedict) entdeckt. Der Mann könnte sofort gerettet werden, doch der Journalist zieht es vor, sechs Tage lang »exklusiv« über die Tragödie zu berichten. Der Verschüttete stirbt.

Sportereignisse und -rekorde des Jahres 1951

Die Aufstellung erfaßt Rekorde, Sieger und Meister in wichtigen Sportarten. Aufgenommen wurden nur solche Wettbewerbe, die in den vergangenen Jahren bereits regelmäßig ausgetragen worden sind und ab 1951 kontinuierlich zu den Sportprogrammen gehörten. Sportarten in alphabetischer Reihenfolge.

Automobilsport

Grand-Prix-Rennen (Formel 1)

Großer Preis von (Datum) Kurs/Strecke (Länge)	Sieger (Land)	Marke	Ø km/h
Europa (1. 7.) Reims (601,808 km)	Luigi Fagioli (ITA)/ Juan Manuel Fangio (ARG)	Alfa Romeo	178,593
Belgien (17. 6.)/Spa-Francorchamps (508,32 km)	Giuseppe Farina (ITA)	Alfa Romeo	183,998
Deutschland (29. 7.) Nürburgring (456,2 km)	Alberto Ascari (ITA)	Ferrari	134,800
Frankreich	ausgetragen als »Großer Preis von Europa«		
Großbritannien (14. 7.) Silverstone (418,384 km)	Froilan Gonzalez (ARG)	Ferrari	154,667
Italien (16. 9.) Monza (504 km)	Alberto Ascari (ITA)	Ferrari	185,915
Schweiz (27. 5.)/Bern-Bremgarten (305,76 km)	Juan Manuel Fangio (ARG)	Alfa Romeo	143,445
Spanien (28. 10.)/Pedralbes-Barcelona (442,12 km)	Juan Manuel Fangio (ARG)	Alfa Romeo	158,939

Formel-1-Weltmeister (7 WM-Läufe)

Name (Land)	Marke	Punkte[1)]	Siege
1. Juan Manuel Fangio (ARG)	Alfa Romeo	31 (37)	2
2. Alberto Ascari (ITA)	Ferrari	25 (28)	2
3. José Froilan Gonzalez (ARG)	Ferrari	24 (27)	1

1) Gewertet wurden die vier besten Resultate; in Klammern die in allen Rennen herausgefahrene Punktzahl.

Langstreckenrennen

Kurs/Dauer (Datum)	Sieger (Land)	Marke	Ø km/h
Indianapolis/500 ms (30. 4.)	Joe Wallard (USA)	Kurtis-Offenhauser	203,170
Le Mans/24 h (23./24. 6.)	Peter N. Whitehead (GBR)/ Peter Walker (GBR)	Jaguar	150,466
Mille Miglia/1564 km (29. 4.)	Luigi Villoresi (ITA)/ Cassani (ITA)	Ferrari	121,822
Targa Florio/576 km (9. 9.)	Franco Cortese (ITA)	Frazer-Nash	76,616
Tourist Trophy/513,162 km Dundrod-Belfast (15. 9.)	Stirling Moss (GBR)	Jaguar	134,468

Rallyes

Monte Carlo (23.–29. 1.)	Trevoux/Crovette (FRA)	Delahaye
Großbritannien	Jan Applegard (SWE)	Jaguar

Boxen/Schwergewicht

Ort (Datum)	Weltmeister	Gegner	Ergebnis
New York (12. 1.)	Ezzard Charles (USA)	Lee Oma (USA)	k. o. 10. Rd.
Detroit (7. 3.)	Ezzard Charles (USA)	Joe Walcott (USA)	PS 15 Rd.
Chicago (30. 5.)	Ezzard Charles (USA)	Joey Maxim (USA)	PS 15 Rd.
Pittsburgh (18. 7.)	Joe Walcott (USA)	Ezzard Charles (USA)	k. o. 7. Rd.

Eiskunstlauf

Turnier	Ort	Datum
Weltmeisterschaften	Mailand	23.–25. 2.
Europameisterschaften	Zürich	2.– 4. 2.
Deutsche Meisterschaften	Hamburg	

Einzel	Damen	Herren
Weltmeister	Jeanette Altweg (GBR)	Richard T. Button (USA)
Europameister	Jeanette Altweg (GBR)	Helmut Seibt (AUT)
Deutsche Meister	Helga Dudzinski (Füssen)	Horst Faber (Rießersee)

Paarlauf	
Weltmeister	Paul Falk/Ria Baran (GER)
Europameister	Paul Falk/Ria Baran (GER)
Deutsche Meister	Paul Falk/Ria Baran (Düsseldorf)

Eistanz	
Deutsche Meister	Lamprecht/Müller (Düsseldorf)

Fußball

Länderspiele	Ergebnis	Ort	Datum
Deutschland (+4, =0, −2)			
Schweiz – Deutschland	2:3	Zürich	15. 4.
Deutschland – Türkei	1:2	Berlin	17. 6.
Österreich – Deutschland	0:2	Wien	23. 9.
Irland – Deutschland	3:2	Dublin	17. 10.
Türkei – Deutschland	0:2	Istanbul	21. 11.
Deutschland – Luxemburg	4:1	Essen	23. 12.
Österreich (+2, =3, −1)			
Österreich – Schottland	4:0	Wien	27. 5.
Dänemark – Österreich	3:3	Kopenhagen	17. 6.
Österreich – Deutschland	0:2	Wien	23. 9.
Belgien – Österreich	1:8	Brüssel	14. 10.
Frankreich – Österreich	2:2	Paris	1. 11.
England – Österreich	2:2	London	28. 11.
Schweiz (+0, =1, −5)			
Spanien – Schweiz	6:3	Madrid	18. 2.
Schweiz – Deutschland	2:3	Zürich	15. 4.
Wales – Schweiz	3:2	Wrexham	16. 5.
Jugoslawien – Schweiz	7:3	Belgrad	24. 6.
Schweiz – Frankreich	1:2	Genf	14. 10.
Schweiz – Italien	1:1	Lugano	25. 11.

Landesmeister	
Deutschland	1. FC Kaiserlautern – Preußen Münster 2:1 (Berlin, 30. 6.)
Österreich	Rapid Wien
Schweiz	Lausanne Sports
Belgien	RSC Anderlecht
Dänemark	Akademisk
England	Tottenham Hotspurs
Finnland	Kotka
Frankreich	OGC Nizza
Holland	PSV Eindhoven
Italien	AC Mailand
Jugoslawien	Roter Stern Belgrad
Norwegen	Sarpsborg FK
Polen	Unia Königshütte
Schottland	Hibernian Edinburgh
Schweden	Malmö FF
Spanien	Atletico Madrid

Landespokal	
Deutschland	noch nicht wieder eingeführt
Österreich	nicht ausgetragen
Schweiz	FC La Chaux-de-Fonds – FC Locarno 3:2
England	Newcastle United – FC Blackpool 2:0
Frankreich	Racing Straßburg – US Valenciennes 3:0
Holland	nicht ausgetragen
Jugoslawien	Dinamo Zagreb
Polen	Ruch Königshütte
Schottland	Celtic Glasgow – FC Motherwell 1:0
Schweden	Malmö FF
Spanien	FC Barcelona – Real Sociedad San Sebastian 3:0

Gewichtheben/Superschwergewicht

Weltrekordhalter (Land)	Dreikampf	Drücken	Reißen	Stoßen
Humberto Selvetti (ARG)		157,5 kg		
John Davis (USA)	482,5 kg		149,5 kg	182,5 kg

Leichtathletik

Deutsche Meisterschaften (Düsseldorf, 28./29. 7.)

Disziplin	Meister (Vereinsort)	Leistung
Männer		
100 m	Heinz Fütterer (Karlsruhe)	10,8
200 m	Peter Kraus (München)	21,4
400 m	Hans Geister (Krefeld)	47,2
800 m	Urban Cleve (Krefeld)	1:50,0
1500 m	Karl Kluge (Bremen)	3:50,2
5000 m	Herbert Schade (Barmen)	14:19,6
10000 m	Erich Kruzycki (Hamburg)	31:45,2
Marathon	Wilfried Hogrefe (Hannover)	2:46:06,0
Mannschaft	TK Hannover	8:54:10,0
110 m Hürden	Wolfgang Troßbach (Berlin)	15,0
200 m Hürden	Berthold Steines (Koblenz)	24,7
400 m Hürden	Karl Kohlhoff (Koblenz)	53,4
3000 m Hindernis	Helmut Gude (Eßlingen)	9:02,4
4 × 100 m	Eintracht Frankfurt	42,1
4 × 400 m	CSV 1910 Krefeld	3:14,8
3 × 1000 m	Rot-Weiß Oberhausen	7:27,4
Hochsprung	Werner Bähr (Neumünster)	1,91
Stabhochsprung	Julius Schneider (Pforzheim)	4,20
Weitsprung	Herbert Göbel (Korbach)	7,19
Dreisprung	Werner Bodenhagen (Wolfenbüttel)	14,63
Kugelstoß	Werner Theurer (Feuerbach)	14,77
Diskuswurf	Heinz Rosendahl (Radevormwald)	46,77
Hammerwurf	Karl Wolf (Karlsruhe)	56,96
Speerwurf	Emil Sick (Stuttgart)	69,54
Fünfkampf[1]	Friedel Schirmer (Stadthagen)	3698
Zehnkampf[1]	Friedel Schirmer (Stadthagen)	6615
10 km Bahngehen	Rudolf Lüttge (Braunschweig)	47:51,2
50 km Gehen[2]	Rudolf Lüttge (Braunschweig)	4:58:06,0
Mannschaft	Eintracht Braunschweig	15:28:47,0
Frauen		
100 m	Marga Petersen (Bremen)	12,2
200 m	Maria Hertneck (Stuttgart)	25,6
80 m Hürden	Maria Sander (Dinslaken)	11,6
4 × 100 m	SV Werder Bremen	48,4
Hochsprung	Margarete Buchholz (Stuttgart)	1,55
Weitsprung	Lore Fanth (Stuttgart)	5,80
Kugelstoß	Gertrud Kille (Hamburg)	13,26
Diskuswurf	Marianne Werner (Münster)	42,72
Speerwurf	Marlies Müller (Koblenz)	46,49
Fünfkampf[1]	Lena Stumpf (Bremen)	436

1) 18./19. 8. Wetzlar;
2) 9. 9. Braunschweig

Deutsche Rekorde (Stand: 31. 12. 1951)

Disziplin	Name (Vereinsort)	Leistung	Datum	Ort
Männer				
100 m	Arthur Jonath (Bochum)	10,3	5. 6. 1932	Bochum
200 m	Helmut Körnig (Berlin)	20,9	19. 8. 1928	Berlin
400 m	Rudolf Harbig (Dresden)	46,0	12. 8. 1939	Mailand
800 m	Rudolf Harbig (Dresden)	1:46,6	15. 7. 1939	Mailand
1000 m	Rudolf Harbig (Dresden)	2:21,5	24. 5. 1941	Dresden
1500 m	Werner Lueg (Gevelsberg)	3:49,4	3. 7. 1951	Stockholm
3000 m	Herbert Schade (Barmen)	8:15,8	23. 6. 1951	Virolahti
5000 m	Herbert Schade (Barmen)	14:15,4	2. 9. 1951	Stuttgart
10000 m	Herbert Schade (Barmen)	29:42,2	29. 9. 1951	Wuppertal
110 m Hürden	Erwin Wegner (Berlin)	14,5	2. 7. 1935	Weißenfels
400 m Hürden	F. W. Hölling (Breslau)	51,6	9. 7. 1939	Berlin
4 × 100 m	Nationalstaffel	40,1	29. 7. 1939	Berlin
	SC Charlottenburg	40,8	22. 7. 1929	Breslau
4 × 400 m	Nationalstaffel	3:10,4	16. 7. 1939	Mailand
	CSV Marathon 1910 Krefeld	3:14,8	29. 7. 1951	Wuppertal
Hochsprung	Hermann Nacke (Kiel)	2,01	20. 8. 1944	Kiel
Stabhoch	Julius Schneider (Pforzheim)	4,20	28. 7. 1951	Düsseldorf
Weitsprung	Luz Long (Leipzig)	7,90	1. 8. 1937	Berlin
Dreisprung	Heinz Wöllner (Leipzig)	15,27	6. 8. 1936	Berlin
Kugelstoß	Heinrich Trippe (Berlin)	16,60	14. 9. 1941	Turin
Diskuswurf	Willy Schröder (Magdeburg)	53,10	28. 4. 1935	Magdeburg
Hammerwurf	Erwin Blask (Berlin)	59,00	27. 8. 1939	Stockholm
Speerwurf	Gerhard Stöck (Berlin)	73,96	25. 8. 1935	Helsinki
Zehnkampf	H. H. Sievert (Hamburg)	8790,46	7./8. 7. 1934	Hamburg
Frauen				
100 m	Käthe Krauss (Dresden)	11,8	4. 8. 1935	Berlin
	Marie Dollinger (Nürnberg)	11,8	4. 8. 1935	Berlin
200 m	Käthe Krauss (Dresden)	24,4	16. 9. 1938	Berlin
800 m	Marie Dollinger (Nürnberg)	2:16,8	2. 8. 1931	Magdeburg
1000 m	Lina Radke (Breslau)	3:06,8	25. 8. 1930	Brieg
80 m Hürden	Maria Sander (Dinslaken)	11,2	19. 8. 1951	Wetzlar
4 × 100 m	Nationalstaffel	46,4	8. 8. 1936	Berlin
	SC Charlottenburg	48,1	18. 6. 1939	Erfurt
Hochsprung	Feodora von Solms (Wünsdorf)	1,64	18. 9. 1938	Wien
Weitsprung	Elfriede Brunemann (Hannover)	6,21	4. 9. 1949	Hannover
Kugelstoß	Gisela Mauermayer (München)	14,38	15. 7. 1934	Warschau
Diskuswurf	Gisela Mauermayer (München)	48,31	11. 7. 1936	Berlin
Speerwurf	Marlies Müller (Koblenz)	47,35	14. 7. 1951	Graz
Fünfkampf	Maria Sander (Dinslaken)	456	22./23. 9. 51	Dinslaken

Weltrekorde (Stand: 31. 12. 1951)

Disziplin	Name (Land)	Leistung	Datum	Ort
Männer				
100 m	Jesse Owens (USA)	10,2	20. 6. 1936	Chicago
	Lloyd La Beach (PAN)	10,1*	7. 10. 1950	Guayaquil
200 m (Gerade)	Mel Patton (USA)	20,2 y	7. 5. 1949	Los Angeles
200 m (Kurve)	Andrew Stanfield (USA)	20,6 y	26. 5. 1951	Philadelphia
	Jesse Owens (USA)	20,7*	5. 8. 1936	Berlin
400 m	George Rhoden (JAM)	45,8	22. 8. 1950	Eskilstuna
	Herbert McKenley (JAM)	46,0 y	5. 6. 1948	Berkeley
800 m	Rudolf Harbig (GER)	1:46,6	15. 7. 1939	Mailand
1000 m	Rune Gustafson (SWE)	2:21,4	4. 9. 1946	Boras
1500 m	Gunder Hägg (SWE)	3:43,0	7. 7. 1944	Göteborg
Meile	Gunder Hägg (SWE)	4:01,3	17. 7. 1945	Malmö
3000 m	Gaston Reiff (BEL)	7:58,8	12. 8. 1949	Gävle
5000 m	Gunder Hägg (SWE)	13:58,2	20. 9. 1942	Göteborg
10000 m	Emil Zatopek (CSR)	29:02,6	4. 8. 1950	Turku
110 m Hürden	Richard Attlesey (USA)	13,5	10. 7. 1950	Helsinki
400 m Hürden	Glenn Hardin (USA)	50,6	26. 7. 1934	Stockholm
3000 m Hindern.*	Wladimir Kasanzew (URS)	8:49,8	10. 7. 1951	Moskau
4 × 100 m	USA	39,8	9. 8. 1936	Berlin
4 × 400 m	USA	3:08,2	7. 8. 1932	Los Angeles
Hochsprung	Lester Steers (USA)	2,11	17. 6. 1941	Los Angeles
Stabhochsprung	Cornelius Warmerdam (USA)	4,77	23. 5. 1942	Modesto
Weitsprung	Jesse Owens (USA)	8,13	25. 5. 1935	Ann Arbor
Dreisprung	Adhemar Ferreira da Silva (BRA)	16,01	30. 9. 1951	Rio de Janeiro
Kugelstoß	Jim Fuchs (USA)	17,95	22. 8. 1950	Eskilstuna
Diskuswurf	Fortune Gordien (USA)	56,97	14. 8. 1949	Hämeenlinna
Hammerwurf	Imre Nemeth (UNG)	59,88	16. 5. 1950	Budapest
Speerwurf	Yrjö Nikkanen (FIN)	78,70	16. 10. 1938	Kotka
Zehnkampf	Bob Mathias (USA)	8042	29./30. 6. 50	Tulare

Weltrekorde (Fortsetzung)				
Disziplin	Name (Land)	Leistung	Datum	Ort
Frauen				
100 m	Fanny Blankers-Koen (HOL)	11,5	13. 6. 1948	Amsterdam
200 m	Stanislawa Walasiewicz (POL)	23,6	15. 8. 1935	Warschau
400 m*	Soja Petrowa (URS)	56,0	15. 7. 1951	Minsk
800 m	Nina Pletnewa (URS)	2:12,0	26. 8. 1951	Minsk
1500 m*	Olga Owsjannikowa (URS)	4:37,8	15. 9. 1946	Dnjepropetrowsk
80 m Hürden	Fanny Blankers-Koen (HOL)	11,0	20. 6. 1948	Amsterdam

Disziplin	Name (Land)	Leistung	Datum	Ort
4 × 100 m	Deutschland	46,4	8. 8. 1936	Berlin
Hochsprung	Sheila Lerwill (GBR)	1,72	7. 7. 1951	London
Weitsprung	Fanny Blankers-Koen (HOL)	6,25	19. 9. 1943	Leiden
Kugelstoß	Anna Andrejewa (URS)	15,02	9. 11. 1950	Ploesti
Diskuswurf	Nina Dumbadse (URS)	53,37	27. 5. 1951	Moskau
Speerwurf	Natalia Smirnizkaja (URS)	53,41	5. 8. 1949	Moskau
Fünfkampf	Fanny Blankers-Koen (HOL)	4692	15./16. 9. 51	Amsterdam

y = Yardstrecke: 220 y = 201,17 m, 440 y = 402,34 m
* inoffizielle; offiziell (auch später) nicht anerkannt

Pferdesport

Disziplin/Turnier	Sieger (Land)	Pferd (Stall)	Tag
Galopprennen			
Deutsches Derby	Otto Schmidt (GER)	Neckar (Erlenhof)	1. 7.
Prix de l'Arc de Triomphe		Tantième (Dupré)	
Trabrennen			
Deutsches Derby	Hans Frömming (GER)	Docht (Weyers)	
Prix d'Amerique			
Turniersport			
Springreiten			
Deutsches Derby	Fritz Thiedemann (GER)	Meteor	

Radsport

Disziplin, Ort	Plazierung, Name (Land)	Zeit/ Rückstand
Straßenweltmeisterschaft		
Profis (295 km) Varese, 2. 9.	1. Ferdi Kübler (SUI) 2. Fiorenzo Magni (ITA) 3. Antonio Bevilacqua (ITA)	
Amateure (172 km) Varese, 1. 9.	1. Ghidini (ITA) 2. Benedetti (ITA) 3. Plantaz (HOL)	
Rundfahrten (Etappen)		
Tour de France (24) Datum: 4. – 29. 7. Länge: 4686 km 123 Starter, 66 im Ziel	1. Hugo Koblet (SUI) 2. Raphael Geminiani (FRA) 3. L. Lazarides (FRA)	142:20:14 22:00 24:16
Giro d'Italia (20) Datum: 19. 5. – 10. 6. Länge: 4162 km 98 Starter, 75 im Ziel	1. Fiorenzo Magni (ITA) 2. Rik van Steenbergen (BEL) 3. Ferdi Kübler (SUI)	121:11:37 1:46 2:36
Tour de Suisse (8) Datum: 15. – 23. 6. Länge: 1864 km	1. Ferdi Kübler (SUI) 2. Hugo Koblet (SUI) 3. Alfredo Martini (ITA)	55:15:14 5:15 14:03
Deutschland-Rundfahrt (16) Datum: 21. 7. – 3. 8. Länge: 3906 km	1. Guido De Santi (ITA) 2. Fritz Schaer (SUI) 3. Raymond Impanis (BEL)	

Schwimmen

Deutsche Meisterschaften (Lüdenscheid)		
Disziplin	Meister (Vereinsort)	Leistung
Männer		
Freistil 100 m	Harry Hitzinger (Berlin)	1:01,2
Freistil 200 m	Heinz Günther Lehmann (Aachen)	2:17,3
Freistil 400 m	Heinz Günther Lehmann (Aachen)	5:04,8
Freistil 1500 m	Heinz Günther Lehmann (Aachen)	20:14,8
Freistil 4 × 100 m	Eintracht Braunschweig	4:21,0
Freistil 4 × 200 m	Eintracht Braunschweig	10:10,0
Brust 100 m	Herbert Klein (München)	1:09,8
Brust 200 m	Herbert Klein (München)	2:36,4
Brust 4 × 200 m	Olympia Gladbeck	12:05,0
Rücken 100 m	Hans Schuster (Berlin)	1:10,7
Rücken 4 × 100 m	Eintracht Braunschweig	5:09,7
Lagen 3 × 100 m	VfS München	3:34,7
Kunstspringen	Hanns Aderhold (Gronau)	198,64
Turmspringen	Günther Haase (Lüdenscheid)	169,99
Wasserball	SSF Barmen	
Stromschwimmen 7500 m	Matthias Koch (Ruhrort)	42:28,3
Meeresschwimmen 3000 m	Uwe Dahlström (Hamburg)	53:57,0
Frauen		
Freistil 100 m	Elisabeth Rechlin (Bochum)	1:10,8
Freistil 400 m	Elisabeth Rechlin (Bochum)	5:55,5
Freistil 4 × 100 m	SSF Bonn	5:09,5
Brust 100 m	Ria Lingen-Loerper (Kempen)	1:24,6
Brust 4 × 200 m	SSC Berlin	13:12,6
Rücken 100 m	Gertrud Herrbrück (Pirmasens)	1:19,0
Rücken 4 × 100 m	Blau-Weiß Pirmasens	5:40,6
Lagen 3 × 100 m	Düsseldorf 1898	4:13,2
Kunstspringen	S. von Hartungen (Gummersbach)	127,96
Turmspringen	Paula Haase-Tartarek (Lüdenscheid)	90,76
Stromschwimmen 7500 m	Elisabeth Rechlin (Bochum)	44:29,0
Meeresschwimmen 2000 m	Wera Schäferkordt (Düsseldorf)	37:25,0

Weltrekorde (Stand: 31. 12. 1951)				
Disziplin	Name (Land)	Leistung	Datum	Ort
Männer				
Freistil 100 m	Alan Ford (USA)	55,4	29. 6. 1948	New Haven
Freistil 200 m	John Marshall (AUS)	2:04,6	31. 3. 1950	New Haven
Freistil 400 m	John Marshall (AUS)	4:26,9	24. 3. 1951	New Haven
Freistil 800 m	Ford Konno (USA)	9:30,7	7. 7. 1951	Honolulu
Freistil 1500 m	Hironoshin Furuhashi (JAP)	18:19,0	16. 8. 1949	Los Angeles
Freistil 4 × 100 m	USA	3:47,9	19. 3. 1951	New Haven
Freistil 4 × 200 m	Frankreich	8:33,0	2. 8. 1951	Marseille
Brust 100 m	Leonid Meschkow (URS)	1:06,5	5. 5. 1951	Moskau
Brust 200 m	Herbert Klein (GER)	2:27,3	9. 6. 1951	München
Rücken 100 m	Allan Stack (USA)	1:03,6	4. 2. 1949	New Haven
Rücken 200 m	Allan Stack (USA)	2:18,5	4. 5. 1949	New Haven
Frauen				
Freistil 100 m	Willie den Ouden (HOL)	1:04,6	27. 2. 1936	Amsterdam
Freistil 200 m	Ragnhild Hveger (DAN)	2:21,7	11. 9. 1938	Åarhus
Freistil 400 m	Ragnhild Hveger (DAN)	5:00,1	15. 9. 1940	Kopenhagen
Freistil 800 m	Ragnhild Hveger (DAN)	10:52,5	13. 8. 1941	Kopenhagen
Freistil 1500 m	Ragnhild Hveger (DAN)	20:57,0	20. 8. 1941	Kopenhagen
Freistil 4 × 100 m	Dänemark	4:27,6	7. 8. 1938	Kopenhagen
Freistil 4 × 200 m	USA	10:30,7	16. 8. 1941	High Point
Brust 100 m	Eva Sazekely (UNG)	1:16,9	9. 5. 1951	Moskau
Brust 200 m	Eva Novak (UNG)	2:48,5	5. 5. 1951	Moskau
Rücken 100 m	Cor Kint (HOL)	1:10,9	22. 9. 1939	Rotterdam
Rücken 200 m	Geertje Wielema (HOL)	2:35,3	2. 4. 1950	Hilversum

Deutsche Rekorde (Stand: 31. 12. 1951)				
Disziplin	Name (Ort)	Leistung	Datum	Ort
Männer				
Freistil 100 m	Helmut Fischer (Bremen)	56,8	26. 4. 1936	Berlin

Schwimmen (Fortsetzung)

Deutsche Rekorde

Disziplin	Name (Land)	Leistung	Datum	Ort
Freistil 200 m	Heinz-Günther Lehmann (Aachen)	2:12,4	14. 11. 1949	Braunschweig
Freistil 400 m	Werner Plath (Berlin)	4:47,6	26. 3. 1939	Bremen
Freistil 800 m	Heinz-Günther Lehmann (Aachen)	10:15,6	8. 9. 1951	Übach-Palenberg
Freistil 1500 m	Heinz-Günther Lehmann (Aachen)	19:47,5	2. 9. 1951	Übach-Palenberg
Freistil 4 × 100 m	Bremischer SV	4:03,4	26. 10. 1935	Norderney
Freistil 4 × 200 m	Bremischer SV	9:16,4	27. 10. 1935	Norderney
Brust 100 m	Herbert Klein (München)	1:07,0	16. 12. 1950	Linz
Brust 200 m	Herbert Klein (München)	2:27,3	9. 6. 1951	München
Rücken 100 m	Heinz Schlauch (Erfurt)	1:06,8	6. 2. 1938	Duisburg
Rücken 200 m	Heinz Schlauch (Erfurt)	2:29,8	9. 2. 1938	Kopenhagen
Frauen				
Freistil 100 m	Gisela Arendt (Charlottenburg)	1:06,6	10. 8. 1936	Berlin
Freistil 200 m	Gisela Arendt (Charlottenburg)	2:35,3	29. 8. 1937	Gera
Freistil 400 m	Inge Schmitz (Spandau)	5:41,4	28. 7. 1938	Breslau
Freistil 800 m	Ruth Halbsguth (Charlottenburg)	12:16,2	5. 9. 1937	Berlin
Freistil 1500 m	Wera Schäferkordt (Düsseldorf)	23:29,4	11. 8. 1940	Düsseldorf
Freistil 4 × 100 m	Nixe Charlottenburg	4:56,0	30. 8. 1936	Berlin
Brust 100 m	Hanni Hölzner (Plauen)	1:20,2	13. 3. 1936	Plauen
Brust 200 m	Anni Kapell (Mönchengladbach)	2:55,5	19. 3. 1941	Düsseldorf
Rücken 100 m	Gertrud Herrbruck (Pirmasens)	1:14,9	15. 4. 1950	Mannheim
Rücken 200 m	Gertrud Herrbruck (Pirmasens)	2:47,2	15. 4. 1950	Mannheim

Ski alpin

	Herren	Damen
Deutsche Meister		
Abfahrt	Karl Maurer	Lia Leismüller
Slalom	Franz Grasegger	Hildesuse Gärtner
Kombination	Sepp Gartner	Hildesuse Gärtner
Österreichische Meister		
Abfahrt	Engele Haider	Erika Mahringer
Slalom	Christian Pravda	Erika Mahringer
Riesenslalom	Christian Pravda	Erika Mahringer
Kombination	Christian Pravda	Erika Mahringer
Schweizer Meister		
Abfahrt	Bernard Perren	Idly Walpoth
Slalom	Georges Schneider	Olivia Ausoni
Riesenslalom	Bernard Perren	Ida Schöpfer
Kombination	Fred Rubi	Olivia Ausoni

Tennis

Meisterschaften	Ort	Datum
Wimbledon	London	25. 6.–7. 7.
French Open	Paris	
US Open	Forest Hills (Einzel)	
	Chestnut Hill (Doppel)	
Australian Open	Melbourne	
Internationale Deutsche	Hamburg	
Daviscup-Endpiel	Sydney	26.–28. 12.

Turnier	Sieger (Land) – Finalgegner (Land)		Ergebnis
Herren (Einzel)			
Wimbledon	Dick Savitt (USA) – Ken McGregor (AUS)		6:4, 6:4, 6:4
French Open	Jaroslav Drobny (EGY) – Eric Sturgess (SFA)		6:3, 6:3, 6:3
US Open	Frank Sedgman (AUS) – Vic Seixas (USA)		6:4, 6:1, 6:1
Australian O.	Dick Savitt (USA) – Ken McGregor (AUS)		6:3, 2:6, 6:3, 6:1
Int. Deutsche	Lennart Bergelin (SWE) – Sven Davidson (SWE)		4:6, 6:3, 4:6, 6:4, 7:5
Daviscup-E.	Australien – USA 3:2		
Damen			
Wimbledon	Doris Hart (USA) – Shirley Fry (USA)		6:1, 6:0
French Open	Shirley Fry (USA) – Doris Hart (USA)		6:3, 3:6, 6:3
US Open	Maureen Connolly (USA) – Shirley Fry (USA)		6:3, 1:6, 6:4
Australian O.	Nancy Bolton (AUS) – Thelma Long (AUS)		6:1, 7:5
Int. Deutsche	Nancy Bolton (AUS)		
Herren-Doppel			
Wimbledon	Ken McGregor (AUS)/ Frank Sedgman (AUS)	– Jaroslav Drobny (EGY)/ Eric Sturgess (SFA)	3:6, 6:2, 6:3, 3:6, 6:3
French Open	Ken McGregor (AUS)/ Frank Sedgman (AUS)	– Gardner Mulloy (USA)/ Dick Savitt (USA)	6:2, 2:6, 9:7, 7:5
US Open	Ken McGregor (AUS)/ Frank Sedgman (AUS)	– D. Candy (AUS)/ Mervyn Rose (AUS)	10:8, 6:4, 4:6, 7:5
Australian O.	Ken McGregor (AUS)/ Frank Sedgman (AUS)	– John Bromwich (AUS)/ Adrian Quist (AUS)	11:9, 2:6, 6:3, 4:6, 6:3
Int. Deutsche	Kurt Nielsen (DAN)/ Jörgen Ulrich (DAN)		
Damen-Doppel			
Wimbledon	Shirley Fry (USA)/ Doris Hart (USA)	– Louise Brough (USA)/ Margaret duPont (USA)	6:3, 13:11
French Open	Shirley Fry (USA)/ Doris Hart (USA)	– Beryl Bartlett/ Barbara Scofield	10:8, 6:3
US Open	Shirley Fry (USA)/ Doris Hart (USA)	– Nancy Chaffee/ Patricia Todd	6:4, 6:2
Australian O.	Nancy Bolton (AUS)/ Thelma Long (AUS)	– Joyce Fitch/ Mary Hawton	6:2, 6:1
Int. Deutsche	Nancy Bolton (AUS)/ C. Proctor		
Mixed			
Wimbledon	Frank Sedgman (AUS)/ Doris Hart (AUS)	– Mervyn Rose (AUS)/ Nancy Bolton (AUS)	7:5, 6:2
French Open	Frank Sedgman (AUS)/ Doris Hart (USA)	– Mervyn Rose (AUS)/ Thelma Long (AUS)	7:5, 6:2
US Open	Frank Sedgman (AUS)/ Doris Hart (USA)	– Mervyn Rose (AUS)/ Shirley Frey (USA)	6:3, 6:2
Australian O.	G. Worthington/ Thelma Long (AUS)	– J. May/ C. Proctor	4:6, 6:3, 6:2
Int. Deutsche	Jean Borotra (FRA)/ Nancy Bolton (AUS)		

Nekrolog 1951

Bekannte Persönlichkeiten aus allen Bereichen des gesellschaftlichen Lebens, die im Jahr 1951 gestorben sind, werden – alphabetisch geordnet – in Kurzbiographien dargestellt.

Abd Allah Ibn Al Husain
König von Jordanien (* 1882, Mekka), wird am 20. Juli in der Jerusalemer Al-Aksa-Moschee von Palästinensern ermordet.
Der Sohn des Königs Husain von Hedschas (Saudi-Arabien) und Bruder des Königs Faisal I. von Irak wurde 1921 unter britischem Protektorat Emir des neugebildeten Transjordanien. Nach der Unabhängigkeit von Großbritannien nahm er 1946 den Titel eines Königs von Transjordanien an. Der Staatsname wurde 1950 in »Königreich Jordanien« geändert, nachdem seine Truppen das Westjordanland besetzt hatten.

Ernest Bevin

britischer Gewerkschaftsführer und Politiker (* 9. 3. 1881, Winsford/Somerset), stirbt am 14. April in London.
Bevin, Mitglied der Labour Party, ist der Gründer der britischen Transportarbeitergewerkschaft (1921), die er bis 1940 als Generalsekretär leitete. Von 1937 bis 1940 war er zugleich Vorsitzender des Trades Union Congress (TUC). Im Koalitionskabinett von Winston Churchill leitete er von 1940 bis 1945 das Ministerium für Arbeit und nationale Dienste. Als Außenminister von 1945 bis 1951 war er maßgeblich beteiligt am Zustandekommen des Brüsseler Pakts (1948) und des Nordatlantikpakts (1949).

Hans Böckler
deutscher Gewerkschaftsführer (* 26. 2. 1875, Trautskirchen bei Neustadt an der Aisch), stirbt am 16. Februar in Düsseldorf.
Böckler war als SPD-Mitglied von 1928 bis 1933 Mitglied des Reichstags, während des Nationalsozialismus war er wegen illegaler Gewerkschaftstätigkeit zeitweise in Haft. 1947 wurde er Vorsitzender des DGB der britischen Besatzungszone, 1949 der erste Vorsitzende des DGB der Bundesrepublik Deutschland. Während seiner kurzen Amtszeit errangen die Gewerkschaften das Mitbestimmungsrecht in der Montanindustrie, außerdem wurden die Ruhrfestspiele gegründet. Darüber hinaus gründete Böckler das Wirtschaftswissenschaftliche Institut der Gewerkschaften (WWI).

Hermann Broch

österreichischer Schriftsteller (* 1. 11. 1886, Wien), stirbt am 30. Mai in New Haven/Connecticut.
Als Erzähler und Kulturphilosoph verband Broch wissenschaftliche Erkenntnis und dichterische Gestaltung. In Romanen schilderte er den Werteverfall in einer sich auflösenden bürgerlichen Gesellschaft (»Die Schlafwandler«, 1931/32; »Die Schuldlosen«, 1950) ebenso wie das im Dritten Reich erlebte Phänomen des Massenwahns (»Der Versucher«, postum 1953). Sein Hauptwerk, »Der Tod des Vergil« (1945), ist ein lyrischer Monolog. Broch verwendete radikale neue Erzählformen, löste die Handlung durch eingefügte Essays auf, wechselte den Stil je nach Gegenstand und bezog Mythologie, Soziologie, Naturwissenschaft und Symbolforschung in seine Dichtungen mit ein.

Fritz Busch
deutscher Dirigent und Pianist (* 13. 3. 1890, Siegen), stirbt am 14. September in London.
Fritz Busch, Bruder des Violinisten Adolf Busch und des Violoncellisten Hermann Busch, war von 1919 bis 1922 Operndirektor in Stuttgart und von 1922 bis 1933 Generalmusikdirektor in Dresden, wo er u. a. Uraufführungen der Werke von Richard Strauss, Paul Hindemith und Ferruccio Busoni leitete und wesentlich zur Verdi-Renaissance im Deutschen Reich beitrug. 1933 ging er nach Buenos Aires, von 1937 bis 1939 war er künstlerischer Leiter des Glyndebourne-Festivals in Großbritannien, von 1937 bis 1940 war er zugleich Chefdirigent des Stockholmer Philharmonischen Orchesters.

António Óscar de Fragoso Carmona
portugiesischer Politiker und Marschall (* 24. 11. 1869, Lissabon), stirbt am 18. April in Lissabon.
Carmona war maßgeblich am Militärputsch von 1926 beteiligt und amtierte von 1926 bis 1928 als Ministerpräsident. Von 1928 bis zu seinem Tod war er Staatspräsident.

Alfred Cossmann
österreichischer Kupferstecher und Radierer (* 2. 10. 1870, Graz), stirbt am 31. März in Wien.
Cossmann schuf Exlibris, Buchschmuck und Einbände in strengem Zeichenstil. Er veröffentlichte u. a. »Die Magie des Kupferstichs« (1947).

Charles Gates Dawes
US-amerikanischer Politiker, Friedensnobelpreisträger 1925 (* 27. 8. 1865, Marietta/Ohio), stirbt am 23. April in Evanston/Illinois.
Dawes war maßgeblich beteiligt am Entwurf des nach ihm benannten Dawesplans (1924), eines internationalen Vertrags über die deutschen Reparationszahlungen nach dem Ersten Weltkrieg. Durch die Neufestsetzung der Zahlungen und einen 800-Mio.-Dollar-Kredit wurde der Wiederaufbau Europas wesentlich vorangetrieben. Hierfür wurde Dawes 1925 mit dem Friedensnobelpreis ausgezeichnet.

Robert Flaherty
US-amerikanischer Filmregisseur (* 16. 2. 1884, Iron Mountain/Michigan), stirbt am 23. Juli in Dummerston/Vermont.
Flaherty leitete von 1910 bis 1916 vier Expeditionen in die kanadische Subarktis und drehte dabei seine ersten Dokumentarfilme. Sein Film »Nanuk, der Eskimo« begründete seinen Ruhm als Dokumentarfilmer, der primitives menschliches Leben in ursprünglicher Umgebung anschaulich machen wollte. Auf den Samoa-Inseln drehte er »Moana« (1926), auf Tahiti zusammen mit Friedrich Wilhelm Murnau »Tabu« (1931). Es folgten »Die Männer von Aran« (1934) und »Louisiana-Legende« (1948).

André Gide

französischer Schriftsteller, Literaturnobelpreisträger 1947 (* 22. 11. 1869, Paris), stirbt am 19. Februar in Paris.
Gide zählte zu den herausragenden Persönlichkeiten des kulturellen Lebens in Frankreich. Sein Schwanken zwischen Glauben und Atheismus, Moral und Amoral und letztlich seine zeitweilige Begeisterung für den Kommunismus verhinderte, daß der Mann, der seit dem Ende des 19. Jahrhunderts mehrere Generationen von Literaten entscheidend beeinflußte, früher den Nobelpreis zuerkannt bekam. 1947 erhielt er ihn »für sein umfassendes, künstlerisch bedeutendes Werk, in dem menschliche Probleme und Verhältnisse mit unerschrockener Wahrheitsliebe und scharfem psychologischem Blick dargestellt werden«. Gide bezog in die Konzeption seines Werks nicht nur Korrespondenzen mit ein, sondern schrieb auch sein Tagebuch im Hinblick auf eine spätere Veröffentlichung. So kommt dem Autobiographischen – darunter seine homosexuelle Neigung und der daraus erwachsende Moral- und Glaubenskonflikt – eine zentrale Stellung zu: »Stirb und werde« (1920/21), »Et nunc manet in te und Intimes Tagebuch« (1951), »So sei es oder Die Würfel sind gefallen« (postum 1952). Den formalen Höhepunkt seiner Romankunst erreichte er mit dem Experimentalroman »Die Falschmünzer« (1925).

William Randolph Hearst

US-amerikanischer Journalist und Verleger (* 29. 4. 1863, San Francisco), stirbt am 14. August in Beverly Hills/Kalifornien.
Hearst ist neben Joseph Pulitzer der Begründer des Sensationsjournalismus (Yellow journalism) der US-Boulevardpresse. Der von ihm aufgebaute Pressekonzern, die Hearst Consolidated Publications Incorporation, wurde der größte in den USA.

August Horch
deutscher Automobilkonstrukteur und Industrieller (* 12. 10. 1868, Winningen), stirbt am 3. Februar in Münchberg.
Horch gründete 1899 die August-Horch-Werke und 1910 die Audi Automobilwerke.

Alfred Hugenberg
deutscher Wirtschaftsführer und Politiker (* 19. 6. 1865, Hannover), stirbt am 12. März in Kükenbruch.
Hugenberg zählte 1891 zu den Mitbegründern des völkisch-imperialistischen Alldeutschen Verbands. Von 1909 bis 1918 war er Vorsitzender des Direktoriums der Firma Krupp. Nach der Novemberrevolution wandte er sich der Politik zu und wurde 1919 als Deutschnationaler in die Weimarer Nationalversammlung und 1920 in den Reichstag gewählt. In der DNVP leitete er den völkisch-alldeutschen Flügel, 1928 wurde er Parteivorsitzender. Seine Zusammenarbeit mit Adolf Hitler bei der Kampagne gegen den Youngplan trug dazu bei, die NSDAP gesellschaftsfähig zu machen. Unter Hitler war er von Januar bis Juni 1933 Reichswirtschafts- und Reichsernährungsminister. Den größten Einfluß übte Hugenberg durch den Medienkonzern (Hugenbergkonzern) aus, den er ab 1914 während des Ersten Weltkriegs und während der Inflation aufbaute.

Karl Jarres
deutscher Politiker (* 21. 9. 1874, Remscheid), stirbt am 20. Oktober in Düsseldorf.
Jarres war von 1914 bis 1923 und von 1925 bis 1933 Oberbürgermeister von Duisburg. 1923/24 war er als Parteiloser (dem rechten Flügel der Deutschen Volkspartei nahestehend) Vizekanzler und Reichsminister des Innern unter Reichskanzler Wilhelm Marx (Zentrum). Im Jahr 1925 kandidierte er für das Amt des Reichspräsidenten, erhielt die relative Mehrheit, verzichtete jedoch zugunsten von Paul von Hindenburg.

Louis Jouvet
französischer Schauspieler und Regisseur (* 24. 12. 1887, Finistère), stirbt am 16. August in Paris.
Jouvet leitete ab 1922 die Comédie des Champs-Élysées und ab 1934 das Théâtre de l'Athénée in Paris. Seine Inszenierungen (Jean Giraudoux, Molière) beeinflußten nachhaltig das europäische Theater. Ab 1933 stand er auch vor der Kamera, u. a. in einigen der bedeutendsten Werke des französischen Films: »Nachtasyl« (1936), »Hôtel du Nord« (1938).

Bernhard Kellermann
deutscher Schriftsteller (* 4. 3. 1879, Fürth), stirbt am 17. Oktober in Klein-Glienicke/Potsdam.
Nach der »Titanic«-Katastrophe von 1912 rief Kellermanns technisch-utopischer Roman »Der Tunnel« (1913), der in der Tradition von Jules Verne und H. G. Wells steht, weltweites Echo hervor. Dieser Bestseller war nicht nur spannender Zukunftsroman, sondern zugleich kritisch-realistische Schilderung einer Welt, in der sich in riesigen Arbeitsschlachten »in geschlossenen Fronten … Arbeiter und Kapital gegenüberstehen«. Weitere Romane: »Yester und Li« (1904), »Ingeborg« (1906), »Die Brüder Schellenberg« (1925), »Totentanz« (1948).

Armin Knab
deutscher Komponist (* 19. 2. 1881, Neuschleichach/Haßberge), stirbt am 23. Juni in Bad Wörishofen.
Knab erstrebte die Verschmelzung von Volkslied und Kunstlied. Er komponierte u. a. 150 Klavierlieder und zahlreiche Kinderlieder.

Hans Leisegang
deutscher Philosoph (* 13. 3. 1890, Bad Blankenburg), stirbt am 5. April in Berlin.
Leisegang erforschte vor allem die Philosophie des Hellenismus. Er lehnte es ab, die Logik als einzigen erkenntnistheoretischen Maßstab anzuerkennen. Hauptwerke: »Hellenistische Philosphie« (1923), »Gnosis« (1924), »Denkformen« (1928).

Sinclair Lewis

US-amerikanischer Schriftsteller, Literaturnobelpreisträger 1930 (* 7. 2. 1885, Sauk Center/Minnesota), stirbt am 10. Januar in Rom.
Lewis erhielt 1930 als erster US-Amerikaner den Literaturnobelpreis »für seine kraftvolle, lebendige, von Witz und Humor erfüllte und von einer Begabung für Charakterzeichnung getragene Kunst der Schilderung«. In seinen sozialkritischen Romanen steht meist die kleinbürgerlich-spießige Durchschnittsgesellschaft des US-amerikanischen Mittelwestens im Zentrum: »Die Hauptstraße« (1921), »Babbit« (1922), »Dr. med. Arrowsmith« (1925), »Elmer Gantry« (1927).

Liaquat Ali Khan
pakistanischer Politiker (* 1. 10. 1895, Karnal), wird am 16. Oktober in Rawalpindi ermordet.
Liaquat war von 1947 bis zu seinem Tod der erste Premierminister von Pakistan.

Maxim Maximowitsch Litwinow
sowjetischer Politiker (* 17. 7. 1876, Bialystok), stirbt am 31. Dezember in Moskau.
Als Volkskommissar für Auswärtiges von 1930 bis 1939 trat Litwinow angesichts der vom nationalsozialistischen Deutschen Reich und dem faschistischen Italien ausgehenden Gefahr für ein kollektives Sicherheitssystem ein. Von 1941 bis 1943 war er Botschafter in Washington.

Willem Mengelberg

niederländischer Dirigent (* 28. 3. 1871, Utrecht), stirbt am 22. März in Ramosch in Graubünden.
Mengelberg leitete von 1895 bis 1945 das Concertgebouworkest in Amsterdam. Neben der Pflege des klassischen Repertoires setzte er sich insbesondere für das Werk von Richard Strauss und Gustav Mahler ein.

Otto Meyerhof
deutscher Biochemiker, Medizinnobelpreisträger 1922 (* 12. 4. 1884, Hannover), stirbt am 6. Oktober in Philadelphia.
Meyerhof unternahm bahnbrechende Forschungen auf dem Gebiet der Energieumwandlung, dem Kohlenhydratstoffwechsel und den enzymatischen Vorgängen in den Muskelzellen. Hierfür erhielt er 1922 den Medizinnobelpreis.

Philippe Pétain
französischer Marschall und Politiker (* 24. 4. 1856, Cauchy-à-la Tour/Pas-de-Calais), stirbt am 23. Juli auf der Ile d'Yeu in der Vendée.
Pétain leitete während des Ersten Weltkriegs 1916/17 die erfolgreiche Verteidigung von Verdun, wurde im Mai 1917 Oberbefehlshaber des französischen Heeres und 1918 Marschall von Frankreich. Von 1920 bis 1931 war er Vizepräsident des Obersten Kriegsrats und von 1922 bis 1931 zugleich Generalinspekteur der Armee. Als stellvertretender Ministerpräsident (ab Mai 1940) sprach er sich zu Beginn des Zweiten Weltkriegs nach der Niederlage Frankreichs für einen Waffenstillstand mit dem Deutschen Reich aus, bildete im Juni 1940 die letzte Regierung der dritten Republik und schloß am 22. bzw. 24. Juni 1940 den Waffenstillstand mit dem Deutschen Reich und Italien. Als Chef der Vichy-Regierung erhielt er im Juli 1940 vom Parlament umfassende Vollmachten, hatte jedoch ab 1942 nur noch wenig Einfluß. 1944 wurde er im Deutschen Reich interniert, stellte sich im April 1945 den französischen Behörden, wurde zum Tod verurteilt und zu Festungshaft begnadigt.

Andrei Platonowitsch Platonow
sowjetischer Schriftsteller (* 1. 9. 1899, Woronesch), stirbt am 5. Januar in Moskau.
Platonow stellte in Gedichten, Erzählungen und Novellen Geschicke einfacher Menschen in der Zeit nach der Oktoberrevolution und während des Bürgerkriegs dar. Die meisten Werke konnten erst nach seinem Tod erscheinen (»Die Kutschervorstadt«, 1968; »In der schönen und grimmigen Welt«, 1969; »Die Baugrube«, 1972; »Unterwegs nach Tschevengur«, 1973).

Ferdinand Porsche

deutsch-österreichischer Automobilkonstrukteur und Industrieller (* 3. 9. 1875, Muffersdorf/Böhmen), stirbt am 30. Januar in Stuttgart.
Porsche konstruierte u. a. 1897 den Radnabenmotor; in der Folgezeit erwarb er auf dem Kfz-Sektor über 1000 Patente. Von 1922 bis 1929 arbeitete er bei der Daimler-Motoren AG in Untertürkheim und gründete 1931 sein eigenes Unternehmen. Ab 1934 baute er den »Volkswagen«, daneben konstruierte er Rennwagen und Panzerfahrzeuge. 1948/49 entwickelte er den »Porsche«.

Ferdinand Sauerbruch

deutscher Chirurg (* 3. 7. 1875, Barmen/Wuppertal), stirbt am 2. Juli in Berlin.
Sauerbruch machte bahnbrechende Erfindungen auf dem Gebiet der Operationstechnik. So entwickelte er ein Verfahren, das chirurgische Eingriffe in den Brustkorb des Menschen erlaubt. Seine Prothesenerfindung (»Sauerbruch-Hand«) fand vor allem in der Zeit des Ersten Weltkriegs Anwendung.

Arnold Schönberg
österreichischer Komponist (* 13. 9. 1874, Wien), stirbt am 13. Juli in Los Angeles.
Schönberg zählt zu den Begründern der Zwölftonmusik, in der die zwölf Halbtöne einer Oktave gleichwertig vertreten sind. Die Aufführungen seiner Werke lösten wegen der ungewöhnlichen Klangfolgen anfangs Skandale aus. Von 1925 bis 1933 lehrte er an der Berliner Akademie der Künste, von 1936 bis 1944 in Los Angeles.

Arnold Sommerfeld
deutscher Physiker (* 5. 12. 1868, Königsberg/Preußen), stirbt am 26. April in München.
Sommerfeld leitete von 1906 bis 1938 an der Universität München das Institut für theoretische Physik, das er zu einem internationalen Zentrum für Atomphysik ausbaute. Er selbst leistete grundlegende Arbeiten u. a. auf dem Gebiet der drahtlosen Telegrafie, zur Anwendung der Quantentheorie auf das Bohrsche Atommodell, zur Spektroskopie und formulierte die Theorie der Feinstruktur des Wasserstoffspektrums (1915).

Maila Talvio
finnische Schriftstellerin (* 17. 10. 1871, Hartola), stirbt am 6. Januar in Helsinki.
Maila Talvio wurde bekannt mit idealisierenden Romanen über das finnische Landleben, behandelte später jedoch mehr und mehr soziale und moralische Probleme sowie Darstellungen aus der Geschichte ihres Landes. Zu ihren Hauptwerken zählen die Romane »Der Untergang von Pimeänpirtti« (1901), »Die Kraniche« (1919) und »Die Frauen der fröhlichen Festung« (1941), die Romantrilogie »Tochter der Ostsee« (1929–1936) und die Komödie »Die April-Anna« (1914).

Fritz Thyssen

deutscher Industrieller (* 9. 11. 1873, Styrum/Mülheim an der Ruhr), stirbt am 8. Februar in Buenos Aires.
Fritz Thyssen, der Sohn des Konzerngründers August Thyssen, wurde 1926 Aufsichtsratsvorsitzender des größten Europäischen Stahlkonzerns, der Vereinigten Stahlwerke AG. Ab 1923 unterstützte er finanziell die NSDAP, trat ihr 1931 bei, brach jedoch 1939 mit dem Regime und floh ins Ausland. 1940 geriet er in Gestapohaft und war bis Kriegsende inhaftiert. 1948 aus US-Gefangenschaft entlassen, wanderte er nach Südamerika aus.

Walter Tiemann
deutscher Maler, Schrift- und Buchkünstler (* 29. 1. 1876, Delitzsch), stirbt am 12. September in Leipzig.
Tiemann war ab 1898 für Buchverlage tätig und schuf vor allem für den Insel-Verlag Buchillustrationen, Einbände, Signete und Druckschriften (u. a. Tiemann-Mediäval, Tiemann-Fraktur), 1907 gründete er mit Carl Ernst Poeschel die erste deutsche Privatpresse.

Maxence Van der Meersch
französischer Schriftsteller (* 4. 5. 1907, Roubaix), stirbt am 14. Januar in Le Touquet-Paris-Plage.
Van der Meersch verfaßte – anfangs mit marxistischer, später mit christlicher Tendenz – naturalistische Romane und Erzählungen aus der Welt der Industriellen in Nordfrankreich und Flandern. Besonders erfolgreich war sein Ärzteroman »Leib und Seele« (1943).

Wilhelm

Kronprinz des Deutschen Reiches und Preußens (* 6. 5. 1882, Potsdam), stirbt am 20. Juli in Hechingen.
Der älteste Sohn von Kaiser Wilhelm II. kehrte 1923 aus dem niederländischen Exil ins Deutsche Reich zurück. Gegen Ende der Weimarer Republik unterstützte er Adolf Hitler und den Nationalsozialismus.

Wsewolod Witaljewitsch Wischnewski
sowjetischer Dramatiker (* 21. 12. 1900, Petersburg/Leningrad), stirbt am 28. Februar in Moskau.
Wischnewskis Dramen werden von der sowjetischen Kritik zu den mustergültigen Beispielen des sozialistischen Realismus gezählt. Er behandelte vor allem Themen aus der Zeit des Bürgerkriegs mit Tendenz zur politischen Propaganda: »Die erste Reiterarmee« (1929), »Optimistische Tragödie« (1932).

Ludwig Wittgenstein
österreichischer Philosoph (* 26. 4. 1889, Wien), stirbt am 29. April in Cambridge.
Wittgenstein, der führende Vertreter der analytischen Philosophie und des Pragmatismus, entstammte einer wohlhabenden jüdischen Familie. Ab 1908 lebte er in Großbritannien. Nach der Fertigstellung seiner ersten großen philosophischen Schrift, des »Tractatus logico-philosophicus« (1920), gab er die Philosophie auf, verschenkte sein Vermögen, wurde Dorfschullehrer und schließlich Gärtner in einem Kloster, ehe er 1929 nach Cambridge zurückkehrte, wo er 1939 eine Professur annahm. Der »Tractatus« geht davon aus, daß die logische Erfassung der Welt durch die Konstruktion einer idealen Sprache möglich ist. Im Spätwerk (»Philosophische Untersuchungen«, postum 1953) wird die Logik nicht mehr als Instrument zur Erkenntnis von Sprache und Welt in den Vordergrund gerückt, statt dessen wird die Alltagssprache untersucht.

Wols
eigentlich Wolfgang Schulze, deutscher Maler und Grafiker (* 27. 5. 1913, Berlin), stirbt am 1. September in Paris.
Wols, ab 1932 in Paris, begann als Surrealist, entwickelte den Automatismus des Surrealismus selbständig weiter und wurde einer der Begründer des Tachismus und des Action-painting. Neben rund 100 (erhaltenen) Ölgemälden schuf er Zeichnungen, Aquarelle und Radierungen, darunter Illustrationen zu Werken von Franz Kafka und Jean-Paul Sartre.

Personenregister

Das Personenregister enthält alle in diesem Buch genannten Personen (nicht berücksichtigt sind mythologische Gestalten und fiktive Persönlichkeiten). Herrscher und Angehörige regierender Häuser mit selben Namen sind alphabetisch nach den Ländern ihrer Herkunft geordnet. Kursive Zahlen verweisen auf Abbildungen.

A

B

C

D

E

Sachregister

Das Sachregister enthält Suchwörter zu den in einzelnen Artikeln behandelten Ereignissen sowie Hinweise auf die im Anhang erfaßten Daten und Entwicklungen. Kalendariumseinträge sind nicht in das Register aufgenommen. Während politische Ereignisse unter den betreffenden Ländernamen zu finden sind (Beispiel: »Atomspione« unter »USA«), wird das politische Geschehen in der Bundesrepublik Deutschland unter den entsprechenden Schlagwörtern erfaßt. Begriffe zu den herausragenden Ereignissen des Jahres sind ebenso direkt zu finden (Beispiel: »Europäische Integration« eben dort). Ereignisse und Begriffe, die einem großen Themenbereich (außer Politik) zuzuordnen sind, sind unter einem Oberbegriff aufgelistet (Beispiel: »P. E. N.-Club« unter »Literatur«).

Quellen

Texte

Copyright für Werner Benz (Hrsg.), Die Geschichte der Bundesrepublik Deutschland, Band 2: Wirtschaft, © Fischer Taschenbuch Verlag GmbH, Frankfurt am Main 1989, darin: »Unternehmerverbände« von Werner Bührer; »Die Gewerkschaften« von Siegfried Mielke/Fritz Vilmar (Zitat von Horst Thum), Mitbestimmung in der Montanindustrie. Der Mythos vom Sieg der Gewerkschaften, Stuttgart 1982
für Ronald Hayman, Jean-Paul Sartre – Leben und Werk, München 1988, mit freundlicher Genehmigung des Wilhelm Heyne Verlages
für Merle Miller, Offen gesagt – Harry S. Truman erzählt sein Leben, Stuttgart 1975, mit freundlicher Genehmigung der Paul & Peter Fritz AG, Zürich.

Abbildungen

Associated Press, Frankfurt (2); Bauhaus Archiv, Berlin (1); Bayreuther Festspiele, Bayreuth (5); Bettmann Archiv, New York/USA (18); Daimler-Archiv, Stuttgart (1); Deutsche Presse-Agentur, Frankfurt (11); Deutscher Frauenring, Hamburg (2); DGB, Düsseldorf (1); Deutsches Theatermuseum, München (1); Fischer-Taschenbuch-Verlag, Frankfurt (2); Gesamtdeutsches Institut, Bonn (2); Harenberg Kommunikation, Dortmund (422); Historisches Bildarchiv NDR, Hamburg (1); Hoesch Museum, Dortmund (1); Filmarchiv Dr. Karkosch, Gilching (4); Kernforschungszentrum, Karlsruhe (1); Keystone Pressedienst, Hamburg (38); Lufthansa-Archiv, Köln (1); Museum of Modern Art, New York/USA (1); Bildarchiv Paturi, Rodenbach (1); Pressefoto Schirner, Meerbusch (1); Jochen Rensch, Wuppertal (2); Schwaneberger-Verlag, München (11); »Der Spiegel«, Hamburg (1); Stadtmuseum München (1); Stiftung deutsche Kinemathek, Berlin (2); Stöckert Instrumente GmbH, München (1); Süddeutscher Verlag/Bilderdienst, München (8); US-Archive, Washington/USA (1); Votawa-Bilderdienst, Wien (1); Westfälisches Landesmuseum für Kunst- und Kulturgeschichte, Münster (1); Wiener Stadt- und Landesbibliothek, Wien (1)

© für Abbildungen von Kunstwerken:
Stuart Davis: »Visa«, VG Bild-Kunst, Bonn 1990
Ulrik Schramm: »Aquarell«, Feldafing 1990
Emilio Vedova: »Imagine del Tempo«, Venedig 1990
Wols: »Die Windmühle«, VG Bild-Kunst, Bonn 1990

© für Karten und Grafiken:
Bertelsmann Lexikon Verlag GmbH, Gütersloh/München (16)

Trotz größter Sorgfalt konnten die Urheber des Bildmaterials nicht in allen Fällen ermittelt werden.
Es wird gegebenenfalls um Mitteilung gebeten.